U0052746

我們的面前。這不也就是《論語・泰伯》篇，孔子所說：「巍巍乎！唯天爲大，唯堯則之；蕩蕩乎！民無能名焉；巍巍乎！其有成功也，煥乎其有文章」嗎？由這段話，更可進而使我們體察到，堯的盛德，已經到了高不可及的地步。這又叫人民如何能名？一位帝王，有德若是，還不能導國家於正途，得到人民的擁護、愛戴？這種形像的建立，對後世的影響，實在太大了，其價值又豈是我們可以估計的？這使得歷代的帝王們，不但知所修德，同時還要知所愛民。凡不修德、不愛民的君主，均爲人民所共棄。而《中庸》所說：「大德者必得其位。」《大學》所載：「有德此有人，有人此有土」的見解，應當是從此產生的。我們中國的文化特色，在這裏似乎也可以看出一點端倪。而「仲尼的祖述堯舜」，孟子的「言必稱堯舜」，乃至形成儒學思想的中心，當非偶然。這種完全出於領悟、自覺的德治主張，不也符合於現在的民主政治？起碼並無衝突、違背的地方。

二、堯的治化

堯的治國化民，主張由明德而親民。這種主張，爲孔子所承。《論語・爲政》篇說：「爲政以德，譬如北辰，居其所而衆星共之。」不正是對堯德治的闡發？既講德治，首先要做到的就是修身。所謂修身，簡言之，就是正己，亦卽孔子所說「己身正不令而行」之意。而修身之要，在於明德。能明德，方可親民、化民，而使四海歸心。是以經文說：

克明俊德，以親九族，九族旣睦，平章百姓，百姓昭明，協和萬邦，黎民於變時雍。

這種由修身而親民、由近及遠、逐次推展的爲政措施，顯然爲儒家所承。而《大學》所說：「明德、親民、修身、齊家、治國、平天下」的主張，不就正是這段文字的說明？經文中的克明俊德，就是修身，親九族就是親民，協和萬邦，就是平天下，黎民於變時雍，是寫堯平天下之後的和睦太平景象。〈堯典〉僅用了三十個字，就能把修身、齊家、治國、平天下的大道理，渾然賅括，這的確不能不使我們贊歎其描繪技巧的高明。尤其是在行文層次上的推展，更可見其已經到達了爐火純靑的地步。在這種逐漸推展的過程中，帶給我們的啟示，那就是先聖帝王，不僅貴德，而尤其貴行。也只有在行中，方可愈見其德的可貴。《大學》所說：「自天子以至於庶人，壹是皆以修身爲本」的訓示，豈是虛言？只是我們未加深考詳察罷了。

三、堯的作為

文化是隨著生活的需要而產生。換句話說，有什麼樣的生活方式，就會產生什麼樣的文化。

在堯、舜的那個時代，生活文明，究竟到達何種程度，現在我們雖然無法肯定，但是觀象授時，經近人董作賓先生的考證，應該相信是確切不誤的❷。由於觀象授時的確定，這可使我們想像到，當堯舜時代，很可能已經是各部落定居下來，從事開墾、農、牧、漁兼有的時代。因爲有此需要，所以才有此作爲。天文學家高平子先生說：「我們先民爲什麼對於天象曆數有這樣濃厚的興趣呢？第一是中國民族在黃河流域，很早就建立起一種農業社會。而對於季節來臨的預推，是農業社會最迫切的要求。第二是在中國傳統的宗教觀念裏，宇宙的最高統治者——不論其名爲『上帝』（多見於《詩經》），爲『眞宰』（見於《莊子》），爲『天』（各古籍普通應用）——和有形的蒼蒼者天，是一而二、二而一者也。因此觀象敬天，成爲『天子』的一件政治上和宗教上的雙重任務。」❸又說：「所謂曆法者，其要在於順應天行，制爲年月日時配合之規定，以預期天象之回復，節候之來臨，俾人類社會之活動，如耕種、漁牧、狩獵、航行、營建、修繕一切民生日用之作息，皆可納入於一定週期之中，凡事有所準備。」❹這種見解和說法，我們是樂意舉雙手贊同的。因此，〈堯典〉中的「敬授民時」，是完全爲了生活上的迫切需要，而不得不有的措施。這也可說是我先民向天空發展的第一步，是值得一提的大事。經文說：

乃命羲和，欽若昊天，曆象日月星辰，敬授民時。

經文中所說的「乃命羲和」，是概括的說法，包含自下文「分命」以後的羲仲、羲叔、和仲、和叔四子，命他們分別掌理春、夏、秋、冬四時的工作。鄭氏康成認為羲、和乃重黎之後，掌天地之官。又疑羲和為羲伯和伯❺。這種見解，可能是受了周官六卿所列天地四時、各有所掌，遂以為羲和為羲伯、和伯掌天地，再以下文羲仲、羲叔、和仲、和叔分掌四時，這樣才能與周官六卿的說法相合。其不知周官六卿之制，在唐虞之世，可能尚未形成，是以羲和四子，不可以為六人。《漢書．百官公卿表》仍以為是命羲和四子。這說法，我們認為才是正確的。

經文所言，一方面道出了堯的法天以授民時，同時也是堯用人的開始。他首先任命羲、和四子，敬順天道，取法自然，觀測日月星辰的運轉，以求得季節上的契合，然後再將時令，敬謹地傳授給人民。因此在〈堯典〉中，也確實能分明地將春、夏、秋、冬四季不同的景象，展現在我們的眼前。您看，他寫春天的景象，是多麼地明晰，經文說：

分命羲仲，宅嵎夷，曰暘谷。寅賓出日，平秩東作，日中星鳥，以殷仲春，厥民析，鳥獸孳尾。

總命以後，再分別地予以指派，使職有所專，所以就再特別指命羲仲為春官，居住在東海附近的嵎夷一帶，有一個叫暘谷的地方，每天恭敬地迎接初昇的朝陽，並指導人民治理春耕。等到日夜的長度相等，在傍晚朱雀星宿全部出現的時候，就依此種景象，把這天定爲春分。這時人民在白天已分散在田野展開春天的各項工作，鳥獸也開始交尾乳化而生了。這樣的描述，雖然很簡略，但因能掌握季節的特徵，所以春天的景象，卻能很清楚地展現在我們的面前。春天寫完之後，接著就描述夏天。經文說：

申命羲叔，宅南交，平秩南訛，敬致，日永星火，以正仲夏，厥民因，鳥獸希革。

首先在這裏必須提出解說的，第一爲「申命」的申字，作「重」解，這是在總命之後，又以專職分命而加重申之意，與前文「分命」的分字是互文。就意義說是相同的。第二爲「宅南交」這一句，根據王引之《經義述聞》卷二說：「宅南交，當以宅南爲句，交上當有曰大二字，宅南，猶言宅西、宅朔方也。曰大交，猶言曰暘谷、曰昧谷、曰幽都也。」第三爲「南訛」，僞孔說：「訛，化也。平敍南方化育之事。」孫星衍說：「訛，俗字，當爲譌。」《史記》作南爲。索隱說：「爲，依字讀，春言東作，夏言南爲，皆是耕作營爲、勸農之事。」關於「南訛」的解說，我們認爲索隱的說法爲優。第四爲「厥民因」的因字。孫星衍以爲：「釋詁謂儴，因也。說文云：漢令，解衣耕謂之襄。蓋以襄通儴也。」因氣溫上升而解衣耕作，非常合於時宜。我們對以上的字辭，先作分析了解，然後再來欣賞經文，就容易多了。那是說：「再特別指任羲叔爲夏官，居住在南方的大交山，勸導農民耕作，並敬謹地祭日以測量其影的長度，等到白天最長、夜晚最短，而且在黃昏大火心星出現在南方的時候，就定這天爲夏至。這時人民也因氣溫的上升而解衣耕作，而鳥獸的毛，也稀疏得可以看到皮膚。」夏天的景象既是如此，而秋天又是怎樣的呢？經文說：

分命和仲，宅西，曰昧谷，寅餞納日，平秩西成，宵中星虛，以殷仲秋，厥民夷，鳥獸毛毨。

這段經文比較平易，要不著在文字上多作解釋，就可看出它的含義。那是說：「又特別指派和仲爲秋官，居住在西土一個叫昧谷的地方，每天敬謹地送別西下的夕陽，並勸導人民從事秋收的工作，等到夜間和白天一樣長，並在傍晚虛星出現在正南方的時候，就依此種景象，把這天定爲秋分。這時人民和易可親（秋收的喜悅），鳥獸也都生出了整齊潔淨的新毛。」到了冬天，景象又有所不同，經文也有同樣明晰的描繪。經文說：

申命和叔，宅朔方，曰幽都，平在朔易，日短星昴，以正仲冬，厥民隩，鳥獸氄毛。

這是說：「又特別任命和叔爲冬官，居住在北方一個叫幽都的地方，勸導人民謹愼蓋藏，小心門戶。冬天日短夜長，等到昴星傍晚出現在正南方的時候，就依此種景象，定這天爲冬至。這時人民家家都躲在屋內生火取暖，鳥獸也生長出厚厚的細毛。」

這種畫龍點睛的描述，確實能帶給我們一個明晰的概念。尤其是居住在黃河流域的人民，會覺得格外親切而眞實。卽使是熱帶的人民，看了之後，也會有分明的感覺。現在仍然在流行著的所謂「春耕、夏耘、秋收、冬藏」的農諺，大概就是我國農業社會，隨著季節的轉移，而所作的實際的適應行爲吧！這種固定的分派任命，目的在使職有所專，而所謂的勸導人民耕作蓋藏，也只不過是依時令的來臨，告訴人民應作的準備（案：正義云：「因春位在東，因治於東方。其實本主四方春政。」[6]其他各官，當可由此推知。），其主要任務，乃在觀測日月的運轉、氣溫的升降，以及動植物的生態變化，統計出一個大原則，來作爲製訂曆法的主要參考。詳細情形，而今我們無從得知，不過這種做事的方法，卻是非常有條理、有次序、有規則的，套句現在的話說，那也是十分科學的。

關於四宅（宅嵎夷、宅南、宅西、宅朔方）的說法，先儒多就經文所載爲釋，總希望能找出一個實在的地方，故不惜多方探賾、引申，然而古史幽邈，終難詳悉，是以所說不一，比較之下，愚以爲三國曹魏・王肅的說法，較爲可取。他說：「（四宅）皆居京師而統之，亦有時述職。」這意思是說：負責觀測春、夏、秋、冬天象的官署，均設在帝都，而測候所則設在四方經文所指載之地，將他們所觀測的實際資料，不時的向官署報告，而各官署加以整理後，再向國家元首報告，然後再根據四方實際觀測的眞實紀錄，而製成曆法，這當然需要一段相當長的時日。近人丁山於其所著〈羲和四宅說〉一文中說：「此四方所指，竊又疑其皆京師近郊之地。……蓋因羲和所居之地，立土圭，測日景，造爲官府，猶後世觀象臺、天文臺之因其職而名其官府焉。觀象天文，每世之設，皆在京師，是知暘谷、幽都，必不出平陽之野（《帝王世紀》：堯都平陽）。後之學者，不知于平陽四郊求羲和四宅，以九夷當『嵎夷』，以交趾當『南交』，以《山海經》神話之『幽都』，當虞書之『幽都』，亦見其枘鑿矣。總之，虞書四宅，其制度蓋猶晉之靈臺，隋之秘書省，唐之司天臺，宋之太史局，元之太史院，明之欽天監，蓋觀象者所居官府之名。」[17]這說法，我們是同意的。

根據以上的分析，我們知道堯的觀象授時，確實是一件大事，而歷時亦長，由經文的記載，也可以使我們體驗得出。經文說：

> 帝曰：「咨！汝羲暨和，朞，三百有六旬、有六日，以閏月定四時成歲。」允釐百工，庶績咸熙。

這是觀測天象的總成績，它在當時明顯的價值是「允釐百工，庶績咸熙。」儘管古人以爲太陽繞地球而行，然而其得日數，卻與現在所用的陽曆（地球繞日一周所需日數）相同，均爲三百六十五日又四分之一日。經文所說三百六十六日的原因，是舉的成數，這在古籍的注解中，可以看得很清楚。至於月繞地球一周所需的時間，是二十九日多一些，所以月有大盡（三十日）小盡（二十九日）的分別，合大小盡以每年十二個月計算，全年僅有三百五十四、五日，較地球繞太陽實際所需的時間（日數），相差十餘日，故必須閏月以補足其相差的日數。所以才有三年一閏，五年二閏，十九年七閏的出現。這是古人一個很大的發明，如不置閏，就難以穩定的控制季節，若干年之後，那就要春秋倒置，而多行夏令了。由於我們的祖先，很早就發明了這樣完善的曆法以「授民時」，並藉以釐定百官的職掌，使依時而行，所以各種事功，才能在分、至、啟、閉不失其常的狀態下，而分別的盛興起來。

一件事功的完成，當然要仰賴於眞知灼見，以及完整的計畫和正確的領導。而知人善任，尤不可少。讀經至此，我們應該得到很大的啟示才對。茲將《欽定書經傳說彙纂》所製有關觀象授時圖附後，借供參考。

四、堯的求賢

我們遍觀中外古今，凡有道之君，明哲之主，未有不求賢若渴，以治其國的。以一人的知能有限，而眾人的才力無窮，是以欲有所作爲，必借眾賢人的力量，方克有濟，捨此而期於國治，那無異於緣木求魚。堯，本來就是一位聖君，不僅有見於此，而且也爲後世立下了典範，茲就其任事、讓國二端，分別言之於後：

㈠ 求賢任事

才難之歎，無世無之。而當堯之時，求賢任事，尤見不易。由以下經文的記載，足可以支持我們的這種看法。經文一則說：

帝曰：「疇咨若時登庸？」放齊曰：「胤子朱啟明。」帝曰：「吁！嚚訟可乎！」

堯有感於求賢的不易，而一人之所見有限，所以才發出「誰能順應時勢爲我登用賢才」的慨歎。這是一個最基本的問題，如這個問題能得到圓滿的解決，其他問題，均可迎刃而解，根本也就要不著多事徵求了。大臣放齊，馬上就向帝堯推薦說：「您的胤子丹朱，有知人之明，他一定可以把這個工作做得很好。」帝堯以很驚異的口吻說：「丹朱，他口不道忠信之言，又好逞口舌之爭，如何可以！」再則說：

帝曰：「疇咨若予采？」驩兜曰：「都！共工，方鳩僝功。」

帝曰：「吁！靜言庸違，象恭滔天。」

當堯之時，所面臨的問題，就經文所言，是百事待舉。在這種情況下，焉有聖君在位，而不積極的從事於各種建設，而謀求增進人民福祉的？統籌運用人才的人既不可得，因而只有退而求其次，所以他也就於不知不覺間，發出了「誰能順利地爲我完成國家各種建設」的嗟歎。由此也就可以看出堯的無時不以國事爲憂、不以民生爲懷的心胸了。四凶之一的驩兜向帝堯推薦說：「共工可以，而今他正在聚集人民，從事各種建設呢！」帝堯聽了之後，馬上長歎一聲說：「噢！他說話非常動聽，可是當他實際從事的時候，卻往往違背命令，在表面看來似很恭順，其實卻沒有比他再傲慢的了，因爲他最善於陽奉陰違。」

三則說：

帝曰：「咨！四岳，湯湯洪水方割，蕩蕩懷山襄陵，浩浩滔天。下民其咨，有能俾乂？」僉曰：「於！鯀哉。」帝曰：「吁！咈哉！方命圮族。」岳曰：「异哉！試可乃已。」帝曰：「往，欽哉！」九載，績用弗成。

高重源說：「近代地質學家，就冰山、冰川所存留的古代遺跡，證明歐、美各洲，在洪荒之世，均有洪水的跡象。我國江河發源的地方，今尚存有雪山冰川不少，可知古代洪水之患，並非我國特有的事情。」❽驗諸我國古籍所載，這說法是不錯的。既然堯時有洪水爲害，而堯又是一位聖君，治理洪水，應爲當務之急，這也是不容置疑的。所以當堯目睹「滾滾大水，無邊無際，圍繞著大山，淹沒了丘陵，浩浩滔天，正在爲害著地方，人民也無不在歎息」的情況下，也就不自覺的發出「有沒有能治水的人呢？」悲憫之言。當時諸侯之長的四岳及在朝的眾大臣同聲回答說：「鯀可以。」那知帝堯對鯀早已有所察知，立卽說：「不可以，他違抗命令，處事不合常理，不能與同事和睦相處。」四岳向堯建議說：「就請先舉用他吧！試用可以的話，再正式任命好了。」在這種不得已的情形下，堯也只好勉強以爲了。所以就接著說：「那就讓他去治水吧！不過要敬愼從事啊！」後來經過九年的漫長歲月，鯀，並沒有完成治水的功績。

從以上三段經文的敍述中，我們不僅可以深切地了解堯有知人之明，而更重要的是他那大公無私的風範，以及不遮掩其「教子無方」的家醜。這都是常人所做不到的。由於堯能知其子的「嚚訟」之惡，故能不以一人病天下。驩兜、共工，爲四凶之二，互相推薦，堯深知其「靜言庸違，象恭滔天」，是以不用。而最後的用鯀，實因當時「未得能者故也」❾。因此，雖然明知其「方命圮族」，可是面對「湯湯洪流」，耳聞「下民嗟歎之聲」，又如何能不姑且一試，以寄望人民的痛苦，早日得以解除呢？後以事實證明，堯的觀察，是絲毫不爽的。這不就是堯有知人之明的確證？

(二) 推德讓國

研究古史的人，都承認在堯、舜那個時代，還是氏族部落時代，而堯，就是那個時代的共主。由〈堯典〉經文開頭那一段的記載，再加上歷史演進的眞相，這足可使我們想像到堯不但有其人，而且也確實是一位明哲的聖君。就時代來說，共主的推舉與禪讓，也是時代的要求，這與後世的世襲制，當然不可同日而語，但也不如後人所說的那樣崇高而不可及。這一點時代的要求，我們是應該了解的。由於帝堯本身道德修養好，再加上時代的要求，所以當他年老的時候，就不能不預作繼承人的安排，或是讓位的打算了。所以經文說：

帝曰：「咨！四岳，朕在位七十載，汝能庸命，巽朕位。」岳曰：「否德，忝帝位。」曰：「明明揚側陋。」師錫帝曰：「有鰥在下，曰虞舜。」帝曰：「俞，予聞。如何？」岳曰：「瞽子，父頑、母嚚、象傲，克諧，以孝烝烝，乂不格姦。」帝曰：「我其試哉！」

根據堯的考察，以四岳能用命盡職，是理想的繼承人選，所以當他在位七十年的時候，就打算把帝位讓給他。然而四岳不僅是一位有德的人，同時也是一位有自知之明的人，所以他立刻回答說：「我無懿德，那將會沾辱帝位的。」⑩四岳既不願接受，當然堯也無法勉強。於是說：「既然您四岳不願接受，那就請明舉現在官位的賢哲，或是無職在野而有美德的人吧！」於是眾官員就向帝堯推薦說：「在虞地方，有一位叫舜的人，可以擔當大任。」堯說：「是的，我曾有耳聞，然而此人的實情究竟如何？是否可以說得具體些？」四岳回答說：「他是盲人的兒子，父親做事，不循德義的常規，母親是一位口不道忠信之言的人，弟弟叫象，又傲慢不友善，可是舜處在這樣的家庭環境中，反而能使家庭和諧，用孝來感動家人。由於舜的修身自治，才使得象不至於成為一個大姦惡的人。」堯聽後說：「既然如此，我就先試試他吧！」

在這段君臣對話中，使我們感念到的是：堯不僅能對在朝的大臣，察深了切，同時對於在野的人民，也能注意其修為善行。雖然四岳把舜的作為形像，描述得這樣具體詳悉，可是堯仍要對他作各方面的試驗，看他是否眞能擔當大任。這種敬愼不苟的作為，是值得我們後人效法的。這並不是不信任，而讓國又是何等重大之事，萬一有所不當，則國脈民命，將遭無可彌補的災殃，又焉可不愼！因此必須「試可乃已」。現在我們就循著經文的記載，來看看堯對舜是如何的試驗。

第一，以二女嫁舜，以觀其「刑于寡妻」⑪。經文說：

「女于時，觀厥刑于二女。釐降二女于嬀汭，嬪于虞。帝曰：「欽哉！」

王天與《尚書纂傳》卷一引朱子的話說：「女于時，觀厥刑于二女，皆堯言也。釐降二女于嬀汭，嬪于虞，乃史臣紀堯治裝，而下嫁二女于嬀汭，使爲舜婦于虞也。」這說法，可以去後人將「女于時」的「女」字視爲衍文之疑⑫。堯的所以這樣做，不外「以治家觀治國」⑬，因爲「家難而天下易，家親而天下疏也。家人離，必起於婦人，故睽次家人⑭，以二女同居而志不同也。堯所以釐降二女于嬀汭，舜可禪乎？吾茲試矣。是治天下觀於家，治家觀身而已矣。」⑮宋．時瀾《增修書說》卷一說：「堯之試舜於家庭之事而觀之，可以見身修而後家齊，家齊而後國治，國治而後天下平之理。雖然舜已居父母兄弟之難，堯又舉而置之天下至難之地，何則？仰事之工夫方純一而烝烝，加之以俯育，亦或足以分其力。頑嚚之父母，一毫不至，則怒隨之，天子之女，一毫不滿，則怨隨之。致頑嚚於其前，致貴驕於其後，左右前後皆陷阱也。盡力於父母，則妻子之間容有未盡；垂情於妻子，則父母之間，必有不滿，此人情之至難。舜能使二女行婦道相與以致其孝，而事父母之道益至，所居愈難，功用愈到，姦者可乂，貴者可降，堯觀之詳矣。」時氏所言，可謂盡情盡理，不需再加辭費。至此，我們對於經文的蘊義，也就可以洞悉無礙了。

第二，使布五教，而人民無違之者。經文說：

慎徽五典，五典克從。

《史記·五帝本紀》說：「堯試舜五典百官，皆治。」鄭氏康成說：「五典，五教也。蓋試以司徒之職。」⑯五典，就是我們後人所說的五倫、五品、五常的意思。左氏文公十八年傳解爲：「父義、母慈、兄友、弟恭、子孝。」而《孟子·滕文公上》篇則說：「父子有親，君臣有義，夫婦有別，長幼有序，朋友有信。」後人以孟子所說義爲完備，故多從之。這種舉措，可能是我國典籍中最早有關教育措施的記載，而且這種措施，是極其必要的。所以舜繼堯而有天下之後，馬上就派契爲司徒，擔負起「敬敷五教」的工作。因之孟子亦大加發揮其義說：「飽食暖衣，逸居而無教，則近於禽獸，聖人有憂之，使契爲司徒，教以人倫。」⑰因此，後世談教育的人，無不推本於舜的敬敷五教。就現有資料所及，我們實亦可說，這是我國有教育措施的開始。

第三，使掌百揆，官務皆修。經文說：

納于百揆，百揆時敍。

百揆，史公作百官，這是說，使之徧歷百官之事，結果，莫不秩然有序。左氏文公十八年傳說：「使主后土（地官）以揆百事，莫不時敍。」又說：「百揆時敍，無廢事也。」以及孟子所說：「使之主事而事治。」⓲都是指此而言。這種揆度百事的工作，不就是內政嗎？

第四，使掌儐導接待，諸侯皆敬。經文說：

賓于四門，四門穆穆。

賓，當讀如儐，作導字解。指迎導諸侯羣臣而言。這是說，四方朝覲的諸侯，全由舜來負責導迎，結果使得各方諸侯，無不具有美德。左氏文公十八年傳說：「四門穆穆，無凶人也。」《史記》說：「諸侯遠方賓客皆敬。」這種儐迎的工作，以今言之，有似於外交。

第五，使處非常，以觀其行。經文說：

納于大麓，烈風雷雨弗迷。

《史記》說：「堯使舜入山林川澤，暴風雷雨，舜行不迷。」宋・蔡沈《書經集傳》亦師此義說：「遇非常之變，而不失常。」這是說，舜處於大自然的惡劣環境中，雖經不尋常的烈風雷雨之變，而仍能鎮靜如恆，安然而處，且無所迷惘。於此，亦可證其足擔大任，是以太史公說：

「堯以爲聖。」不過後世對此句經文，尚有異說，如劉逢祿《尚書今古文集解》說：「納于大麓，孟子所謂：『使之主祭而百神享之，是天受也。』[19]烈風雷雨弗迷，謂風雨時節，百穀順成也，乃神享之徵。」近人曾運乾《尚書正讀》也說：「此卽禮所云：因吉土以饗帝于郊，而風雨節，寒暑時也。」[20]我們如就古人的觀念推之，這種說法，亦甚合理。因自堯以女妻舜，至四門穆穆，所言皆爲人事，人事和洽，然後薦之於天，而天亦受之，此爲天與人歸之驗，故孟子說：「天子不能以天下與人。」[21]

以上爲堯對舜考驗的歷程，舜通過五種嚴格考驗後，堯始放心將國家大事交付掌理，是以經文說：

帝曰：「格汝舜，詢事考言，乃言厎可績，三載，汝陟帝位。」舜讓于德，弗嗣。

經過三年的試驗，以之謀事而事成，以之所言可致功。堯的知舜，可謂審矣。所以帝堯說：「舜啊！你是可以卽帝位了。」然而舜卻謙而不受，欲將帝位讓於有德的人。這一切的進行，又是多麼地自然與和順，其間沒有絲毫勉強的成分，完全就著事理的法則，而表露出情理的常態，是以宋人時瀾《增修書說》卷三說：「詢其事，考其言，誠可厎績，至三載之久，方命以位者，蓋位非堯之位，乃天位也。堯雖知舜，節次經歷，皆不可少，時到理到以及於用，堯順之而已。舜歷試氣象，如春氣所至，隨其枝葉脈絡，自然生意發越也。」這見解非常正確。

至於經文所說的「汝陟帝位」之意，我們認爲只是讓舜執行天子之事，代行其職務，並不是使舜即位爲天子，這只是堯決心讓位的話。因堯老而不堪執行繁重的事務，是以使舜先行攝政，最後使之「陟位」，並不是堯在而使舜陟位。我們所以作這樣的論斷，由以下經文「舜受終于文祖」，可以得到充分的證明。太史公在〈五帝本紀〉中，也支持我們的這種看法。必到經文所說「舜格于文祖」以下，才是記載舜的卽位。至於舜的「讓德、弗嗣」，由此正可看出舜有做大事不做大官的胸襟。國父孫中山先生的思想，不正是淵源於此？除此之外，更可以使我們體會得出，聖人「將任天地萬物之責」，其心「自有惕然如不勝之意」㉒的情懷。準此以論，而「讓德、弗嗣」，又是何等眞誠的自然舉措！

五、舜的攝政

經過三年各方面的試驗，由於舜的舉措、言動，皆可「致績」，堯乃決心使舜攝行政事。是以經文說：

正月上日，舜受終于文祖。

這是說：「堯於是就在正月上旬，選了一個好日子[23]，在文祖廟中[24]，舉行受終事予舜的大典，從此以後，國家大事，就由舜來全權處理了。」太史公說：「帝堯老，命舜攝行天子之政，以觀天命。」簡朝亮《尚書集注述疏》也說：「蔡氏以舜爲攝位，謂堯終帝位之事，而舜受之，非也。孟子曰：『堯老而舜攝也。』又稱孔子曰：『天無二日，民無二王。』由是推之，苟攝位也，是二天子矣。堯崩三年喪畢，舜爲避堯之子，不卽踐位，孟子稱之，攝位則奚避乎？雖避亦僞也。朱子曰：『舜之攝，蓋行其事也，不居其位。』」我們反覆於《孟子・萬章上》篇所言[25]，認爲太史公、簡氏的話，甚爲合理。以下就讓我們來看看舜攝位後的舉措吧！

(一) 觀天象，以定軌則

經文說：

在璿璣玉衡，以齊七政。

璣，一作機。齊，作定字解。這是說：「舜首先用觀測天象的器具——璿璣玉衡，來觀察天象，來訂定日月星辰運行的法則。」前文我們曾言，堯的大措施，就是觀象授時。而舜攝政，第一件事，亦如堯之所爲，於此可見古人對天文氣象的重視。既重天時，當有迫切需要。然而在何種情形下，始有此迫切需要？這是不難想像的。如漁、牧、農墾等，都需要這方面的知識，而尤以農業爲最。

(二) 類上帝，禋望羣神

經文說：

> 肆類于上帝，禋于六宗，望于山川，徧于羣神。

祭告的名稱，於上帝（天）稱類；於六宗——四時、寒暑、日、月、星、水旱名禋；於山川叫望。這種徧告天地山川羣神的祭典，在古代，幾爲必然。卽使在後世專制帝王時代，亦不可免。其用心不外祈求衆神明護祐「國泰民安，風調雨順」，以及其本人的身體康強等。在古代，則著重於報答天地生育萬物之恩，其意義甚爲深遠，不可全以迷信視之。

(三) 明政情，以覲岳牧

經文說：

輯五瑞，既月乃日，覲四岳羣牧，班瑞于羣后。

舜既攝政，爲齊一政治的水準，使天下所有的人民，皆得蒙其恩澤，而最直截的辦法，當爲先行接見四岳羣牧，垂詢其政情，以了解民生的休戚、風俗的利病，以及政治上的得失。如認爲四方的羣牧、諸侯，皆能稱職，則將瑞信之物（卽官印）頒還其君，使歸國治民。如有過失，則收其璧，待改過後，再行頒發。所謂「輯五瑞」，《史記集解》引馬融的話說：「揖，歛也。五瑞，公侯伯子男所執，以爲瑞信也。堯將禪舜，使羣牧歛之，使舜親往班之。」馬氏的話，除最後一語「使舜親往班之」有待商榷外，其他所說，都能與經義相符。至於「既月乃日」一語，史公作「擇吉月日」，意思是：選定適當的時間。如就全段經文來看，我們現在可以說成：「舜攝政後，爲了齊一政治水準，所以選定最適當的時間，接見四岳羣牧，並將堯事先令羣牧收集來的五瑞，再頒發給他們。」

㈣巡所守，以協制度

經文說：

歲二月，東巡守，至于岱宗，柴。望秩于山川，肆覲東后，協時、月、正日，同律度量衡。修五禮、五玉、三帛、二生、一死、贄。如五器，卒，乃復。五月，南巡守，至于南岳，如岱禮。八月西巡守，至于西岳，如初。十有一月，朔巡守，至于北岳，如初。歸，格于藝祖，用特。

前文所言，覲見四岳羣牧，僅為當面垂詢，以明政情。而今又巡所守於天下，就無異於實地考察了。其主要任務，爲召見地方諸侯，協調、確定四時的月份及日數，統一法制、尺寸、升斗、斤兩的標準，並修明五禮的儀節，規定五玉的大小尺寸、三帛的顏色，以及二生（羔、雁）、一死（雉）的見面禮，使得行禮的五器，各如其當。此等事情完畢之後，就馬上派人將辦理的經過情形，向堯報告（回復）。直到徧巡四方，才回到京師，到藝祖廟祭告，至此，巡守始告結束。

(五) 定巡守朝覲之制，以察吏治民

經文說：

五載一巡守，羣后四朝，敷奏以言，明試以功，車服以庸。

前文我們說明了舜的巡行天下，其意在作實地的考察，以作垂詢的驗證。這種舉措，可能使舜不僅大有所感，亦更大有所得，所以才有天子五年一巡守四方諸侯，並於其間四年，分別來朝京師的制訂。所謂「敷奏以言」，就是述職。而「明試以功」，就是考績。「車服以庸」，就是酬功。所言與行事相符，而又著有功績，那就當然要賞以「車服」了。這是行政上的不二法門，捨此，又將何以激勸？

(六) 復行經略，俾便治理

經文說：

肇十有二州，封十有二山，濬川。

相傳，古本有九州的說法，其名爲：冀、兗、青、徐、荆、揚、豫、梁、雍，禹貢因其舊。舜以冀、青二州土地遼濶，所以始分冀東爲幷州，東北爲幽州。分青州東北爲營州。孫星衍《尚書今古文注疏》引鄭氏康成的話說：「新置三州，並舊爲十二州，更爲之定界。」並且於每州中，擇取大山作爲祭祀的主山，這就是經文所說封的含義了。據《周禮・職方氏》所說，九州皆有山鎭，「揚州會稽，荆州衡山，豫州華山，青州沂山，兗州岱山，雍州嶽山，幽州醫巫閭，冀州霍山，并州恒山。」凡九，其餘的山鎭，就無文可考了。所謂濬川，乃指深通十二州的河川，與修水利以養民的意思。舜攝政所以能著眼於此，這與他的巡守天下，不無直接關係。

㈦愼刑罰，以懲不悛

經文說：

象以典刑，流宥五刑，鞭作官刑，扑作教刑，金作贖刑，眚災肆赦，怙終賊刑。欽哉！欽哉！惟刑之恤哉！

刑罰之設，爲聖人所不得已。寧可不用，然不能不設而預爲之防，否則將何以懲元凶而勸向善？是以時瀾《增修書說》卷二說：「舜有肉刑之制，乃所以深愛天下後世也。」這話說得確實有見解。經文之義是說：「舜攝政當國，爲使人民免於誤觸法網，所以示民以常刑，使知所警惕。至於對那些犯了墨、劓、剕、宮、大辟五刑的人，則以流放的方法，來從寬處理。另外在官府中，則有鞭刑，在學官則有榎楚之刑，以懲罰那些不率教而犯禮的人。然而這些懲罰，是可以出錢贖罪的。至於無心的過失，則可以赦免其罪，對於怙惡不知悔改的人，就加重處罰。在執行的時候，不管對那一種刑責，都要特別小心愼謹，公正無私，使刑期無刑。」事實上，當舜之時，肉刑不會使用，以下經文所述，可以支持我們的這種見解。

(八)流四凶，天下咸服

經文說：

流共工于幽州，放驩兜于崇山，竄三苗于三危，殛鯀于羽山，四罪而天下咸服。

在《孟子・梁惠王下》篇，有這樣一段記載：「左右皆曰可殺，勿聽；諸大夫皆曰可殺，勿聽；國人皆曰可殺，然後察之，見可殺焉，然後殺之。故曰國人殺之也。」一個人作惡，一旦到了爲法理所難容，爲國人所痛惡，在這種時候，仍不能作斷然大快人心的處理，這就執法者來說，不是包庇就是不明察；對國家元首來說，不是昏瞶無識，就是懦弱無能。這當然會造成大眾的羣起效尤，一旦大勢形成，欲國之不亡，豈又可得？舜的此種舉措，可使我們想見他確實是一位有作爲的人，不僅有膽有識，而且有勇氣有擔當。何以知之？因爲四惡之三的共工、驩兜和鯀，堯嘗用之爲臣，雖然帝堯已知他們有時「靜言庸違」，「醜類惡物」，「方命圮族」，但亦未嘗無勞，是以終能「寬而容之」。而對三苗的不馴，總希望能自動悔改，故亦未加之罰。今舜流放四凶，足見有其死罪之實，已經到了不可寬恕的地步，故舜流放四凶，而天下咸服。這不又可證明舜的愼刑嗎？

簡朝亮《尙書集注述疏》說：「以上九節言之（案：自正月上日，舜受終于文祖。至四罪而天下咸服。），祭告之禮，朝見之章，巡守之制，歷象而觀天，山川而察地，賞功刑罪而治人，此萬世之文也。文者，敬明所發，其思無窮焉。皆放勳之德，格于上下，堯老舜攝而終其事也。」簡氏的話，無異給我們作了一個系統的歸納、整理，使我們得以對前述經文，能有明確的見解與更深一層的認識，我們非常感謝他。

其次在這裏尙需一提的，那就是鄭氏康成對經文「四罪，而天下咸服」所下的注腳。他說：「禹治水事畢，乃流四凶。舜不刑此四人者，以爲堯臣，不忍刑之。」[26]鄭氏所說「舜不忍刑堯臣」的話，是對的。如說禹治水事畢始流放四凶，這話恐怕就不對了。三國魏之王肅說：「若待禹治水功成，而後以鯀爲無功而殛之，是爲舜用人子之功，而流放其父，則爲禹之勤勞，適足使父致殛，舜失五典克從之義，禹陷三千莫大之罪，進退無據，亦甚迂哉！」[27]清．劉逢祿《尙書今古文集解》說：「舜流四凶，蓋在詢事考言，三載之中。左氏所謂四門穆穆，無凶人也。史臣類紀在攝位之末，所謂先德教而後刑罰，非順時事。〈洪範〉亦言：『鯀則殛死，禹乃嗣興。』鄭氏之誤，王肅駁之當矣。」劉氏的話，我們認爲除「攝位」一詞，應改爲「攝政」外，其餘所言，均能深具見解。

以上所述，皆舜在攝政期間重要的舉措且最具績效者，我們從這些舉措中，不僅可見舜的大才，同時更可見舜的大德。這看法可在經文中，得到證明。經文說：

二十有八載，帝乃殂落，百姓如喪考妣。三載，四海遏密八音。

舜攝行政事，二十有八年而堯崩，當時百姓之哀痛，如喪考妣，且「三年四方莫舉樂以思堯」。由此可見百姓感戴堯恩德之深。二十八年，爲時亦不能算短，而百姓猶以堯爲念，足見舜所推行的，皆爲堯的政令，所有的舉措，皆爲堯的德意，無一言一行有違於堯。非有大德的人，誰又能做到這種地步？《後漢書・李固傳》說：「昔堯殂之後，舜仰慕三年，坐則見堯於牆，食則見堯於羹，言不忘也。」如堯不能有德於舜，舜又何能如是不忘？這不正顯示出堯的偉大，而舜所推行的，全爲堯的德政嗎？所以堯崩，而天下的百姓，才能如喪考妣，而永遠不能忘其恩德啊！

六、舜的卽位

堯崩後，舜在「天與人歸」的情形下卽天子位。有關這方面的記載，我們認爲以孟子所言最切。他一則說：「使之主祭而百神享之，是天受之。使之主事而事治，是民受之也。」再則說：

「舜相堯二十有八載，非人之所能爲也，天也。堯崩，三年之喪畢，舜避堯之子於南河之南，天下諸侯，朝覲者，不之堯之子而之舜；訟獄者，不之堯之子而之舜；謳歌者，不謳歌堯之子而謳歌舜；故曰天也。夫然後之中國，踐天子位焉。而居堯之宮，逼堯之子，是篡也，非天與也。〈泰誓〉曰：『天視自我民視，天聽自我民聽。』此之謂也。」㉘是以經文說：

月正元日，舜格于文祖。

舜於堯崩三年後，在正月擇一吉日，即天子位，並到文祖廟祭告。舜於攝政之始祭告，此又祭告，足見其有決心承繼堯的意旨，以著其德於無窮。聖人之德，於其舉手投足之間，均足以示人以規範，這就要看我們用什麼樣的心情去體會了。現在，就讓我們來看看他即位後的施政方針吧！

㈠納賢人、廣視聽以決壅塞

經文說：

詢于四岳，闢四門，明四目，達四聰。

國父孫中山先生說：「政就是眾人的事，治就是管理，管理眾人的事，便是政治。」㉙帝舜即位，治理人民，其所作為，當然是政治。然而他採取什麼態度，以作為他一切施政的張本？在民主時代，國家元首的一切措施，均需諮詢於國會，依憲法而作為，在遠古的帝王時代，雖不必如此，然而我們看了帝舜的作為，民主思想的意識，確然已蘊寓其中了。您看，他即位之初，首先謀詢於總理諸侯之事的四岳，聽取他的高見。然後就廣開納賢之門，明通四方的耳目。能廣納賢人，即可做到野無遺賢，能明通四方耳目，即可做到民無隱痛，能野無遺賢、民無隱痛，那當然就可達到「四門穆穆，無凶人」的和樂景象了。劉向《新序》說：「天子不出襜幄而知天下者，以有賢左右也。故獨視不如與眾視之明也，獨聽不如與眾聽之聰也。」其所指雖有不同，所言治理，當無二致。民主政治的可貴，不就在此？

㈡任命十二牧，使治理地方

經文說：

咨十有二牧，曰：「食哉！惟時！柔遠能邇，惇德允元，而難任人，蠻夷率服。」

咨，史公作命。前經文曾說「肇十有二州」，所以這裏說命十二州牧。牧爲一州的長官，負有安民養民的責任。國以民爲本，民不得養而安，而國治者無之。是以任命州牧治理地方，實爲政治的根本。然民以食爲天，故又特別告戒說：「食哉！惟時！」洪範八政，首言食，以其「所以養民也」。宋・蔡沈《書經集傳》也說：「王政以食爲首，農事以時爲先，足食之道，惟在不違農時。」不管時代如何進步，科技如何發達，對於食物的追求，其方法、手段，容或有異，而其於食物的充足不虞匱乏，以達養民的基本立場，則將永遠無法改變，其次則告以「柔遠能邇」的治人方法。王肅解釋說：「能安遠者，先能安近。」[30]這不就是儒家「由近及遠、由親及疏、由卑而高」的切情盡理的做事方法嗎？再其次，則戒以「惇德允元，而難任人」的修己處人法則。這是說：「要厚修一己之德，相信仁人，而遠離姦惡的人。能做到這一步，當然也就可以『安近』了。既能安近，推而大之，不就是『柔遠』？而蠻夷的順服，也是極其自然的事了。」中國的王道精神，不就淵源於此嗎？

(三) 命禹爲百揆，總司百務

經文說：

舜曰：「咨四岳，有能奮庸熙帝之載，使宅百揆，亮采惠疇。」僉曰：「伯禹作司空。」

帝曰：「兪，咨禹。汝平水土，惟時懋哉。」

百揆，就是後世所說的宰相，當然也可以說成百官的事務。堯曾以此官試舜。今舜旣即天子位，是以詢於四岳，想物色一位能日起有功，且以惠愛為懷，並能完成光大帝堯事業的人，使居其職。眾人皆一致推薦當時任司空的伯禹。帝舜聽了之後，不僅以為眾舉得人，且藉此機會嘉許伯禹過去平定洪水的大功，並以百揆的新職是勉。由於禹的奮力以為，全力以赴，不僅未辜負舜的期望，並能繼舜而有天下，使聖聖相傳的道統，得以發揚光大。

㈣ 命棄主稷官，以播種百穀

經文說：

帝曰：「棄，黎民阻饑，汝作后稷，播時百穀。」

棄，后稷名，是周朝的先祖。自幼即喜好耕種，農民皆以為法則。因而堯舉以為農師，使教人民稼穡。舜即位，命棄主稷官，固為舊職重加申命，但也未嘗不可說是任用專家。這對後世任用官員來說，是否能有一點啟示作用？愚以為讀經書的人，心思應該分一部分在這上面，使經書的實用性，更加顯著。

㈤ 命契爲司徒，敬敷五教

經文說：

帝曰：「契，百姓不親，五品不遜，汝作司徒，敬敷五教，在寬。」

契，《史記》以爲高辛氏之子，殷朝的先祖。本爲帝堯的司徒，掌理教化，是舜即位命契爲司徒，乃爲舊職重加申命。孟子說：「舜使契爲司徒，教以人倫，父子有親，君臣有義，夫婦有別，長幼有序，朋友有信。」這就是敬敷五教的內容。又敍堯的治民說：「勞之、來之、匡之、直之、輔之、翼之，使自得之，又從而振德之。」㉛這無異說，施行五倫的教化，應抱有此種的態度、方法和精神，使人在不知不覺中，而能潛移默化，這也就是布教在寬的意義了。

㈥ 命皐陶爲刑官，惟明克允

經文說：

帝曰：「皋陶，蠻夷猾夏，寇賊姦宄，汝作士，五刑有服，五服三就；五流有宅，五宅三居，惟明克允。」

審斷刑獄，惟在明允。能明方可畢知情僞，不明則不足以盡人心。克允方能輕重適當，不允則不足以當人罪。是舜命皋陶，以「惟明克允」爲戒。程子說：「聖人爲治，修刑罰以齊眾，明教化以善俗，刑罰立，則教化行矣。教化行，而刑措矣。雖曰尙德而不尙刑，顧豈偏廢哉！」㉜此話最爲明通。孫星衍《尚書今古文注疏》引鄭氏康成的話說：「猾夏，侵亂中國也。強取爲寇，殺人爲賊。由內爲姦，起外爲宄。」至於「五刑有服」的解釋，服，是用的意思，這是說：「五刑要用得其時，用得適中、公平、盡情、勿枉勿縱，各有用刑的時機。」而「三就」，是指野、朝、市而說。《國語．魯語》藏文仲說：「大刑用甲兵，其次用斧鉞；中刑用刀鋸，其次用笮鑽；薄刑用鞭扑，以威民也。故大刑陳之原野，小者致之市朝。」賈逵注說：「用甲兵者，諸侯逆命征討形之。大夫以上於朝，士以下於市。」㉝五流，是以流放、寬有五刑的措施。宅，作居講。三居，馬融說：「大罪投四裔，次九州之外，次中國之外。」這是說：「五流各有其居，而五流之居，只有三處。」

簡朝亮《尚書集注述疏》說：「蠻夷猾夏，外患也；寇賊姦宄，內患也；二者內外通患也。去患有道，不修其治術，不可以去患。將何修而可乎？舜咨十有二牧，自近而遠，國無任人，以德之術也。舜命皋陶，自內而外，明刑知兵，以刑之術也。德刑不怠，治術之神。於是乎舜之天下無患矣。雖及百世，有天下者，宜何修焉！」這話值得我們三思。

(七) 命垂掌百工技藝，以利民用

經文說：

帝曰：「疇若予工？」僉曰：「垂哉。」帝曰：「俞，咨垂，汝共工。」垂拜稽首，讓于殳、斨、暨伯與。帝曰：「俞，往哉，汝諧。」

蔡沈《書經集傳》說：「若，順其理而治之也。曲禮六工有：土工、金工、石工、木工、獸工、草工。周禮有：攻木之工，攻金之工，攻皮之工，設色之工，摶埴之工，皆是也。」在舜時，雖不致有此名稱，然此處所指的「工」，當與〈曲禮〉、《周禮》所載，不會相去太遠，最低限度，應是同一性質，這是我們可以確定的。因此我們認為蔡氏的見解是對的。經文中的「共工」，就是掌管各種工技的長官。而殳、斨、伯與，為三人名，與垂為同事，或為垂之佐。垂雖欲讓，而舜卻以其為能最得人緣，故終命之為共工，並促其前往合和眾職以治事。

(八) 命益掌山澤，以蓄民財

經文說：

帝曰：「疇若予上下草木鳥獸。」僉曰：「益哉。」帝曰：「俞，咨益，汝作朕虞。」益拜稽首，讓于朱、虎、熊、羆。帝曰：「俞，往哉，汝諧。」

這是舜卽位後，設專官（虞）以掌山林川澤的措施，使草木、鳥獸、蟲魚各得其孳長，然後以時取之，「所以順物性也」。《孟子．梁惠王上》篇所說：「數罟不入洿池，魚鼈不可勝食也；斧斤以時入山林，材木不可勝用也。」當爲此經義的引申。至於經文中所言朱、虎、熊、羆，爲四臣名，史公以爲益之佐。以此推之，前文所載，殳、斨、伯與三人，當爲垂之佐。

(九) 命伯夷典三禮，以範民行

經文說：

帝曰：「咨四岳，有能典朕三禮？」僉曰：「伯夷。」帝曰：「俞，咨伯，汝作秩宗，夙

「夜惟寅，直哉惟清。」伯拜稽首，讓于夔、龍。帝曰：「俞，往欽哉！」

伯夷，爲堯時老臣，此時年最尊。舜謀於四岳以之掌三禮，足見既重禮又重其人。所以當舜命他作「秩宗」的時候，卻特別提出「不論日夜早晚，都要格外敬謹，而且尤其要正直明心靜潔爲懷」相告勉。這也可能是「秩宗」的基本責任，起碼要做到的，所以舜才有這樣的提示。以禮本主敬，不敬何以成禮？故舜以「寅、欽」相示。舜的卽位命官，至此始言及禮，這是因爲人物既得以治，而禮不可或缺啊！《禮記．樂記》所說：「治定制禮」，就是此意。而漢高祖的命叔孫通定朝儀，應該是我們大家所熟知的了，僅此一事，亦可見禮是如何的重要。經文所說的「三禮」，馬融以爲是「天神、地祇、人鬼之禮」。蔡沈從其說。鄭氏康成以爲是「天事、地事、人事之禮。」㉞就範圍來說，我們認爲鄭氏所言較廣，也較切於實用。

(十) 命夔典樂，以和民志

經文說：

帝曰：「夔，命汝典樂，教胄子。直而溫，寬而栗，剛而無虐，簡而無傲。詩言志，歌永言，聲依永，律和聲；八音克諧，無相奪倫，神人以和。」

樂以發和，最能陶養人的情志，因此舜命夔典樂，其所期盼的結果，就是最先要使那些自天子到卿大夫士的嫡子，在樂教的陶養下，能達到「正直而色溫和，寬大而敬謹，剛毅而不虐害，簡約而不傲慢」的目標。因爲凡人之性，直，就不及於溫，寬，則難及於栗，過於剛則虐，過於簡則傲。周官大司樂，所以主用樂來教國子，必曰中和者，就是爲了要除去其太過與不及啊！至於樂所要達到的條件，就是要把表達情志的歌詞(詩)，用長、短、高、低、淸、濁不同的聲調，配合律呂唱出來，務使「匏、土、革、木、石、金、絲、竹八音，不失其倫」，最後達到「神人以和」的境界。舜卽位命官，至此始言及樂的原因，如以教化來說，就是《論語》所謂「成於樂」的意思。如以政事來說，那就有如《樂記》所載「功成作樂」的意味了。

(十) 命龍作納言，以出納王命

經文說：

帝曰：「龍，朕堲讒說殄行，震驚朕師。命汝作納言，夙夜出納朕命，惟允。」

凡爲正人君子，沒有不憎恨、畏忌讒言、絕君子之行的人。而明君在位，尤當如此。因其所言，奸邪不經，變白爲黑，以是爲非，使人眞假莫辨，以驚駭衆聽啊！納言，官名。《詩・大雅・烝民》所說：「出納王命，王之喉舌。」卽指此官而言。然而何以要置納言？蔡沈《書經集傳》說：「命令政教，必使審之，旣允而後出，則讒說不得行，而矯僞無所託矣。敷奏復逆（案：復是報白之義，逆謂上書），必使審之，旣允而後入，則邪僻無自進，而功緒有所稽矣。周之內史，漢之尙書，魏、晉以來，所謂中書門下者，皆此職也。」《欽定書經傳說彙纂》引傅元初的話說：「帝舜之時，明目達聰，絕去壅蔽，而慮及讒說殄行者何？蓋讒說之人，反是爲非，倒白爲黑，或假綸綍之傳宣，或托敷奏而進說。方善君子，相與匡扶國是，翊贊皇猷，而讒說一出，大則移易主意，次則阻撓事機，人心動搖惶惑，所關匪細，謹喉舌，正所以防壅蔽、養聰明。」二氏一言納言之利，一明讒說之害，眞可說是互爲表裏，相得而益彰，使我們不僅了悟到「納言」的重要，同時更可於此體會出舜之所以致聖功的所由了。

命官完畢以後，緊接著就以敬其職、相天事是勉。經文說：

帝曰：「咨，汝二十有二人，欽哉！惟時亮天功。」

經文所說「二十有二人」，乃指四岳、九官、十二牧而言。《史記集解》引馬融的話說：「稷、契、皐陶，皆居官久，有成功，但述而美之，無所復勑。禹及垂以下皆初命，凡六人，與上十二牧、四岳，凡二十二人。」蔡沈亦主是說。凡此，皆為「月正元日，格于文祖」所任命，所以最後才有這樣總命的話。於此，更可見舜的命官，雖能明決速斷，然實有賴於平日的預作精審詳察所致啊！

(十一) 明黜陟，以興庶績

經文說：

三載考績，三考，黜陟幽明，庶績咸熙。分北三苗。

所謂考績，就是考察各級官員的政績。黜，是貶、降的意思。陟，作升、進解。幽，指昏暗的官員。明，指明達的官吏。考績法明確公允，人人各自勉勵，所以眾功皆能興起，政治的良窳，端在於斯。伏生《尚書大傳》說：「三歲而小考者，正職而行事也。九歲而大考者，絀無職而賞有功也。積不善至於幽，六極類降，故黜之。積善至於明，五福以類相升，故陟之。」三載九歲，以時而論，不能說不久，依此而行「黜、陟」，當能了無憾事，在這裏，也就可以看出舜的氣量了。

至於經文在「庶績咸熙」之後，又綴上「分北三苗」一語，確實有畫龍點睛之妙。這分明在說，天下已經承平，「庶績咸熙」了，此時惟有三苗不服教化，背理作亂，是以舜，也只有對於那些不率教的苗民，分別予以流放了。所以《欽定書經傳說》引呂祖謙的話說：「史官載分北三苗，見萬國皆順軌也。」從這簡略的記載中，可使我們作：我國第一次的大一統之功，應該歸之於舜的推想。可惜典籍闕如，以致使我們無法稽考，這實在不能不說是一件憾事。最後，我們還想一提的，那就是關於舜的命官，在次序上，是否有義可說？關於這一點，宋代的王炎，已爲我們作了詳盡的解答，他說：「百揆，百官之首，故先命禹。養民，治之先務，故次命稷。富，然後教，故次命契。刑以弼教，故次命皐陶。工立成器，以爲天下利，人治之末，故次命垂。如此治人者略備矣，然後及草木、鳥獸，故次命益。民物如此，則隆禮、樂之時也，故次命夷、夔。禮先樂後，故先夷後夔。樂作則治功成矣，羣賢雖盛，治功雖成，苟讒間得行，則賢者不安，前功遂廢；故命龍於末，所以防讒間、衛羣賢，以成其終。」㉟王氏所說，皆能入理，附此權供參考。

七、結語

以上是我們就著〈堯典〉經文，所作的一廂情願的分析，並提出了我們的看法與見解。現在仍欲就著全文，作一歸納性的說明，希望藉此說明，帶給讀者一些明晰的印象。

(一) 在文字方面

一、**厚重有力，質中有文**：這種情形，篇中所言，可說無不皆然。如舜攝政之初，觀象祭告說：「在璿璣玉衡，以齊七政。肆類于上帝，禋于六宗，望于山川，徧于羣神。」所表示的意念，是多麼地肯定有力？就文句結構說，一共六句，表現了兩個完整的意念：一爲觀天象，一爲祭羣神。每個意念，除第一句的第一個字外，其餘各句均爲四字，而且齊頭並列，讀起來，氣勢格外雄渾。

其次如對有關刑罰的規定則說：「象以典刑，流宥五刑，鞭作官刑，扑作教刑，金作贖刑，眚災肆赦，怙終賊刑。欽哉！欽哉！惟刑之恤哉！」這幾句經文，又是多麼地簡要明確。第一句說明常刑的公布，要大家遵守。第二句是說明如犯了五刑之罪，可以流放的方式來作寬宥的處罰。第三句是規定官府的刑罰。第四句是規定學官的刑罰。第五句是對於無心過失赦免的規定。第六句是對怙惡不悛人的刑罰。最後，則以再三欽敬謹慎，千萬不可大意，致使受刑人冤枉相勉。就用字說，確實已經簡到不能再簡，可是就意念的表達說，又是這樣地完整無缺、層次井然、語氣肯定而渾厚。就句型說，又是這樣的整齊有序。我們有什麼理由否定它不是好文章？

二、**繁簡有度，運用精熟**：如舜攝政後，覲見四岳羣牧、頒發瑞信、巡守四方一段的描述，就使我們有這種感覺。經文首先說明巡守東方的歷程，那是多麼地有順序？所做的事情，又相當多。使我們感覺到，有這麼多地事項要統一、要規定、要協同，不巡守那怎麼可以呢？可是到南巡守、西巡守、北巡守的時候，僅說如岱禮、如初、如西禮。這又是如何的簡達？這不正表示了文字運用的精熟？

三、排句韻語，相對成趣：如描述流放四凶則說：「流共工于幽州，放驩兜于崇山，竄三苗于三危，殛鯀于羽山。」就句式說，爲齊頭並列的排句，就詞性說，是動詞相對，名詞相對，而且四句一律，又是多麼地工整？如描繪舜制度五年一巡守說：「敷奏以言，明試以功，車服以庸。」描述命夔典樂說：「詩言志，歌永言，聲依永，律和聲。」這不是韻語嗎？像這些文句的運用，又帶給後世如何的影響？

四、掌握重點，情景橫生：如寫仲春的景象說：「厥民析，鳥獸孳尾。」寫仲夏的景象說：「厥民因，鳥獸希革。」寫秋天則說：「厥民夷，鳥獸毛毨。」寫冬天則說：「厥民隩，鳥獸氄毛。」在我國黃河流域，當仲春之時，天氣溫和，萬物發舒，人民都散布在田野間工作，鳥獸也在此時交尾孳生。還有什麼寫法比這更眞切、更令人有實感？當仲夏之時，南風陣陣，濃蔭處處，人民解衣而耕，鳥獸毛稀薄得可以看到皮膚。當仲秋之時，金風送爽，桂子飄香，人民於秋收之後，格外顯得悅易，鳥獸這時也生出了新毛，特別俊俏。當仲冬之時，寒風刺骨、雪地冰天，人民都躲進屋內圍爐取暖，鳥獸也都生出了厚厚的柔細氄毛。這種描述，雖然單調，可是凡是生長在黃河流域、或是有過這個地區生活經驗的人，當看到這種簡單文句的勾畫時，是否也可以馬上帶給您一個鮮明的景象？我想，答案應該是肯定的吧！

五、布局謀篇，層次儼然：我們如就全篇文字來看，由帝堯形像的刻畫、作爲、求賢，到舜的攝政、即位、命官，直到「陟方乃死」，其間情節的發展，又是多麼地自然有層次？行文雖然簡古，而在敍述上來說，卻是秩然有序。我們只要稍加分析，所謂上下文不相銜接的感覺，馬上就可以消除。

(二) 在述堯方面

經文中，顯現了堯的自然偉大。過去讀《論語》，對於孔子讚美堯的言論[36]，總覺得有些空泛，掌握不住實際的具體內容。而今讀了〈堯典〉，再來回味孔子的話，不僅具體，而且覺得孔老夫子的言論，堯足以當之而無愧。現在就歸納數端，略述如次：

一、法天：所謂天，說穿了就是自然。而天理就是宇宙運轉而生生不息之理。堯，他自然聖明，一切皆循天理而爲。經文一開始，就用「欽、明、文、思、安安」來形容他的自然偉大。緊接著再以「允恭克讓、光被四表、格于上下」，來說明他法天的實際行爲和成效。這種描述，不就是孔子所說的「唯天爲大，唯堯則之」嗎？

二、明德：德的解釋不一，比較之下，我們以爲說文「內得於己，外得於人」的說法，最能含蘊其義。所謂「內得於己」，那必定是自己的行爲與自性相德。所謂「外得於人」，那必定是自己的行爲與人相得。不論是自得或與人相得，必不可少的要件，就是修身。因此明德的正解，捨修身將失去其眞實的意義。孔子說：「有德者必有言，有言者不必有德。」這不正是針對著修身而所發的言論？除此之外，我們對德字含義，還要有一層認識，那就是在堯、舜時代所謂之德，包括才能在內，不似後世的才、德各屬，我們讀了〈堯典〉之後，再回味一下堯、舜的作爲，無德固然不足以親民愛民，可是如無才，又如何知人任使？所以經文說：「克明俊德，以親九族，九族既睦，平章百姓，百姓昭明，協和萬邦，黎民於變時雍。」這不正是修、齊、治、平的歷程？孔子所言「煥乎其有文章」，「蕩蕩乎民無能名焉」，應該是指此而說的吧！

三、觀象：觀測天象以授民時，這對堯來說，是創舉，也是一件曠古未有的大事。由觀象製曆、而授時，其間必然需要一段時間的觀察和經驗積累。由於「朞，三百有六旬有六日，以閏月定四時成歲」的確定，所以才能夠「允釐百工，庶績咸熙」，這種成就與貢獻，又是如何值得我們後人效法與敬仰？孔子以「蕩蕩乎，民無能名焉」稱之，當不爲過。再者，這種觀象授時的作爲，又何嘗不是法天？人生天地之間，仰觀俯察而悟其理，是以名之爲春、爲夏、爲秋、爲冬。天本無名，而人名之，天本無言，而人言之。是以孔子說：「天何言哉！四時行焉，百物生焉！」[37]這不就是對天地運轉所生道理的體悟？

四、讓國：讓國必先知人，知人乃由於觀察，任使乃觀察的最佳途徑。據經文所載，堯對其子的評論是：「嚚訟」。對共工的評論是：「靜言庸違」。對鯀的評論是：「方命圮族」。最後舉舜以試之，結果爲：「汝舜！詢事考言，乃言可厎績」，「汝陟帝位」。是以先使舜攝政，而終讓國。這種風範，將永爲後世法。

五、欽敬：我們常說：「善始者實繁，而克終者蓋寡」這句話。《詩經．大雅．蕩》篇也說：「靡不有初，鮮克有終。」這說明有始有終的不易做到。堯的所以爲堯，正是因爲他能既愼始又敬終。我們推本於堯的所以能有如此的成就，端在於欽敬而已。經文一開始就說他「欽、明、文、思、安安」，之後的「允恭克讓」，「欽若昊天」，「敬授民時」，「寅賓出日」，「敬致」，「欽哉」，……這不可以看出他的以欽敬始和以欽敬終嗎？

(三) 在述舜方面

《孟子．滕文公上》篇說：「君哉！舜也。」這是說，舜，他是一位最能盡君道的國君啊！現在讓我們就著經文的記載，來看看他如何盡君道。

一、盡孝：孝爲一切的根本，人如不孝，所有作爲，皆無意義。爲君、爲天子，尤其要以孝爲兢兢，如是方能教化羣倫而恩加四海。因此我們將孝列爲做國君、天子的基本要件，是有其深遠意義的。經文記載舜的盡孝說：「瞽子、父頑、母嚚、象傲，克諧，以孝烝烝，乂不格姦。」舜，處在這樣的一個家庭環境中，他不但不頹喪、不氣餒、不懊惱、不抱怨，……反而以無比的毅力與決心，以奮進不已的信心與孝心，始終如一的孝敬父母，友愛其弟，最後，頑父、嚚母、傲弟，均爲其所感，而使得家庭和諧融洽。這豈是常人所能做到的？具備這種孝心的人，還不足以「推恩保四海」嗎？

二、攝政：孟子說：「舜相堯，二十有八載。」當指此而言。在這一段時日中，舜所表現的政績，據經文所載，有：

第一，齊七政，修訂曆法。

第二，祭享天地神祇，爲民祈福。

第三，頒瑞信，以統一事權。

第四，巡守四方，協同制度。

第五，釐定巡守、朝覲制度，適時作深入考察，由述職以明政情，由考績以酬庸車服。

第六，重畫兆域，以便治理，修水利以養民。

第七，公布刑典，使人民有所遵循，俾達刑期無刑之目的。

第八，懲姦惡，以警不軌，流四凶，天下咸服。

三、即位：舜在「天與人歸」的情形下即天子位，之後，在這方面所表現的政績，尤可爲後世有國有家者的典範，後人每以垂拱而治譽之，絕非溢美。

第一，謀於四岳，廣視聽，使野無遺賢、政無壅蔽。

第二，重視地方，以「食哉、惟時」爲先，而以「蠻夷率服」爲終極目標。

第三，任禹爲百揆，以總理全國政事，足見其睿智明察、知人善任。

第四，任棄掌農政，以教民稼穡，使民足食。

第五，命契爲司徒，教人倫以厚風俗，使人民相親相睦，化暴戾於無形。

第六，使皐陶掌刑政，以明察克允是勉。

第七，使垂掌工技，以利民用。

第八，任益掌虞政，以足民財。

第九，命伯夷典三禮，以樹規範。

第十，命夔掌樂政，教以中和，以陶養心志。

第十一，使龍作納言，以絕「讒說殄行」，使政風永遠保持清明。

第十二，建考績之法，以辨君子小人，借收「舉直錯諸枉，能使枉者直」的效果。

由以上分析看來，舜的所以能垂拱而治，全在於他的任用得人。而任用得人，如非明察大智的人，又何能「因材器使」？孔子說：「舜有臣五人，而天下治。」[38]又說：「無爲而治者，其舜也與？夫何爲哉，恭己正南面而已矣。」[39]這不正可見舜所任命的大臣，皆爲聖賢？否則，他又何能終身「恭己而無爲」呢？

附圖

堯典歷象授時之圖

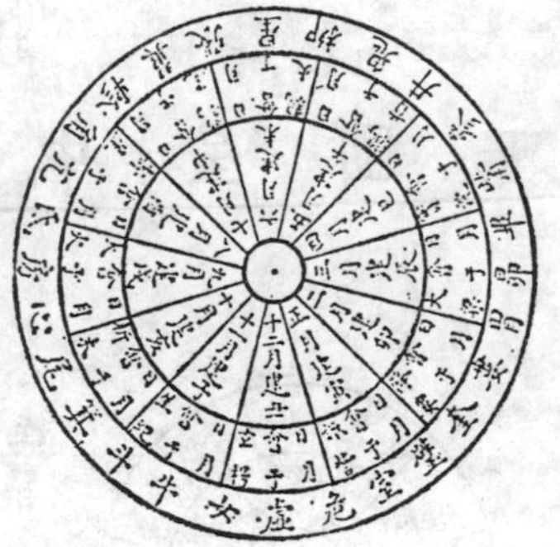

林氏之奇曰日行一度月行十三度十九分度之七星者四方之中星也角亢氐房心尾箕凡七十五度斗牛女虛危室壁凡九十八度四分度之一奎婁胃昴畢觜參凡八十度井鬼柳星張翼軫凡百一十二度共爲三百六十五度四分度之一辰則日月所會也正月會亥辰爲娵訾二月會戌辰爲降婁三月會酉辰爲大梁四月會申辰爲實沈五月會未辰爲鶉首六月會午辰爲鶉火七月會巳辰爲鶉尾八月會辰辰爲壽星九月會卯辰爲大火十月會寅辰爲析木十一月會丑辰爲星紀十二月會子辰爲玄枵〇蔡氏沈曰歷所以紀數之書象所以觀天之器如下篇璣衡之屬是也日陽精一日而繞地一周月陰精一月而與日一會星二十八宿衆星爲經金木水火土五星爲緯皆是也辰以日月所會分周天之度爲十二次也

圖一　此圖取自《欽定書經傳說彙纂》卷首上，插此聊供參考。

堯典四仲中星圖上

春分日在昴初昏

（仲春）

鶉鳥正七宿之中

（星鳥）

夏至日在星初昏

（仲夏）

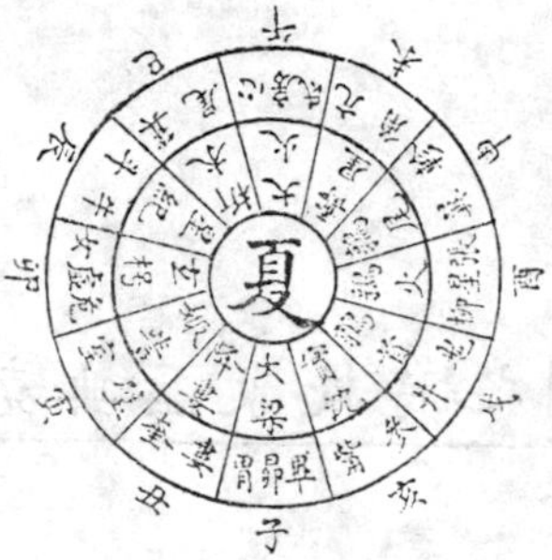

大火正七宿之中

（星火）

堯典四仲中星圖下

秋分日在房初昏

（仲秋）

星虛正七宿之中

（星虛）

冬至日在虛初昏

（仲冬）

星昴正七宿之中

（星昴）

圖二　出處，見圖一下。

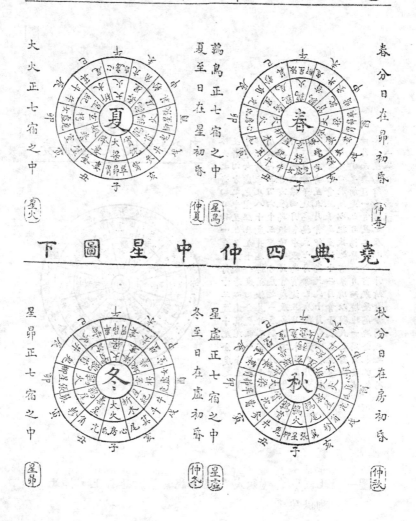

鄭氏伯熊曰二十八宿環列於四方隨天而西轉東方七宿自角至箕是爲蒼龍以次合而言則房心爲大火之中南方七宿自井至軫是爲鶉鳥以形而言則有朱鳥之象虛者北方七宿之中星也昴者西方七宿之中星也星本不移附天而移天傾西北極居天之中二十八宿半隱半見各以其時所以必於南方而考之仲春之月星火在東星鳥在南星昴在西星虛在北至仲夏則鳥轉而西火轉而南虛轉而東昴轉而北仲秋則火轉而西虛轉而南昴轉而東鳥轉而北至仲冬則虛轉而西昴轉而南鳥轉而東火轉而北來歲仲春鳥復轉而南矣循環無窮此堯典考中星以正四時甚簡而明與乎呂令之星舉月本也然聖人南面視四星之中豈徒然哉凡以授民時秩民事而已

閏月定時成歲之圖

陳氏祥道曰考諸傳記五日爲候三候爲氣六氣爲時四時爲歲歲之氣二十有四而候七十有二然則一月之內六候二氣朔氣常在前中氣常在後朔氣在晦則後月閏中氣在朔則前月閏朔氣有入前月而中氣常在是月中故周則爲歲朔數周則爲年是年不必具四時而歲必具十二月也二十四氣播於十二月之中中朔大小不齊則氣有十六日者有十五日七分者是以三十三月已後中氣在晦不置閏則中氣入後月矣

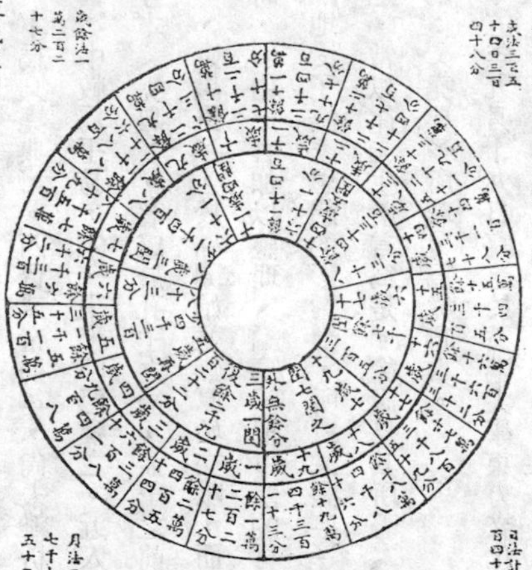

袁氏俊翁曰案一歲閏率餘十日八百二十七分十九年共餘一百九十日一萬五千七百一十三分得全日二百六日六百七十三分前後通置七閏四小三大則二百六日盡矣尚餘六百七十三分自此以下每章七閏通前餘分不滿全日則四小三大通前餘分已過全日則三小四大餘分通而積焉所謂十九年七閏而氣朔分齊者不過取其全日得齊而餘分充不能齊焉若使朔日子初初刻冬至則氣朔之餘分齊矣才差一二刻則尚有未盡之餘分者矣

圖三　出處，見圖一下。

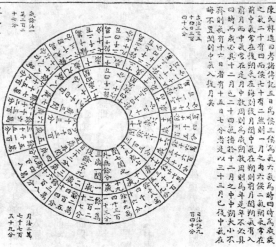

注釋

❶今傳【十三經注疏】本（即東晉・梅賾所獻本），將〈堯典〉自「愼徽五典」以下，析爲〈舜典〉。可是《孟子・萬章上》篇云：「〈堯典〉曰：『二十有八載，放勳乃殂落……四海遏密八音。』」考此數語，載於注疏本〈舜典〉中，是知注疏本〈舜典〉，本爲〈堯典〉。西晉武帝初年，尚未離析爲二，詳請參焦循《孟子正義》。至於〈堯典〉經文在《尚書》中較爲平易，宋・朱子即已疑之。近人屈萬里先生，於其所著《尚書釋義》中，復舉十條，以證明今本〈堯典〉，著成於孔子之後，孟子之前。今人徐復觀先生卻認爲《尚書》中的〈堯典〉、〈皐陶謨〉、〈禹貢〉，於「開始並無原始文獻，而只有許多口頭傳說；這些傳說，到了文化發展到更高的階段時，即由史官加以整理、編纂，把口傳的材料，寫成文字的材料。」並舉出「屈先生認爲『〈堯典〉顯然地受了儒家思想的影響』，所以〈堯典〉是戰國時代的作品」，加以辯駁。吾人如以歷史演進法則觀之，當以徐先生所言爲是。徐說見其所著《中國人性論史》附錄三，頁五八九～五九二。因此，我們認爲：〈堯典〉所載，爲堯時事。

❷見董作賓先生著，〈堯典天文曆法新證〉。民國四十五年九月十九日寫訖於香港大學東方文化研究所。發表於《清華學報》新一卷二期，頁一七～三八。

❸見高平子先生著，《學曆叢論・中國授時制度略論》節，頁一五七。

❹見高平子先生著，《學曆叢論・曆法約說》上篇，頁一八七。

❺見孫星衍《尚書今古文注疏》引、注。

❻孔穎達《尚書正義》引。

❼見近人丁山先生著，〈義和四宅說〉。

❽見近人高重源先生著，〈中國古史上禹治洪水的辯證〉一文。

❾簡朝亮語。見《尚書集注述疏》。

❿關於四岳之釋，有不同之二解：一爲四岳乃指四方諸侯而言，指多數。一爲方岳之長，卽方岳諸侯共推舉之人，指一人而言。以此段經文記載觀之，應爲一人。

⓫見《詩・大雅・思齊》篇。

⓬見楊筠如《尚書覈詁》。屈萬里先生從之。

⓭見僞孔傳。卽今傳【十三經注疏】本。

⓮睽、家人，均爲《易經》卦名。〈睽・彖〉云：「二女同居，其志不同行。」〈家人・彖〉云：「家人，女正位乎內，男正位乎外，男女正，天地之大義也。」

⓯見陳櫟著，《書集傳纂疏》卷一引周子曰。

⓰見孫星衍《尚書今古文注疏》引。

⓱見《孟子・滕文公上》篇。

⓲見《孟子・萬章上》篇。

⓳同⓲。

⓴見《禮記》卷二四〈禮器〉，頁四七〇。

㉑ 見《孟子·萬章上》篇。
㉒ 見時瀾《增修東萊書說》卷二。
㉓ 正月上日，乃正月上旬之吉日也。見王引之，《經義述聞》。
㉔ 文祖，《史記》：「文祖者，堯太祖也。」後儒多從之。唐·陸德明《經典釋文》：「馬云：『文祖，天也。天爲文，萬物之祖，故曰文祖。』」
㉕ 《孟子·萬章上》篇：「堯崩三年之喪畢，舜避堯之子於南河之南，天下諸侯朝覲者，不之堯之子而之舜，謳歌者，不謳歌堯之子而謳歌舜，故曰天與也。夫然後之中國踐天子位焉。而居堯之宮，逼堯之子，是篡也，非天與也。」
㉖ 見孫星衍《尚書今古文注疏》引。
㉗ 見孔穎達《尚書正義》。今有馬國翰《玉函山房輯遺書》輯本。
㉘ 並見《孟子·萬章上》篇。
㉙ 見〈民權主義〉第一講。
㉚ 王肅說，見孔穎達《尚書正義》引。
㉛ 見《孟子·滕文公上》篇。
㉜ 見《欽定書經傳說彙纂》卷二引。
㉝ 同㉜。
㉞ 馬、鄭於三禮之釋，俱見孫星衍《尚書今古文注疏》引。

㉟ 見《欽定書經傳說彙纂》卷二引。

㊱ 《論語·泰伯》篇：「子曰：『大哉堯之爲君也！巍巍乎！唯天爲大，唯堯則之；蕩蕩乎！民無能名焉；巍巍乎！其有成功也，煥乎其有文章。』」

㊲ 見《論語·陽貨》篇。

㊳ 見《論語·泰伯》篇。

㊴ 見《論語·衞靈公》篇。

附錄〈堯典〉「象以典刑」辨

一、前提的確定

〈堯典〉的成書年代，近人屈萬里先生以為：「當在孔子歿後，孟子之前。蓋戰國初年，儒家者流，據傳說而筆之於書者也。」（見《尚書釋義》）現在我們所要確定的是：傳說之言，是否可靠？是不是可以代表所傳說的那個時代？假如這個問題不能澄清，那末〈堯典〉的記載，還有什麼歷史價值？

研究古史的人，都承認在堯、舜那個時代，還是氏族部落時代。既然如此，那麼部落的林立，勢必要互相爭奪，以決雌雄。而結果呢？那也一定是強者的土地日益擴張，其組織也會日加嚴密，其所需要的統治工具與方法，乃至教化、制度等，更會在不知不覺中，隨著需要而產生。而弱者呢？則土地日削，即使不被滅亡，也會變作強者的附庸。在這種情況下，而所謂的共主或君王，也就隨之出現了。因此，我們似乎應該確認，古籍中的傳說記載，目前雖未必皆有實據可尋，然而其事之究出有因，怎可全部視為「空穴來風」，而一概抹煞？當然，無可否認的，在那些所謂的「共主」中，有的殘暴，有的聖明，在人心趨善避惡的情勢下，殘暴者，因眾叛親離而滅亡，而聖明者，不僅可得到各部落的擁戴，而且其事蹟，亦會不脛而走，永為後世所歌誦。

孔子的慨歎「史之闕文」，「文獻不足」，這正可說明其言有據。在《論語》中，他對堯、舜的稱讚，可說已經到了無以覆加的地步。之後的儒家，亦無不如是稱說。這無異告訴我們後人，堯、舜不僅確有其人，而且也是當時聖哲的共主，永垂典範於後世的明王。所以他們當時的政教措施，無不以敬天愛民為其要義。其主要事功，也都建立在順天應人上面，也因此深獲羣眾的歡欣與愛戴，同時也為後世打下了穩固的立國基礎。是以後世「雖有專制之君、暴虐之主、剛愎自用之大臣，間亦違反此信條，然大多數之人，誦習典謨，認其為立國唯一要義，反覆引申，以制暴君汚吏之毒焰。於是柄政者，賢，固益以自勉，不肖者，亦有所懲。即異族入主中國，亦不能不本斯義以臨民。故制度可變，方法可變，而此立國之基礎不可變。」（見柳詒徵編著，《中國文化史》十一章）〈堯典〉說：「欽若昊天。」〈皐陶謨〉說：「在知人，在安民。知人則哲，能官人。安民則惠，黎民懷之。」又說：「天聰明，自我民聰明，天明畏，自我民明畏。」這種「天工人其代之」的立政施教觀點與做法，就是將「天」與「民」合而為一，順民心以達天意的行為。聖王既然法天而行，而天有四時，所謂春生夏長，秋收冬藏，循其序而萬物各遂其生，各得其所。而宋代歐陽修氏之賦秋聲，義其在斯乎？是以治民之政，又怎可無刑？刑以輔政，雖聖君明王，亦不能廢，此亦自然之法則。明乎此，〈堯典〉之有刑，又何足怪？又何損於堯、舜之爲聖君、明王？前提既已確定，現在我們就可以進一步的討論本體了。

二、本體的探討

尚書家對此一問題的解釋，甚爲紛歧，大致言之，有以下數說：

一、**主張堯、舜無肉刑說**：所謂無肉刑，僅畫衣冠、異章服，爲象刑；犯何等刑，即以何等衣物當之。主此說者，以戰國趙人愼到爲最早（筆者所見如此）。《太平御覽》卷六四五，〈刑法部十一·象刑〉節引愼子的話說：「有虞之誅，以幪巾當墨，以草纓當劓，以菲屨當刖，以艾韠當宮，布衣無領當大辟，此有虞之誅也。斬人支體、鑿人肌膚，謂之刑，畫衣冠、異章服，謂之僇，上世用僇，而民不犯，當世用刑，而民不從。」

其次爲漢代的伏生，其在《尚書大傳》中一則說：「唐虞之象刑，上刑赭衣不純（案：純，緣也），中刑雜屨，下刑墨幪（案：幪，巾也）以居州里，而民恥之，而反于禮。」二則說：「唐虞之象刑，犯墨者蒙皁巾，犯劓者赭其衣，犯臏（臏，即剕刑，一作刖，說文作跀，云：斷足也）者，以墨幪其臏處而畫之，犯大辟者，布衣無領。」

以上愼到發其端，伏生衍其流，其說遂大。後世揚其波，以堯、舜無肉刑爲說者有：

㈠宋代的胡士行。他說：「《荀子》云：『治古無肉刑而有象法。』世俗謂畫衣冠、易章服，而民不犯是也。」（《尚書詳解》）

㈡清代的陳喬樅。其說同《尚書大傳》。（《今文尚書經說考》）

㈢清代的孫星衍。他說：「象者畫象，典者，〈釋詁〉云：『常也。』《漢書・武帝紀》元光元年詔曰：『昔在唐虞，畫象而民不犯。』《周禮・司圜》疏引《孝經緯》云：『三皇無文，五帝畫象。』」又引大傳、《荀子》以及《漢書・刑法志》，來證明唐虞無肉刑。（《尚書今古文注疏》）

㈣清代的簡朝亮。他說：「易曰：『象也者，象此者也。』」以下引大傳、慎到語作結，是亦主張無肉刑也。（《尚書集注述疏》）

㈤近人楊筠如。他說：「象，刑名，〈臯陶謨〉：『方施象刑可證。』《荀子》：『古無肉刑，而有象刑。』《墨子》：『畫衣冠而民不犯。』」以下又引慎到、大傳的話，說明古無肉刑。（《尚書覈詁》）

二、主張堯、舜有肉刑說：所謂肉刑，乃指加於犯罪者肢體上的刑罰，如墨、劓、剕、宮、大辟之類。在漢代的經學家中，首推馬融。他說：「咎繇（卽臯陶）制五常之刑，無犯之者，但有其象，無其人也。」（《史記集解》）推馬氏之意，乃言堯、舜以德化民，未曾用刑，然而未曾用刑，並不是無刑，因人民「無犯之者」，所以未用。這種情形，就像周代的「成、康」之世，「刑措四十餘年」是一樣的。

其次爲鄭康成。他以爲「象以典刑」，乃五種正刑。所以他說：「五刑，墨、劓、剕、宮、大辟，正刑五，加之流宥、鞭、扑、贖刑，此之謂九刑，其輕者或流放之，四罪是也。」（《周禮・司刑》疏）其「輕者或流放之」，其重者，當以五刑刑之，則自不待言。之後，以此義說「象刑」者有以下諸儒：

㈠東晉的梅賾。在其所上的《僞古文尚書傳》中說：「象，法也。法用常刑，用不越法。」

㈡宋代的林之奇。他說：「此又言舜明愼用刑之道也。王氏云：『象者，垂以示人之謂，若周官垂法象魏是也。』此說比先儒爲長。蓋王者之法如江河，必使易避而難犯，故必垂以示之，使知避之，苟不垂以示之，使知所避，及陷於罪，然後從而刑之，是罔民也。」（林氏《尚書全解》）

㈢宋代的時瀾。他說：「象，非畫象之象，乃象示之象，蓋布象其法以示民，使曉然可見也。」（《增修東萊書說》）

㈣宋代的蔡沈。他說：「象，如天之垂象以示人，而典者，常也。示人以常刑，所謂墨、劓、剕、宮、大辟，五刑之正也。」（《書經集傳》）

㈤元代的陳櫟。其說與蔡沈同。（《書集傳纂疏》）

其後，像清代的王鳴盛（《尚書後案》）、劉逢祿（《尚書今古文集解》）、江聲（《尚書集注音疏》）、朱駿聲（《尚書古注便讀》），以及民國以來的吳闓生（《尚書大義》）、曾運乾（《尚書正讀》）、屈萬里（《尚書釋義》）等，皆以爲當堯、舜之時，卽有五刑（肉刑）之設。

以上主張無肉刑的理由是：第一，上古之時，「苗民制五刑」以威虐、殺戮無辜（見〈呂刑〉）。堯舜爲聖賢之君，絕不會再用五刑以殘虐人民。如〈堯典〉歌頌堯之德說：「欽明文思安安，允恭克讓，光被四表，格于上下。」歌頌舜之德說：「愼徽五典，五典克從。」又能使「百揆時敍，四門穆穆。」具備這種大德的人，當然不會再用酷刑來殘民以逞了。第二，孔、孟以來，對堯、舜的稱讚，爲我們所熟知，《論語》、《孟子》中的言論，固不必再提，卽如單就《孝經說》所云：「孔子曰：『三皇設言民不違，五帝畫象世順機』」（江聲，《尚書集音疏》引）以及伏生《尚書大傳》所說：「唐虞象刑而民不敢犯，苗民用刑而民興犯漸」的這些言論，也是可使「尚古」的人，信以爲眞了。第三，後世人君往往爲發一時的恤憫，引古說以制詔，亦可獲得當時的美譽。如《漢書．刑法志》卽有這樣的記載：「蓋聞有虞氏之時，畫衣冠、異章服以爲戮，而民弗犯，何治之至也。今法有肉刑，而姦不止，其咎安在？非乃朕德之薄，而教之不明與？吾甚自愧。故夫訓道不純而愚民陷焉。詩曰：『愷弟君子，民之父母。』今人有過，教未施而刑已加焉，或欲改行爲善，而道亡繇至，朕甚憐之。」這是漢代的孝文帝，卽位十三年，因齊太倉令淳于公有罪當刑，其幼女緹縈上書欲爲其父贖罪的結果。後人所以這樣提倡、渲染唐虞的無肉刑，一方面是基於悲憫之心，另一方面，也是想借古以勵今，其用心至爲良善。

關於無肉刑的說法，我們認爲荀子的話，卻別具意味。他不但認爲古代無肉刑，就是「象刑」也是沒有的。所以他斥責在唐虞之世，畫衣冠、異章服說法的荒謬。他說：「世俗之爲說者曰：『治古（古之治世）無肉刑，有象刑。』……是不然。以爲治邪？則人固莫觸罪，非獨不用肉刑，亦不用象刑矣！以爲人或觸罪矣，而直輕其刑，然則是殺人者不死，傷人者不刑也。罪至重而刑至輕，庸人不知惡矣。亂莫大焉。凡刑人之本，禁暴惡惡，且徵（懲）其未也。殺人者不死，而傷人者不刑，是謂惠暴而寬賊也，非惡惡也。故象刑殆非生於治，並起於亂今也。」推荀子之意，既然唐虞之世，天下太平，又無犯法的人，幹麼一定非制「象以典刑」不可？連「象刑」都沒有，而肉刑也就無從說起了。所以《漢書・刑法志》引如淳的話說：「古無象刑也，所以有象刑之言者，近起於今人，惡刑之重，故遂推言古之聖君，但以象刑，天下治。」這也就是借古勵今的意思。

而主張有肉刑的理由是：第一，《白虎通》說：「聖人治天下，必有刑罰何？所以助治、順天之度也。故懸爵賞者，示有所勸也，設刑罰者，明有所懼也。傳曰：『三王肉刑。』」（《太平御覽》卷六四五〈刑法部十一〉引）第二，蔡沈說：「象，如天之垂象以示人，而典者，常也，示人以常刑，所謂墨、劓、剕、宮、大辟，五刑之正也。所以待夫元惡大憝、殺傷人、穿窬、淫放，凡罪之不可宥者也。」（《書經集傳》）第三，董鼎說：「象以典刑，此一句乃五句之綱領，諸刑之總括，猶今之刑，皆結於笞、杖、徒、流、絞、斬也。以舜命臯陶之辭考之，士官所掌，惟象、流二法而已。其曰惟明克允，則或刑或宥，亦惟其當，而無以加矣。又豈一於有而無刑哉！今必曰堯舜之世有宥而無刑，則是殺人者不死，而傷人者不刑也。是聖人之心，不忍於元惡大憝，而反忍於銜寃抱痛之良民也。是所謂怙終賊刑。刑故無小者，皆爲空言，以誤後世也，其必不然也，亦明矣。」又說：「刑雖非先王所恃以爲治，然以刑弼教，禁民爲非，則所謂傷肌膚以懲惡者，亦既竭心思，而繼之以不忍人之政之一端也。」（《書傳纂注》）這話說得非常有見解。縱容惡人，就是殘害好人，此絕非聖人所忍者，聖人固然主張教民，先禮後刑。然而我們放眼社會，就一般人們的作爲而言，似亦不外乎善惡二途。如果說，聖人在世，即無惡人，那麼舜卽不當流放四凶了，孔子又何爲而誅少正卯？是其凶頑者，洵爲禮之難以收效，所以說，聖人之用刑乃不得已則可，說聖人之不用刑，則不可也。其他如孔穎達、陳櫟，乃至近人曾運乾等，無不主張於怙惡不悛的人，分別處以「五刑」的。

除此兩派不同的主張外，尚有兩種說法，其一爲朱子，其二爲焦循。首先言朱子，他說：「象者，像其人所犯之罪，而加之以所犯之刑。」（沈彤，《尚書小疏》引）衍其說者有董鼎，他說：「象者，象其人所犯之罪，而加之以所犯之刑。典，常也，卽墨、劓、剕、宮、大辟之常刑也。」（《書傳纂注》）有王耕野，他說：「象，非如天之垂象以示人，蓋罪有大小，故刑有輕重，刑所以倣象其罪而加之耳。」（《讀書管見》）有簡朝亮，他說：「典，常也，象其罪以常刑。言有此罪著此刑。朱子謂象其人之罪是也。」（《尙書集注述疏》）關於朱子的話，沈彤以爲「此說最確」，若就量刑來說，就其所犯之罪，而處以應得之刑，這確實是刑罰的極則。若就經文「象以典刑」的本義說，似有「倒果爲因」之嫌。因爲此處所強調的，乃以刑示人，使知所警惕，不致觸犯，如萬一不愼觸犯了法網，然後再以「刑之輕重，倣象其罪而加之」方爲合理。因此，朱子的見解，很容易使人有事先不知所以，一旦人民觸犯法網，然後再稱情衡理而加之以罪的誤會。所以即使他的高足蔡沈，亦並未採取他的這種說法。（見後）

其次爲焦循，他說：「傳云（指僞孔傳）：『象，法也。法用常刑，用不越法。』廣雅云：『象，效也。』法與效同義，有所效法，則謂之象。《易‧繫辭》傳云：『象者，像此者也。』像，似也。有所效法，則有所似續，象刑者，古所傳之五刑，舜似續之者也。對下三『作』字而言（案：三作，即鞭作官刑，扑作教刑，金作贖刑三句中的作字），『作』者，古所無，舜創始之也。墨、劓、剕、宮、大辟之刑，自古傳之，舜不廢之，故曰象刑。流宥五刑，亦自古傳之，舜象之而不廢者也。……說者不知『象』字、『作』字之義，造爲幪巾當墨，草纓當劓，菲屨當刖，艾韠當宮之說，已爲荀卿所斥，聖人制作之神，詎書生之見所能測哉！」焦氏就字作解，其想像力之高，識力之深，我們非常佩服。若說五刑、流宥之刑，爲古所傳，亦未必然。世本說：「伯夷作五刑。」（《太平御覽》卷六三六〈刑部〉引）〈周書‧呂刑〉篇也說：「伯夷降典，折民惟刑。」伏生《尙書大傳》說：「伯夷降典禮，折民以刑，謂有禮然後有刑也。」是皆可證五刑非古所傳也。或云：〈呂刑〉篇中不也說：「苗民弗用靈，制以刑，惟作五虐之刑曰法，殺戮無辜，爰始淫為劓、刵、椓、黥」嗎？不錯，有這種記載。然而我們要知道，這種情形，是由於苗族酋長「弗用其政令」，所以才制作慘酷的刑罰，來威虐人民，因之也就不旋踵而亡。堯、舜乃聖君明王，豈肯師法其「淫刑」？以理推之，知不然也。退一步說，如果師苗民之刑，那麼又為什麼使伯夷降典？如果說成「經過帝堯的改革，伯夷的整理，方纔成為正式的法律」（見《孔孟月刊》二一五期，〈從尚書中所看到的古代法制〉）的話，這是可以令人接受的，不過這絕不是效法，而是經過改革、整理的新法，它的基本精神，已全然不同了。至於「流宥」之刑，這正是舜的權變之法，為不忍驟殺，用流放來予以寬假，如再不知悔改，那就要「怙終賊刑」了。僅此一點，就可以看出與「苗刑」的大異其趣，又如何能說效法？既不能說效法，當然也就無傳統可言了。

三、結　語

根據前文的分析，我們可以確定，堯、舜不僅確有其人，而且是當時各部落所共同擁戴的聖君。當時已有五刑之制，如再加上流宥、鞭、扑、贖刑，那就是完整的九刑了（據鄭氏康成說），而且當時的五刑，為五種肉刑，多以「流宥」代之，如怙惡不悛，執迷不悟，那就要加以應得的刑罰。至於後世所傳「畫衣冠、異章服」，以代五刑的說法，我們則抱持懷疑的態度，未便置信。那只不過是借古勵今而已。至於朱子、焦氏的見解，我們佩服其獨到之處，如就全文作解，則未便苟同。臨了，筆者願意將自己認爲正確的見解——象以典刑，不憚煩地作一複述，藉以就教於博雅君子。

宋・林之奇《尚書解》說：「此言舜明愼用刑之道也。王氏云：『象者，垂以示人之謂，若周官垂法象魏是也。』（案：此云王氏，未知何人，疑爲王安石，因其有《三經新義》，今已不傳）此說比先儒爲長。蓋王者之法如江河，必使易避而難犯，故必垂以示之，使知避之，苟不垂以示之，使知所避，及陷於罪，然後從而刑之，是罔民也。」此說一出，後之研《尚書》者，多能從之。雖言辭不同，其義殆無二致。如宋之蔡沈、時瀾，元之董鼎、陳櫟，皆能相沿爲說（見前引）。近人曾運乾氏，亦有相似之見解，他說：「象，刻畫也。蓋刻畫墨、劓、剕、宮、大辟之刑於器物，使民知所懲戒。如九鼎象物之比。俗說乃畫衣冠、異章服爲象刑，蓋傳說之失其眞也。」（《尚書正讀》）屈萬里先生說：「象，猶示也。典，常也。謂示民以常刑也。自注云：本蔡傳說。」刻畫五刑於九鼎，使民知所懲戒，就是示民以常刑之意，其義甚明。

歸納先儒近賢的見解，所謂「象以典刑」，就是示人民以常刑，使有所警惕、遵循。同時亦「所以待夫元惡大憝、殺傷人、穿窬、淫放，凡罪之不可宥者也。」（蔡沈語）這也就是〈呂刑〉所說：「用刑以教人民敬謹其德，以刑弼政」的意思。刑，固爲凶器，示民以常，終至「刑而無刑」，這才是「象以典刑」的精義所在。

貳〈皋陶謨〉

一、前言

皋陶，一作咎繇，爲少昊的後裔，生於曲阜，封於皋，所以名皋陶。他生而忠信明達，敏於事而又能盡力，帝舜卽位，就以之爲法官。皋陶一振衣，而不仁的人，卽行遠去，他立犾（今作犴）獄，造科律，聽獄執中，使天下沒有受寃枉的人。《淮南子》說：「皋陶爲大理，天下無虐刑。」❶因此，後世凡是涉及刑獄之事，都以皋陶作爲取法的對象，這大概就是因他能「聽獄執中」的關係吧！今傳十三經中的僞古文尚書，將〈皋陶謨〉從「帝曰來禹」以下，析爲〈益稷〉。然而我們從書疏中，可以看出遠在漢代的伏生、馬融、鄭康成以及曹魏時代的王肅，就已經根據書序，將〈益稷〉合併在〈皋陶謨〉中了，因爲另外有〈棄稷〉篇已經亡逸❷。由此也正可看出僞古文「作僞」的用心所在，反而欲蓋彌彰了。《史記．夏本紀》說：「帝舜朝，禹、伯夷、皋陶，相與語帝前。」而其所語，又皆「謨」國的大道，因其影響深遠，且又和〈堯典〉相輔相成，而所表現的精神、義理，復行互相貫連，筆者既塗堯典大義探討於前❸，而今面對皐陶陳謨之篇，頗有一吐為快之念，因不顧淺陋之譏，試作大義探討如次。

二、大義探討

《尚書》雖為記言體❹，但也有記事之篇，如〈堯典〉、〈禹貢〉，就是一個很好的例子。就〈皐陶謨〉來說，既為「謨」，那當然是屬於記言體了。《大戴禮記・主言》篇引述孔子的話說：「昔者，舜左禹而右皐陶，不下席而天下治。」現在就讓我們來探討一下，皐陶和禹，在帝舜的面前，是以什麼樣的言論，才使「舜不下席而天下治」的？

㈠ 修德樹本，本立道生

堯、舜的修德治人，不僅形成了我國儒家思想，同時也成就了我國文化的重心。孔子所說：「其身正，不令而行，其身不正，雖令不從」❺的話，就是「修德」的具體表現。這種先己後人、由近及遠、自親至疏、從小到大的修治行為，是最眞切、最踏實、最具人情不過的了。我們試想，己身不正，又焉能正人？卽使勉強服人，亦為「力不瞻也」，「非心服也」。所以孟子進一步的闡發此義蘊說：「其身正，而天下歸之。」❻正己既然如此重要，現在我們要問，如何正己？答案是修德。亦惟有修德，方可成聖成賢，化民成俗，而天下歸之。皋陶最明此理，所以一開始，他就說：

> 允迪厥德，謨明弼諧。

這是說：「天子誠能進修其德，那就可以收謀明輔和的功效了。」因爲能修德，就可以「明足以燭理，虛足以受善」⑦，能燭理受善，對於大臣的所謀，自然也就可以無所不明，而其相輔，更可無事不諧了。能「謀明弼諧」，朝野上下，自然可以和氣一團，共爲國事而努力不懈。君修德於上，臣盡職於下，君臣同心協力，知無不言，行無不善，如是以爲，還不能「厚敘九族」，而使「遠人歸附」？可是這種道理，皋陶並沒有說出，所以禹與皋陶，才展開了以下的對話：

> 禹曰：「俞，如何？」皋陶曰：「都！慎厥身修，思永。惇敘九族，庶明勵翼，邇可遠，在茲。」禹拜昌言曰：「俞。」

王充《論衡》卷九〈問孔〉篇說：「皋陶陳道帝舜之前，淺略未極，禹問難之，淺言復深，略指復分。」今就經文所載驗之，王氏的話，大致不差。就是因爲皐陶的「淺略未極」，所以禹才發問說：「是的，你的話不錯。不過其步驟應該如何？是否可以請你說得更具體些？」於是皐陶也就毫不遲疑地回答說：「噢！你這個問題太好了，我的意思是說：『天子首先要愼修其身，而且要永遠不間斷地日新其德，如是才能厚祿其九族之親，而衆賢明在位的官員們，也就自然會相勉地來作爲輔翼之臣。由近及遠的治平大道，就全部包括在其中了。』」

這種說明，無異於前兩句經文的擴大與闡發，「愼厥修身，思永」，就是「允迪厥德」。我們推皐陶所以如此看重修身，是因爲修身爲一切的根本。這道理在《禮記·大學》篇中，所載已經甚爲詳備，在這裏不再贅述，然而我們卻要問，修身何以要思永？有此必要嗎？宋·林之奇先儒說：「修身者，不可不思爲長久之道，動而世爲天下道，行而世爲天下法，言而世爲天下則，此其所謂思永也。」❽這種可大可久之道，實可一言而盡，那就是「日新其德」，這確實是一位天子所不可一日或缺的。而「惇敍九族，庶明勵翼」，不就是「謨明弼諧」？至於「邇可遠，在茲」，那就是修德的結果了。所以清儒劉逢祿說：「《禮》：〈大學〉修齊治平，〈中庸〉九經之義，本諸帝典（案：卽〈堯典〉），此四語，亦總攝之。」❾這見解是對的。我們在本文前言中所說：「〈皐陶謨〉與〈堯典〉相輔相成，所表現的精神、義理，互相貫連」，在這裏已經可以得到答案了。而大禹的不僅「然其言」，同時又大加拜服，原因可能就在這裏。

(二) 知人善任，安民為先

我們都知道，要想安民，就必須善於任人。而任人又以知人為先決條件。如無察人之明，又如何能知人善任？而察人之明，則原於修德，是以皐陶申其未盡之言，而禹則對以當然之理，故又形成以下的對話：

皐陶曰：「都！在知人，在安民。」禹曰：「吁！咸若時，惟帝其難之。知人則哲，能官人。安民則惠，黎民懷之。能哲而惠，何憂乎驩兜？何遷乎有苗？何畏乎巧言令色孔壬？」

這意思是：皐陶意猶未盡的說：「噢！說到由近而可推之至遠的治平方法，那全在於知人、安民上面。」禹馬上接著說：「是啊！不過你的論調可能高了些，因為要全部做到這種地步，就是帝堯猶覺困難呢！能知人，那就一定明哲，明哲的人，當能因材器使，那就一定能惠愛百姓，惠愛百姓的人，人民也就一定會歸附於他。一位明哲、惠愛人民的天子在位，對比周為惡的驩兜何足憂？又何必放逐不聽教命的有苗？當然對於那巧言令色大奸佞的共工，也就更不足畏了。」

從這一段對話中，可使我們體悟到知人功效是如何的偉大，同時又是如何的不易做到！宋．

楊氏時說：「非知人而能安民者，未之有也。」⑩蔡沈《書經集傳》說：「知人，智之事；安民，仁之事也。」既仁且智，聖人之事也就可以盡於此了。平心而論，能知人，方可鑒眞察明，鑒別明，方可使大小官員各當其職，以天下的俊才，治理天下的事務，始能各順其理，各興其業。如不能做到這一步，又何能談知人？就安民來說，那一定是恩惠廣被，使賢者在位，能者在職，人民懷恩被澤，足食豐衣，各安其業，各樂其所，方可以談安民。由此亦可知知人安民的所以難。是以傅元初慨乎其言的說：「知人安民，千古致治，盡此四字。」⑪我們細味其語，確實不錯。

(三) 以德檢行，以事考言

皋陶既已提出知人、安民之策，而禹亦已申其當然之理，然而如何知人？應有具體可行的方法與步驟，方不失之空洞。仁人之言，必不致如此，所以皋陶則進一步的提出了他的見解，因此也就又形成了與禹的對話：

皋陶曰：「都！亦行有九德，亦言其人有德，乃言曰：『載采采。』」禹曰：「何？」皋陶曰：「寬而栗，柔而立，愿而恭，亂而敬，擾而毅，直而溫，簡而廉，剛而塞，彊而義，彰厥有常，吉哉！」

經文大義是：皐陶說：「噢！在知人方面，說起來大概有九德之行，可以作爲考驗的準則。我們要說某人有德，那就一定要舉出他所行的具體事實，來作爲驗證。」禹馬上追問說：「何爲九德？」皐陶回答說：「九德是：寬大而敬謹，柔順而卓立，忠誠而有供職的才能，有治才而敬愼，馴順而果毅，正直而溫和，簡易而是非分明，剛健而篤實，彊勇而好義。因此，我主張天了要表彰、任用以上九種有美德的人。」

至於九德何以爲德？前賢已爲我們作了說明：

一、鄭氏康成說：「寬謂度量寬宏，柔謂性行和柔，擾謂事理擾順，三者相類，卽〈洪範〉云：『柔克也。』愿謂容貌恭正，亂謂剛柔治理，直謂身行正直，三者相類，卽〈洪範〉云：『正直也。』簡謂器量凝簡，剛謂事理剛斷，強謂性行堅強，三者相類，卽〈洪範〉云：『剛克也。』……凡人之性有異，有其上者不必有下，有其下者不必有上，上下相協，乃成其德。」⑫鄭氏所說的上、下，是指一德中的上字與下字，如寬而栗，寬爲上，栗爲下。

二、金履祥《尚書表注》上，於九德則有以下的見解。他說：「九德凡十八字，而合爲九德者，上九字其資質，下九字則進修，亦有德性之全美者。寬者易弛，寬而堅栗則爲德。柔者易弱，柔而卓立則爲德。謹厚曰愿，愿者易同流合汙而不莊，愿而嚴恭則爲德。治亂曰亂，亂者恃有治亂解紛之才則易忽，亂而敬謹則爲德。擾者馴熟而易耎，擾而剛毅則爲德。直者徑行而易訐，直而溫和則爲德。簡者多率略，簡而有廉隅則爲德。剛者多無蓄，剛而塞實則爲德。彊者恃勇而不審宜，故以彊而義爲德也。」

三、簡朝亮《尚書集注述疏》卷二說：「蓋有其上者性之美，而有其下者學之純，朱子謂其變化氣質者也。」又說：「萬世人才，未有不繇（由）九德者也。人雖有才，而不繇九德，非人才也。〈立政〉曰：『迪知忱恂于九德之行。』萬世人才，九德盡之矣。」

以上三家所言，均具意味，合觀則可見其全義。

(四) 因才器使，以德爲先

以上九德，前賢的話，已經非常透闢、周備，要不著再加辭費。不過在這裏我們要說明的，這九種德行，有人僅具備其一，也有人具備其二、其三，甚至全備。這就要靠天子的知人善任了，德愈大而才愈富，而其所負的責任，相對的也應當越重。這一點，皐陶當然不會忽略，所以他又提出了當行的見解，他說：

日宣三德，夙夜浚明有家。日嚴祗敬六德，亮采有邦。翕受敷施，九德咸事，俊乂在官，百僚師師，百工惟時，撫于五辰，庶績其凝⑬。

這意思是說：「具備三德，每天宣著於外，且早晚如一，深明無懈，就可以爲卿大夫。具備六德，每日恭敬謹愼輔佐天子，並能處事各得其宜，就可以爲諸侯。而天子（含國君）則當綜合九德的人，普徧的予以因材器使，而在位的官員，均爲俊乂的人才，百官又能互相師法，各善其事，就像五星的經緯於天，各循其軌則，釐然有序。在這樣的情況下，各種事功，自然也就可以順時而成了。」

漢·桓寬《鹽鐵論·刺復》篇引述此經文後說：「言官得其人，人任其事，故官治而不亂，事起而不廢，士守其職，大夫理其位，公卿總要執凡而已。故任能者，責成而不勞，任己者，事廢而無功。」王充《論衡·答佞》篇也說：「唯聖賢之人，以九德檢其行，以事效考其言，行不合於德，言不驗於事效，人非賢則佞矣。」凡此，都是在說以九德官人的方法。這種方法，最起碼在漢代，仍爲學者所樂道。不過在這裏我們要特別指出的，那就是古人所說的「德」，實包括「才」，所以在《尚書》中皆言「德」，很少涉及「才」字。由堯、舜的聖哲明察，已足可以使我們領悟這種道理。後人才、德分途，而世風也就日漸偸薄了。讀經至此，實不能無慨。

所謂三德、六德，鄭氏康成以爲：「皆亂而敬已下之文。」這種說法，我們不能同意，因爲九德是指九種成德而言，人或具其一，或具其二，非必按照如經文所說的順序不可。就用人原則說，具備三德的人，可以任用爲大夫，具備六德的人，可以任用爲諸侯，而僅具備一德的人，亦可任用爲適合的工作。以德的大小，來決定任用職務的高低，這不就是因才器使嗎？這種因才器使，也是以德爲先決條件的。能如是，當然也就可以達到野無遺才，而上無廢事了。因此，我們認爲：「因才器使，以德爲先」的用人原則，將永遠爲官人的鐵律。宋・林之奇先儒說：「爲天子者，必能盡用天下之才，兼收並蓄，罔有或遺，然後能成天下之治。故必用是九德之人，自寬而栗，至彊而義者，無不容，無所不受。蓋所謂邱陵積土以爲高，江漢積水以爲大，大人合幷以爲公也」⑭這話道盡了知人官人的至理。

(五) 愼無逸，俾代天工

皐陶既言官人，因才器使之理，果能以天下之才，治天下之事，在「野無遺才，國無廢事」的情況下，社會必然爲一承平安樂景象。然而當此之時，天子又當如何？應當以如何的行爲，如何的思念，如何的見解，來領導羣倫，樹立風範？皐陶在這方面，也有其獨到的見解。他說：

無教逸欲有邦，兢兢業業，一日二日萬幾。無曠庶官，天工人其代之。

這是說：「天子當以身作則，爲有國有家的人，樹立風範。不可貪於逸樂和縱情私欲，當戒愼危亂的發生，日日事有萬端，怎可不愼？不可任用非才，而使眾官員曠廢了他們的職務。要時刻思念著，天子是代替上天治理人民的，而眾官員所治，亦無非天事，如有一位官員曠其職責，而天事將就因此而廢，又怎可不深加戒愼？」

因此，一位天子，在行爲上，當正其身以教「有邦」的諸侯，這也就是「上有所好，下必甚焉」的意思。能如是，而逸樂、貪欲之心，自可消除。在思念上，當時刻想到每日將會有危亂的事端發生，不可不愼加提防，使事端消滅於無形。在見解上，當知居官任職，爲代天行事，如非其人而居其官，就是壞亂天事。故人居其官，就是代天工。既代天行事，就不可曠廢職守，當以安民爲要。所以元人金履祥說：「此章又自君心推之，以結知人之本，而起安民之端也。」⑮以下兩節經文所載，就是說的安民。

㈥ 法天德，以範民行

所謂天德，也就是自然之理。我們常說：「天有好生之德」，事實上也就是好生之理。人生天地之間，往往有「此心同，此理同」的感覺，而欲安民，當效法天理，以順民心。皐陶非常了解這種道理，所以他說：

天敍有典，勑我五典五惇哉；天秩有禮，自我五禮有庸哉；同寅協恭和衷哉。天命有德，五服五章哉；天討有罪，五刑五用哉；政事懋哉、懋哉。

經文所說的「敍」，就是天理自然的倫敍。所說的「秩」，就是天理自然的品節。如再說得具體些，所謂「倫敍」，就是君臣、父子、兄弟、夫婦、朋友之倫。所謂「品節」，就是尊卑、貴賤、等級隆殺之品。在這方面，宋人已經爲我們作了解說。如程子說：「書言天敍、天秩，天有是理，聖人循而行之，所謂道也。」張子也說：「生有先後，所以爲天敍，小大高下相並而相形焉，是謂天秩，天之生物也有敍，物之既形也有秩，知敍然後經正，知秩然後禮行。」[16] 勑，卽勅字，作「正」、「飭」解，典，是常的意思，惇，作厚解。五禮，根據鄭氏康成的說法，是：天子、諸侯、卿大夫、士、庶民五種禮節[17]。庸，作常解。同寅、協恭、和衷，可說成：相接以敬，相待以恭，相與以誠，這也就是說，同寅協恭，乃可以和衷共濟的意思。至於五服五章的解釋，是自天子、上公、侯伯、子男以至卿大夫的五等服飾，用以彰明其德的。五刑，是指墨、劓、剕、宮，大辟而言，而五用是指五刑的五種處罰方法。如《國語》所說：「大刑用甲兵，其次用斧鉞；中刑用刀鋸，其次用鑽笮；薄刑用鞭扑，以威民也。」就是對此五刑來說的。我們歸納以上的解說，這段經文，如用口語說出，那就是：天行四時有常，人當法天來正五倫，五倫的教化，當以敦厚爲本。天的品節亦有常禮，人當法天，而制爲五禮也當有常。因此，從天子以至於庶民，皆當守此常禮，而君臣上下，尤當相接以敬，相待以恭，相與以誠，「融會流通，使民彝物則，各得其正」，如是方可無違於天理之自然。上天任命有德的人在位，並用五等的彩服，來彰明其德。上天討伐有罪的人，用五等刑罰加以懲戒。因此，凡負有政事責任的官員們，不可不時刻惕勵自勉啊！

這說明一切措施，無不循天理而爲。能循天理，方可廓然大公，純然至誠，而不含一毫人爲之私。所以程子說：「天命、天討，只是天理自當如此。」[18]時瀾也說：「命德討罪，皆不云我者，見賞罰之純乎天也。蓋典禮雖本於天，猶待人輔相樽節而成之，若賞罰，則不可加一毫於其間，有一毫之人，則賞罰，我之賞罰，非天之賞罰矣。」[19]細味先儒所說，安民實無過於此者，以此治民，還怕人民不能心悅而誠服？

(七) 明民欲，以順民情

就施政方針、態度說，這種舉措，是極其必要的。欲得民心，卽當以民之好惡爲好惡，以民之需要爲需要。皋陶既然講述了安民之理，而於安民之法，自有其見解，所以他說：

天聰明，自我民聰明，天明畏，自我民明畏。達於上下，敬哉有土。

經文所說的聰明，可作視聽解；明畏，可作賞罰解；達，是通的意思；上卽上天，下爲下民，有土，就是有天下。這意思是說：「上天的視聽，以我民的視聽爲視聽。上天的賞罰，以我民的賞罰爲賞罰。上天下民，要通達無間，民心之所存，也就是天理的所在，有國有家的人，又怎可不專一致此而敬愼不懈呢？」

我國古代聖賢，多講求天人合一的道理，這種道理，說穿了，也就是以自然的天理，來範圍人心，來順應輿情。既然以「天工人其代之」的心情治理人民，就應該以誠敬戒懼的謹愼態度，來察民隱、明民需、順民情，使君民之間的管道暢通，毫無滯礙。如是方能做到好惡、賞罰，全部符合民望。宋·眞氏德秀說：「隆古君臣，講明政治，無一事不本於天，無一事不本於敬。」[20]這體驗，眞是再深刻也沒有了。而孟子所引〈泰誓〉篇的「天視自我民視，天聽自我民聽」，〈呂刑〉篇的「德威惟畏，德明惟明」，當卽由此演變而來，亦卽此理的闡發。這種道理，將永爲治民、安民的不二法則。尤其是在君主專制時代，而所發生的影響，其價值確實難以估計。我們看，無論任何朝代的聖君賢相，皆無不以此爲治國安民的準則，就是一個明確的例證。

(八) 謙以言，其襄益勤

聖人有謙德，這是我們大家都能承認的。尤其是在《論語》這部書中，這種事實，眞可說是隨處可見。皋陶陳謨帝舜之前，既已盡言知人安民之理，乃以「未知」「贊襄」作結，因此又形成了與禹的對話：

皋陶曰：「朕言惠可厎行？」禹曰：「俞，乃言厎可績。」皋陶曰：「予未有知，思日贊

贊襄哉。」㉑

這意思是，皐陶說：「以上我所說的話，是否順理、可以見之於施行？」禹馬上回答說：「當然，照你的話去做，是可以獲致成功的。」皐陶於是又謙虛的說：「這，我可就不知道了。不過我只知每天以言語來贊明帝德，以期有所成就而已。」

就以上皐陶所言，我們不僅可以體悟到他觀察精微、見解透闢，同時更可使我們感悟到，一個人，除非不欲有所作爲，如欲有所作爲，那就必須首先要修身，因爲身修而後方可成聖成賢，方可以齊家、治國、平天下。也惟有身修，而後方可以知人與安民。能知人，而後才可以因材器使，才可以遠佞人而就有道。能安民，而後才可以澤被四表，恩加海內，才可以博濟施眾，萬民歸仰。修身乃明德之事，知人乃智之事，安民乃仁之事，皐陶能「日贊贊襄哉」於此，而舜的垂拱而治，誰說不宜？是以孫氏繼有說：「贊贊者，賢才之進退，生民之休戚，所係於君德者甚大。人，不可一日不知，民，不可一日不安，故日以知人安民之謨，贊帝以行之，期於成治而已。」㉒我們的看法，正是如此。

以上是皐陶、禹二人的答問，意在諫帝。主講人是皐陶，發問者是大禹，聽眾是帝舜。另外可能還有伯夷、和夔。當皐陶、禹答問的時候，帝舜並不曾插嘴，只是在一旁「默而識之」，自此以後，局面大爲改觀，變成了帝舜發問，禹來回答，皐陶也偶爾湊湊熱鬧。現在就讓我們繼續往下看吧！

(九) 禹，首以往事，說明安民匪易相勉

經文說：

帝曰：「來，禹！汝亦昌言。」禹拜曰：「都！帝，予何言？予思日孜孜。」皋陶曰：「吁！如何？」禹曰：「洪水滔天，浩浩懷山襄陵，下民昏墊。予乘四載，隨山刊木，暨益奏庶鮮食。予決九川，距四海，濬畎澮，距川。暨稷播，奏庶艱食、鮮食，懋遷有無化居。烝民乃粒，萬邦作乂。」皋陶曰：「師汝昌言。」

這是說：帝舜聽了皋陶修德、知人、安民的建言以後，很想再聽一聽禹的高論，於是就在二人問答告一段落之時，不假思索的說：「噢！禹，現在就請你也來表示一下美言讜論吧！」禹馬上向帝舜拜了拜而大加讚美的說：「美言嘉謨，皋陶都已經說盡了，在這方面，我實在沒有什麼好說，要嘛，我只是想著，每日孜孜不懈的勉於事功而已。」皋陶立即插嘴說：「啊！是的，請具體的說一說如何？」於是禹也就毫不遲疑地以回憶的口吻，分成兩個層次，說出了一己如何地「思日孜孜」。他說：

第一，在過去，洪水漫天，無邊無際，圍繞著大山，淹沒了丘陵，人民正在昏迷沉溺的時候，我以四種交通工具載行㉓，勘察水勢，行山砍木，樹立標記，以為治水的依據，並與伯益向帝奏言，此時人民所食，惟殺鳥獸鮮食而已。

第二，後來疏導浚深了九州的河川，使各通於大海，然後再挖深田間的水道，使各通於河川，與后稷一方面教民及時播種，一方面向帝奏言，此時人民所食，為穀物、鳥獸各半。又過了一段時日，根據人民的需要，使有無相通，作適時合理的調節，這樣人民才安定了下來，萬邦才得以治理。

這確實是一段非常艱辛的歷程，誠可謂為得來不易。禹所以陳說這段往事，就是想藉著這種陳述，使君臣上下，相互戒勉，努力不懈，不可滿足於當前，如是才能保持安定於無窮，實有警戒之意存於其中，這種情況，就好比一位老臣，陳述往日的成敗，藉以勉勵、激發當時的君臣是一樣的。在這裏更值得一提的是：禹也藉著這種陳述，說明伯益和后稷輔佐的大功，這一則顯示了禹的不自居功，樂與人為善的胸襟，同時也顯示了當時上下一心、共體時艱、為國為民的偉大抱負。禹八年於外，三過家門而不入的公而忘私情操，不就是「惟思日孜孜」的證明？

從這段經文中，首先使我們覺察的是：當皐陶陳謨之時，帝舜只是在一旁默記傾聽，不曾發出一言，及至皐陶陳謨已畢，帝舜才請「禹亦昌言」，於是就展開了舜與禹、皐陶的相互答問。其次是如僅就禹的話來看，好似矜伐其功。果爾的話，那又有什麼「昌言」可師？我們在前文中曾經說過，聖人皆有謙德，而此處又何以自伐其功？關於這一點，前賢早已言之綦詳，茲引述如次，借供參考：

一、宋．呂祖謙說：「禹不矜不伐，此乃歷舉其功，若矜伐，何也？蓋艱難之念恐其易忘，平成之功，恐其難保，謂今雖平成，昔者之心，頃刻不可忘也。禹雖不陳謨，乃陳謨之大者。使自言其功，而非有深意，何以謂之昌言哉？」㉔

二、申時行說：「禹述治水之難，以寓保治之意，則微戒之深意，責難之微辭，莫有過於是者，此所以爲昌言也。人君以此存心，而所以爲復隍之慮者益深，人臣以此存心，而所以爲保泰之謀者益至，豈不可以師法耶？」㉕

三、簡朝亮說：「禹追言其難，願帝孜孜無怠，即以戒逸欲而安民，故皐陶師之也。」㉖

四、吳闓生說：「此非自陳其功，乃極言爲治之難也。」㉗

以上四家所言，雖有繁簡的不同，但其表現的意旨則無二致。我們如能稍涉下文，則可馬上覺察，禹絕非自伐，而實有寓義在。

㈩ 其次，禹則以愼乃位相勸

經文說：

禹曰：「都！帝，愼乃在位。」帝曰：「俞。」禹曰：「安汝止，惟幾惟康，其弼直，惟動丕應。徯志以昭受上帝，天其申命用休。」

所謂「愼乃在位」，也就是前文所說「敬哉有土」的意思。禹深感於國家的治理，人民的安定，不是一件易事，所以才又繼前文未盡之言說：「噢！帝，要敬愼您的天子之位。要知道，能當天位，是一件何其艱難的事，一念不謹，或以貽四海之憂，一日不謹，或以致千百年之患。」㉘可不敬謹？帝舜深以爲然。所以他當即回答說：「是的，一點也不錯，你的話對極了。」然而如何「愼乃在位」？禹並沒有具體的說出來，惟恐皋陶再度發問，所以就緊接著說：「要安於至善的所止，不可妄動，因爲宇宙間的事事物物，無不各有其至善的處所，惟有時時思念著危險，國家方可得到安定。再者，假如所有輔弼的大臣，都是有德㉙的人，那就絕不會妄動了。由於動必依德，所以就必定可以得到天下人民的大應。更重要的一點，就是要時刻保持清明在躬，用昭明無私的心，來等待天命，這樣上帝就會重複地命以福祥。」經文最後兩句，在表面上看來，雖似有些迷信，但如能以孟子所說「禍福無不自取」的觀點來衡量，那也就「無不自得」了。

(十) 君臣一體，和衷共濟，方克有成

我們從以上皋陶、禹的對話中，可以很清楚地了解到二聖人所言，均在責重帝躬，而帝舜除

默識心領外，迄無表示任何意見，以下經文，就有所轉變了。舜也提出了自己的看法。經文說：

帝曰：「吁！臣哉鄰哉！鄰哉臣哉！」禹曰：「俞。」帝曰：「臣作朕股肱耳目。」

這話雖然說得很簡單，但卻含義深遠。經文中的「鄰」字，有近、輔、親的意思。這是說：「大臣是天子最親近的人，反過來說，天子最親近的人，就是大臣。如果君臣一體，共爲國是盡力，試問還有什麼困難不能克服？」舜的所以言此，一方面是感念大禹公而忘私、不辭勞苦、一心爲國的精神，同時也想藉此言論，來表明一己的心跡，君臣之間，本爲一體，而毫無距離的。所以漢代的鄭氏康成注此經文說：「舜反覆言此，欲其志心入禹。」㉚清儒江聲更在其所著《尚書集注音疏》中，發揮鄭氏的話說：「志心入禹者，猶言推心置腹，欲禹與己一心一德也。」君臣之間，如不能一心一德，共體人民的需要，盡一己之力，作最大的奉獻，又如何能使人民歸服？這種行爲，也可以說是「安民」的必要條件。所以帝舜緊接著就把這種見解表達了出來：

帝曰：臣作朕股肱耳目。

這不正是以大臣爲「鄰」的意思？誠如鄭氏所說：「動作視聽，皆由臣助之也。」㉛以下則更進一步的說明此理：

(十一)明安民之策，以翼、為、明、聽相期勉

經文說：

> 予欲左右有民，汝翼。予欲宣力四方，汝為。予欲觀古人之象，日、月、星辰、山、龍、華蟲、作會；宗彝、藻、火、粉米、黼、黻、絺繡；以五采彰施於五色，作服，汝明。予欲聞六律、五聲、八音，在治忽，以出納五言，汝聽。予違汝弼，汝無面從，退有後言，欽四鄰。

在這段經文中，首先我們要指出的有兩點。第一，帝舜為什麼單單指禹來翼、為、明、聽，而竟不及他人？這是因為禹總百官而治的關係。假如我們還不健忘的話，應該還記得，在〈堯典〉中，當舜即位任官的時候，使「宅百揆」者，不就是禹嗎？是以舜的責重於禹，也就無異於責重百官了。第二，這段經文，表現出四個主題：即教、政、禮、樂。這四個主題，也就是作股肱耳目的大臣，所當盡力以赴的。宋・王安石說：「敬服五教，司徒掌之，豈非左右有民？稷掌阻饑，皋陶治姦宄，豈非宣力四方？夷（即伯夷）作秩宗，豈非制衣服？夔典樂，豈非察音聲？」

王充耘也說：「予欲左右有民，是言教；宣力四方，是言政；觀象作服，是制禮；審音出納五言，是作樂。四者，爲治之大要也。」[32]這見解我們非常樂意採納，同時也帶給我們很大的啟示，使我們似乎看到了文化的起源與流衍。茲就著經文，析述其義如次：

一、所謂予欲左右有民，汝翼：左右，可作導、助解，有，是撫的意思，翼，太史公作輔。這是說：「我（舜）欲教導、安撫人民，你（禹）當輔成於我。」

二、所謂予欲宣力四方，汝爲：宣，有布、徧的意思。力，《周禮》卷三〇〈司勳〉說：「治功曰力。」爲，王引之謂：「當讀如相爲之爲，故有助義。」這是說：「我欲徧布治功於四方，你當助我功成。」

三、所謂予欲觀古人之象，……汝明：象，是指畫象而言，也就是就其物而擬其象的意思。畫日、月、星辰，是取其在上而能照臨；畫山，是取其鎭靜而又生物；畫龍，是取其隨時變化；畫華蟲，是取其有文理而又耿介；華蟲，就是雉鳥。作會，鄭氏讀會爲繪，這是說：「把日、月、星辰、山、龍、華蟲六物，作成圖像，分別繪畫在上衣的意思。」畫宗彝，是取其能服猛、有智捷；宗彝，本爲祭器，上畫虎與蜼（音ㄨㄟˋ，長尾猴）。蔡沈書集傳說：「取其孝也。」畫藻，是取其文秀而清潔；藻，就是水草。畫火，是取其文明；畫粉米，是取其能養；粉米，就是白米。畫黼（音ㄈㄨˇ），是取其斷；黼爲斧形，刃白而銎（音ㄑㄩㄥ，斧裝柄部位）黑，爲兩斧相背，因此也有人說：「黼，是黑白相間的花紋。」畫黻（音ㄈㄨˊ），是取其有違而輔直；阮元說：「黻形，象兩弓相背，是古弗字。」但也有人說：「黻是青赤相間的花紋」(見附圖一)。絺繡，就是現在我們所說的刺繡。這是說：「將宗彝、藻、火、粉米、黼、黻六種圖像，刺繡在下裳上面。」這就是我們所說的十二章。蔡沈書集傳說：「易曰：『黃帝、堯、舜，垂衣裳而天下治，蓋取諸乾坤。』則上衣下裳之制，創自黃帝，而成於堯、舜也。」就文化的演變來看，這推測是對的。不過這種服制，到了周代，則稍有改變，以三辰(日、月、星)爲旂旗，以龍爲袞，以宗彝爲毳，有的增減上下，變更其等差。所以《周禮．司服》有袞冕、鷩冕、毳冕的不同。這種名稱，全視其衣服的首章所畫爲何物而定，如袞，就是袞龍，袞冕九章，以龍爲首。鷩，就是華蟲，鷩冕七章，以華蟲爲首。毳，本爲亂毛，此處指虎蜼而言，毳冕五章，以虎蜼爲首(見附圖二)㉝。至於「以五采彰施於五色，作服，汝明」這句經文，是說把以上的十二種圖像，施以五采加以彰明，作成五等的服裝，你要明白其等差的意義。鄭氏康成說：「性曰采，施曰色。未用謂之采，已用謂之色，此十二章爲五服，天子備有，公自山、龍而下，侯伯自華蟲而下，子男自藻火而下，卿大夫自粉米而下。」亦卽其所說：「五服，十二也、九也、七也、五也、三也」五等的服裝㉞。有關服章的說法，非常不一，玆將天子冕服及章服的等差主要學說，圖示、表列於後，聊供參考(見圖三、四，表一)。

四、所謂予欲聞六律、五聲、八音，在治忽，以出納五言，汝聽：相傳黃帝時伶倫，把竹管截成十二個長短不等的筒，然後吹出十二個高度不同的標準音，以確定樂音的高低，因此這十二個標準音，也就叫做十二律。十二律又分爲陰陽兩類，奇數六律爲陽律，叫做六律，偶數六律爲陰律，叫做六呂，合稱爲律呂。我國古書中所說的六律，通常是包舉陰陽各六的十二律來說的（見附圖五）。五聲，就是宮、商、角、徵、羽，又叫五音，這五音，大致相當於現代音樂簡譜上的1（do）2（re）3（mi）5（sol）6（la）。從宮到羽，按照音的高低排列起來，形成一個五聲音階。而宮、商、角、徵、羽，就是五聲音階上的五個音級。後來再加上變宮、變徵，稱爲七音，也有稱爲七始的。變宮、變徵，大致和現代簡譜上的7（ti）與4（fa）相當，於是就形成了一個七聲音階。因我國古人通常都以宮作爲音階的起點，所以「宮調」的名稱，也就特別響亮。

至於八音，則是指八種樂器而言，它的名稱是：金（鐘）、石（磬）、絲（絃）、竹（管）、匏（笙）、土（壎）、革（鼓）、木（柷敔）。而五聲八音的關係，今以圖表示如後（見附圖六）。蔡沈書集傳解釋說：「六律，陽律也，不言六呂者，陽統陰也。有律而後有聲，有聲而後八音得以依據。故六律五聲八音，言之敍如此也。在，察也。忽，治之反也。聲之道與政通，故審音以知樂，審樂以知政，而治之得失可知也。五言者，詩歌之協於五聲者也，自上達下謂之出，自下達上謂之納。汝聽者，言汝當審樂而察政治之得失者也。」關於審樂知政的言論，在《禮記‧樂記》篇中，表現得更爲明確，〈樂記〉說：「凡音者，生於人心者也。情動於中故形於聲，聲成文謂之音。是故治世之音，安以樂，其政和，亂世之音，怨以怒，其政乖，亡國之音，哀以思，其民困。」聲音與政通的道理，古人已經先得我心，孔子讚美韶樂的盡美盡善，當非偶然。至於「出納五言」之義，僞孔以爲是「仁義禮智信」五德之言，施於民以成教化。然蔡沈以爲「詩歌之協五聲者也。」近人曾運乾先生，則以爲「五方之聲詩也。」並引王制：「五方之民，言語不通，嗜欲不同，達其志，通其欲」這幾句話來作爲依據，這見解，無異於蔡傳的引申。我們就經文以六律、五聲、八音、察治亂來看，蔡、曾二氏的話是對的。不過孔穎達《尚書正義》對於「出納五言」的解釋，也頗值得一看，他說：「君言可以利民，民言可以益君，是言之善惡，由音樂而知也。此言之善惡，亦人君之所願聞也。政之理忽，言之善惡，皆是上所願聞，欲令察知以告，已得安善而改惡，故帝令臣，汝當爲我聽審也。」因其切要，所以引在這裏，借供參考。

五、予違汝弼，汝無面從，退有後言，欽四鄰：這幾句話，直接道出了對大臣們的期望，那也就是說：「如果天子、君上的言語、行爲，有背道的地方，大臣們則應以直言輔弼，諫正其過失。假如當面順從，而退朝以後，再加以是非，那就不是『弼直』了。」欽，是敬的意思，欽四鄰，史公作敬四輔臣㉟。伏生《尚書大傳》說：「古者天子必有四鄰，前曰疑，後曰丞，左曰輔，右曰弼。天子有問無對，責之疑，可志而不志，責之丞，可正而不正，責之輔，可揚而不揚，責之弼。其爵視卿，其祿視次國之君。」㊱這是帝舜明告禹，要能與「四鄰」好好相處，互相敬重共輔天子的意思。宋．林之奇先生最明此意，所以他說：「欽四鄰者，言汝（禹）當敬汝左右前後所與比肩以事上者，與之同心協力，以輔台德也。」㊲

表一　服章主要學說比較表　此表取自王關仕著《儀禮服飾考辨》

說者	服別	章序	數	附註
伏生	天子	華蟲 作繪 宗彝 璪 火 山 龍	5	
	諸侯	作繪 宗彝 璪 火 山 龍	4	
	子男	宗彝 璪 火 山 龍	3	
	大夫	璪 火 山 龍	2	
	士	山 龍	1	
歐陽	天子	日 月 星辰 山 龍 華蟲 藻 火 粉 米 黼 黻	12	
	公侯	山 龍 華蟲 藻 火 粉 米 黼 黻	9	
	侯伯	華蟲 藻 火 粉 米 黼 黻	7	
	子男	藻 火 粉 米 黼 黻	6	
	卿大夫	粉 米 黼 黻	4	

說者	服別	章序												數	附註
夏侯	天子				山	龍	華蟲	藻	火	粉	米	黼	黻	9	
	三公				山	龍	華蟲	藻	火	粉	米	黼	黻	9	
	侯伯						華蟲	藻	火	粉	米	黼	黻	7	
	子男							藻	火	粉	米	黼	黻	6	
	卿大夫									粉	米	黼	黻	4	
馬融	天子	日	月	星辰	山	龍	華蟲	藻	火	粉	米	黼	黻	12	
	諸侯				山	龍	華蟲	藻	火	粉	米	黼	黻	9	（補）
	子男						華蟲	藻	火	粉	米	黼	黻	7	（補）
	大夫							藻	火	粉	米			4	
	士							藻	火					2	

說者	服別	章				序								數	附註
鄭玄	天子	日	月	星辰	山	龍	華蟲	宗彝	藻	火	粉米	黼	黻	12	虞
	王				龍	山	華蟲	火	宗彝	藻	粉米	黼	黻	9	周（下同）
	三公				龍	山	華蟲	火	宗彝	藻	粉米	黼	黻	9	
	侯伯						華蟲	火	宗彝	藻	粉米	黼	黻	7	
	子男								宗彝	藻	粉米	黼	黻	5	
	卿大夫										粉米	黼	黻	3	
孔傳	天子	日	月	星辰	山	龍	華	蟲	藻	火	粉	米	黼	黻	日月以下
	諸侯				龍								黼	黻	龍袞以下至黼黻
	大夫								藻	火	粉	米			
	士								藻	火					

從以上的解析，我們可以體察到，舜的所言，無不以「安民」為前提。首先言教化，其次盡力於政令的推行以建設地方，再其次以服有德以彰其善，最後，則「以樂察治忽」，使民受化，其用心不謂不深了。

㈩ 明賞罰，以清政風

大臣既為天子的「股肱耳目」，理應各竭所能，各盡其力，同心一德，共為「安民」而各展抱負，如不能如是，反而比周營私，那就要接受處罰了。所以經文說：

庶頑讒說，若不在時，侯以明之，撻以記之；書用識哉，欲並生哉。工以納言，時而颺之，格則承之庸之，否則威之。

這是說：「對於那些眾愚頑讒媚的人，若不能明察一己為臣的職守，為天子的股肱耳目，那就要首先用射必以正的道理來明教之，使他知所羞恥。如不能覺悟悔改，就進一步用扑撻的方式加以懲治，使他皮肉受苦，永不敢忘。甚至於將其罪惡寫在大方版上，繫在背後，以昭炯戒。所以這樣做，其目的，就是想藉此使之改過自新，不致陷於殺戮的死刑。這也就是「欲並生」的意思。其次是工官則當慎於採納人言，發現有美善的言論，即當採用，對於「庶頑讒說」，改過就進而用之，不改，就用刑威懲罰，所以這樣做，全是爲了彰德刑罪，使政清人和啊！」

帝舜既以翼、爲、明、聽勉禹輔佐，又以弼直、欽四鄰相儆，這些話在「安民」上，雖然大致已盡，但是對於那些愚頑讒媚的人，也不能不預爲提防，所以才表明了他的這種看法。宋・黃氏度說：「禮以道其志，樂以和其聲，政以一其行，刑以防其姦，禮、樂、刑、政，其極一也。」就刑來說，這話是不錯的。

㈣ 舉黎獻，明庶功，無不敬應

以上帝舜所言，僅說到對於「庶頑讒說」的刑罪彰德，並沒有言及「萬邦黎獻」的舉用。所以禹並不表示完全同意，因而才提出一己的看法供舜參考。經文說：

> 禹曰：「俞哉，帝！光天之下，至於海隅蒼生，萬邦黎獻，共惟帝臣。惟帝時舉，敷納以言，明庶以功，車服以庸。誰敢不讓？敢不敬應？帝不是，敷同日奏，罔功。」

這意思是：禹說：「話是不錯，不過，帝啊！你不要忘了，普天之下，四海之內的人民，以及所有國家的眾賢人，都是帝的臣子，希望帝能隨時舉用他們。然而舉用賢人，也是要有條件的，譬如說要取納以言，來觀察他的志向，明告眾庶因用其言而有了很大的建樹。然後再以車服來賞賜他，以酬報他的功勞。在這種情況下，誰還能不推賢尚善？還能不勤於其職？勤於修爲，以求不負天子教化陶成的德意？假如帝捨此不取，而只是普同無別，雖然每日都在進用人才，但也不會有任何功績可言。」

這種以納言觀志、敍功酬庸的辦法，禹能及時提出，以補舜言的不足，這不僅可以看出禹的處事周詳，同時更可看出他的忠貞。君臣之間，已經到了知無不言、言無不盡的交融地步。這也就無怪乎有人說：「帝意責難於臣，臣意責難於君，猶君臣交儆意也。」[38]其次則說明一件事理的眞相，那就是能使賢愚分明，人方能安分而無妒心，所以能推賢尚善。而名器不瀆，人就不敢傲慢不愼，故能無不「敬應」。就心理說，這話並沒有錯，不過在古代，由於制度的不同，所以往往也會形成不同的風氣，如御覽六三七引《韓詩外傳》的話說：「古者必有命，民有能敬長憐孤、取舍好讓者，命於其君，然後敢飾車駢馬；未有命者，不得乘車，乘車皆有罰。是故其民雖有錢財侈物，而無禮義功德，卽無所用其錢財。故其民皆與仁義，而賤不爭貴，強不凌弱，眾不暴寡，是唐虞之所以象典刑而民莫敢犯也。」《春秋繁露．制度》篇也說：「貴賤有等，衣服有別，朝廷有位，鄉黨有序，則民有所讓，而民不敢爭，所以一之也。書曰：『輿服有庸，誰敢不讓，敢不敬應，此之謂也。』」這兩段言論，我們雖不敢斷定在唐虞之世是如此，但最起碼有此傳說，而且在漢代的學者們，也多如此認爲，是可以想見的。平心而論，以一個人的言論、功績，來作爲考核的標準，雖不敢說十全十美，但退一步說，也不致相差太遠。因此，它是可以作為憑藉的。

(十五) 舜以丹朱戒禹，禹亦以「苗頑弗即工」是念勉舜

帝舜有見於堯子丹朱的傲慢、戲謔，因以戒禹不可私其不肖子，當以天命為重。禹因敍其娶妻生子、以及治水弼成的經過，今雖天下已定，然而仍有苗民不服治化，藉以提醒帝舜的注意。

經文說：

帝曰[39]：「無若丹朱傲，惟慢遊是好，傲虐是作，罔晝夜額額；罔水行舟，朋淫於家，用殄厥世。」禹曰[40]：「予創若時：娶於塗山，辛壬癸甲。啓呱呱而泣，予弗子，惟荒度土功。弼成五服，至於五千；州有十二師；外薄四海，咸建五長。各迪有功，苗頑弗即工，帝其念哉。」

這意思是：帝舜說：「我們千萬不能像丹朱那樣傲慢，喜好遊蕩而又戲謔成性，甚至不分日夜的坐在船中，使人搖晃著推行不止，而且又朋比淫亂於家中。你知道，我最痛恨奸邪讒說的人，因此我斷絕了他的世代相繼。」

這段話，在表面上看來，是單指丹朱而言，其實是借此儆禹，使他不要溺愛其子，致使像丹

朱一樣。這種看法，前人早已說過，如《漢書‧楚元王傳》，劉向上奏說：「臣聞帝舜戒伯禹，毋若丹朱敖。」王充《論衡‧問孔》篇也說：「《尙書》毋若丹朱敖，惟慢遊是好，謂帝勅禹，毋子不肖子也。重天命，恐禹私其子，故引丹朱以勅戒之。」禹聽了帝舜的告語以後，於是也就很自然地表明了一己的心意。所以他說：「當我從事治水工作剛開始不久，就娶了塗山氏的女兒，結婚剛過三宿，就奉命又去治水，後來雖屢次經過家門，從沒有進去看看，即使聽到啟呱呱的哭聲，我也沒有時間去撫育教養他，只是忙著平治水土的事業，水土平治以後，就輔佐天子規畫完成五服的地方行政制度，使國土東西南北相合，各有五千里，而且每州又畫分爲十二個師，以治理地方。九州以外，一直達到四海，每五個小國，立一首長，來護衛帝室。如此一來，而九州五長，都能順從治化，而且著有功績，只有苗民頑劣，不服治化、不就事功，帝當以此爲念啊！」

這段話，禹不僅陳述了以往的行事，以往推來，已可隱見不敢「私不肖子也」了。同時又就著當前國家大勢，作了一個適度的分析，提醒帝舜當行留意的地方。其用心，誠可謂爲既深且遠了。怪不得林之奇評論他說：「禹拯生民之難，思天下之溺，由己之溺，不暇顧妻子，至於沐雨櫛風，股無胈，脛無毛，而不以爲勞，其志如此，舉天下之聲色嗜好，曾何足以易此志哉！」[41]平心而論，這說法是非常切要的。帝舜所以讓位與禹，當非偶然。至禹弼五服的說法，有今古文的不同。今文家以中國方五千里，古文家則以爲萬里。茲以古文家說，列堯制五服及禹弼五服圖於右，以供參考（見圖七）。

(十六) 舜德廣布，皐、禹功顯

既然禹提出了「惟有苗民不服治化，帝其念哉」的告語，那麼如何方可使之服順，以卽工就序？聖人治民，以德爲先，此亦當不例外，如不從德，那也惟有威之以刑了。所以經文說：

帝曰：「廸朕德，時乃功惟敍。皐陶方祗厥敍，方施象刑，惟明。」

這意思是：帝舜說：「既然苗民不卽工就敍，不服治化，這是因我德薄能鮮所致，是以惟一的方法，就是『迪朕德』了。誠能修德以化，那就一定可收三苗惟敍的大功了。」在一旁一直沒有說話的伯夷，卻適時的接口說：「現在皐陶不是正在很小心謹愼地從事安頓苗民的工作？不僅如此，他還正在大力施行示以常刑，務必做到明察而中正的地步。由於皐陶的宣德明刑，我想苗民不久一定就會卽工就序、服從治理的。」[42]

這段經文，我們所以採取這樣的說法，是因爲一則聖人有謙德，絕不會自伐。換言之，舜不可能說「禹的治水成功，完全是由於蹈行其德」這句話的，卽使明明如此，聖人也不會自張其能。然而在這裏我們卻要強調的一點，就是皐陶的所以能「方祗厥敍，方施象刑，惟明」，卻是由於禹治水功成和五服既定。是以鄭氏康成說：「（舜）歸美二臣。」太史公也說：「皐陶於是敬禹之德，令民皆則禹，不如言，刑從之，舜德大明。」由舜德大明一語，可以使我們領悟到，敬禹、則禹，就是敬舜、則舜。是以伏生《尚書大傳》引孔子的話更進一步的說：「昔舜左禹而右皋陶，不下席而天下治。」㊸這些說法，都能助我們對經文作更深一層的了解。

㈦語終言樂，夔明其理

經文說：

夔曰：「戛擊、鳴球、搏拊、琴、瑟，以詠，祖考來格，虞賓在位，羣后德讓。下管、鼗、鼓，合止柷、敔，笙、鏞以間，鳥獸蹌蹌，簫韶九成，鳳皇來儀。」夔曰：「於！予擊石拊石，百獸率舞，庶尹允諧。」

這意思是：夔說：「樂有堂上、堂下的分別。堂上之樂，就樂器說，有戛擊、鳴球、搏拊、琴、瑟五種㊹，當在清廟祭祀的時候，樂器同時演奏，並歌詩以頌揚先王的功烈德澤，此時祖考的神靈，自天而降，在位以饗㊺，與祭的諸侯，也都能以德互相禮讓。至於堂下之樂，就樂器言，則有竹管、手鼓、鼓、以及合止樂的柷、敔。另外再加上笙與鏞，和堂上之樂相間以奏（見附圖八），卽使是鳥獸，也會被樂所感而翔舞。等到由各種樂器奏出韶樂，而曲調更奏至九變的時候，即如那靈鳥鳳凰，也會相感而飛來。」說到這裏，夔尙意有未盡的說：「噢！我可指揮樂工，用輕重不同的手法，敲擊著大小不同的石磬，來調劑樂曲，使之更爲動聽，百獸將因此相率而舞，而眾官之長，也將因樂聲所感，而信能和諧了。」

我們所以作這樣的說明，是因爲就全篇來講，均爲對話體，而當舜、禹、皐陶談話終結的時候，夔出而「言樂」，是極其自然的事。又因本段經文有兩個「夔曰」，尙書家多半從太史公的見解，將第一個「曰」字，解爲「於是」，又把「戛擊」看作動詞，這樣一來，無形中，就等於夔特地在等候他們語畢而奏樂在助興了。而且既然是三人在相互問答，又何來的「虞賓」、「羣后」？這與祭祀又能扯上什麼關係？況且還有一層，那就是第二個「曰」字，又何以作「說」解？蔡沈未見及此，所以他說：「此章夔言樂之效，其文自爲一段，不與上下文勢相屬，蓋舜之在位，五十餘年，其與禹、皐陶、夔、益相與答問者多矣，史官取其尤彰明者以詔後世，則是其所言者，自有先後，史官集而記之，非其一日之言也。諸儒之說，自皐陶謨至此篇末，皆謂文勢相屬，故其說牽合不通，今皆不取。」就是因爲蔡氏發現「此章」中有很多講不通的地方，如舜、禹、皐陶三人談話終結，夔的言樂，固無不可，但何以「祖考來格，虞賓在位，羣后德讓」？根據傳統的說法，這當然是祭祀了。我們如不作如是觀，只把它看作夔言樂的一種功效，這一方面固可增加樂的價值，同時也能與三人談話的情勢相接，這並沒有什麼「牽合」勉強的地方。至於堂上、堂下演奏的次序，先儒已爲我們作了解答，唐．孔穎達正義說：「樂之作也，依上下而遞奏，閒合而後曲成，祖考、尊神，故言於堂上之樂；鳥獸、微物，故言於堂下之樂。九成致鳳，尊異靈瑞，故別言之，非堂上之樂獨致神格，堂下之樂，偏能舞獸也。」既然是「言樂」，自應說明樂的作用、功能和價值，夔的話，在這方面，是不是表達得很透闢？如以言人，就可以使「羣后德讓」、「庶尹允諧」。如以言鳥獸，就可以使之「蹌蹌」、「率舞」、「來儀」。這種功用和價值，還不够大嗎？簡朝亮說：「堂上之樂，亦感鳥獸，堂下之樂，亦感神人；樂成而感鳳凰之靈，則神人與物無不感矣。」[46]我們認爲這說法是對的。

㈥ 卽興作歌，尤見交互規勉之深義

經文說：

帝庸作歌曰：「勑天之命，惟時惟幾。」乃歌曰：「股肱喜哉，元首起哉，百工熙哉。」臯陶拜手稽首，颺言曰：「念哉！率作興事，愼乃憲，欽哉！屢省乃成，欽哉！」乃賡載歌曰：「元首明哉，股肱良哉，庶事康哉！」又歌曰：「元首叢脞哉，股肱惰哉，萬事墮哉！」帝拜曰：「俞，往欽哉！」

帝舜因了臯陶的陳謨、大禹的相勉，又感於夔的言樂，遂引發其志，卽興作歌，先序作歌的用意，是要戒愼天命，當無時、無地、無事而不深加敬謹。然後唱出了一己的心願：「作爲股肱的大臣，能協和盡忠啊！而元首的治功就能振起，各種事功，也才能興盛啊！」這當然是勉勵大臣的話，可是這種戒懼儆惕，是極其必要的，因爲「天命無常，理亂安危，相爲倚伏，今雖治定功成，禮備樂和，然頃刻謹畏之不存，則怠荒之所自起，毫髮幾微之不察，則禍亂之所自生。」㊼又怎可不戒懼儆惕？這大概就是帝舜先爲述說其所以作歌的意義了。

皐陶聽到帝舜的詠歌以後，馬上也引發了他的作歌興趣，於是向舜行一個最敬禮，然後先用較大的聲音，陳述作歌的意義說：「帝，您要時刻思念著啊！元首當爲股肱的先導，尤當謹愼您的法度，要敬謹啊！要知道，興辦事業，最易招惹紛爭，所以要多作省察考核，使事事覈實而無欺蔽，如是事功始可有成，所以要特別敬謹啊！」這話說完以後，皐陶接著詠歌道：「君宜明哲，臣宜賢良，眾事安定。」江聲評論這首歌說：「皐陶先言元首，責難於君之誼也。」接著皐陶又歌唱道：「元首細碎無大略，大臣懈弛不進取，萬事皆將敗壞啊！」簡朝亮評論說：「君能知人以官人，君聖明則臣賢良，眾事由是安矣。所謂謨明弼諧，庶明勵翼也。君不能知人以官人，君兼眾事而煩瑣，則臣不任事而懈力，萬事由是壞矣。」

帝舜聽了皐陶的歌詠，馬上向他致敬說：「是啊！那就讓我們以後相互敬謹從事吧！」吳闓生評論說：「郅治之隆，及君臣相得之美，非言語、文字所能盡。」㊽細味其言，確能使人感到有一種「言有盡而意無窮」的雋永。這種開誠布公、推心置腹、毫無隱私、坦率眞摯、相互責勉的行爲，將可永爲後人的典範。

三、結　語

聖賢治國，無不以「德」爲尚，而二帝三王，尤能以此爲兢兢。我們讀了〈皐陶謨〉以後，更能證實此一觀點的絲毫不爽。孔老夫子說：「爲政以德，譬如北辰，居其所而眾星共之。」⑩如觀察不眞，體驗不切，又何能言此？〈皐陶謨〉的主旨，就是在強調、闡發德治的重要。而德治的根本，在於修身，修身就是修德。所以本篇一開始，皐陶就說：「允迪厥德」。這與〈堯典〉的「克明俊德」又有何異？能修德，方可知人，能知人，方可安民。這種次第的開展，又那一樣不是「據於德」的？德既然如此重要，在這裏，我們不妨多說幾句。

一、德，實爲仁、智、聰明、才能的總和：所以在古籍中所見，大多單以「德」字勉人，我們讀了〈堯典〉、〈皐陶謨〉以後，更可證明這一點。堯、舜、禹三聖人我們不必再說，即使他們所任用的大臣，又那一位不是有「德」的人？春秋戰國以後，王綱解紐，諸侯「惡禮樂之害己」，至此而才德分家，到了三國，曹操用人，更是惟「才」是視，流傳至今，而「德」之一辭，反被誤認爲「老實、無能」的代稱，豈不可悲！

二、《淮南子．齊俗訓》說：「得其天性之謂德。」孫星衍解釋說：「天性，謂五常之性。」

五常有兩種說法，一爲仁、義、禮、智、信，一爲君臣、父子、夫婦、兄弟、朋友。不管怎樣說，它都應該包括才能在內。

三、許愼《說文解字》心部悳下說：「外得於人，內得於己也。」段注：「內得於己，謂身心所自得也。外得於人，謂惠澤使人得之也。」一個能內得於己、外得於人的人，如不具備才德，又如何能做得到？

四、《韓詩外傳》卷五說：「德也者，包天地之大，配日月之明，立乎四時之周，臨乎陰陽之交。……至精而妙乎天地之間者德也。」這種說法，可使我們領悟到德，不僅是一種眞理，同時也是無所不宜的。聖人的法天而行，其德之大，含蘊之廣，也就可想而知了。

我們知道了德爲一切的根本，那也就不難了解〈堯典〉、〈皐陶謨〉，爲什麼一開始就說：「克明俊德」和「允迪厥德」了。就全篇內容說，我們一共分爲十八目敍述，層次是隨著經文逐漸展開的。由皐陶的「迪德」、「知人」、「安民」，進而到舜、禹的互儆、規勉，處處表現出聖人們的率直無私，知無不言、言無不盡的胸襟，而尤其是那種有則改之、無則嘉勉的態度，以及虛心承教的精神，絕不是我們後人可望其項背的。在他們的言語之間，充滿了關懷，充滿了和諧，更充滿了樂與人爲善的情操。君臣之間，能相處若是，那還怕不能收上行下效的善果？還怕社會不能風淳俗美？還怕人民不能力圖進取向善？

就經文的結構說，安排得相當有次序，而且能前呼後應。如一開始皐陶即以「允迪厥德」勉舜。可是當禹提出「苗頑弗即工，帝其念哉」的時候，舜馬上就說：「迪朕德」，這眞可說是以「迪德」始，「迪德」終了。並且更進一步的說明，也惟有一己修德，方能使苗民即功就序的看法。因此導致了在旁一直沒說話的伯夷，不得不揷嘴道：「臯陶正在大力而敬謹地從事這安頓就序的工作，並示以常刑，使其知所遵守，務期做到明察公允的地步。」這種以德始、以德終的安排，不僅增加了經文的貫連性，同時也使文義、文氣能前後呼應，融為一體，使人覺得在結構上，格外顯得緊湊。

就文體說，雖然是謨，但通篇卻是以說話的方式表現事理，所以讀起來，並不覺得有什麼不銜接或牽合的地方。為了強調這一點，所以我們有條件地變更了幾個地方，例如禹曰：「予娶塗山」的「禹曰」，我們把它移到前段最後一句「予創若是」的上面，這樣兩段的義理，才能連貫。因前段帝曰：「若無丹朱傲……」是舜借丹朱之例戒禹不可私其不肖子。下一段禹則敍述一己自開始治水、結婚，到弼成五服，各迪有功的一段經歷。「八年於外，三過家門而不入」，又那有時間私其子？這樣一移動，文氣不僅貫連，而且立即生動活潑了起來。同時更可以使我們領悟到禹的所述，絕不是自伐其功，而是就著事情的經過，即便是想私其子而實際上也是不可能的。所以最後，以他的觀察、實際了解，認為「苗頑弗即工，帝其念哉！」因此，帝舜才以修德感召相答。而且此時伯夷也趁機加以補充說明，臯陶「方祗厥敍，方施象刑，惟明」相輔，這不就更表明舜的治理，是主張恩威並重的嗎？也惟有「恩威」並重，才能收到政治上的最大效果。

至於夔曰：「戛擊鳴球……」至庶尹允諧一段，由於太史公將「曰」字說爲「於是」，後人多從其說，而認爲是夔在三人語畢後作樂。我們所以不想援例，那是因爲一方面夔的出現，也正如當皐陶陳謨以後，突然有「帝曰：『來，禹，汝亦昌言。』」的情景，尙書家以爲由此記載，可知當皐陶、禹答問對話的時候，帝舜在一旁默誌心領，並未出一言，至此才使人恍然大悟，原來舜在一旁全神貫注的傾聽，咸以爲史家妙筆。然而這裏的「夔曰」，我們爲什麼不作如是想？不同樣的也是妙筆嗎？另一方面，夔既掌樂，當然對樂理、功用、價值，了解最爲淸楚，而且古人對於樂，是向所重視的，其重視的程度，並不亞於其他，起碼是與禮等量齊觀的，因此我們認爲夔在此出而言樂，也是極其自然的事。蔡氏認爲「自爲一段，不與上下文勢相屬」，我們不同意這種說法，道理已在前文中解析，在這裏，也就不再多說了。

就本篇最後一段賡歌說，我們認爲它有不同凡響的價值。就正史所載，它應該是最早的詩歌了。而且有序有詩，古樸無華，率直明誠，味之甘美，寓義無窮。雖不能使人迴腸蕩氣，但卻能給人多方面的啟發，能說不是一首好詩！宋・林之奇先生說：「舜與皐陶之賡歌，三百篇之權輿也，學詩者，當自此始。」㊿我們同意這種說法。

除去文學上的價值外，在政事上的價值，尤不可估量，在這裏，我們想引范祖禹的話，作爲說明。他說：「君以知人爲明，臣以任職爲良。君知人，則賢者得行其所學，臣任職，則不肖者不得苟容於朝，此庶事所以康也。若夫君行臣職，則叢脞矣；臣不任君之事，則墮矣；此萬事所以墮也。」[51]話雖不多，意義卻很深長。我們看了這些文字，於任職處事之間，能無所感悟？

附圖

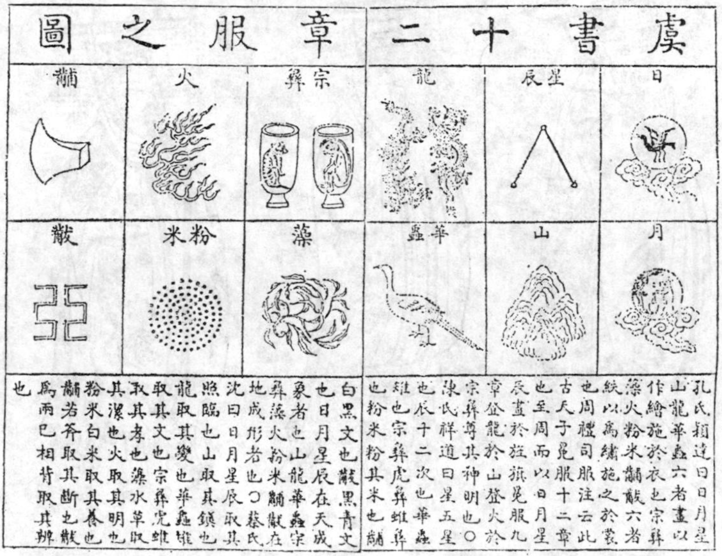

圖一　本圖取自《欽定書經傳說彙纂》卷首上。

圖二　周禮冕服三式。取自聶崇義三禮圖。

天子袞冕

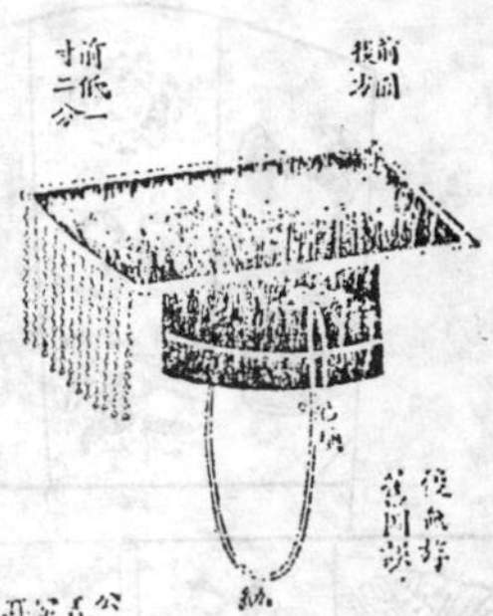

公袞冕侯伯鷩冕子男毳冕孤絺冕卿大夫玄冕其制皆同惟斿玉異耳不重圖

名物一 服 廿

周官弁師掌王之五冕皆玄冕朱裏延紐五采繅十有二就皆五采玉十有二玉笄朱紘諸侯之繅斿九就瑉玉三采其餘如王之事繅斿皆就玉瑱玉笄鄭注侯當為公字之誤也又云諸侯及孤卿大夫之冕各以其等為之此則公之袞九旒九玉侯伯之鷩七旒七玉子男之毳五旒五玉孤之絺四旒四玉卿大夫之玄三旒三玉也叔孫通漢禮器制度云凡冕以版廣八寸長尺六寸董巴輿服志云廣七寸長尺二寸應劭漢官儀云廣七寸長八寸後漢書輿服志孝明皇帝永平二年詔有司采周官禮記尚書皋陶篇乘輿服從歐陽氏說公卿以下從大小夏侯氏說冕前圓後方前垂四寸後垂三寸三公諸侯及卿大夫皆有前無後案大戴禮子張問入官篇古者冕而前旒所以蔽明黈纊塞耳王者示不聽讒不視非也此大小夏侯氏說所本也戴氏東原曰前旒義取蔽明則無後旒可知諸書十二旒未嘗謂前後皆有也玉藻所云前後邃延者謂延之前後出於武者皆深邃非前後掾延言不掾延之垂者言斯言可正諸儒相傳之誤

圖三　此圖取自黃以周撰《禮書通故》。

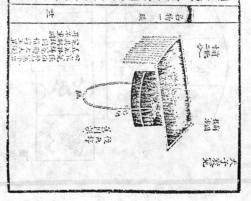

天子袞服

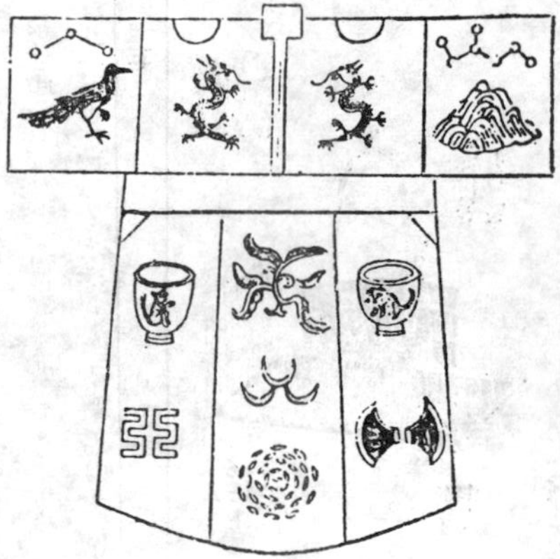

名物一　段　廿

天子大裘冕十二章一曰日二曰月三曰星四曰龍五曰山六曰華蟲六者繪之於衣七曰宗彝八曰藻九曰火十曰粉米十一曰黼十二曰黻六者繡之於裳袞冕九章山龍以下公袞有降龍無升龍鷩冕七章華蟲以下毳冕五章藻火以下（從釋名義據鄭）（宗彝以下）絺冕三章粉米以下[元]冕一章唯裳刺黻而已火三列如半環然黼作斧形刃白而銎黑兩斧相背與黻之刺弫相對宗彝黼黻皆器也據疏宗彝畫虎蜼不畫彝似亦非

圖四　此圖取自黃以周撰《禮書通故》。

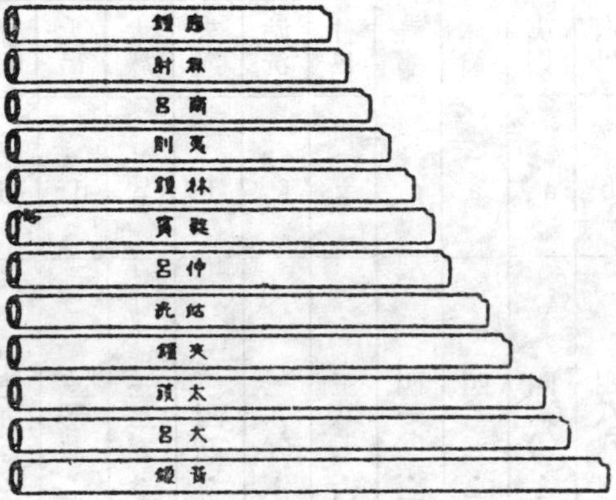

十二律呂（《清會典》圖）

律呂古正樂律之器。黃帝時伶倫截竹為筒，以筒之長短，分別聲音之清濁、高下。樂器之音，即依以為準。分陰陽各六，陽為律、陰為呂，合稱十二律。

（一）

十二律	月	十二支	五聲	史記律書竹管之長	備考
黃鐘	十一月	子	宮	八寸七分一	七分爲十分之誤
大呂	十二月	丑		七寸五分三	
大簇	一月	寅	商	七寸七分二	七分爲十分之誤
夾鐘	二月	卯		六寸一分三	疑爲六十八之誤
姑洗	三月	辰	角	六寸七分四	七分爲十分之誤
仲呂	四月	巳		五寸九分三分二	
蕤賓	五月	午	變徵	五寸六分三分一	
林鐘	六月	未	徵	五寸七分四	七分爲十分之誤
夷則	七月	申		五寸四分三分二	疑爲五十一之誤
南呂	八月	酉	羽	四寸七分八	七分爲十分之誤
無射	九月	戌		四寸四分三分二	
應鐘	十月	亥	雙宮	四寸二分三分二	

備考　竹管日徑爲一分黃帝用昆崙山嶰谷之竹製或。

（二）

附十二律與西洋音樂調名對照表

	西洋音樂十二律名	西洋十二平均律振動數
黃鐘	d	三九〇·三三
大呂	♯d	三〇七·五九
大蔟	e	三二五·八八
夾鐘	f	三四五·二六
姑洗	♯f	三六五·七九
仲呂	g	三八七·五四
蕤賓	♯g	四一〇·五九
林鐘	a	四三五·〇〇
夷則	♯a	四六〇·八七
南呂	b	四八八·二七
無射	e	五一七·三一
應鐘	♯e	五四八·〇七

（三）

圖五　此圖、表取自《中文大辭典》。

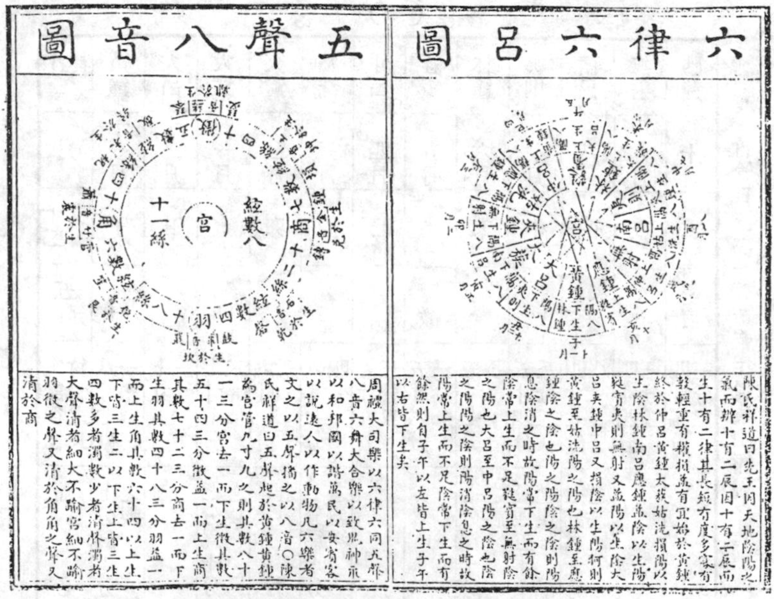

圖六　此圖取自《欽定書經傳說彙纂》卷首上。

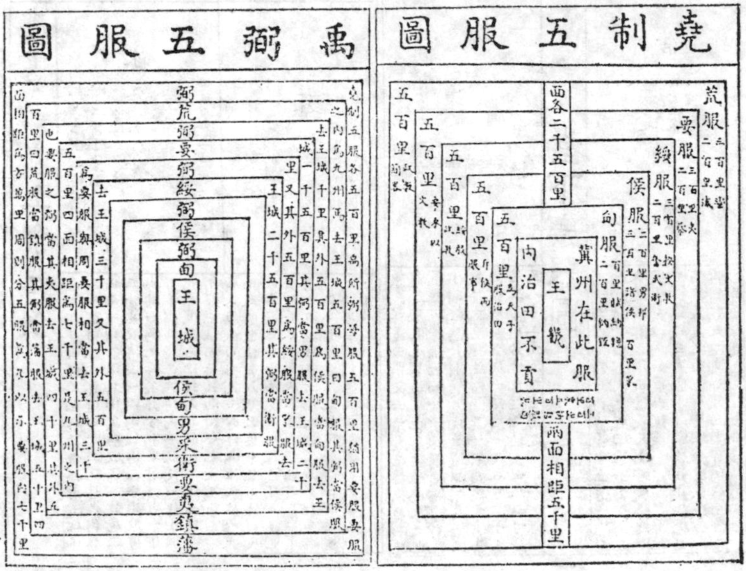

圖七　此圖取自《欽定書經傳說彙纂》卷首上。

虞書 堂上樂器圖

球

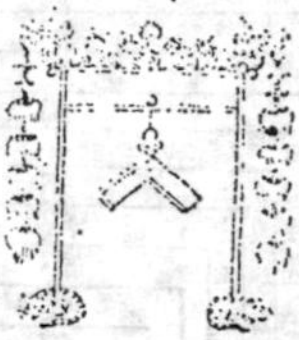

琴

孔氏穎達曰球玉也樂器惟磬用玉故球爲玉磬○陳氏祥道曰考工記磬氏爲磬倨句一矩有半其博爲一股爲二鼓爲三三分其股博去一以爲鼓博三分其鼓博以其一爲之厚蓋磬方中矩則倨句一矩有半觸其弦也其博爲一股疑一律也股爲二後長二律鼓爲三前長三律也股非所擊也短而博鼓非所擊也長而狹

黄氏鎮成曰樂記云舜作五絃之琴以歌南風明堂位云大琴大瑟中琴小瑟四代之樂器也樂書云琴長八尺一寸正度也廣雅云琴長三尺六寸六分象三百六十有六日五絃象五行大絃爲君寬和而溫小絃爲臣清廉不亂桓譚新論云五絃第一絃爲宮其次商角徵羽文王武王各加一絃以爲少宮少商

瑟

陳氏祥道曰樂記云清廟之瑟朱絃而疏越越底孔也疏通之也朱絃練而朱之也蓋絲不練則勁而聲清練則熟而聲濁孔小則聲急大則聲遲故疏越以遲其聲不失於太急練絲以濁其聲不失之太清舊圖雅瑟長八尺一寸廣一尺八寸二十三絃其常用者十九絃頌瑟長七尺二寸廣尺八寸二十五絃盡用之

堂下樂器圖

管

鼗鼓

周禮大司樂圜丘孫竹管方丘孫竹管宗廟陰竹管○鄭氏康成曰管如篴而小併而吹之○郭氏璞曰管長尺圍寸併漆之有底賈氏以爲如篪六孔

黄氏鎮成曰周官小師掌教鼓鼗鄭注鼗播鼗蓋鼗之播也有持懸者有繫綴者而其制鄭氏以爲如鼓而小有柄持而搖之旁耳自擊是也周禮圖曰鼗所以節樂

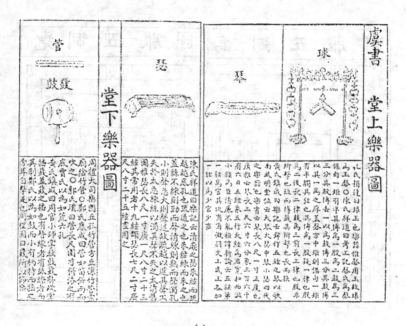

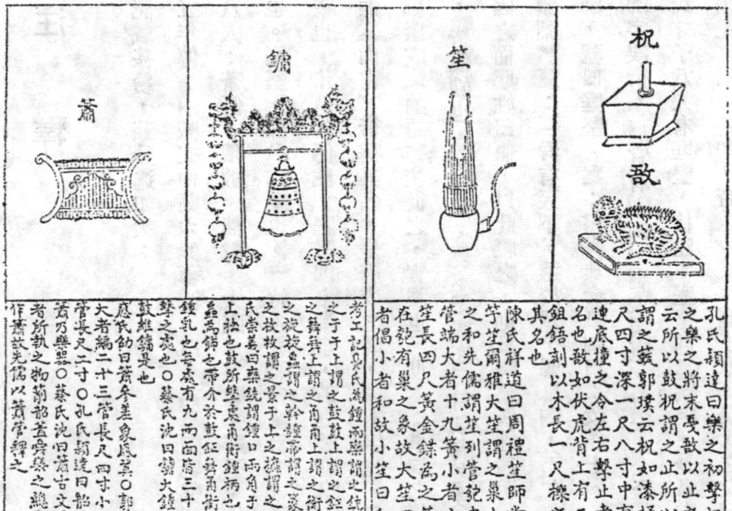

㈡

圖八　此圖取自《欽定書經傳說彙纂》卷首上。

案：堂上樂器：戛擊、搏拊二物，已不可考，姑且缺如。

注釋

❶ 關於皋陶的記載甚紛，茲分述如次：

1. 左氏文公五年傳：「臧文仲聞六與蓼滅，曰：『皋陶庭堅不祀忽諸。』」又文公十八年傳：「昔高陽氏有才子八人：蒼舒、隤敳、檮戭、大臨、尨降、庭堅、仲容、叔達。」杜注：「此卽垂、益、禹、皋陶之倫也。庭堅，卽皋陶字也。」竹添光鴻會箋云：「庭堅爲八凱之一，六，爲皋陶之後，而蓼，則庭堅之後也。十八年傳注：庭堅卽皋陶字，若庭堅卽皋陶，則臧文仲不應連言之，且堯、舜、禹，天子也，而《尙書》皆稱其名，是唐虞之時，未有字也。班孟堅謂《左傳》庭堅卽皋陶，六、蓼，皆皋陶後，鄭康成《論語》注從之，實誤也。世本：皋陶之後有英、六、舒庸、舒蓼、舒鳩、舒龍、舒鮑、舒龔，皆偃姓也，《史記．夏本紀》亦曰封皋陶之後於英、六。世紀曰：皋陶，生於曲阜之偃地，故帝因之而賜姓曰偃，以此證之，則皋陶爲偃姓甚明，其後及英、六，非蓼也。」

2. 《論語．顏淵》篇：「舜有天下，選於眾，舉皋陶，不仁者遠矣。」清．劉寶楠正義云：「鄭注云：皋陶爲士師，號曰庭堅。案：書舜典命皋陶曰：汝作士。《孟子．盡心》篇亦云：皋陶爲士，不名士師也。疑師字誤衍。周官有士師，屬大司寇，以下大夫爲之。左、文五年傳，皋陶庭堅，又十八年傳：高陽氏才子八人有庭堅，杜注：庭堅卽皋陶字，是皋陶號庭堅也。」

3. 《路史．後紀》七：「初，帝（少昊）裔子取高陽氏之女曰修，生大業，大業取少典氏女曰華，生繇

（案：繇，今作陶）。繇生馬喙，忠信疏通，扐而敏事，漁於雷澤，虞帝求旃以爲士師，繇一振褐，而不仁者遠。」注云：「繇生曲阜，季代歷云：少昊四世孫，世以秦紀言女修，遂謂高陽之後。」……又於眉注云：「按皐陶一名庭堅，字隤，顓頊高陽氏之後也。昔高陽氏有才子八人，……齊聖淵廣，明允篤誠，天下謂之八凱，而庭堅其一焉。」《淮南子》曰：「皐陶瘖而爲大理，天下無虐刑。」

4.《史記・夏本紀》正義引帝王紀云：「皐陶生於曲阜，曲阜偃地，故帝因之而以賜姓曰偃。堯禪舜，命之作士。舜禪禹，禹卽帝位，以咎（案：咎，今作皐）陶最賢，薦之於天，將有禪之意，未及禪，會皐陶卒。」

5.《太平御覽》卷六三八〈刑法部四・律令下〉引傅子曰：「律是咎繇遺訓，漢命蕭何廣之。」又於卷六四三〈刑法部九・獄下〉引〈急就篇〉曰：「皐陶造獄。」說文云：「獄，謂之牢。」

6.《北堂書鈔》一七引《竹書紀年》：「命咎陶作刑。」

❷ 見《書疏・益稷疏》及孫星衍《尙書今古文注疏・皐陶謨第二上注疏》及〈書序注疏〉。

❸ 見本書下編之壹〈堯典〉。

❹《漢書・藝文志》：「古之王者，世有史官，君舉必書，所以愼言行、昭法式也。左史記言，右史記事，事爲春秋，言爲尙書，帝王靡不同之。」

❺ 見《論語・子路》篇。

❻ 見《孟子・離婁上》。

❼ 見《欽定書經傳說彙纂》引王氏樵語。

❽ 見林氏《尚書全解》卷五，漢京索引本【通志堂經解】十一册，頁六五三八。

❾ 見劉逢祿著，《尚書今古文集解》，商務【人人文庫】本。又《中庸》九經爲：修身也、尊賢也、親親也、敬大臣也、禮羣臣也、子庶民也、來百工也、柔遠人也、懷諸侯也。

❿ 見蔡沈《書經集傳》引，世界書局本。

⓫ 見《欽定書經傳說彙纂》卷三引。

⓬ 見孫星衍《尚書今古文注疏》卷二上引。

⓭ 1.宣，著也、顯也、明也。2.浚，深也。3.家，謂大夫之家。4.嚴，馬融讀作儼，孫疏：矜莊貌。5.亮，相也、輔也。6.采，事也。7.翕，合也。8.敷，普徧也。9.施，用也。10.俊乂，鄭康成曰：「才德過千人者爲俊，百人爲乂。」11.撫，循也、順也。12.五辰，五星也，即金、木、水、火、土也。13.百僚、百工，蔡氏謂皆謂百官，言其人相師則曰百僚，言其人之趨事，則曰百工。案：僚、工，均可作官解。14.凝，成也。

⓮ 見林氏《尚書全解》卷五，漢京通志堂索引本十一册，頁六五四一。

⓯ 見《欽定書經傳說彙纂》卷三引。

⓰ 同⓯。

⓱ 見《書疏》及孫星衍《尚書今古文注疏》。

⓲ 見《欽定書經傳說彙纂》卷三引。

⓳ 見《增修東萊書說》卷四。

⑳ 見《欽定書經傳說彙纂》引。

㉑ 1.朕，予也。皐陶自稱，古「朕」字可通用，不限於天子。2.惠，順也。3.厎，音ㄓˇ，致也。4.乃，猶汝也。5.績，功也、成也。6.贊襄，謂佐助治理也。

㉒ 見《欽定書經傳說彙纂》卷三引。

㉓ 四載，太史公說爲：陸行乘車，水行乘舟，泥行乘橇，山行乘檋。橇，《漢書》作毳，如淳曰：「毳，以版置泥上，以通行路也。」孟康曰：「毳形如箕，擿行泥上。」正義：「橇形如船而短小，兩頭微起，人曲一腳，泥上擿進，用拾泥上之物，今杭州、溫州海邊有之也。」檋，《史記．河渠書》作橋。說文作欙。《漢書》作梮。韋昭云：「梮，木器也，人轝以行。」如淳曰：「檋車，謂以鐵如錐頭，長半寸，施之履下，以上山不蹉跌也。」正義：「上山，前齒短、後齒長；下山，前齒長、後齒短也。檋音與。」

㉔ 見《欽定書經傳說彙纂》卷三引。

㉕ 同㉓。

㉖ 見簡朝亮撰，《尚書集注述疏》卷二。

㉗ 見吳闓生撰，《尚書大義》。

㉘ 蔡沈語，見《書經集傳》卷一。

㉙ 「其弼直」之直，太史公作「輔惪」，孫星衍疏：直，當爲惪壞字，案：惪，今作德。

㉚ 見孫星衍《尚書今古文注疏》引。

㉛ 同㉚。

㉜ 二王所言，見《欽定書經傳說彙纂》卷三引。

㉝ 見孫星衍《尚書今古文注疏》。

㉞ 見曾運乾著，《尚書正讀》。

㉟ 史公語，見孫星衍《尚書今古文注疏》引。

㊱ 見王天與撰，《尚書纂傳》卷三下，漢京【通志堂經解】十三冊。

㊲ 見林氏《尚書全解》卷六，漢京【通志堂經解】十一冊。

㊳ 曾運乾語，見所著《尚書正讀》。

㊴ 帝曰二字，據《史記‧夏本紀》補。孫星衍《尚書今古文注疏》云：「無若丹朱傲上，古文、今文俱有帝曰二字，僞傳脫之也，史公有之；蓋孔安國故如此。」

㊵ 予創若時句，王充《論衡》卷九〈問孔〉篇，於其上加禹曰二字，並寫作「予娶若是」，高本漢《書經注釋》（頁二一八），非常同意《論衡》之見。孫星衍《尚書今古文注疏》、劉逢祿《尚書今古文集解》，均曾言及。然均仍以此句爲帝舜語。衡之文理，當以《論衡》之說爲是。

㊶ 見林氏《尚書全解》卷六。

㊷ 經文：「皐陶方祇厥敍，方施象刑，惟明」二語，孫星衍先生以爲伯夷所語，並云：「此下虞史伯夷所述，非舜言也。史公說伯夷語帝前，卽此。」今從其說。

㊸ 見漢京本【皇清經解續編】二冊，陳壽祺，《尚書大傳輯校》，頁一一八三。

44 吳闓生《尚書大義》云：「戛擊，文選長楊賦作拮隔。隔，卽羌鐘鬲字，鬲卽鐘屬。拮隔與鳴球對文。」搏拊，鄭氏云：「以韋爲之，裝之以糠，所以節樂。」見孫星衍尚書疏。案：搏拊，鼓屬。鳴球，卽玉磬。

45 虞賓在位，這句經文，歷來解《尚書》者，均以丹朱相指，謂丹朱爲虞舜之賓。然與甲骨文中的「貞王賓某某」，《尚書．雒誥》中的「王賓，殺禋，咸格」合觀，然後再參以羅振玉的解釋，以及本經上下文句，則知「虞賓」一詞，實應指虞舜祖先的神靈解。詳請參閱高本漢《書經注釋》上，虞賓在位下之解說，頁二二九～二三〇。

46 見簡朝亮著，鼎文書局本《尚書集注述疏》卷二，頁九〇。至夔言樂之感神人鳥獸，歷來均有持反對意見者，蔡沈《書經集傳》於此有詳盡之發揮。集傳卷一注云：「《風俗通》曰：『舜作簫笙以象鳳，蓋因其形聲之似，以狀其聲樂之和，豈眞有鳥獸鳳凰而蹌蹌來儀者乎？』曰：『是未知聲樂感通之妙也。瓠巴鼓瑟，而遊魚出聽，伯牙鼓琴，而六馬仰秣。聲之致祥召物，見於傳者多矣，況舜之德致和於上，夔之樂，召和於下，其格神人、舞獸鳳，豈足疑哉！』今案：季札觀周樂，見舞韶箾者曰：『德至矣，盡矣，如天之無不覆，如地之無不載，雖甚盛德，蔑以加矣！』夫韶樂之奏，幽而感神，則祖考來格；明而感人，則羣后德讓；微而感物，則鳳儀獸舞。原其所以能感召如此者，皆由舜之德，如天地之無不覆燾也。其樂之傳，歷千餘載，孔子聞之於齊，尚且三月不知肉味，曰：『不圖爲樂之至於斯』，則當時感召，從可知矣。」

47 蔡沈語。見書集傳卷一。

㊽ 以上江聲語，見所著《尚書集注音疏》，漢京重編本【皇清經解】十一册，頁六五六五。簡朝亮語，見所著《尚書集注述疏》，鼎文本。吳闓生語，見所著《尚書大義》，中華書局本。

㊾ 見《論語・爲政》篇。

㊿ 見林氏《尚書全解》卷六，漢京本【通志堂經解】十一册，頁六五六五。

51 見《欽定書經傳說彙纂》卷三引。

附錄《尚書》中的仁臣──皐陶

相傳皐陶姓偃，號庭堅，皐陶乃其名，爲帝高陽氏八才子之一（見左氏文公六及十八年傳），子夏稱其爲仁者（見《論語．顏淵》篇）。傳說之言，無由稽驗，而仁者之論，卻信而有徵。

《尚書》中的皐陶，最先出現於帝舜朝。舜卽位命官，卽以皐陶爲獄官長，這大概是因爲他爲人處事，公正廉明，觀察精微，又執法如山的緣故吧。不然的話，子夏又何以言：「舜有天下，選於眾，舉皐陶，不仁者遠矣」呢？（見《論語．顏淵》篇）然而皐陶的言行，以載諸《尚書．皐陶謨》者最爲具體，茲僅就所及，略加窺探。

一天，禹、伯夷、皐陶三人，在帝舜的面前相互答問。他們所以如此做，是想藉此問答的機會，把各自的理想、抱負，乃至爲君者治理人民所應持的態度，說與舜聽。因此一開始皐陶就說：「信仰的建立，全由道德所致，如是方能謀略有成，而輔弼和諧。」禹接著說：「是的，但可否請您說得更詳細些？」皐陶說：「當然可以。那就是要謹愼的修身，向長遠的地方謀慮，並且還要厚遇九族的親戚，這樣眾賢明的人就能勉勵地來輔翼了；而且由近及遠，可大可久之道，全在於此啊！」

當皐陶說明修身、親親、尊賢，從家可推之至國，自國可推之至天下的道理以後，意猶未足，所以他又說：「噢！還有一點也非常重要，那就是在於知人，在於安民。」禹接著說：「是啊！要想做到這種地步，就是帝堯也會感到困難呢！能知人，就具有大智慧，所以才能任官得人；能安民，就具有仁愛的心腸，所以人民才能時刻地懷念他。既具有大智慧，又具有仁愛的心腸，以此爲基礎，再發揮服務的精神來治理人民，還愁什麼賊寇不能平定？還愁什麼不德的人不被感化？還怕什麼巧言令色大佞的人不被識破？」

禹雖然這樣說明知人、安民功用之大，可是皐陶似乎仍嫌不具體，所以他就更進一層的分別加以說明。在知人方面他說：「噢！是啊，您的話很對，不過大要說來，人的行爲，可歸納成九種德行，我們如果要說某人有德行，最要緊的就是要舉出他的所作所爲來以爲驗證，這樣人們才能信服。這九種德行就是：寬大而敬謹，柔順而自立，忠厚而能與人共職，有治理的才能而又敬愼，馴順而果毅，正直而溫和，簡易而明辨，剛健而篤實，強勇而好義。假如有人具備其中的三德，又能早晚深切明白地加以宣揚，有這樣修養的人，就可以任命他做卿大夫。又假如有人具備其中的六德，而且每天都能敬謹地去從事，有這樣修養的人，就可任命他做諸侯。而九種德行都具備的人，均應命以官職，使其皆能任事而發揮其才德，以造福於人民，以服務於國家。這樣凡是在官的人，都是俊乂之士，他們各守其位，各盡其職，就如星辰之緯天，行其當行，爲其應爲，而事功焉有不可指日而成的道理？」

在安民方面他又申言說：「天行四時有常，人當法天，以正我五倫，五倫之教，皆當以惇厚爲本。上天亦有常禮，人應該效法天地之間的常規，自天子以至於庶民，皆當守此常禮。如是人民就自然會相接以敬、相待以恭、相與以誠了。同時更要順應天意，任命有才德的人，使之在位（卽俊乂之士皆任之以官），用五種不同的服式，來彰明他們的爵位，亦藉以彰明他們的才德。並且代天討罰有罪的人，用五種刑法來裁制他們。這一切在天來說是天工，在人來說就是政事，所以政事要順乎天應乎人。要知道上天的視聽，乃以人民的視聽爲視聽；上天的賞罰，乃以人民的賞罰爲賞罰。而人代天工，當出於純誠之公，而不可含有絲毫人爲的私意啊！」

由以上皐陶所言，吾人足可窺其宅心仁厚，觀察精微，而其見解之透闢，最能啟發吾人之良知。因爲身修而後方可以成聖成賢，方可以齊家、治國、平天下。能知人，而後方可以因才器使，方可以遠佞人而就有道。能安民，而後方可以澤被四表，恩加海內，方可以萬民歸仰，博施濟眾。修身，乃明德之事；知人，乃智之事；安民，乃仁之事。皐陶能言盡於此，宜乎舜之垂拱而治也。《史記．夏本紀》說：「帝禹立，舉皐陶薦之，且授政焉，而皐陶卒。」假使天不奪我聖賢，使之繼禹而有天下，那麼安民任使之績，必可爲我後人留下一段永遠不可忘懷的佳話，這是可以斷言的。

參〈禹貢〉

《禹貢》，本爲《尚書》中的一篇，就內容說，不僅涵蓋了我國古代的政治疆域，同時對於這個疆域中的山山水水、土壤貢賦，也有極明確的記載。因其包羅宏富，影響深遠，所以歷代的尚書家們，都特別重視它。在解釋上，各逞所見，格外詳細。也就是因爲如此，才導致了「言人人殊」的困擾。自宋‧易祓著《禹貢疆理廣記》，而《禹貢》就更加爲人重視了。因而專釋《禹貢》的著作，也就多了起來。像程大昌的《禹貢論》、傅寅的《禹貢集解》以及朱鶴齡的《禹貢長箋》等，就是在這樣的情況下產生的。一直到胡渭的《禹貢錐指》出，才能去蕪存菁，始有條理可按。其後，蔣廷錫的《尚書地理今釋》，更能廓清前儒的錯誤，並註明所在當時行政區畫地名，所以此書一出，治《尚書》的人，無不稱便。後來又有一位徐文靖先生，他是清代雍正時代的舉人，繼胡渭之後，又著了一部《禹貢會箋》，對《禹貢》內容的闡釋，就更爲精密了。因此，如果我們現在要想對《禹貢》中所涉及的山水有所確認，只要就著先賢的這些著作，再配以現代的地圖，就會有「按圖索驥」的方便，而對於《禹貢》的疆域輪廓，也就不難想像了。所以本篇在敍述方面，不在於疆域四界的描繪，而著重於意義的闡發，道理也就在此。現在，就讓我們按照〈禹貢〉解題、九州敷土、九州山水、治平措施、地平天成以及價值影響等項，逐一敍述如次。

一、〈禹貢〉解題

禹貢的意義是什麼？如僅就字面解釋，倒是很簡單，是指禹平水土以後，將全國畫分爲九州，根據當時各州土地的高下、肥磽的等級，而課征的賦稅。但尙書家，往往不作這樣的看法，他們認爲經文中除冀州以外，其他八州，都說到賦和貢兩個問題。如果貢、賦不分的話，那又爲何名稱不同？而且還分別的加以強調？這樣以來，問題就複雜了。有的人說：「賦，是上稅下的意思，耕田的人，按照所耕田的等級出穀，叫做賦。貢，是下獻上的意思，這又有兩種情形：一是將應繳納的穀物（賦）變賣以後，再購買地方上特有物產以獻叫貢。一是將地方上的特產，奉獻天子叫貢。既然如此，那又爲何只說貢不說賦呢？這是採取『下』供『上』的意思。」（見《尙書正義》）也有人說：「〈禹貢〉一篇主旨，是說禹的治水，其本末先後的次序，記載得非常詳備，篇名雖說叫貢，其實它是『典』的體裁。」（見林之奇，《尙書全解》）更有人說：「九州有賦有貢，賦是諸侯拿來供國用的，貢，則是諸侯用來獻給天子的，所以用貢名篇，含有大一統的意思。」（《禹貢錐指》引）

但到了胡渭，說法又有不同，他大致採取了王炎的見解，再加以擴充，並且以禹所區分的五服(甸、侯、綏、要、荒)爲依據，作爲賦、貢的區分標準。他以爲甸服之內爲王畿，地方千里，由天子直接課稅，這叫做賦，而侯、綏服的諸侯，可自行賦稅，以供國用，這對諸侯來說，也叫做賦，不過必待供國用以後，有了賸餘，然後再將賸餘的部分，獻於天子，但這叫做貢，而不再稱賦了。自要、荒服以外的君長，像嵎夷、萊夷、淮夷、和夷、西傾之類，也都有所進獻，來表示他們仰慕嚮化的誠意，這也叫做貢。至於海外的島夷及崑崙、析支、渠搜諸戎，在當時也多能因嚮往我文化、德義而貢其貴重的方物，類似這種情形，也都叫做貢。所以說，貢的範圍非常廣泛，它不像賦，僅止於甸服，貢卻包括了九州，賦僅限於中邦(自甸至侯、綏服。中邦，中國也。)。而貢，卻兼四海以外，賦不可以包括貢，而貢卻可以包括賦。所以史臣用「貢」名篇，實有大一統的意思存在其中。我們如果再能進一步的熟讀經文，對經文所說：「東漸于海，西被于流沙，朔南暨聲教(政治、教化遠播於南北日光所照的地方。)訖(止也)于四海」的記載，就更能體會「貢」字的意義了。後來孫星衍先生著《尚書今古文注疏》，在〈禹貢〉篇一開始，就引《孟子・滕文公》篇的話說：「夏后氏五十而貢，殷人七十而助，周人百畝而徹，其實皆什一也。」來說明「貢」止是稅，也就是經文所說的賦，而且所「貢」的東西，不在賦外。換句話說，雖有名稱的不同，其實貢也就是賦，賦也就是貢，而且主張賦外無貢。我們則認爲用孟子的話，說明取什一之稅則可，這種「什一」之稅，天子的甸服和諸侯的侯、綏服，是沒有區別的。

換言之，皆取「什一」之稅。然而如就經文來說，胡渭的見解，則較符合經義。但「什一」之稅的稅率，卻彌補了胡氏的不足。

二、九州敷土

左氏襄公四年傳說：「芒芒禹迹，畫爲九州。」這是說，在這塊廣大無際的土地上，布滿了禹的足迹，他治平洪水以後，就把這塊疆域畫分成九州。只此一言，就把禹的一生勳業，包括無遺了。於此我們不僅可以體會出他的不辭辛勞、犧牲奉獻、公而忘私、國而忘家的偉大情操，同時我們也感歎古人描繪技巧的高超，蘊義的深遠，愈是咀嚼，愈覺其意味的無窮，也愈覺禹的偉大而不可及。孔子稱美：「禹，吾無閒然矣，菲飲食，而致孝乎鬼神，惡衣服，而致美乎黻冕，卑宮室，而盡力乎溝洫，禹，吾無閒然矣！」（《論語・泰伯》篇）難道只是稱美嗎？於稱美之外，我們認爲，對當時王霸互爭的諸侯來說，卻無異於當頭棒喝。現在我們就來先說一說，他是如何的治水畫分九州。

這樣大的工程，如果事前沒有周備的計畫，是不容易收效的。而周備的計畫，又必須仰賴於詳細的勘察，根據勘察的結果而訂定計畫，才能切合實際。然後再依照計畫施工，才能計日功成。我們的老祖先，並沒有忽略這一點，經文一開始就說：

禹敷土，隨山刊木，奠高山大川。

這是史臣的記述，說明在禹平治水土之前，先令人分別治理九州，要治理九州的水土，而第一步要做的事，就是「隨山刊木」。所謂「隨山刊木」，就是隨行山林，斬木通道的意思。爲什麼要這樣做？東漢大儒鄭康成早已爲我們作了解答，他說：「一定要隨九州中的山而攀登，砍除草木，開闢道路，就是爲了先觀望所當治理的山水形勢，然後再規畫治理的（順序）方法。」胡渭則認爲「隨山刊木」有五種好處：第一，遙望山川的形勢，可以藉此規畫土功（即治理的先後、方法）。第二，使往來的人，不致迷失道路（因路皆有標誌）。第三，禽獸逃匿，登高以避水患的人，可以得到安居。第四，可以多得鳥獸，以救「阻饑」的人民。第五，可以多得木材，以供治水之用。這見解我們非常同意。

至於「奠高山大川」呢？奠，是「定」的意思。而當時以爲的高山大川，如荆山、岐山、長江、漢水等都是。治水的第一要件，就是絕對不能違逆水性，而要想使水「行其所無事」，那就惟有順其形勢了。而形勢又以山川爲主，山川又以高大者爲主。如果高山大川各定其所而名正的話，那末其餘的，就可以類求而奠定了。因爲：高山無異羣山的會合，而谿壑也隨著山的大小夾行其中，眾水輳合於大川，而大川又可以紀理眾小水，所以「奠高山大川」，是極其必要的。然而九州都有高山大川，並不專指五岳四瀆，所以宋代的蔡沈，在他所著的《書經集傳》中說：「定高山大川，以別州境，若兗之濟河，青之海岱，揚之淮海，雍之黑水西河，荆之荆衡，徐之海岱、淮，豫之荆河，梁之華陽黑水是也。」這說法是不錯的。禹的畫分九州，其爲後代所無法追及的，就是他能以自然的形勢，作爲州界，這種自然的高山大川，很難變更，所以卽使代有因革，疆域屢有重畫，然而濟水與大河之間的兗州，卻無法改變，東海與泰山（岱）間的靑州，也無法移置，是以鄭樵在他所著的《通志》中說：「州國之設，有時而更，山川之形，千古不易，禹貢分州，必以山川定疆界，使兗州可移，而濟河之兗州不可移，梁州可遷，而華陽黑水之梁州不可遷。是故〈禹貢〉爲萬世不易之書。」話雖不多，卻道盡了禹畫九州所依天然形勢的不可易，這不正是禹的偉大處嗎？而今我們推舉他爲工程師的始祖，並定每年的六月六日爲工程師節，來紀念這位空前絕後的偉大工程師，他確實是當之無愧的。現在，我們就依照著經文，逐次的說下去。

㈠ 冀州

因爲冀州是當時帝都所在地，所以禹平水土，也就先從這裏開始。就區域說，冀州當時三面環河，西與雍州隔河相望，南與豫州隔河爲鄰，東與兗州隔河相連，東北以大遼水爲界，西北至東受降城（在今綏遠托克托縣西黃河東岸），北至塞外陰山。根據經文的記載，治理冀州的先後次序是這樣的，經文說：

既載壺口，治梁及岐。既修太原，至于岳陽。覃懷厎績，至于衡漳。厥土惟白壤，厥賦惟上上錯，厥田惟中中。恆衞既從，大陸既作。島夷皮服。夾右碣石入于河。

這意思是：

第一，先從壺口山開始：壺口山，在今山西省吉縣南七十里，黃河的水，從北來注入其中，就像壺口一樣，所以叫壺口山。

第二，爲治梁及岐：梁，是梁山，又名呂梁山，山南北走向，綿亙數縣，主峯在今山西省離石縣東北。岐，是岐山，又名狐岐山，在今山西省介休縣東南二十五里，一名薛頡山，又叫洪山。有人說岐山在雍州，就是今陝西省岐山縣的岐山。以地望來看，這說法是不對的。

第三，是修太原至于岳陽：太原，在今山西省西南河曲處以北，聞喜與河榮二縣之間。舊說皆以爲今山西之太原府，恐非是。廣平叫原。根據《國語．魯語》的說法是：「禹能以德，修鯀之功。」注說：「鯀功雖不成，禹亦有所因，故曰修鯀之功。」這說法是不錯的。據〈堯典〉所載，鯀雖功用弗成，然亦不無建樹，因其剛愎自用，不能善處同事，又好違抗上級命令，所以才招致失敗的。禹就其父未竟之功，而加以修治，也是順理成章的事。

岳陽，就是太岳山的南邊，約當今山西安澤、臨汾、曲沃、絳縣等地區。山南叫陽。太岳山，在今山西省霍縣東，其主峯今名霍山。《漢書・地理志》就是以霍太山稱名的。山亦南北走向，覆壓數縣，南與東北西南走向的中條山相接，其西卽爲呂梁山，汾水縱流其間。這是說：「修治完畢太原以後，隨卽又施工到太岳山以南的廣大地區。」

第四，是覃懷厎績，至于衡漳：覃懷是地名，在今河南省武陟縣。在清朝的時候，屬於懷慶府，府城有堯河，從太行山谷流出灌田，人民稱便，所以說「厎績」，就是獲致了功績的意思。衡漳，指的是漳水、衡水而言。有人說「衡」讀爲橫，意爲漳水橫流入河。不過這說法要加以解釋才能明白。因爲漳水有兩條，一條源出上黨沾縣大黽谷，卽今山西省昔陽縣西南二十里的少山。這條水，就是後人所說的清漳河。一條源出上黨長子縣鹿谷山，卽今山西長子縣西五十里的發鳩山，名爲濁漳。酈道元稱之爲衡水，又稱爲橫水。二水流至今河南林縣交漳口會合，東流入河。因當時河道，是從今河南省濬縣（卽大伾山）北流，經湯陰、安陽、臨漳入河北省，經成安、曲周至天津大沽入海，所以有橫流入河的說法。

第五，是「恆衞既從，大陸既作」：恆，是恆水，源出今山西渾源縣境的恆山，流至今河北省的唐縣與滱水會，自此以下，就稱爲滱水了。衞，是衞水，源出今河北省靈壽縣東北十里，俗呼爲雷溝河。經文所說的「既從」，是說這兩條水，已經治理完畢，使從原來的河道東流入河，不再氾濫的意思。

「大陸」，是水澤名，一名廣阿澤，又名鉅鹿澤，在今河北省鉅鹿縣北。水鍾數縣，當時實爲一大巨浸。所謂「既作」，意思是說，已築堤瀦水，而附近的土地，可以耕作種植了。

第六，州內川澤治理完畢以後，接著展開的工作，便是分別土性、訂定田賦，以及安排外夷進貢的事宜了。所以經文說：「厥土惟白壤，厥賦惟上上錯，厥田惟中中。」

這是說：「冀州的土壤，柔和而顏色稍白，田賦則是第一等與第二等錯出，這就要看土質如何與收成的好壞而定了。至於田地的高下肥瘠，在九州中，是屬於第五等。」

第七，冀州有賦無貢，然居住在東北的島夷，他們仰慕中國文化，不時將其特有的物產，入貢天子。其路線是由北海經碣石山南，轉入黃河，再運往冀州的帝都。（案：堯都平陽，即今山西臨汾縣西南，有平陽故城。舜都蒲坂，故城在今山西永濟縣北三十里。）至於碣石山的所在地，說法非常紛亂，綜合衆說，當在今河北省昌黎縣東南境爲是。

（二）兗州

當時的兗州，西臨黃河與冀州相望，東以濟水與青、徐爲界，西南一角，直接豫州，東北臨海。就整個形勢來說，兗州就是處在濟水與黃河的中間。所以經文說：

濟河惟兗州。

不過在這裏我們要注意的是：兗，又可寫作「沇」，濟，也可寫作「泲」。在治理的步驟上是：第一，在川澤方面，是先九河，次雷夏，再次則爲灉、沮了。所以經文說：

九河既道，雷夏既澤，灉沮會同。

九河的名稱，據《爾雅》所載是：徒駭、太史、馬頰、覆釜、胡蘇、簡、潔、鈎盤和鬲津。黃河流到這裏（下游），水勢大盛，再加上地平無岸，所以流分爲九，以衰其勢。所謂「既道」，是說壅塞已經疏通，使各水都能順行其河道。至於九河的遺址，在春秋時代，就被齊桓公塞爲一河，所以舊有的河道，早已湮沒無法稽考了。

雷夏，是水澤名，又名雷澤，在今山東省濮縣與菏澤縣之間。此澤東西二十餘里，南北十五里。所謂「既澤」，就是既已聚爲水澤，不僅可殺水勢，同時更可供漁撈和灌溉，據說，舜就經常在此澤中捕魚。

灉、沮，是二水名。源出今山東濮縣東南平地。《爾雅》則說，水自河出爲灉，自濟出爲澭（澭，卽沮）。會同，是說二水會合而流入雷夏澤的意思。

第二，在地理環境方面：兗州地處河濟之間，易遭水害，今水患已除，方知這裏的土地，適宜於種桑養蠶，因此，人民也都走下丘陵而移居平地，以這裏土地肥沃而帶有黑色。所以水退後不久，草木也就發榮滋長了。是以經文說：

桑土既蠶，是降丘宅土，厥土黑墳。厥草惟繇，厥木惟條。

經文中的「墳」，作膏肥解。「繇」，作茂盛解。「條」，作長、暢解。

第三，在田賦方面：這裏田地的等級爲第六，賦稅始終比他州爲輕，這是因爲此州地勢最爲低濕，又處兩水之間，最難治理的緣故。所以一直要等耕作到十三年的時候，才能與他州相同。所以經文說：

厥田惟中下，厥賦貞，作十有三載乃同。

經文中的「貞」字，作正、一解，有衡情、度理、以地力、民情爲賦稅準則的意思。

第四，在貢方物方面：因此州適宜於蠶桑、種漆，所以就以地方所盛產，而要他們貢漆、絲、以及女功所織就的花紋織物，盛在筐篚中，裝船由濟水轉漯水，直達黃河，運往帝都。所以

經文說：

厥貢漆、絲，厥篚織文，浮于濟、漯，達于河。

經文中的「浮」字，作船行水中解。「達」是因水入水的意思。如由濟入漯，再由漯轉入黃河，不需陸行，這就叫做達。河，就是黃河。濟水的上源爲沇水，源出今山西的王屋山，也有人說出今河南濟源縣，至溫縣入河，古謂自成臯入河。東流至山東博興入海。漯，一作濕，源出今山東朝城縣，東流入海。今大清河卽古之漯水，小淸河，就是濟水。

㈢ 青州

禹時青州，疆域廣大，西南至泰山，西及西北，沿濟水與兗州相望。東及東北，則跨海至現在遼河以東（包括今遼河以東的遼寧及安東全部）及朝鮮（韓國），南與徐州爲鄰，所以到舜時，就把青州東北，畫爲營州了。這可能就是因爲疆域跨海太大，治理不便的關係。在規畫治理上，其步驟是這樣的：

第一，先行經略，使無侵越之虞。所以經文一開始就說：

嵎夷既略。

嵎夷，是地名，已不可確指，當爲極東荒夷的地方，所以才在這裏先行畫界，使各遵守，不可相互侵掠。我們作這樣的說明，也許會引起誤會，因爲就情理說，應先近後遠，先內後外，在這裏，爲什麼一開始，經文就說「嵎夷既略」呢？原來當禹治理冀州的時候，碣石一役完畢後，即行至遼東經嵎夷，然後再渡海而南，治理濰、淄二水。

第二，疏通河川，使各順其故道，流向大海，所以經文說：

濰、淄其道。

濰，是濰水，源出今山東莒縣的箕屋山，從昌邑縣東北入海。淄，是淄水，源出今山東萊蕪縣東二十里的原山，從壽光縣入海。

第三，就地理環境方面說，青州土壤白色而肥沃，而且海濱廣漠，可以煑海爲鹽。這裏的田地爲三等，賦稅爲第四，所以經文說：

厥土白墳，海濱廣斥，厥田惟上下，厥賦中上。

此處要特別一提的，就是經文中的「廣斥」一詞，「斥」，就是鹹鹵，太史公作「澙」，《史記集解》引徐廣的話說：一作「澤」，照這意思看來，鹹鹵就是現在我們所說的「鹽田」了。但說文卻又說：「『鹵』，鹹地，東方叫斥，西方叫鹵。」如照說文的見解，「鹹鹵」就是鹹地。鹹地的土質因可用水沖洗溶解，然後再煮以爲鹽，但未若以「斥、澤、澙」之水，直接煮以爲鹽爲順理。

第四，在貢方物方面，青州所貢爲：鹽、細葛布、各種海產、以及泰山各谷中所出產的絲、麻、鉛、松和可供器用的美石。等到萊山附近的萊夷，從事耕作和放牧之後，就叫他們貢賦檿絲。這種物品，比較貴重，所以都裝在筐篚中，從汶水轉濟水再入黃河，運往帝都。經文說：

> 厥貢鹽、絺，海物惟錯，岱畎絲、枲、鉛、松、怪石。萊夷作牧；厥篚檿絲。浮于汶，達于濟。

經文中所說的「檿絲」，檿（音ㄧㄢˇ），就是山桑。檿絲，是蠶吃山桑而吐的絲，據說這種絲，堅韌異常，可以做琴瑟的弦，也可以做繒。根據《山東志》的記載，檿絲，出棲霞縣。這正是禹貢萊夷的故居。汶，就是汶水，源出今山東萊蕪縣的原山，西南入濟。濟，就是濟水。

(四) 徐州

徐州的四鄰，據經文的記載是：

海岱及淮惟徐州。

這意思是說，東至海，北至岱，南至淮，在這中間的一塊土地，就是徐州。就大自然的地理形勢看，這說法沒有錯，而且也不是人力所能改變的。〈禹貢〉的永久價值，就在這裏。雖然如此，但就現在來看，總不免有些籠統。大致說來，徐州的四鄰，北邊至泰山與青州爲鄰，西北隔濟水與兗州相望，正西與豫州接壤，南面隔淮與揚州毗連，東臨大海。本州的治理步驟如下：

第一，在川澤方面：是先行治理淮河、沂水，使順流入海，以消除水患。然後再濬畎澮，使蒙山、羽山一帶的土地，得以種植。等到大野聚水成澤，紓解了汶、濟二水下游的水患以後，而東原一帶的土地，也就得以致平而可以耕作了。是以經文說：

淮、沂其乂，蒙、羽其藝。大野既豬，東原底平。

淮，就是淮河，源出今河南桐柏山，東流入海。因淮水流至徐境，水流大增，爲害更甚，今喜得治理，故在此特別記上一筆。沂，是沂水，源出今山東沂水縣北，南流至今江蘇徐州東邳縣東南入運河。在禹時，則流入泗水。蒙，是蒙山，在今山東蒙陰縣西南。羽，是羽山，在今江蘇徐州東贛榆縣南。大野，澤名，在今山東鉅野縣東北，南北三百里，東西百餘里。蔡沈說：「鉅野廣大，南導洙、泗，北連清、濟，徐之有濟，於是乎見。」在當時來說，實爲一大「鉅浸」。藝，作種植解。豬，水所停而深叫豬。東原，地名，卽漢代的東平國。以在濟水東故名。領有今山東東平、泰安兩縣的土地。底（音ㄓˇ），作致解。底平，就是致功而地平，可以耕作的意思。

第二，在地理環境方面：這裏土地的顏色，微紅而有黏性，也很肥美，所以治理不久之後，草木就生長得非常茂盛了。經文說：

厥土赤埴墳，草木漸包。

經文中的「漸包」，是說草木相包裹而同時生長，這種情形，在草木叢生的地方，是常見的。很多枝條，糾纏在一起，包，與「苞」在古時是通用的，所以可作茂盛解。

第三，在田賦徵收方面：這裏的田畝，就等級說，被列爲二等，而賦稅卻是第五。所以經文說：

厥田惟上中，厥賦中中。

第四，在貢方物方面：這裏的特產有：五色土、羽山谷中雉鳥的羽毛。嶧山之陽特有的桐木，下邳四水濱浮山可做磬的石材，以及產於淮水中淮夷所貢的蠙蛛、白魚和裝在筐篚中細緻的黑繒與白繒。這些貢品，是從淮河起程，入泗水，然後再入菏水，經由濟水轉黃河運往帝都。所以經文說：

厥貢惟土五色，羽畎夏翟，嶧陽孤桐，泗濱浮磬，淮夷蠙蛛暨魚；厥篚玄纖縞。浮于淮、泗，達于河。

經文中所言及的貢物，五色土，是王者用來建大社的，今山東沂水縣和莒縣尚有此土。羽是羽山，在今江蘇贛榆縣境。畎，是山谷的意思。夏，作華講，翟，就是雉鳥，其羽華美，可為旌旄。嶧是嶧山，在今江蘇邳縣境，山南叫陽。泗濱，就是泗水之濱，源出今山東泗水縣陪尾山，西南流，至今江蘇邳縣又東南流入淮。浮磬，是浮山可做磬的石材。浮山在今邳縣西。蠙蛛，就是由蚌所生的蛛。曁，及也，魚，卽淮水所產白魚。達于河的「河」，說文作「菏」，是指菏澤來說的。

(五) 揚州

就大自然環境說，揚州北界淮水與徐州爲鄰，東臨大海，所以經文說：

淮海惟揚州。

其西則以荆州爲界，南至現在的閩、粵，以至於海。現在就讓我們來看看這一州的治理情形：

第一，在川澤方面：首先是使彭蠡聚爲大澤，而鴻雁一類的鳥，亦可安其所居。等到漢水與岷江、彭蠡諸水會合，東流入海以後，而震澤也就得以平定了。所以經文說：

彭蠡旣豬，陽鳥攸居，三江旣入，震澤底定。

彭蠡，就是現在江西的鄱陽湖。三江的說法不一，鄭氏康成以爲：左合漢水爲北江，會彭蠡爲南江，岷江居中，則爲中江。而《漢書．地理志》則以爲：南江在吳縣南東入海，北江在毘陵（今江陰）北東入海，中江出蕪湖縣西南東至陽羨（今宜興縣）入海。淸．胡渭以爲鄭氏的說法不可易。而徐文靖則又以爲：江出岷山（卽今四川之岷山）東南至廬江南界，今廬江，正在江北，彭澤正在江南，而大江行乎中，合爲三江，自尋陽（今江西九江）而東，直趨於海，其東北至常州宜興入海者爲中江，又一股至松江江陰入海者，是爲北江，吳縣南東入海者爲南江，入海之道有三也。以上三說，各有所執，未知孰是。震澤，就是太湖，在今江蘇吳縣西南，廣袤八百里，煙波浩渺，實爲一鉅浸。

第二，在自然環境方面：當洪水退後，此州所呈現的是：箭竹，長節的大竹，可說到處都是。草，更是長得非常茂盛。樹，多是高聳的喬木。這是因爲此州土地濕洳，植物易於生長的關係。所以經文說：

篠簜旣敷，厥草惟夭，厥木惟喬。厥土惟塗泥。

篠（音ㄒㄧㄠˇ），竹名，適於做箭，故又稱爲箭竹。簜（音ㄉㄤˋ），是一種節很長的大竹。敷，作布、普字講，就是徧布、普遍的意思。夭，是美盛的樣子，塗泥，是就土地低濕來說的。

第三，在田賦方面：這裏的田畝，爲第九等，賦稅是第七等，或是第六等，有時也會不到六等，這就要看當時的收成情形了。所以經文說：

厥田惟下下，厥賦下上上錯。

錯，就是雜出的意思。

第四，在貢方物方面：本州的貢品有：黃金、白銀、紅銅，以及美玉、奇石、箭竹、大竹、象牙、皮革、鳥羽、旄牛尾等。居住在海島上的夷人，則貢可以編製衣服的黃草，裝在筐篚中貴重織有貝文的文錦，以及必待錫命才包裹著進貢的橘柚。這個地方的貢品，是順江而下，先行進入海中，然後由海轉淮入泗，最後入河而運往帝都。所以經文說：

厥貢惟金三品，瑤、琨、篠、簜、齒、革、羽、毛惟木。島夷卉服。厥篚織貝；厥包橘、柚；錫貢。沿于江海，達于淮泗。

經文中所言及的「卉」，是草的總名。這裏是指可供編織衣服的一種特殊黃草。織貝，是錦名，指的是織有貝文的錦。錫，是賜的意思，因橘、柚的進貢不常有，必待命令行事，所以說錫貢。順流而下叫沿，當時江、淮不通，是以必須由江入海，再轉入淮、泗，方可到達帝都。

㈥荆州

此州東臨揚州，南及衡山之陽，西與梁州爲鄰，北至荆山與豫州接壤。是以經文說：

荆及衡陽惟荆州。

荆，就是荆山，在今湖北南漳縣西南。衡是衡山，也就是南岳，在今湖南衡山縣西，也就是衡陽縣的東北。經文中的「衡陽」，是說州境掩有衡山以南的地方。山南叫陽。此州在治理的程序上是：

第一，在川澤方面：是先使長江、漢水合流，東入大海，水的幹道既通暢無阻，然後就引導洞庭湖的水，使之入江，以消除各支流的水患。其次再引沱江入江，潛水入漢，這樣一來，各水皆就其河道，因此，跨有大江南北的雲夢澤，也就露出了土壤，而可以供人耕作了。是以經文說：

江漢朝宗于海，九江孔殷，沱潛旣道，雲土夢作乂。

江，就是長江。漢，爲漢水，源出今陝西寧強縣的嶓冢山，東北流會沔水東流至湖北漢陽會長江東流入海。九江，是指洞庭九江而言，從山谿所出，各自別源，九水所合而成洞庭。此九江爲：沅、漸、元（案：元爲无之訛）、辰、敍、酉、湘、資、醴（與澧同）。孔殷，是說：「眾水所會，水流非常盛大，如不加以疏導入江，卽會造成水患。」沱，水名，《爾雅・釋水》：「水自江出爲沱。」在今湖北枝江縣境。潛，亦水名，《爾雅・釋水》說：「水自漢出爲潛。」《史記・夏本紀》作涔，當在今湖北潛江縣境。旣道，是說沱、潛二水，則已循著河道入江、入漢的意思。雲夢，本爲二澤名，跨大江南北，雲在江北，夢在江南。雲土夢作乂，是說：「江、漢、九江、沱、潛治理完畢，大水消退，而雲夢的土地，已經可以耕作了。」

第二，就田畝、賦稅的情況說：這裏因地勢低窪，適於水稻，所以農民耕作起來，多半是「霑體塗足」。田地的等級爲第八，賦稅則是第三。所以經文說：

厥土塗泥，厥田惟下中，厥賦上下。

塗泥，是說地勢低濕，農民在耕作之際，往往弄得滿身泥漿，就如今日農人挿秧一樣。

第三，就貢品方面說：此州的貢品，有鳥羽、旄牛尾、象牙、皮革；有黃金、白銀、紅銅；有杶、栝、檜、柏四種木材；有可供磨礪用的粗礪石、細砥石和堅利入鐵可以鏃矢鏃的石砮，以及可以染色的丹砂；有可以爲矢，質地堅硬的箘簵竹和楛矢。這是「三邦」所貢，其物特有美名，是天下所同聲稱善的。有先包裹然後再裝入匣匱中專供縮酒的香茅，有裝在筐篚中貴重已染成黑色、淺絳色的繒和用璣珠穿結的組綬，有九江中的大龜等。這些貢品，皆分別從江、沱、潛、漢轉運，然後經陸路從洛水進入黃河，運往帝都。所以經文說：

> 厥貢羽、毛、齒、革，惟金三品，杶、榦、栝、柏，礪、砥、砮、丹，惟箘、簵、楛，三邦厎貢厥名，包匭菁茅，厥篚玄、纁、璣組；九江納錫大龜。浮于江、沱、潛、漢，逾于洛，至于南河。

經文所說：杶（音ㄔㄨㄣ）、榦（音ㄍㄢˋ）、栝（音ㄍㄨㄚ）、柏，爲四種木名，杶木似樗，適於做車轅，榦木似柘，是做弓的好材料，栝木就是檜木，最適於器用。礪、砥、砮（音ㄋㄨˇ）、丹，是四種不同的石類，礪粗而砥細，可以爲磨器，俗謂磨刀刄之石。砮，卽石砮，其質堅硬無比，可以入鐵，用以銼矢鏃。丹，就是丹砂，其色不一，可以爲彩。惟箘（音ㄐㄩㄣ）、簵（音ㄌㄨˋ）、楛（音ㄏㄨˋ）：惟，語詞，無意。箘簵，又名簵風，質堅硬，是做箭桿的好材料。一說箘、簵，皆美竹名。楛，木名，莖似蓍、荊而赤，也是做箭的上選，古書所載，所謂肅愼貢楛矢，卽指此木而言。三邦厎貢厥名：「三邦」，不詳何處，古籍中沒有記載。厎（音ㄓˇ），是致的意思。厥名，是說其物之美名，爲天下所知的意思。包匭（音ㄍㄨㄟˇ）菁茅：包是包裹，匭，有兩種解釋，一作纏結解，這是鄭康成的說法；一作匣解，這是僞孔傳的說法。我們採取了後者。因菁茅味香，又用以祭祀，藉以濾酒，爲保持其香味，以裝入匣中爲宜。厥篚玄纁璣組：玄，黑色。纁，淺絳色，這是指所織的細繒。璣組，則是一物，指的是貫穿在組繩上的璣珠。九江納錫大龜：九江，是指聚爲洞庭湖的九水而言，其中產大龜，龜尺二寸爲大，據說需千年的時日方可長成。天子守龜，用以卟卜。納，作入字解。錫，作命令解。這是說：「大龜的入貢非有定時，必待詔命方貢。」

第四，就貢道來說：這一州的進貢水道，有的自沱入江，再入漢，也有的自潛入漢，這就要看貢地來決定了。自漢水上泝，再沿丹江逆水而行，可至今陝西商縣以東的武關，又因漢水不通於洛，所以必須陸行，然後才能到達洛水，再從洛水進入黃河。所以經文說：

浮于江、沱、潛、漢，逾于洛，至于南河。

浮，舟行於水叫浮，江是長江（古稱大江），沱，自江分出。潛，自漢水分出。逾，越也，漢與洛不通，故須捨舟而陸行，才能到達洛水。洛水，源出今陝西雒南縣西冢嶺山，東南流，至河南境，轉東北流，至鞏縣北入河。所謂南河，是說黃河自潼關東走，至今河南省武陟縣南，東北流至天津入海。因潼關、武陟間的這一段在冀州以南與豫州爲界，故稱之爲南河。

㈦豫州

此州東臨徐州，南至荆山與荆州接壤，西與梁州爲隣，其北，隔河與冀州相望，東北與兗州毗連。所以經文說：

荆河惟豫州。

荆，就是荆山，河爲黃河。這是天然的界域。在治理上，此州的步驟是這樣的：第一，在川澤方面是：先導伊、洛、瀍、澗四水，使合流入河。此四水既入於河，而滎波澤也已聚成。然後就接著導菏澤，使水盛時流入孟豬澤，以免氾濫成災。所以經文說：

伊、洛、瀍、澗，既入于河，滎波既豬，導菏澤，被孟豬。

經文所說的伊，是伊水，源出今河南盧氏縣東南百六十里的東巒山（熊耳山之支阜，又名悶頓山），東北流至河南洛陽縣入洛。洛，是洛水，應作雒水。源出今陝西雒南縣西的冢嶺山，至河南鞏縣東北入河。瀍，是瀍水，源出今河南洛陽縣西北的朁亭山，東南流，至偃師縣東入洛。澗是澗水，源出今河南澠池縣東二十三里的白石山，東流至洛陽縣南入洛。河，就是黃河。滎波，澤名，在今河南滎澤縣。菏澤，在今山東定陶縣東。被孟豬的「被」字，作及解。不言入而言被，這表明是不常入的意思。水盛時才及於孟豬。孟豬，又作明都，亦作望諸，在今河南商邱縣。元・金仁山說：「自菏澤至孟豬，凡百四十里。」

第二，就土性田賦說：這裏的土壤，除無塊而柔，適宜種植五種穀物外，還有所謂的下土，也就是水澤中的土地，這種土壤，往往因水退以後，可以利用種植。這裏的田畝等級爲第四，賦稅是第二，又雜出第一。所以經文說：

厥土惟壤，下土墳壚。厥田惟中上，厥賦錯上中。

壤，有人以生穀之土作解，也有人說「無塊而柔」。墳壚（音ㄌㄨˊ），就是泥滓中的黑色土，水乾後，質硬而疏散。水澤、湖泊的涯涘，待水少時，往往可利用耕稼。

第三，在貢方物方面：這裏的貢品有漆、粗細不同的麻線，有細葛布。裝在筐篚中的有細綿，必待詔命而後納的貢品有治石磬的錯。所以經文說：

厥貢漆、枲、絺、紵，厥篚纖纊，錫貢磬錯。

經文所說的枲（音ㄒㄧˇ）、紵（音ㄓㄨˋ），均爲麻類。絺（音ㄔ），爲布屬。纖纊（音ㄎㄨㄤˋ），是細綿，但也有人釋「纊」爲絮。錫貢，是必待詔命乃貢的意思。這表明非有常期。磬錯，器物名，就是治磬所用的錯，故名磬錯。

第四，此州因與冀州爲隣，所以貢道不是從洛水達河，卽爲直接由河運往帝都。是以經文說：

浮于洛，達于河。

大致說來，豫西的貢物，多從洛入河，而豫東，則多直接入河，就不須再「浮于洛」了。

(八) 梁州

此州就天然景觀說，東與豫州毗隣，東南與荆州爲界，南至現在的金沙江，西掩今西康東南境，北與雍州爲隣。是以經文說：

華陽黑水惟梁州。

經文中所言及的「華」，就是太華山，在今陝西華陰縣南八里。陽，山南叫陽。華陽，就是華山之南。黑水，就是現在雲南省境的金沙江。本州在治理上的程序是：

第一，在自然景觀方面：是先從地勢高的地方開始治理，所以岷山、嶓山地區得以最先種植五穀。其次是使此州沿著江水、漢水的各支流（沱、潛），分別流入江漢，不再氾濫成災。當把蔡山、蒙山地區依序治理功畢以後，而居住在和水一帶的夷，也就由於獲致治理的功績，而安定了下來。是以經文說：

岷、嶓既藝，沱、潛既道，蔡、蒙旅平，和夷厎績。

經文所說的岷，就是岷山，也叫汶山。在今四川松潘縣西北。嶓（音ㄅㄛ），就是嶓冢山，在今陝西寧強縣南。藝，是種植的意思，作「治」解亦可。自江而出叫沱，自漢而出叫潛，有人說此州之沱，為岷江的支流，在今四川灌縣分支，至瀘縣入江。謂潛，即嘉陵江的北源，在今四川廣元縣。並謂此沱、潛二水，與荊州之沱、潛，同名異實。然衡之於理，不如釋為此州沿江、漢所出之支流為得。蔡，即蔡山，在今西康雅安縣東五里。蒙，即蒙山，在今西康雅安縣北與蘆山縣爲界。旅平，就是治理平定的意思。和，是和川，又稱和川水，在今西康滎經縣北九十里。和夷，是指居住在和川一帶的夷民而言。厎，作致解。績，作功解。意思是說：「治理居住和川一帶的夷民，也得到很好的功績。」

第二，在土質田賦方面：這裏的土壤，呈現青黑色。田畝的等級是第七，田賦是第八，有時也雜出第七和第九，這就要看當時收成如何了。所以經文說：

厥土青黎，厥田惟下上，厥賦下中三錯。

經文中所說的「錯」，就是錯雜不一的意思。所以會有這種情事，多半是因爲田賦的等級尚未確定所致，而收成的好壞，也可能是因素之一。

第三，在貢方物方面：這裏所貢的方物，有美玉、黑鐵、白銀，有可供雕鏤的鋼，有可作矢鏃的砮石和磬，以及熊、羆、狐、狸四種獸皮與地毯。是以經文說：

厥貢璆、鐵、銀、鏤、砮、磬、熊、羆、狐、狸、織皮。

經文中所說的織皮，就是地毯。璆（音ㄑㄧㄡˊ），是一種美玉，馬融氏作鏐（音ㄌㄧㄡˊ），那就變成上好的黃金了。

第四，在貢道方面：因爲此一地區遼濶，又有高山的阻隔，河流又不盡相通，所以在路線上，就很難一致，大致說來，在西傾山這一帶的貢品，都是就著桓水順流而下，然後由潛水上行，經由陸路入沔水，再經一段陸程，進入渭水，然後由渭水截河而達於帝都。所以經文說：

西傾，因桓是來，浮于潛，逾于沔，入于渭，亂于河。

經文中所言及的西傾，山名，在今甘肅臨洮縣西南四百五十里。桓，是桓水，源出西傾山之南，以今地望看來，桓水卽洮水，源出西傾山南，南流入白龍江，再入西漢水，卽經文所說的潛水。沔，卽沔水，一名沮水，源出今陝西略陽縣東的狼谷，南流入漢。因潛不通沔，所以由潛入沔，必須經由陸路，這就叫做「逾」（已見前述）。所謂「入」，是捨陸舟行的意思。因爲由沔至渭，尚有一段陸程，所以謂「入于渭」。亂，根據《爾雅》的解釋是：「正絕流曰亂。」所謂「正絕流」，就是正面對著大河而進入其流中。像渭水入河處，就是這種情形。

(九) 雍州

雍州在〈禹貢〉中，是最爲西方的一個州了。它的東面，隔河與冀州相望，南面與梁州爲隣，北盡大漠，西至黑水，在九州中，可說是最大的一個州。是以經文說：

黑水西河惟雍州。

經文中所說的黑水有兩條，一爲梁州南界的黑水，卽今雲南省境的金沙江。一爲雍州的黑水，據《水經》的記載，黑水出張掖鷄山，西南流至敦煌，過三危山，南流入於南海。可是《括地志》卻說：源出伊州伊吾縣北百二十里，南流絕三危山，在沙州敦煌縣東南四十里。這兩種說法，先賢曾謂不知何者爲是。以今地望言，黑水應在酒泉的西北，西流過三危，止於敦煌附近的沙漠中。西河，這是以冀州爲準而說的，所指卽今山西、陝西間自北而南的一段界河。關於此州治理的步驟是這樣的：

第一，在川原山澤方面：是先使弱水西流，然後再以渭水爲主幹，分別使涇水、漆水、沮水、灃水流入，以消除此一地區的水患。其次是先行治理荆山、岐山，再依次治理終南山、惇物山、以至於鳥鼠同穴山。等到高原、窪地治理的收到功效以後，下一步工作的進行，就該整治豬野澤了。這時候三危山，既然可以居住，所以三苗也就安定下來，並且各守職分地去工作。是以經文說：

弱水既西，涇屬渭汭，漆、沮既從，灃水攸同。荊、岐既旅，終南、惇物、至于鳥鼠。原隰厎績，至于豬野。三危既宅，三苗丕敘。

經文中所涉及的弱水，源出今甘肅山丹縣西，西北流，經合黎山南，與合黎水會，流入今寧夏省的居延海。涇，是涇水，源出今甘肅平涼縣西一百里的笄頭山，一名崆峒山。秦始皇巡隴西、北地至鷄頭山，就是此山。涇水自此東南流，至今陝西高陵縣入渭。屬，作「注」、「入」解。渭，是渭水，源出今甘肅省渭源縣西的鳥鼠山，東流至陝西省的潼關北入黃河。汭，是水相入的意思。涇屬渭汭，用現在的話說，就是涇水流入渭水，渭水又注入了黃河。漆，是漆水，源出今陝西省銅川縣東北的北高山，西南流至耀縣與沮水合。沮水，源出今陝西耀縣北，東南流合漆水，又名漆沮水，至富平縣入渭。所謂既從，是從渭入河的意思。灃，即灃水，源出今陝西鄠縣南的終南山，北流至咸陽縣入渭。攸同，攸作「所」解。同是會合的意思。灃水攸同，是說灃水會合了渭水。荊，是荊山，在今陝西的富平縣，不是荊州的荊山。岐，是岐山，在今陝西省岐山縣東北，一名天柱山，因山有兩岐，所以叫岐山。既旅的旅字，作「治」解，也作「通」解，作「道」解。終南，就是終南山，在今陝西長安縣，東至藍田縣西至郿縣，橫亙八百里。惇物，也是山名，一名垂山，在今陝西郿縣，亦即武功縣東南二百里處。其實，它就是終南山的北峯。鳥鼠：這個山名很奇怪，又叫鳥鼠同穴山，一名青雀山。在今甘肅省的渭源縣西二十里，渭水源在縣西七十六里。原隰一詞，據宋・蔡沈的說法是：「廣平叫原，下濕叫隰。」地當今陝西邠、栒邑、永壽等縣，也就是古豳國的所在地。底績，就是獲致功績，也就是治理功畢的意思。豬野，是澤名，也可寫作都野，就是休屠澤。在今甘肅的民勤縣。三危，就是三危山，在今甘肅敦煌的東南。既宅，是說已可居住了。三苗，種族名，本居洞庭、彭蠡之間，因作亂不服治化，舜把他們遷徙到這裏來。丕敍，丕爲語詞，無意。敍，可作「定」解。這是說，於是三苗就在這裏定居下來了。

第二，在土壤田賦方面：這裏的土質，呈現黃色，田畝的等級是第一，賦是第六。所以經文說：

厥土惟黃壤，厥田惟上上，厥賦中下。

第三，在貢方物方面：這一州的貢品有美玉、美石、以及好像寶珠一類的琅玕。經文說：

厥貢惟球、琳、琅玕。

大概就是指的各類玉石。

第四，在貢道方面：他們有的從河水所經的積石山，浮河而下，一直到達龍門山、冀州西陲的西河。然後再會合在渭水入河的地方。而當時西戎諸國，如昆侖、析支、渠搜等所貢的地毯，就是走的這個貢道。所以經文說：

浮于積石，至于龍門西河，會于渭汭。織皮：昆侖、析支、渠搜，西戎卽敍。

經文中所說的積石，就是積石山，在今青海省西寧市的西南，也就是青海東南境的大積石山。龍門，在今陝西省的韓城縣東北。昆侖，國名，地當今甘肅酒泉縣西南一帶，卽崑崙山附近。析支，國名，地當今甘肅臨夏縣以西、青海省的民和、化隆、循化、同仁一帶。渠搜，亦國名，地當今青海西寧市的西南一帶。

九州的敍述，我們就結束在這裏。

三、九州山水

以上是我們就著九州的界域、自然景觀、田賦、貢品、貢道等，在治理上所作的概括敍述，現在接著要探討的，是導山、導水的工作。山既爲九州的山，水也是九州的水，所以我們就姑且以九州山水立名。

一、首先我們談導山：所謂導，是循行的意思。也就是《史記・夏本紀》所說：「予（禹）乘四載，隨山刊木」的事情。再說得明白些，就是禹在九州尚未施工以前，先循行各山，以觀察情勢，然後再作通盤規劃，分別命令各州按順序施工，這樣才容易收效，禹的偉大處在此，其所以能平定洪水，畫分九州，使生民得以安居，立萬世不朽之基業者亦在此。如把「導山」看作只是「導澗谷之水，而納之川」，或是「濬兩山之川，屬之大川，以入于海。」這是把導山，看作只是通水。果然如此的話，那就無異於「以隣爲壑」了。我們試想，當九州的大川，還沒有決去壅塞，不能順流入海以前，平地皆爲鉅浸所沒，這些澗谷的大水，又流向何處？所以必須先行勘察，就地勢的高低，作爲規劃導水的依據。這正是在大水未退之前極其必要的勘察工作，不這樣，又如何能使大水順流入海？說明了導山的意義之後，現在我們就以經文爲序，依次地探討下去：

第一，先循行岍、岐、荆三山，以了解雍州形勢。因冀州爲帝都所在，與雍州隔河相望，地勢高於冀州，勢必先行勘察。所以經文一開始就說：

導岍及岐，至于荆山，逾于河。

這是說：「導山，先從岍山開始，然後是岐山，再來就是荊山了。」

岍山：字或作汧，一作汧。在今陝西隴縣。一名吳山，又名吳嶽山。「三峯霞舉，疊秀雲天，崩巒傾返，山頂相捍，望之恆有落勢。」自周尊岍山爲嶽山，俗又謂之吳山，或又合稱吳嶽。《史記》遂析嶽山與吳嶽爲二山，而岍山之名遂隱。其實，此二山，《周禮》總謂之嶽山，《禹貢》總謂之岍山，漢志不誤，當以爲正。

岐山：在今陝西岐山縣東北四十里。一名天柱山，其峯高峻，狀若石柱。《國語・周語》說：「周之興也，鸑（音ㄩㄝˋ）鷟（音ㄓㄨㄛˊ）鳴于岐山，故俗呼爲鳳凰堆。」山南，就是《詩經・大雅・緜》篇所稱「周原膴膴（音ㄨˇ）」的周原。東西橫亙，寬平肥美。觀此，猶可想見古公亶父遷此的情景。

荊山：在今陝西富平縣。《漢書・地理志》說：「禹貢北條荊山，在南山下，有荊渠，即夏后（禹）鑄鼎處也。」案：荊山有三處：一在雍州懷德，即今陝西富平縣。一爲荊州與豫州的界山，亦即卞和得玉的地方。一在豫州域內，即今河南省的閿（音ㄨㄣˊ）鄉縣。韓愈詩：「荊山已去華山來，日照潼關四扇開。」以及李商隱詩：「楊僕移關三百里，可能全是爲荊山。」就是指的此處。相傳黃帝采首山銅，鑄鼎於荊山下，也是指此山而說的。

第二，接著循行壺口、雷首與太岳三山，以觀其形勢。經文說：

壺口、雷首，至于太岳。

壺口山：在今山西吉縣西，與龍門山夾河相峙，東爲壺口，西爲龍門。自後魏太平眞君七年，改漢、河東皮氏縣名龍門縣以後，龍門的名稱，於是就由河西移往河東了。所以顏師古注〈司馬遷傳〉說：「龍門山其西，在今同州韓城縣北，其東在今蒲州龍門縣北也。」龍門縣，卽今河津縣，縣西北二十五里有龍門山，其實，就是壺口山的南支，古時東岸並沒有龍門山的名稱。河水傾注其中，其形如壺，所以名爲壺口，江海大魚，至此不能上行，上則爲龍。故名龍門。兩山對峙，體分而勢合，東必得西而始成其爲口，西亦必得東而始成其爲門。明白這個道理以後，而也就了然於壺口、龍門的形勢了。

雷首山：在今山西永濟縣南。也就是舜的都邑蒲坂。此山名稱甚多，有首山（相傳黃帝采銅於此）、首陽山（《論語》：「伯夷、叔齊餓於此」）、堯山、歷山、襄山、獨頭山、薄山、陑山（湯伐桀升自陑，卽此山）、中條山等名稱。《括地志》說：「此山西起雷首，東至吳坂，長數百里，隨地異名。」案：雷首的山脈爲中條，東盡於垣曲縣，王屋山亦在其中，禹到此後，顧不東行，反而北抵太岳，這可能是以帝都爲急的緣故。

太岳山：在今山西霍縣東三十里，山的周圍約二百里，一名霍山，又名霍太山，爲冀州的鎭山。

第三，其次所要循行的，是底柱、析城和王屋。經文說：

底柱、析城，至于王屋。

〈底柱山：在今河南陝縣東北四十里的大河中，也就是在今山西平陸縣的東方。最北有兩柱相對，距岸而立，是謂三門。

析城山：在今山西陽城縣的西南七十里，山峯四面如城，且有南門。《水經注》說：「山甚高峻，上平坦，下有二泉，東濁西清，左右不生草木，數十步外，多生細竹。」寰宇記說：「山頂有湯王池，俗傳湯旱祈雨處。今池四岸生龍鬚草。」

王屋山：在今河南濟源縣西北，山有三重，其狀如屋，與山西垣曲、陽城二縣接界。《河南通志》說：「山在濟源縣西八十里，形如王者車蓋，故名。其絕頂曰天壇，蓋濟水發源處。按天壇在縣西北百二十里，王屋山之北，山峯突兀，其東曰日精，西曰月華，絕頂有石壇，名清虛小有洞天。」李濂〈遊王屋山記〉也說：「天壇，世人謂之西頂，上有黑龍洞，洞前有大乙池，卽濟水發源處也。」

第四，再其次，卽循行太行、恒山，一直到東北海岸的碣石山。經文說：

太行、恒山，至于碣石，入于海。

太行山：爲一南北走向的大山，南起河南的修武、沁陽，北與恒山相接，緜亙一千餘里。《朱子語錄》說：「太行山一千里，河北諸州，皆旋其趾，潞州上黨，在山脊最高處，過河便見太行在半天如黑雲然。」

恒山：在今河北曲陽縣西北一百四十里。一名大茂山，歷代皆以爲北嶽。今山西渾源縣南二十里，亦有恒山，《水經注》名爲玄嶽，又名陰嶽、紫岳，高八千七百六十尺。宋代因爲恒山被遼人所佔，只好從曲陽望祀，因廢曲陽的恒山。到了明代，就定渾源的玄嶽爲恒山，然而秩祀仍在曲陽。清初，始改岳祭於渾源，今則反而「數典忘祖」了。

碣石山：關於碣石山的所在，說法甚多，實難定案。綜合言之，以主張在今河北省昌黎縣西北離海三十里的，爲絕大多數。然而胡渭《禹貢錐指》所考，又卻有可據之理，依胡氏所說，碣石山已在北朝魏孝昌二年（丙午）至齊文宣天保四年（癸酉）二十八年間毀於海中，其位置當在今河北灤河口東的海中。

第五，然後再自西而東，先從西傾山開始，接著就是循行朱圉山、鳥鼠山，直至太華山。所以經文說：

西傾、朱圉、鳥鼠，至于太華。

西傾山：在今甘肅臨洮縣西南四百里。一名強臺山，延袤千里，爲洮水、白水所自出。白水，就是梁州的桓水。

朱圉山：在今甘肅甘谷縣西南六十里，一名天鼓山，又名白岩山。傳說山上有石鼓，不擊自鳴，鳴則兵起。山帶有紅色，石上刻有「禹貢朱圉」四個大字，使人發思古之幽情。

鳥鼠山：在今甘肅渭源縣西二十里。渭水就是發源在這裏的南谷山。一名青雀山，又名鳥鼠同穴山。朱圉在東，鳥鼠在西，而經文卻說：「朱圉、鳥鼠」，似不合邏輯。胡渭以爲「自秦禁學，口說流行，顚倒其字耳。」這話是可信的。

太華山：在今陝西華陰縣南十里，也就是我們熟知的西岳。《山海經》說：「太華之山，削成而四方，其高五千仞，其廣十里。」《水經注》說：「華陰縣有華山，遠而望之，若華（古花字）狀，西南有小華山也。」又說：「山上有二泉，東西分流，至若山雨滂湃，洪津泛灑，挂溜騰虛，直瀉山下。」寰宇記也說：「華岳有三峯，直上數千仞，基高而峯峻，叠秀迄於嶺表。三峯者，芙蓉、明星、玉女也。少華山在華州南十里，東去太華八十里，峯勢相連，視華山差小，故曰少華。」

第六，然後再回頭向南，自熊耳山開始，沿著外方山、桐柏山，一直到陪尾山。是以經文說：

熊耳、外方、桐柏，至於陪尾。

熊耳山：在今河南盧氏縣西南五十里，有東西兩峯，相競如熊耳，所以才取名爲熊耳。《水經注》說：「洛水東經熊耳山北，〈禹貢〉所謂導洛自熊耳是也。」《山海經》說：「盧氏縣熊耳山，雙峯齊秀，望若熊耳，因以爲名。齊桓公召陵之會，西望熊耳，卽此山也。太史公司馬遷，皆嘗登之也。」

外方山：在今河南登封縣北十里，今名嵩山，又稱嵩高山。爲漢武帝所置，以奉太室山。這就是後人所稱的中嶽。有太室、少室山廟。山上有石室，東叫太室，西叫少室，相去十七里，嵩高是山的總名。此山東西緜亙一百五十里，太室中爲峻極峯，左右列峯各十二，凡二十四。少室峯三十六，先儒都以爲嵩高爲外方山。

桐柏山：在今河南桐柏縣西南九十里，峯巒奇秀，名稱各異。縣志說：「大復山在縣東三十里，胎簪山，在縣西北三十里。」其實都是桐柏山的支峯，〈禹貢〉則總名爲桐柏山。

陪尾山：在今山東泗水縣東五十里，爲泗水的發源地。《水經注》說：「泗水出卞縣東南桃墟西北。桃墟，世謂之陶墟，舜所處也。墟有澤方十五里，澤西際阜，俗謂之嫣亭山，自此連岡通阜，西北四十許里，岡之西際，便得泗水之源。」《博物志》說：「泗水出陪尾，蓋斯阜者矣。」隋志說：「泗水縣有陪尾山，今在縣東五十里。」然對陪尾的所指不一，除上述外，尚有：陪尾在今湖北安陸縣東北六十里的說法，俗稱爲橫尾山，是涢水的發源地。我們所以認定陪尾山是在今山東泗水縣的原因，乃以〈禹貢〉導淮自桐柏，東會於泗、沂。既然東會泗水，禹的循行陪尾，不也很自然嗎？

第七、以上一系列的循行勘察完畢以後，禹又回頭自西而東，先從嶓冢山開始，經荊山、內方山、一直到達大別山。所以經文說：

導嶓冢，至于荊山。內方，至于大別。

嶓冢山：在今陝西寧強縣南，在〈禹貢〉爲梁州山，非屬雍州。今甘肅西和縣南，亦有嶓冢山，二山相距五六百里，非〈禹貢〉所指。〈禹貢〉所說的嶓冢，是所謂嶓冢導漾東流爲漢的嶓冢，卽陝西寧強縣山。而甘肅西和縣的嶓冢，爲西漢水的發源地，也就是四川省嘉陵江的上源，不是〈禹貢〉所說的嶓冢，二山不可相混，特在此加以說明。

荊山：在今湖北省南漳縣西八十里。卽漢志所說臨沮縣有荊山的荊山。它也是荊、梁、豫三州的界山。西北（荊州）三十里有清谿，谿北卽荊山首，名字叫景山，也就是卞和抱璞玉而悲號的地方。「高峯霞舉，峻竦層雲」爲漳水、沮水的發源地。漳在北而沮在南。元和志說：「荊山三面險絕，唯東南一隅，纔通人徑。」《寰宇記》說：「南漳縣荊山，頂上有池，喬松翠柏，列繞其旁。」我們看了這些記載，就不難想像荊山是如何的秀麗了。

內方山：在今湖北荊門縣東南一百八十里漢水上。一名章山，或稱立章山。此山實界於今湖北鍾祥、荊門、江陵、天門四縣的中間，所以說〈禹貢〉的人，各以一縣爲準，其方位難免互異，但所指卻爲一山。山高三十丈，周圍百餘里，山上有古城，爲太尉陶侃伐杜曾所築。

大別山：在今湖北漢陽縣城東北半里，漢水的西岸。一名魯山，又名翼際山（非今河南、湖北、安徽界上西北東南走向之大別山）。左氏定公四年傳說：「吳伐楚，自豫章與楚夾漢，子常濟漢而陳，自小別至于大別。」杜預注說：「〈禹貢〉漢水至大別南入江。」《水經注》也說：「江水東經魯山南，古翼際山也。」在《地說》這本書中也有記載：「漢與江，合于衡北翼際傍者也。」記載最詳的，要算元和志了，它說：「魯山，一名大別，在漢陽縣東北一百步，其山前枕蜀江（長江），北帶漢水，山上有吳將軍魯肅神祠。」小別一名甑山，在大別山的西邊，也就是在今漢川縣東南十里的地方。

第八，以上一系列的工作勘察完畢，最後所剩下的，就是岷山、衡山和敷淺原了。所以經文說：

岷山之陽，至于衡山，過九江，至于敷淺原。

岷山：（岷，《史記》作汶，漢志作嶓）在今四川省西北的松潘縣，其山東走，今甘肅、陝西的嶓冢山，就是它的支脈。南下，今茂、理、汶川等縣，亦爲其餘脈所壓。近人曾運乾《尚書正讀》說：「岷山，地志：在蜀郡湔氐道、西徼外，江水所出，今四川松潘縣西北。按此言岷山，非言岷山山脈也。嶓冢、西傾，皆自岷山分出。此云岷山之陽，則今烏蒙山脈東走爲苗山脈，又東爲五嶺山脈者也。不舉山名，而言岷山之陽者，自衡山以上，未有其名，故略其方向而已。」

衡山：在今湖南衡山縣西，世人所謂南嶽，指的就是此山。有岣嶁峯，所以一名岣嶁山。上有神禹碑，山下有舜廟，南有祝融冢。山的東、南二面，臨映湘川，自長沙至此，七百里中，有九向九背，故漁者歌曰：「帆隨湘轉，望衡九面。」山上有飛泉，下映青林，直注山下，望之婉若練幅。〈長沙記〉說：「衡山軒翔聳拔，九千餘丈，尊卑差次，七十二峯，最大者五：芙蓉、紫蓋、石廩、天柱、祝融。祝融爲最高。韓退之曰：『五岳於中州，衡山最遠，南方之山，巍然高而大者，以百數，獨衡爲宗。』顧璘〈遊衡記〉云：『登祝融之顛，俯視四極，蒼然一色，山川雜陳，瑣細莫辨；風自遠來，其力甚勁，候與地下絕殊。比曉，觀日出，海體象洞，見近若疆中，東餘游氛，浩漫無際。』」我們看了這些記載，已可想見衡山的面貌了。

敷淺原：在今江西星子縣與德安縣境，亦卽廬山東南山麓之地。宋・朱子以爲卽廬山。

以上所述，爲〈禹貢〉中的「導山」，後來的說經家，嫌其支離不整，於是就著山脈的走向，加以條理化。所以有三條四列的說法。《漢書・地理志》說：「〈禹貢〉北條荊山在懷德，南條荊山在臨沮。」這是三條說法的開始。到了馬融、王肅，則又加詳，他們認爲導岍爲北條，西傾爲中條，嶓冢爲南條。鄭氏康成，則又分爲四列。他以爲：導岍爲正陰列，西傾爲次陰列；嶓冢爲次陽列，岷山爲正陽列。可是到了宋代的蔡沈撰《書經集傳》的時候，則又認爲三條四列的說法，都不適當，所以他又根據導字（因在導山的經文中，僅用了兩個導字）分爲南北二條。導岍，爲北條大河北境的山，西傾，爲北條大河南境的山。嶓冢，爲南條江漢北境的山，岷山，爲南條江漢南境的山。這說法唯一的毛病是：岍、岐、荊三山，在渭水的北岸，而並不在河北。因此，吳幼清把北條又分爲二，以岍、岐、荊三山在渭北，爲北條之一，壺口至碣石九山，在大河之北，爲北條之二。到了元代陳櫟撰《書集傳纂疏》，則又以爲：禹的導山，雖說是爲了治理眾水，大概說來，岍、岐之列，是黃河、濟水所經，西傾之列，是伊、洛、淮、渭所經，嶓冢之列，爲漢水所經，岷山之列，是江水所經。明白了這個道理，則其他枝蔓的言辭，也就可以不必太計較了。這說法很能得到胡渭的讚賞。

我們的分法，則是順著經文的語氣，逐次地加以敍述，所以一共分了八段。這樣分，正可顯示禹的導山，是循序而爲的，事先既有周密的計畫，而後按計畫一一的去做，所以收效也大。如果一定要我們分條分列的話，那我們認爲鄭氏康成四列的說法最爲可取。因爲這是就著當時禹所勘察的路線而分的。如果再能配合陳櫟的見解，就可以把整個地形的大勢，顯示出來了。不過有人認爲鄭氏所說的「陰、陽」太困惑人了，但我們如把陰、陽二字，看作北、南的話，不也是非常明白嗎？

二、其次，我們談導水：這裏所說導水的「導」字，就意義言，與導山的「導」，沒有不同，也是循行的意思。這是說，在九州規畫完畢以後，禹復行巡視國中的九大河川，再行勘察、規畫，然後決定治理的方法及順序。並不是像序所說的「濬川」，疏、瀹、決、排一類的挖深去壅塞、或築堤防的意思。這道理很簡單，因水性就下，如要疏濬，當從各水的下游開始，不應該一開始，就從各水的源頭治理，這樣做，是與水性相違背的，所以禹說：「我決九川距四海，濬畎澮距川。」（見〈皐陶謨〉）這不是自下而高的證明嗎？而禹治九州的順序，先冀州，次兗州，然後再青州、徐州、揚州、荆州、豫州、梁州，最後才是雍州，不也是從下而高嗎？因此我們說，〈禹貢〉導水的「導」字，也是循行的意思。而在九州中所說的各水，是禹施工的次第。而導水所涉及的九州，是禹循行的次第，這種觀念，是我們讀〈禹貢〉，必須先明瞭的。

禹所「導」的水，計有九條。依宋・朱熹的意見，其先後的次序是這樣的：「1.弱水，最西北，又西流，不經中國，故首言之。2.黑水，從雍、梁西界入南海，亦不經中國，故次之。3.河，爲四瀆宗，且發源西北，故中國之水，以河爲先。4.漢，發源於西，在江之北，故次於河。

5.江，在漢南，故次於漢。6.濟，雖北而發源近，故次於江。7.淮，在濟南，故次於濟。8.渭水所經，止於雍州，於一州爲大，於九州爲小，故後及之。9.洛水所經，止於豫州，自渭而言，又在南，故居末。」就次序說，朱子的見解，我們是可以接受的。現在就照著經文所載的順序，一水一水的敍述下去。

第一，先勘察弱水，一直到合黎山的峽口，而其餘的大小河川，則流向西方的沙漠。所以經文說：

導弱水，至于合黎，餘波入于流沙。

弱水：源出今甘肅山丹縣西南七十里的窮石山，西北流，經張掖縣北，會張掖河（卽古羌谷水，又名合黎水），又西北，經高臺縣，再西北出合黎山峽口，又東北流入今寧夏的居延海。合黎，山名，在今甘肅張掖縣西北，綿亙數百里，是一座大山。

流沙：卽今甘肅敦煌以西的沙漠。杜佑《通典》說：「敦煌，卽古流沙。」古又稱爲沙州，以位置言，今陽關、玉門關以西，卽流沙所在。

第二，勘察黑水，直到今甘肅的三危山。經文說：

導黑水，至于三危，入于南海。

黑水：據《水經》、《山海經》所載，源出今甘肅張掖雞山。此水今已不可詳考。又《括地志》說：「黑水源出今新疆伊吾縣北百二十里，南流絕於三危山。」三危山，在今甘肅敦煌縣東南四十里。又名昇雨山。

經文所以先導弱、黑二水，這是禹導水循行的順序，並不是施工的先後次序。當時禹正在雍州，而在各州水土功畢以後，乘舟勘察，從弱水開始，導至合黎山的峽口，又西，就是黑水了。至三危以後，即轉而東南，到積石，就開始循行黃河了。

第三，勘察黃河，從積石山開始，然後依次的由龍門山、南到太華山的北面，再由華山北，折而往東，就是厎柱山和孟津了。再往東走，經過洛水入河的交會點，再東走，就是大伾山。由此折而東北走，經過降水，就到了大陸澤。再向北，河水分爲九道流入大海，而下游就不再有水患了。所以經文說：

導河積石，至于龍門，南至于華陰，東至于厎柱，又東至于孟津；東過洛汭，至于大伾；北過降水，至于大陸；又北播為九河，同為逆河，入于海。

河，卽黃河，源出今青海巴顏喀喇山北的星宿海，流經甘肅、寧夏、綏遠、陝西、山西、河南、河北、山東入海。

積石，就是積石山，在今青海省的東南境（見雍州）。

龍門，卽龍門山，在今陝西省的韓城縣東北（見雍州）。

華陰，就是太華山的北面。太華山，見導山。

厎柱，就是厎柱山，見導山。

孟津：孟，本爲地名，春秋時是晉國的河陽邑。漢代置河陽縣。唐，改爲孟州。明，爲孟縣，故城在今河南孟縣西南三十里。津，是渡口。孟津，卽孟地的渡口，卽武王大會諸侯的地方，一名武津，又叫河陽津，《水經》稱爲小平津。今河南有孟津縣。在孟縣的西南，洛陽縣的東北。

洛汭：就是洛水流入黃河的入口處，在今河南鞏縣西南。

大伾，山名，卽大坯山，在今河南濬縣東南二里，俗呼爲黎陽山。

降水，就是濁漳水，源出今山西長子縣西的發鳩山，過降水處，在今河南臨漳縣南。（見冀州衡漳）

大陸：澤名，在今河北鉅鹿縣北。（見冀州）

又播爲九河：播，是分、散、布的意思。九河，據《爾雅・釋水》的記載是：徒駭、太史、馬頰、覆鬴、胡蘇、簡、絜、鉤盤、鬲津。九河以徒駭河最北，鬲津最南。這大概是因爲徒駭是黃河的本道，其餘東出的八河爲分支的緣故。至於九河的舊跡，卽使是漢代的河隄都尉許商，也僅知徒駭在成平（今河北交河縣，故城在縣東），胡蘇在東光（今河北東光縣，故城在縣東三十里），鬲津在鬲縣（今山東德縣，故城在縣北），其餘的六河，已不能稽考了。至於同爲逆河的解釋，甚不一致，逆，作迎解是對的，但就全句言，應爲九河同爲大海所迎接，而沒於海，並不是九河又復合而爲一，然後再流入大海。孟子說：「禹疏九河而注之海」，九河各自入海，而並沒有復會而爲一，這豈不是一個很好的證明？況且許商在上書中也說：「自鬲津以北，至徒駭間，相去二百餘里。」就情勢言，又如何能再合爲一河？

至於禹河故瀆，自今河南孟津縣（滎澤縣）以西，皆爲禹河舊跡，迄無變更。惟自孟津以東，由於變更頻仍，以致禹河難以稽考。今就各家學說，歸納如下：黃河從今河南廣武縣北，東經原武縣北，陽武、延津縣北，又東北至濬縣西南，古名宿胥口，大伾山（又名黎陽山）在其口東北（南岸爲滑縣，卽古白馬津口），大河自今濬縣，折而北行，逕內黃、湯陰、安陽、臨漳卽入今河北境。逕成安、肥鄉、曲平至鉅鹿縣，古大陸澤就在縣北。自鉅鹿又北走，逕南宮、新河、冀縣、衡水、武邑、武強、獻縣、交河、青縣、大城、靜海，至天津的直沽口入海。可是自定王五年，大河自濬縣宿胥口東行，逕滑縣入河北境，逕濮陽、清豐、南樂、大名入山東境，逕冠縣、館陶、堂邑、清平、高唐、平原、德縣又入河北境，逕吳橋、景縣、東光、交河，復入禹河故道，由天津入海。

第四，巡察漢水的源頭，從嶓冢山開始。漢水的上源有漾、沔二名，當流經今湖北均縣的時候，因水中有洲名爲滄浪，所以又名滄浪水。流經天門縣時，有三澨水來會，再東流，經漢陽縣城東北半里大別山的東坡，南折流入大江。東走則滙爲鄱陽湖。再東流，就稱爲北江，流入人海。所以經文說：

嶓冢導漾，東流為漢，又東為滄浪之水，過三澨，至于大別，南入于江。東匯澤為彭蠡，東為北江，入于海。

漾水：源出今陝西寧強縣的嶓冢山，又稱沔水。東流至南鄭縣南，就稱爲漢水了。其入江處名沔口，又稱漢口。

三澨：水名，在今湖北天門縣，本爲三參水，俗名三澨水。嶓冢、大別，見導山。

第五，導江自岷山開始，岷山，也可寫作汶山。大江源不出岷山，今人皆能了然。古人所說的江源，今謂之泯江，禹勘察大江形勢，是從這裏開始的。自此東流，分出一水，名爲沱江。又東流，合灃水，納洞庭，過九江，經東陵，再往東，斜行向北，會彭蠡澤，再向東流，即稱爲中江，流入大海。所以經文說：

岷山導江，東別為沱，又東至于澧。過九江，至于東陵，東迆北，會于滙，東為中江，入于海。

江，卽長江：又稱大江。源出今青海省巴顏喀喇山南麓，流經青海、西康、雲南、四川、湖北、湖南、江西、安徽、江蘇九省，爲我國第一大水。

沱，就是沱江：自江分出爲沱。別，是分的意思。沱江自今四川灌縣分出，東南流至瀘縣入江。

澧，卽澧水：源出今湖南省的桑植縣，流入洞庭湖。據《水經》、《漢書・地理志》所載，都說流入大江。明人袁中道《澧遊記》說：「酈道元注《水經》，於江陵枚迴洲下有南北江之名，南江卽江水由澧入洞庭道也。陵谷變遷，今之大江，始獨專其澎湃，而南江之跡，稍稍湮滅，僅爲衣帶細流，然江水會澧故道，猶可考云。」

東陵：地名，在今湖北黃梅縣。有人說在今湖南的岳陽縣，以經義來衡量，當以在湖北黃梅縣爲是。

九江：乃指洞庭諸水而言。

第六，勘察沇水，探其源頭。沇（音ㄧㄢˇ）就是濟水的上源，古代所說：江、淮、河、濟爲四瀆，可見在當時來說，濟，也是一條大水。濟入河，河水溢出成爲滎澤。濟水又東出於山東定陶縣陶丘北，又東流，經菏澤，再東北流，與汶水相會，又東北自博興縣流入大海。所以經文說：

導沇水，東流為濟，入于河，溢為滎。東出于陶丘北，又東至于菏，又東北會于汶，又東北入于海。

沇水：源出今山西垣曲縣東北的王屋山，也就是濟水的上源，東流經河南的濟源縣至孟縣入河。

滎，即滎澤：已涸，在今河南滎澤縣。

陶丘：丘名，在今山東陶丘縣。

菏，即菏澤：在今山東菏澤縣，已涸。

汶，即北汶水：源出今山東萊蕪縣，西南流入濟。

第七，循察淮水，自桐柏山始。淮水源出自今河南桐柏縣的桐柏山。東流經安徽、江蘇淮陰，泗水從北合沂水來會，東入於海。所以經文說：

導淮自桐柏，東會于泗、沂，東入于海。

沂水：源出今山東蒙陰縣，南流至今江蘇邳縣入泗。

泗水：源出今山東泗水縣東的陪尾山，其源有四，四源俱導，因以爲名。至今江蘇邳縣合沂水東南流，至淮陰入淮。今則流入運河。

第八，勘察渭水源流，從鳥鼠同穴山始。渭水源出今甘肅渭源縣以西的鳥鼠同穴山（一名青雀山）。東流會灃水，又東會涇水，再東過漆、沮水，至華陰縣的倉頭村入河。所以經文說：

導渭，自鳥鼠同穴，東會于灃，又東會于涇，又東過漆、沮，入于河。

灃水：源出今陝西鄠縣東南牛首山，北流至咸陽東合諸水入渭。

涇水：源出今甘肅平涼縣西的笄頭山，至陝西高陵縣西南的上馬渡入渭，叫涇口。

漆、沮：二水名，其源流始終，見雍州第一、川原山澤條。此二水雖不大，然以經文來看，渭水是過此二水而東入河的。可是尚有一名洛水的水，亦被漆、沮之名，漆水，源出今陝西定邊縣的白於山，東南流，經黃陵縣東北，沮水自西南來會。沮水源出黃陵縣西北境的子午山，會漆水後，繼續東南流，至朝邑縣趙渡鎮南入河，此爲北洛水。

第九，勘察洛水（南洛水，洛，應作雒）。從熊耳山開始，洛水自此東北流，與澗水、瀍水相會後，又東流與伊水會，再東北流，至鞏縣北入河。所以經文說：

導洛自熊耳，東北會于澗、瀍，又東會于伊，又東北入于河。

洛水：（洛，亦作雒）源出今陝西雒南縣西的冢嶺山，亦稱西熊耳山，東南流，經河南盧氏縣城南，即曲曲東北流，經熊耳山北，至今河南洛陽縣西南境有澗水合穀水，西北自澠池新安來會，又至洛陽城東，有瀍水，自北來會，至偃師縣城南，有伊水自西南來會。再東北流，至今鞏縣北入河。

熊耳山：在今河南盧氏縣東。（見豫州）

澗：水名，源出今河南澠池縣北境的白石山，東流經新安至洛陽城西南入洛。

瀍：水名，源出今河南洛陽縣西北境的朁亭山，與穀城山相連，東南流，至洛陽城東入洛。

伊水：源出今河南盧氏縣東南百六十里的東巒山。即熊耳山的支阜，也叫悶頓嶺。東北流至偃師縣城南入洛。

四、治平措施

九州既已安定，而循山導水的工作，亦相繼完成，大禹的功績，在這裏，也就不言可喻了。後人每以「神禹」稱之，顯不為過。當洪水之時，有人如此，又如何能不被視若「神明」？天下既定，而展現在眼前的工作，依然很多，如不因勢利導，那將前功盡棄，亂象踵生，在此情勢下，而進一步的治平措施，實在不容稍緩。茲依據經文所載，分別探討如次：

一、總敘平定水土之功，而今讀來，仍能令人發思古之幽情。經文說：

九州攸同，四隩既宅，九山刊旅，九川滌源，九澤既陂，四海會同。

經文中所說「攸」字，作「用」、「以」解。「同」，作「和平」解。隩（音ㄠˋ，也讀ㄩˋ），作邊界、涯字解。既宅，是說已經居住了人。「刊」當作「栞」，作槎識講，也就是標誌的意思。「旅」作治、通、道解。「滌源」，《史記》作「既疏」解，就是已經疏通的意思。「陂」，是隄防。如作動詞用，就是築隄防的意思。至於九山、九川、九澤的解釋，有人指實，有人說是九州以內的山川澤藪。如指實的話，九山是指：岍、壺口、底柱、太行、西傾、熊耳、嶓冢、內外、岷山而言。九川是指：弱水、黑水、河、漾（漢、沔）江、沇（濟）、淮、渭、洛（雒）而言。九澤是指：大陸、雷夏、大野、彭蠡、震澤、雲夢、滎波、菏澤、孟豬而言。驗諸經文，自當以指實為是。會同，言洪水會合，同歸於海的意思。經文的意思是說：「廣大的九州，因洪水的消退而平定了下來，四方的土地，也都已經可以居住了。所以能如此，那全是由於九州的山巒已經槎識標明，九州的河川，已經疏濬通暢，而九州的澤藪，也已經各有所終，不再任意氾濫，就是因爲四海之內的水，無不會同，無不平治，使各有所歸，所以才能不僅使九州的人民往來無阻，卽便是蠻夷戎狄，也可會同於京師了。」這種功績，實在太大了，又如何能不使人民敬服？

二、修六府、正土地，以成賦稅之則：洪水既退，九州已平，人民亦能各就其居。這時所應急切講求的，就是人民日常生活的物質條件，及田畝等級的訂定、賦稅的征收等問題。所以經文說：

六府孔修，庶土交正，底愼財賦，咸則三壤，成賦中邦。

經文中所說的六府，是指水、火、金、木、土、穀來說的，因爲這六種物質，是人民在生活上，所不可缺少的，所以大修六府之政，是極其必要的。孔，作「大」、「甚」解。修，作「治」解。庶土交正，是說各種土壤，俱得以正其等級的意思。底，作「致」解。三壤，是指土地分上中下三等。中邦，就是九州、中國的意思。成，是成法。這意思是說：「四海會同以後，接著就是大修六府之政，使人民足用，釐訂各種土壤的等級（肥、磽、高、下），並謹愼地致力於財賦的征收與運用，而征收的法則，一遵土地上、中、下三等的原則。不過這種賦稅，只有中國之內的人民才有，蠻夷是有貢無賦的。」

三、建國立宗、獎勵有功，以德爲先：土廣人眾，如不分區治理，就難收政治上的功效。而主其責的人，最好是能敬悅修德爲先的人，如是，不僅受封的人能服從盡職，即使是在其治理區域以內的人民，也會無不順從的。是以經文說：

錫土姓，祗台德先，不距朕行。

經文中所說的錫土，就是賜土地封國的意思。這樣做，是爲了獎賞有功勞的人。錫姓，就是對有德的人，賜以姓，來表彰他的勳德。祗，作「敬」解。台，與怡同，作「怡悅」解。經文的意思是說：「封土建國，賜姓以立其宗氏，要以敬悅修德的人爲先，這樣人民才不會抗拒我政府的一切措施，而樂意順從治化。」

四、定五服之制，以爲治化之準則：

第一，甸服：甸，是王田。服，是服事天子的意思。甸服的區域，是由王城以外，四面各五百里，所謂「王畿千里」，就是此意。畿內爲天子的田，而人民爲天子治理田事，所以叫甸服。同時畿內亦不封諸侯，田賦入於天子。經文說：

五百里甸服：百里賦、納總，二百里納銍，三百里納秸服，四百里粟，五百里米。

經文所說的總，就是刈穀之後的全部，從穗到稈。百里去王城最近，故賦此稅。銍(音ㄓˋ)，就是刈禾之後，斷去稾，也就是禾穗的意思。二百里去王城較遠，故減輕其重量。秸服，又斷去其芒的意思，使重量再減。「服」與「稃」聲近相假，就是穀皮。粟，穀實帶殼叫粟，這是去王城四百里的賦稅。去王城五百里的地區，就只繳納去殼的白米了。經文中所說的里數，皆以王城爲中心，其稅皆當什一，只是所納有精有粗，遠輕而近重，藉此使勞役均平。

第二，侯服：侯服，就是侯國之服。卽在甸服以外，四面又各五百里的區域。在這一服內，分封諸侯爲三等，有大夫的采邑，有男邦、有侯國。經文說：

五百里侯服：百里采，二百里男邦，三百里諸侯。

經文中的采，作「事」解，受命以事天子。采，就是卿大夫的邑地。男，爵位名，男爵是小國。諸侯，是侯爵的大國。建立侯服的最大目的，就是用來護衛王城天子。

第三，綏服：所謂綏服，是在侯服以外，又向四面各延五百里的服制。在這一服內，分爲二等，前三百里，諸侯揆度天子的政教以行。後二百里，諸侯振奮武德，來捍衛天子。經文說：

五百里綏服：三百里揆文教，二百里奮武衛。

經文所說的綏，作「安」解。這是說：距離王城漸遠，而採取安撫的意思。揆，作「度」解。這裏所說的文教、武衛，並非如蔡沈所說「文以治內，武以治外」，而只是所主重點不同而已。內三百里，並不是全不講武衛，而外二百里，亦非全不講文教，安內治外，當視其實際情況而定，如果執一而不知權變，那就難免「膠柱鼓瑟」之譏了。

第四，要服：所謂要服，就是在綏服之外，再向四面各延五百里的服制。在這一服內，分爲二等，前三百里爲夷，後二百里爲蔡。經文說：

五百里要服：三百里夷，二百里蔡。

宋・蔡沈《書經集傳》說：「要服去王畿已遠，皆夷狄之地，其文、法略於中國，謂之要者，取要約之義，特羈縻之而已。」清・江聲《尚書集注音疏》說：「要約結好信而服從之。」既然去王畿已遠，若不強行治理，也只好與之要約結好，使之信服而從化了。所謂「夷」，根據僞孔傳的說法，是：「守平常之教，事王者而已。」這無異信守所約，而不內犯。所謂「蔡」，根據馬融的說法，蔡作「法」解，指的是受王者的刑法。所以到了宋代蔡沈著《書經集傳》的時候，就將「蔡」字解釋爲「流放」了。此外，蔡，也可作「草」解，見《說文》。果爾的話，那經文「二百里蔡」的意思，就是：「五百里要服，三百里夷以外的二百里，就是草原了。」這解釋，雖然新奇，但也合理。

第五，荒服：所謂荒服，就是在要服以外，再各向四面延伸五百里的區域。在這一服內，仍分二等，前三百里爲蠻，後二百里爲流。經文說：

五百里荒服：三百里蠻，二百里流。

經文所說的荒，馬融說是：「政教荒忽，因其故俗而治之。」蔡沈《書經集傳》說：「以其荒遠，故謂之荒服。」若與要服相較，當爲不可要約而治了。所謂「蠻」，是慢的意思。表示此蠻夷之區，禮簡怠慢，來不拒、去不禁。「流」，就是流放，因荒服爲邊裔，蠻荒少人煙，有積惡大罪的人，先王不忍殺，往往投之遠方，故亦爲流放罪人的地方。「蔡」與「流」，都是用來處罪人的場所，因罪有輕重，所以地也有遠近的分別。

我們敍述完五服的制度以後，對於五服的行文寓義，也應作進一步的了解，那就是五服制度在行文上，往往是以前義籠罩後義。例如：在甸服中，舉出天子的賦稅，以見諸侯在其封疆內，亦應如是。並不是說，諸侯在封疆內沒有田賦。侯服，是說有諸侯自此服開始，也並不是說從侯服以外就沒有諸侯了。綏服的三百里揆文教，二百里奮武衛，這是說，揆文教與奮武衛自綏服始，也不是說在綏服外無文教武衛的意思。再如要服三百里夷、二百里蔡，荒服三百里蠻、二百里流，這是說，要、荒的邊裔，是流放罪人的場所，並不是說這二百里不是蠻、夷啊！這一層見解，是我們不可忽略的。

其次是關於五服的里數問題，今文家認爲是方五千里，而古文家則以爲方萬里，他們認爲堯時已本有五服，且每服五百里，而再加上禹所弼的五千，剛好是一萬里，經文中所說的三百里、二百里，是禹弼的殘數，因此要在每服加上五百里，就變成四方各五千里了。

至於周制，也是方萬里，不過周制不叫五服，而名九服。名稱是：侯、甸、男、采、衛、蠻、夷、鎭、藩。每服也是五百里，計四方各四千五百里，再加王畿千里，故亦爲萬里。

五、地平天成

根據古籍的記載，禹循山行水，畫野分州，八年於外，三過家門而不入，是以終能平定洪水，使人民得以安居，而告成功於天下。所以經文說：

東漸於海，西被流沙，朔南暨，聲教訖于四海。禹錫玄圭，告厥成功。

我們就這段經文，繹其義蘊，顯然可以看出三層：

第一，繪出了當時的國界，使後人得以知悉，在遠古時代，我們的國家，就已有如此的規模：就界域說，東到大海，西至流沙（現在甘肅的敦煌以西與新疆接界處），北橫大漠，南及五嶺。這一片廣大無垠的大好河山，就是我們中華民族，以歷五千年，綿延繁衍的發祥地。

第二，聲教遠播，盡於四海：所謂「聲教」，簡單的說，就是聲名教化。禹平洪水，百姓安居，而一時文教聲譽之隆，四海之內，無不聞而向慕。有的自請歸化，有的進貢方物，表示親善的誠意。這固然是我先民智慧、勤勞的結晶，同時亦爲我民族的殊榮。緬懷此一偉大事蹟，我們當如何奮勉，方可上對億萬代的祖先，下對億萬世的子孫！所謂聲教遠播，具體的說，就是遠方的人，雖不能近見善教的事實，然而卻可以遠聞善教的聲名，而由衷地向慕，進而效法、歸化。《禮記．中庸》篇稱頌我至聖先師孔老夫子所說的「聲名洋溢乎中國，施及蠻貊，舟車所至，人力所通，天之所覆，地之所載，日月所照，霜露所墜，凡有血氣者，莫不尊親。」這幾句話，就是聲教訖于四海的眞正意義。經文中的「漸」字作「入」解，「被」是覆蓋的意思。「朔」指北方，「暨」，作「及」解。「訖」是「盡」、「及」的意思。四海，是一種大概的說法，指東夷西戎、南蠻北狄而言。

第三，禹告成功，國人承化：當大禹治水成功之日，亦卽國人安居承化之時。而舜的得以垂拱而治，禹的居功，應爲第一。而舜所以將帝位讓於禹，百姓所以擁戴禹，這種加諸四海的大功，萬世永賴的績業，應爲第一要素。《中庸》說：「大德者，必得其位。」三代之隆，難道是偶然的嗎？

所謂「禹錫玄圭」，錫，作「與」、「獻」解。在古代，於用字上，不像後世上下分明，例如「朕」字，任何人都可用來表示第一人稱。玄，是天色。玄圭，是用玄色的玉所製成的圭。這是說：水土既平，禹就獻上玄圭，向帝舜報告，治水的大功告成，自此以後，教、養兼施，使人民「遂其生，復其性」，而國家大一統的雛型，不也就展現在我們的面前了嗎？後人每以「堯天舜日春風暖，智水仁山佳氣多」兩句話來稱頌我國上古時代的三位大聖人，他們確實是當之無愧的。

六、結語——〈禹貢〉的價值

一、我們通觀〈禹貢〉一篇，似可分成以下幾個層次：

第一，從「禹敷土」到「奠高山大川」，這是說大禹的治水，先釐定其規模，然後再從事於工作的進行。這就好比現在要做某一件大建設，先作周詳的計畫，然後再照計畫進行是一樣的。

宋・時瀾《增修東萊書說》卷五，在這段經文下說：「史官作〈禹貢〉，首言禹敷土，見禹胸中先有一定之規模，分布九州之土，某土如此，某土如彼，然後用工，所以有成。若逐州臨時乃爲方略，則散亂參錯，勞而無功矣。禹之治水，其大規模，在於先敷土而已。」這話眞是說的再確切也沒有了。我們的見解，正是如此。

第二，從冀州以下，以帝都爲主，自東而西，分別治理以至於雍州。在我們的敍述上，則用「九州敷土」一個大項目來包括。淸・胡渭《禹貢錐指》（【皇淸經解】卷二八）說：「敷土，是禹未出門時事，冀土賦與某某，兗土賦與某某，此不過擇人而任之，猶未知某山、某川爲當治也。及隨山刊木已畢，高山大川，歷歷可數，禹於是定某山爲某州之山，某川爲某州之川，使各治其所有，則法加詳矣。山川既奠，禹與益、稷、四岳俾九牧，各率其屬，發人徒以就役，或兩地先後興工，或隣封一時並作，或決川之餘，兼及畎澮，或距海之後，久乃濬源，或爲二州之界，而臨事共協其力，或歷數州之域，而當境各任其勞，上下相維，彼此相應，如身之使臂，臂之使指，故能量功命日，不愆于素，八年而九州攸同，十三載而錫圭告成也。」胡氏的這一段話，不僅揭開了〈禹貢〉治理九州的秘史，同時使我們對於經義的了解，也能作更進一層的認識。所謂「通經致用」，在這裏可以得到充分的證明。

第三，從導岍以下，貫聯了九州的山水，使我們對於山川的走向、澤藪的所在，有一個基本的概念和了解。這一點我們在敍述時，用「九州山水」的名稱來概括。

第四，從九州攸同以後，我們用「治平措施」爲目，來概括「四海會同」、「六府孔修」、「成賦中邦」、「錫土姓」的承平局面，以及五服制度的區畫和自內而外的措施。第五，自「東漸于海」到「告厥成功」，我們用「地平天成」標目，來敍述國界的四極、聲教的遠播，以及大告成功的大一統景象。

二、〈禹貢〉的價值：我們讀了〈禹貢〉以後，似乎應有以下幾個看法：

第一，九州的經略畫分，悉以自然形勢爲準則，此一獨具千古隻眼的見解，足可使〈禹貢〉永垂不朽。是以宋代的鄭樵，在他所著《通志》序中說：「〈禹貢〉九州，皆以山川定其經界，九州有時而移，山川千古不易，使兗州可移，而濟、河之兗州不可移；梁州可遷，而華陽黑水之梁州不可遷；故〈禹貢〉爲萬世不易之書。後之史者，主於郡縣，故州縣移易，其書遂廢矣。」這話眞是說的再確切也沒有了。除非我們不欲知曉國家的山川形勢，作一個不知生長在何地的人，否則，那又如何能不讀〈禹貢〉呢？

第二，〈禹貢〉爲我國地理的權輿。循著九州的治理順序，使我們可領悟到地形的高低，明晰各地的土質出產，乃至川原山澤的分布與名稱，貢賦、交通的情況，以及山的走向與串連，水的源流與排比。這一切，足可使我們發思古之幽情，油然而生愛國、愛家的意識與信念。

第三，〈禹貢〉所言，雖爲治水，然其實就是養民、教民的措施。當各州爲洪水肆虐的時候，人民何得而安居？又何由而得食？在此情況下，雖欲養可能嗎？欲得其養，而惟一的途徑，就是使洪水消退。禹的奮力治水，使九州得以平定，繼之則使「六府孔修」，這不是養民之政是什麼？民既得其養，如不教之，使復其性，其與禽獸又有何異？所以「錫土姓，祗台德先」，人民始能樂從。至於「成賦中邦」之舉，「聲教訖于四海」之爲，則又是「善政得民財，善教得民心」了。這些效果，不都是由教化所得來的嗎？

第四，〈禹貢〉可使我們體認做事的方法與過程，啓發我們的科學思想。如就全篇的結構來說，由禹的「敷土」到「隨山刊木」，以及高山大川的測定，這規畫是多麼地詳實，記載雖簡，而我們實應多加領悟，然後由冀州的治理，一直到導山、導水、九州攸同，和五服的畫定、賦稅的征收、國防的布置，直到「告厥成功」，在行文上，又是多麼地井然有序，而輕重、緩急、本末、先後的節節敍述，又是多麼地明白而確切？我們讀了這些記載，難道不應佩服我先民的做事方法和已具備科學精神？

第五，〈禹貢〉可啓發我們公而忘私、國而忘家、大仁、大勇的服務熱忱。元・陳櫟在所著《書集傳纂疏》卷二說：「〈禹貢〉一書，雖紀平水土，制貢賦之事，而有躬行教化之精微寓焉。」這話是不錯的。如〈皋陶謨〉說：「予創若時：娶于塗山，辛壬癸甲，啟呱呱而泣，予弗子，惟荒度土功。」這意思是說：「當我剛開始治水，就娶了塗山氏的女兒，結婚之後，僅僅在家住了三宿，就又奉命治水了。後來雖然屢次從家門經過，卻從沒有進去看看，卽使聽到啟呱呱的哭聲，我也沒有時間去撫育、教養他，只是忙著平治水土的工作。」孟子也說：「禹八年於外，三過其門而不入。」在這裏我們不禁要問，禹何以會如此？是什麼力量使他如此？說穿了，也只不過是一個「仁」字。所以孟子於〈離婁下〉稱讚他說：「禹視天下有溺者，猶己溺之也。」這種公而忘私、國而忘家、躬行實踐、以身作則的敬業精神，將永爲世人的典範。孔子所說：「己身正，不令而行，己身不正，雖令不從。」又說：「禹，吾無閒然矣！」是否有感於此呢？

太史公司馬遷，在《史記．河渠書》中說：「禹抑洪水，十三年過家不入門。」這在服務國家、人羣的精神上說，與孟子所說，並無二致，而在時間上，卻比孟子所說多了五年。後人每以此相質，究以何說爲是？要回答這個問題，就必須先從經文說起。在〈皐陶謨〉中，禹曾自言：「娶于塗山，辛壬癸甲，啓呱呱而泣，予弗子，惟荒度土功。」以情理說，這段時間，可能用了八年，相當於〈禹貢〉中自「冀州」到「成賦中邦」的這一段工作時間。而〈皐陶謨〉又說：「弼成五服，至於五千，州十有二師，外薄四海，咸建五長，各迪有功。」這顯然與〈禹貢〉中所說：「九州攸同，錫土姓」，至「聲教訖于四海」這一段文字相似。這種「東漸西被，聲教四訖」的效果，可能在八年之內，無法達成，就時間上說，勢必延長，所以太史公說成十三年。這種說法就情理言，似乎尚無違背的地方。至於八年、十三年時間的長短，而在犧牲奉獻的精神上說，則沒有什麼不同。在這裏，不也正可看出禹的大公無私、捨己爲人的偉大情操了嗎？

表一 〈禹貢〉中之山

名稱	禹貢州別	今地	備考
岍山	雍	陝西隴縣	一名吳山，又名吳嶽山。
岐山	雍	陝西岐山縣東北	一名天柱山。
荆山	雍	陝西富平縣	荆山有三處：一爲陝西富平縣，一爲荆州與豫州之界山，一在今河南閿鄉縣。
西傾山	雍	甘肅臨洮縣西南	一名彊臺山。
朱圉山	雍	甘肅甘谷縣西南	一名天鼓山。
太華山	雍	陝西華陰縣西南	俗謂西嶽，爲雍梁界山。
鳥鼠山	雍	甘肅渭源縣西	一名青雀山，又名鳥鼠同穴山。
合黎山	雍	甘肅張掖縣西北	此山綿亙數百里爲一大山。
三危山	雍	甘肅敦煌縣南	又名昇雨山。

積石山	雍	青海西寧市西南	此山覆壓青海東南境。
龍門山	雍	陝西韓城縣東北	
終南山	雍	陝西長安縣	
惇物山	雍	陝西郿縣	一名垂山。
壺口山	冀	山西吉縣西	與龍門山夾河相峙，東爲壺口，西爲龍門。
梁　山	冀	山西離石縣東	又名呂梁山，山南北走向，綿亙數縣。
岐　山	冀	山西介休縣東南	又名狐岐山，一名薛頡山，又名洪山。
太岳山	冀	山西霍縣東	一名霍山，又名霍太山。
雷首山	冀	山西永濟縣南	此山有：首陽山、堯山、歷山、襄山、獨頭山、薄山、陑山、中條山等名稱。
底柱山	冀	山西平陸縣東	此山亦可謂在今河南陝縣東北四十里處大河中。
析城山	冀	山西陽城縣西南	

王屋山	冀	河南濟源縣西北	此山與山西垣曲、陽城二縣接界。
太行山	冀	山西東境	此山南北走向，南起河南修武，北至河北恒山。
恒　山	冀	河北曲陽縣西北	一名大茂山。歷代皆以爲北嶽。今山西渾源縣亦有恒山，《水經》名爲玄嶽，又名陰嶽、紫岳。至明代始定玄嶽爲恒山。
碣石山	冀	河北昌黎縣西北	此山說法甚紛，難以定論。
熊耳山	豫	河南盧氏縣西南	
外方山	豫	河南登封縣北	今名嵩山，又稱嵩高山，後人所謂中嶽即指此山。
桐柏山	豫	河南桐柏縣西南	支峯名稱甚多，如大復山、胎簪山等皆是。
荊　山	豫	湖北南漳縣西	即卞和抱玉悲號之山。亦爲豫、荊二州之界山。
大伾山	豫	河南濬縣東南	俗呼爲黎陽山。

冢嶺山	豫	陝西雒南縣西	亦稱西熊耳山。
陪尾山	徐	山東泗水縣東	爲泗水之發源地。
蒙　山	徐	山東蒙陰縣西南	
羽　山	徐	江蘇贛榆縣南	
浮　山	徐	江蘇邳縣西	
嶧　山	徐	江蘇邳縣	
敷淺原	揚	江西星子縣、德安縣境	朱子以爲卽廬山。
岱　山	青	山東泰安縣	今名泰山，泰，一作大。
內方山	荊	湖北荊門縣東南	一名章山或稱立章山。
大別山	荊	湖北漢陽縣東北	一名魯山，又名翼祭山，非今河南、湖北、安徽界上西北東南走向之大別山。
衡　山	荊	湖南衡山縣西	世人謂之南嶽。
嶓冢山	梁	陝西寧強縣南	今甘肅和縣南亦有嶓冢山，二山相距五六百里，非〈禹貢〉所指。

岷山	梁	四川松潘縣	岷，《史記》作汶，漢志作嶓。
蔡山	梁	西康雅安縣東	
蒙山	梁	西康雅安縣北	

表二 〈禹貢〉中之水

名稱	發源	流入	備考
弱水	甘肅山丹縣西南七十里窮石山	寧夏居延海	表中所言省縣皆爲今名。
黑水	1.甘肅張掖鷄山 2.新疆伊吾縣北	南流絕於三危山	梁州亦有黑水，即雲南金沙江。
黃河	青海積石山	東流入海	黃河實發源於青海巴顏喀喇山之星宿海。
洛汭	在河南鞏縣西		洛水入河處。

洚水	山西長子縣發鳩山	流至河南林縣交漳口與發源山西昔陽縣西南少山之清漳水會合流入黃河	卽濁漳水。
漾水	陝西寧強縣嶓冢山	流入長江處稱沔口又稱漢口	又稱沔水，東流至南鄭縣始稱漢水。
九河	據《爾雅》所載，其名爲：徒駭、太史、馬頰、覆鬴、胡蘇、簡、絜、鉤盤、鬲津		其河道，今已無可稽考。
三澨	湖北天門縣	入漢	俗名三澨水。
長江	四川岷山	東流入海	長江實發源於青海巴顏喀喇山之南麓。
沱	四川灌縣自江分出	至瀘縣入江	卽沱江，自江分出爲沱。
澧	湖南桑植縣	入洞庭湖	卽澧水。《水經》、《漢書・地理志》均言入長江。
九江	此處九江，乃指洞庭：沅、漸、敍、酉、資、		

	醴（醴通澧）、元（元為无之訛）、辰、湘諸水言		
沇	山西垣曲縣王屋山	河南孟縣入河	乃濟水上源。
菏水	自菏澤分出	東至魚臺入泗	菏澤，在今山東定陶縣。
汶水	山東萊蕪縣原山	西南流入濟	
淮水	河南桐柏山	流經江蘇入海	
沂水	山東蒙陰縣	南流至江蘇邳縣入泗	
泗水	山東泗水縣陪尾山	至江蘇邳縣合沂水東南流至淮陰入淮	今流入運河。
灃水	陝西鄠縣東南牛首山	北流至咸陽東合諸水入渭	
涇水	甘肅平涼縣西笄頭山（一名崆峒山）	至陝西高陵縣西南上馬渡入渭	入渭處名涇口。
渭水	甘肅渭源縣西鳥鼠同穴山	至陝西華陰縣倉頭村入河	

漆水	陝西銅川縣東北北高山	西南流至耀縣與沮水合	
沮水	陝西耀縣北	東南流合漆水至富平縣入渭	又名漆沮水。
(北)洛水	陝西定邊縣白於山	東南流至朝邑縣趙渡鎭南入河	此水爲北洛水。
洛水	陝西雒南縣西冢嶺山（亦稱西熊耳山）	至河南鞏縣北入河	此爲南洛水。
澗水	河南澠池縣北境之白石山	至洛陽城西南入洛	
瀍水	河南洛陽縣西北境晉亭山	至洛陽城東入洛	
伊水	河南盧氏縣東南東巒山	至偃師縣城南入洛	東巒山即熊耳山之支阜，亦名悶頓嶺。
漳水	山西昔陽縣西南少山	至河南林縣交漳口與衡水會入河	即清漳河。
衡水	山西長子縣西發鳩山	流至河南林縣交漳口與漳水會入河	原名濁漳水，酈道元稱之爲衡水，又稱橫水，亦即洚水。

恒水	山西渾源縣境恒山之北谷	河北唐縣與滱水會	以下卽稱爲滱水。
衛水	河北靈壽縣東北	東流入呼沱河	俗呼爲雷溝河。
灉沮	二水俱出山東濮縣東南平地	流入雷澤（卽雷夏澤）	《爾雅》：水自河出爲灉，自濟出爲濋（沮）。
濰水	山東莒縣箕屋山	至昌邑縣東北入海	青州水。
淄水	山東萊蕪縣東原山	至壽光縣入海	
濟水	山西王屋山（一說出河南源縣，實乃一處）	東流至山東博興縣入海	濟之上源爲沇水，今名小清河。
漯水	山東朝城縣	東流入海	卽今之大清河。
三江	說法不一，《漢書·地理志》謂：南江在吳縣東入海，北江在毘陵（今江陰）北東入海，中江出蕪湖縣西南東至陽羨（今宜興）入海		訖無定論，姑以《漢志》爲代表。
漢水	陝西寧強縣嶓冢山	湖北漢陽會長江東入海	上源爲漾水（見漾水）。

沱	湖北枝江縣	東流入江	此荊州之沱。
潛	湖北潛江縣境	入漢	此荊州之潛。
黑水	在青海爲通天河	流入四川會岷江爲長江	在西康、雲南省境稱金沙江。
桓水	甘肅臨洮縣之西傾山之南。	南流入白龍江再入西漢水	即經文所載之潛水。
沔水	陝西略陽縣東狼谷	南流入漢	一名沮水。
和川	西康滎經縣北九十里	過蒙山東流，謂青衣水，入岷江	又稱和川水。

表三 〈禹貢〉中之澤

名稱	禹貢州別	今地	備考
大陸	冀	河北鉅鹿縣北	一名廣阿澤，又名鉅鹿澤。
雷夏	兗	山東濮縣	又名雷澤。
大野	徐	山東鉅鹿縣東北	
菏澤	兗	山東定陶縣東北	
彭蠡	揚	江西北部	今名鄱陽湖。
震澤	揚	江蘇吳縣西南	今名太湖。
雲夢	荊	雲在江北，屬湖北省；夢在江南，屬湖南省。	今名洞庭湖。
滎波	豫	河南滎澤縣	一名滎澤。
孟豬	豫	河南商邱縣	孟豬，一作明都，又作望諸。
豬野	雍	甘肅民勤縣	一作都野，又名休屠澤。

附圖

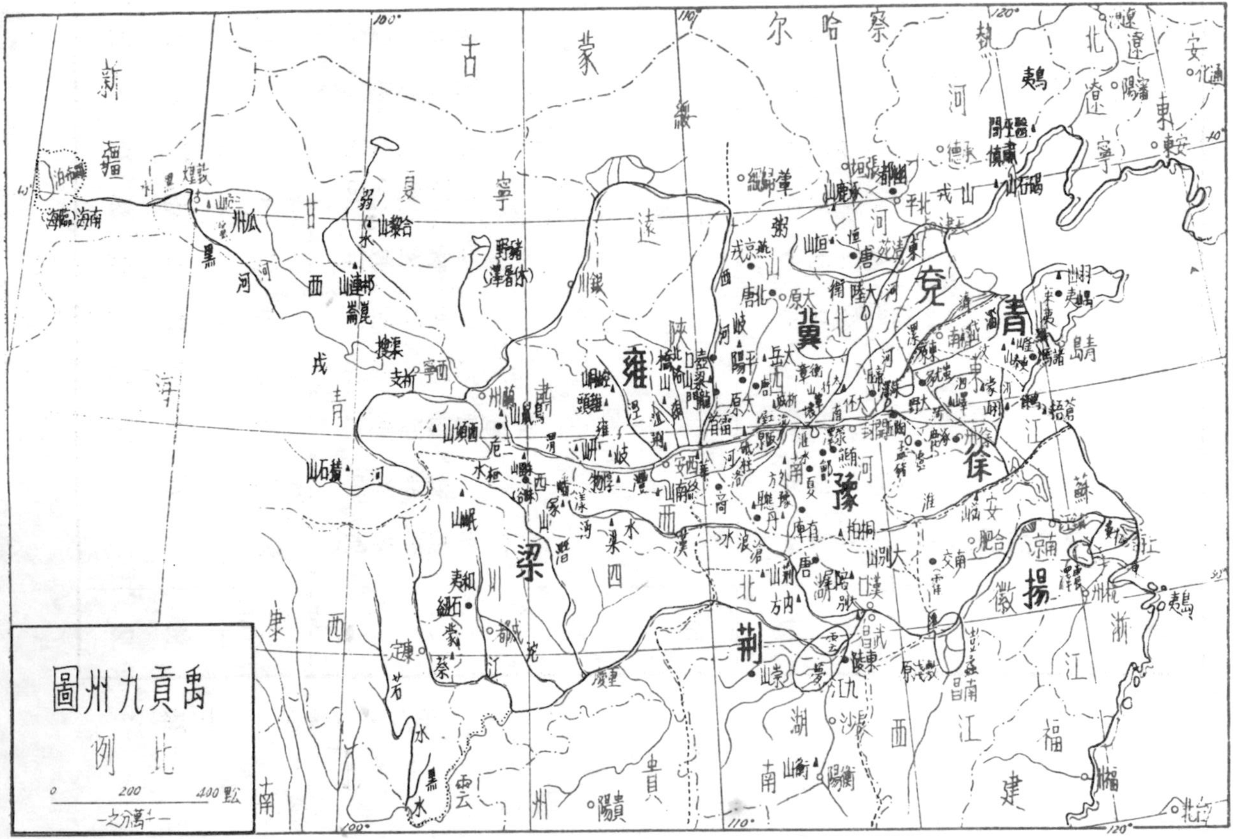

圖一　禹貢九州圖，此圖錄自程發軔先生著《春秋左氏傳地名圖考》

禹貢任土作貢圖

此圖錄自欽定書經傳說彙纂卷首上

兗 田 中下；賦 貞；土 黑墳；貢 漆絲；篚 織文	**冀** 賦 上上錯；田 中中；土 白壤	**雍** 田 上上；賦 中下；土 黃壤；貢 球琳琅玕
青 田 上下；賦 中上；土 白墳；貢 鹽絺海物絲枲 鉛松怪石；篚 檿絲	**豫** 田 中上；賦 錯上中；土 壤下土墳壚；貢 漆枲絺紵；篚 纖纊磬錯	**梁** 田 下上；賦 下中三錯；土 青黎；貢 璆鐵銀鏤砮磬熊 羆狐貍織皮
徐 田 上中；賦 中中；土 赤埴墳；貢 土五色夏翟孤 桐磬蠙珠魚；篚 玄纖縞	**揚** 田 下下；賦 下上上錯；土 塗泥；貢 金三品瑤琨篠 簜齒革羽毛木；篚 織貝包橘柚	**荊** 田 下中；賦 上下；土 塗泥；貢 羽毛齒革金杶 榦栝柏礪砥砮 丹箘簵楛包匭 青茅納錫大龜；篚 玄纁璣組

圖二 禹貢任土作貢圖

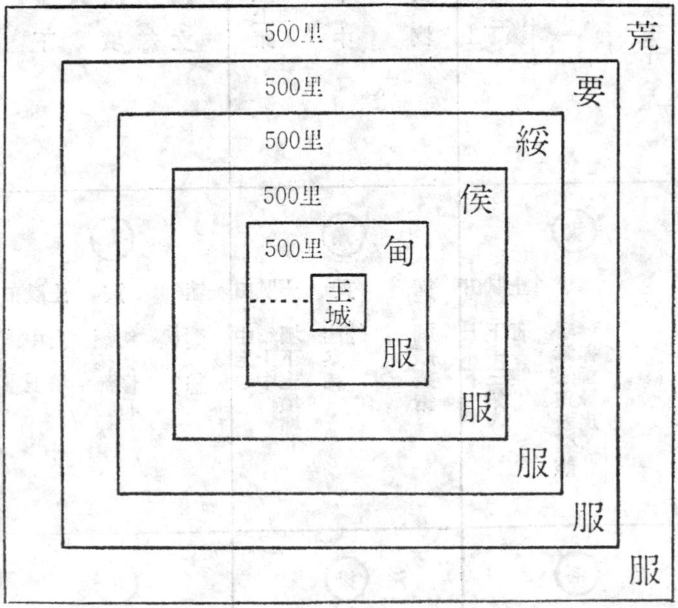

圖三～一　禹貢五服圖。今文家說甸服卽為王畿，服內不封諸侯，每服相距五百里，故五服方五千百

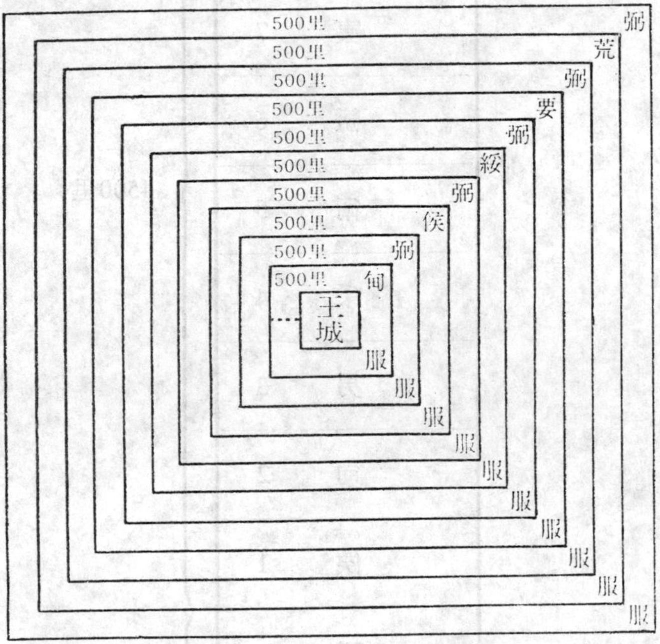

圖三～二 禹貢五服圖。古文家說王畿千里，王城與甸服為王畿。堯時本有五服，且每服五百里，再加禹弼之五千，故為萬里。

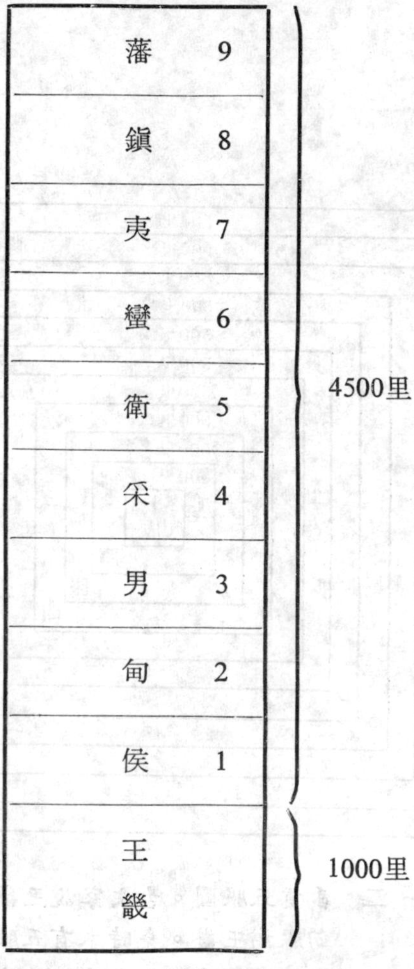

圖四　《周禮・職方氏》九服圖。周制九服，王畿千里不在服內，然後以每服五百里向四面延伸，故亦為萬里。

參考書目

尚書正義　孔穎達撰　藝文印書館
書經集傳　蔡沈撰　世界書局
增修東萊書說　時瀾撰　通志堂經解
書集傳纂疏　陳櫟撰　通志堂經解
尚書集注音疏　江聲撰　皇清經解
尚書今古文注疏　孫星衍撰　中華書局
尚書集注述疏　簡朝亮撰　鼎文書局
尚書正讀　曾運乾撰　樂天書局
尚書釋義　屈萬里撰　華岡出版社
禹貢長箋　朱鶴齡撰　商務印書館
禹貢錐指　胡渭撰　皇清經解
尚書地理今釋　蔣廷錫撰　皇清經解

禹貢會箋	徐文靖撰	商務印書館
春秋左氏傳		藝文印書館
論語會箋	徐英編著	正中書局
國語韋氏注		世界書局
孟子正義	焦循撰	中華書局
禮記中庸篇		藝文印書館
漢書地理志		藝文印書館
大清一統志		商務印書館
通典	杜佑撰	新興書局
通志	鄭樵撰	新興書局
爾雅注疏		藝文印書館
水經注	酈道元撰	世界書局
朱子語類		正中書局
中國歷史地圖	李毓澍編譯	里仁書局
中國歷史地圖上册	程光裕等主編	文化大學出版部
春秋左氏傳地名圖考	程發軔撰	廣文書局

水道提綱　齊召南撰　商務印書館

黃河變遷史　岑仲勉撰　里仁書局

欽定書經傳說彙纂　商務印書館

肆　五誓（〈甘誓〉、〈湯誓〉、〈牧誓〉、〈費誓〉、〈秦誓〉）

漢・伏生《尚書大傳》說：「六誓可以觀義。」❶很可惜，而今我們在《尚書》中，所能看到的，只有五誓了。而其中的〈泰誓〉，現已無法見其全貌❷，與其一鱗半爪的加以揣測，恐難得其眞義，是以缺而不論，今所論者，惟〈甘誓〉、〈湯誓〉、〈牧誓〉、〈費誓〉、〈秦誓〉而已。所謂「誓」，孔疏《禮記》卷五〈曲禮下〉說：「約信曰誓。」元人董鼎說：「誓者，臨眾發命，述其興師之意。」❸這也就是說，誓，是用來齊一眾志、化一行動、明約舉止、嚴禁所爲，而同心協力、討叛伐罪、除惡去奸、以解人民於倒懸的意思。茲就經文所載，分別言其大義如次：

一、〈甘誓〉

甘，地名，就是夏君——啟❹伐有扈誓師的地方，在今陝西鄠縣。又水名，在今陝西鄠縣西，今合澇水北流入渭。這可能就是《呂氏春秋・先己》篇所說：「戰於甘澤」的那條甘水（因甘水所聚而成澤？）。唐・陸德明《經典釋文・尚書音義上》引馬融的話說：「甘，有扈南郊地也。」甘地的名稱，可能是因甘水而得，是以所指，應爲一地。《後漢書・郡國志》說：「鄠縣有甘亭。」《水經注》說：「甘亭，在甘水東，昔夏君伐有扈，作甘誓於是亭。」根據以上的記載，啟伐有扈於甘，卽使是傳說，我們仍然認爲是可信的。

就當時情況說，是夏君討伐叛逆。因此在誓辭的氣勢上，完全是天子討伐諸侯的口吻。不僅義正辭嚴，而且駿邁有力。在短短的八十八字中，眞可說是「六軍之制，車乘之法，郡國賞刑之典，誓師之辭，靡不明備」❺。就軍制言，經文一開始就說：

大戰于甘，乃召六卿。

這是史官開始總述的言辭。由此總敍中，卻道出了六軍的制度。《周禮・夏官・司馬第四》說：「凡制軍，萬有二千五百人爲軍。王（天子）六軍，軍將皆命卿。」鄭氏康成說：「夏亦然，則三王同也。」這是說，在夏代的時候，已有天子六軍的制度，而每軍皆任命一將領爲卿。故鄭氏又以六卿爲六軍之將❻。這也就是蔡沈所說：「軍將皆卿」的意思。就經義言，這是夏君率師駐紮於甘，在臨戰以前，命令六卿各自召集他們的部屬，並集合在一起，準備聆聽天子下達的命令（即誓辭），所以經文接著就是：

王曰：「嗟！六事之人！」

由這句經文，我們可以很清楚的體會出，此時夏王已登臨高處（猶今言司令臺），面對著千軍萬馬（六事之人）發布命令說：「噢！我六軍的全體將士們！」這句開場白過後，接著就是誓辭，其內容大要是：

一、首先宣布有扈的罪狀，使全體將士，都能深切明白所以討伐的原因，藉以鼓舞士氣，振奮人心，激發其爲正義而戰的意志。是以接著夏君就用十二萬分堅定的口吻說：

予誓告汝：「有扈氏威侮五行，怠棄三正，天用勦絕其命，今予惟恭行天之罰。」

這是說：「有扈氏暴殄、侮蔑五常，廢棄天地人的正道，以致上天斷絕了他享國的命運，而今夏君奉行天命，出師討伐，希望將士們能聽從他的命令。」

這罪狀，在表面上，似很簡單，其實我們如能稍加深入探討，就可發現：一方面固然是由於古代的質樸，而言語簡約。另一方面，這也是從施政的本原立論。試想，一方諸侯在施政上，悖常亂德，自絕於天，還不該討伐嗎？再進一步說，這種根本之道，尚且不顧，其他素行小節，也就可想而知了。這站在元首、天子的立場來說，是無法容忍的。所以最後，也惟有「恭行天之罰」了。所謂「恭行天之罰」者，也就是〈皐陶謨〉中所說：「天工人其代之」的廓然大公行爲，換言之，能爲天吏，方可行「天罰」，如不能爲天吏而輕言用兵，那就無異於任意殺人，這又如何能爲後世法？

二、嚴車乘之法，務期將士用命，以收殺敵致果之效。經文說：

左不攻于左，汝不恭命；右不攻于右，汝不恭命；御非其馬之正，汝不恭命。

這是說：「在車左的人，不善盡車左的事，就是怠忽職守，車右的人，不善盡車右的事，就是怠忽職守，御車服馬專主馳驅的人，不能進、退、動、靜有法適當，也是怠忽職守。」考古時兵車之法，一車三人，左人持弓矢，主射；右人持矛，主刺擊；御馬的人，執轡居中，主馬的馳驅，這是普通士卒的兵車。若是將帥，則御車的人在左，勇士在右，將帥居鼓下，在中央，主擊鼓，來指揮軍隊❼。所以嚴車乘之法，其目的，則在統一紀律、齊一心志、化一行動，使將士們各盡其職守，以協合無間的動作，達到致勝的目標。古今中外，除非不談戰爭，如談戰爭，無不以致勝爲其終極目標。要想達到此一目標，除仰賴於平時的訓練有素外，而惟一可行的方法，就是紀律嚴明，行動化一，以發揮高度的團隊精神。

三、賞罰分明，永爲治軍作戰的鐵則。經文說：

用命，賞于祖，弗用命，戮于社，則孥戮汝。

這是說：「用命奮力作戰，建立戰功，就在祖先的神位前獎賞，不用命，怠忽職守，貪生怕死，就戮辱在社稷神位的面前。不僅本身要受戮辱，你們的妻子，亦將遭到連累。」考古時用兵作戰，必遷載宗廟中祖先的神位，以及社主（神位）隨行，賞罰亦均在神位前施行，表示尊敬祖先社主，不獨斷專行的意思。又，古時刑罰，父子兄弟，罪不相及，而連坐法的實施，直到秦代才有。經文所以言及「則孥戮汝」者，這是因爲戰爭是最危險的事情，如不加重其罰，就難以整肅軍紀，而使之趨赴事功。試想，「驅民於鋒鏑之下，苟不先爲之誓戒，使知坐作進退之節，其有不用命者」❽，將何以處置？因此軍法所以較常法爲嚴，這也是必然的。

四、結語：宋．時瀾《增修東萊書說》卷六說：「道有升降，世變風移，讀書者，必觀其時，識其變。」這話不錯。我們衡情酌理，而就這篇誓辭言，僅短短的八十八字，竟然能將作戰地點、軍隊編制、所伐者的罪狀，乃至車法行陣、賞罰，一一陳述不遺，這種文字運用的技巧，已經到達相當精熟的地步。以目前地下出土的文物來看，尚不曾發現。必待周代的鼎彝，方有類似的銘文，這也就難怪有人懷疑它的著成時代「爲戰國之世」了。然而我們所論者，爲大義的闡發，對於傳說的文獻，其著成時代雖晚，可是其事實的發生經過，應該是屬於那個時代。同時這對歷代的專制王朝來說，其所發生的影響力，也確實是難以估計的。再者，在古籍中，往往也有爲後人竄入的事實，且《尚書》又經過漢人「以今文」的轉寫，在制度、名稱方面，有的並沒有一個適當的名稱，轉寫的人爲稱述方便，或爲了表示博古通今，就賦予當時的名稱，亦未可知。如六卿在夏時或許沒有這種名稱，但有其實，而文化延續到著錄或轉寫的時代，適好可以六卿的名稱當之，這種情形，我們怎可認爲一定沒有呢？

二、〈湯誓〉

夏桀無道，暴虐人民，商湯爲了弔民伐罪，所以才出兵征討。這篇誓辭，就是在這樣的情況下產生的。就內容所表示的時機說，是成湯在未出師前，於其都邑亳境，告訴庶眾所以伐桀的原因。就文辭敍述的方式、深淺說，與甘誓沒有多大差異。不過如就地位言，〈甘誓〉是以王（天子）討諸侯，故其辭勁拔駿邁，理直氣壯；而〈湯誓〉則是以臣下（諸侯）伐王，故其辭蓄含委婉，猶有不欲盡言的意念。朱子說：「湯、武固是反之，但細觀其書，湯反之之功，恐是精密，如〈湯誓〉與〈牧誓〉，數桀、紂之罪，辭氣亦不同。」又說：「湯有慙德，如武王，恐未必有此意。」[9]兩相比較之下，我們覺得朱子的話是不錯的。因在〈湯誓〉中，尙遺留著忠厚的氣氛，而在〈牧誓〉中，就很難讓我們有這種感覺了。以下就循著經文，逐次的加以探討。

一、首先說明伐夏不是稱亂，乃代天行命。言語之間，似有慚德，但其實也是出於不得已。

是以經文說：

王曰：「格爾衆庶，悉聽朕言，非台小子，敢行稱亂，有夏多罪，天命殛之。」[10]

這段經文，以我們後人看來，似有借天命以行私意之嫌。假如我們能以孟子所言湯伐葛爲例，再來看這段經文，那就有實在出於不得已的感受了。在〈滕文公下〉，有這樣的一段記載：

孟子曰：「湯居亳，與葛為鄰，葛伯放而不祀。湯使人問之曰：『何為不祀？』曰：『無以供犧牲也。』湯使遺之牛羊，葛伯食之，又不以祀。湯又使人問之曰：『何不為祀？』曰：『無以供粢盛也。』湯使亳衆往為之耕，老弱饋食。葛伯率其民，要其酒食黍稻者奪之，不授者殺之。有童子以黍肉餉，殺而奪之。書曰：『葛伯仇餉。』此之謂也。」又說：「湯始征，自葛載，十一征而無敵於天下。東面而征西夷怨，……曰：『奚為後我，民之望之，若大旱之望雨也。』……書曰：『徯我后，后來其無罰。』……簞食壺漿，以迎王師。」⑪

我們看了這兩段文字以後，可以反證湯的伐桀，實在是出於不得已。然而這種舉措，也會給野心家帶來口實，往往假仁義之名，而行罪惡之實。然則何爲而後可？於此，我們仍願以孟子的話來作說明：

或問孟子曰：「勸齊伐燕有諸？」曰：「未也。」沈同問燕可伐與？吾應之曰：「可。」彼然而伐之也。彼如曰：「孰可伐之？」則將應之曰：「為天吏則可以伐之。」今有殺人者，或問之曰：「人可殺之與？」則將應之曰：「可。」彼如曰：「孰可殺之？」則將應之曰：「為士師則可以殺之。」今以燕伐燕，何為勸之哉！⑫

宋・林之奇發揮其義蘊說：「蓋非爲天吏，則不可以伐有罪，以燕伐燕是也。爲天吏則不可以不伐有罪，湯放桀、武王伐紂是也。不爲天吏而伐有罪，猶不爲士師而擅殺人者也。爲天吏而不伐有罪，猶爲士師而故縱死罪囚者也。湯、武之事，雖曰以臣伐君，然天之所命，民之所歸，實有不得已而不敢已者。故湯曰夏氏有罪，予畏上帝，不敢不正。」⑬我們認爲這話說得不僅有見解，而且更是無比的透闢，足以釋後人之疑。

二、**伐有罪，以解亳民惑，畏上帝命、以布其德**：就經文來看，當時湯都亳邑的人民，不惟生活安定，衣食無虞，而且正值農忙季節，似不知夏桀的暴虐無道，殘民以逞。所以對於湯的出兵伐夏，才有莫大的困惑。是以經文說：

今爾有衆，汝曰：「我后不恤我衆，舍我穡事，而割正。」⑭

這是成湯就著人民的反應意見，而重加述說的話。大義是：「現在你們大衆聽著，你們說：『我君（湯）不爲我們衆人著想，竟然擱置了我們的農事，而去從事征伐。』」以當時情形說，這種舉措，確實難免人民不解。所以緊接著成湯就針對人民的此一困惑，加以解釋說：

予惟聞汝衆言，夏氏有罪，予畏上帝，不敢不正。

成湯雖然如此解說，可是仍怕人民不能釋然，所以他就用揣度的口吻說出人民要說的話，他說：

今汝其曰：「夏罪其如台（奈何、怎樣）？」

這樣一問，帶給我們的感悟是：湯民久受德澤的化育，生活在安樂中，以爲夏有何罪，難道在夏君治理下的人民，不和我們一樣的享受著安樂的生活嗎？爲什麼要去征伐呢？前賢呂祖謙說：「夏罪其如台？是夏民在塗炭而商民自在春風和氣中也。」⑮因此，成湯也就緊接著宣布了夏桀的罪狀，他說：

夏王率遏眾力，率割夏邑，有眾率怠弗協，曰：「時日曷喪，予及汝皆亡。」夏德若玆，今朕必往。

這是說：「我現在鄭重地告訴你們，夏王他『爲重役以窮民力，嚴刑罰以殘民生』⑯。因此所有夏邑的人民，也都相率怠惰而不和協，並且指著太陽說：『你這個太陽，何時才能喪亡？假如你喪亡的話，我們人民願意和你一同滅亡。』人民痛恨夏王的敗德亂行，已經到了這種地步，所以而今我一定要去征伐，來解救人民如同倒懸的苦痛。」所以朱子說：「湯之征，只知一意救民，不知其他也。」⑰我們看了前文所引孟子的高論，當可推知朱子所言，亦甚具見解。而元代的金履祥，對成湯的這種舉措，也表示了他的看法，他說：「弔伐之師，義也，而毫眾有不恤之怨何也？毫眾知己事之小，而不知天意之大；在聖人，則不可不順天。毫眾知商邑之安，而不知夏民之危，在聖人不可不救民。」⑱所以陳櫟也說：「商民以一國爲心，湯則以天下爲心。蓋是時夏之人心已離，湯所以應乎人也。」⑲我們認爲前賢的這些見解是對的。

三、既爲誓師，理當明賞罰，以期殺敵致果之效。所以最後成湯用嚴肅的口吻說：

> 爾尚輔予一人，致天之罰，予其大賚汝；爾無不信，朕不食言；爾不從誓言，予則孥戮汝，罔有攸赦。

這是說：「希望你們大眾，能輔助我早日把上天的懲罰，加在夏王的身上，使他俯首受刑，到時候，我將重加賞賜。你們千萬不要不相信，我絕不食言。假如你們不遵從命令，那麼我就不僅要戮辱你們本人，還要連累你們的妻子，絕不赦免。」軍法嚴於常刑，在這裏，我們又得到了一次證明。

四、結語：就〈湯誓〉來看，通篇全爲誓辭。其中兩處爲人民設想的話，正表示商湯平時的深明民隱，德澤的廣被，以至於使人民誤以爲天下的百姓，都像他們一樣，過著安樂的日子，亨有豐足的生活。這也就難怪孟子一再頌揚商湯的「東面而征西夷怨，徯我后，后來其蘇」了。如就〈甘誓〉所說：「用命賞于祖，弗用命戮于社，予則孥戮汝」來看，二誓可說相若，不過〈湯誓〉卻多了「朕不食言，罔有攸赦」二語，世變風移之情，在這裏，似乎可以看出一點消息。

三、牧　誓

牧，地名。說文作坶，在今河南省淇縣南。就是周武王伐紂，臨戰前，當衆誓師的地方。因紂「迷於酒色，不復畏天念祖，以至忠直逆耳，讒人倖進」[20]，竟使國家紀綱敗壞，民不聊生。武王爲解民倒懸，救民於水火，於是率諸侯兵，大舉撻伐，滅紂而有天下，這就是〈牧誓〉的所由作。

書序說：「武王戎車三百兩，虎賁三百人，與受戰于牧野，作〈牧誓〉。」《孟子‧盡心下》說：「武王之伐殷也，革車三百兩，虎賁三千人。」《史記‧周本紀》所載略同，於此可證書序的話不誣。所不同的是：書序說「虎賁三百人」，《孟子》、〈周本紀〉言「虎賁三千人」，後儒多從孟子。惟唐‧孔穎達，宋‧林之奇、呂東萊，時瀾諸儒，仍以「虎賁三百人」爲是。就當時情勢，再以周官「虎賁氏」的職掌，以及〈顧命〉篇所言成王崩，「太保命仲桓、南宮毛、俾爰齊侯呂伋，以干戈，虎賁百人，逆子釗於南門之外」來驗證，所謂「虎賁」，也只不過是驍勇有力、朝夕爲王左右的宿衛而已。他們的職守，在維護王的安全。武王伐紂，帶有衛士三百人，已爲盛事，恐不是三千吧！再說戎車三百兩，孔穎達正義，就《司馬法》文爲說，以一車甲士三人，步卒七十二人。至於臨敵對戰，布陣之時，則依六鄉軍法，五人爲伍，五伍爲兩，四兩爲卒，五卒爲旅，五旅爲師，五師爲軍。此處所說戎車三百兩，而甲士與步卒俱在其中，亦可藉此以見兵士的總數目。而「虎賁」則是王的「爪牙」、勇力之士，在王左右，專任護衛的工作。因此我們認爲「三百人」是對的。以下卽就著經文，逐次的加以探討：

一、**首先指明時日地點**。經文說：

時，甲子昧爽，王、朝，至于商郊、牧野，乃誓。

關於武王克殷的年、月、日，說法不一，卽使是《史記》，在〈周本紀〉與〈魯周公世家〉所載，亦不相同。經過前賢今人的考證，總算有了一個明確的結果。因此，我們現在就著經文，可以這樣說：「周武王十一年一月二十六日（癸巳）與師伐紂，到二月二十七日（甲子）㉑天黎明太陽尚未出來的時候，武王就已到了紂都南郊、牧地的曠野，於是就向大眾宣誓了。」

二、**次述武王的配備**。經文說：

王左杖黄鉞，右秉白旄，以麾。

這記載雖然簡約，但卻能將武王的神勇、鎭靜、從容大度的神態，表露出來。你看，他左手拿著一把黃色的大斧，右手拿著一條白旄牛的尾巴，來作爲指揮之用，不也就神態畢露了嗎？

三、然後向著大軍，慰勞其辛苦，並以常禮的口吻，提醒其注意，以便聆聽誓辭。經文說：

曰：「逖矣！西土之人。」王曰：「嗟！我友邦冢君、御事、司徒、司馬、司空、亞旅、師氏、千夫長、百夫長，及庸、蜀、羌、髳、微、盧、彭、濮人，稱爾戈、比爾干、立爾矛，予其誓。」[22]

首先武王以慰勞的口氣說：「可眞遠啊！我西土的戰士們，你們辛苦啦！」然後又分別地提稱各國、各單位、各首長、以及全國戰士們，教他們舉起戈、排好盾、豎起矛，靜下來聽其宣誓。蔡沈書集傳說：「器械嚴整，則士氣精明，然後能聽誓命。」吳闓生《尚書大義》也說：「此見軍行之盛，又見天下同心疾紂，無間中國夷狄也。」二氏立說，雖各就所見，然由此正可看出武王統御力之強，號召力之大，感化力之深，才能使各國的軍士，同命一心，已隱然穩操勝算了。

四、數紂罪，以明必罰之由。經文說：

王曰：「古人有言曰：『牝鷄無晨，牝鷄之晨，惟家之索。』今商王受，惟婦言是用，昏棄厥肆祀、弗答，昏棄厥遺王父母不迪。乃惟四方之多罪逋逃，是崇是長，是信是使，是以為大夫卿士，俾暴虐于百姓，以姦宄于商邑。」

「今予發，惟恭行天之罰。」

在這段文字中，紂的罪狀是：

㈠**聽信婦人之言**：所謂「牝鷄司晨」是也。這裏所說的婦人，是指的妲己。據《列女傳》的記載是：「妲己之所譽，貴之；妲己之所憎，誅之。」又說：「百姓怨望，諸侯有畔者，紂乃爲炮烙之法，膏銅柱，加之炭，令有罪者行其上，輒墮炭中，妲己乃笑。比干諫曰：『不修先王之典法，而用婦言，禍至無日。』紂怒，以爲妖言。妲己曰：『吾聞聖人之心七竅。』於是剖心而觀之。」一位天子迷戀女色，竟然到達這種地步，那麼國政也就可想而知了。

㈡**不祭祀先祖，不報答天德**：這就是經文所說「昏棄厥肆祀、弗答」之意。在那個「信鬼」的時代，如荒棄祭祀，確實是一件「失德之大者」，所謂「國之大事，在祀與戎」，不就是很好的說明？這在當時來說，是要激起「神人共憤」的。

㈢**不任用貴戚之臣**：經文所說「昏棄厥遺王父母弟不迪」，就是此意。所謂貴戚之臣，本與在位的國君、天子爲一體，休戚與共。他們輔佐其君，盡心盡力，如有不合常法，即嚴厲地加以糾正。孟子所謂：「貴戚之卿，君有大過則諫，反覆而不聽，則易位。」㉓足以說明此理。可是這種貴戚之臣，足以妨礙紂的恣意任爲，所以他的剖心比干，也就勢在必行了。

㈣**任用小人，以隨其一時之欲**：經文說：「惟四方之多罪逋逃，是崇、是長、是信、是使，是以爲大夫卿士，俾暴虐于百姓，以姦宄于商邑。」他既然摒棄貴戚之臣不用。而惟用「四方之多罪、逋逃的小人」，其政也就不言可喻了。他們的「暴虐于百姓，姦宄于商邑」，那是必然的事。而民怨沸騰，也是必然的事。可是殷紂，又以爲「我生不有命在天乎」㉔！竟然恃其天命，不但不知悔改，反而變本加厲。這無異火上加油，所以也就難怪加速其「喪無日矣」了。其實，紂的罪行，尚不止此，就《尚書》所載，如〈微子〉篇的「我用沈酗于酒。」「方興沈酗于酒。」〈酒誥〉篇的「在今後嗣王酣身，……誕惟厥縱淫泆于非彝，用燕喪威儀，惟荒腆于酒。」〈無逸〉篇的「殷王受之迷亂，酗于酒德。」酗酒，不僅傷身，而且可以麻醉精神，使人喪失理智，意志日漸消沉，只圖享樂，無緣進取，以致好壞不分，是非不明。在這種情況下，他如何能不「距諫飾非，矜人臣以能，高天下以聲，以爲皆出己下。作新淫聲北里之舞，靡靡之樂，厚賦稅，以實鹿臺之錢，而盈鉅橋之粟？」又如何能不「益收狗馬奇物，充仞宮室。益廣沙丘苑臺，多取野獸蜚鳥置其中。大最（聚）樂戲于沙丘，使男女倮，相逐于酒池肉林之間。」而又「廢商容」㉕呢？一位「爲民父母的君子」，其行如此，如不討伐，其民將「何以堪」？孔子說：「唐虞禪，夏后殷周繼，其義一也。」㉖我們看了以上所舉殷紂的荒唐之行，對於武王的伐殷，還能不承認「今予發，惟恭行天之罰。」以及孟子所說：「聞誅一夫紂矣，未聞弑君也」㉗嗎？

五、嚴行陣，以戒輕進，齊進退，以戒貪殺，迓來奔，以戒殺降。經文說：

今日之事，不愆于六步七步，乃止齊焉，夫子勗哉。不愆于四伐、五伐、六伐、七伐，乃止齊焉，勗哉夫子。尚桓桓，如虎如貔，如熊如羆，于商郊。弗迓克奔，以役西土，勗哉夫子。㉘

武王首先告訴戰士們，當進攻的時候，要注意齊一步伐行列，每次或六步、或七步，就要停下來整頓一次，以免超前或落後，這樣始能發揮整體的力量，先形成一個不可爲敵人所勝的陣勢。其次在兵戎相接之時，少則一伐（一擊一刺曰伐），多則七伐，也要停下來整齊一次行列，不可過於逞一己的勇力，以貪於殺人。接著武王又鼓勵戰士們說：「你們要特別振作，發揮作戰的勇武精神，就像虎、貔、熊、羆一樣，齊往商郊進攻，但是你們也要特別注意，對於來奔投誠的敵人，千萬不可抵拒殺害，他們對我西土來說，將有很大的助益。你們各位要奮勉啊！」

《欽定書經傳說彙纂》卷一〇引呂祖謙的話說：「大司馬之法，伍、兩、卒、旅，各有其長，使齊止之者，使其部伍之長，各自止其止，各自齊其齊，故當戰時，井然有序，不失紀律，三軍如一人。」這樣的戰法，不僅可使「三軍如一人」，而且可使百將如一指，其軍力的銳不可當，是可以想見的。又引王樵的話說：「六步、七步，不知此車法邪？步法邪？蓋古者步卒，夾車而行，動止相爲用，車不妄馳，步不妄動，步法即車法也。至春秋時，古法已亂。」就經文以衡二氏之言，我們雖然不敢說若合符節，但以理推之，相去亦不致太遠。

六、**最後，武王爲要勵其行，故律之以法，使知所戒勉**。是以經文說：

> 爾所弗勗，其于爾躬有戮。

前文以三言「勗哉夫子」，勉其奮勇作戰，嚴守紀律。臨了，則以戮其身相戒，使其知所警惕，曉然於軍法是無可寬恕的。這也就是說，如有「弗勗」，則以軍法嚴辦——戮其身。我們如單就軍法來看，〈甘誓〉、〈湯誓〉，均言「孥戮汝」，而〈牧誓〉則僅言戮其身，反較甘、湯二誓爲輕，這大概是一代有一代的法則，世變風移，不可執一而無所變通。宋・黃度於其所著《尚書說》卷四說：「夏商誓師，皆有孥戮之罪，蓋古法也。此無之，文王罪人不孥，遂爲周法。」以文王之德，我們衡情酌理，這說法是可信的。

七、**結語**：就全文結構說，這篇誓辭，可說相當有層次。從「時甲子昧爽」，到「右秉白旄以麾」，這是史臣敘事的話，指出了時間、地點、以及武王的配備，也襯托出武王的神勇與從容的情態。從「曰：逖矣！西土之人」，到「立爾矛，予其誓」，這一方面是慰勞其師，同時另方面，也是誓師前的常禮，提起大眾的注意，並叫他們舉戈、比干、立矛，肅其部伍，嚴整精神，以聽誓命。自「王曰古人有言曰」，到「今予發，惟恭行天之罰」，是數紂的罪過。紂惡當不止此，然而武王僅數其四端，在這裏，也就可以看出武王的仁厚了。自「今日之事」到「以役西土，勗哉夫子」，則為說明戰法的大致原則，目的在戒輕進、戒貪殺、戒殺降，我們千萬不可以此病其呆板，要知兩軍對壘之際，形勢的高下，敵情的艱險，又那能拘於齊止呢？我們前引司馬法的言論，是值得三思的。最後以兩言相戒勉，這又是多麼簡約而明確啊！數千年之後，猶可使我們想像其「軍容整肅，號令精明。其詞簡而要，其法恕而嚴。」㉙臨了，我們想引用元人董鼎的話作結。他在所著《書傳輯錄纂註》卷四說：「此臨戰誓師之辭，杖鉞秉旄，所以肅己之容，稱戈、比干、立戈，所以肅人之容，軍容既肅，然後發命，則人無譁而聽者審矣。……以至仁伐至不仁，而謹畏戒懼尚如此，斯其為武王之師歟？」

四、費誓

費㉚，地名，即今山東省費縣。故城在縣西北二十里，位於曲阜東南，也就是《論語》所說季氏的邑城。由於淮夷、徐戎不服治化，並起作亂，魯君率師討伐，誓師於此，作《費誓》。至於此篇作成時代問題，有兩種不同的說法，這也就是我們爲什麼用「魯君」率師討伐，而不明指魯之某君的原因所在了。

第一種說法，一爲書序，一爲《史記・魯周公世家》。這二家都說是魯侯伯禽率師伐徐戎、淮夷，作〈費誓〉[31]。一直到民國以前，亦向無疑之者。

第二種說法，一爲余永梁，一爲楊筠如，一爲屈萬里三位先生，這三家均以爲〈費誓〉是作於魯僖公時代，甚或指出作於僖公十三年或十六年[32]。今人多遵從這種見解。就余、楊、屈三家所舉的史實來看，足可以證明魯僖公時，確有征伐淮夷之事，由於這次戰役的大獲全勝，僖公也著實風光了一陣子。然而這種大事，司馬遷在寫〈魯周公世家〉的時候，寫到僖公（史記作釐公），竟然隻字未提，這不能不使人懷疑。就連在僖公元年「以汶陽鄪（卽費）封季友」這種小事都記上一筆，而對於足以「光耀史册」的大事，竟然漏略，誠使人不解。我們轉回頭再看看〈周本紀〉，在成王時，就曾經征伐過淮夷。〈周本紀〉說：「召公爲保，周公爲師，東伐淮夷、殘奄，遷其君薄姑。成王自奄歸，在宗周作多方。旣絀殷命，襲淮夷，歸在豐，作周官。……成王旣伐東夷，息愼來賀，王賜榮伯，作賄息愼之命。」這段記載，當然不能證明伯禽「率師征伐淮夷」，但可以證明淮夷的作亂不服治化，卻由來已久，而且更是時服時叛的。所以周朝才屢有征伐之役。現在的問題是，我們是否能有眞憑實據，證明在伯禽時（亦卽成王時）未曾率師征伐過淮夷？現在各家所舉的各種例證，僅能證明在僖公時代，確曾有征伐淮夷的戰役，可是我們的懷疑，仍然無法破除。如果有人說，這可能是司馬遷一時的誤記，所以才有這樣大的出入，然而我們認爲卻未必是如此。固然書序是最能引起爭論的，但是其中的某些說法，也未必不可取。司馬遷就是取之以作《史記》的㉝。我們從〈大誥〉、〈成王征〉、〈周官〉、〈賄肅愼之命〉、〈費誓〉各篇的序文中㉞，可以體悟到當時的淮夷，是如何的猖獗。而且這些序文，都能與《史記》相合，我們是否也能一一把這些記載駁倒呢？總不能僅用「僞作」二字搪塞過去吧！同時我們也相信司馬遷還不致糊塗到這種地步。因此，在此一問題尚未澄清之前，最好不要說得太肯定，用「魯君」一詞來蓋括，雖然籠統一點，但比較有伸縮性。（請參上編玖《尚書‧費誓》篇作成時代的再檢討。）這個問題說明之後，現在我們就可以依次地來探討經文的大義了。

一、首先告訴衆軍士征伐的對象及檢點最切要的武器裝備。經文說：

公曰：「嗟！人無譁，聽命。徂茲淮夷、徐戎並興。善敹乃甲冑，敿乃干，無敢不弔。備乃弓矢，鍛乃戈矛，礪乃鋒刃，無敢不善。」㉟

這就是魯君在費地向衆軍士發布的第一段命令。叫他們先靜下來，注意聽令，因淮夷、徐戎同時造反，不服治化，現在就是要去征伐他們。所以你們要好好地檢點整治鎧甲和頭盔，把盾牌的把手也要繫牢捆紮好，更要準備好你們的弓箭，鍛鍊好你們的戈矛，並且把它們磨得鋒利，不可有一點疏忽的地方。

二、其次命軍士在駐紮期間，要妥善照料牛馬，並嚴守軍紀，違者有常刑。我們從第一段告命看來，好像早已發布命令征調軍隊，規定期日，集結在費地，聽候差遣。現在既已集結，又好像還有幾天準備的時間(按理說，也應當休息、整頓，以統一行動)，讓軍士們重新檢點一下武器裝備，該縫修的縫修，該磨礪的磨礪，務期做到最完善的地步。就在這準備的當兒，而賴以輓輜重、駕兵車的牛馬，不能儘是關在牢中，應該放出來讓牠們吃草。這一方面可以減輕「芻茭」的消耗，同時更能充沛牛馬的體力。但是野外到處都是陷阱，要是牛馬因此而受了傷害怎麼辦呢？再者牠們跑亂了羣，或是走失了，當如何處理？除此之外，而軍士在駐紮期間，更應嚴守軍紀，不許騷擾百姓，如有偷竊誘騙等情事發生，又當如何懲治？關於這些，也都有規定。經文一則說：

> 今惟淫舍牿牛馬，杜乃擭，斂乃穽，無敢傷牿。牿之傷，汝則有常刑。㊱

再則說：

> 馬、牛其風，臣妾逋逃，無敢越逐；祗復之，我商賚汝。乃越逐不復，汝則有常刑。㊲

三則說：

無敢寇攘，踰垣牆，竊馬牛，誘臣妾，汝則有常刑。㊳

這種規定，是絕對必要的，因「牛駕車，以載軍儲，馬服乘，以供武用，皆用兵之所急，軍所止之處，必出之牢閑，牧於草澤。」㊴然而如不事先堵塞曠野中的陷阱，收起捕獸的機檻，以致使馬牛受到傷害，誤了軍事，那又如何是好？再則如有馬牛走失，僕役逃亡，也不可擅自邋越部伍追逐，以免造成混亂。而對於其他部伍，或有人將走失的牛馬和逃亡的僕役，送還原來的部伍（即失主），那將有賞賜；如據爲己有，那就要受到一定的處罰了。再者，更不可以搶劫掠奪，或是翻越垣牆，偷竊人民的馬牛，再不然就是誘騙人家的僕役，假如有這等情事發生，也一定會受到一定的軍法制裁。有關此一問題，宋代的時瀾，在增修書說卷三五中，所說不僅翔實，而且中肯。他說：「師既出，則部伍不可不嚴，馬牛其風，臣妾逋逃，師行之變也。當此之時，惟宜鎭之以靜，故戒其本部，按堵不動，無敢越逐。若縱之越逐，則奔者未及，逐者先亂，軍律不可復整矣。惟嚴之以越逐之刑，使之森然，各守部伍，則潰亂者將徐而自止，此出師鎭定變亂之法也。又戒其他部伍，見馬牛臣妾奔逸而至者，無敢保藏，敬而歸之，隨其多寡，商度行賞。人誘於祇復之賞，而憚於不復之刑，則流散者將不召而自集，此出師召集散亡之法也。本部不敢離局，他部不敢匿姦，部伍條達，繩引碁布，何變亂之足憂哉！至於師旅所經，又中以寇攘竊誘之法，此不惟欲田野不擾，自古喪師者，每因剽掠失部伍為敵所乘，故不得不戒也。」這段話，說明嚴部伍之法，眞是透闢、確切極了，用不著我們再加多說。

三、期之以日，使妥為準備人畜之食，以及攻敵之具，如有不逮、不供、不及，則處以大刑或應得之罪。經文說：

甲戌，我惟征徐戎。峙乃糗糧，無敢不逮；汝則有大刑。魯人三郊三遂，峙乃楨榦；甲戌，我惟築。無敢不供，汝則有無餘刑，非殺。魯人三郊三遂，峙乃芻茭，無敢不多，汝則有大刑。㊵

在這段文字中，我們當行注意的，那就是糗糧、芻茭，如不能及時準備完善，充分供應，就要處以死刑。這是因為糗糧、芻茭為人畜所食，不可一日或缺的緣故。至於楨榦，固為板築所需，若與前二者相較，終可稍緩，故僅處以不能寬減的刑責，只是不殺就是了。其次是經文在說到楨榦、芻茭的時候，令三郊三遂的「魯人」準備，說到糗糧時，反而不單指「魯人」，關於這一層，前賢已經注意到了。蘇軾說：「言魯人以別之，知當時有諸侯之師也。楨榦、芻茭皆重物，故獨使魯人供之。」至於糗糧，「當諸侯各自齎持。」㊶這種情理法兼顧的做法，當能使軍士心服而樂於用命。當然兵凶戰危，如不嚴以軍法，又有幾人甘願蹈白刃，而犯矢石？

四、結語：綜觀全篇誓辭，由征伐目標的確指，到個人所用武器裝備的妥爲準備，以及賴以輓輜重、供服乘的牛馬的照料；從嚴部伍的鎮定變亂之法，到出師召集散亡之律，以及寇攘竊誘的申告；從期之以日的糗糧儲備，到楨榦的無敢不供，以及芻茭的無敢不多；並以事實的緩急輕重，裁以不同的賞罰。這種先後有序、井然有條、釐然不紊的誓告，當能使從征的軍士悅服。宋・薛氏季宣說：「以戰，則兵甲精鍊；以居，則營廄嚴肅；以動，則軍無侵掠；戰守，則糧餉備具；城築，則楨榦畢集，而申之以戒令，儆之以邦刑，節制之明，師眾之一，是故有不戰，戰必勝矣。」[42]這話又是何等的中肯有見解。

五、秦誓

這篇誓辭，我們可由書序、《左傳》[43]的記載，以及閻若璩的論證[44]中，得知是秦穆公因襲鄭未能得逞，在回師的途中，於崤地遭遇晉軍的襲擊，以致大敗，同時百里孟明視、西乞術、白乙丙三帥，亦爲晉軍所俘，當他們被釋放將要回到秦國的時候，穆公痛悔不聽老臣蹇叔的諫諍，才遭此敗績。於是「素服」郊迎，當著軍士的面，向他們哭訴的話。前四篇，均爲出師討伐、臨師誓眾，而此篇則竟然向師哭訴，表示痛自悔改己過，這實在不能不使我們把它看作誓辭中的別格了。茲就其內容，分別探討如次：

一、由「羣言之首」，表其痛悔之意，自克之誠。經文說：

公曰：嗟！我士。聽，無譁。予誓告汝羣言之首，古人有言曰：「民訖自若是多盤。責人斯無難，惟受責俾如流，是惟難哉！」我心之憂，日月逾邁，若弗云來。㊺

人之所難，莫難於受責而能絲毫沒有扞格，且又能從善如流。這種修養，即使聖賢，也很不易做到，而穆公竟能引古人的話，表示一己的痛自悔改，確實不是一件易事，於此也就可以見其自克的誠意了。尤其他那改過猶恐不及的「日月逾邁，若弗云來」之言，這眞可說是「思之切而進之勇」了。就當時來說，以一國君之尊，而能向師眾坦承己過，並表示深自悔改的誠意，如沒有篤誠的克己功夫，是很難能說出這樣的言論的。這也就無怪乎感人之深了。

二、痛定思痛，不惟坦承受病的根源，而且在看法上也有了轉變。經文說：

惟古之謀人，則曰未就，予忌；惟今之謀人，姑將以為親。雖則云然，尚猷詢玆黃髮，則罔所愆。

番番良士，旅力既愆，我尚有之。仡仡勇夫，射御不違，我尚不欲。惟截截善諞言，俾君

子易辭，我皇多有之！㊻

起初，穆公對於蹇叔不可襲鄭的忠告，認為是有違己意，所以非常憎恨他。並且說：「爾何知？中壽，爾墓之木拱矣。」㊼這不僅是輕視，而且還恨之不早死去呢！可是對於當時朝中的謀士，則採取親近而順從的態度，以致鑄下大錯，然而往者已矣，今後仍希望能謀詢於年老成德的人，這樣日後的作為，才能免於大的過失。因此，他的態度、觀點轉變了，對於皤皤白髮年老的善士，雖然精力已經衰退了，可是仍然要親近他們。對於那些英勇的武士，雖則他們能騎善射，毫無違失，然而現在卻不是他所欲有的。至於那些能說善道、詭言逞辭的人，則會使國君易於走上鬆懈怠忽的道路，他現在那裏還敢再親近他們呢！這些，都是穆公痛定思痛，追悔過去的話。我們常說，人非聖賢，誰能無過？有過能改，那就「善莫大焉」了。這就是穆公可取而他人所不及的地方。

三、經過深思熟慮之後，終於悟出何者為君子、何者為小人。福國利民，端賴君子，禍國賊民，亦惟小人。是以經文說：

昧昧我思之：如有一介臣，斷斷猗無他技；其心休休焉，其如有容。人之有技，若己有之；人之彥聖，其心好之，不啻如自其口出，是能容之。以保我子孫黎民，亦職有利哉。

人之有技，冒疾以惡之；人之彥聖，而違之俾不達，是不能容。以不能保我子孫黎民，亦曰殆哉。㊽

在上述經文中，說明了兩種迥然不同的人格修養，對後世也發生了決定性的影響。是以《禮記・大學》篇引之以為治國之道。蔡沈書集傳引蘇氏的話說：「至哉！穆公之論此二人也，前一人似房玄齡，後一人似李林甫，後之人主，監此足矣。」一位寬宏大度的君子，不僅明達，而且所見深遠。因此，在表面上看來，似無所能，然而他卻能以人之能為己能，於人之「彥聖」，而「其心好之」。在此情況下，當然能容人、能察人、能用人，而人亦樂為所用，民亦樂為所化了。人樂其用，民樂其化，舉國上下，共榮辱共存亡，而郅治之隆，當可不期而至。反之，一位心胸狹窄、嫉妒成性、不能容人的小人，見人之能，惡之惟恐不深，見人之美，違之惟恐不遠，國不得人以治，民不得人以化，國無法紀，民無所守，上下蒙騙欺詐，「不奪不厭」，在此情況下，國家又焉得不亂、不亡？當然也就「不能保我子孫黎民」了。宋・時瀾在其增修書說卷三五中說：「傷於外者反於家，動心忍性，將進於二帝三王之治者，此其階也。」可惜穆公的「痛悔」，僅為一時，並未能循階以進，這大概就是諸侯的所以為諸侯吧！《欽定書經傳說彙纂》卷二一引陳氏雅言的話說：「大臣之道，不貴乎用一己之能，而在於容天下之善。人君能得是臣而用之，則必能廣致羣賢以圖治功。……一己之技能有限，而天下之才德無窮。故大臣惟不用己而用人，故善之集國者眾，而福之集國者遠也。」穆公的「昧昧以思」，而竟然能悟此理，這也就無怪乎時瀾謂其能「將以進於二帝三王之治者此其階也」了。然而如小人當政，其情景又是如何?王氏樵說：「凡人以材自結於君，則惟恐他人形己之短、妨己之進，此冒疾之所以生也。」[49]既然妒材違聖，使之不能上達於君，下澤於民，「其不能容」，乃必然之事。既不能用天下無窮之才德，僅憑一己有限的私見，又如何能「保我子孫黎民」而不「殆哉」呢?!此將爲千古不磨的定律，有國有家的人，又當如何其勉!

四、一人興邦，一人敗國，任人不可不愼。經文說：

邦之杌隉，曰由一人；邦之榮懷，亦尚一人之慶。[50]

這可說是穆公由慘痛的失敗中，所得深刻教訓的領悟之言，我們常說：「不經一事，不長一智。」果爾穆公從此能痛自悔改，行王道而不肆征伐，與仁義以友善諸國，其成就或不限於此，起碼其日後聲譽之隆，可爲世人共仰。

至於經文中「一人」的解釋，唐・孔穎達、宋・蔡沈、元・陳櫟等先儒，均以爲是國君所任命的大臣，非指國君。陳櫟甚至解釋說：「國之安危，繫所用一人之是非，即老蘇管仲論，國以一人興、一人亡之意。結上文兩節有照應。」[51]就經義說，陳氏所說甚是。然而也有人認爲「一人」是穆公自稱，這就事理來說，並沒有違背的地方，更何況「一人」的稱呼，自古卽多指天子、或國君而言，大臣很少有稱之爲「一人」的。這可能是穆公不惟希望大臣要如此，同時更應當責之於一己才對，所以才有這樣的說法吧！

五、**結語**：通觀本篇主旨所在，不外悔過、任人二事。能悔過，就可日遷於善。能任人，國家就可長治久安。羅氏洪先說：「〈秦誓〉一篇，有可爲後世法者二：悔過遷善，知所以修身矣。明於君子小人之情狀，知所以用人矣。愼斯道也，以往帝王之治，其殆庶幾乎。」[52]〈皐陶謨〉說：「在知人，在安民。……知人則哲，能官人。安民則惠，黎民懷之。」明．胡渭《洪範正論》卷四引鄭公弼的話說：「天子無職事，惟辨君子小人而進退之，乃爲天子之職。」我們看了這些言論之後，當可領悟到治世、亂世的所由了吧！同時穆公的所以慘敗，固然是因爲用人不當所致，同時不明情勢，不接受忠告，也未嘗不是失敗的因素之一。不過在此慘痛的教訓中，能悟此理，又何嘗不是「焉知非福」呢？可惜的是，就在這次戰役的第三年（穆公三十六年），穆公又「益厚孟明等，使將兵伐晉，渡河焚船，大敗晉人。取王官及鄗，以報殽之役」[53]了。宋．時瀾說：「秦穆公襲鄭，晉襄公帥師敗諸崤。乘人之隙者，人亦乘之，出乎爾者，反乎爾者也。」這也就是穆公之所以爲穆公吧！不僅穆公如此，而春秋之諸侯，亦多莫不如此，孟子謂春秋無義戰，誰曰不宜？

六、總　論

我們總觀五誓，就所載內容來說，儘管不同，然而其所表現的大義，卻無二致。此大義為何？實可一言而盡，那就是一個「義」字。所謂「義」，簡單的說，就是應該做的事，既然是「應該做的事」，往小處說，當然是合情合理，人所同心的。往大處說，那也一定是順乎天應乎人的。我們看，當夏代的諸侯有扈，「威侮五行，怠棄三正」的時候，這種情事，站在統御天下王的立場來說，應不應該出兵討伐呢？當人民對其統治者發出「時日曷喪，予及汝偕亡」的哀號和痛不欲生的怨言時，這位統治者，應不應該討伐呢？又當一位統治者，酗酒淫佚，喪失理性，橫征暴斂，殘民以逞，而且又自以為「我不有命在天乎」的不知悔改，這樣的統治者，是不是也應該征伐呢？由於桀、紂的暴虐殘民，是以始有湯、武的征伐。焉有仁人在世，而目睹此情此景，而不聞不問的呢？我們作這樣的論調，或者有人會問：桀、紂自暴其民，「干卿何事」？後世的造反或出兵干政，不也往往發出是為了救國救民的言論？關於此一問題，我們已在「大義探討」中，作了說明，也就是說，能為「天吏」，方可出兵討伐，如不能為「天吏」，那就無異於以暴易暴了。我們平心而論，商湯、周武王，是否可以稱得上「天吏」？至於魯君征伐徐戎，那是因其作亂寇邊，騷擾百姓，使不得安居，以致生命財產，都失去保障，在這種情況下，對一國之君來說，也應不應該出兵平亂呢？再說秦穆公，他本為一位貪圖之人，所為自無可取。然而他能痛自悔改，向師哭訴遷善之心，又是多麼的不易。一個人，在經過慘痛失敗教訓之後，欲圖振作，痛改前愆，這本來是一件難能可貴的事。而穆公以一國君之尊，竟然有如此的克己行為，難道還不值得我們後人效法、學習？就一個人的修養說，也惟有從失敗中，方可找到眞是非的所在。這種改過若不及的心情，又有幾人能做得到？這不是義的表現又是什麼呢？是以漢代的伏生說：「六誓可以觀義。」眞眞不錯。

注　釋

❶ 今有陳壽祺輯錄本。漢京出版重編本【皇清經解續編】二冊，頁一一八三。

❷ 今傳【十三經注疏】中的〈泰誓〉，固為僞作，乃東晉・梅賾所上，此為大家所熟知，其實，即漢代民間所得，為馬、鄭、王肅所注之〈泰誓〉，亦為僞本，先儒馬融已舉例證之。如是以言，〈泰誓〉有三：一為古〈泰誓〉，即秦火以前，典籍中所引者。二為漢代民間所得者。三為東晉・梅賾所上者。詳請參閱漢京出版重編本【皇清經解】十九冊，頁四四七六及《孔孟月刊》第十九卷第四期，〈泰誓眞僞辨〉。

❸ 見《書傳輯錄纂注》。

❹ 書序云：「啟與有扈，戰于甘之野，作〈甘誓〉。」《呂氏春秋》卷三〈先已〉篇云：「夏后伯啟，與有扈戰于甘澤而不勝。」《史記・夏本紀》云：「有扈氏不服，啟伐之，大戰于甘。將戰，作〈甘誓〉。」

又《淮南子・齊俗訓》云：「昔有扈氏爲義而亡。」高注：「有扈，夏啟之庶兄也。以堯舜舉賢，禹獨舉子，故伐啟，啟亡之。」以上四說，皆主啟伐有扈。然《墨子・明鬼》篇下云：「〈夏書・禹誓〉曰：『大戰于甘。』」《莊子・內篇・人間世》云：「禹攻有扈，國爲虛厲。」《呂氏春秋》卷二〇〈召類〉篇云：「禹攻有扈。」《說苑》卷七〈政理〉篇云：「昔禹與有扈氏戰，三陣而不服，禹於是修教一年，而有扈氏請服。」以上四說，皆以禹伐有扈。

近人楊筠如《尚書覈詁》於〈甘誓第四下〉云：「漢志：『扈，夏啟所伐。』與《史記》、《後漢書》合。《左傳》昭公元年：『虞有三苗，夏有觀扈，商有姺邳，周有徐奄。』以是言之，疑夏世之扈，亦如〈堯典〉之再竄三苗。周代之屢征徐戎。征扈之事，當非一次。故致傳聞異辭，莫可諟正矣。」此言或是。案：《孟子・萬章上》云：「禹薦益於天七年，禹崩，三年之喪畢，益避禹之子於箕山之陰，朝覲訟獄者，不之益而之啟，謳歌者，不謳歌益而謳歌啟，啟賢能敬承繼禹之道。」以此觀之，則有扈之惡現矣。

⑤ 見元・董鼎《書傳輯錄纂注》引吳泳語。

⑥ 《周禮・夏官第四》孔疏引，頁四二九。

⑦ 見《尚書正義》及《詩經・魯頌・閟宮》之四，「公車千乘」下鄭箋。

⑧ 引林氏《尚書全解》卷一二語，頁六六四二。

⑨ 《欽定書經傳說彙纂》卷七引。

⑩ 格，作至解，亦作來解。台（音怡），作我字解。稱，作舉字解。殛，作誅字解。

⓫ 孟子文中所言書曰，皆古仲虺之誥語。

⓬ 見《孟子．公孫丑下》。

⓭ 林氏《尚書全解》卷一四。漢京索引本十一册，頁六六六六～六六六七。

⓮ 割正下各本皆有「夏」字，然據《史記．殷本紀》引此文僅作「舍我嗇事而割政」，僞孔傳亦僅言「奪民農功而爲割剝之政」。阮元校云：「蓋今古文尚書皆無夏字，後人據正義妄增之，非也。」段玉裁亦有是言。今據刪。

⓯ 陳櫟《書集傳纂疏》卷三引。

⓰ 蔡沈語，見書集傳。

⓱ 《欽定書經傳說彙纂》卷七引。

⓲ 同⓰。

⓳ 見《書集傳纂疏》卷三。

⓴ 崔述語，見〈商．考信錄〉。

㉑ 有關武王克殷之年月日，請參王國維著，《觀堂集林．生霸死霸考》及《孔孟學報》第三十五期，朱延獻著，〈武王克殷考〉二文。

㉒ 1.冢，大也。稱友邦冢君者，尊之也。2.御，治事之臣。3.亞旅，上大夫。4.師氏，中大夫。《周禮．地官．師氏》中大夫一人，凡軍旅，王舉則從。5.千夫長，統千人之帥。6.百夫長，統百人之帥。7.庸，在今湖北鄖陽縣。8.蜀，在今四川北部。9.羌，西戎牧羊人也。10.髳，在今山西南部濱河之地。11.

微，在今陝西郿縣。12.盧，在今湖北襄陽南。13.彭，在今四川彭縣。14.濮，在湖北荊州府地。15.稱，舉也。16.比，相次比也。17.戈，擊兵也。18.干，盾也。19.其誓，將宣誓也。

㉓ 見《孟子．萬章下》篇。

㉔ 見〈西伯戡黎〉。意謂上天命我為天子，誰又能奈我何?這與夏桀「時日曷喪」語，洵可謂為無獨有偶矣。

㉕ 自距諫飾非至廢商容，見《史記．殷本紀》。

㉖ 孟子引，見〈萬章上〉篇。

㉗ 見《孟子．梁惠王下》篇。

㉘ 1.愆，過也。2.步，進趨也，指前進之步數言。3.齊，乃齊整行列之謂。4.夫子，尊卑之通稱，戰爭，乃丈夫之事，是以夫子為稱。5.勗，勉也。6.伐，擊刺也。7.桓桓，威武貌。8.貔，豹屬。羆，似熊而大。9.迓，迎也。又禦也，有抵制之意。10.克奔，謂紂師之來奔者。即敵之奔來投誠者，克，能也。然鄭氏訓克為殺。11.役，助也。西土，謂周也。

㉙ 王柏語，見其所著《書疑》卷四。

㉚ 費（音ㄅ一ˋ），《史記．魯周公世家》作肸。裴駰集解云：「徐廣曰：『肸，一作鮮，一作獮。』駰案：《尚書》作柴。孔安國曰：『魯東郊之地名。』」司馬貞索隱云：「《尚書大傳》作「鮮誓」，「鮮誓」即「肸誓」，古今字異，義亦變也。鮮，獮也，言於肸地誓眾，因行獮田之禮，以取鮮獸而祭，故字作鮮，或作獮。……即魯卿季氏之費邑也。」據以上所引，可了同一地名，竟有費、肸（肸，

又有作肹、昒者，皆傳寫之誤）、鮮、獮、柒五字之異。如就意義言，「鮮誓」、「獮誓」者，乃以行獮田之祭，殺鮮以祭也。稱費、稱肹、稱柒者，俱以邑言之也。至費之稱，古籍中多如是，如《論語・季氏》篇云：「今夫顓臾，固而近於費。」何晏集解云：「費，季氏邑。」再如左氏成公十三年傳云：「殄滅我費滑。」杜注：「費滑，滑國都於費，今緱氏縣。」僖公元年傳云：「公賜季友汶陽之田及費。」劉文淇引一統志云：「費縣故城，在沂州府費縣西北二十里。」

㉛ 書序曰：「魯侯伯禽宅曲阜，徐夷並興，東郊不開，作〈費誓〉。」《史記・魯周公世家》云：「伯禽即位之後，有管、蔡等反也，淮夷、徐戎亦並興反，於是伯禽率師伐之於肹，作肹誓。」

㉜ 余永梁，著有〈粊誓的時代考〉一文，大義略謂：蠻、夷、戎之稱，於周初，鮮有以此種徽號給與別國者，此種稱呼，至春秋時代始爲流行。本篇稱徐戎而不稱徐方，與春秋時之風尚相合。其次爲「粊誓」之文，與兮甲盤銘極相似，兮甲盤爲宣王時器物，距春秋已不遠矣。據以上所論，吾人可云「粊誓」作於春秋僖公之時。詳請參《古史辨》第二册，頁七五。楊筠如著有《尚書覈詁》一書，在〈費誓・第二十八〉後云：「竊疑西周諸侯，當承王命征伐，而此篇無一語道及王命。當是東周以後，諸侯自專攻伐時之作品。且其文字，與〈秦誓〉相去不遠。據〈魯頌・閟宮〉：『奄有龜蒙，遂荒大東；致于海邦，淮夷來同。』又曰：『保有鳧繹，遂荒徐宅，致于海邦，淮夷蠻貊。……』此確敍魯公征討徐戎、淮夷之事。〈泮水〉：『既作泮宮，淮夷攸服，矯矯虎臣，在泮獻馘。』亦明爲克服淮夷獻功之事。則詩書所載，自屬一事。而〈閟宮〉有『莊公之子』一語，鄭箋以爲僖公時事，似尚可信。」屈萬里先生著有《尚書釋義》，在〈費誓〉標題後云：「春秋僖公十三年經云：『公會齊侯、宋公……于鹹。』《左

傳》云：『淮夷病杞故。』又十六年經云：『公會齊侯、宋公……于淮。』《左傳》云：『會于淮，謀鄫，且東略也。』據此，本篇疑僖公十三年或十六年時所作也。」

㉝ 見本書上編之陸《尚書》大、小序辨疑，及黎建寰著，《周書考釋》，「書序之作成時代」節。

㉞ 1.〈大誥〉序：「武王崩，三監及淮夷叛，周公相成王，將黜殷，作〈大誥〉。」2.〈成王征〉序：「成王東伐淮夷，遂踐奄，作〈成王征〉。」3.〈周官〉序：「成王既黜殷命，滅淮夷，還歸在豐，作〈周官〉。」4.〈賄肅愼之命〉序：「成王既伐東夷，肅愼來賀，王俾榮伯，作〈賄肅愼之命〉。」5.〈費誓〉序：「魯侯伯禽宅曲阜，徐夷並興，東郊不開，作〈費誓〉。」

㉟ 1.人，鄭玄云：「人謂軍之士眾及費地之民。」2.譁，猶今云吵雜、喧譁也。3.命，即誥命、誓命之意。4.敹（音ㄌㄧㄠˊ），說文：「擇也。」鄭云：「穿徹之意。」謂甲繩有斷絕當使之敹理。因此蔡沈書集傳釋爲：「縫完也，縫完其甲冑，勿使斷毀。」今北方仍有縫敹之土語。5.敿（音ㄐㄧㄠˇ），說文：「繫連也。」即以紛繫之，便於攜帶，且以爲飾也。6.弔，善也。

㊱ 1.淫，大也。2.舍，放置也。3.牿（音ㄍㄨˋ），牛、馬牢也。4.杜，說文作敷。云：「閉也。」5.擭（音ㄏㄨㄛˋ），捕獸機檻之屬。6.敜（音ㄋㄧㄝ），塞也。7.穽，說文作阱，穿地爲之，即陷阱也。

㊲ 1.馬牛其風，臣妾逋逃：鄭云：「風，走逸。臣妾，廝役之屬。」案：風，走逸，乃引申義。左氏僖公四年傳云：「惟是風馬牛不相及也。」賈逵云：「風，放也。牝牡相誘，謂之風。」然則馬牛風佚，因牝牡相逐而遂致放佚遠去也。2.無敢越逐，謂馬牛走失，臣妾逃亡，不可逾越部伍追逐，恐其亂行陣也。3.祗復之，謂敬還其失主也。4.商賚，謂賞賜也。

㊳ 寇攘：強取曰寇，有因而盜曰攘。

㊴ 《欽定書經傳說彙纂》引王肯堂語。

㊵ 1.峙，當從止。《爾雅・釋詁》：「峙，具也。」猶今言具備、完備之意。2.糗，音ㄑㄧㄡˇ。說文：「熬米麥也。」即以煑熟之米麥，經曬乾後而爲之乾糧也。字或作餱，乾食也。3.大刑，死刑也。4.魯人，指所征調之魯國軍士也。5.三郊三遂，指魯國所動員之兵額也。王鳴盛《尙書後案》云：「諸侯出兵，先盡三鄉、三遂，鄉遂不足，然後總徵境內之兵。今此淮夷、徐戎兩寇並發，其勢甚急，故悉起鄉遂之兵應之，然猶不致總徵境內也。」案：《周禮・夏官・大司馬》：「凡制軍，大國三軍。」魯爲大國，宜有三軍。至於郊之釋，孔穎達正義云：「王國百里爲郊，鄉在郊內，遂在郊外，諸侯之制，亦當鄉在郊內，遂在郊外。此言三郊三遂者，三郊，謂三鄉也。」6.楨榦，馬融云：「皆築具，楨在前，榦在兩旁。」孔穎達正義云：「當築攻敵之壘，距堙之屬。兵法：『攻城築土爲山，以闚望城內，謂之距堙。』」7.無餘刑，謂絕無寬減之刑。言非刑之不可，無有釋者，但不殺耳。8.芻茭，芻爲濕草，茭爲乾草，合言當無別也。9.無敢不多之多，史公作及，是也。及，至也。無敢不及，言勿得膽敢不及時具備也。

㊶ 見《欽定書經傳說纂彙》引。

㊷ 見薛季宣著，《書古文訓》卷一五。

㊸ 1.書序云：「秦穆公伐鄭，晉襄公帥師敗諸崤，還歸，作〈秦誓〉。」2.左氏僖公三十年傳云：「初，秦與鄭盟，秦使杞子、逢孫、楊孫戍之。」僖公三十二年傳云：「杞子自鄭使告于秦曰：『鄭人使我掌

其北門之管，若潛師以來，國可得也。』穆公訪諸蹇叔，蹇叔曰：『勞師以襲遠，非所聞也。師勞力竭，遠主備之，無乃不可乎！……』公辭焉。召孟明、西乞、白乙，使出師東門之外。蹇叔之子與師，哭而送之曰：『晉人禦師必於殽，……必死是間，余收爾骨焉。』秦師遂東。……過周北門，左右免冑而下，超乘三百乘。王孫滿觀之，言於王曰：『秦師輕而無禮，必敗。』及滑，鄭商人弦高將市於周，遇之，以乘韋先牛十二犒師。……」秦師既知鄭有備矣，於是滅滑而還。而晉師禦之於崤。僖公三十三年夏四月辛巳，大敗秦軍，獲百里孟明視，西乞術、白乙丙以歸。此時晉襄公母文嬴，請釋秦之三帥，故得歸。於是「秦伯素服郊次，嚮師而哭曰：『孤違蹇叔，以辱二三子，孤之罪也。不替孟明，曰孤之過也。大夫何罪。且吾不以一眚掩大德。』」

㊹閻若璩《四書釋地又續》云：「余以左氏傳考之，誓當作於僖公三十三年夏，秦伯素服郊次鄉師而哭之日，不作於文三年夏封殽尸將霸西戎之時；蓋霸西戎，則其志業遂矣，豈復作悔痛之辭哉！」

㊺1.「羣言之首」，意謂擇要言之也。首，《禮記．曾子問》鄭注，本也。以今言之，有要點、要義、主旨、要旨之義。2.「民訖自若是多盤」，意謂人皆多樂於自己之所作所為也。3.「日月逾邁，若豈云來」，言外之意乃謂往事已成大錯，追悔已不及矣。此有欲痛自悔改，惟恐不及之意。

㊻1.「惟古之謀人，則曰未就，予忌」，意謂始之謀人，則為未能從予，故予憎恨之也。2.「番番良士，旅力既愆，我尚有之」，意謂皤皤年老善德之士，雖然膂力（引申有體力、精力之意）已虧損衰退，我庶幾親近之也。3.仡仡，勇壯也。4.「截截善諞言，俾君子易辭」，截截，說文作戔戔，巧言也。諞，說文：「巧言也。」易辭，公羊傳引作易怠。何休云：「易怠，猶輕惰也。」皇，公羊傳引作況。此二

語意謂能說善道之人，使國君易於怠惰。

㊼ 見左氏僖公三十三年傳文。

㊽ 1.「昧昧我思之」，意謂暗自思之，亦即夙夜幽獨之思也。2.斷斷猗，誠也。猗，《大學》引作兮，語詞。3.休休，美大貌。4.冒疾，冒，《大學》引作娼，娼，妒也。疾，一作嫉。娼嫉即妒嫉也。

㊾ 《欽定書經傳說彙纂》卷二一引。

㊿ 1.杌隉，杌，說文作阢，石山載土也。隉，危也。僞孔傳：「杌隉不安，言危也。」2.榮懷，謂安樂也。3.慶，善也。

51 《書集傳纂疏》卷六。

52 《欽定書經傳說彙纂》卷二一引。

53 見《史記·秦本紀》。

伍〈盤庚〉

一、前　言

盤庚，本爲殷代帝王名。盤，漢・《熹平石經》作般。據《史記》的記載，他是成湯的十世孫，陽甲弟，小辛兄，爲殷代中興的聖君。就《尚書》典、謨、訓、誥、誓、命六種文體說，〈盤庚〉篇爲誥體，因通篇全爲誥諭臣民的言論。左氏哀公十一年傳，就是用「盤庚之誥」來說明其爲誥體，然而此篇所以取名「盤庚」，而不爲「盤庚之誥」，這是由於不僅記錄了其誥語，同時也兼「取其遷徙而有功」，所以才以「盤庚」名篇的[1]。我們認爲讀〈盤庚〉，有三大問題，應該先作了解，茲分述如次：

一、〈盤庚〉篇的作成時代問題，這有三種說法：

㈠認爲是在盤庚遷都時作。主張這種說法的是書小序，它說：「盤庚五遷，將治亳殷，民咨胥怨，作〈盤庚〉三篇。」

㈡認爲是後人追念盤庚而作。主張這種說法的，是太史公司馬遷。他在《史記‧殷本紀》中說：「帝盤庚崩，弟小辛立，是爲帝小辛，殷復衰，百姓思盤庚，迺作〈盤庚〉三篇。」

㈢認爲是殷末人所作。主張這種說法的，是近人屈萬里先生。他在所著《尚書釋義》中說：「蓋盤庚之名，乃其後人所命，而非在世時之稱。本篇既言〈盤庚〉，知其非當時之作也。盤庚、武丁、文武丁，……等，近於諡號之名，始於殷代晚葉。然則本篇，蓋殷末人（甚至宋人）述古之作也。又篇中言：『殷降大虐』，爾時尚未遷殷，已用殷之名號，是必後人以其習慣之稱謂，而誤加之於古昔者，此亦本篇不作於當時之證也。」

就三篇的內容言，我們認爲前二種的說法，均有可能，這就要看我們在文字上，作怎樣的解說了。因爲訓詁家的不一其說，我們又不能起盤庚於地下，公、婆之見，實難作一了斷。這不是危言聳聽，也不是不負責任，事實如此，又怎可強作調人？至於第三種說法，我們認爲「盤庚」不一定是諡號，古人質樸，而諡法又晚出，像堯、舜、禹等名，我們怎可一定說是諡號？又因流衍傳抄的關係，後人往往以己意刪改，偶有一字不合時代，我們又怎可據以斷定爲「殷末人述古之作」？且「殷降大虐」的「殷」字，也不一定是指「殷代」，作大字講也沒有什麼不可以。因此，我們認爲此篇，即使不是盤庚當時的作品，也不可能晚到殷末，應該屬於盤庚當時或稍後的那個時代。

二、三篇的先後次第問題：書序、太史公都明說〈盤庚〉三篇。但伏生傳書的時候，卻合併爲一❷，而漢《熹平石經》一仍伏生之舊，僅在上篇、中篇的末端與下一篇開頭的第一個字，中間空一格，以示區別。馬融、鄭玄，雖也說〈盤庚〉三篇，但並沒有特別標明。直到東晉．梅賾上書，始將〈盤庚〉明列上、中、下三篇，而〈盤庚〉的截然爲三，就是從這個時候開始的。就三篇的次第說，自來也很少有人懷疑，直到清代的孔廣森，才提出這個問題，不過他仍然主張傳統的說法，他說：「廣森謂中篇方云：『盤庚作，惟涉河以民遷。』下篇方云：『盤庚既遷。』則上篇作於未遷之前甚明。」❸但俞樾的看法，就大有出入了。他認爲上篇是作於盤庚遷都以後，而中、下篇，是回憶遷都時情景的作品，所以附在上篇之後。他於所著《羣經平議》四，〈尚書二〉中說：「上篇，乃盤庚遷殷後，正法度之言，與遷無涉乎？故以當時事實而言，〈盤庚中〉宜爲上篇，〈盤庚下〉宜爲中篇，〈盤庚上〉宜爲下篇，『曰盤庚作，惟涉河以民遷』者，未遷時也。『曰盤庚既遷，奠厥攸居』者，始遷時也。『曰盤庚遷于殷，民不適有居』者，則又在後矣。惟奠攸居，而民不適有居，此盤庚所以必正法度也。然則作書者，何以顚倒其序乎？曰：『作書之序如此也』。盤庚之作，百姓追思之而作也。思盤庚，思其政也。故始作者，蓋止今之上篇，載盤庚遷殷、正法度之言而已，無中篇、無下篇也。然而盤庚未遷與始遷時，再三致告其民者，民猶熟而能詳也。於是亦附其後焉。此中、下兩篇所以作也。序書者，不能不曰三篇，在作書者，則以上篇爲主，而中、下兩篇，特附焉者也。是故，〈盤庚〉三篇，宜仍伏生之舊，合爲一篇，而仿漢石經之例，『罰及乃身，弗可悔』之下，空一格，接『盤庚作』。

『永建乃家』之下空一格，接『盤庚既遷』。以見古人附錄之體，而其義則從《史記》，爲百姓追思而作。上篇所載，皆盤庚遷殷後之言，則篇中文義自明矣。」這種說法，正好與孔廣森相反，但在表面上看來，卻非常合於情理。而孔廣森的話，雖然很簡約，但也能「立於不敗之地」。這樣一來，就叫我們後人，難以取捨了。近人顧頡剛先生看了這兩段文字後，發表高見說：「我們雖不能相信《呂氏春秋》及《史記》的話是眞實的（因爲戰國、秦、漢間書所言的古事都不可靠），但〈盤庚上〉篇既說『盤庚遷于殷』，明明是遷後之詞，又所載的盤庚的誥詞，也沒有對于遷徙的事情表示一點意見，很不像在遷徙之前說的。所以我們不能相信俞樾的話的根據，卻可以承認他所建立的假設。」❹顧先生的話，我們除了表示不能同意外，而對於他不相信《史記》、《呂氏春秋》、以及「秦、漢間書所言的古事都不可靠」的看法，也感到遺憾和失望。道理很簡單，我們只要以文明演進的眼光看歷史就可以了。但很難得的是：他卻承認了俞樾沒有「根據的假設」。自俞氏倡行此說以後，到了民國，又有了不同的反應。如楊筠如先生《尚書覈詁》說：「按此篇首云：『盤庚遷于殷，民不適有居』，則當在遷後而未定居之時。中篇首言『盤庚作，惟涉河以民遷』，則明在未遷之前。故又曰：『今予將試以女遷』也。下篇首言『盤庚既遷，奠厥攸居』，則明在遷後，民已定居之時，更在上篇之後。惟上、中二篇，何以倒置，殊不可解。」是則楊氏又認爲就三篇的順序說，現在的中篇，應爲上篇，上篇應爲中篇，下篇仍爲下篇。這見解得到了近人屈萬里先生的認可❺。

就以上所舉各家，其見解的所以不一，主要原因，可能就出在上篇「盤庚斅于民」以前的幾段經文中。既然如此，現在就讓我們先將此數段經文引出，然後再作扼要說明。經文說：

> 盤庚遷于殷，民不適有居，率籲眾，慼出矢言。曰：「我王來，既爰宅于茲，無盡劉，不能胥匡以生，卜稽曰：其如台？
>
> 先王有服，恪謹天命，茲猶不常寧，不常厥邑，于今五邦。今不承于古，罔知天之斷命；矧曰其克從先王之烈？
>
> 若顛木之有由蘖，天其永我命于茲新邑，紹復先王之大業，厎綏四方。」

在這三段文字中，最值得注意的，我們認為：

第一，「盤庚遷于殷」這句經文問題最大。就字面看，當然是此時已遷到殷地，就時間上說，與下篇首句經文「盤庚既遷」相較，可能要早一些，因為「遷于殷」，意味著剛剛到達，而「既遷」，則表示不僅已經到達，且經過一段喘息的時間。這可能就是楊筠如先生為什麼說：「惟上、中二篇，何以倒置，殊不可解」的原因了。俞氏樾則認為遷殷後作上篇，是為了「正法度，常舊服」，而中、下篇，是追憶遷都時的實況，附在上篇之後的作品。衡之於理，亦無不通，而且這樣以來，無形中，也就化解了上、中、下三篇次第上的問題。而傳統的說法，一則受了書序所言「將治亳殷」的影響；再則用反證的方法，亦可說明「上篇的爲上篇」，如孔廣森的話，就非常中肯有力量。

第二，「民不適有居」這句經文，也不可忽視。這句經文的關鍵，在一個「適」字的解釋上。適，可作「往」解，也可作「悅」解。如把這句經文說成「民不往有居」，這不意味著尚未遷之前嗎？根據這種解釋，所以有的尚書家，也就毫不猶豫地把「盤庚遷于殷」，看作「將遷于殷」了。如說成「民不悅有居」，那當然就是在已遷之後了。

第三，是對「我王來，既爰于茲」這兩句經文的看法不一。傳統的說法，認爲是指「祖乙遷于耿」，但後儒則有的認爲是指盤庚遷于殷。如指祖乙，則「我王來」，是說我王祖乙遷來耿地。如指盤庚，則爲我王盤庚遷來殷地了。

第四，是對「天其永我命于茲新邑」這句經文見解的不同。對「茲新邑」所指，絕大多數的尚書家，都認爲是「殷地」，所不同的是，有的是指將要遷往的殷地，有的則指已遷的殷地。所以有這種差別，都是由於對前三句經文的見解不同所致。另一種見解，則認爲指的是祖乙所居的耿地，如孔廣森就是這種看法。他說：「姚大夫曰：『次篇新邑、殷地也，盤庚辭也。首篇新邑，祖乙所遷也，民之辭也。……』既遷于殷可云茲新邑，未遷，但當云彼新邑，不當云茲新邑，更不當云既爰于茲。故知『上篇新邑，決非亳殷』。」因孔氏認爲上篇作於未遷之前，所以有這種主張。

我們就著以上的分析，不管採取那一種見解，都可以自圓其說。因此，在取捨上，那就要看各家的觀點所近了。古書的難讀，在這裏，我們似乎也可以體會出一點吧！

三、「五邦」的地名問題：前引經文，有「于今五邦」的記載。經義所指，是從成湯到盤庚這段時間內，共計遷都的次數而言。不過，有關這方面的說法，也相當不一致，茲先引歷代的說法，然後再加以分析。

㈠《古本竹書紀年輯校訂補》說：「外丙勝居亳（案：王國維《今本竹書紀年疏證》又載：湯卽位居亳），仲丁自亳遷于囂，河亶甲自囂遷于相，祖乙居庇（案：王國維《今本竹書紀年疏證》上：祖乙自相遷于耿，二年圮于耿，遷于庇），南庚自庇遷于奄，盤庚自奄遷于北蒙，曰殷。」又說：「自盤庚徙殷至紂之滅，二百七十五年更不徙都。」[6]

㈡僞孔傳說：「湯遷亳，仲丁遷囂，河亶甲居相，祖乙居耿，我居亳，凡五徙國都。」宋．蔡沈、近人曾運乾先生從此說。

㈢《史記．殷本紀》說：「湯始居亳，從先王居。」[7]又說：「帝仲丁遷於隞（囂），河亶甲居相，祖乙遷于邢（耿）。」[8]又說：「帝陽甲崩，弟盤庚立，盤庚之時，殷已都河北，盤庚渡河南，復居成湯之故居，迺五遷，無定處。」[9]

㈣馬融說：「五邦，謂商丘、亳、囂、相、耿也。」鄭康成說：「湯自商徙亳，數商、亳、囂、相、耿爲五。」[10]據此，馬、鄭見解相同，後儒多採取這種說法。

㈤孔廣森說：「殷人屢遷，前八而後五，成湯遷亳，已入前八數內，不當後五復連湯計。然則去亳居囂爲一遷，去囂居相爲二遷，去相居耿爲三遷，盤庚居殷爲五遷，中間尚缺第四遷。〈殷本紀〉云：『仲丁遷隞（卽囂），河亶甲居相，祖乙遷于邢（卽耿）』，下歷敍祖辛、沃甲、祖丁、南庚、陽甲、盤庚，乃云：『盤庚之時，殷已都河北，盤庚渡河南，復居成湯之故居。』不言祖乙之時，殷已都河北，明是耿地，猶在河南。但自祖乙以後，盤庚以前，未知何君又有河北一遷耳。其果爲南庚遷奄與否，則唯有竹書有之，他無可證。」⑪是孔氏以爲五邦乃指囂、相、邢、殷而缺其四（奄？）。孔氏既然認爲上篇的撰作，在遷殷之前，似不應將殷地計算在內。再者，耿地，據王國維先生的考證，是在河北，卽今河南溫縣（見《觀堂集林・說耿》條），這可能是孔氏的千慮一失。

㈥兪樾說：「張平子〈西京賦〉曰：『殷人屢遷，前八而後五。』據書序，自契至于成湯凡八遷，湯始居亳，從先王居。然則後五遷當從亳始，若並商丘數之，則不足前八遷之數矣。枚傳悉本書序，自不可易，但因不知上篇爲遷殷後作，而曰：『我往居亳。』則疑不可並今所欲遷者而預數之。正義謂：『意在必遷，故通數爲五。』此說殊爲迂曲，故自〈盤庚上〉篇之義明，而五邦之數亦定矣。」⑫是兪氏以爲：亳、囂、相、耿、殷爲五邦，其所以把「殷」地計算在內，這是因他將上篇視爲遷殷後作的緣故。

㈦陳喬樅說：「五邦當自湯以後所遷之邦數之，仲丁元年自亳遷于囂，河亶甲元年自囂遷于相，祖乙元年自相遷于耿，祖乙二年圮于耿，自耿遷于庇，南庚三年遷于奄。〈郡國志〉：魯國卽奄國。亳爲湯所開國定都，不宜以受命興王之地，并入五遷之數，蓋斷自湯有天下後言之，囂也、相也、耿也、庇也、奄也，是爲五邦，《路史》云：『庇、奄、書所不載，而世儒輒以湯與盤庚之兩都足之，誤矣。』」[13]案：陳氏所說，全依《竹書紀年》。今人楊樹達《尚書說》謂：「湯未得天下以前卽已居亳，見《孟子》。五邦不得數亳，此時尚未遷殷，亦不得數殷在內。五邦：中丁遷囂（《史記》作隞），一也；河亶甲遷相，二也；祖乙遷耿（《史記》作邢），三也；耿圮遷庇四也；南庚遷奄，五也。」

㈧近人楊筠如說：「按《史記》自契至湯八遷，湯始居亳，從先王居，此八遷皆在未有天下之時，則五邦疑不得數商亳也。……據《史記》仲丁遷于隞，河亶甲居相，祖乙遷于邢。索隱：隞亦作囂，又曰邢音耿。是隞卽囂、邢卽耿，仍止三都。又汲冢古文以盤庚自奄遷殷。《竹書紀年》謂祖乙自耿遷庇，南庚自庇遷奄。雖紀年祖乙遷庇，事無左證，而盤庚以前，曾居奄地，則事近可信，疑五邦，卽謂囂、相、耿、奄及殷也。」[14]楊氏以上篇當在中篇之後，乃遷都以後的作品，所以將殷地計入五邦之內。近人屈萬里先生從之。

以上八種說法，實可分爲四類：1.僞孔傳、《史記》、《羣經平議》三家爲一類。所不同的地方，僞孔傳以盤庚上篇作於未遷都之前，而《史記》、平議，則以爲作於已遷都之後，在情理上說，自以後說爲優。因遷都後方可計入遷都之數，如遷前卽行數計在內，如正義所說：「意在必遷，故通數之爲五。」那就未免「迂曲」了。2.《竹書紀年》、《今文尚書經說考》爲一類，因陳喬樅因襲竹書爲說。3.馬、鄭爲一類，此種說法，世儒多能順從。如江聲《尚書集注音疏》、王鳴盛《尚書後案》、孫星衍《尚書今古文注疏》、朱駿聲《尚書古注便讀》、劉逢祿《尚書今古文集解》、簡朝亮《尚書集注述疏》、吳闓生《尚書大義》。陣容最爲堅強。他們都主張〈盤庚〉三篇是當時之作，所以都不把「殷」地計算在內。4.《經學卮言》、《尚書覈詁》爲一類，他們受了《竹書紀年》的影響，而採取了折衷的辦法。不過就情理說，覈詁的說法，並沒有違逆之處，而卮言之論，就有前後矛盾之嫌了。他既以湯居之亳計入前八遷，而又以殷地計入後五遷，且又以〈盤庚上〉篇之作在遷都前，所以我們認爲他的說法最不合理。玆將各家涉及的古地名，以今地闡釋如左：

㈠亳：有南亳、北亳、西亳三種說法。

1. 南亳——在今河南商丘縣東南四十里。
2. 北亳——在今山東曹縣南二十里。
3. 西亳——在今河南偃師縣西十里。

以上三亳，湯所居爲北亳⑮。

㈡囂：《史記》作隞。在今河南廣武縣南十七里，亦卽滎陽縣北。地當滎陽、廣武（滎澤）之間，在黃河之南。彭邦炯《商史探微》，則以隞卽今山東省沂蒙地區新泰縣境的敖山。丁山在

《商周史科考證》中，認爲仲丁所遷的隞，卽此地。

㈢相：在今河南內黃縣南十三里。

㈣庇：史籍無考。楊筠如疑爲「邶」字。果爾的話，卽今河南湯陰縣東南三十里的邶城鎭，爲古邶國。

㈤耿：《史記》作邢。有三說：

1. 在今山西河津縣西二里。

2. 在今河北邢臺縣西南。

3. 在今河南溫縣、平皐故城。

以上三說，祖乙所居之耿，當在今河南溫縣⑯。

㈥奄：在今山東曲阜縣城東。《後漢書·郡國志》：魯有古奄國。

㈦殷：有兩種說法：

1. 在今河南安陽縣，卽洹水南的殷墟⑰。

2. 在今河南偃師縣西十四里。

以上二說，盤庚遷殷，據王國維先生考證，當爲洹水南的殷墟。

茲爲明白起見，將各家學說（五邦）所指古地名，列表並繪圖於後，借供參考。

1. 各家學說於「五邦」所指之古地名簡表

此遷都次第

主說者	第一遷	第二遷	第三遷	第四遷	第五遷	第六遷	備考
《古本竹書紀年輯校訂補》（清・朱右曾輯錄，民國・王國維校補。）	外丙勝遷亳	仲丁遷囂	河亶甲遷相	祖乙居庇	南庚遷奄	盤庚遷殷	《今本竹書紀年》補證、疏證，均載有湯即位居亳。祖乙即位自相遷耿。二年圯于耿，遷庇。
偽孔傳（東晉・梅賾上，唐・孔穎達正義。）	湯遷亳	仲丁遷囂	河亶甲居相	祖乙居耿	盤庚亳		正義曰：「孔以盤庚意在必遷，故通數我往居亳為五邦。先王遷都，不得遠數居亳之前充此數。」
《史記》（〈殷本紀〉）	湯居亳	仲丁遷隞（囂）	河亶甲居相	祖乙居邢（耿）	盤庚居亳		太史公曰：「帝盤庚崩，帝小辛立，殷復衰，百姓思盤庚，迺作〈盤庚〉三篇。」
馬融、鄭康成、王肅。（《經典釋文》、書疏、《尚書今古文注疏》引）	商丘	亳・	囂	相	耿		後儒多從此說。如江聲、王鳴盛、孫星衍、朱駿聲、劉逢祿、簡朝亮、吳闓生等

孔廣森（《經學卮言》）	囂	相	耿	（奄？）	殷		孔氏既主〈盤庚上〉篇為未遷前作，而又數殷為五遷之一，似不合理。
俞樾（《羣經平議》）	亳	囂	相	耿	亳（殷）		俞氏以〈盤庚〉三篇皆遷都殷地後作，故數亳殷。
陳喬樅、楊樹達（《今文尚書經說考》、《尚書說》）	囂	相	耿	庇	奄		陳楊二氏均因《竹書紀年》所載為說。楊氏又益以書序。
楊筠如（《尚書覈詁》）	隞（囂）	相	邢（耿）	奄	殷（亳）		楊氏為折衷之說，以上篇為已遷後作，故數殷在內。

案：「五邦」的合理位置，我們認為以陳喬樅、楊樹達二氏的見解，較為可信。

2. 各家學說於「五邦」所指地名古今位置對照簡圖。（見附圖。紅色表古地名，一地用兩種顏色標名者，表示古今一地）

3.附殷代自成湯後帝王世系表。（本表據《史記・殷本紀》與《中國年曆簡譜》製訂）

商代世系

一、《史記・殷本紀》

√1.成　湯　自南亳遷至西亳。
2.外　丙　湯太子太丁，未立而卒，故立其弟外丙。
3.中　壬　外丙弟。
√4.太　甲　太丁子。成湯嫡長孫。史稱太宗。
5.沃　丁　太甲子。
6.太　庚　沃丁弟。
7.小　甲　太庚子。
8.雍　己　小甲弟。
√9.太　戊　雍己弟。史稱中宗。
10.中　丁　太戊（中宗）子。
11.外　壬　中丁弟。
12.河亶甲　外壬弟。

二、《中國年曆簡譜》董作賓編著

1.成　湯　13（在位年數）
2.太　甲　12
3.沃　丁　29
4.太　庚　25
5.小　甲　17
6.雍　己　12
7.太　戊　75
△8.仲　丁　11
9.外　壬　15
△10.戔　甲　9

✓13. 祖乙 河亶甲子。
14. 祖辛 祖乙子。
15. 沃甲 祖辛弟。
16. 祖丁 沃甲兄祖辛丁。
17. 南庚 祖丁弟，沃甲子。
18. 陽甲 祖丁子。
✓19. 盤庚 陽甲弟。
20. 小辛 盤庚弟。
21. 小乙 小辛弟。
✓22. 武丁 小乙子。史稱高宗。
23. 祖庚 武丁子。
24. 祖甲 祖庚弟。
25. 廩辛 祖甲子。
26. 庚丁 廩辛弟。
27. 武乙 庚丁子。
28. 太丁 武乙子。
29. 帝乙 太丁子。
30. 帝辛 帝乙子，即紂。

---

11. 祖乙 20
12. 祖辛 16
△13. 羌甲 25
14. 祖丁 32
15. 南庚 25
△16. 虎甲 17
17. 盤庚 28
18. 小辛 21
19. 小乙 10
20. 武丁 59
21. 祖庚 7
22. 祖甲 33
23. 廩辛 6
△24. 康丁 8
25. 武乙 4
△26. 文武丁 13
27. 帝乙 35
28. 帝辛 63

案：右表有✓符號者，謂殷代賢聖之君。（卽孟子所稱賢聖之君六七作也。）有△符號者，乃帝王名字上的差異。後人據甲骨文以定殷之帝王名，與《史記》相較，其差距不大，由此可證《史記》之載，幾可謂之實錄也。

二、大義探討

在前言中，對三篇次第的分析結果，因訓詁的不同，致有各異的見解。有的主張，三篇乃遷殷後作，有的主張，上篇是在遷殷前、誥諭臣民作，中篇爲遷都時作，下篇爲旣遷後作。更有的主張上、中兩篇應該易置，才合乎時序。我們三復經文內容，認爲書序：「盤庚五遷，將治亳殷。民咨胥怨，作〈盤庚〉三篇」的說法是對的，所以也就採取了此種見解。這意思很明顯，無異於告訴我們，盤庚的所以斷然遷都，是因爲他能高瞻遠矚，上體「天命」，下悲「民窮」，如不遷都，生命尚難確保，更如何能進一步「紹復先王之大業，厎綏四方」？鄭氏康成說：「祖乙居耿，後奢侈踰禮，土地迫近山川，嘗圮焉。」[18]在這種情況下，僅「奢侈踰禮」，就足以使法紀蕩然，又更何況「嘗圮焉」呢？二者交至，一則當去奢行儉，以養成人民的勤勞習性，再則尤當立卽遷避水患，以保障人民生命的安全。這不遷都又何能辦得到？人民見不及此，所以也就難免「相咨胥怨」了。以下，我們就就著經文，逐次的加以探討。

一、**盤庚告民，眞誠怛惻，史官述之，更見情切**：古文質樸約略，不像後世的軟善有度，明麗有則；所以委婉之筆難見，而佶屈聱牙之句常逢，這大概就是爲什麼一般人不樂於讀古籍的原因了。本篇一開始，就帶給我們很大的困擾，因說法的紛歧，所以往往仁智互見。我們則採取了傳統的說解，認爲這三段文字，是盤庚誥諭人民的眞誠之言，經史官述說出來的。經文說：

盤庚遷于殷，民不適有居。率籲衆，慼出矢言。曰：「我王來，旣爰于玆，重我民，無盡劉。不能胥匡以生；卜稽曰其如台？」

經文中的「適」字，作之、往解。「籲」，作呼解。「衆」指民衆。「慼」與戚同，作憂慮解。「矢」，作誓解。誓言卽約言，向羣衆約言，就是向民衆宣布、宣告。楊樹達《尙書說》：「此定計決遷之辭，實未遷也。」「旣」，作其解，指稱詞。「爰」，作易解。「劉」，是殺的意思。「胥」，作相解。「匡」，是救的意思。灼龜兆叫卜，「稽」，當作卟，是卜以問疑的意思。「其如台」，卽其奈何。這是說：「當盤庚決定將要遷都於殷的時候，沒想到人民卻都不願意前往定居。於是盤庚就召集了羣衆，苦口婆心地向他們作鄭重的宣言。他說道：『回想我王祖乙來到這裏，並不是徒勞我民，其所以遷居此耿邑，原爲重視我民的生命，不使盡遭殺害。而今，耿地又常遇水災，使我民蕩析離居，不能相救以生，就情勢說，實在是不能不再遷都的時候了。所以就先行灼龜問疑，結果是：不遷都，又有什麼辦法呢？』」

《周禮·春官·大卜》說：「國大遷，大師則貞龜。」遷都大事，以當時情勢、世俗言，即使盤庚再高瞻遠矚、雄才大略，亦不敢忽略這種舉措。不然，又將何以服人心以息眾議？所以他不僅把卜稽的結果宣告人民，同時又以先王的屢遷，以「恪謹天命」相勉。經文說：

先王有服，恪謹天命；茲猶不常寧，不常厥邑，于今五邦。今不承于古，罔知天之斷命，矧曰其克從先王之烈？

這是說：「我們歷代的先王，凡國家遇有大事，無不誠敬謹慎地順從天命，絕對不敢妄動。即使如此，尚且不能長久的得到安寧，不能久於一個國都，必須適時的遷徙，到現在已經五次了。而今我們如不能繼承先王的遷都避患，就是不知上天將要斷絕我們的國脈民命，況且還能順從先王的大業而發揚光大嗎？」

這番話，不僅誠摯，而且又以事實相告勉，照理說，在那個「信鬼」的時代，應該可以感動眾民，而使之欣然前往的。然而盤庚惟恐民眾不知當前的處境及遷都後的發展，所以又作了進一步的激勵。經文說：

若顛木之有由蘖，天其永我命于玆新邑，紹復我先王之大業，厎綏四方。

這是說：「我們目前的處境非常危險，就像仆倒的樹木，剛生出嫩芽、枝條，再也經不起摧殘。因此上天憐愛我們，同情我們，將永遠地長養我們在這個就要遷往的新邑，來繼承、恢復我先王的大業，定安四方。」

這種高瞻遠矚、雄心萬丈的氣概，我們佩服，這種轉危爲安、化險爲夷的舉措，我們由衷地擁護，這種誠摯懇切的告諭，我們從內心深處感動。陳氏大猷說：「承天命、復祖業、綏四方，三者，盤庚圖遷之本意，故史總述于篇首。」[19]所言非常確當。無如言之諄諄，聽之藐藐，並沒有激起多大的反應。在表面上看，人民依然安於舊習而不知非，大臣則貪圖安樂而不知返，長此以往，即使不「圮於水」，也將喪亡於奢靡。盤庚的告諭，既然平實盡情，誠篤盡理，何以得不到人民的支持、擁戴？這不能不使他感到詫異、驚奇，所以他的觀察方向，也就不自覺的由人民轉到了官員們的身上。噢！原來人民對於遷都不表示支持，完全是受了在位官員的把持和浮言的激動。而少數願意遷都的人民意見，又被官員們所隱匿而不能上達，在這種情況下，對官員的一場誥誡，也就難以避免了。以下的經文，就是針對著大臣們而發的。

二、盤庚告臣，義正辭嚴，史官述之，情理兼顧。經文說：

盤庚斅于民，由乃在位。以常舊服，正法度。曰無或敢伏小人之攸箴。王命眾悉至于庭。

這段經文，是史官記述盤庚所以誥誡大臣的緣起和理由。意思是說：「盤庚覺察到人民的所以不願遷都，乃是受了在位官員的浮言激動。因此，盤庚就以先王常遷都的舊事，來告訴在位的官員，要遵守國家的法度。並進一步的說，希望沒有人敢隱匿人民的諫言上達。於是他就命令眾大臣，全部集合在朝廷之中，準備就著遷都的事理，作一透闢的分析，希望大臣們了解以後，幡然改圖，共襄遷都的盛舉。

不過在這裏我們要問，盤庚遷都，本是爲了全民的生命、國家前途的發展，而這些大臣，爲什麼偏偏不與合作，反而以浮言激動人民，不使隨往以遷呢？這可以一言而盡，完全是爲私利致然耳。宋代的蔡沈，早已在其所著《書經集傳》中，作了詳盡的說明。他說：「耿地潟鹵墊隘，而有沃饒之利，故小民苦於蕩析離居，而巨室則總於貨寶，惟不利於小民，而利於巨室，故巨室不悅，而胥動浮言。小民眩於利害，亦相與咨怨。間有能審利害之實，而欲遷者，則又往往爲在位者之所排擊阻難，不能自達於上。」國難當前，大臣巨室竟然爲了一己的私利，貪圖目前的享受，不願放棄既得的利益，而慫恿無知小民，阻撓遷都大計，誠可謂爲「不仁孰甚」了。盤庚明察其心，洞悉其意，於是乃作斷然處置，如無眞知灼見，焉能明快如是！在這裏，不僅可窺盤庚之仁，同時更可觀盤庚之智。以下的經文，就非常支持我們這種見解。

三、以黜私心相告，以無傲無逸相誡。經文說：

王若曰：「格汝衆，予告汝、訓汝，猷黜乃心，無傲從康。」

從此以下，大約有九節經文，都是史官敍述盤庚誥諭大臣的話。從這些告語中，可以看出盤庚宅心仁厚的一面，也可以看出他明智果決的一面。本節經文大義是：「王（盤庚）於是說：『今天我把衆位大臣召集了來，就是告訴你們，特別向你們說明強調的，就是希望各位能排除私心，不要再傲慢，不要再縱情貪圖安樂。』」

話雖然簡短，但卻非常扼要，誠可謂爲一語道破當時諸大臣的心病，再痛快也沒有了。所以蔡沈於書傳中說：「蓋傲上則不肯遷，從（縱）康則不能遷。」王安石也說：「無傲，戒之無違王命，無從康，戒之無卽安其故處。」而陳氏經所言，則更爲直率，他說：「違王命而不肯從，懷苟安而不爲後日慮，當時羣臣，所以不遷，其病根在此二者，故直指其病而戒之。」⑳這些話，都說得非常中肯，我們也就不再辭費了。

四、引述先王之政，以息衆臣的惑民之舉。於此愈顯盤庚的明達知天。經文說：

古我先王，亦惟圖任舊人共政，王播告之修，不匿厥指，王用丕欽；罔有逸言，民用丕變。今汝聒聒，起信險膚，予弗知乃所訟。

這是說：「昔我先王，無不想盡方法，任用舊臣來共同治理國政。是以每次所發布如何治理國家的言論，羣臣們絕不隱匿其意旨，全部照著努力地去推行。因此，先王對於羣臣大爲欽敬，而眾大臣對先王，也沒有任何非議不滿的話，在此情況下，人民蒙恩被澤，因而也就變得和順可親了。然而現在，你們卻出言聒耳，拒善自用，甚至用膚淺邪惡的話，來蠱惑人民，我實在不知道你們所爭論的到底是什麼?!」

這種直指大臣巨室之非的話，又是多麼地痛快淋漓?這不正顯示了盤庚的明達、進取和大臣們的苟安自私?君臣本爲一體，應當和衷共濟，方克有成。如各行其是，甚至背道而馳，不僅有違先王的訓誥，同時亦足以招致國家的敗亡。盤庚不僅明其理，同時更能以先王的任用舊人，來安大臣們的心。就處事說，他已掌握了重點。然而責人易，自責難，盤庚過人之處，就在這裏。下文足以證明我們這種見解。

五、檢討得失，君臣均當各自反省，自我約束。經文說：

非予自荒玆德，惟汝含德，不惕予一人。予若觀火，予亦拙謀，作乃逸。

這是說：「我效法先王行事，未嘗有失德不檢的地方，只是你們大臣隱匿了我的意旨，說了很多非議的話，所以如此，這全是由於你們不敬懼我的關係。這種情形，對我來說，就好像觀火一樣，看著它燃燒，並不加以阻止撲滅。這樣一來，反使你們「縱肆放佚」，不服從命令，終於造成了你們的過失。」

這一方面表示了盤庚的寬厚仁慈，平日對大臣們並不加以管束，一任其自爲，這站在行政的體系上說，分層負責、各守其職、各盡其能，以期發揮最大的行政功效，無疑的是一種最好的行政措施，也是尊重大臣人格最好的做法。無如大臣們見不及此，不能有此省悟，反而藉著寬厚、任其發展抱負的當兒，非議君長，不聽命令，充分地暴露出他們的自私、苟安與非分。另一方面，盤庚亦坦承疏於事先管束的責任，以致造成這種局面，所以檢討起來，他也不能辭其過咎。

六、勉以爲臣之道，當上奉君命，下惠人民，積德守常，國家、個人，方有前途、事業可言。捨此不爲，則將自毀前程，終無所獲。經文說：

若網在綱，有條而不紊；若農服田力穡，乃亦有秋。汝克黜乃心，施實德於民，至于婚友；丕乃敢大言，汝有積德。乃不畏戎毒于遠邇；惰農自安，不昬作勞，不服田畝，越其罔有黍稷。

這節經文，多用比喻法。如以網喻君，以網喻臣；以服田喻勞苦，以有秋喻樂利。這是說：「下級服從上級的命令，這在行政體系上說，就像網在綱，才能發揮有條不亂的效果。又如農夫一樣，必須辛勤耕作，才能有豐富的秋收。遷都，是一勞永逸的事，也是勞苦的事，必須付出勞苦的代價，才能享受安樂。因此，你們必須去除私心，施行實德於人民以及婚姻朋友，不可再以虛浮的言論討好人民，蠱惑人民，使他們樂於遷都，以享無窮的安樂，這樣你們才能大言不慚的說有積德，才能不畏懼現在或未來的大災害。假如不這樣的話，那就像懶惰的農夫，不勉力於農事，而但求自安，田畝不加耕耘治理，試問又那裏會有黍稷的收成？」

這話足以發人深省，就著當時情勢，說明必然遷都的理由，不可貪圖目前生活享受，以致遺害於無窮。積德務滋，能爲百年憂，方能作明智的抉擇。有了眞知灼見，方能意志堅定，而不爲動搖。在這段告語中，這種意念，表現的又是多麼地明顯和深刻！假如大臣還不能幡然改圖的話，那實在就近於痲木不仁了。

七、提醒大臣，當及時悔悟，以宣王命。如再自甘墮落，自棄職守，那就將會自災其身，不智殊甚。經文說：

汝不和吉言于百姓，惟汝自生毒；乃敗禍姦宄，以自災于厥身。乃旣先惡于民，乃奉其恫，汝悔身何及？相時憸民，猶胥顧于箴言，其發有逸口；矧予制乃短長之命？汝曷弗告朕，而胥動以浮言，恐沈于衆？若火之燎于原，不可嚮邇，其猶可撲滅。則惟汝衆自作弗靖，非予有咎。

這是說：「你們大臣，不向人民轉達（宣布）我遷都的善意，這是你們自作孽，所以也就難免敗禍發露，而姦宄的行爲大作，以致於你們自身也難免受到危害。現在你們既然首先導惡於人民，自己就得承受這種痛苦，後悔是來不及的。然而你們再看看那些小民，他們如果說錯了話，尚且還能彼此相互規戒，更何況我還控制著你們的生殺大權？（那就更不可胡言亂語，以浮言來蠱惑民衆了。）你們爲什麼不告訴我，而竟然相動以虛浮的言論，使人民不樂於遷徙，甚至繼之又加以恐嚇威脅？這雖然像大火燃燒於原野，當旺盛的時候，連接近都不可以，可是最後，還是可以撲滅的。對於你們所散布的流言，難道我還治不了嗎？痛定思痛，這都是你們衆大臣自作的不安，並不是我的主張遷都，有什麼不對的地方。」

這說明羣臣的不能深體君心，不顧國家當前處境的危險，僅以個人的私利、苟安爲前提，所以才做出違反君命、國家利益的行事。由於浮言的惑衆，禍敗將至，結果己身亦不能免，這眞可說是「不智殊甚」了。同時在這裏，盤庚有意無意間，又表露出他的寬厚；他既然「握有生殺大權」，竟一任其浮言惑衆，而不加嚴厲地制裁，這是縱容？還是缺乏魄力？再不然就是「視而不見」？我想都不是。大概是想藉著這種情景，來激發大臣的良知，使他們自我反省而幡然覺悟。

我們認爲劉逢祿先生的話，甚爲可取，他說：「盤庚之遷，以辟河患者，從民欲也。以易風俗者，違大臣之私心也。蓋肯遷者從之，其不肯遷者，亦止黜其爵祿，聽之而已。」㉑今大臣竟然執迷不悟，在此情況下，盤庚也只有深加責斥了。

八、引古語任舊人，以安大臣之心。賞罰有度、善惡分明，不敢動用非德非刑。經文說：

遲任有言曰：「人惟求舊，器非求舊，惟新。」古我先王，暨乃祖乃父，胥及逸勤，予敢動用非罰？世選爾勞，予不掩爾善。玆予大享于先王，爾祖其從與享之，作福作災，予亦不敢動用非德。

這是說：「古代的賢人遲任曾說：『任人惟其舊，器物，則當求其新。』我古代的先王和你們的列祖，無不勞逸相與、甘苦共嘗。因此，我對於你們，豈敢動用不當的處罰？我會時刻地想著你們世代的事功，絕不會掩蔽你們的善行。現在我大祭先王，你們列祖的神靈，也將隨著我先王的神靈，共享祭祀。福、災全由你們自作，我絕不敢動用非當的恩德，加在你們的身上。」

經文中所說「人惟求舊」的舊，依蔡沈書集傳的說法是：「所謂求舊者，非謂老人，但謂求人於世臣舊家云耳。」假如我們要推求用人的至意，當是用人惟賢，而器物，則求其適用。以下文「不敢動用非德」來看，所謂舊，當指世臣舊家的賢人。蔡沈的話是對的。下文更進一步的說，古代先王以及當時的大臣，亦卽盤庚時大臣的「乃祖乃父」，他們都是有福同享、有難同當、甘苦共嘗的。言外之意，當然也是希望現在的大臣們，應該效法其先祖先父與其先王勞逸與共的精神，共襄盛舉，使遷都的工作，順利完成。所以盤庚緊接著又表示了他的賞罰原則，他既不敢用「非理」之罰，也不敢用「非德」之賞，惟有持此大公至正的信念與態度，方可威頑冥而感不靈，以激發大臣與國家同體共戚的良知。

九、**告以遷都乃既定國策，絕不更改。故應排除萬難，務必達成目標而後止。並進一步希望大臣們通力合作，不可忽略老成人及孤弱的意見。**經文說：

予告汝于難，若射之有志。汝無侮老成人，無弱孤有幼。各長于厥居，勉出乃力，聽予一人之作猷。

這是說：「我現在要告訴你們，遷都是一件非常困難的事情，雖說困難，但一定要遷。這就好像射箭一樣，立定志向，務必要射中目標。你們不要輕視老成人以及孤幼的意見。要知道，遷往新都，是每一個人都要永久居住下去的，所以你們要勉力以為，照著既定的計畫去做。這是我最希望的了。」

文中所以特別提到老成人及孤幼，這大概是因為老成人閱歷深、經驗廣，對事理的看法較為透闢。欲求久安，惟一可行的，就是遷都。而孤幼呢？可能是最怕水災的了，大水淹至，他們最爲驚慌失措，也最爲可憐。在此情況下，對於遷都，當然也是贊同的。這兩種人，既然願意遷都，當有上聞的「箴言」，無如上不得聞。而盤庚既已覺察，所以當大臣齊集於庭的時候，特別提出來予以告誡，千萬不可以輕侮他們。同時這種告誡，也足可以啟示我們，其中寓有濃厚的民主意識。套句現在最時髦的話，就是「人權」得到了尊重。誰能說這現象不可喜？由於當時大臣的藐視老成人及孤幼的生存權，而其「傲上、從康」不理會遷都的蠻橫態度，也就躍然紙上了。

十、明賞罰之要。善以歸人，不善則歸己，期使人人自警，共爲國都的遷徙而效力。經文說：

> 無有遠爾，用罪伐厥死，用德彰厥善。邦之臧，惟汝衆，邦之不臧，惟予一人有佚罰。

經文中的「用罪、用德」，依蔡沈的解釋，是「爲惡、爲善」的意思。這是說：「不分遠近親疏，凡爲惡的人，我將罰，以聲討其罪行，一直到死。凡爲善的人，我將賞，以明其善德。邦國的良善，這是大家（衆大臣）的功勞，邦國的不好，這是由於我的失其所當而致啊！」

蔡沈書集傳說：「凡伐死彰善，惟視汝爲善爲惡如何爾。」這是說，賞善罰惡，各有其等差，要看其善惡的程度而定，應是不爭的道理。其次經文中所表現的那種「善則歸功于衆，不善則歸過于己」的精神，也是我們後人應該效法的。我們縱觀五千年來的英雄豪傑，他們「所以能服眾望，使天下之人歸心」的[22]，沒有不是由此修養而來。「見賢思齊」，「尚友古人」，讀經至此，當有所惕悟才是。

十一、告以當行必行之事，由此可見盤庚的果斷敏達。經文說：

凡爾眾，其惟致告：自今至于後日，各恭爾事，齊乃位，度乃口。罰及爾身，弗可悔。

這是說：「所有在庭的各位大臣們，希望你們將我今天所說的話，轉相傳告，自今以後，各自敬謹你們的職事，肅莊你們的官位，杜塞你們的浮言之口，不然的話，你們本身，將要受處罰，到時候，可不要後悔啊！」

當時盤庚對大臣們的感受是：傲慢不聽從命令，不能盡忠職守，和隨便說話，以浮言誘民，以致造成很大的困擾。於是他就針對著羣臣的弊病，提出三點要求，也可以說是三點指示，使他們「各恭爾事，齊乃位，度乃口」。能「恭爾事」，就不會再傲上不聽從命令；能「齊乃位」，就不會縱情於安樂，「奢侈踰禮」；能「度乃口」，就不會再以浮言誘民，鼓動風潮，「不適有居」。這正是盤庚所深以為戒的。惟恐羣臣不能貫徹他的命令，所以最後又威之以刑，想藉此以收到最大的時效。時瀾說：「盤庚本無刑人之意，恐人見其勤懇，遂以為不能用刑，故露此意，使知之也。〈盤庚〉一書（案：指上篇而言），前半篇，涵養寬大如此，後半篇，嚴厲森肅如此，於言辭反覆抑難之中，當知其德量，有恩意、有措置；其含洪包容者，德量也；其反覆訓誥者，恩意也；其規畫纖悉者，措置也。」㉓宋．林之奇《尚書全解》也說：「使盤庚驅以刑而迫之遷，誰敢違之？今其言乃若有所甚畏者，蓋今之遷，惟欲聚民所欲耳！苟以勢驅，失人心，雖能強之遷，而民已離矣。故寧為優游不忍之辭，開諭其心，使知吾之本意。既不失民之心，亦不害吾之遷，此盤庚之所以為仁也。」㉔我們反覆經文之餘，認為二氏所說，不僅有見解，而且具有高度的啟示作用。

上篇盤庚告臣的話，我們就結束在這裏，以下為〈盤庚中〉篇，為誥諭民眾的言論。茲一仍前例，就著經文，探討如次：

十二、盤庚將遷渡河，民有不從者，史官述其告民之由而載其事。經文說：

盤庚作，惟涉河以民遷。乃話民之弗率，誕告用亶。其有眾咸造，勿褻在王庭，盤庚乃登進厥民。

在古代，君有大事，則有庭詢的制度；當庭詢的時候，臣民齊集外朝，國君徵詢意見，或發表告語。〈洪範〉說：「謀乃心，謀及卿士，謀及庶民。」所以如此，就是想藉此舉措，溝通上下的意見。這正可說明，國君與人民之間，爲什麼沒有隔閡的原因。

這段經文，是史官敍述盤庚在遷都渡河以前，而所以要誥諭民眾的緣由，以及叮囑百姓應行注意的事項。意思是說：「盤庚遷都，起而將行，計畫著渡河以遷其民。這時仍有許多不願隨往的民眾，於是盤庚就命令把這些民眾，召集在一塊，準備用誠摯的話，告訴他們爲什麼一定要遷都的道理。當民眾齊集，尚未進入王庭以前，負責召集的官員，先提示他們，在王庭中，不可有輕慢無禮的行爲。不久，盤庚也就使民眾進入庭中。」一席富有意味的誥諭，就在這樣的情況下開始了。

十三、盤庚首先要求民衆聽命勿失，然後卽以先王「君民協和，無不勝天」爲例相勉。經文說：

> 曰：「明聽朕言，無荒失朕命。嗚呼！古我前后，罔不惟民之承，保后胥感，鮮以不浮於天時。」

這意思是：盤庚告訴已經進入庭前的民眾說：「請你們聽淸楚我的話，不要再荒廢輕忽我的告命了。唉！昔我先王，無不以民是拯，以民之憂爲憂。因此，人民亦能保安其君，憂君之憂。君民和洽，同命一心。在此情況下，雖有天時的災害，人力也就很少有不能勝過它的了。」

這種披肝瀝膽的肺腑之言，以最真實的往事作鑑誡，只要良知未泯，應該會及時覺醒、幡然改圖的。當然，盤庚在這段言語中，所特別強調的，還是「先王君民一體之誠」，這種一體之誠，寓義實在太多也太廣了。它沒有時間、空間的限制，除非我們不談治國平天下，否則就不能不特別加以講求，而國家的盛衰興亡，也端以此是賴。它的力量，又豈是我們可以預估的？

十四、**以先王為例，告民遷都，是為避禍求福，不可視作懲罰**。經文說：

殷降大虐，先王不懷：厥攸作，視民利用遷。汝曷弗念我古后之聞？承汝俾汝，惟喜康共；非汝有咎比于罰！予若籲懷茲新邑，亦惟汝故，以丕從厥志。

這是說：「當上天大大的降下災害的時候，因我先王能不安土懷居，他們所有的作為，就視人民的利益為依歸。你們為什麼不曾想到我古先王遷徙的舊聞？現在為拯救你們，所以才敢勞動你們遷徙，這是基於和你們共享安樂，並不是你們犯了什麼罪過，用遷徙來比於流放啊！我所以如此地呼籲你們遷徙來此新邑，也全是為了你們的緣故。因此，就不能順從你們的意志去做了。」

說到趨利避害，捨危就安，這是人心所同然的事情。盤庚所以要堅持遷都，就是基於此一同然的理由。我們看了以上兩段言論之後，覺得盤庚體恤人民的心情，已經到了足以使人感動的地步。劉克莊說：「思患預防，君之遠慮；安土懷居，民之淺見。亳邑之遷，臨以君令，孰敢不從？而盤庚不然，曰天時，曰大虐，謂天時當遷，非人所能爲也。曰古我前后，曰古后之聞，謂先王常遷，非自我作古也。曰先王不懷，雖先王不思此土矣。曰視民利用遷，曰惟喜康共，蓋欲利汝，非以害汝，欲汝安且樂，非欲汝勞且怨也。……皆屈己以順民，非彊民以從己也。古者行利民之政，尚恐人情之疑，信必耳提面命，使之洞曉，此盤庚之所以爲賢王歟？」㉕這種情理兼顧的說法，我們認爲非常中肯。

十五、告民遷都，乃爲永久之安樂，不可不察。當竭誠一體，不可坐待事機之敗壞。經文說：

> 今予將試以汝遷，安定厥邦。汝不憂朕心之攸困，乃咸大不宣乃心，欽念不忱；動予一人。爾惟自鞠自苦，若乘舟，汝弗濟，臭厥載。爾忱不屬，惟胥以沈。不其或稽，自怒曷瘳。

經文中的「怒」字，漢石經作「怨」。這是說：「現在我所以率領著大家遷居新邑，是爲了永久的安定。可是你們竟不憂慮我心中的困難，也都不願表白你們的腹心，敬念以誠相待，這以致使我大感吃驚。你們這樣做，無異於徒自窮苦，就好比已經上了船，卻不過河，坐待舟中，使所載的貨物腐敗。更由於你們不能相待以誠，那也只有相互沈溺了。這一點你們都不能覺察，以後就是自怨自艾，於事又有何補？（又何能像病一樣的痊癒呢？）」

這種針對當時人民所犯的心病以及不明就裏行爲的責勸，無異當頭棒喝，也無異於一針清涼劑，有發聾振聵的作用。可使沈溺於苟安、畏懼勞苦的人，及時振作、淸醒，也可使爲浮言所動的人，感到今是而昨非，更可以藉此，以窺盤庚的悲憫之心、關懷之意。安民生、從民志，自古以來，就是治國的不二法門。因爲民生安，國家自安，民志定，而國家亦自定。此理至爲明顯，以明達的盤庚來說，當能深曉洞悉。其所以能向臣民苦口婆心的解勸，大概就是基於此吧！

十六、勉以共謀長久之計，不可「勸憂」以自斃。經文說：

> 汝不謀長，以思乃災；汝誕勸憂。今其有今罔後，汝何生在上？

經文中所言「勸憂」，蔡沈引孟子的話說：「安其危而利其災，樂其所以亡」，勸憂之謂也。我們非常同意這種說法。經文的意思是：「你們不作一勞永逸的打算，來考慮水災；你們大行勸憂樂禍，這就目前情形言，眞可說是有今日無後日了。試問，你們將又如何能夠繼續生活下去呢？」

我們常說：「責之切，愛之深」這句話。盤庚的所以責人民眼光短淺，貪圖目前苟安而無長久的遠見，就是基於這個道理。王綱振說：「利者，民所欲；安者，民所懷。然所欲有甚於此者生命也。故以何生續命、大利害、大安危動之。」㉖這話非常確切。

十七、告以浮言之不可聽，以徒致身偏心邪。經文說：

今予命汝，一無起穢以自臭，恐人倚乃身，迂乃心。

這是說：「現在我要鄭重地告命你們，絕對不可聽信浮言（起穢以自臭）。我所以這樣告命你們，是恐怕你們會被浮言偏引到一邊去，使你們邪僻而失去一顆中正的心啊！」

我們都知道，「忠言逆耳利於行，良藥苦口利於病」這兩句話。糖衣內所包裹的，多爲極苦的東西，美言的背後，不知隱藏了多少奸詐，稍一不愼，就會吃虧上當，悔恨又有何用？王肯堂說：「是非無兩在，利害無兩從，心有定主，則不迷於正直之塗，身有定歸，則不蹈於邪僻之地。不然，身心非所自有，顚倒迷惑，趨於禍患，如起穢以自臭，豈他人能敗之哉！」㉗流言傷人，自古已然，我們處今之世，又如何能不格外愼思以行呢？

十八、再告以遷都之意，乃爲民命設想。經文說：

予迓續乃命于天，予豈汝威？用奉畜汝眾。

這是說：「上天將永我命於新邑，現在遷都，就是迎合天意而延續你們的生命。我那裏是用遷都來威脅你們呢？所以要遷都，是爲了用來奉養你們民眾的。」

假如我們從另外一個角度看，盤庚既然這樣賢明，而又何以有人民易受浮言所惑一至於此？這不外乎兩種可能，一爲人民安土重遷，寧願餓死、凍死或被水淹死在生長的地方，也不願到他鄉去討生活。這種觀念，北方人多有之。一爲不能遠慮，僅顧目前的安適。所謂「怡豫足以亡身」，應是千古名訓。基於這兩個因素，就不得不使盤庚多花費唇舌了。

十九、以古方今，稱情以爲。經文說：

予念我先神后之勞爾先，予丕克羞爾，用懷爾然。

這是說：「因此，使我想到，我先王屢次煩勞你們的先人遷都，你們的先人既然這樣做了，所以我才能有機會把意見進告於你們。我想，你們也一定會像你們的先人一樣去做的。」我們推盤庚所以如此告民，可能是他鑑於先王的屢次遷都，無不得到先民的全力支持，而且從來未聞有何怨言。而今他的舉措，一如先王，而其現有的人民，縱然不能體念他的用心，也應當效法其先人的行爲，而隨行遷都啊！更何況他又是爲永保國脈民命而遷都呢？

二〇、以先王降罪，明示不遷都卽爲虐民。經文說：

失于政，陳于茲，高后丕乃崇降罪疾曰：「曷虐朕民？」

這是說：「明知會發生水災而不遷都，就是有失政教。如久居於此地，使人民飽受災害，那麼古代的先王，就會大降重罪疾於我說：『你爲何虐害我的人民？』」

這種設想，現在看來，或者不具任何意義。不過在那個「信鬼」的時代，就有非常大的作用了。固然有的統治者，往往假鬼神來迫使人民就範，以達一己的私慾。然而明王治國，在民智未開的時代，爲使人民順從，也未嘗不可一用。更何況就當時言，很可能是出於眞誠之心，其信念就是這樣的呢！由此不也可以看出統治者的眞誠？藉此也正可表明「君不遷，則君有罪，而先王不有之，以見今日不得不遷也」㉘嗎？

二、以人民先祖之靈恐其心，使其徹悟遷都之意。經文說：

汝萬民乃不生生，暨予一人猷同心，先后丕降與汝罪疾；曰：「曷不暨朕幼孫有比！」故有爽德，自上其罰汝，汝罔能迪。古我先后，既勞乃祖乃父，汝共作我畜民。汝有戕則在乃心，我先后綏乃祖乃父；乃祖乃父，乃斷棄汝，不救乃死。

經文中的「生生」，是自營其生的意思。「幼孫」，盤庚自稱。「比」，有親、輔的意思。故有爽德的「故」，作今解，反訓。「爽」，作失、差解。汝罔能迪的「迪」字，作逃字解。畜民的「畜」，作好解。戕則的「戕」，作害字解，「則」，即賊的假借字，我先后綏乃祖乃父的

「綏」字，作告訴解。這意思是說：「你們衆民，若不自知謀生，與我共同計畫遷徙的事，那麼先王就會大降罪疾給你們說：『爲何不與我幼孫（盤庚）爲輔？』而今你們如有失德的行爲，先王將自上加以罪罰，你們是無法逃脫的。要知道，古我先王，既然煩勞了你們的先祖遷徙，因此，你們也就是我的好人民。你們如果懷有戕害賊殺的心理，那麼我先王一定會告訴你們的先祖棄絕你們的，因此，就更不會營救你們的死亡了。」

前文我們說過，這種以鬼神來要挾人民的政治言論，現在看來，固不具有任何意義，以當時來說，確實有其不可忽視的力量。在這裏，正可使我們體會「神權」爲用之大，商人信鬼，此亦一證。就時代言，此亦當然的舉措，不可以今日所謂的「迷信」來衡量。

二二、告以在位之臣的浮言惑衆，他們必將受到先祖的重罰。經文說。

> 玆予有亂政同位，具乃貝玉。乃祖乃父，丕乃告我高后曰：「作丕刑于朕孫。」迪高后丕乃崇降弗祥。

這是說：「現在我有很多在位的大臣，浮言亂政，不願意遷都，這是因爲他們聚有很多財寶的緣故。所以才不顧及你們民衆的利益。因此，他們的先祖，才大加告訴我的先王說：『要大罰我的子孫。』於是就引導著我的先王，重降災殃給他們。」

蔡沈說：「此章，先儒皆以爲責臣之辭，然詳其文勢，曰茲予有亂政同位，則亦對庶民責臣之辭，非直爲臣言也。」又說：「自成周以上，莫不事死如事生，事亡如事存，故其俗皆嚴鬼神，以經考之，商俗爲甚。」㉙蔡氏的話，甚具見解。我們認爲是對的。近人曾運乾先生也說：「以上舉鬼神以警之，凡四言鬼神：一言高后降罪於己，二言高后降罪於民，三言汝懷戕賊，汝祖、父必棄汝，四言汝懷貪墨，汝祖、父必導高后降大罰于汝而不汝赦也。殷人信鬼，故言此特詳。」蔡、曾二氏，或就時代，或就經文，說明殷人信鬼之實，既詳且信，我們在這裏，也就不再贅言了。

二三、告民，遷都乃既定國策，絕不更改，望能堅定意志，不再爲浮言所動。經文說：

嗚呼！今予告汝不易：永敬大恤，無胥絕遠；汝分猷念以相從，各設中于乃心。

經文中「汝分猷念」的「分」字，漢石經作比。比，是同的意思。這是說：「唉！現在我要特別鄭重地告訴你們，不管在任何情況下，遷都的計畫是不會改變的。因此，希望大家能敬謹地互相安慰體恤，一心一德，不要彼此猜忌，不要互相疏遠。現在你們所當同謀思念著的，就是相從於遷都的事情，並且在你們的心中，設立一個中道，這樣就不會爲浮言所動了。」「所謂中道，就是極至之理，不偏不倚，無過與不及，而一毫都不可以增減。蔡氏說「各以極

至之理存于心，則知遷徙之議爲不可易，而不爲浮言橫議之所動搖也。」㉚

二四、告民，於遷都之際，均當嚴守法紀，絕不容許奸詐之輩，遷於新邑。經文說：

乃有不吉不迪，顚越不恭，暫遇姦宄；我乃劓殄滅之，無遺育，無俾易種于玆新邑。

這是說：「在遷徙的途中，如有行爲不善、不合正道、顚隕踰越不恭上命的人，或是乘其不備而爲欺詐姦宄之行的人，我將予以斷絕殄滅，不讓他留下來，更不會讓這惡種遷移到此新邑來。」

在遷徙的時候，因長途跋涉，險阻疲困，飢渴煎熬，一並而至，人在這樣的情況下，意志最易動搖，如有姦邪之輩，趁機蠱惑煽動，滋生事端，往往一發不可收拾。盤庚有見及此，故而預加防範。蔡沈說：「遷徙、道路間關，恐姦人乘隙生變，故嚴明號令以告勅之。」㉛吳闓生《尚書大義》說：「通篇皆巽語曲喻，至末乃嚴毅作收，亦仁威並用之意。」

二五、以永建家園相告，勉其往新邑永生。經文說：

往哉！生生，今予將試以汝遷，永建乃家。

這是說：「到新邑去營生吧！我的同胞們！現在我們將要遷居到那裏，永建我們的新家園。」千言萬言，無非爲曲達其意，使民衆能洞悉其用心。遷居不僅有利於君，其主要目的，是在利民。使永建家園，不再受水患的浸擾。這最後的幾句話，無異爲人民勾畫出一幅美麗藍圖，光明的遠景。人民的樂從，自不待言。明君治國的不可及，爲後人景仰歌頌，當非偶然。我們對於中篇的探討，就結束在這裏。茲繼中篇之後，就著下篇經文的內容，一仍前例，將我們的看法，表示如次：

二六、盤庚遷都新邑，首治民居，史官述其告臣之由。經文說：

盤庚既遷，奠厥攸居。乃正厥位，綏爰有衆。

這是說：「盤庚遷都新邑以後，首先安定人民居住的里宅，其次，才去從事正宗廟、朝廷的大位。稍作安頓，於是就對諸大臣作了以下推心置腹的誥諭。」

簡朝亮說：「此更敍盤庚既遷，而告臣之由也。」近人曾運乾也說：「以上史官序事之辭。」㉜二氏表達的言辭雖異，然就內容的所指及意義說，並無二致。我們同意這種看法。

二七、勉以無怠，勖以大命。經文說：

曰：「無戲怠，懋建大命。」

經文中的「大命」，蔡沈解爲「非常之命」。近人屈萬里先生以「國運」是釋。我們則認爲元人吳澄所言較爲切當。他說：「大命，兼民命、國命而言，猶孟子言立命。建命，謂命雖在天，立之在我，使民有以遂其生，國有以永其祚也。」㉝經文的意思是：「盤庚說：『今後，我們千萬不可再戲虐、懈怠，當各自勉力，爲國脈民命，建立永久不拔的根基。』」

我們推盤庚所以作如是的戒勉，一定有其必然的理由。因爲不「戲虐」，方能敬其事，不「懈怠」，方能勤其職，能敬且勤，何事不可成？何難不可克？更何況以當時而言，一般官員，多「傲上從康」，習於「戲怠」，在未遷都以前，大家都怕勞苦而不願遷，可是既遷之後，則又難免以遷都爲滿足，自可「永命」，而不再努力於建設，盤庚惟恐如此，故作了這樣的戒勉。

二八、以推心置腹、不咎既往相感，尤望勿再協比共讒。經文說：

今予其敷心腹腎腸，歷告爾百姓于朕志。罔罪爾衆，爾無共怒，協比讒予一人。

這是說：「現在我披肝瀝膽，盡情地告訴你們百官族姓，希望能明白我的心志。既然遷了都，我就不會再行歸咎你們過去的以浮言惑衆。同時更希望你們也不要共相恚怒，聯合起來，讒譭我一人。」

從這段告語中，顯然可以看出，盤庚態度的坦誠、用心的良善，希望藉著這種言論，君臣之間，共棄前嫌，忘記那些不愉快的往事，相互以誠，來共同謀求今後的建設、發展。

二九、稱許先王遷都多功，亦所以表示一己之行的爲必然。經文說：

古我先王，將多于前功，適于山，用降我凶德，嘉績于朕邦。

這是說：「昔我湯王，則多於前人之功。因他能及時遷往於依山的亳地，是以降除了國人遭受水災的痛苦。這在我國家來說，確實是嘉美的功績。」

這無異告訴羣臣，遷都於殷的原因，一則殷地高爽依山，將不會再有水災的發生，二則可恢宏前王的功業，使驕奢淫侈的風習，永絕於後世。是一舉而數得的事，又何爲不遷？

三〇、再申遷都之義蘊，言談之中，以復成湯之業是念。經文說：

今我民用蕩析離居，罔有定極。爾謂朕：「曷震動萬民以遷？」肆上帝將復我高祖之德，亂越我家。朕及篤敬，恭承民命，用永地于新邑。

這是說：「今我眾民，以水災蕩泆析散，才離開故居，致無安定居留的處所。你們反問我爲何驚動萬民遷徙？我告訴你們，現在上天將興復我高祖的德業，治理我國家，我亦汲汲於篤厚敬謹莊恭的行動，來拯助民命，所以才遷到新邑來，以爲永久居住的地方。」

在人民「蕩析離居」、飽受水災虐害的情況下，如何能不遷都？既遷都，就要勞動民眾。更何況上帝將復我高祖的德業，如無安定的處所，又如何恢復祖業以定四方？言語之間，盤庚的氣度、抱負，已表露無遺。

三一、遷都之議，乃以善是從，豈可違卜？這又進一步說明遷都，絕不是一己的獨斷專行，而是接受了主張當遷人的建議所作的決定。是以經文說：

> 肆予冲人，非廢厥謀，弔由靈；各非敢違卜，用宏玆賁。

這是說：「今我幼小之人，並非不採用你們的謀略（案：指大臣安土重遷之謀，亦卽浮言），但謀略的來至，當從善良的。我想你們各位所想的，當不致與我所卜相違背。因爲我們惟一的目的，是用以宏大遷都的美舉啊！」

這話說得又是多麼地從容，委婉而心平氣和！任何人聽了，都可能使前嫌盡釋，化除心中的不愉快。更何況在遷都之後，把他在當時所以不能採納羣臣謀略的看法，又提出來加以解釋，並以共同的理想和願望，來消除彼此間的疑懼，其用意又是何等的深遠！這也就難怪宋代的蔡沈，在其所著《書經集傳》卷三中，慨歎的說：「蓋盤庚於既遷之後，申彼此之情，釋疑懼之意，明吾前日之用謀略，彼既往之傲惰、委曲、忠厚之意，藹然於言辭之表。大事以定，大業以興，成湯之澤，於是而益永，盤庚其賢矣哉！」這話我們願意舉雙手贊同。

三二、勉以體民隱，以人民的福祉是念。經文說：

嗚呼！邦伯、師長、百執事之人，尚皆隱哉。予其懋簡相爾，念敬我眾。

這是說：「唉！各位州伯、公卿以及百執事們，希望大家都能體恤人民的痛苦，我也將勉力地從各方面來檢閱並察看你們的政績。希望能敬謹地以我眾民的福祉是念。」

盤庚能以體恤民隱相勉，並希望所有的官員們，當推行政令的時候，要能對於人民的福祉，「念之而不忘，敬之而不忽」，時刻以人民是敬是念的做法，我們深表敬佩。不過經文中「尚皆隱哉」的「隱」字，僞孔傳、俞樾，都把它看作「檃栝」的檃。這就有矯正、匡正、改正的意思了。根據這些官員們過去的行爲來說，盤庚讓他們改正觀念、矯正行爲，那也是應該的。他本人也將努力作實地的檢閱視察，同時還要求官員們時刻以人民是敬是念。這樣講，也是可通的。

三三、告以敍官的標準，使知所奮勉。經文說：

朕不肩好貨。敢恭生生，鞠人謀人之保居，敍欽。

這是說：「我不任用好貨財人。有能與人民共同營生，且能謀養人民、安定他們的居處的，我就按照次第敍以官爵而敬禮他們。」

好貨財，就一定會流於享樂，一個貪圖享樂的人，又如何與能人民同甘共苦、憂民之憂、樂民之樂呢？此理至明，不需贅言。至於養民、安定其居的具體辦法，又當如何？在這方面，前賢王十朋已爲我們作了說明，他說：「導其耕桑，薄其稅斂，使老幼不失其養，鞠人之事也。聯其比閭，合其族黨，相友相助，謀人保居之事也。既養之，又安之，則斯民之生生得矣。」[34]就時代來說，我們認爲這話非常具體。

三四、敬告以明察去取，意在勉其爲民生生。經文說：

今我既羞告爾于朕志。若否，罔其弗欽。

這是說：「現在我既然把我的心意，奉告（進獻）你們，希望對我所說的『敢恭生生』和『不肩好貨』這兩點意見，能作深入的思考。不管你們是否順從，我都會以敬謹的態度相告的。」

這話說得是多麼地委婉而含蓄。孔子說：「巽與之言，能無說乎？繹之爲貴。」㉟由於後來盤庚的澤被萬民，可以使我們聯想到，這些本爲「具乃貝玉」、「好貨」的官員，也一定幡然悔改，而能與人民「共生生」了。

三五、最後勉以治民之道——敷民德，永肩一心。經文說：

無總于貨寶，生生自庸。式敷民德，永肩一心。

這是說：「不可聚斂財貨寶物，惟當助民營生。能如是，就能有很好的功績表現。對於人民，要敬謹地布施恩德，要永遠地一心一德。」

經文中所說的一心，就是以永久不變的心，敷布恩惠於民。在上篇盤庚告以「克黜乃心」。而現在，又告以「永肩一心」，所謂「黜乃心」，就是要眾官員去除其「傲上、從康」之心，而今既遷都，則在於如何施實德於民，假如能一心放在施行實際的恩惠於人民的身上，那自然就可以私心去而義理明了。一個人能使義理充塞於心，那將會：以之從公，則是一位愛民如子、視民如傷的好官員；以之處世，則是一位公正、通達的好人，盤庚的勖勉於此，實在具有其深義。

宋・蔡沈書集傳說：「此則直戒其所不可爲，勉其所當爲也。永任一心，欲其久而不替也。〈盤庚〉篇終戒勉之意，一節嚴於一節，而終以無窮期之，盤庚其賢矣哉！」這幾句話，道出了盤庚的用心所在。另外我們尚欲一提的是：盤庚對於「貨財」一再言及。如「具乃貝玉」，「朕不肩好貨」，「無總于貨寶」等，這大概是由於一般官員的積習既深，貪瀆成風，所以才一再申言，希望能痛加悔悟，洗面革心，徹底改正。如此的一再誥誡，我們也就不能說不嚴了。

不過在這裏，我們還有一個問題要問，那就是在盤庚之前，已屢次遷都，但均未聞人民有不願遷的情事，而盤庚之遷，反而「民咨胥怨」，這到底是什麼原因？說法雖多，要之我們認爲以蘇軾所言爲最具體。他說：「民不悅而猶爲之，先王未之有也。祖乙圮於耿，盤庚不得不遷，然使先王處之，則動民而民不懼，勞民而民不怨，盤庚德之衰也。其所以信於民者未至，故紛紛如此。然民怨誹逆命，而盤庚終不怒，引咎自責，益開衆言，反覆告諭，以口舌代斧鉞，忠厚之至，此殷之所以不亡而復興也。後之君子，厲民以自用者，皆以盤庚藉口，予不可以不論。」㊱於情於理，這種推論，都非常圓融。人說蘇氏長於策論，這話是不錯的。

三、結　語

尚書家對〈盤庚〉篇的意見，儘管不一，然而對其文字佶屈聱牙的看法，卻無異辭。就是因爲如此，而從事於研究的人，各取一察以爲說，遂使該篇紛紜莫衷、取捨難定。無形中給研讀的人，增添了不少的困擾。我們有鑑於此，大體上則採取自漢以來的傳統觀點，而對於經文中的字詞語句解釋，則古今兼用，儘量做到適中。

復因我們著重古史，對於固有文化特別熱愛，所以我們接受傳統。很想就著自古流傳下來、大家都認爲可靠的信史（其實傳說，也並不全不可信），作義理上的闡發，以明我古聖先王，仰觀俯察、化民成俗的文化發展歷程，藉以探討我文化的根源，以及先聖先賢的氣度、胸襟，而使生長在目前這個五光十色，所謂「工業文明」社會上的人士，也能受到一點陶冶，去除其勢利、自私的行爲，使祥和、敦睦、關懷、體恤的美德，重新展現於社會人羣之中。

〈盤庚〉三篇，就上篇說：其主要意旨，在誥諭人民方面，固有語焉不詳之嫌，然而那種一心爲民的渾厚表露，以及坦誠相告和遷都後的展望，都能給我們一個明顯的印象。在誥諭羣臣方面，而希望大家都能「黜乃心，無傲從康」，應是主旨所在了。輔佐的大臣，能盡除其私心，無傲於上，不縱情於安樂，一心爲民，全意輔上，如是以爲，何事不可成？何民不可治？盤庚能直指其心，明言其非，足見其明智洞達；所見既眞，而遷都之計，也就不是任何阻難所可動搖的了。如在上篇最後一段說：「凡爾眾，其惟致告，自今至於後日，各恭爾事，齊乃位，度乃口，罰及爾身，弗可悔。」這幾句告語，不就正是很明顯地向大臣表示，對於以前種種，既往不咎；今後種種，望能奮力以爲嗎？誠如是，那對國家，人民來說，不也就有福了嗎？這又是何等的胸襟？我們都知道齊桓公用管仲、及漢光武用朱鮪[37]的故事。這都是不計前嫌而能成其事功的好例證。因此，我們就著經文，作了十一個項目的分析（一—十一），將盤庚的思想、行爲，盡量地表現出來，希望藉此，對社會人羣，能起一點影響作用。

就中篇說：這是盤庚針對「爲浮言所動」、不願遷都的民眾，所作的告語。其主要意旨，在向民眾分析「保后胥慼」、「鮮以不浮于天時」的必然性。希望民眾放棄成見，及時覺醒，幡然悔改，同心一命，共爲遷都而奉獻心力。以此爲基準，遂展開了各方面的勸說、忠告：或告以遷都乃爲避禍求福；或告以遷都乃爲永久的安樂；或勉以爲謀長久之計，而不可「勸憂」；或分析浮言決不可從的道理；或以古方今，說明遷都的正確性；或告以遷都乃爲既定國策，絕對不會更改，以去其猶疑之心。……凡此，我們就著經文，作了十四個項目的解說（十二—二五），希望藉著這樣的介紹，能帶給讀者一些明確的觀念。近人吳闓生《尚書大義》說：「通篇皆巽語曲喻，至末乃嚴毅作收，亦仁威並用之意。」我們就經文以繹斯語，覺得這話不錯。

就下篇而言，這是告誡百官族姓的話，這時已經遷都，擺在眼前的工作，當然是千頭萬緒，「百廢待興」的局面，而積極的展開各項規畫、建設，已爲刻不容緩的事實。在這種情況下，如不盡釋前嫌，消除彼此間的疑懼，又如何能團結一致，共謀發展？如不能盡去私心，消除「傲上、從康」的不良風習，又何能「生生自庸，式敷民德」？所以最後用「永肩一心」作結，以達保養生聚、上下一體，來共謀「敢恭生生、鞠人謀人之保居」大目標的早日實現。我們也針對此一大旨，作了自以爲是的十個項目的分析（二六—三五），希望能藉著這種分析，使原來的經文，更顯得有條理，不致讓讀者，再有「佶屈聱牙」的感覺。

最後，我們想引用兩位前賢的話作結。宋人呂祖謙說：「三書反覆折難，須於包容處[illegible]量，於委曲訓誥處看其恩意，於規畫纖悉處看其措置。」元人王天與也說：「三篇中，皆有[illegible]民之辭，蓋盤庚本意，在誥諭胥怨之民，而其中責臣之意尤重者，以當時君民之情不通，皆羣臣爲之間也。去其間而後君民之情通，遷都之計定矣。」王氏又引鄒氏的話說：「〈盤庚〉三篇，稱天者五，所以立其信也；稱先王者八，所以遠其證也；稱先后者三，所以近其驗也；稱卜者三，所以示其公也；稱心者十，所以黜其私也；稱生生者三，利而導之也；廣譬曲喻者八，理以諭之也。然則盤庚之爲人，亦切矣。」㊳這些話，有的就經文內容歸納，有的就時代立論；要之，皆可補我們的未周，特引在這裏，權供參考。

附圖

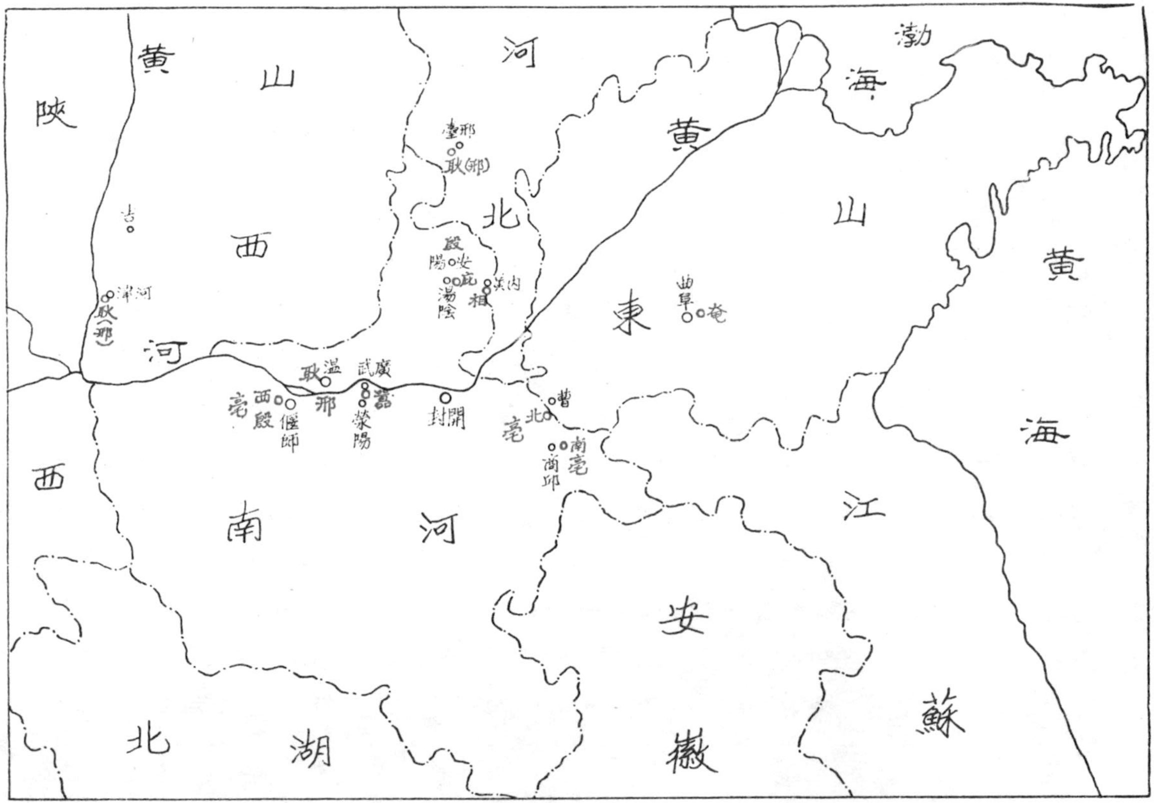

「五邦」地名古今位置對照簡圖

注釋

❶ 孫星衍，《尚書今古文注疏》（以下簡稱孫疏）〈盤庚第六〉引馬融語云：「盤庚祖乙曾孫，祖丁之子。不言盤庚誥何？非但錄其誥也，取其徙而立功，故以〈盤庚〉名篇。」

❷ 孫疏：「〈盤庚〉爲第六者，百篇之書，〈湯誓〉後，皆爲亡篇，惟〈盤庚〉在伏生二十九篇中。〈堯典〉疏云：鄭玄則於伏生二十九篇之內，分出〈盤庚〉三篇，則知今文〈盤庚〉爲一篇也。今仍爲一篇。」

❸ 見漢京重編本【皇清經解】二〇冊，孔廣森，《經學卮言》，頁一五二八八。

❹ 見《古史辨》第二冊，頁五五。

❺ 見屈萬里先生著，《尚書釋義》。

❻ 《竹書紀年》，治國學者，多不之信，今世界書局印行之「竹書紀年八種」，其中《古本竹書紀年輯校》，爲清・朱右曾輯錄，民國王國維校補，以及《古本竹書紀年輯校訂補》各卷，經近人考證有據者，似可愼爲採用。

❼ 《史記集解》引皇甫謐語：「梁國穀熟爲南亳，卽湯都也。」正義引《括地志》說：「宋州穀熟縣西南三十五里南亳故城，卽南亳湯都也。宋州北五十里大蒙城爲景亳，湯所盟地，因景山爲名，河南偃師爲

❽ 西亳，帝嚳及湯所都，盤庚亦徙都之。」案：中丁，卽仲丁。索隱云：「隞，亦作囂，並音敖字。」正義引《括地志》云：「滎陽故城，在鄭州滎澤縣西南十七里，殷時敖地也。」相地、正義引《括地志》云：「故殷城，在相州內黃縣東南十三里，卽河亶甲所築都之，故名殷城也。」邢地，索隱云：「邢音耿，近代本亦作耿，今河東皮氏縣有耿鄉。」正義引《括地志》云：「絳州龍門東南十二里耿城，故耿國也。」

❾ 正義云：「湯自南亳遷西亳，仲丁遷隞，河亶甲居相，祖乙居耿，盤庚渡河南，居西亳，是五遷也。」

❿ 馬說見書疏。鄭說見孫疏。

⓫ 見孔廣森，《經學卮言》，漢京本【皇清經解】二十册，頁一五二八八。

⓬ 見《羣經平議》，漢京本【皇清經解續編】十九册，頁一四九五六。

⓭ 見《今文尙書經說考》六，【皇清經解續編】三册，頁一五三四。

⓮ 見《尙書覈詁》，頁七三～七四，學海出版社印行。

⓯ 見王國維著，《觀堂集林．說亳》。

⓰ 見王國維著，《觀堂集林．說耿》。

⓱ 見王國維著，《觀堂集林．說殷》。

⓲ 見《尙書今古文注疏》引。

⓳ 見元．董鼎著，《書傳輯錄纂注》，漢京本【通志堂經解】十四册，頁八二八六。

⓴ 王安石、陳經二氏語，見《欽定書經傳說彙纂》卷八引。

㉑ 見商務【人人文庫】本《尚書今古文集解》上冊，頁二七四。

㉒ 兩引號中語，爲近人吳闓生所云，見其所著《尚書大義》。

㉓ 見時瀾，《增修書說》卷一〇，漢京本【通志堂經解】十二冊，頁七四一〇。

㉔ 見漢京本【通志堂經解】十一冊，林氏《尚書全解》卷一八，頁六七三八。

㉕ 見《欽定書經傳說彙纂》卷八引。

㉖ 同㉕。

㉗ 同㉕。

㉘ 同㉕。

㉙ 見蔡沈，《書經集傳》。

㉚ 同㉙。

㉛ 同㉙。

㉜ 簡朝亮語，見所著《尚書集注述疏》。曾運乾語，見所著《尚書正讀》。

㉝ 見漢京本【通志堂經解】十四冊，《書纂言》卷三，頁八四五二。

㉞ 《欽定書經傳說彙纂》卷八引王十朋語。

㉟ 見《論語·子罕》篇。

㊱ 見藝文【百部叢書】學津討原三《東坡書傳》三。

㊲ 見《史記·管晏列傳》及《文選》卷四三，〈丘希範與陳伯之書〉。

㊳ 呂祖謙語，見《欽定書經傳說彙纂》卷八引。王天與語及鄒氏語，見王天與著，《尚書纂傳》，漢京本【通志堂經解】十三册，頁八〇七八。

陸 〈高宗肜日〉

一、前言

高宗，是殷帝武丁的廟號，因為史官所追述，所以稱之為高宗。《禮記・喪服四制》篇說：「武丁者，殷之賢王也，繼世即位，而慈良於喪。當此之時，殷衰而復興，禮廢而復起。」由此看來，他是殷朝的一代賢王，史官追述為高宗，並不是沒有原因的。肜，是祭名。《爾雅・釋天》說：「繹，又祭也。周曰繹，商曰肜，夏曰復胙。」公羊宣公八年傳說：「繹者何？祭之明日也。」然今人屈萬里先生據甲骨文，則以肜日為當日之祭。他說：「蓋彡日者，乃當日之肜祭。」❶我們認為這見解是對的。就體裁說，本篇為訓體。

然而高宗肜日，究竟是誰祭誰？其說有三：

第一，以為高宗祭成湯。書小序說：「高宗祭成湯，有飛雉升鼎耳而雊，祖己訓諸王，作〈高宗肜日〉。」《史記・殷本紀》則說：「帝武丁祭成湯，明日有飛雉登鼎耳而雊。……帝武丁崩，子帝祖庚立，祖己（武丁賢臣）嘉武丁以祥雉爲德，立其廟爲高宗，遂作〈高宗肜日〉。」所以爲武丁祭成湯，而祖己作〈高宗肜日〉。所不同的是：書小序以爲當時之作，而史公則以爲是追述。

第二，以爲武丁祭其父小乙。主張這種說法的，首爲蔡沈。他說：「高宗祀，豐于昵。昵者，禰廟也。豐于昵，失禮之正，故有雊雉之異。」❷其次爲簡朝亮，他說：「經言祀昵，則禰廟之肜日矣。今考經曰高宗，稱既崩之廟號，則遷言追作者是也。高宗肜日，非肜于高宗之日，猶所謂高宗諒陰也。」「諒陰，是「天子居喪之名」，也就是「居倚廬」的意思❸。因高宗肜日，與高宗諒陰，就句子的結構來看，是一個形式，更何況又有《禮記・喪服四制》的記載來支持他？《禮記》說：「書曰：『高宗諒闇，三年不言，善之也。王者莫不行此禮，何以獨善之也？』曰：『高宗者，武丁。武丁者，殷之賢王也，繼世卽位，而慈良於喪，當此之時，殷衰而復興，禮廢而復起，故善之。』」我們看了這一段記載以後，也就自然明白蔡、簡二氏所以認爲高宗肜日，是高宗祭祀其父小乙的原因了。再加上經文「典祀無豐于昵」的說法，不更使他們認爲其見解是對的嗎？

第三，以爲祖庚祭祀高宗。主張這種說法的，首爲元代的金履祥。他說：「此篇首稱高宗肜日，終言無豐于昵。高宗，廟號也，似謂高宗之廟；昵，近廟也，似是祖庚繹于高宗之廟。」❹其次爲鄒季友，他說：「此必祖庚肜祭高宗之廟，而祖己諫之，故有豐昵之戒，詞旨淺直，亦告少主語耳。肜祭高宗而曰高宗肜日，謂于高宗之廟，肜祭之日也。乃史官立言之法，小序不察，遂以爲高宗祭成湯。」❺時賢屈萬里先生亦主是說，他以甲骨文爲證，說明「肜字作彡或彡。如云：『乙酉卜，貞，王賓卜丙，肜日。』又云：『壬寅卜，貞，王賓卜壬，彡日。』肜上之人名，乃被祭之祖先，而非主祭之人。以此例之，高宗肜日，乃後人之祭武丁，而非武丁之祭成湯也。……甲骨文又有『彡夕』之祭，如云：『甲戌卜，尹貞，王賓大乙，彡夕，亡尤？』蓋彡日者，乃當日之肜祭；彡夕，則肜之前夕之祭也。」據《禮記》所載，高宗既爲賢王，又不廢禮，而肜日之祭，自不會越禮、豐昵，而待祖己之「訓」甚明。因此，我們認爲祖庚肜祭高宗的說法是對的。史官述祖己之「訓」而成此篇。

二、大義探討

一、首言「格王、正事」之由。經文說：

高宗肜日，越有雊雉。祖己曰：「惟先格王，正厥事。」❻

這是說：「當祖庚肜祭其父高宗（武丁）之日，有一隻山鷄，飛止在廟中的鼎耳上鳴叫。大臣祖己，看到這種不宜有的情景，於是就對他的同僚說：惟當先正王心，然後再正祭祀的事情。」

這段經文，是史官記事的話，說明肜祭之日，山鷄止於鼎耳鳴叫，是一種不宜有的事宜。而所以發生此事，乃是由於祖庚的肜祭不合於禮。祖己見此情狀，知爲上天示警⑦，如不及時改正，將有更重大的災異發生。然而此事爲殷王祖庚所爲，因而要糾正此事，必先「格君心之非」，方克有濟。可是我們要問，何以要「格君心之非」？因爲：其心不正，一切皆偏，其心一正，所行就沒有不正。心爲主宰，掌握著人的思想、觀念、見解、行爲，如方寸一有改變，則一切事情，亦將隨之改變。如祖庚認爲豐昵之祀有違常禮，那當然也就不會再有如此的舉措了。祖己所言，實在是斧底抽薪的根本解決之道，如非賢臣，又焉能及此？孟子說：「惟大人，爲能格君心之非」⑧，《欽定書經傳說彙纂》卷九引申氏時行的話說：「此祖己將欲訓王而私論如此。蓋凡事之失，皆本於心，苟非先格其非心，事有不可得而正者矣。不務民義，而邀福祈命，此非心也。不知敬民，而祀豐于昵，此失事也。」這些話，說得眞是再確切也不過了。

二、以事理之必然告王。經文說：

乃訓于王曰：「惟天監下民，典厥義。降年有永有不永，非天夭民，民中絶命。民有不若德，不聽罪，天既孚命正厥德，乃曰其如台？」⑨

這意思是：「祖已於是進告於王說：『上天監視下民，以循理行宜爲常法，能行義以常，則使之長壽，如不循理行義，則使之短折。所以如此，這並不是上天故意來短折人民的壽命，而是人民自己斷絕了其性命。人民有不順從天德，又不服罪的，現在上天既已降命糾正其罪了，竟然還說：天命又能如何？』」

祖已的這番話，含有深刻的意義，茲分析如下：

第一、他所說的天理，就是我們現在常說的自然之理，在那個信鬼的時代，以神權是尚的當兒，我們不能以此來批評他的不合時宜。他所以如此說，是想著以「天威」來範「民」，假如人民的行爲，處處都能循天理而行宜，這對施政的天子來說，自然是明君、是聖主，對人民來說，當然也是循法守紀的良民了。

第二、他所以說「降年有永有不永，民中絕命」，這一方面是因爲長壽永年，爲人人所共欲，而頑愚的人，所欲尤甚。然而卻不知修所以永年之德。是以東漢大儒鄭氏康成說：「年命者，蠢愚之人，尤惕焉，故引以諫王也。」[10]我們驗之於〈洪範〉篇的五福以壽爲首，六極以短折爲先，越發覺得鄭氏的話可味。其實在另一方面，何嘗又不是有鑑於殷的先世，自陽甲（祖丁子）以來，兄弟相及，「永年」者少而所作的忠告？根據清代林春溥《竹書紀年補正》卷二的記載：陽甲在位四年，盤庚在位二十八年，小辛在位三年，小乙在位十年，而武丁（卽高宗）在位五十九年，其中除盤庚、武丁為殷賢王而享有永年（其實盤庚在位二十八年，亦不能謂為永年）外，其餘皆不永年。所以孫星衍先生說：「不敢斥言前王，故泛推天命人事也。」⓫朱駿聲《尚書便讀》也說：「言下民而王可知，言年命而享國之年命可知，不欲斥言尊者也。」這些看法，我們是同意的。

第三、明言不順德、不服罪之人的膽大妄為，即使上天已經降命糾正其德，而仍執迷不悟的話，其能奈何？祖己所以言此，惟恐祖庚不聽忠諫，仍然我行我素，果爾的話，那後果就不堪想像了。其次祖己以為：要想避免天罰，惟一的方法，就是修德，因為「皇天無親，惟德是輔」；「黍稷非馨，明德惟馨」⓬啊！

三、以先王無非天子，常祀當一其祭是正。經文說：

嗚呼！王司敬民，罔非天胤，典祀無豐于昵。⓭

這是說：「唉！王主敬民，因此就歷代的先王來說，無不是天子。所以舉行常祀的時候，不要單獨對父（禰）廟豐厚啊！」

既為常祀，即當一律，不應有厚近薄遠的差別。祖庚的厚祀父廟，有違常禮，是以祖己諫之，使合於常祀的祭禮。

就此段經文言，尚有異解，如「無豐于昵」，史公作「無禮于棄道」。吳闓生《尚書大義》說：「豐，禮字之誤。昵，邪慝也。言愼毋禮于邪慝也。」又說：「先君（吳汝倫）解《尚書》，一以《史記》爲主，此句無豐于昵，《史記》作無禮於棄道，故釋之如此。舊說以昵爲禰，謂不當豐於禰廟，蓋非其義。果有此解，史公、孔安國，豈得不知而待馬融始言之？且武丁祭湯，並非豐于禰廟。姚姬傳云：廟祭以遠近爲疏，數豐于禰廟，乃當然之事，豈可以爲非而獲罪於天乎？」這見解，我們不能同意，因爲：

第一、史公作《史記》，往往檃栝成文，也往往改易原有文句，似此情形，固爲後人所譽，然亦有人不以爲然者，而我們則認爲這要看情形而定。如本篇史公認爲是高宗祭成湯，後人追述之作，可是根據甲骨文的記載狀況言，使我們有理由確定史公的見解有問題。應該是祖庚祭祀高宗才對。孔安國、史公固在馬融之前，然孔安國未曾爲古文尚書作傳，卽有此說，也不一定爲史公所據。換句話說，史公所不採用的，並不能證明當時沒有這種說法。因此，我們認爲，解經最可靠的辦法，還是根據經文。

第二、是史公所說的「棄道」之意。我們都知道，殷代帝位的相繼，往往有兄終弟及的情事，而「棄道」，就是棄兄弟相繼者的廟而不立，以父子相繼爲正道，故立父子相繼者的廟，如孫疏引《通典》就賀循議，以「盤庚不序陽甲之廟，是陽甲無廟祀。」[14]簡朝亮認爲「亦意言之爾，於經無文也。」[15]在這裏我們除了贊同簡氏的見解外，實不願再加贅言。

第三、至於姚鼐所言，我們認爲也有商榷的必要。就親情說，豐于昵，固沒有什麼不對，然就經文言，既然是常祀，而所祀者又皆爲主敬民的天子，那就不該有親疏厚薄之分了。在這裏我們也想引用一些古籍中的記載，證明我們爲什麼會有這樣的見解。

《禮記．大傳》說：「自仁率親，等而上之，至于祖，名曰輕。自義率祖，順而下之，至于禰，名曰重；一輕一重，其義然也。」孔疏說：「子孫若用恩愛，依循於親，節級而上至於祖，遠者恩愛漸輕，用義循祖，順而下之，至於禰，其義漸輕，祖則義重。恩之與義，於祖與父母，互有輕重，若義，則祖重而父母輕，若仁，則父母重而祖輕。」經文既明言「典厥義」，同時天尊而不親，此處當以義爲主。又，穀梁文公二年傳說：「無昭穆，則是無祖也；無祖，則是無天也。……君子不以親親害尊尊，此春秋之義也。」典祀豐昵，是無祖，無祖即無天。此春秋之義，文化相沿如是，我們就經文以說經義，應該是可信的。

三、結　語

全篇僅用了八十二字，而層次卻井然有序。自高宗肜日至正厥事，爲史官敍述事情的緣起，以及祖己對此事的見解和處理的方法。從乃訓于王曰至乃曰其如台，是祖己「格王」之言，期望殷王能在方寸之間，有一個透闢而明達的認識和了悟。自嗚呼至典祀無豐于昵，爲祖己「正事」

之言。簡明確切，最易爲人接受。

根據《史記．殷本紀》的記載，高宗武丁，是成湯的十代孫。他是小乙之子、祖乙的長孫，在位五十九年。《禮記．喪服四制》說他爲「殷之賢王，繼世卽位，而慈良於喪，當此之時，殷衰而復興，禮廢而復起。」《竹書紀年補證》卷二說他：「王，殷之大仁也，力行王道，不敢荒寧，嘉靖殷邦，至于大小，無時或怨。……禮廢而復起，廟號高宗。」就是因爲武丁是一位「賢王」，「力行王道」，使「殷衰而復興」，所以他的嗣子祖庚，才有豐昵之舉。親親，是由恩重，然竟忽於尊尊，是爲無義，於常祀有違，致有雊雉之異，所以祖己才以「典祀無豐于昵」相戒勉。

注釋

❶ 屈萬里先生語，見所著《尙書釋義．商書高宗肜日弁言》。

❷ 見蔡沈著，《書經集傳》卷三，世界書局印行。

❸ 「天子居喪之名」，見《四書集注．論語．七．憲問》篇。「居依廬」，見近人徐英著，《論語會箋》卷一四，頁二一六引朱熹語。案：諒陰，《禮記．喪服四制》作諒闇，鄭氏注謂：「諒」，古作「梁」，楣謂之梁。「闇」讀如鶉鵪之鵪，闇，謂廬也。廬有梁者，所謂柱楣也。

❹ 見《尚書表注》上，漢京本【通志堂經解】十三册，頁七九五七。

❺ 見《欽定書經傳說彙纂》卷九引。

❻ 1.越有雊雉：越，於也。有，說文：不宜有也。雊（音ㄍㄡˋ），雉鳴也。雉，山雞。

2.祖己曰：武丁（高宗）之賢臣。曰者，鄭氏謂：「祖己謂其黨。」黨，朋也。言謂其同僚也。

3.格：正也。如孟子格君心之非之格。事，謂祭祀之事也。孫疏謂：「當謂如春秋傳有事於太廟。李賢《後漢書》注：有事，謂祭也。」

❼ 董仲舒《春秋繁露》卷八，〈必仁且智第三十〉云：「天地之物，有不常之變者，謂之異，小者謂之災，災常先至，而異乃隨之，災者，天之譴也；異者，天之威也。譴之而不知，乃畏之以威。……凡災異之本，盡生於國家之失，國家之失，乃始萌芽，而天出災異以譴告之，譴告之而不知變，乃見怪異以驚駭之，驚駭之尚不知畏恐，其殆咎乃至，以此見天意之仁，而不欲害人也。」

❽ 孟子語，見〈離婁上〉。

❾ 1.乃訓于王曰：乃，於是也。訓，說教也。道也，道物之貌以告人也。

2.惟天監下民，典厥義：惟，語詞。監，視也。典，常也。義，循理而行宜也。

3.非天夭民，民中絕命：夭，短折也。中，猶間也，即間斷之意。此謂：非天短折人民之壽命，乃人民自取中年斷絕性命也。孫星衍，《尚書今古文注疏》云：「殷自陽甲以來，兄弟相及，皆不永年，不敢斥言前王，故泛推天命人事也。」案：《史記・殷本紀》云：「祖丁之子陽甲崩，弟盤庚立，盤庚崩，弟小辛立，小辛崩，弟小乙立，小乙崩，子武丁立。」蓋盤庚兄弟四人相襲爲君，而武丁則子繼父位也。武丁崩，子祖庚繼位爲天子。

4.民有不若德、不聽罪：若，順也。聽，服也、從也。此謂：民有不順於德、不服從上天所給予之罪罰者。

5.天既孚命正厥德，乃曰其如台：孚，史公、漢石經俱作「付」，與也。正，如《周禮》以邦國之正，糾正也。其如台，台（音ㄧˊ），史公作奈何。此謂：而今上天既已降命糾正其德，猶謂：天命又能奈何？案：孚命者，蔡氏書集傳則「以妖孽爲符信而譴告之也。言民不順德、不服罪，天既以妖孽爲符信而譴告之，欲其恐懼修省以正德，民乃曰：『妖孽其如我何？』則天必誅絕之矣。』」

⑩ 見《尙書正義》孔疏引。惷愚，見《周禮・司刑》。云：「三赦曰惷愚。」注云：「生而癡騃童昏者也。」惕，〈釋詁〉云：「貪也。」

⑪ 見孫星衍著，《尙書今古文注疏》第七。

⑫ 四句均爲書逸文。今「皇天無親，惟德是輔」，被採入僞古文尙書〈蔡仲之命〉。而「黍稷非馨，明德惟馨」，則被採入僞古文尙書〈君陳〉篇。又：此四句亦爲左氏僖公五年傳文所引。

⑬ 1.王司敬民，罔非天胤：司，主也。蔡氏謂王之職，主於敬民。《論語》曰：「使民如承大祭，蓋敬民也。」胤，嗣也。天胤，天子也。

2.典祀無豐于昵：典，常也。豐，厚也。昵，與禰通，近也。父也。史公典祀作常祀。馬融云：「昵，考也。謂禰廟也。」

⑭ 見孫星衍《尚書今古文注疏》第七引。

⑮ 詳見簡朝亮《尚書集注述疏》卷七，鼎文本，頁二三九。

柒〈西伯戡黎〉

一、前言

書小序說：「殷始咎周，周人乘黎，祖伊恐，奔告于受，作〈西伯戡黎〉。」[1]這說法與《史記．周本紀》所載相同。〈周本紀〉說：「西伯陰行善，諸侯皆來決平。……明年伐犬戎，明年伐密須，明年敗耆國。殷之祖伊聞之，懼，以告帝紂。」[2]《史記》所說的「耆」，就是「黎」。因文王脫羑里之囚以後，紂「賜之弓矢斧鉞，使西伯得征伐」，因而漸次壯大，聲望日隆，而殷之賢臣祖伊，有見及此，尤其是當周勝黎之後，故而走告於紂，所謂「咎周」，就是指此來說的。史官因其言而敍其事，乃作〈西伯戡黎〉之篇。

宋．蔡沈《書經集傳》卷三說：「案史記文王脫羑里之囚，獻洛西之地，紂賜弓矢鈇鉞，使得專征伐爲西伯，文王既受命，黎爲不道，於是舉兵伐而勝之。祖伊知周德日盛，既已戡黎，紂惡不悛，勢必及殷，故恐懼奔告于王，庶幾王之改之也。」蔡氏所說，與書序、《史記》亦能相合，我們再以此篇內容所記驗之，也均為西伯戡黎後，祖伊戒紂之事，是知前賢所言為可信。

二、大義探討

一、**史臣敘事，首陳緣起**。經文說：

西伯既戡黎，祖伊恐，奔告于王。

這是說：「當周文王戰勝黎國之後，聲勢日隆，土地日廣，人民日眾，而諸侯也對之愈尊，可是紂，卻仍然怙惡不知悔改，此時，見遠慮先的大臣祖伊，目睹周德日盛，勢必及殷，所以感到非常焦急惶恐，於是走告殷王。」

以當時情勢言，西伯所以「伐犬戎，伐密須，敗耆，伐邘，伐崇侯虎，而作豐邑」[3]，一方面固為這些小國的不德不義，同時更重要的一點，乃是周文王負有專行征伐的職責[4]，因殷紂的縱慾肆行，不理政事，上行下效，而諸小國的不德不義，乃意中之事，這在修德愛民的西伯來說，如不征伐，卽為失職，是以其征討諸小國，雖聲譽日隆，卻不曾損害到對殷紂的不順從。因此孔子讚美文王說：「三分天下有其二，以服事殷，周之德，其可謂至德也已矣。」[5]朱子(熹)

《四書集注》引范氏的話說：「文王之德，足以代商，天與之，人歸之，而不取，所以為至德也。」雖然如此，可是以見遠慮深洞達機先的祖伊看來，周的壯大，必損及殷，如不及早預為之防，必為所併。是以恐而走告殷王。關於此種見解，宋‧林之奇先生，實先得我心。他說：「文王既為西伯，則西方諸侯之為不義者，其戡而勝之，蓋方伯連帥之職然也。其於文王所以事殷之至德，實未嘗失。而祖伊之所以恐者，非謂文王將有伐商之心也，蓋以黎之亡，逆知殷之必亡。民既棄殷而歸周，則文王雖欲終守臣節而不可得，此其所以恐而奔告于受也。」[6]這番話將祖伊何以恐而奔告于王的道理，說得眞是夠清楚的了。

二、祖伊告王，驚言天訖祖舍之由。經文說：

曰：「天子！天既訖我殷命，格人元龜，罔敢知吉。非先王不相我後人，惟王淫戲用自絕。」[7]

這意思是：「祖伊說：『天子啊！而今上天難道要終止了我殷朝的命運了？即使是能知天地吉凶的至人，或是卜而先知的靈龜，也不敢說知吉。這並非先王不助我後人，實在是因為我王貪於游逸戲謔而自絕於天命啊！』」

此無異說明凶禍必至之理，而禍福又無不由一己之所為而致。讀經至此，能無所感？王充

《論衡》卷二四〈卜筮〉篇說：「紂，至惡之君也，當時災異繁多，七十卜而皆凶，故祖伊曰：『格人元龜，罔敢知吉，賢者不舉，大龜不兆，災變亟至。』」本篇下文說：「乃罪多參在上」，於此可爲一驗。王充所說的「賢人」，即經文中的「格人」。

三、祖伊告王，痛言天棄殷之理。經文說：

故天棄我：不有康食，不虞天性，不迪率典。⑧

此節經文，今人曾運乾《尚書正讀》以爲是：「不虞天性，不迪率典，故天棄我，不有康食」之倒句。依其說，則經義當爲：「由於我王（天子）的不度上天所賦的五常之性，又不由法常，所以上天就捨棄了我們殷朝，使不能安食天祿。」

然近人簡朝亮所著《尚書集注述疏》卷八又有不同的見解。他以爲此經自「故天棄我」以下三句，「皆自民言之也。」他說：「今考故天棄我者，承上所謂『訖我殷命』而言也。此三者，即上文所謂『惟王淫戲之實也。』」因此，他以爲「不有康食」，謂王之心無所有於民食，即不知重民食也。既不重民食，「此非天作之君以養之者也。」康，安也，虞，度也。天性，天所命五常之理。迪，道也，謂導而行也。率，循也。典者，天性之常，而人所循行，故曰率典。因此他說：「王不度天性，故不導民循行其典，此非天作之師以教之者也。三者皆天棄我之故也。皆淫戲之所致也。」依簡氏所解，此段經文亦為倒句，把「故天棄我」放在其他三句之後即可。如以語體出之，應為：「由於我王的不重民食，有失『天作之君以養民之道』，又不度天性，不引導人民循行『天性之常』，這又有失『天作之師以教民之責』，所以上天才捨棄了我殷朝。簡氏所言，於經義亦能適切，茲並存之，俾供參考。

四、祖伊告王，極言民棄殷之切。經文說：

今我民罔弗欲喪，曰：「天曷不降威？大命不摯？今王其如台！」⑨

這是說：「現在所有的人民，沒有不想使我王喪亡的，並且說：『上天為何不降下懲罰？死亡的命令，為何還沒有到達？』（此句亦可譯為：受天命解救人民的人何以不至？）情勢已經到達這種地步，現在我王將怎麼辦？」

祖伊之言，所以痛且哀的原因，實欲以此激王，使之澈悟，幡然悔改。宋・蔡沈於所著《書經集傳》卷三說：「上章言天棄殷，此章言民棄殷，祖伊之言，可謂深切明著矣。」呂氏祖謙也說：「商之覆亡，固未易救，然而賢人尚多，先王之澤尚未泯。紂，苟能轉而之善，則民之欲喪者，將愛戴而懷歸。周德雖盛，以服事殷，又何求也。」⑩蔡、呂二氏所說，可謂知言。

以上（一～四）為祖伊諫王之言，其哀痛、忠悃之情，可以概見。無如紂始終不悟，因此也就難逃覆亡的命運了。

五、紂，終不悔悟，焉得不亡。經文說：

王曰：「嗚呼！我生不有命在天？」

這意思是：「王說：『啊喲！天命我生而治民，誰得而亡我？』」僅此一言，紂的剛愎自爲，橫行肆虐，已可概見。祖伊說他「不有康食，不虞天性，不迪率典」，本欲使之幡然悔改，沒想到紂竟出此不知天命的狂言，實在令人失望已極。俗語說：「哀莫大於心死」，紂，誠可以當之矣！時氏瀾說：「天命方歸之時，聖人猶曰命靡常而不敢有也，天命已訖紂，乃曰有命在天乎，眞不知命者也。」王氏肯堂也說：「天人交棄，而猶爲自安之言，此之謂罔有悛心。」[11] 這些話，都是針對紂言而發，痛責之意甚明，不需再加辭費。

六、陳紂罪，以明殷之將覆。經文說：

祖伊反，曰：「嗚呼！乃罪多參在上，乃能責命于天！殷之卽喪，指乃功；不無戮于爾邦。」[12]

這意思是：「祖伊回去以後說：『唉！你（紂）的罪過之多，可以森列於天上，在這種情況下，你還想向上天請求活命？殷朝就要喪亡，這只要看一看你的所作所為就可以知道了，我輩也將會被殺在這個國家的。』」

東坡《書傳》卷八說：「祖伊之諫，盡言不諱，漢、唐中主所不能容者。紂雖不改，而終不怒，祖伊得全，則後世人主，有不如紂者多矣！」蘇氏的話，並不是讚美殷紂，而是深痛後世人主不能容納諫諍的多且卑的意思。如「《明史》，世宗齋醮，海瑞上疏諫，帝大怒，曰：『此人可方比干，第朕非紂耳。』遂下海瑞詔獄。此亦所謂不如紂之一證。」⑬《論語・子張》篇子貢曰：「紂之不善，不如是之甚也，是以君子惡居下流，天下之惡皆歸焉。」我們看了祖伊的盡言不諱，而紂僅以「我生不有命在天」之語作答，其亦似有容人的雅量。

三、結語

就全篇來說，語雖無多，而言之者，卻能盡意，聽的人，雖無改過之心，但卻能包容無罰，祖伊的「退而後言」，尤可見其忠誠悲痛之意。宋・蔡沈《書經集傳》卷三說：「愚讀是篇，而知周德之至也。祖伊以西伯戡黎不利於殷，故奔告於紂，意必及西伯戡黎不利於殷之語，而入以告后，出以語人，未嘗有一毫及周者，是知周家初無利天下之心，其戡黎也，義之所當伐也。使紂遷善改過，則周將守臣節矣。祖伊，殷之賢臣也，知周之興，必不利於殷，又知殷之亡，初無與於周，故因戡黎告紂，反覆乎天命民情之可畏，而略無及周者，文、武公天下之心，於是可見。」呂氏枏曰：「自天棄至率典，言天怒也；自民罔弗欲喪至不摯，言人怒也。」⑭這些話，都非常中肯。除此之外，我們尚欲一言的，那就是：我們覺得，全篇文字雖短，卻能涵蓋於一個天理之下，以天理爲準則，合則興、逆則亡的意味甚濃。茲僅就此意，申述如下：

殷王太甲說：「天作孽猶可違，自作孽不可活。」⑮在本篇中，祖伊所言：「不有康食，不虞天性，不迪率典」，不就是「自作孽不可活」的最好說明？所以祖伊說：「惟王淫戲用自絕，故天棄我。」天既棄之，還執迷不悟的說：「我生不有命在天？」仍然我行我素，認爲人民無可奈何於己，其沈迷淫逸一至於此，誠可謂爲哀莫大於心死了。如此「天子」，而「格人元龜」，還敢知吉？既違祖訓，其先王在天之靈，還能相助？於人民失養失教，而人民又何能不欲其喪？是以《孟子》說：「人必自侮而後人侮之，國必自伐而後人伐之。」⑯「禍福無不自己求之者」⑰。驗之古今，無不皆然。可是殷王紂，不僅不能「自求多福」，反而剛愎自用，逆施倒行，以致天怒人怨，無不欲其速亡。其罪如此，尚不知悔改，反說：「我生不有命在天？」由此可知，紂，實在是一個不知「天命」的人，所以才逆「天」而行。因此，愚以爲本篇內容大義，深寓天理之鑑，以天理斷人君之是非，而人君之是非，又以民事爲依歸。順之則昌，逆之則亡，捨此不顧，而言天命、天理，那都是不切實際的妄言。

注釋

❶ 咎，憎惡也。咎周之說，見《韓非子》卷四〈難二〉。其言云：「昔者文王侵盂、克莒、舉豐，三舉事而紂惡之。」乘，勝也。祖伊，紂之賢臣，祖己之後。奔，走也。受，卽紂。西伯，文王也。戡，勝也。見《爾雅．釋詁》。黎，國名，有新舊二說。舊說以為乃紂畿內之國。《漢書．地理志》上黨郡壺關注：應劭曰：「黎，侯國也。」位於上黨東北。卽今山西長治縣西南。新說則以黎，卽驪戎，西戎之別在驪山者也。秦曰驪邑，漢高祖徙豐民，更曰新豐，在京兆也。驪山西與豐接壤，則文王所伐之黎，不在上黨而在新豐，卽今之陝西臨潼縣也。舊說見書正義，新說見近人楊筠如著，《尚書覈詁》，頁九三，學海出版社印行。

黎，說文作𪓐。大傳、《史記》作耆，〈殷本紀〉作飢。徐廣曰：「一作阢。」劉逢祿，《尚書今古文集解》引莊云：「據字書當作𠨍」。戡，說文作𢦟。

案：正義云：「鄭云（黎）入紂圻內，（彼時）文王猶事紂，不可伐其圻內。所言圻內，亦無文也。」據此，本文於黎之地理位置，以為新說可信。

❷ 犬戎，卽昆夷，一曰獯粥。孟子謂：「大王事獯粥，文王事昆夷」，在今陝西鳳翔縣。

密須，集解應劭曰：「密須氏，姞姓之國。」瓚曰：「安定陰密縣是。」正義引《括地志》：「卽密國」在今甘肅靈臺縣西五十里。

❸ 簡朝亮語，見所著《尚書集注述疏》，鼎文本。諒陰之解，見《史紀・周本紀》，或〈高宗肜日〉注❸。

❹ 〈周本紀〉云：「崇侯虎譖西伯於殷紂曰：『西伯積善累德，諸侯皆嚮之，將不利於帝。』帝紂乃囚西伯於羑里。閎夭之徒患之，乃求有莘氏美女、驪戎之文馬，有熊九駟，他奇怪物，因殷嬖臣費仲而獻之紂。紂大悅，曰：『此一物足以釋西伯，況其多乎！』乃赦西伯，賜之弓矢斧鉞，使西伯得征伐。」

❺ 見《論語・泰伯》。

❻ 見林氏《尚書全解》卷二一，漢京本【通志堂經解】十一冊，頁六七七五。

❼ 1.旣，古書每與「其」通用。〈禹貢〉：「濰淄其道」，《史記・夏本紀》作「旣道」。《詩・常武》：「徐方旣來」，《荀子・議兵》篇引用「徐方其來」，並其證也。是時殷猶未亡，乃云旣訖我命，義不可通。當作「天其訖我殷命」。見俞樾，《羣經平議》四，漢京本【皇淸經解續編】十九冊，頁四九六三。

2.訖，止也、絕也。

3.格人元龜，罔敢知吉：格人，至人也。謂能先知天地吉凶禍福之賢人也。《中庸》云：「禍福將至，善，必知之；不善，必先知之。故至誠如神，至人之謂也。」元龜，大龜也。《詩・泮水》傳云：「元龜尺二寸，蓋卜而先知也。」先知者，皆無敢知吉。

或謂：格，史公作假、借也。罔，無也。敢，能也。元龜，所以卜也，今將元龜假人，故無能知吉也。見屈萬里先生著，《尚書釋義》。

4. 非先王不相我後人，惟王淫戲用自絕：相，助也。淫，游也。戲，謔戲也。

❽ 1. 不有康食：康，安也。言將不能安食天祿也。

2. 不虞天性：虞，度也。天性，卽天命之性，謂仁義禮智信也。此謂不度天所命五常之理也。

3. 不迪率典：迪，由也。率（音ㄌㄩˋ），法也。卽《孟子・盡心》篇「變其彀率」之率。又《廣雅・釋言》云：「律，率也。」律、率同訓，俱爲法也。典，常也。此言不由法常也。

❾ 1. 今我民罔弗欲喪者：言今我天下之人民，無不欲王之喪亡也。

2. 曰：「天曷不降威」：曷，何也。降威，予以懲罰也。人民皆望上天降罰予紂也。意猶〈湯誓〉所云：「時日曷喪，予及女皆亡」也。

3. 大命不摯：摯，至也。大命，有二解：一謂天命，卽負有天命之人，指能解救人民疾苦之人也。一謂死亡之命也。言上天令其死亡之命爲何不至也。第二解見簡朝亮著，《尙書集注述疏》。

4. 如台：史公作奈何。言王今將如之何也。

❿ 見《欽定書經傳說彙纂》卷九及宋・時瀾《增修東萊書說》卷一三，漢京本【通志堂經解】十二册，頁七四三一。

⓫ 時瀾、王肯堂二氏之言，俱見《欽定書經傳說彙纂》卷九。

⓬ 1. 反，同返，退也、還也。乃，汝也，指紂言，三乃字義同。簡朝亮《尙書集注述疏》卷八云：「奔告稱王，退言稱乃罪乃功者，殷質不嫌也。非退言而不敬也。」

2. 參，猶森也、列也。一說參，當作累，以參、絫古通用。見劉逢祿《尙書今古文集解》上册，頁三〇八。言紂之罪，參列在上，天知其罪也。上，指上天。責，求也、望也。

3.殷之卽喪，指乃功，不無戮于爾邦：卽，就也。指，示也。示與視通。功，事也。戮，殺也。言殷之卽將喪亡，視汝所爲事可知也。我等將被戮於此邦矣。猶云：「吾屬今爲之虜矣。」吳闓生《尚書大義》云：「舊說皆以不無戮于爾邦爲斥責紂之詞，似欠忠厚，必如此解，乃合情理。」所言是也。

⑬ 見簡朝亮著，《尚書集注述疏》卷八。

⑭ 見《欽定書經傳說彙纂》卷九。

⑮ 孟子引。見《孟子・公孫丑上》及〈離婁上〉。案：《禮記・緇衣》引作：「太甲曰：天作孽可違也，自作孽，不可逭。」鄭注：逭，逃也。

⑯ 見《孟子・離婁上》。

⑰ 見《孟子・公孫丑上》。

捌〈微子〉

一、〈微子〉篇產生的時代背景

微子名啟，生於殷代的季世，因封於微，子爵，所以稱爲微子❶。根據《呂氏春秋．仲冬紀．當務》篇所載，他是殷王帝乙的長子，與紂王爲同母兄弟，計有三人，次子中衍，三子受德，就是紂❷。紂在三人之中，雖然年齡最少，可是卻承襲了帝位。因紂母生微子、中衍的時候，尚且是妾，生紂的時候，就已經正名爲妻了。當時紂的父母，都想立微子爲太子，可是太史卻據法爭論說：「有妻之子，而不可置妾之子。」所以紂才得以繼承帝乙而爲天子。

紂，生而聰明過人，反應靈敏，而且見多識廣，所以當有人向他進諫的時候，只要一開口，他就能知道對方要說些什麼了。因此，往往被他駁得一點理由也沒有。論勇力，他能赤手空拳跟猛獸搏鬥。所以不論是聰明、勇力，他都超過一般人。他的口才，更是能說得天花亂墜，能把自己的過失，掩飾得天衣無縫。他常常以他的能力，向大臣誇耀，以爲他的聲望高於天下，世上所有的一切，都在他之下❸。照理說，像這樣一位具有才識、勇力的人，只要能稍爲虛心、收斂，多所察納、反省，而殷朝的強盛，是易如反掌的。無如他自以爲天生就是帝王❹，任何人對他也無可奈何，因此，他肆意妄爲，酗酒敗德，惟婦人言是聽，不僅拒諫，亦且飾非，驕奢淫侈，橫暴已極。是以朝中幾無善類，諸侯相繼反叛，百姓更是怨聲四起，苦不堪言❺。在這種情況下，而殷紂王仍然我行我素，絲毫不知省改，這眞是應了俗語所說：「哀莫大於心死」了。身爲宗室大臣的微子，眼看國事日非，社稷將亡，如何能不痛心疾首？在這樣的情勢下，是與社稷共存亡？還是隱遁以避世？然而國家亡了，又如何使宗祀延續於不墜？種種問題困擾著他，使他百感交集，不知如何做才好。因此，他在徬徨無助、疑慮難決、不知所爲的時候，也只好將他心中的感受，向當時朝中僅有的兩位宗室大臣請教，希望他們能明示方向，作爲一己行爲的抉擇。後來史官把他們的問答言論，記載下來，就成爲現在我們所要討論的〈微子〉篇內容了。因爲這一篇文字一開始，就是用「微子」二字發端，所以也就以「微子」名篇了。現在，我們就循著內容大義，探討如次。

二、大義探討

就通篇來說，可以分成兩個大層次：前半篇，是微子的所見、所聞、所感，以及國家所以致此的根源，提出來向箕子、比干請教。後半篇，是箕子的分析回答。字裏行間，所表現的，有哀惋、有悲戚、有傷痛、有心之所安的去就，宗室老臣的謀國，眞可說是情理兼顧了。現在，我們就分別地敍述如下：

一、**明禍源，痛陳敗德**：我們前文說過，以紂的才智勇力，再加上箕子、比干、微子的輔佐，如能稍爲收斂，略事省察，即可導國家於富強，置人民於荏席。就是因他在這方面不知有所覺醒，卻一味地沈湎於酒，「唯婦人是用」，所以才敗德亂行，使政治混亂，諸侯叛離。微子目睹此情此景，能無所感？所以他向宗室大臣請教說：

父師、少師，殷其弗或亂正四方，我祖底遂陳于上；我用沈酗于酒，用亂敗厥德于下。❻

這意思是說：「父師（箕子）、少師（比干）啊！看情形，我們大殷國將不能保有治理四方、推行政令的權柄了。我先祖成湯，致力完成的功業，彰顯於天上，這是任人皆知的事，而我們做子孫的（實指紂），現在卻唯知一天到晚浸泡在酒中，專做一些淫亂敗德的行爲！」言語之間，充滿了無限的哀傷與無奈。雖然如此，但仍不願直接指斥其君，反而視同自己的過失，這絕不是虛假，而是基於「善則稱君，過則歸己」的忠厚本心。

二、**述亂象，小大師師**：酒，既傷身，又能痲醉神經，使人意志消沉而不願進取，實爲一切禍敗的根源。當紂之時，由他本人一身作則地荒淫於酒，以致臣民也不甘示弱，紛紛起而效尤。因此，劫掠非法的行爲，也就層出不窮了。微子看了這些使人驚恐的亂象，能不悲痛塡膺？所以他接著說：

殷罔不小大，好草竊姦宄，卿士師師非度，凡有辜罪，乃罔恆獲。小民方興，相為敵讎。❼

這意思是說：「我們大殷目前所有的人民，無論長幼、老少，都喜好寇掠姦盜作亂，而眾卿士們，也都互相仿效不循法度，凡是犯法有罪的人，一任其逍遙法外，竟然不獲常刑，因此，而小民們，也就方興並起的強凌弱，眾暴寡，相視如同仇敵。」一個國家到了這種地步，卽便是沒有外來的勢力滅亡它，其本身也難以自存。我們推求其所以致此的原因，無非由紂一人的沈湎敗德。俗語說：「上行下效。」爲人君的人，可不倍加戒愼而惕勵？

三、論國勢，喪亡無日：微子盱衡大局，瞻望情勢，愈覺危亡無日，而宗廟社稷，也將蕩然無存，可是紂，正酣於酒池肉林之樂，以求妲己一笑。而官吏與人民，卻互相劫掠侵奪，而目無法紀。上下既然如此，而國家豈有久存之理？孟子說：「上無道揆也，下無法守也，朝不信道，工不信度，君子犯義，小人犯刑，國之所存者幸也。」❽當時微子的所見所聞，正是這種情形，因此，他以極其痛悼、傷慼、慨嘆的語氣說：

> 今殷其淪喪，若涉大水，其無津涯。殷遂喪，越至于今。

經文中的「淪」字，說法不一，《史記》作「典」，指的是法典、制度。僞孔傳作「沒」解。以當時情形說，就是由於法律、制度的蕩然無存，所以才造成一片混亂，以致各行其是，相視如仇敵。因此，我們認爲司馬遷的見解是對的。這意思是說：「而今，我們大殷朝的國法、律令以及制度，已經喪亡了，以目前的情勢看，好比濟渡大水，既無渡口，又無涯岸，這不就是我殷喪亡的時候？」一位宗室大臣，如不洞悉國情，傷痛已極，又何能口出此言？宋・蔡沈在所著《書經集傳》卷三中說：「微子上陳祖烈，下述喪亂，哀怨痛切，言有盡而意無窮，數千載之下，猶使人傷感悲憤，後世人主觀此，亦可深監矣！」我們非常同意這種說法。

四、處徬徨，決疑二老：以當時微子的處境說，既憂國之將亡，又慮宗祀的斷絕；進諫不僅不聽，反而愈爲狂妄無忌。誠不知如何是好，故而徬徨終日，憂慮難消。最後，只好將一己的疑慮提出來，向箕子、比干請示，所以他說：

> 父師、少師，我其發出狂，吾家耄遜于荒！今爾無指告予，顛隮，若之何其？⑨

這意思是說：「父師、少師，在目前的情勢下，我王不僅不知收斂，反而更爲狂妄無所忌憚，因此，我王家的老成人，相繼遁逃，隱居於荒野。請二位明告於我，一旦國家隕墜、宗廟不保，將如何處置？」微子所以這樣發問，我們不難想像，他是在極度憂危的情況下、不得已才發出此言，來詢問救亂良策的。假如他不關懷人民，不忠君，不愛國，把國事置之度外，他又何必如此呢？所以元人王天與在所著《尚書纂傳》卷一八中說：「讀〈微子〉之書者，若以爲微子決然去之，全身續祀，未足見微子之心。惟觀其愛君、憂國、傷時、念亂，彷徨躊躇，就謀於一二同休戚之人，而後微子之心始著。」這話說得確實深切有見解。

以上是微子就其處境，將所見、所聞、所感、所憂思、所彷徨、所悲戚、所不得安者，向同休戚的二老，所發出的呼號。以下則是箕子、比干的回答。其言則更爲悽惋，讀來令人欲淚。現在就分析如次：

一、**言天數，紂惡自現**：由於紂的狂妄無忌，酗酒淫佚，致使朝廷綱紀廢弛，卿士非度，小民姦宄，長老遁隱，國家也就不成爲國家了。這種情勢，二老所見，似乎更爲深切。是以所答，也就更爲具體了。經文說：

父師若曰：「王子，天毒降災荒殷邦，方興沈酗于酒，乃罔畏畏，咈其耇長、舊有位人。」⑩

這意思是：「父師（箕子）回答說：『王子，這是上天厚降災禍，將要滅亡殷國，故使君民並起沈湎於酒，以致無所畏懼，違背老成人以及舊家世臣的諫諍，而剛愎自用。』」這話是針對前文微子所問發狂、耄遜，所作的回答。蔡沈《書經集傳》卷三說：「自紂言之，則紂無道，故天降災；自天下言之，則紂之無道，亦天之數。箕子歸之天者，以見其忠厚敬君之意。」話雖如此，然而於言語頓挫之間，卻使紂惡更加顯露，且充分表現出一副無可奈何的心態，可悲處，正在這裏。而箕子的痛切處，也在這裏，所謂意在言外，我們應該體會得到。

二、述國情，官斂民讎：由於紂的無所畏畏，所以在行爲上，才自謂「有命在天」，這樣以來，他對於「上天」，也就無所畏懼了。既不畏天，當然更不會畏神，所以他才敢廢棄祭祀先王。既不畏神，當然對於人民，也就會任意役使，橫征暴斂了。既然遺棄宗室大臣不用，如耇長、舊家有位人，那也只有任用四方多罪逋逃的人了。這樣一來，所造成的後果，當然是違法敗紀、厚斂橫暴，以及人民的怨聲四起了。在人民方面，則是不僅劫掠作亂，而且更進一步的攘竊祭神的供品以自享，其上下的混亂無序，從這些地方，也就可以想見了。所以箕子一則回答說：

今殷民，乃攘竊神祇之犧牷牲，用以容將食，無災。⑪

這是說：「現在我大殷的人民，竟敢攘竊祭祀天神地祇的完整祭品，把牠們烹調成佳餚美味進食，而沒有災殃。（無災的引申意思，就是不會遭到法律懲罰。）」由此也可以看出人民不遵守法紀，已經到達了什麼程度。而社會的秩序，又是動盪不安，紊亂到什麼地步了。這是回答前文微子所問「人民草竊姦宄」的話。二則回答說：

降監殷民，用乂讎斂，召敵讎不怠，罪合于一，多瘠罔詔。⑫

這是說：「當我俯視觀察殷民的時候，我發現在施行政事方面，政府的官員，卻重重地、屢次地搜刮人民的財富，甚至招惹了人民把政府看作仇敵而仍不休止。這樣一來，君民上下，同惡相濟，卻合而爲一了。故人民流離失所，餓殍載道，也無人告訴。」我們看了這種官斂民仇、饑民滿路的情形，只要稍具人心的人，能不爲之一灑同情之淚？箕子雖不忍說「殷之喪無日矣」，而在言語之間，卻暴露無遺。這是箕子回答前文微子所問「小民相敵讎」的話。也無異於就著微子之言，而加以申敘，使之更爲明確具體，其悽惋之情，誠可說是溢於言表了。

三、念災危，甘處顛隮：箕子有感於殷之必亡，而一己又不願於國亡之後，作他人臣僕，所以甘願受其災禍而不去國，這眞是志士仁人的心胸。然而宗祀不可不保，放眼當時朝中宗室大臣，唯有微子可以存商祀，所以勸其離去，是以微子的去國，亦爲義行。否則，商家即無奉祀的人了。故箕子說：

> 商今其有災，我興受其敗。商其淪喪，我罔為臣僕。詔王子出迪。我舊云刻子，王子弗出，我乃顛隮。[13]

這是說：「我商朝而今遭逢了大的災難，我決心與國家同休戚，起而受其禍敗（案：亦可說成：我欲起來變更禍敗，即轉禍爲福之意。），我商朝要是喪亡了，我也不會作他國的臣僕。現在我可以鄭重地告訴你，王子的去國，是合於正道的，我過去所說立你爲帝的話，反而害了你，假如你不離去，禍害將不可避免，這樣一來，我商家的宗祀，才眞的是隕墜斷絕了呢?!」這番話，箕子舉出兩個要微子離去的理由：一爲如不去國，即不能免於紂的疑忌而遭禍害，一爲如不離去，就沒有辦法延續商家的宗祀。如不欲因國家淪喪而隕墜宗祀的供奉，那只有微子去國了。所以微子之去國，是行其義理之所安的。這是回答微子處置淪喪顛隮的話。或者有人要問，微子既然向二老請教，爲什麼僅有箕子一人回答？這個問題，前賢的說法不一。有人說：「少師不答，志在必死。」也有人說：「比干不見，明心同，省文。」更有人說：「以箕子之言既盡，而比干心與之同，無可復言。」衡諸文義，以第三說最爲周延。

四、論去就，各行其義：以上（一—三）是箕子就著微子的疑問所作的回答。問題剖析清楚以後，最後，則告以「彼此去就之義。」⑭是以箕子接著說：

自靖，人自獻于先王，我不顧行遯。⑮

這是說：「在去就之間，要各行其心之所安，無愧於天地人神。並將此自安之心，奉獻於先王，所以去就不必盡同，像我嘛，既無復去之義，因此，我決不考慮逃避的事。」這種各安其心，無愧於天地人神的行爲，就是義，更是事理之所當爲。既無私心，行其所當行，而且又悉爲天理之正，非仁而何？是以比干之諫而死，是行其義；箕子的囚而奴，也是行其義；而微子的行遯以保其宗祀，又何嘗不是行義？是三人之行不同，而其行義則無二致。孔子以「殷有三仁焉」許之，不也是很適當的嗎？

三、結語

一、就全篇大旨說，不外乎以極端沉痛的心情，來陳述殷朝滅亡前，舉國上下的眞實情況，令人有一種眾皆昏醉、莫知其非的感覺。我們推求其所以致此的原因，實可一言而盡，那就是由於紂王的「沉酗于酒」。而影響所及，其初，則爲敗政亂德，接著就是人民的「好草竊姦宄」，再來，就是「卿士師師非度」，以及犯罪者的逍遙法外，和人民的相與讎敵。國家到了這種地步，卽使沒有外來的勢力滅亡他，其本身亦難自保而不隕墜。孟子所說：「禍福無不自取之者」的話，確實是至理名言。

二、如就文氣來說，微子在言語之間所表現的，多少令人有一種急躁的感覺。尤其是「顚隮，若之何其？」一語，最爲明顯。這也難怪，他既爲宗室大臣，又有休戚與共的決心，再加上熱愛國家的情操，目睹朝野上下的此情此景，又如何能不著急？《史記・宋微子世家》說：「紂既立，不明。淫亂於政，微子數諫，紂不聽。及祖伊以西伯昌之修德，滅阢國（案：阢音耆，卽黎國），懼禍至，以告紂。紂曰：『我生不有命在天乎？』是何能爲！」紂既如此執迷不悟，沉湎不醒，進諫又不聽，眼看著國事日非，人民的疾苦日深，大有山雨欲來風滿樓的情勢，又如何能不著急？

然而我們如就後半篇，仔細品味一下箕子的答語，那就平靜得多了。他也談殷朝當時舉國上下的情況，但出自他的口中，好像有理有必然、勢有必至的因果關係。如「沉酗于酒」是因，那麼「乃罔畏畏」便是果。要是想「用乂讎斂」的話，那就勢必致「召敵讎不怠」了。在應變方面，他也好似胸有成竹，如說到「商今其有災」，他就有「我興受其敗」的準備；談到「商其淪喪」，他也有「我罔爲臣僕」的打算。好像他對於事情的發生，早已洞悉，也看作必然，所以在言語之間，才能表現出那樣的平靜。假如閱歷不深，觀察不遠，修養不厚，是很難有這種表現的。所以《易經・明夷六五》特舉「箕子之明夷」，來說明他處艱難的不易。朱子解釋說：「居至闇之地，近至闇之君，而能正其志，箕子之象。」〈明夷・象傳〉也說：「內難而能正其志，箕子以之。」這些話，我們拿來與〈微子〉篇中的經文相印證，也無不若合符節。

三、其次，讓我們來談談後人對微子的評論。《論語・微子》篇說：「微子去之，箕子為之奴，比干諫而死。」孔子曰：「殷有三仁焉。」何晏集解說：「仁者愛人，三人行異，而同稱仁，以其俱在憂亂寧民。」到了清代劉寶楠著《論語正義》時，又為集解作注腳說：「憂亂者，憂君亂也。憂亂寧民，皆是愛人，故為仁也。」三人的行為，皆為憂君寧民，是不錯的，我們在經文中，可以充分地找到證明。假如不是如此，三人很可以各就其封國，以觀其變，何必一定要留在朝中，伴隨著暴君而勞心焦慮呢？又何必以人民的疾苦為懷呢？再退一步說，他們很可以不聞不問，而安享其「卿士」之福，何必冒著生命的危險，來觸犯紂怒以諫呢？張氏庭堅說：「君子之去就死生，其心在於天下國家，而不在於一身，故其死者非沽名，生者非懼禍，引身以去者，非忘君也。故微子得奉先之孝，比干盡事君之節，箕子全愛民之仁。微子自獻以其孝，箕子、比干自獻以其忠，然書載箕子、微子之言，而比干不與焉，蓋人臣之義，莫易明於死節，莫難明於去國，而屈辱用晦者，尤所難辨也。」⑯這話眞是說得太深刻而有意味了，我們認為也是如此。

注釋

❶ 微，國名，在圻內。子，畿內采地之爵。非畿外治民之君，故云子。微國故址，在今山東壽張縣西北三十里，有故微鄉，魯邑。杜預曰：「有微子冢。」詳請參閱孫星衍著，《尙書今古文注疏》卷九及劉寶楠著，《論語正義．微子》篇注。

❷ 《史記．殷本紀》所載與《呂氏春秋》稍有出入。太史公說：「帝乙長子曰微子啟，啟母賤，不得嗣。少子辛，辛母正后，辛爲嗣。帝乙崩，子辛立，是爲帝辛，天下謂之紂。」

❸ 見《史記．殷本紀》。原文爲：「帝紂資辨捷敏，聞見甚敏，材力過人，手格猛獸，知足以距諫，言足以飾非，矜人臣以能，高天下以聲，以爲皆出己之下。」

❹ 見《尙書．西伯戡黎》篇。王曰：「嗚呼！我生不有命在天！」

❺ 有關殷紂極奢橫暴之載，請參閱：1.《大戴禮記．少閒》篇。2.《史記．殷本紀》及〈宋微子世家〉。3.《古史辨》第二冊七八、紂惡七十事的發生次第，頁八二。

❻ 1.父師：《史記》作太師，時箕子爲之。少師，卽孤卿，太師之佐，時比干爲之，皆微子之諸父。2.或，作有解。3.亂，作治解，反訓。王引之以爲「率」字之譌。4.我祖，指成湯。5.厎（音ㄓˇ），作致解。6.遂，作成解，卽成功之意。7.陳，作列解，引申有彰顯之意。8.我用沉酗于酒之我，指紂而言，係稱國家之辭。

❼ 1.小大，謂人民之少長也。2.好，喜愛之意。3.草，與鈔音近相諧，掠也。4.竊，盜，私取之意。5.姦宄，亂自內爲姦，自外爲宄。6.師師，互相法之意。7.非度，卽不合法度。8.罔恆獲，卽不常獲罪也。9.方興，並起之意。

❽ 見《孟子・離婁上》。

❾ 1.我其發出狂，謂紂發狂也。我，指紂而言，與前文「我用沉酗于酒」之我同義。《史記》狂作往，後人多從之，謂微子出往、去國之意。本文採取前說。2.家，指王家、國家而言。3.耄，老成人。4.遜，遁逃之意。5.顚隮，隕墜、滅亡之意。6.荒，荒野。7.何其之其，語詞，無義。

❿ 1.王子，謂微子。因其乃帝乙之子，故以王子呼之。2.毒，毒與篤聲近相諧通用，厚也。3.荒，《史記》作亡。4.畏畏，有二解，一爲畏所當畏。一爲畏天威，下畏字作威解。5.咈，違逆之意。6.耉長，卽老成人。7.舊，久也。舊在位人，卽久在位之老成人。亦可釋爲舊家世臣。

⓫ 此段經文，在斷句上甚不一致，有以「今殷民乃攘竊神祇之犧牷牲，用以容，將食無災」者，蔡沈、簡朝亮、曾運乾、屈萬里是也。有以「……犧牷牲用，以容，將食無災」者，吳闓生是也。有以「……用以容將食，無災」者，莊述祖、劉逢祿、高本漢是也。因斷句不同，故訓詁亦異。三種說解相同者爲犧牷牲。犧，鄭氏謂「純毛」曰犧，是說犧畜之顏色、皮毛純一不雜。牷牲，是指祭祀所用或牛、或羊、或豕牲畜之全體，卽整體之牲畜。互異之解釋爲：用以容之「容」字，第一、第二種說法，釋爲容隱、隱忍、或寬容。第三種說法，則作「修飾」解。「將」字第一、第二種說法作「持」字解。第三種說法，則以爲「將」是說文「䰞」與《史記・封禪書》「鬺」字之異文。鬺，有烹調義，而將，則是

「䵼」字之省文，而䵼字亦即鬺字之古文。此說甚為可取，本文即採這種說法。案：其說原於莊述祖之《尚書今古文考證》。劉逢祿《尚書今古文集解》亦曾引述。至於「用」字之解釋，吳闓生以為「牲用」連文，牛羊曰牲，器實曰用。而楊筠如則釋為刑牲曰用。

⑫ 1.降監，下視之意。2.用乂，謂用以治民之政令。乂，治也。3.讎斂，即厚聚民財之意。鄭氏釋讎為稠，有屢次、多次之意。斂，作聚斂、搜刮解。4.召，即招惹、招致之意。5.敵讎，有二義，一為視上為仇敵；一為人民自相仇敵。6.怠，懈、止也。7.罪合于一，蔡氏謂君民上下，同惡相濟，合而為一。8.痡，作瘦解。引申有苦病、餓殍之意。9.詔，誥、告也。

⑬ 1.興，起也、舉也、皆也，均可通。2.受，曾運乾以為「更」字之譌，並云：「興更其敗」，欲撥亂反正也。不臣僕異國，欲殺身以成仁也。3.迪，道也。謂其出迪，乃當去之道也。4.刻，害也。刻子，謂有害於王子也。蔡氏云：「告微子以去為道，蓋微子去，則可以存商祀也。箕子舊以微子長且賢，勸帝乙立之，帝乙不從，卒立紂，紂必忌之，是我前日所言，適以害子。子若不去，則禍必不免，我商家宗祀隕墜矣。」

⑭ 蔡沈語，見其所著《書經集傳》卷三。

⑮ 1.靖，安也。自靖，謂行其心之所安也。2.顧，念也。不顧，有不考慮之意。3.遯，遁逃之意。

⑯ 見元．陳櫟著，《書集傳纂疏》卷三引，漢京本【通志堂經解】十五冊，頁八八七四。

附錄有關三仁資料四則，以補拙文之未逮，並借供參考

一、**微子面縛辨**：孔子曰：「殷有三仁焉。」蔡氏謂：「三仁之行不同，而皆出乎天理之正，各得其心之所安，皆所以自靖也。」然則微子之事，可不辨乎？《左傳》言（案：僖公六年）：「楚克許，許男面縛銜璧，衰絰輿櫬以見楚子，楚子問諸逢伯，逢伯曰：『昔武王克殷，微子啟如是。』」此《左傳》之失也。《史記》曰（案：〈宋微子世家〉）：「武王克殷，微子持其祭器，造於軍門，肉袒面縛，左牽羊，右把茅，膝行而前以告。於是武王乃釋微子，復其位。」此《史記》從《左傳》之失，而又甚之者也。夫微子之去，所謂行遯者也，遯則不知所之，安有面縛自歸如左氏所書者乎？且面縛者，面之而左右縛也，又何能左牽羊，右把茅乎？《史記》之疏，孔氏辯之矣，甚哉！其誣也。蓋面縛自歸者武庚也。以言微子，妄傳之爾！〈樂記〉曰：「武王克殷，下車而封夏后氏之後於杞，投殷之後於宋。」此投武庚於故殷之地也。方克殷而言殷後，必武庚也。其時微子方在遯焉，武庚自歸，故不曰封之，而曰投之。其地非宋也，而妄傳爲宋，則妄傳爲微子矣。於以知左氏所失之繇也。《史記》曰：「武王封紂子武庚以續殷祀，武庚作亂，周公既承成王命誅武庚，乃命微子代殷後，奉其先祀，作微子之命以申之，國於宋。」（案：以上引《史記》文，乃參〈殷本紀〉、〈周本紀〉、〈微子世家〉篇文。）繇

是觀之，微子既遯，久乃得之而命封也。詩曰：「有客有客，亦白其馬。」（案：爲〈周頌·有客〉篇文。）蓋微子於周爲客矣。雖封宋公，終身稱微子焉。亦所謂罔爲臣僕者也。嗚呼！後世之臣，其辯於此哉！（錄自簡朝亮著，《尚書集注述疏》卷九，頁二五二。）

二、三仁之稱：董銖問：「比干初心，豈欲徒死以沽名，所以諫者，庶幾言行而紂改耳。紂不改而言益切，故紂殺之，比干不得而逃也。箕子初心，亦豈欲隱晦以苟全其生？亦猶比干，冀諫行而紂改耳。紂不改而囚之，偶不死耳。紂囚之而不置之死，則箕子豈欲自經溝瀆而爲匹夫之諒哉！故因佯狂爲奴，蓋亦未欲卽死，庶幾彌縫其失，而冀萬有一之開悟耳。蓋諫行而紂改過者，二子之本心，諫不行而或死、或囚者，二子所遇之不同耳。使紂而囚比干，意比干亦不敢卽死；使紂殺箕子，箕子敢求全哉！至於箕子爲微子計，意謂吾舊所云足以害子，紂本疑吾二人，子若起而諫紂，則紂益疑，非惟不從，害必先及子，而我並危矣。死不足惜，未有毫髮益於紂，而遽死可惜也。」東萊謂：「人先有疑心，則雖盡忠與言，而未必聽，蓋疑心先入而主之故也。故微子不可留，義當逃去，萬一有全宗祀可也。三子制行不同，各出於至誠惻怛之心，無所爲而爲，並稱三仁，或以此歟？」

三、李白比干廟碑文：昔殷王毒痡，公獨死之，非捐生之難，處死之難。故不可死而死，是輕其生，非孝也。可死而不死，是重其生，非忠也。周武以三分之業，有諸侯之師，實其十亂之謀，總其一心之眾。當公之存也，乃戢彼西土，及公之喪也，乃渡於孟津，公存而殷存，公喪而殷喪，與亡兩繫，豈不重歟？夫子稱殷有三仁焉，豈無微旨？敢頌之曰：「存其身、存其宗，亦仁矣。存其名、存其祀，亦仁矣。亡其身、圖其國，亦仁矣。若進死者、退生者，狂狷之士將奔走之。褒生者、貶死者，宴安之人，將賓力焉。故同歸諸仁，各順其意。」

四　柳宗元箕子碑文：當其周時未至，殷祀未殄，比干已死，微子已去，向使紂惡未稔而自斃，武庚念亂而圖存，國無其人，誰與興理？是固人事之或然者也。然則先生隱忍而爲，此其有志於斯乎?!

（案：觀此，於三仁之說，可以了然矣。以上二、三、四則，錄自元・陳櫟著，《書集傳纂疏》卷三，漢京本【通志堂經解】十五册，頁八八七四。）

玖〈洪範〉

在經書中，問題最多的，恐怕要數《尚書》了。然而《尚書》中，「自漢以來所聚訟者，莫過〈洪範〉之五行。」[1]一直到了清代胡渭《洪範正論》出，始廓除穿鑿附會、情同讖緯的舊說，以及任意竄改的陋習，而悉以理來說〈洪範〉[2]。這自然可喜。不過清代研究《尚書》的學者，並沒有因此而走上「一軌於理」的道路，尤其是皖派學者，卻又走上了漢代古文家的老路，依然注重訓詁考據。民國以來，似能打破今古文的界域，然又多從事於地下新資料的探析，以求創新突破，這種精神，固令人敬佩，然針對〈洪範〉篇作大義探討的著作，尚不多見。因此筆者不揣淺陋，願就所及，表示一點自己的看法。

一、〈洪範〉篇的綱目

〈洪範〉，是周武王滅殷以後，有感於治國常法的極待建立，以作爲化民成俗的依據，所以才屈尊就下，訪問了殷國的遺臣箕子。而箕子以爲「天以是道畀之禹，傳至於我，不可使自我而絕，以武王而不傳，則天下無可傳者矣。」❸於是就爲武王陳述了這篇建國君民的大則大法。

首先，箕子說明〈洪範〉的來歷，是由於禹平洪水之後，爲上天所賜。這種說法，以我們現在來看，不外兩層意思：一則是由於上古時代，人民信「天」，凡是重大的事理，或難於明白其所以然的，都推之於天。例如把「典」說爲天敘，把「禮」說爲天秩，把「命」說成天命，把「誅」說成天討（並見〈堯典〉）等。再則這也正說明了〈洪範〉，是由歷代聖王治國所積累的經驗，無異於政治上的「眞理」，暗含順之則昌、逆之則亡的意蘊。古聖先賢的用心，我們應該體察，不應悉以迷信的色彩加以解釋。

其次，他緊接著提出了九疇的綱領：一、五行。二、五事。三、八政。四、五紀。五、皇極。六、三德。七、稽疑。八、庶徵。九、五福、六極。然後就依此綱領，或就事、或就理、或就物、或就修爲，而具體的指陳其本性、演變、事物當然之故，以及所必須順從、效法的理由，以大中至正的標準，來涵蓋其所言。在古代的政治哲理中，〈洪範〉篇，可以說是既精密而又有啟發作用的著作。在我國歷代專制王朝中，大臣們的津津樂道以規其君，學者們的斷斷不止以闡其理，這絕對不是偶然的。現在就先列一簡表，以明其系統，然後再作大義說明。

一、五行
- 水——潤下——作鹹。
- 火——炎上——作苦。
- 木——曲直——作酸。
- 金——從革——作辛。
- 土——稼穡——作甘。

二、五事
- 貌——恭——作肅。
- 言——從——作乂。
- 視——明——作哲。
- 聽——聰——作謀。
- 思——睿——作聖。

三、八政
- 食。
- 貨。
- 祀。
- 司空。

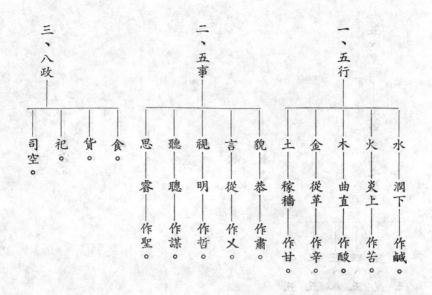

- 司徒。
- 司寇。
- 賓。
- 師。

四、五紀
- 歲。
- 月。
- 日。
- 星辰。
- 曆數。

五、皇極——大中至正之道
- 一、五行。
- 二、五事。
- 三、八政。
- 四、五紀。
- 五、皇極。
- 六、三德。

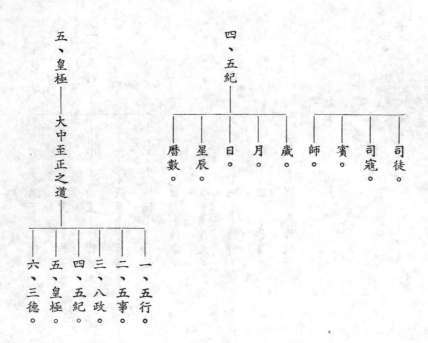

- 六、三德
  - 正直。
  - 剛克。
  - 柔克。
- 七、稽疑
  - 謀乃心。
  - 謀卿士。
  - 謀庶人。
  - 謀卜筮
    - 雨、霽、蒙、驛、克、貞、悔。
- 八、庶徵
  - 雨。
  - 暘。
  - 燠。
  - 寒。
  - 風。

- 七、稽疑。
- 八、庶徵。
- 九、五福六極。

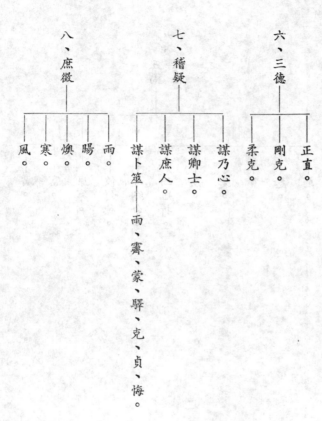

九、

- 五福
  - 壽。
  - 富。
  - 康寧。
  - 攸好德。
  - 考終命。
- 六極
  - 凶短折。
  - 疾。
  - 憂。
  - 貧。
  - 惡。
  - 弱。

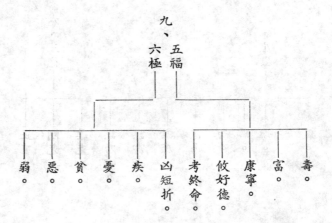

二、大義探討

㈠五行──水、火、木、金、土

一提到五行，在國人的腦海中，馬上就會浮現出相生相尅，陰陽五行，東方木、西方金、南方火、北方水、中央土等意念。自騶衍新其說，董仲舒衍其流，其說遂盛，由於漢人的相繼推闡，乃造成國人數千年來不可動搖的觀念。這就難怪梁啟超先生大聲疾呼的說：「陰陽五行說，爲二千年來迷信之大本營，直至今日，在社會上，猶有莫大勢力，今當辟而闢之」❹了。其實我們只要冷靜的想一想，《尚書．洪範》篇的五行，是與騶衍以來的五行說無關的。孔子不語「怪、力、亂、神」，這是大家都知道的，即使「其失也巫」的《左傳》，仍以「天生五材，民並用之」❺來解釋五行。伏生《尚書大傳》說：「水火者，百姓之所飲食也；金木者，百姓之所興作也；土者，萬物之所資生也；是爲人用。」伏生是漢代最早傳《尚書》的人，在騶衍五行說之後，尚未被其「妖言」所惑，仍以民生日用爲解，可見五行本來就不是什麼玄妙莫測、天地行氣而變化無窮的，它只是具體而實實在在的物質。往大處說，在整個宇宙現象中，它是構成的基本素材，其本身也各含有特性，在相需相成的原則下，也就形成了一個特殊體，而表現了其特殊的功能。

這種功能，尤其爲有生命的動植物所必需。所以宋代的曾鞏說：「五行者，行乎三才萬物之間也。」[6]「行」字根據伏生的意思，應作「用」字解。「三才」，即天地人。曾氏的話雖簡要，但是說理卻非常透闢。往小處說，它是我們人生不可或缺的生活必需品，這種見解，到孔穎達纂《尚書正義》時仍未改變。依然引用《尚書大傳》的話，來解釋五行爲人所用之意，並說：「五行，即五材。」材，就是素材，也可說是生活的基本原料。既然是生活的素材、基本原料、必需品，身爲國家的最高元首（天子），就不能不明察其理而善爲調和運用，以促進人民生活的安樂了。以下即就著經文，作一概括性的敍述。

一、明敍其性質。經文說：

水曰潤下，火曰炎上，木曰曲直，金曰從革，土爰稼穡。

這意思是說：「水性是既潤而下的，火性是既炎且上的，木性既可使之曲，又可使之直的，金，就是金屬，它是可以順從人意而改變其形狀的，土性既可長養萬物，當然也是可以用來稼穡的。」人生天地之間，所以爲貴者，在能用物，用物就必須先行了解物性，然後才能發揮其本性，以達到用的最大效果。

二、闡發其作用。經文說：

潤下作鹹，炎上作苦，曲直作酸，從革作辛，稼穡作甘。

這意思是說：「水不但可以滋潤萬物，而且由於趨下而聚的結果，其味爲鹹。火不但炎上，而供我們烹煮，而且凡是燒焦了的東西，其味則苦。木不但可曲可直，而且木實在未成熟之前，其味是酸的。金屬熔化之後，可以順從人意而作形狀上的改變，然其味道則是辛辣的。土可以稼穡而生百穀，然甘味則由百穀而生，所以說稼穡作甘。」就物性的變化、作用來說，當不止爲五味，經文所以止說此五味的原因，據前賢的解釋是：

1. 蘇軾《東坡書傳》說：「五行之所作，不可勝言也。可言者聲、色、臭、味而已。人之用是四者，惟味爲急，故舉味以見其餘也。」
2. 蔡沈《書經集傳》說：「鹹、苦、酸、辛、甘者，五行之味也。五行有聲、色、氣、味，而獨言味者，以其切於民用也。」

這話是不錯的，五行的爲民所用，爲生活的素材，爲基本的物質原料，在這裏又可以得到一次的證明。胡渭說：「五材潤下以資溉灌，炎上以供炊爨，曲直從革以備宮室械器，稼穡以充粒食，皆生民之所用，而不可一日無者，雖聖人亦不能不用。子罕曰：『天生五材，民並用之，廢一不可。』是也。」❼既爲民生所急、所切，雖聖人亦不能不用，有國有家的人，在這方面，應該如何其勉？以今日來說，尤見其重要。古書給我們的啟示實在太大了，我們是應該加以整理研究的。

(二) 五事——貌、言、視、聽、思

五事，是人君治理人民所必須具備的修養。孔子說：「其身正，不令而行，其身不正，雖令不從。」❽孟子也說：「其身正，而天下歸之。」❾這種正己而後正人的見解，就是五事的主旨所在。所謂貌，就是形貌、容儀，是指一個人的全體而言。言，就是言辭，說話的內涵。視，就是觀察力，也可以說是眼光。僞孔傳釋爲「觀正」，套句現在的話說，就是正確的看法。聽，就是聽人言而能明辨是非曲直。因此僞孔傳釋爲「察是非」。思，就是心所慮的意思，孔穎達正義說：「思者，心慮所行，使行得中也。」此五事，就一般人來說，是每一個人都具備的，也可說是與生俱來的。我們試想，誰無容貌？誰不會說話？誰又不會視、聽、思呢？只是如就天子來說，意味有些不同罷了。因此，經文又分兩個層次加以說明。經文說：

1. 貌曰恭，言曰從，視曰明，聽曰聰，思曰睿。

這意思是：「容貌態度要恭敬，言語答問要順理，視察要清審，聽聞要明辨是非，思慮要深通。」一個普通人，能有這樣的修養，已經難能可貴了，可是對天子而言，似仍不足，所以經文又說：

2.恭作肅，從作乂，明作哲，聰作謀，睿作聖。

大義是說：「一位天子只是態度恭敬並不够，而容貌、舉止還要莊重嚴肅。只是言語順理還不行，而要更進一步的能把事情辦得有條不紊才可以。只是觀察清審還不够，更要有明智的抉擇。聽人言語不僅要能辨別是非邪正，還要進一步的能與人『好謀而成』。只是能深通某方面的事理還不够，更要進而達到無所不通的境地。」

話雖如此，可是何以能達到這種境界，是否有理可說？前賢解釋這段經文說：「自恭而充之，齊一清整而能肅；自從而充之，理當人服而能乂；自明而充之，洞達立決而能哲；自聰而充之，審善定計而能謀；自睿而充之，則無所不通而能聖。」[10]這段話，將何以能肅、能乂、能哲、能謀、能聖的道理，說得非常清楚。所謂充，就是擴充、充實、進步、上達的意思。在這裏，我們還要追問，關於這方面的修養，如何才算完備？是否可以說得更具體些？前賢胡渭，在其大著《洪範正論》中，已爲我們作了說明，在恭作肅方面他說：

君子正其衣冠，尊其瞻視，儼然人望而畏之，則可謂恭則肅矣。孟子曰：「動容周旋中禮者，盛德之至也。堯之允恭，舜之溫恭，文王之懿恭，孔子之恭而安是也。」蓋至是而作肅之能事始畢。

在從作乂方面他說：

書曰：「聖有謨訓，明徵定保。」詩曰：「訏謨定命，遠猶辰告。」易曰：「君子居其室，其言善，則千里之外應之。」此所謂從作乂也。

在明作哲方面他說：

孔子曰：「視其所以，觀其所由，察其所安。」李克謂魏文侯曰：「居、視其所親，富、視其所與，達、視其所舉，窮、視其所不為，貧、視其所不取。此皆觀人之法也。」皐陶之稱帝堯曰：「知人則哲，能官人。何憂乎驩兜？何遷乎有苗？何畏乎巧言令色孔壬？」

其作哲之極功乎？

在聽作謀方面他說：

《易大傳》云：「將叛者其辭慚，中心疑者其辭枝，吉人之辭寡，躁人之辭多，誣善之人，其辭游，失其守者其辭屈。」《孟子》曰：「詖辭知其所蔽，淫辭知其所陷，邪辭知其所離，遁辭知其所窮。此皆知言之道也。」《詩》曰：「謀夫孔多，是用不集。」諺曰：「築舍道旁，三年不成，以聽之不聽。」故爾聽旣聽矣，則將如舜之好問好察，執其兩端用其中於民，何謀之不獲哉！故曰聽作謀。

在睿作聖方面他說：

孔傳云：「睿通於微，於事無不通謂之聖。」《周子通書》曰：「無思，本也；思，通用也。幾動於彼，誠動於此，無思而無不通為聖人。不思則不能通微，不睿則不能無不通，是則無不通生於通微，通微生於思，故思者聖功之本，而吉凶之幾也。」〈小旻〉之五章曰：「國雖靡止，或聖或否，民雖靡膴，或哲或謀，或肅或艾。」五事之德，見於他經者惟此而已。

在辨正方面他說：

魯昭公之習儀以亟，漢成帝之尊嚴若神，恭之末也，不可以作肅。祝鮀之佞，嗇夫之利口，從之似也，不可以作乂。離朱之目，足以察秋毫之末，明之小者也，不可以作哲。師曠之耳，能識南風之死聲，聰之小者也，不可以作謀。思莫切乎貌、言、視、聽，游心六合之內，窮高遠而測深厚，思之蕩而無用者，非睿也，不可以作聖。故《中庸》曰愼思。《論語》曰近思。《易》曰君子思不出其位。[11]

以上胡氏所言，我們認爲不僅具體，而且言出由衷，很能帶給我們一些啟發，所以才不憚煩地引述如上。現在我們不妨轉回頭，再來看看前述經文，從上天所賦的貌、言、視、聽、思，進而到恭、從、明、聰、睿，更進而上達至肅、乂、哲、謀、聖的境界，這就一個人的修養來說，其層次是何等明確！如就五事的修爲說，我們談容貌，就當恭敬而莊重嚴肅，這樣方能成爲一個有威儀的人。我們談言語，就當順理而能使人心服，這樣方可循理以治而不違禮。我們談視察，就當明、哲，既明且哲，處理一切事務，或待人接物，當能合乎中準。我們談聽，就當由聽而謀，既能明察是非邪正，又能無所不聞，聞而又能辨其是非，這就可以與人謀事了。我們談思，就當由睿而聖，思既深通，就當進而達到無所不通的地步，既能無所不通，當然也就不願再做悖禮犯義的行爲了。這五事，是自天子以至於庶人，都應該努力修爲的，只是庶人之見不及此罷了。誠如是，卽使不欲國家太平康樂，亦不可得，吾人又當如何其勉呢！

㈢八政——食、貨、祀、司空、司徒、司寇、賓、師

林之奇《尚書全解》說：「食者，務農重穀之政也，如井田補助之類是也。貨者，阜通貨財之政也，如懋遷有無化居之類是也。」孔穎達正義說：「貨者，金、玉、布、帛之總名。」蔡氏書集傳說：「食者，民之所急，貨者，民之所資，故食爲首而貨次之，食、貨所以養生也。祭祀所以報本也。司空掌水土，所以安其居也。司徒掌教，所以成其性也。司寇掌禁，所以治其姦也。賓者，禮諸侯遠人，所以往來交際也。師者，除殘禁暴也。兵非聖人之得已，故居末也。」蔡氏所言，大致不差，不過在這裏我們要問，八政，何以三舉官、五舉事？又據宋人陳師凱《書傳旁通》卷四中說：「八政皆爲民而設。」依蔡氏之意，如賓、師二政，似又不切於民，是皆亦有說乎？關於八政的次序問題，先儒皆能言之成理，此處不再贅言。至於前述舉事、舉官的問題，唐．孔穎達《尚書正義》已爲我們作了解答，他說：「食、貨、祀、賓、師指事爲之名，三卿舉官爲名者，三官所主事多，若以一字爲名，則所掌不盡，故舉官名以見義。」這也無異說，

五者舉事而可盡其職，再說得淺近些，就是只舉管理其事的官員。至於司空之職，先儒僅以主民居爲說，其實司空的職責，尚不止於度地居民，凡平水土、治溝洫、修道路、利器用、營城廓宮室，都是他的職責。同時也都切於民政，用一居字，實不足以盡舉其職。至於司徒之職，先儒多以主教爲言，這似亦不能盡括其職。其實司徒之職，不止是敷施五教，如王制所說：「司徒修六禮以節民性，明七政以興民德，齊八政以防淫，一道德以同俗，養耆老以致孝，恤孤寡以逮不足，上賢以崇德，簡不肖以絀惡。」其所主事多矣，也不是一個教字就能夠盡舉的。而司寇的職責，又是怎樣的？先儒多以主刑來加以涵蓋，其實，司寇之職，亦不止於刑獄，如平暴亂、詰姦慝等，都是他的職責，也不是用一個刑字所能盡舉的，所以才舉出三官官名。

關於第二個問題的回答是：賓，蔡氏說：「禮諸侯遠人，所以往來交際也。」蔡氏的話，只說對了一半，而禮諸侯、遠人，這是朝廷的禮節，非所厚民也。其實這裏的賓，應兼五禮而言，像《儀禮》十七篇所載：冠、昏、喪、祭、鄉飲、射、士相見之類，皆有賓主以成其禮。所以正義說：「民不往來，則無相親之好。」因賓切於民政，所以才特舉其事，而不名其官。

最後，我們來談師，蔡氏謂：「除殘禁暴也。」似亦未得其實，師，本屬於司馬之職所轄，這裏所以單舉一個師字，是指的四時講武，最切於民政的師。我們皆知，古時多行寓兵於農的政策，平時居處的單位，是比、閭、族、黨、州、鄉，成軍行動，則爲伍、兩、卒、旅、師、軍。春蒐夏苗，秋獮冬狩，都是在農閒時講習武事，以習坐作、進退、步伐、擊刺之法，而後可以禦寇盜、備非常。這又何嘗不是最切於民政的事?故單以師舉。

以上所述八政的舉事、舉官，悉以切民政爲準，亦卽所以皆爲民而設之意。這不正合於〈洪範〉的主旨嗎?今特參考孔穎達《尚書正義》、林之奇《尚書全解》、蔡沈《書經集傳》、陳師凱《書傳旁通》、胡渭《洪範正論》等著，作以上的簡述，希望藉此能帶給讀者一個明確的概念。

(四) 五紀——歲、月、日、星辰、曆數

這是我國古時觀象授時的具體表現。〈堯典〉說：「乃命羲和，欽若昊天，曆象日月星辰，敬授民時。」又說：「朞三百有六旬有六日，以閏月定四時成歲。」不僅堯如是，舜亦如是。他於攝政之初，卽行觀測天象，以作爲施政的準則。〈堯典〉說：「正月上日，受終文祖，在璇璣玉衡，以齊七政。」《論語》也說：「堯曰：『咨！爾舜，天之曆數在爾躬。』」這些都在在說明古帝王對於協天時、以敬人事的重視和運用。茲就五紀的順序，略述如次：

一、**歲**：據〈堯典〉的說法，一歲是三百六十六日。孔穎達《尚書正義》說：「從冬至以及明年冬至爲一歲。所以紀四時也。」其實一年的日數，只有三百六十五日又四分之一天，說成三百六十六日，是舉成數。

二、**月**：孔穎達《尚書正義》說：「從朔至晦，大月三十日，小月二十九日，所以紀月

也。」朔，是每月的初一，晦，爲前月的最後一日。不過我們中國的曆法，過去用的是太陰曆，所謂太陰曆，是以月球繞地球一周的時間計算，全年所得，約三百五十四、五日，較地球繞太陽一周的時間，少了十日餘，所以必須以閏月來補足，故有三年一閏，五年二閏，十九年七閏的情形發生。所以〈堯典〉說：「以閏月定四時成歲。」這確實是一個很大的發明，有了閏月之後，才能永遠保持四季的不變，否則那就會春、秋倒置，冬行夏令了。

三、日：《尚書大傳》說：「夏以十三月爲正，以平旦爲朔，殷以十二月爲正，以鷄鳴爲朔，周以十一月爲正，以夜半爲朔。」孔穎達《尚書正義》說：「從夜半以至明日夜半，周十二辰爲一日。」儘管計算的時間不同，要之一周日爲十二辰則無二致。

四、星辰：星，是指二十八宿，東方蒼龍，七宿是：角、亢、氐、房、心、尾、箕。南方朱鳥，又名朱雀，七宿是：井、鬼、柳、星、張、翼、軫。西方白虎，七宿是：奎、婁、胃、昴、畢、觜、參。北方玄武，七宿是：斗、牛、女、虛、危、室、壁。辰：即十二辰，二十八宿迭見，以敍節氣，十二辰以紀日月所會。（見附圖三）

五、曆數：曆，卽曆法，數，卽算數，曆法必資於算數，所以二字連語而爲曆數。五紀，是用來供人識別時日先後次第的，它的作用非常大，其切合於農事，固不待言。同時尚可由它推及一切行事。除此以外，還可使我們聯想到，凡事都要合乎時宜，所謂天時，卽指此而言。合乎時宜，必可獲致最大的成效，推行政令，亦當如是，如失其時，又何能得宜？

宋・楊時說：「書以一言蔽之曰：『中』而已矣。……夫所謂中者，豈執一之謂哉，亦貴乎時中也；時中者，當其可之謂也。」[12]現在我們也可以說，〈洪範〉篇的主旨，亦以一言可盡，即「中」而已矣。事實上，〈洪範〉也就是以「中」爲中心，此中心點即皇極。

(五) 皇極——大中至正之道

據歷來尚書家對皇極的解說，大致有二：一爲東漢時代的應劭，他說：「皇，大；極，中也。」[13]此說爲僞孔傳所承，並說：「凡立事，當用大中之道。」孔穎達正義又進一步申其義說：「皇，大，〈釋詁〉文。極之爲中，常訓也。凡所立事，王者所行，皆是無得過與不及，常用大中之道也。《詩》云：『莫匪爾極』，《周禮》以民爲極。《論語》：『允執其中』，皆謂大中也。」這段話，發揮「極」字的意蘊，甚爲透闢。

一爲班固，他在《漢書・五行志七下之上》說：「皇，君也。」此說爲朱子所承。他說：「蓋皇者，君之稱也。極者，至極之義，標準之名，常在物之中央，四方望之以取正者也。故以極爲在中之準的則可，而便訓極爲中，則不可。若北辰之爲天極，脊棟之爲屋極，其義皆然，而禮所謂民極，詩所謂四方之極者，於皇極之義爲尤近。」[14]這種見解，首先爲他的高足蔡沈所承襲，蔡氏在其所著《書經集傳》中一則說：「皇極者，君之所以建極也。」再則說：「皇，君；極，猶北極之極，至極之義，標準之名，中立而四方之所取正焉者也。」他又進一步闡發皇極的義蘊說：「人君當盡人倫之至，語父子，則極其親，而天下之爲父子者，於此取則焉。語夫婦，則極其別，而天下之爲夫婦者，於此取則焉。語兄弟，則極其愛，而天下之爲兄弟者，於此取則焉。以至一事一物之接，一言一動之發，無不極其義理之當然，而無一毫過不及之差，則極建矣。」這見解，就是到了清代，仍爲一般學者所沿用。如江聲、王鳴盛、孫星衍、俞樾等先賢，均以皇作君解。而俞樾甚至以蔡氏之說爲「殊勝」⑮。惟朱駿聲氏，將「皇」字解爲「大君」⑯，這是根據說文所作的訓釋⑰。就「極」字說，訓「中」、訓「至極之義，標準之名」並無二致，就「皇」字說，訓「大」爲其本義，釋爲「君」，是後起的用法。愚以爲用其本義爲優。因「皇極」可釋爲「大中至正之道」，而此「大中至正之道」，乃自然之理，也就是古代所說的上天、上帝，我們現在說天理。這種「天理」，國君不僅要遵守，同時更要以此爲準則，來制訂用以治民、教民、養民的法度，因此，宋代的尙書家林之奇先生，在他所著《尙書全解．洪範》篇中說：「《中庸》曰：『中者，天下之大本也。』此正皇極之義也。惟中故大，惟大故中。張橫渠曰：『極其大而後中可求，止其中而後大可有。』此言盡之矣。不謂之大而謂之皇，不謂之中而謂之極者，何也？《莊子》曰：『無門無旁，四達皇皇。』皇也者，大而無所不及之謂。北辰謂之北極，極者，居其所而眾星拱之之謂也。自其本而言之，則謂之大中，自其推之以立教而言之，則謂之皇極，觀皇極二字，則聖人所以教民之意可見矣。」這話說得不錯，不僅道出了皇極的根本，而且也說明了「皇極」是用來爲人君所取法以教化萬民的，這不正切合〈洪範〉爲治國大法的原則嗎？《孟子・離婁上》說：「徒善不足以爲政，徒法不能以自行。」所以「善法」必須配合「善心」，方能發揮其功效。是以皇極雖爲大中之道，而行之者，仍然是人。〈皐陶謨〉說：「天工人其代之。」就是說明這種道理的。既然如此，其施行的方法和步驟，又當如何？茲就經文所言，擬其大要如下：

一、以大中之道教民。經文說：

皇建其有極，斂時五福，用敷錫厥庶民，惟時厥庶民于汝極，錫汝保極。

這意思是說：大中至正之道的建立，是君王用以爲人民謀取福祉的[18]，所以首先要人民有此認識、有此了解。是以蔡沈《書經集傳》說：「極者，福之本；福者，極之效。極之所建，福之所集也。」這將建極的目的，說得又是何等透闢。「庶民」有了這種認識之後，不僅處處取法於君，聽從其命令，並且更能進一步的與君王來共同維護此皇極，使其永遠保持不墜。在這種情況下，君民之間的和融團結景象，是可以想見的。君民既然能和融一體，共保皇極的不墜，那自然所有的人民，也就不會有淫邪朋黨之私，所有的官員們，也不會有比周阿黨的行爲，而舉國上下，均以君王爲中準法則了。所以經文又說：

凡厥庶民，無有淫朋，人無有比德，惟皇作極。

二、**發掘人才，教中人而表揚好德**。經文說：

凡厥庶民，有猷、有為、有守，汝則念之。不協于極，不罹于咎，皇則受之。而康而色，曰：「予攸好德」，汝則錫之福，時人斯其惟皇之極。

前文所述，只是一個大原則，而教之之道，則爲以先知覺後知，以先覺覺後覺，而期望收到共同維護「皇極」的效果。然而人民稟賦不同，所爲當然也就會有所差異。對於有謀略、有作爲、有操守的人，國君應當常常想著起用他們，不但如此，還要更進一步的去發掘人才。對於那些既不能做到合於標準、法則，可是也不至於陷入於罪惡的人，也就是我們所說的中人，這種人，進之則可以爲善，假如不聞不問，置之不理，任其自由發展，那麼就很可能流於罪惡，所以對於這般絕大多數的人，國家就要大力的加以教化了。至於好德的人，則應該加以鼓勵、勸勉、嘉獎、表揚，使之更上層樓。能做到這種地步，人民才能一心一意地以君王爲法則啊！這段經文的意思，正是如此。

三、**推行政令，要一視同仁，不可稍有偏私**。

國家對於政令的推行，所最要者，莫過於大公無私，一視同仁。如稍有偏頗，就會遭到物議。大則引起動亂，以至動搖國本，此誠不可不愼。皇極所講，爲大中至正之道，當然不會忽略這一點。所以經文說：

> 無虐煢獨，而畏高明。

這意思是說：「對於孤苦無依、地位至微的人，不要虐害、輕蔑，而對於有地位、有聲望的人，就畏懼枉法。」套句俗諺說：「王子犯法，與庶民同罪。」「法律之前，人人平等。」這樣做，才不會有人心存僥倖，利用其地位、職權、聲望，翻雲覆雨，坐享特權，魚肉人民，或目無法紀，結黨營私。

四、使人盡其才而黜無爲。

國家用人，如能使人盡其才，才盡其用，使其得到自由充分的發展，這個國家，必然是生氣勃勃，朝氣十足，和氣一團。反之，如爲庸才充斥、尸位素餐、官不稱職、無所作爲，就會死氣沉沉，暮氣十足，老化而一無建樹。在這種情形下，當然會引起人民的抱怨與不滿。所以經文說：

> 人之有能有為，使羞其行，而邦其昌。凡厥正人，既富方穀，汝弗能使其有好于而家，時

人斯其辜。于其無好，汝雖錫之福，其作汝用咎。

這是說：「居官的人有才能、有作爲，就應當使他們盡量地發揮其才能，不可加以阻撓，這樣國家才能昌盛。而在位的官員們，既然享用了富厚的常祿，而國君卻不能使他們把國家治理得完善，誠如是，那麼居官在位的人，就難辭其咎了。在這種情形下，國家反予以厚賜，這就適足使國君蒙受罪過了！」遠在商周時代，就已經有了此種用人唯才，而黜不能的政治思想，這能讓我們不興奮嗎？而周代的所以能長治久安，絕對不是偶然的。

五、惟有大中至正的作爲，方能領導羣倫，會歸臣民。經文說：

無偏無陂，遵王之義；無有作好，遵王之道；無有作惡，遵王之路。無偏無黨，王道蕩蕩；無黨無偏，王道平平；無反無側，王道正直。會其有極，歸其有極。

這意思是說：「不要偏邪不正，處處當遵循著大中至正的王法，不要以私人的喜好，曲行恩惠於人，一切要遵循王法行事，更不可擅自作威，一切要順著王法而爲。能不偏邪私黨，王道就自然辨察治明，能不違背法度，王道就自然正直了。君王所以能會集天下的諸侯臣民，來領導他們，那是有法則的，而天下的諸侯臣民，所以甘願歸向於君王，也是有法則的。也惟有出入往返之間，顚沛造次之際，而不違中道，始能發揮其應有的功效。」

六、**皇極卽天道，天道有常，君民皆應遵守。**

所謂天道，就是自然之理。我們常說：「天生萬物」，事實上是自然界孕育萬物。我們的老祖先，最明此理，所以於仰觀俯察之際，而能深悟此「皇極」爲建國君民，可大可久之理，是以上自天子，下至庶民，均應遵守。經文說：

曰皇極之敷言，是彝是訓，于帝其訓。凡厥庶民，極之敷言，是訓是行，以近天子之光。曰：「天子作民父母，以為天下王。」

這是說：「本皇極以上所有陳述的大中至正的言論，都是常法，也是君王所當順從的，君王能順從這常法，也就是服從上天了。至於所有的老百姓，更是希望君王能順從、能照著實行，這樣他們才能接近（得到）天子順天惠民的光明。果能如此，老百姓就會相互傳言說：『天子是我們人民的父母，應該做天下人民的君王。』」

所謂順天道，爲天下王，作人民的父母，那也不外是一切行政措施，以人民的需要爲需要，以人民的疾苦爲疾苦，時時以人民爲懷，處處爲人民著想，使人民中心悅而誠服。所以伏生《尚書大傳》說：「聖人者，民之父母也。母能生之，能食之；父能教之，能誨之；聖王曲備之者也。能生之，能食之，能教之，能誨之也。故書曰：『作民父母，以爲天下王，此之謂也。』若非深體經義，又何能道此！王安石說：「有極之所在，吾安所取？取正於天而已。我取正於天，則民取正於我。道之本出於天，其在我爲德，『皇極』，我與庶民所同然也。我訓於帝，則民訓於我矣。」⑲這將「皇極」的本源、功效，說得又是何等清楚？愚以爲皇極一疇中，所表現的意念，只是一個大概的輪廓，以中道來涵蓋一切。當然它的中心點，還是落實在用人上面。所以胡渭《洪範正論》卷四於皇極下說：「愚竊謂此章，自斂時五福，至其作汝用咎，即夫子『舉直錯諸枉，能使枉者直』之意。」近人吳闓生《尚書大義》也說：「皇極之義，必使人人皆進于德，所由致然者，亦在於黜陟之明也。」又說：「由皇極而嬗爲民極，最見古人大同之精義，古之人君，皆以爲民也。民俗愚陋，故非皇無以建極，而皇之旨，在敷錫庶民。及其終也，天下之民皆歸至善。則皇極之名，亦不復存，而遂爲庶民極矣。天子作民父母，以爲天下王，猶曰爲倡導者耳。知古之制治者，壹是以民爲本也。」胡渭《洪範正論》卷四引鄭公弼的話說：「天子無職事，惟辨君子小人而進退之，乃爲天子之職。」這眞是一語中的之言，舜的垂拱而治，不也就是由於他黜四凶、而任官得人？最後想引用皋陶的一句話作結，他說：「在知人，在安民。」數千年之後，我們不談治道則已，如談治道，誰能捨此不講？

(六) 三德——正直、剛克、柔克

這是指人君治國所當採取的三種態度、方法而言。對某一情勢，或某一種人，要採取何種態度和方法，才能收到良好的效果，這就有賴於人君的權衡了。林之奇說：「三德者，聖人所以臨機制變、稱物平施，以爲皇極之用，而權變其輕重也。」又引胡安定的話說：「聖人既由中道而治天下，又慮夫執中無權猶執一也。故用三德者，所以隨時制宜以歸安寧之域也，故皇極則見聖人之道，三德則見聖人之權。」[20]近人吳闓生《尚書大義》也說：「三德者，所以裁制天下之人，使無過不及之差，而胥納之于皇極，乃帝王輔世宰物之微權也。」我們既然明白了三德爲人君宰物輔世的微權，又知它是隨時制宜以歸安寧之域的中道，那麼應如何施行，以什麼態度和方法，才能收到良好的效果？這可分成兩方面來說：

一、就人的本性、或國家當前的情勢言，經文說：

平康正直，彊弗友剛克，燮友柔克。

這是說：「對生性和平安康的人，用中正直平之道治理，對於生性強硬不順從的人，則用剛強之道治理，這是以剛克剛的辦法。對於生性和順的人，當用柔和之道治理，這是以柔克柔的辦法。」如站在教育觀點來看，也可以把這種方法，看作因材施教。

除以上就人的本性作解外，尚有就當前國家的實際情勢作解的。如范內翰說：「治國家者，不過三德，曰正直、剛、柔而已，不剛不柔曰正直，正直者中德也。剛克，謂剛勝柔也；柔克，謂柔勝剛也。如經云：『威克厥愛，愛克厥威』之克。三德之用如是當，又用之當其宜，平康之世，則用正直以治之，以中德也。於彊禦弗順之世，則用剛克以治之，以剛德也。於和順之世，則用柔克以治之，以柔德也。〈呂刑〉世輕世重，謂刑新國用輕典，刑亂國用重典，刑平國用中典，亦隨時而用之也。」㉑這種說法也甚爲合理，所以特加引述，以供參考。

二、就個人的行止言，經文說：

> 沉潛剛克，高明柔克。㉒

這是說：「對沉迷墮落而不知悔改、或屢改屢犯的人，就應該以剛治之，使之痛改前非，而不致再犯。對於有修養、有道德的高明君子，就要用和柔的方法，「以德懷之」了㉓。這是方法的運用。可是在態度上，又應該如何？關於這一點，前人已爲我們作了解答，茲引述如下：

宋．王巖叟上哲宗「乂用三德疏」說：「三德者，人君之大本，得之則治，失之則亂，不可須臾去者也。夫明是非於朝廷之上，判忠邪於多士之間，不以順己而忘其惡，不以逆己而遺其善。私求不徇于所愛，公議不遷于所憎，竭誠盡節者，任之當勿二，罔上盜寵者，棄之當勿疑，惜紀綱，謹法度，重典刑，戒姑息，此人主之正直也。遠聲色之好，絕盤遊之樂，勇於救天下之弊，果於斷天下之疑，邪說不能疑，非道不能說，此人主之剛德也。居萬乘之尊而不驕，享四之富而不溢，聰明有餘，而處之若不足，俊傑並用，而求之如不及，虛心以訪道，屈己以從諫懼若臨淵，怯若履薄，此人主之柔德也。三者足以盡天下之要，在陛下力行如何耳。」㉔當然段話，作者在修爲、知人方面，費了不少氣力，這對於我們每個人來說，會有很大的啟示。然而其果斷裁決之言，實在也是在執行的態度上，所必須具備的，故不憚煩地引述於此。

在三德方面，除以上所引述的以外，還有一件更重要的事，那就是「權柄」的問題了。以上所言，只是就中道而加以權變，可是如果「執一」而無權，其三德又如何推行？因此經文說：

> 惟辟作福，惟辟作威，惟辟玉食。臣無有作福、作威、玉食，臣之有作福、作威、玉食，其害于而家，凶于而國，人用側頗僻，民用僭忒。

經文中的辟，泛指天子、諸侯。福，爵賞之意。威，刑罰之意。玉食，甘美的食物，泛指服、食、器用、乘輿等。頗僻，是不正的意思。僭忒，是過分踰越之意。這是說：「只有天子（各國諸侯就其國亦有此權）可以專行封爵賞賜，只有天子可以專行刑罰，也只有天子可以享有美食。至於大臣，就不可這樣了。假如大臣們也有專行封爵賞賜、專行刑罰、享有美食的話，那將有害於你（天子）的國家，這樣一來，那麼所有的官吏，也都將邪枉不正，人民也將會踰越其本分而不遵守法治了。」

這段話，將天子（或國君）不可失去其應有的權柄，交代得又是何等清楚。在今日來說，這種事權的統一，仍然是不可或缺的。否則一國三公，各行其是，政治又如何能走上正軌？近人吳闓生《尚書大義》說：「治世宰物之權，唯君上得自操之，魁柄不可下移，否則綱紀斁壞，而天下亂矣。」宋代的王安石也說：「皇極者，君與臣民所共由者也。三德者，君之所獨任，而臣民不得僭焉者也。」林之奇就著王氏的話，接著闡發其義說：「此實至當之論，蓋大中之道，人之所同有，爲君者，苟不能以先知覺後知，以先覺覺後覺，而與斯民共之，則人將淫朋比德而自棄於小人之域，此國家之所以亂也。威福名器，人主之利勢，苟不能執之於己，使臣下得而僭焉，則庶民化之，亦將側頗僻、僭忒矣。此亦國家之所以亂也。」㉕這些話，都說得非常中肯，也惟有如此，才能令行禁止，使國家走上富強康樂的坦途，這也是我們讀〈洪範〉三德之後，所應當有的一點小認識。

(七) 稽疑──謀乃心、謀卿士、謀庶人、謀卜筮

稽，當作卟，讀音與稽字同，是卜以問疑的意思㉖。稽疑，就是用卜筮的方法來問疑。這種行爲，以現在來看，固爲迷信，但如就整個人類進化史來看，這也是任何民族所必須經過的一個階段。殷人信鬼，是大家所公認的，在周代的初年，這種情況，也不會相去太遠。更何況這話是

出自箕子的口中？所以我們認爲在那個時代，這種舉措，是合情合理的。現在我們就依照著經文所言，逐項的討論下去：

一、立制度，設專官。經文說：

擇建立卜筮人，乃命卜筮。

這是說：「要設立機關，甄選精通卜筮的人，命其擔任卜筮的職務。」（案：用龜甲占名卜，用蓍草占叫筮。）林氏《尚書全解》說：「如《周禮・春官》太卜掌三兆三易之法，卜師掌開龜之四兆，龜人掌六龜之屬，華氏掌共燋契以待卜事，占人掌占龜。皆是所擇以建立其官，而命以卜筮之職者也。故春秋之時，卜徒父史墨之類，皆是逐國建立之官，則命以卜筮，非所建立之人，則不得卜筮，古之制也。」箕子所言，雖未必如《周禮》這樣完備，然設官專門掌理其事，是不容置疑的。

二、明定卜筮條目，推衍變化以成其占。經文說：

曰雨、曰霽、曰蒙、曰驛、曰克、曰貞、曰悔，凡七。卜五，占用二，衍忒。

這是說：「卜筮的條目一共有七項，前五項是用龜甲卜，後二項是用蓍草筮。龜兆有的像雨形，有的像雨止而雲氣在上，也有的像霧，有的像升雲半有半無，從空中透出光亮來，更有的像互相侵犯，交錯相勝。至於用蓍草筮的卦象，則有內卦（貞）和外卦（悔）的分別。以這種方式，來推衍變化，占卜吉凶。」[27]

三、占必順從多數。經文說：

三人占，則從二人之言。

這是說：「用三人卜筮，就要順從其中二人說法一致的言論。」後人常言三占從二，就是順從多數人的意見，占必三人，亦古制[28]。

四、先盡人事，再及卜筮。經文說：

汝則有大疑，謀及乃心，謀及卿士，謀及庶人，謀及卜筮。

所謂大疑，指的是立君、大封、遷都、征戰等事。像這種大事，都是要卜筮的。如《周禮》卷二四〈大卜〉之職說：「凡國大貞（貞，鄭云：「問也。」）、卜立君、卜大封，則眡高作龜，大祭祀，則眡高命龜，國大遷，大師則貞龜。」這種制度，可能就是從古代傳下來的。至於謀及庶人，我們也許感到意外，在古代，難道天子、帝王，是這樣的尊重民意嗎？《周禮・小司寇之職》說：「小司寇掌外朝之政，以致萬民而詢焉：一曰詢國危，二曰詢國遷，三曰詢立君。」由盤庚遷都徵詢民意的記載，《周禮》所言，應該是可信的。經文的意思是說：「你（武王）假若有了大疑惑，首先由自己謀慮思考，如不能決定，那就和掌管國事的卿士商議，如仍不能決定，就與庶民商量，如再得不到答案的話，最後就得以卜筮來驗證了。」

這段文字，給我們的啟示是：凡是當先求盡人事，如在人爲的方面，我們已經盡了最大的努力，而仍然得不到結果，那也只好問諸鬼神，以求心安。朱子說：「心者，人之神明，其虛靈知覺，無異於鬼神，雖龜筮之靈，不至於踰人。」㉙這話說得何等明確！只要以至誠之心以爲，又何患乎不能淵通默契於天地鬼神之德？其次，則是以民爲本的民主意識，這種取決於民、徵之於民的做法，其結果，不僅能合於天意，當然更能順乎人心。應天順民，難道不是我們在政治上所要努力追求的目標？

(八)庶徵——雨、暘、燠、寒、風

這一疇，是用宇宙間自然界的各種徵兆，來作爲施政的驗證，藉以勉勵人君修德執中，勤政愛民，不可有一時一刻的逸樂與怠忽。其層次爲：

一、庶徵運行於天地之間，其功用在於化育萬物，一有所失，則成凶災。所以經文說：

庶徵：曰雨、曰暘、曰燠、曰寒、曰風、曰時。五者來備，各以其敍，庶草蕃廡，一極備凶，一極無凶。

這是說：「自然界有各種不同的徵驗，那就是下雨、晴天、燠熱、寒冷和刮風。這五項要是都能按照時序、適合需要而來的話，卽使是那些草木，也能生長得很茂盛。可是如果其中的一項過多或過少，那就要發生凶災了。」這無異於提醒人君，要時刻注意施政的得失、人民的疾苦，其出發點，仍然是落實到民生上面。

二、以五事配合休、咎，以自然現象之逆順，說明人君不可不修德。五事修則休徵，反之，則咎驗。經文說：

曰休徵：曰肅，時雨若。曰乂，時暘若。曰哲，時燠若。曰謀，時寒若。曰聖，時風若。

曰咎徵：曰狂，恆雨若。曰僭，恆暘若。曰豫，恆燠若。曰急，恆寒若。曰蒙，恆風若。

所謂休徵，就是善行的徵驗。換言之，天子如有美行之實（卽行德政），則上天就以風調雨順來作爲證驗。如天子的貌恭而至於肅，上天就以適時的雨應之。天子言從而至於乂（卽修明政治），上天就以適時的晴天應之。天子視明而至於哲，上天就以適時的燠熱應之。天子聽聰而至於謀，上天就以適時的寒冷應之。天子思睿而至於聖，上天就以適時的風應之。

所謂咎徵，就是惡行的徵驗。換言之，天子如有惡行之實，上天亦從而報之以咎徵之事。如天子貌不恭、甚則爲狂，狂爲肅之反，所以上天就以常雨水災應之。天子言不從、甚則爲僭，僭爲乂之反，所以上天就以常暘的旱災應之。天子視不明、甚則爲豫，豫爲哲之反，所以上天就以常燠爲災應之。天子聽不聰、甚則爲急，急爲謀之反，所以上天就以常寒爲災應之。天子思不睿、甚則爲蒙，蒙爲聖之反，所以上天就以常風爲災應之。

以上所言休徵：肅、乂、哲、謀、聖，經文配以時雨、暘、燠、寒、風。所言咎徵：狂、僭、豫、急、蒙，經文配以恆雨、暘、燠、寒、風。只不過是舉例爲言罷了，並非固定不易的鐵則，亦非如此靈驗不爽。蔡沈《書經集傳》說：「然必曰某事得，則某休徵應，某事失，則某咎徵應，則亦膠固不通，而不足與語造化之妙矣。」至於用五行相互配合的說法，尤不可信。

三、人事亦有休、咎之徵，不可不察，尤當愼加提防。所以經文說：

> 王省惟歲，卿士惟月，師尹惟日。歲月日時無易，百穀用成，乂用明，俊民用章，家用平康。日月歲時旣易，百穀用不成，乂用不明，俊民用微，家用不寧。

經文首先提出各級政府省察的時間，王爲一歲，卿士爲一月，師尹爲每日。在這裏我們要問，何以要省察？爲的是要明白民情、民隱，更是爲要明白政情。因歲月日時無變易，換言之，即一切皆能導入正軌，而百穀因此皆能成熟，政治以此也能修明，才俊之士，也皆以此而能彰顯在位，國家更能因此而得到平安康樂。這是由於君臣皆能各盡其職的休徵。反過來說，日月歲時失常變易，換言之，一切皆不能納入正軌，以致使行政錯亂，接著而來的，就是百穀因之無法成熟，政治也因昏暗而不能修明，才俊之士，因之隱微不仕，國家更是因之不能安寧。這是由於君臣皆不能盡其職的咎徵。所以鄭氏康成對於這一段經文慨乎其言的說：「所以承休徵、咎徵言之者，休、咎五事，得失之應，其所致尚微，故大陳君臣之象，成皇極之事。其道得，則其美應如此，其道失，則其敗德如彼，非徒風、雨、寒、燠而已。」[30]宋代的陳師凱也說：「謂無易，乃君臣屢省所致。既易，乃君臣不省所致。屢省則休徵，惟取其大者，故先歲、次月、次日，不省則積日而月，積月而歲，以致五者皆易，故先日次月次歲。」[31]這些說法，都非常正確。

四、政教失常，雖從民好，亦不能無亂。是以經文說：

> 庶民惟星，星有好風，星有好雨，日月之行，則有冬有夏，月之從星，則以風雨。

這是以眾星比作庶民，眾星的好風好雨，亦猶庶民的所好無常。而卿士、師尹又各以意行，違逆人民，事情固有所不行，如循民所好，則又難免生亂，是以天子臨民，應當示以大中至正之道才是。經文所言，全爲比喻，並不是實論。這是由於星有好風、星有好雨，故以比喻庶民的好尚各異。以日月的運行，而有冬夏，來比喻羣臣的職守有常。以月的從星，則以風雨，來比喻皇之不極，政教失中。如是，雖從民願，也不能無亂。這寓義又是何等的深遠！

至於星有好風、星有好雨的星，究指何星？馬融說：「箕星好風，畢星好雨。」考《詩．小雅．漸漸之石》說：「月離于畢，俾滂沱矣。」其下正義引《春秋緯》的話說：「月離于箕，風揚沙。」案：箕、畢二星，俱在二十八宿之中，箕宿爲蒼龍七宿的最後一星座，有星四，在南方，亦名南箕。畢宿爲白虎七宿的第五星座，有星八。《禮記．月令》說：「孟秋之月，旦畢中。」就是指的畢星。此星在西方，當月經歷箕星的時候，正值我國中原的風季，所以《春秋緯》說：「風揚沙。」當月經歷畢星的時候，正值雨季，所以《詩．小雅》說：「滂沱。」先民不知其然，因之也就以爲箕星好風、畢星好雨了㉜。

(九) 五福──壽、富、康寧、攸好德、考終命
六極──凶短折、疾、憂、貧、惡、弱

天地間有是理，然後有是事，有是行，而後福極至。無如理常微，而事常著，行常急，而福極常緩。是以人多視其事而無解於理，觀其行而不見福極。此亦世事之常，不足多思，更不足爲怪。行王道，則天賜五福，反之，則天威六極。準是以論，五福、六極，乃「天之所爲，非人之所設也。且統天下之人而言之，不專主人君。」㉝在這一方面，林之奇先生，有更精闢的見解，

他說：「堯舜行德，則民仁壽，桀紂行暴，而民鄙夭，夫仁壽、鄙夭，雖若制之於天，非人力所能為也。然堯舜之世，則民仁壽，非其生而皆仁壽也。堯舜之治天下，彝倫攸敘，休徵時至，則不期於仁壽，而自仁壽也。桀紂之世，則民鄙夭，非其生而皆鄙夭也。桀紂之治天下，彝倫攸斁、咎徵相仍，則不期於鄙夭，而自鄙夭也。故仁壽、鄙夭，雖本於天，而君實制其命，故《易》之論天地曰：鼓萬物而不與聖人同憂。言天地之於物，仁壽、鄙夭，任其自爾，無所容心。至於聖人，則有憂患於其間，故能裁成輔相，以立生民之命，嚮用五福，威用六極，此蓋聖人之憂患也。」[34]林氏這種天命人君兼顧的言論，確實盡情盡理，我們非常樂意贊同。平心而論，如果政教修明，天下安樂，而人民豐衣足食，自會長壽。「用天之道，分地之利，謹身節用，以養父母」[35]，而人民自會富庶。無疾無憂，了無掛礙，心廣體胖，自然形康而心寧。行禮樂之教，而人民自會「攸好德」。政教明，不陷於刑戮，正命而終，而人民自會考終命。此皆王道之所由得，而上天以休徵為之驗證的具體表現。如若不然，人民或由陷於刑戮，以不得其死而凶短折，或因經年患病身不得安寧而疾，或因心不得其寧而憂，或因困於財而不足於用而貧，或因風俗壞兇殘而惡，或因愚懦不能自立而弱。致此之由，皆為禮樂廢、政教失、不行王道，而上天所降的威罰啊！所以蔡沈《書經集傳》說：「五福六極，在君，則係於極之建不建；在民，則係於訓之行不行。」這話說得確實耐人尋味。由前述可知，君行王道（即建極），天即賜之五福，不行王道，天即賜之六極。民不行王訓，天則降之六極，行王訓，天則降之五福，這種道理，確實值得我們再三再四的推敲。《孟子》說：「禍、福無不由自取之也。」㊱準是以觀，那裏還有迷信的色彩呢？

三、結　語

〈洪範〉，乃箕子爲周武王所陳述的一篇治國大法。就體裁說，它應該屬於「謨」㊲，因其中所論，都是關於建國君民的大則大法，實與〈皋陶謨〉沒有什麼兩樣。就其篇章的組織說，它是古籍中，最具系統、而層次分明的著作。箕子述九疇，首先提出一個簡明的綱領，然後再逐次的展開，一一加以分述。所以讀〈洪範〉，使我們最能感到滿意的，就是在組織上的層次分明，有條理、有系統，一點都不紊亂。在上古的著作中，這一點，是很少可與之比擬的。在內容上說，它包羅宏富，也是上古其他談治道的著作，所無法望其項背的。明人王樵《尚書日記》說：「人心惟危四語㊳，聖學傳心之妙，而未及政事之詳。水、火、金、木、土、穀惟修㊴數語，善政養民之要，而未及心源事目之備。〈洪範〉一篇，性命政事，大綱細目，兼該全備，信乎唐虞以來，授受之微言也。」㊵王氏所言，大致不差，所說「人心惟危四語」，其主旨歸本於「允執厥中」上面，與〈洪範〉中的皇極相當。所說「水、火、金、木、土……」句，與〈洪範〉中的五行相當。所說「性命、政事」，是指〈洪範〉中的五事、八政而言。這也可說是王氏讀〈洪範〉有得的言論了。宋‧王柏說：「此書，王者繼天立極之大典也。其綱目爲最明，其義理爲最密，其功用所關為最廣，其歸宿樞機為最精。」㊶如就上古的政治哲學言，這話說得不錯。茲再就〈洪範〉之言，提出我們的看法如次：

一、五行：它雖為自然界的產物，但同時也是構成自然界的基本素材，更為各種生物生命之所寄。因此，我們應該把它看作國家的天然資源。如水利的興修，地熱（火）的開發，山林的砍伐與種植，礦藏的探勘與開採，土地的開闢、利用與保持等，這站在一位國家元首的立場來說，都是應該作一通盤的了解與規劃的。因此，我們對於漢人五行生尅、宋人天地行氣的說法，是無法接受的。

二、五事：箕子所以提出這一疇，可能有兩種作用，第一是資格的限定。換言之，必須具備這樣修養的人，才有資格「天工人其代之」。第二是退一步說，雖不具備此種修養，但努力以為，亦可以達到此種標準。所以這就含有勉勵的作用了。修為能到達這種地步，那毫無疑問的，將是一位聖君。聖君在位，那還能不以人民的疾苦為疾苦，不以人民的安樂為安樂？現在我們姑且撇開人君不談，專就個人而言，仍不失為養心修性的良好步驟與方法。個人能有如此的修養，他還會與人爭權奪利？還會作奸犯科？還會斤斤計較？還會沒有寬廣的心胸、容人的雅量？對於事理，還會看不透徹？假如一國之中，人人如此，那又是一個怎樣的景象？我們現在，又做到了多少？這在教育、內政方面來說，是不是仍然是一個努力的目標？

三、八政：就那個時代說，八個部門，或許已經足敷應用，時代的變遷，生活的需求，是不可同日而語的。不過由於這種簡單的記載，已經提供給我們一個良好的示範。我們當以此爲基礎，以切於民政爲依歸，設機關、立制度，只要針對民隱民痛，解決其疾苦，又有什麼不可？

四、五紀：這是我國向天空發展的第一步，其結果，除帶給我們一部完整的曆法外，其他的啟示，應是隨時制宜、適時適地運用時令，以求事半功倍的效果了。在科技進步神速的今天，對地球大氣層的了解，我們又能知道多少？氣象學對農政來說，已到了息息相關的地步，我們是不是應該以古人的那種精神，作更進一步的探究，以成爲世界氣象學的先進爲目標？

五、皇極：爲九疇中的中心點，也是最高的指揮機關，它好比人的腦神經中樞，職司發號命令的工作，所講求的，就是大中至正之道，是人君絕對應該遵守的。它的終極目標是致中和。同時這也是用人的鐵則，舉直錯諸枉，黜陟明，而政自清，這將是永遠不可改變的眞理。

六、三德：這是人君治理人民的一種權宜變通之法。正直、剛克、柔克，就是針對著國家當前情勢以及人民個性的靈活運用。因此，有人認爲三德就是皇極的具體運用。這見解也不能說不對，因爲再好的制度，再高的理想，如不付諸實施，又如何能發揮其效用？再者，如執一而爲，就難免有膠柱鼓瑟之失。〈呂刑〉篇說：「刑罰世輕世重」，刑罰尚且如此，更何況是治理人民千頭萬緒的政令措施？人的好尚不同，如一任其所爲，就難免有失中道，經文說：「月之從星，則以風雨」，不就是這種道理？

七、稽疑：在這一疇中，一方面我們可以看出解決事情的步驟和方法，另一方面，也可以看出民主、民本的意識。凡事，當先求盡人事，只要盡了最大的心力，卽使是無成，亦可問心無愧，求神問卜，只不過是求心安而已。又如像經文中所說：「謀卿士、謀庶民」，這種做法，不就是民主、順民意的表示？我們認爲，最害於事的，莫過於疑而不決。曠時費日，莫此爲甚。故如能事無所疑，並知如何去做，而且又能盡力的去做，任何事情，都可以計日功成。

八、庶徵：此疇與五事的密切配合，經有明文，這要看我們如何去體會。一個五事修的人，他自然是貌恭而肅、言從而乂、視明而哲、聽聰而謀、思睿而聖，一位肅、乂、哲、謀、聖的天子，難道在用人方面，還不能舉直錯諸枉？還不能黜陟明？既然能使俊傑在位，能者在官，君聖臣賢，而對國家的一切措施，必定都能釐然得當。於災害，而預爲之防，於需求，而預爲之謀，在這樣一個大有爲的政府領導、治理之下，自然是上下和睦，「黎民於變時雍」了。卽使有不意的災害發生，在上下通力合作下，也必能使之減少到最低限度。若反其道而行，那也就難免各種咎徵接踵而至了。

九、五福、六極：這是指人民的幸福與疾苦而言，也可以說，這是治理國家的總表現、總成績。有五福的結果，其政不問可知，有六極的結果，其政也不問可知。張其昀先生說：「通觀〈洪範〉全篇，始於民生，終於民生。」㊷我們如以「建國之首要在民生」的觀點來看，這話是不錯的。在上古時代，我國就已有了這種完備的政治宏規，誠然值得我們欣喜，然而就現在來說，我們是不是仍然需要一個使人民都能享有「五福」的國家？

附圖

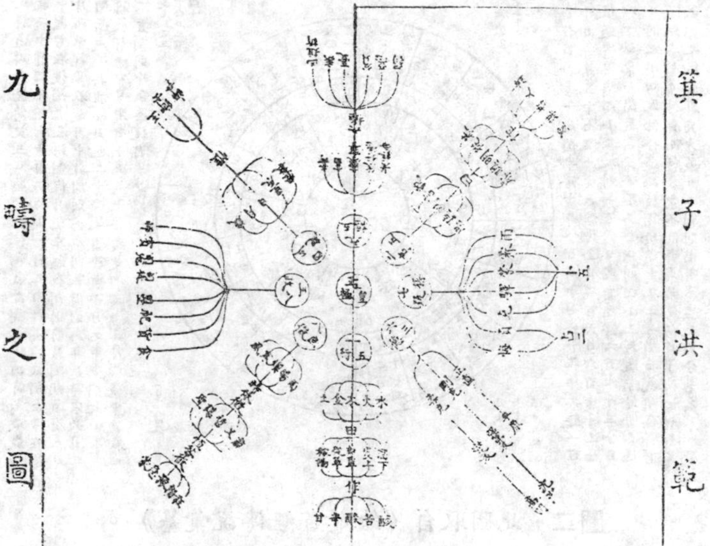

圖一　此圖採自《欽定書經傳說彙纂》。取《論語》「為政以德，譬如北辰，居其所而眾星拱之」之意繪製。附此供參考。

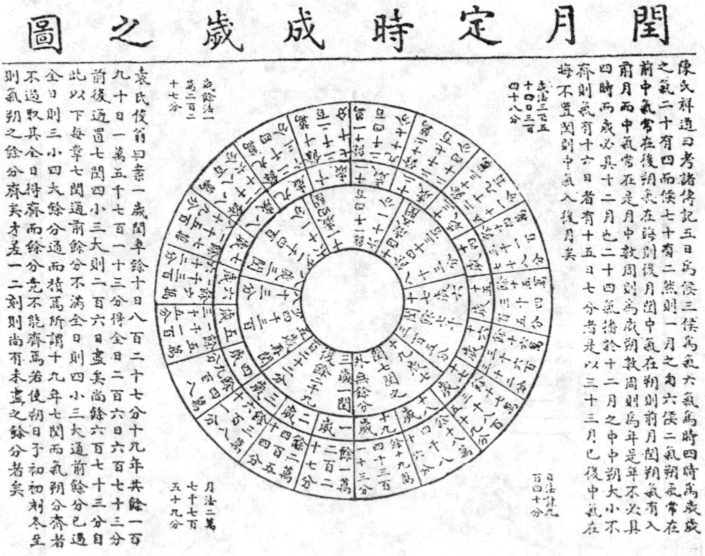
閏月定時成歲之圖

陳氏祥道曰考諸傳記五日爲候三候爲氣六氣爲時四時爲歲歲之氣二十有四而候七十有二然則一月之内六候二氣朔氣常在前中氣常在後朔氣在晦則後月閏中氣在朔則前月閏朔氣有入前月而中氣常在是月中數周則爲歲朔數周則爲年是年不必具四時而歲必具十二月也二十四氣播於十二月之中中朔大小不齊則氣有十六日者有十五日七分者是以三十三月已後中氣在晦不置閏則中氣入後月矣

歲法三百五十四日三百四十八分

日法九百四十分

歲餘法一萬二百二十七分

月法二萬七千七百五十九分

袁氏侯翁曰棄一歲閏率餘十日八百二十七分十九年共餘一百九十日一萬五千七百一十三分得全日二百六日六百七十三分前後通置七閏四小三大則二百六日盡矣尚餘六百七十三分自此以下每章七閏通前餘分不滿全日則四小三大通前餘分已過全日則三小四大餘分通而積焉所謂十九年七閏而氣朔分齊者不過取其全日得齊而餘分竟不能齊焉若使朔日子初初刻冬至則氣朔之餘分齊矣才差一二刻則尚有未盡之餘分者矣

圖二　此圖取自《欽定書經傳說彙纂》。

堯典歷象授時之圖

林氏之奇曰日行一度月行十三度十九分度之七星者四方之中星也角亢氐房心尾箕凡七十五度斗牛女虛危室壁凡九十八度四分度之一奎婁胃昴畢觜參凡八十度井鬼柳星張翼軫凡百一十二度共爲三百六十五度四分度之一辰則日月所會也正月會亥辰爲娵訾二月會戌辰爲降婁三月會酉辰爲大梁四月會申辰爲實沈五月會未辰爲鶉首六月會午辰爲鶉火七月會巳辰爲鶉尾八月會辰辰爲壽星九月會卯辰爲大火十月會寅辰爲析木十一月會丑辰爲星紀十二月會子辰爲玄枵〇蔡氏沈曰歷所以紀數之書象所以觀天之器如丅篇璣衡之屬是也日陽精一日而繞地一周月陰精一月而與日一會星二十八宿衆星爲經金木水火土五星爲緯皆是也辰以日月所會分周天之度爲十二次也

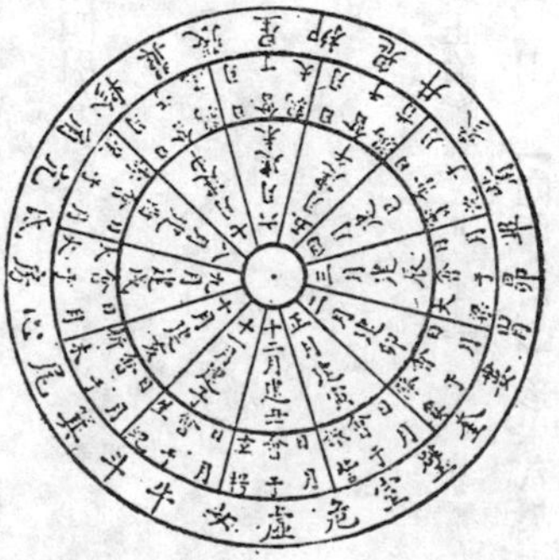

圖三　此圖取自《欽定書經傳說彙纂》，藉以說明日月交會情形。

注釋

❶ 見四庫提要經部書類二。

❷ 胡渭《洪範正論》，今有商務四庫珍本影印本（三集）。提要云：「蓋渭經學湛深，學有根柢，故所論一軌於理，漢儒附會之談，宋儒變亂之倫，能一掃而廓除之。」

❸ 見《東坡書傳》。

❹ 見《古史辨》五册下編，梁啟超著，〈陰陽五行說之來歷〉。

❺ 左氏襄公二十七年傳文。

❻ 林之奇著，《尚書全解》卷二四引。

❼ 胡渭著，《洪範正論》卷二。

❽ 《論語・子路》篇。

❾ 《孟子・離婁上》。

❿ 《洪範正論》卷二引陳氏語。

⓫ 自恭則肅至辨正，並見《洪範正論》卷二。

⓬ 見《欽定書經傳說彙纂・綱領》引，【四庫全書】珍本八集一册。

⑬ 見顏師古《漢書注》卷二七，〈五行志第七上〉注引。

⑭ 《洪範正論．皇極下》引朱子語。

⑮ 江聲著有《尚書集注音疏》，王鳴盛著有《尚書後案》，孫星衍著有《尚書今古文注疏》，俞樾著有《羣經平議》。

⑯ 見朱駿聲著，《尚書古注便讀》。

⑰ 說文：「皇，大也，从自王。自，始也。始王者三皇、大君也。」案：皇，不从自，說文恐誤，請參《說文解字詁林》第二册〈釋皇〉。

⑱ 宋．林之奇《尚書全解》卷二四云：「先儒解則錫之福，與下文汝雖錫之福，皆以福爲爵祿。惟孫元忠則不然。其說曰：『箕子之敍皇極，其言錫福者，有三焉：始言斂是五福，用敷錫厥庶民一也。中言予攸好德，汝則錫之福二也，末言于其無好德，汝雖錫之福，其作汝用咎三也。先儒皆以福爲爵祿，又恐不然。蓋皇極之道，本以五福爲用，故凡言錫者，皆五福之理也。』此說是也。蓋皇極之所謂福，與三德惟辟作福之言不同，以三德推之，非是也。故凡皇極之所謂福者，皆教之以大中之道，大中之道，五福之所由集也。」

⑲ 林氏《尚書全解》卷二四引。

⑳ 林氏《尚書全解》卷二五。

㉑ 同⑳。

㉒ 沈潛剛克，高明柔克，二句經文，說解甚紛，今政大中國文學研究所博士班黃君忠愼，在《孔孟月刊》

一八卷十二期，〈「洪範三德」試解〉一文中，解釋甚詳，其說可取，本文即取其義。

㉓ 將「高明柔克」釋爲「高明君子，亦以德懷之」者，爲馬融，見孫星衍《尚書今古文注疏》。

㉔ 見【古今圖書集成】《理學彙編・經籍》卷一二八。

㉕ 林氏《尚書全解》卷二五引。

㉖ 見《說文解字詁林》。

㉗ 關龜兆釋文，多採鄭氏康成之說。至於貞悔之釋爲內外卦，乃據左氏僖公十五年傳文爲說，傳云：「蠱之貞風也，其悔山也。」考蠱卦之象爲䷑，巽下艮上，說卦云：「巽爲風，艮爲山。」是內卦曰貞，外卦曰悔。卦以下體爲內，上體爲外。悔，說文作𠧪，云：「易卦之上體也。」至於何以謂爲貞悔，林之奇《尚書全解》引蘇軾云：「其謂之貞悔者，古語如此，莫知其訓也。」

㉘ 見《洪範正論》卷五。

㉙ 《洪範正論》卷五引。

㉚ 見孫星衍《尚書今古文注疏》引。

㉛ 《洪範正論》卷五引。

㉜ 以上經文之設喻，以及星有好風好雨之論，參黎建寰著，《尚書周書釋義》爲說。

㉝ 《洪範正論》卷五。

㉞ 林氏《尚書全解》卷二五。

㉟ 見《孝經・庶人章》。

㊱ 見《孟子・離婁上》

㊲ 鄭氏以爲此篇爲訓體，孔穎達正義，將之列入範體。胡渭以鄭義爲長。然就其內容言，實應列入謨體。

㊳ 見僞〈大禹謨〉。

㊴ 同㊳。

㊵ 《洪範正論》卷一。

㊶ 《欽定書經傳說彙纂》引。

㊷ 見《人生》雜誌卷三一第一期，頁五。

附錄〈洪範〉皇極中的「福」義及其所謂「錯簡」的商榷

〈洪範〉，爲《尚書》中的一篇，我們如果把《尚書》分爲〈虞夏書〉、〈商書〉、〈周書〉三部分的話，〈洪範〉則爲〈周書〉中的一篇。篇中又分爲九類，就是我們平常所說的洪範九疇。而皇極，僅爲九疇中的一疇而已。這一篇所談，自始至終，均爲治國的大則大法，其著眼點，則以民生爲依歸。是殷遺臣箕子，爲周武王所陳。

在通篇之內，言及「福」字的，一共有八次，如在綱領中說：「次九曰嚮用五福」。在皇極中說：「斂時五福」，「汝則錫之福」，「汝雖錫之福」。在三德中說：「惟辟作福」，「臣無有作福，……臣之作福，……」。在最後一疇中劈頭就說：「五福六極」。在這八次所提及的「福」字中，綱領所說，與「五福六極」中的五福，意義完全相同。因爲第九疇中的五福，就是綱領所說五福的重言，所指乃爲治理國家的結果，也可說是總成績、總表現。它的直接意義，就是幸福、福祉，是每一個國民，都可以享受到的。如五福所指的壽、富、康寧、攸好德、考終命，我們試想，一個國家，假如不安定、不太平，教化不行，禮樂不興，饑饉災荒頻仍，戰爭、盜賊時起，在這種情況下，人民如何能長壽？如何能富有？如何能形康心寧？又如何能攸好德？那就更不能壽終正寢、正命而終了。所以我們說，五福，它是政治上的總表現、總成績，是結果。而在三德中所涉及的「福」，均指封爵、賞賜的大權而言。換句話說，也只有天子，才配握有此種大權，同時這種大權，也是不容下移的。在經文中所表現的意義，甚爲明確，不必贅言。最後，只有皇極中所言及的三次「福」字了，這也可說是本文主題之一。

或者有人會問，皇極中的「五福」，與綱領中所言有何不同？我們的回答是：皇極中的五福，不僅不是結果，正好與之相反，它只是一個遠景和理想，假如天子（人君）能建立大中至正的施政法則，並循此以爲，就可以聚合五種幸福與人民。換言之，五福乃寓於大中至正之道之中，依此施教，其結果，人民都可以享受到五種幸福。（這裏所說的結果，是指目標、理想而言，非目前眞實所可享有的結果。）這也就如同我們現在已經完成的十大建設一樣，在未開始動工以前，先向全國人民宣告何以要有十大建設的興建，完成之後，人民能享有一個怎樣的成果是一樣的。人民能先有此認識、了解，然後才樂意擁護政府、支持政府，上下一心、通力合作，共同爲國家、也是爲本身的利益而盡心盡力。所以我們說，它與綱領中的五福不同。同時箕子言此，又好似有警示作用，那就是說，能以大中之道治國，則可「斂時五福」，否則，那也惟有招致六極了（六種災禍）。我們作這樣的論斷，可能引起誤會。既然〈洪範〉所論，爲建國君民的大則大法，而第九疇中的五福，不是理想而何？話是不錯，不過那是就實質的生活立論，雖不是實質生活，已把它看作實質的情形就是如此。所以我們把它看作結果。而皇極中所說的五福，它只是以皇極爲前提，對天子、對人民，都是一種考驗，它只是一個美好的生活遠景，不像第九疇中的五福六極，活生生地擺在我們的面前，讓我們實際的去過那樣的生活。

其次，是皇極中所說「汝則錫之福」的「福」字。對於此一「福」字的解釋，歷來的尙書家們，多以爵賞爲訓，再不然就解爲福祿。其實福祿就是爵賞，因祿字是可以釋爲俸祿、爵祿的。愚意以爲這種解釋，並不能表現經義，其理由如下：

爲了便於說明，所以首先必須把皇極這段經文引出來，經文說：

皇建其有極，斂時五福，用敷錫厥庶民。惟時厥庶民于汝極，錫汝保極。

凡厥庶民，無有淫朋；人無有比德，惟皇作極。

凡厥庶民，有猷、有為、有守，汝則念之。不協于極，不罹于咎，皇則受之。而康而色，曰：「予攸好德」，汝則錫之福。時人斯其惟皇之極。

無虐煢獨，而畏高明。人之有能、有為，使羞其行，而邦其昌。

凡厥正人，旣富方穀，汝弗能使有好于而家，時人斯其辜。于其無好（德），汝雖錫之福，其作汝用咎。

這段經文，我們可以分爲六個層次來探討，自皇建其有極至錫汝保極，爲第一個層次，主旨在說明皇極的所以建立，就是爲了聚斂五福給人民。反過來說，要想把五福具體的呈現在人民的面前，使人人得而享有，就必須建立皇極。因爲皇極就是大中至正之道，是上自天子，下至人民，所必須共同遵守的法則。能做到這一步，就會凡事得中，「無偏無黨」，而「王道蕩蕩」了。就是因爲這是天道，是自然之理，所以箕子言此，似乎有順之則昌、逆之則亡的意味。這種道理，首先天子要切實遵守，其次要使人民了解，並切實體察。誠如是，而上下形成一個堅固的整體，自然人民就會以天子爲法則，並與之來共同保持皇極的不墜了。

第二個層次，是自凡厥民至惟皇作極。主旨是說，能做到第一個層次的情景以後，就會自然而然發生的效果。這種效果，就是所有的人民，不會再有淫亂、羣朋的邪私行爲，而在官的人，也不會有比周阿黨的偏頗不正之舉，而惟皇極是從了。所以宋代的王安石說：「有極之所在，吾安所取正？取正於天而已。我取正於天，則民取正於我。道之本出於天，其在我爲德。皇極，我與庶民所同然也。故我訓於帝，則民訓于我矣。」這把皇極的本源來自於天，君則天，民則君的道理，交代得非常清楚。同時也無異爲我們解答了第二個層次的論點。

第三個層次，是自第二個凡厥庶民至汝則念之。主旨是說，對於有謀略、有作爲、有操守的人，天子應時刻想著起用他們，也惟有起用人才，政治才能導向正軌，國家才能昌盛。

第四個層次，是自不協于極至時人斯其惟皇之極。這是說，對於行爲既不能合於中準（皇極），又沒有陷於罪咎的人，所當採取的方法。換言之，這些絕大多數的中人，進則可爲聖爲賢，退則可爲奸爲惡，因此天子應當受而教之，使其好德。一旦他們能和顏悅色的說：「我所喜好的，就是美善的行爲」，這也就無異於天子的賜福了。這種好德之福，全爲天子受而教之的結果。所以說，這個地方的福字，應該說是由人民的受教好德而感激之言，絕不是什麼爵祿的賞賜。我們試想，一個人，果能喜好美善之行，這又非福而何？先儒多以此處的福字，釋爲爵祿，以上下文氣言，固未必然，如就情理論，尤其未必然。因皇極的重點，不僅天子要「取則焉」，同時還要「以之教民」，民能油然覺悟，相率而行之，國家自可步入安泰康樂之境。此五福的所由來。不然的話，假如有人說：「我所喜好的，是美善的行爲。」國家卽賜之爵祿，這一則無事實之據，再則亦無如許之爵祿，同時更可能因此而造成人民投機取巧的心理，這在道理上是說不通的。所以我們認爲在這裏的「福」字，應該釋爲由於自好德而得的福，也就是天子受而教之的結果。再不然，如把它看作獎勵、嘉勉，就如同現在所舉辦的好人好事的表揚，於理也是說得通的。

第五個層次，是無虐煢獨而畏高明。這是說，國家推行政令，最要者，莫過於大公無私，一視同仁。如稍有偏頗，就會遇到物議，乃至引起動亂，使國本不穩，這是執政的人，所應特別留意的。

第六個層次，是自凡厥正人至其作汝用咎。大義是說，所有在位的官員們，尤其是正長一類的人物，既然享用了國家豐厚的常祿，反而不能把國家治理好，這就難辭其咎了。在這種情況下，卽便天子賜之爵祿，反會招致人民的怨恨。所以對於這樣尸位素餐的官員，應該罷黜。這裏的福字，才是爵祿、封賞的意思，與前述的兩福字有別。所以宋代的林之奇，在其所著《尚書全解》中，引述孫元忠的話說：「箕子之敍皇極，其言錫福者有三焉：始言斂時五福，用敷錫厥庶民一也。中言予攸好德，汝則錫之福二也。末言于其無好德（案：德，經後人考證爲衍文，《史記‧宋世家》卽無德字。），汝雖錫之福，其作汝用咎三也。先儒皆以福爲爵祿，又恐不然。蓋皇極之道，本以五福爲用，故凡言錫者，皆五福之理也。」林氏除同意其說法外，接著又說：「蓋皇極之所謂福，與三德惟辟作福之福不同……故凡皇極之所謂福者，皆教之大中之道，大中之道，五福之所由集也。」所謂「凡言錫者皆五福之理，大中之道五福之所由集」，都要落實到「天工人其代之」上面。《孟子‧離婁上》說：「徒善不足以爲政，徒法不能以自行。」不就是這個道理？胡渭《洪範正論》說：「竊謂此章，自斂時五福，至其作汝用咎，卽夫子舉直錯諸枉，能使枉者直之意。」又引鄭公弼的話說：「天子無職事，惟辨君子小人而進退之，乃爲天子之職。」又說：「皇建其有極，修己之事畢矣。以下皆治人之事，而進君子、退小人爲最急，苟無好德而錫之福，則淫朋比德，偏黨成風，而皇極之體壞矣。」（卷四）近人吳闓生也說：「皇極之義，必使人人皆進于德。所由致然者，亦在於黜陟之明也。」我們就皇極所說，揣度其義蘊，熟慮其內含，覺得這些話，都非常中肯，也都是深體皇極之言。因此我們認爲皇極中所涉的福字，有三個層面：第一，在於君民都能徹底明白皇極作用的偉大，而天子、庶人都應信守勿失，這樣方可使國泰民安，共享「五福」之福。第二，在施行教化之後，卽使是中人，亦能深悟其理，深明其義，而由衷地、和顏悅色地說：「予攸好德」，好德卽是福，此種福，卽無異天子所賜。第三，乃對不稱職的官員，不使尸位素餐，以免招致民怨，破壞皇極的體制。所以林之奇先生說：「故凡言錫者，皆五福之理也。」循此而爲，上天自然降福，逆此而行，上天自然降災，此亦自然之理，只是吾人未加深思罷了。《孟子》所謂：「禍、福無不自取之也」，在天子如此，在民亦然。明乎此，我們再談皇極，對其所言「福」義，卽可去除上天賜福之迷，不再爲其所困了。

本文的第二個主題，卽皇極中所謂的錯簡。遠在宋代的王柏，就已經發出錯簡的大言，他的一部《書疑》，就是具體的說明。在該書中，並且作了一個自以爲是的調整。首先，他把皇極下原文，自斂時五福至其作汝用咎（卽前文所引）這一大段，移到第九疇五福六極六曰弱的下面，以作爲該疇的傳文。然後把原屬皇極中的一段韻語：

無偏無陂（案：陂，原作頗。），遵王之義；無有作好，遵王之道；無有作惡，遵王之路。無偏無黨，王道蕩蕩；無黨無偏，王道平平；無反無側，王道正直。會其有極，歸其有極。

提升在皇建其有極的下面，作爲經文，將原文曰皇極之敷言以下，降爲傳文。然後再把三德疇中，自惟辟作福，至民用僭忒一段，移到皇極「以爲天下王」下面，作爲傳文。王氏所以這樣大搬家，其惟一的理由，就是認爲有錯簡。他說：「愚竊嘗玩味皇極之章，疑其有錯簡焉。自五、皇極，皇建其有極二句之下，宜卽接無偏無陂。前三韻語，所以會其有極也，後三韻語，所以歸其有極也。曰會曰歸，所以爲建極之功也。前後四極字，包六韻語，文勢旣極縝密，字義備於形容，使人悠揚吟詠，意思尤覺深長。此宜爲皇極之經，先儒亦有謂此乃帝王相傳之訓，非箕子之言是也。」至於將三德疇中「惟辟作福至民用僭忒」一段，移作皇極傳文的理由，當然仍爲錯簡，他說：「自曰以下，指上文爲皇極之敷言，始爲箕子語，此當爲皇極傳，上曰敷言，告其君也，下曰敷言，告其民也，再曰天子作民父母，此指皇極之位而言，合接惟辟作福至僭忒，言此分之不可干也。舊綴於三德之下，其義紊戾。」

至於將皇極下，自歛時五福至其作汝用咎一段，移到第九疇福極以下，王氏的理由是：「自歛時五福之下，至其作汝用咎，宜爲福極之末章，此非皇極之正訓，而冠於六韻語上，使讀者反不知其本末，豈不誤哉！人君固秉敷斂之權，其曰斂時五福，蓋指第九疇而言，斂者皇也，時者是也，此也，非指皇極也，指五福也。」

王氏的主張，到了元代，總算起了回響。而胡一中所著《定正洪範集》說，於皇極一疇，卽悉採王氏意見，並解說其目的謂：「在合禹經箕傳之旨，俾可行於天下，所謂爲天地立心，爲生民立極，爲去聖繼絕學，爲萬世開太平。」其志氣不能說不大，其心胸也不能說不廣，然而可悲的是，逮夫胡渭《洪範正論》出，此種說法，便被一掃而盡，似乎再也引不起後人的注意。胡氏一則說：「〈洪範〉元無錯簡，而宋儒任意改竄，移庶徵王省惟歲以下，爲五紀之傳。移皇極斂時五福至其作汝用咎，及三德惟辟作福以下，並爲五福六極之傳，害三矣。愚爲是解，非敢撥棄舊詁，而逞吾臆見也，去其不正者，以就其正者，而聖人之意得矣。」（《洪範正論》序）去其不正，以就其正，當然是胡氏作正論宗旨之一，而最重要者，還在於能使聖人之意，重新展現。再則說：「夫九疇，雖別而爲九，其實更相經緯以發明治天下之大法，今以其有歲月日星，遂以爲當屬五紀之下，則上文肅時雨若，亦當屬於五事之下，皇極斂時五福，亦當屬於五福之下。如此，則九疇不相爲用，渙散而離矣。豈箕子之本義哉！」（正論卷五引林之奇語）〈洪範〉九疇，「雖別爲九，其實更相經緯，以發明治天下之大法」，如「不相爲用」，則「渙然而離矣」，眞是一語中的，不需再多辭費。如王柏之意，則是各自爲用矣。話雖如此，我們認爲只是這樣說，恐尙不能服人之心，而王氏之意在錯簡，所謂錯簡，就是置於不當置之處，以致上下阻澀，

「使讀者反不知其本末」，要想證明「元無錯簡」，當在皇極疇中的文氣、文勢上加以說明，證明它是一氣貫連的，並無上下費解或不銜接的地方。

首先我們應該確定的是，「皇極」爲大中之道。此大中之道，也就是自然之理，廓然大公，純然至誠，人人咸以爲至當之理。天子治天下，首當取則於此，以建立大中至正之法則，以期做到「我訓於天，則民訓於我」的目標。因此，宋代林之奇，以爲「僅觀皇極二字，則聖人所以教民之意可見矣。」（《尚書全解》卷二四）所以《朱子語錄》也說：「斂福錫民，豈別有福以錫之？只取則於此（案：當指皇極），各正其身，順理而行，則爲福也，此亦是教人之意。」（正論卷四引）而元代的王充耘，在其所著《讀書管見》卷下說：「皇建其有極，與湯建中于民相似，皆是以身立教。以其至極而無以復加，則謂之極，以其無過不及，則謂之中，以其至當而不可易，則謂之至善，其名殊，其實一而已。」

以上所述，是皇極的本源及其實質的意義。然而我們不要忘了，〈洪範〉九疇，是箕子當著武王的面所陳，既然說明皇極不僅爲天子所當取則遵守，還要更進一步的用以教民，這樣才能發揮其實質的功效。其所能展現在面前的理想及施行的步驟，又當如何？這就要涉及到我們在前文第一個主題中所說的層次了。

第一，自斂時五福至錫汝保極，這是天子取則皇極，建立法制，並用以教民所能展現的理想。也可說是未來施政的必然結果。王充耘在《讀書管見．皇極下》說：「人君建極，斂五福以錫庶民，豈眞有斂散之迹哉！大概有道之君，立乎其上，則自能措一世于治平。民皆飽食煖衣，入孝出弟，有壽康而無鄙夭者，是果誰之力哉，謂非其君有以致之不可也。董子所謂人君正心以正四方，而諸福之物，可致之祥，莫不畢至者，此卽建極斂福錫民之謂也。庶民于汝極，錫汝保極者，蓋建極在一人，而保極在天下，始焉，人君以身立教，率天下之民以歸于極，及其教化既行，風俗既定，則建極之君，有時而不存，而父慈子孝之俗，亙千百年如一日，是君之極，反藉民以保之也。」這話說得又是何等透闢！這是第一層次的寓義。能達此境界，當然也就是「凡厥庶民，無有淫朋，人無比德，惟皇作極」的景象了。這是第二層次的寓義。也可以說是第一層次的必然結果，這是郅治之隆的最高表現，在這種情況下，當然人人皆能享有五福之美的生活，這是遠景的具體形像化，當然也是人人所嚮往的。

至於第三到第六個層次的情景，那就是要時刻想念著起用人才，對於「不協于極，不罹于咎」的中人，要受而教之，一直到他們和顏悅色的說：「予攸好德」爲止。推行政令，要一視同仁，不可稍有偏私。對於在位有能有爲的官員，絕不可限制，要讓他們盡量的發揮其才能。對於那些尸位素餐的官員，當行罷黜，以免其爲天子招致怨恨。能做到這種地步，也就可以達到古語所說：「無偏無陂……歸其有極」了。這一段韻語，是箕子把大原則說完以後，引用古語來證實自己所言可以達到的情景，也就是古語所說的這層意思。我們假如能作如是觀，不也是「文勢既極縝密，字義備於形容，使人悠揚吟詠，意思尤覺深長」嗎？這種敍述方式，好似《韓詩外傳》，先陳述一段事理，最後引詩曰作結。當然我們不敢斷定《韓詩外傳》的體裁，是來自皇極，然而就形式上看，確實有些類似。就事理推測，箕子引古語來與自己所陳述的皇極治國之道相印證，也不是不可能的事。

最後，我們要來談談王氏又將三德疇中，自「惟辟作福至民用僭忒」一段經文，移入皇極的問題。王氏將這段經文，接在皇極「以爲天下王」下面，作爲傳語，在王氏可能以爲，既然只有天子才有爵賞、刑戮的大權，是不應該置入三德一疇中的。惟有置入皇極，才能「文勢縝密」。殊不知皇極與三德，本是交互爲用的，如果說皇極爲體，那麼三德就是用。皇極固爲中道，然此「中」卻非固一不變的「中」，而是「時中」，「時中者，當其可之謂也。」（宋・楊時語，見《書經傳說彙纂》引）而三德，正是「時中」的發揮。因三德所講，爲人君御世之權，隨時而制宜，因時而變化，它是「世輕世重」的，所以三德前半疇所講是方法，後半疇則爲權柄，而這種權柄，是不可以下移的。所謂「作福、作威、玉食」，惟天子方可享有。用現在的話說，就是事權的統一，如事權不統一，一國三公，各行其是，國家又何能富強？所以胡安定先生說：「聖人既由中道而治天下，又慮夫執中無權猶執一也，故用三德，所以隨時制宜，以歸安寧之域也。故皇極則見聖人之道，三德則見聖人之權。」王安石也說：「皇極者，君與臣民之所共由者也，三德者，君之所獨任，而臣民不得僭焉者也。」胡渭引述胡、王二氏的話以後，以堅定的口吻說：「蓋大中之道，人之所同有，爲君者，苟不能以先知覺後知，以先覺覺後覺，而與斯民共之，則人將淫朋、比德而自棄於小人之域，此國家之所以亂也。威福名器，人主之利勢，苟不能執之於一己，使臣下得而僭焉，則人民化之，亦將側頗僻，僭忒矣。」（以上胡安定、王安石、胡渭語，並見《洪範正論》卷四）我們看了這些言論，還能說有錯簡嗎？還能將三德之文，硬置之於皇極中嗎？

拾〈金縢〉

一、前　言

周武王十一年二月二十七日甲子[1]，率領諸侯兵，在牧野一戰，滅殷而有天下。到十三年的時候，不幸生了一場大病，當時非常危急。這時就整個天下局勢說，還沒有十分安定，而各種法典制度，尚待建立；周公深恐武王萬一有所不測，則國家社稷，亦將隨之蕩覆，所以他寢食難安。在計無可出的情況下，他決心向先祖列宗祈禱，並祈許以己身代替武王去死。他事先擬好了一篇祝禱辭，然後再剷平一塊土地，先築了太王、王季、文王三座神壇，然後又在三壇的南面，築了一壇，周公登此壇面北禱告，使史官宣讀祝禱文，事後將祝禱文藏在用金屬繩子捆紮的匱子裏，並且告訴史官執事們，不可將這件事情張揚出去。後來，三監率武庚反，周公奉成王命率師東征，二年而事畢定，周公卽以〈鴟鴞〉詩貽王，王亦未敢誚公。此時適有風雨大作，樹拔禾偃，滿朝文武百官，無不驚恐，成王朝服，率三公卿士，準備穆卜決疑，當打開金縢匱的時候，竟赫然發現周公願代武王死的祝禱辭，經證實以後，成王感動得泣不成聲，一場誤解，始化爲烏有，史因其事，作〈金縢〉之篇。

可是書序卻說：「武王有疾，周公作〈金縢〉。」這說法是不對的。周公所作，爲祝禱辭，其他部分，是史官記述的。唐朝的孔穎達，爲《尚書》寫正義的時候，就已經看出來了，所以他說：「武王有疾，周公作策書告神，請代武王死，事畢，納書於金縢之匱，遂作〈金縢〉。凡序言作者，謂作此篇也。案經，周公策命之書，自納金縢之匱，及爲流言所謗，成王悟而開之，史序其事，乃作此篇，非周公作也。」《東坡書傳》卷一〇也說：「〈金縢〉之書，緣周公而作，非周公作也。周公作金縢策書爾。」到了蔡沈著《書經集傳》的時候，說的就更爲清楚了。他說：「武王有疾，周公以王室未安，殷民未服，根本易搖，故請命三王，欲以身代武王之死，史錄其冊祝之文，並敍其事之始末，合爲一篇。以其藏於金縢之匱，編書者，因以金縢名篇。」這見解，歷元、明、清，並無異說，只是大家的引據不同而已。如說得再淺近些，金，是金屬，縢，是繩子，金縢，就是金屬的繩子。因篇中有「以啓金縢之書」的記載，所以取名金縢。現在我們所要特別提出來一說的，就是〈金縢〉篇的次序，就《尚書．周書》的篇次說，假如我們認定經文中所載「周公居東二年。」是東征的話，那麼〈金縢〉就應該排在〈大誥〉篇以後，而現在卻排在〈大誥〉以前，似乎不合邏輯。所以如此的原因，這是由於周公作「冊書」之時，是在武王克殷後的第二年，此時東方尚屬平靖，〈大誥〉無由而作。而〈金縢〉既緣周公之「冊書」而作，雖成書較晚，爲配合「册書」的年代，所以也只好排在〈大誥〉的前面了。其次還有一點必需說明，就是經文中所言及的〈鴟鴞〉詩，就時間說，也應該在〈大誥〉之後，這只要一披閱經文，馬上就可以發現的。由此也正可說明〈金縢〉篇排在〈大誥〉前的原因是不誣的。這兩個問題解釋清楚以後，現在就可以循著經文，探討其大義了。

二、大義探討

一、**事端的緣起與經過**：武王滅殷後二年，生了一場大病，而且相當嚴重，這時就天下大勢說，在表面上看是統一了，殷人好像也順服了，其實並沒有這樣簡單，我們從〈多方〉、〈多士〉等篇的誥語中，就可以得到證明。這種局面，假使武王還能繼續統治下去的話，尚可相安無事，不致有什麼大亂子，可是偏在此時，武王身染重病，而且有生命危險，在這種情形下，朝中大臣，尤其是宗室大臣，難免憂心忡忡，都希望武王能轉危爲安，早日痊癒，繼續治理天下的諸侯。可是在他們想盡各種方法仍不能使武王的病情減輕的情況下，最後也只有用占卜來問吉凶了。所以經文一開頭就說：

既克商二年，王有疾，弗豫。二公曰：「我其為王穆卜。」周公曰：「未可以戚我先

王。」公乃自以為功，為三壇同墠。為壇於南方，北面，周公立焉；植璧秉珪，乃告太王、王季、文王。❷

這意思是說：「戰勝殷商的第二年，武王生病了，身體感到非常不安適。於是太公望，召公奭與周公協議說：『既然如此，那麼我們不妨爲王穆卜來問一下吉凶吧！』周公說：『這樣做，恐怕不易感動我們的先王。』於是周公乃決定自我奉獻。想以己身代武王死。首先剷平一塊土地，然後築了三座神壇，又在三壇的南面築一壇，周公登臨其上，面向北，事先擺好璧，自己手裏拿著圭，向太王、王季、文王作虔誠的禱告。」

在這段記載中，有四點需要特別說明：

第一、求神問卜，在當時來說，是一種風尚，世界上任何民族，都經過此一階段，這是大家公認的事實。更何況占卜在當時，公家還設有專門機構來掌理？如〈洪範〉七稽疑一項，就是很好的證明。除了稽疑外，更有庶徵一項，來觀察各種徵兆，以判斷施政的得失。因此，三公的主張「穆卜」，雖不能看作當然，但起碼是合於當時習俗的。

第二、周公阻止二公的「穆卜」，而決定一己代武王死，這絕不是明知不可代而故意以這種舉措來施行詐欺以要名。假如是要名的話，他一定會公開他的行爲，即使當時不公開，事後也要透露一點消息，讓大家知道他的用心，最起碼也應該讓太公、召公知道，但這件事，一直到天大雷雨、成王啟金縢之匱才發現，足見其忠誠不二之心與堅貞之志，實屬志士仁人的作為。至於「死」不可代，周公何嘗不知？只是在當時，計無所出，而但求心之所安罷了。郝氏敬說：「學者讀〈金縢〉，但當思聖人忠孝誠敬，近切至情，而不必奇其事。方其請代，惟知臣為君死，何暇計事之有無，而藏册金縢，亦何期後日見知？惟自盡其心。至於受命如響，莫之致而至也。」這話我們不僅非常同意，同時也正是我們要說的。

❸ 第三、蔡氏對「穆卜」的解釋，以為「古者國有大事，卜，則公卿百執事皆在，誠一而和同以聽卜筮。」蔡氏之意，認為「穆卜」，是一種大禮，朝中文武百官均應出席參與，在誠一而和同的情況下，以聽命於卜筮。假如是這樣的話，周公絕對沒有阻止的理由。同時太公、召公也不可能被阻止。因此，我們認為「穆卜」的穆字，作「敬」、「嚴肅」解較為合理。

第四、未可以戚我先王的「戚」字，尚書家對這個字，有三種不同的解釋：一為鄭氏康成，把戚字釋為憂。意思是說：「不可去憂愁（煩惱）我們的先王。」二為偽孔傳，把戚字釋為近。意思是說：「武王不可以親近我們的先王。」這無異直接否定武王不可以死的意思。萬一你們穆卜的結果是凶，又將如何呢？劉逢祿又將「近」字的意思看作親情遠近的「近」，認二公分疏，不足以接近先王，意思是說，穆卜毫無用處。三為吳闓生《尚書大義》，把「戚」字釋為「戚然心動」。意思是說：穆卜不能感動先王，使武王不死。我們則以為第三種說法最為可取。因為穆卜的用意，就是要感動先王保祐武王，現在既然不能起任何作用，又為什麼還要穆卜呢？這正是周公不欲爲二公所知的託詞。周公所以要代武王而死，既不是挾詐，更不是要譽，實由於他的深思遠慮所致，惟恐武王一死，周代的社稷，就岌岌難保。同時他自己也將難逃其災禍。所以他寧願使己身之不保，代武王而死，不遠勝於國家、社稷的不保嗎？這完全是出於一片貞誠而向神明禱告的。所以卽使二公，亦不讓他們知道。我們如果能著眼於此，就更加可以發現周公捨己爲國的偉大了。

二、由祝禱辭，益見周公之忠誠：周公於當前情勢，旣然見之眞、體之切，是以其祝禱之辭，也愈見其忠藎純誠。經文說：

史乃册祝曰：「惟爾元孫某，遘厲虐疾；若爾三王，是有丕子之責于天，以旦代某之身。

予仁若考，能多材多藝，能事鬼神；乃元孫不若旦多材多藝，不能事鬼神。

乃命于帝庭，敷佑四方，用能定爾子孫于下地；四方之民，罔不祗畏。

嗚呼！無墜天之降寶命，我先王亦永有依歸。

今我卽命于元龜，爾之許我，我其以璧與珪，歸俟爾命；爾不許我，我乃屏璧與珪。」❹

這意思是：「於是周公就請太史宣讀事先作好的祝禱文說：『你們長孫發，得（患）了重病，非常危險。你們三位先王，在天之靈，實有保護長孫不死的責任，如欲其死，就請讓我旦來代他死吧！我旦仁厚而孝順，又多材多藝，事奉在三王神靈左右，絕對能使你們稱心如意。可是你們的長孫，不像旦這麼多材多藝，在你們神靈左右事奉，不會使你們稱心如意的。

可是他卻受命於帝庭，普有四方，爲天下的共主，因他能安定你們的子孫於人間，同時四方的人民，也沒有不敬畏他的。

唉！既然如此，就不要輕易地喪失上天所降給我周朝的寶位大命，這樣我歷代先王的神靈，就可以永久地得到祭祀而有所依靠了。

現在，我就請命於元龜，你們三位先王，如果許可我的請求，我就把璧與珪獻上，然後回去等待你們的命令。假如三位先王不答應我的請求，那我就把璧與珪藏起來，不奉獻給你們了。」

這段祝禱辭，帶給我們的感受是：

第一、尙書家對〈金縢〉篇的作者，雖有異議，然對這段祝禱辭爲周公所作，則交口稱是，迄今尙未看到不同的說法。

第二、此段祝禱辭，大致可分三個層次：從「惟爾元孫某」到「罔不祗畏」，爲一層次。自「嗚呼」到「永有依歸」爲一層次。從「今我卽命于元龜」到「屛璧與珪」爲一層次。

第三、在第一層次中，周公所表現於文字的，是一片純誠，忠心爲國，完全就大處著眼。套句現在的話說，完全是爲了羣體的利益，根本就不會考慮到自己的存亡，這種風範，實在令人敬佩歎服。將可永遠作爲公務員的楷模與準則。我們探討周公的忠藎，應在這方面著眼。當然他所用的方法，以今日來看，未必正確，可是我們所當師法的，乃其精神、乃其爲國不二的忠誠，乃其爲民族萬世不朽基業的奉獻，代死固不可能，可是話又說回來，我們處理公務，如能抱持必死的忠心，那麼請問，還有什麼事情不可完成？還有什麼困難不可克服？其次容易引起誤會的是：在經文中，周公曾說他自己「多才多藝」，勝過武王。這絕不是他自誇，我們也曾一再提及過，聖人有謙德，不可能矜伐一己的才能。這裏的「多材多藝」，是他爲了求得先王的歡心，許可代武王死而所作的一時的自譽之詞，這只要將前後經文作一通盤瀏覽，馬上就可發現周公說這話的意思，絕非周公自誇而貶抑武王，實在是想著代武王死，所以才這樣說的。至於周公自言「予仁而孝」，這不是反應武王的不仁不孝嗎？其實也不對。我們看看下文：「乃元孫不若旦多材多藝，不能事鬼神。」而並沒有再說「不若旦仁若考」的話，這不就更加可以證明不是說武王不仁不孝嗎？周公所特別提出的，是「多材多藝」，是想借此而取得先王的歡心，而一時所作的權變的說法，但絕不是自誇。蔡沈《書經集傳》卷四說：「死生有命，周公乃欲以身代武王之死，或者疑之，蓋方是時，天下未安，王業未固，使武王死，則宗社傾危，生民塗炭，變故有不可勝言者。周公忠誠切至，欲代其死，以輸危急，其精神感動，故卒得命於三王。今世之匹夫匹婦，一念誠孝，猶足感格鬼神，顯有應驗，而況於周公之元聖乎？是固不可謂無此理也。」可是話又說回來，假如先王不答應周公的請求，而一定要武王死，就是武王死了，也沒有事奉鬼神的本領。若不死，則能治國理民，一展其大才。所以不可讓武王死啊！而當以己身代之。周公的心志，表現得又是何等的忠誠明白？

第四、在第二層次中，僅僅只有十七個字。但卻表現了深遠的義蘊。寶命，我們在注釋中說過，是指天子的大位而言。墜，是喪失、喪亡的意思。前一層次，周公既然說了武王如何的能安定子孫於下土，四方的人民，又是如何地來敬畏他。在這種情況下，人民、國家，是一日不可沒有武王的。假如先王在天之靈，不保祐他，不允許周公代武王死，那就無異於自動地喪失上天所降給大周朝天子的寶位，這不僅是周代的滅亡，同時周代歷代先王的神靈，也將永遠絕祀而無所依歸！這話又是何等的沉痛、感人？如無眞心誠意，是很難說出來的。所以王氏樵說：「天下初定，民心易搖，武王一身，下則子孫黎民，所賴以安定，上則先王廟祀，所賴以依歸，三王若不任其保護之責，而使天降之寶命一失，則不惟下地之子孫不得安定，而先王亦無其所依歸。感動三王，最在此數語。」❺這話正是我們要說的。

第五、就第三層次說，經文中的元龜，就是大龜❻，古人賴以占卜，以測吉凶。就現在出土的甲骨文來看，則多爲卜辭，足可證明我們的見解不誣。這裏的「卽命于元龜」，是就著大龜占卜，來測知三王的是否應允，而元龜無形中，也就成了人神之間的橋樑。因此，元龜的表現，也就無異傳達了先王的命令，所以下文說：「爾之許我，我其以璧與珪」。璧與珪，是祭祀用的物品。《周禮》疏卷一八〈大宗伯〉說：「以玉作六器，以禮天地四方。」鄭注說：「謂始告神時，薦於神坐，周公植璧秉珪是也。」璧與珪既爲祭祀用的禮器，或薦或執，應各有其數。孫星衍氏說：「自命龜以下，至屏璧與珪，皆命龜詞也。」這大概是在占卜前，先把自己心中的意圖，向元龜說明，然後再開始占卜。最後就著所占卜的結果，以測吉凶。不過我們僅就命龜辭的最後一句來看，已够使人感動的了。當然，占卜的結果是吉，一切均不成問題，如果是凶呢？周公所以「屏璧與珪」，實在是無可奈何的做法，這種做法，無異說：「蓋武王喪，則周之基業必墜，雖欲事神，不可得也。」❼張氏九成也說：「武王若死，事未可知：大位者，姦之窺；危病者，邪之伺；異時三監之畔，周公之先見微矣。」這話眞可說是一語中的，再透闢不過了。在此情況下，周公又何能不憂心忡忡，於無計可施之時，以祈求先王保佑武王而代之以死呢？其語不僅沉痛感人，而其忠心，尤其可爲後世法。

三、誠應病瘳，周公乃仁忠之至：我們常說：「精誠所至，金石爲開」這句話，也常拿「可使頑石點頭」一語來作比喻。周公欲使四方的人民免遭塗炭，這是仁。在一線希望未幻滅之前，而不肯放棄職守，這是忠，所以終於完成了他「三龜一習吉」的願望。經文說：

> 乃卜三龜，一習吉。啟籥見書，乃並是吉。
>
> 公曰：「體，王其罔害，予小子新命于三王，惟永是圖，茲攸俟，能念予一人。」
>
> 公歸，乃納冊于金縢之匱中，王翼日乃瘳。❽

這意思是說：「於是就三王各卜一龜，所卜的結果，全部是吉祥的，然後再打開簡冊來對照一下所載的占辭，也都是吉利的。周公於是很欣慰的說：『以卜兆之象看來，我王將不會有什麼災害的。三王剛才告訴我，我王將起而圖治永久的基業，以治理天下。現在我所要做的，就是安心地等待先王的命令，我早就知道，他們會顧念我的這番苦心的。』

周公從祭壇回去以後，就把向三王禱告的册文，藏在用金屬繩子捆束的匱子中。到第二天，武王的病就好了。」

這段記載，說明了周公從祝禱以後，占卜的過程與結果，在這裏我們要特別提出來一述的，那就是「金縢匱」的問題。前文既然言及周公不欲任何人知道他欲代武王而死，此處又把祝禱辭及占卜的結果藏在金屬匱子裏，這不是有意要成王知道嗎？假如要是這樣的話，周公那就難以洗雪他的姦詐了。因爲這種藏器，是專門藏占卜册書用的，凡是王家大臣有所占卜，均應藏於其中，周公之藏，也不得不然。這不是行詐，而是禮數。所以宋・蔡沈《書經集傳》卷四說：「金縢之匱，乃周家藏卜筮書之物，每卜，則以告神之辭，書於册，既卜，則納册於匱而藏之，前後卜皆如此。故前周公『乃卜三龜，一習吉，啟籥見書』者，啟此匱也。後成王遇風雷之變，欲卜啟金縢者，亦啟此匱也。蓋卜筮之物，先王不敢褻，故金縢其匱而藏之，非周公始爲此匱，藏此册祝，爲後來自解計也。」這話說得很合情理，就經文以說經義，應該可信。

以上是周公爲武王祝禱的緣起、過程與結果，自成段落。以下所載，爲武王喪、成王立、周公攝政、東征種種事端的聚合，史官敍之，與前文合爲一篇。以下我們一仍前序，予以探討：

四、周公行其當行，不爲流言所動。經文說：

武王既喪，管叔及其羣弟，乃流言于國，曰：「公將不利於孺子。」周公乃告二公曰：「我之弗辟，我無以告我先王。」

周公居東二年，則罪人斯得。于後，公乃為詩以貽王，名之曰鴟鴞；王亦未敢誚公。⑨

這意思是說：「後來武王既已崩殂，由周公攝政當國，於是管叔及其羣弟，就散布謠言於國中說：『周公將要篡奪成王的王位』。於是周公就把這件事告訴太公望、召公奭說：『我的所以不避流言的中傷而攝政當國的主要原因，是恐怕天下叛周，將無以告我先王。』後來周公奉成王命，率師東征，經過整整兩年的時間，才把反叛的罪人，全部俘獲而繩之以法。等到管、蔡、武庚被誅放以後，周公就作了一首名爲鴟鴞的詩，送給成王，成王看了，心中雖是不以爲然，可是也未便責讓周公。」

這段敍述中，我們認爲有四點値得特別提出來加以討論：

第一、武王既喪，管叔及其羣弟流言於國：「公將不利於孺子。」武王喪後，何以會發生此種情事？前賢言之者雖多，愚以爲惟蔡氏沈之言最爲切理。他說：「商人兄死弟立者多，武王崩，成王幼，周公攝政，商人固已疑之，又管叔於周公為兄，尤所覬覦，故武庚、管、蔡流言於國，以危懼成王，而搖動周公也。史氏言管叔及其羣弟，而不及武庚者，所以深著三叔之罪也。」⑩

第二、是「我之弗辟，我無以告我先王」這句經文。在注釋中，我們舉出四種說法，似乎都可以講得通，可是我們參考諸說之後，認為《史記．魯周公世家》所載最為可取。孫星衍、劉逢祿亦主此種說法。劉氏說：「說此經者，《墨子》（案：〈耕柱〉篇）、蒙恬（案《史記》本傳），下至馬、鄭及偽孔諸說，謬亂不可勝辨。惟〈魯世家〉云：『我之所以弗辟而攝行政者，恐天下畔周，無以告我先王，於是卒相成王』得之。」這見解是對的，因為這不僅是一種道德勇氣，同時更是職責所在。當武王崩逝，禮樂未舉，制度未立，天下岌岌之時，請問誰來支撐此一大局？管叔以兄長之尊，習俗又承殷商之後，以兄終弟及為當然，而播散流言，以周公不利於孺子，於此情況下，假如周公避不攝政，或避居東都，國家將淪於胡底？我們再看前文，周公死且不避，還會避流言？假如這點眼光都沒有，還能成其為周公？這就是我們何以獨取史公說法的惟一因素。

第三、周公居東二年，罪人斯得：討論這個問題的人，或以為居東，是周公避居東都，或避居商奄。而罪人斯得，是指周公的屬黨，全為成王所獲。我們對於此一看法，不敢苟同。我們有足夠的資料和理由來打破這種成見。這種說法的始作俑者，可能是出於《墨子》，在〈耕柱〉篇有這樣的記載說：「周公旦，非關（管）叔，辭三公，東處於商蓋（奄）。」然而《列子．楊朱》

篇卻說：「周公居東，誅兄放弟。」⑪先哲所言不同，將何所依從？此蓋孟子所謂：「好事者」爲之的吧！顯不足信。我們的根據則有：

1.《史記・周本紀》說：「武王有瘳，後而崩，太子誦代立，是爲成王。成王少，周初定天下，周公恐諸侯畔（叛）周，公乃攝行政當國。管叔、蔡叔羣弟疑周公，與武庚作亂，畔周，周公奉成王命，伐誅武庚、管叔，放蔡叔。」

2.〈魯周公世家〉說：「周公恐天下聞武王崩而畔，卒相成王，管、蔡、武庚等果率淮夷而反，周公乃奉成王命，興師東伐，作大誥，遂誅管叔，殺武庚，放蔡叔。」

3.《詩・豳風・破斧》說：「周公東征，四國是皇。」皇，正也，匡也。四國，鄭箋說：「管、蔡、商、奄也。」

4.《詩・豳風・鴟鴞》說：「既取我子，無毀我室。」案：詩序說：「鴟鴞，周公救亂也。」朱子《詩集傳》引申此說，並與史公所言相同。而毛傳則說：「寧亡二子，不可以毀我周室。」毛傳所說二子，就是指管叔和蔡叔。由此說來，此詩蓋作於東征以後。

由以上四則記載，可以確知周公的居東，就是東征，絕不是避居東都或商奄，其理甚明。再說「罪人斯得」這句經文中的「罪人」，指的是管、蔡、武庚，當甚明顯。根據〈破斧〉詩疏引書傳的說法是：「武王殺紂，繼子祿父及管、蔡流言，奄君薄姑謂祿父曰：『武王已死，成王幼，周公見疑矣，此百世之時也，請舉事。』然後祿父及商奄畔。」這就是所謂流言的所由起。

管、蔡、武庚既然先播流言，繼之又行反叛，其爲罪人，似乎不需多說，因有以周公之屬黨爲罪人的說法，特在此不憚煩地多說幾句，權作贅言吧！不過「罪人」尚有一解，那就是俞樾的《羣經平議》，他說：「今按：罪人斯得之文，卽承周公居東二年之後，是周公得之，而非成王得之也。所謂得之者，謂得流言之所自起也。上文曰：『管叔及其羣弟，乃流言於國，此自史臣事後紀實之辭，若當其時，則但聞公將不利於孺子之言，播滿國中，其倡自何人，傳自何地，非獨成王與二公不知，雖周公亦不知也。及居東二年，乃始知造作流言者，實爲管蔡，故曰罪人斯得。』」俞氏以居東非東征，故有是言。我們則認爲居東則是東征，因此俞氏的見解，我們並不認爲是的論。

第四、關於〈鴟鴞〉詩作成之時間：就經文所載：「于後，公乃爲詩以貽王。」于後，鄭氏康成以爲居東二年以後。其實就是東征二年，罪人斯得之後。如就詩中所言：「既取我子，無毀我室」，毛氏傳來看，也是在東征後二年。毛傳說：「寧亡二子（管、蔡），不可毀我周室。」不很顯然是東征後二年作？清．姚際恆《詩經通論》說：「按『于後』之辭，是既誅管、蔡而作。恐成王猶疑其殺二叔，故作詩貽之。或必從鄭氏解書之義，以辟爲避，以居東爲居國之東，因主此詩爲未誅管、蔡之前作，曰：『以鴟鴞爲武庚。』武庚既已誅，豈猶慮其毀王室耶？誅管、蔡後，殷人尚未靖也，安得不慮其毀王室乎？又曰：『使此詩作於殷人畔後，則所云未雨綢繆者謂何？』不知此謂武庚雖誅，殷民不靖，正當蚤爲計耳。」所言甚是。馬通伯《毛詩學》引陳氏的話說：「詩（〈鴟鴞〉）作於東征二年之後，周公未歸時也。故次在東山前。」馬氏則有更精闢之見，他說：「東征之役，古今聚訟，夫變起倉卒，公既攝政，不應引嫌自避，則鄭氏以爲避居東都者非也。然骨肉之間，一聞流言，遽興師征，朱子晚年又疑其事，竊謂無可疑也。周公之東征，特提兵鎮懾，使其禍不至蔓延，而又不亟於致討，萬一叛人革面，猶可曲全，所以爲仁至義盡，不然一戎衣而有天下，殄殷小醜，奚待二年哉！史臣知之，故不曰東征，而曰居東，不曰誅武庚、管、蔡，而曰罪人斯得。聖人哀矜惻怛之心，並當日情事，皆昭然若揭矣。後之說者，多昧之。」馬氏的話，甚能發人，我們另外也就不再贅言了。

五、雷雨驚邦人，成王發金縢：漢・董仲舒《春秋繁露》卷八〈必仁且知第三十〉說：「天地之物有不常之變者，謂之異，小者謂之災，災常先至，而異乃隨之。災者，天之譴也，異者，天之威也。譴之不知，乃畏之以威，詩云：『畏天之威。』殆此謂也。凡災異之本，盡生於國家之失，國家之失，乃始萌芽，而天災異以譴告之，譴告之而不知變，乃見怪異以驚駭之，驚駭之尚不知畏恐，其殆咎乃至，以此見天意之仁，而不欲害人也。」這段話雖然富有迷信色彩，但亦不無其理。〈皐陶謨〉說：「天工人其代之。」天，實際上不能有所作爲，必由人而代爲作爲。人既代天工，那就應當本天意而爲，不應有所違背，如小有違背，天卽小有示警，大有違背，卽大有示警，以期其改過自新，實則「天亦不欲害人也。」只是人不自知而自害罷了。成王以幼沖的年齡卽天子位，又長於深宮之中，本無所知，最易爲流言所惑，此亦理之常，幸有三公的輔弼，而國家始得不墜，此亦託天之大幸，然而成王反不知周公之忠藎，這就難免遭天之示警了。是以經文說：

> 秋，大熟，未穫。天大雷電以風，禾盡偃，大木斯拔；邦人大恐。王與大夫盡弁，以啟金縢之書，乃得周公自以為功，代武王之說。二公及王，乃問諸史與百執事。對曰：「信。噫！公命，我勿敢言。」
>
> 王執書以泣曰：「其勿穆卜。昔公勤勞王家，惟予沖人弗及知；今天動威，以彰周公之德，惟朕小子其新逆，我國家禮亦宜之。」⑫

這意思是說：「周公東征二年後的秋天，五穀大熟，可是在尚未收割之前，老天忽然雷電交加，風雨大作，所有穀禾，全部都被吹倒了。就是大樹，也都被連根拔起。這時國人都恐慌的不得了。於是成王和朝中官員們，都穿上朝服，打開用金屬繩子所捆束的匱子，想取出裏面所藏的冊書，與將要穆卜的兆象相印證，以決所疑。但卻赫然發現周公寧願以身奉獻三王，代替武王死的祝禱辭。這時太公望、召公奭及成王，就向史官及各執事詢問這件事情是否眞實的，他們回答說：『是眞實的。唉！這是周公的命令，所以我們不敢事先說出來。』於是成王便手執周公的祝辭，哭泣著說：『不需要穆卜了。從前周公一心一意地爲國家勤勞盡忠，我這個幼童竟然不知道，現在上天發怒，來彰明周公的忠悃聖德，當他班師回朝的時候，我將親自到郊外去迎接，這就國家的禮制來說，也是非常適當的啊！』」

這段話，道出了周公的自然偉大，以及衷心爲國的聖德。代死，固不可能，然其用心可式可敬。至於其藏書金滕之匱，亦不得不然。非故意藏於此器以待成王的來啟。宋．林之奇早已先得我心。他說：「周公之藏書金滕也，徒以是事不得不藏，非預知天時有風雷之變，而嗣王必將啟緘以卜之也。成王之啟書於金滕也，亦以其將卜之，不得不啟，非素知公有請死之册，將取而觀之也。啟緘而遂知周公之心，此豈人力之所能爲哉！」⑬

六、雨霽反風，聖德以明。經文說：

王出郊，天乃雨，反風，禾則盡起。二公命邦人，凡大木所偃，盡起而築之，歲則大熟。⑭

這意思是說：「當成王親自迎出郊野的時候，天就晴了（或說：雨就止了），風也朝反方向吹，因此，仆倒的穀禾，也都豎立起來。二公就命令國人把所仆倒的大樹，通通扶起來，並且將根部擣實，使一切都恢復原來的樣子，於是這一年，仍然是一個大有年。」

這段話，就整個情勢說，就好比周朝，自武王崩後，經過一陣風風雨雨，由於周公的平亂、規劃、治理，終於又恢復了平靜一樣。所以吳闓生《尚書大義》引其先大夫的話說：「此周史故爲奇詭，以發揮周公之忠藎，所謂精變天地，以寄當時不知之慨，不必眞以天變爲周公而見也。」是言得之，所謂「誠者天之道也。誠則明矣，不誠無物。」思誠則爲人之道，天地之道，往往有不期然而然者，金縢實深寓此義。

三、結　語

綜觀《金縢》全篇，可分爲兩大部分：武王既喪以上，自爲始末，此亦周公以身代死的緣起、經過與結果。主旨在發明周公忠藎不二的誠心。武王病危，天下岌岌，謀國大臣，惟見生死，不見私情，這種公而忘私，捨己爲國的偉大情操，爲國人樹立了永遠不可磨滅的風範。武王既喪以下，蓋爲史官摭拾各事，附加在《金縢》的後面，借金縢之名而綴述成篇。一則說流言禍國自禍，再則論周公東征，以《鴟鴞》詩來表明一己的心跡，三則借天變以彰周公聖德，四則言歲大熟以明社稷又恢復了往日的寧靜，倒令人有一種否極泰來、剝極必復的感覺。就經文說，事出非一，語義亦感晦隱，致使解《尚書》的人，各執所見，難有齊同的看法。然天理人事，往往間不容髮，有其事，必有其理，有其理，卻不必有其事。事在人爲，天道往復，無響不應。我們如能處處以此爲斷，其取捨之際，當不難抉擇，又何必痛言其他?!

就文義說，也可以分成兩個層次，一爲表彰了周公的「忠」，再則說明了武王身繫宗國的「重」。我們就著經文所載，不難發現，周公的祈禱，固爲忠誠的表露，但他的忠誠，卻是多方面的，因此，他的祈禱，我們可以說，不僅是弟爲兄，臣爲君，而且更是爲先王，爲蒼生，爲萬世社稷。就當時來說，武王實一身繫天下之安危，假如此時武王有什麼不測，則天下大勢，實不可復問。經文雖不曾明載武王崩於何年，但據後人所考，我們採取折衷的說法，崩於克殷後四年，當不會相差太遠。以當時情勢說，可謂天下已定，然而尚有流言之惑，殷人之叛，奄之不服，淮夷的造反，使整個周室，幾乎不保，如在克殷後二年而喪，其情勢難道不更爲嚴重？王氏樵說：「〈金縢〉一篇，周公之事，首尾明著，以旦代某之身，一爲周家大業，一亦爲成王之幼也。又四年而崩，成王纔十三耳，武庚、三監，猶且有變，使武王遂喪於克殷二年之後，則意外之變何如哉！故周公與太公、召公，同心同德，以身任天下之重，而豈知管、蔡不平於旁，武庚伺釁於下，雖然以順討逆，在王室自有大義存焉，在周公則身被流言。」於此周公的處境，也就可以想見了。然而周公確實不愧爲聖人，他不但明達，而且更有道德勇氣。明達則能辨是非，察利害，知忠奸；有道德勇氣，則能堅定立場，不放棄職守。因此對周公其他的記載，像居東都、奔楚、奔魯的說法⑮，我們一概摒棄，僅取東征一說，因爲〈豳風〉諸詩所載及《史記》所述⑯與〈金縢〉所書，皆能昭然相合，我們實在沒有理由捨棄經史的正理而旁騖。

注釋

❶ 有關武王克殷之年月日，請參王國維著，《觀堂集林．生霸死霸考》及《孔孟學報》第三十五期，朱廷獻著〈武王克殷考〉二文。

❷ 1.克商二年：克，作勝解。《史記．周本紀》：「十一年伐紂。」克商二年，當爲武王十三年。

2.王有疾，弗豫：王，武王。豫，作安、悅、懌解。說文作悆（音ㄩˋ），喜也。

3.二公：太史公說爲：「太公、召公。」卽姜太公望、召公奭也。

4.我其爲王穆卜：我，謂我們，第一人稱多數詞。穆，作敬解，亦有嚴肅之意。蔡氏謂：「有誠一和同之意。」

5.戚，有三解：一爲鄭氏康成，憂也，言未可以告先王之憂戚也。二爲吳闓生《尚書大義》，謂：「戚然心動。言徒卜未足以動先王也。」三爲僞孔傳，把戚字釋爲近。

6.公乃自以爲功：公，周公也。功，太史公作質。蔡沈作事解。又功，貢也。《周禮．太宰五》曰：「賦貢」。注云：貢，功也。貢，獻也。言以身獻之於先王也。此處有代武王死之意。

7.爲三壇同墠：爲，築也。築土而使之高曰壇，卽祭壇也。除地而使之平曰墠（音ㄕㄢˋ）。三壇，指太王（卽古公亶父）王季（卽季歷）文王各爲築一壇。

8.爲壇於南方，北面：謂另在三壇之南，築一壇，周公登此壇面北，向祖先祝禱也。鄭氏康成云：「時爲壇墠於豐，壇墠之處，猶存焉。」案：豐，周邑名，在今陝西鄠縣東。《漢書・地理志》：「鄠豐水，出縣東南。」

9.植璧秉珪：植，太史公作戴。鄭氏謂乃古置字。秉，持也、執也。珪，史公作圭。案：戴，亦植之意。漢熹平石經《論語》：「置其杖而芸」，今作植。是置、植古通用之證。

❸《欽定書經傳說彙纂》卷一二引。

❹1.史乃冊祝曰：史，即太史，或史官。孫星衍謂：「史佚也。」冊，太史公作策，二字通用。策，書也。祝，說文謂：「祭，主贊詞者。」鄭氏云：「策，周公所作，謂策書也。祝，讀此簡書以告三王。」

2.惟爾元孫某：惟，語詞。元孫，長孫也。某，太史公作王發。發，爲武王名。江聲《尚書集注音疏》謂：「以父前子名之誼，則告太王、王季、文王，當名武王偁元孫發。今此諱發而云某，必由後來成王開金縢之書，得此冊文讀之，不敢斥名而云某，後錄書者，從成王之讀，因遂作某。其實周公冊書本作發字。」推理甚切，可從。

3.遘厲虐疾：遘，遇也、逢也。厲，危也。一云同癘，疫癘也，爲一種瘟疫，亦即傳染病。虐，惡也。

4.是有丕子之責于天：是，與實通，見俞樾《羣經平議》五，舉〈秦誓〉：「是能容之」，《禮記・大學》作「實能容之」爲證，是也。丕子，說解不一，僞孔傳解作大子。馬融讀如字，是與僞孔同。蓋謂實有(保護)太子之責於天，謂疾不可救於天。太史公作負子，孔穎達正義謂負人物也。太子之責於天，言負天一大子也。然清人朱彬云：「負，抱也。有鞠育之義。」見其所著《經傳考證》八，漢京本【經解】廿册，頁一五二〇八。然章太炎先生〈太史公尙書說〉又謂：「負子之責，本指三王，負子者，所謂襁負其子。詩『螟蛉有子，蜾蠃負之。』傳：『負，持也。』然則或負或抱，通得稱負，質言之，則保育其子耳。」宋·蔡沈則釋爲元子。蓋武王爲元子，三王當任其保護之責於天，不可令其死也。朱駿聲《尙書便讀》釋丕爲不，子爲慈，責，謫也、罰也。言若不救，是將有不慈之過，爲天所責。曾運乾釋丕子爲「布茲」，謂爲弟子助祭以事鬼神者之役。意謂三王在帝左右，如需執賤役、奉事鬼神，旦尤能舉其職，故請以旦代某之身也。我們則認爲太史公作「負」爲是，其義則取朱彬、章太炎之釋。

5. 予仁若考：若，作而解。「考」字之釋亦紛：太史公《魯周公世家》作「巧」。王念孫《經義述聞》謂：「考、巧古字通。」是仁若考，乃「仁而巧」也。然俞樾則又以爲「仁」字爲「佞」字之譌。「佞」乃有才之謂，如人自謂不佞，卽不才之意。「佞而巧」與下文「多材多藝」相對爲文。宋·蘇軾釋考爲孝，見《東坡書傳》卷一〇。蔡沈釋考爲祖考。于省吾《尙書新證》謂：「金文考、孝通用。若，而也。予仁若考者，予仁而孝也。」本文取蘇、于二氏之說。

6. 能多材多藝：能，太史公屬上句讀，作「旦仁若考能」，孫星衍從之。然俞樾以爲「能」字卽「而」字，二字通用。如履六三：眇能視、跛能履。李氏集解本「能」皆作「而」。虞注曰：「眇而視、跛而履」。又如《鹽鐵論》：「忠焉能勿悔乎？愛之而勿勞乎？」崔駰〈大理箴〉：「或有忠能被害，或有孝而見殘。」皆「能、而」通用之證。是俞氏以「能」字屬下句讀。是也，本文從之。

7. 敷佑四方：敷、溥、普三字文異義同。佑乃俗字，當作右，而讀爲有。《儀禮·有司徹》篇右几，鄭注曰：「古文右作侑，右侑通用。」故右有亦得通用。古書聲同者，義亦多同，古書多假借，以聲爲主，不泥其形也。敷佑四方者，普有四方也。以上見俞樾《羣經平議》五，漢京本【續經解】十九册，頁一四九七〇—一四九七一。又王國維《觀堂集林》云：「盂鼎作匍有四方。」卽普有天下之意。與俞氏說同。

8. 用能定爾子孫于下地：用，作以解。定，安定之意。下地，卽地上，有人間之意。此對帝庭言。

9. 罔不祗畏：祗，太史公作敬。此謂四方之民無不敬畏之意。

10. 無墜天之降寶命：墜，當爲隊，說文：「從高隊也。」失也。降，下也。寶，珍也。太史公作葆，蓋古通用。寶命，卽寶位，指天子之大位、尊位而言。

11. 我先王亦永有依歸：永，長久也。依歸，猶言依恃、依靠、依止之意。

12. 今我卽命于元龜：元龜，馬融云：「大龜也。」卽，蔡氏謂：「就也。」僞孔云：「就受三王之命於大龜，卜知吉凶。」命，告也。凡占卜，必先告龜以所卜之事，故云命龜也。又凡占，以大龜爲寶。今我卽命于元龜者，乃言今我往三王壇下各卜一龜之意。

13. 爾之許我：馬融云：「待汝命武王當愈，我當死也。」爾，三王也。之，作若解。

14. 我其以璧與珪：其，乃也、就也。以，用也。言用璧與珪獻之於神也。

15. 我乃屏璧與珪：珪，太史公俱作圭。屏，《廣雅．釋詁》云：「藏也。」謂不獻於神也。案：武王崩，周代亡，卽欲獻，亦無從獻矣。此句洵有味也。

❺《欽定書經傳說彙纂》卷一二引。

❻馬融注《西伯戡黎》云：「長尺二寸」。《白虎通・著龜》引《禮・三正記》云：「天子龜長一尺二寸，諸侯一尺，大夫八寸，士六寸。」

❼蔡沈語。見所著《書經集傳》卷四。

❽1.乃卜三龜：三龜，謂三王各卜以龜也。然卜之時，乃三人，《洪範》云：「三人占，則從二人之言。」

2.一習吉：一，有全部、皆、悉之意。習，重疊。即一皆重吉之意。

3.啟籥見書：啟，開也。籥，簡屬。書，占兆之辭。王引之《經義述聞》卷三云：「書者，占兆之辭。籥者，簡屬，所以載書，故必啟籥然後見書也。啟，謂展示之，下文以啟金縢之書與此同。……籥，占兆之辭，書所載也，故並言之。」然籥之釋，尚有作「藏卜兆書管」解者，見陸德明〈尚書釋文〉引馬融語。今人曾運乾、高本漢從之。鄭氏康成則以為籥是開鎖之鍵。三說以王氏為優。

4.乃並是吉，有二解：一為指占卜之結果，皆為吉祥（吉利）。一為俞樾謂指武王與周公皆可不死，故為吉。並，又作逢，且引《論衡・卜筮》篇為證。如作逢解，此句即為：王與周公逢是吉也（均可不死）。本文採第一說。

5.體，王其罔害：體，謂兆象也。俞樾解為「幸」，謂幸運也。罔，亦作無。謂據兆象，王病無害之意。

6.新命于三王：太史公作「新受命」，即由兆象知三王之意。有三王剛剛告訴我之意。

7.惟永是圖：謂武王既然無害，將起而圖治永久之王業也。

8.能念予一人：念，顧眷也，指三王。予一人，指周公。「一人」之稱，此時周尚未為定制，是以任人均可稱一人。如定制，當為天子自稱之詞，他人又何能稱之？

9.金縢之匱：匣也，為專藏占卜冊書之器。外以金屬繩捆紮，故名。瘳，愈也。

⑨

1.武王既喪：有關武王崩喪之年，說法有五：其一、太史公以為在克殷後二年（見《史記・封禪書》）。其二、鄭氏康成以為在克殷後四年（見《詩・豳譜・疏》）。其三、《周書・（卽《逸周書》）明堂》篇，以為在克殷後六年。其四、簡朝亮以為在克殷後五年（見《尚書集注述疏》）。其五、董作賓謂崩於克殷後七年（見所著《西周年曆譜》，載《中研院史語所傅斯年紀念論文集》下）。以上五說，未知孰是。

2.管叔及其羣弟：管，國名，叔鮮，封於管（今河南鄭縣）。羣弟，指蔡叔度、霍叔處也。管叔，孟子、史公均以為周公兄（見《孟子・公孫丑下》及《史記・管蔡世家》）。

3.乃流言于國：流言，謂散播謠言之意。一謂無根據之言。

4.公將不利于孺子：公，指周公。孺子，稚子，謂成王。

5.我之弗辟：「辟」字之釋不一：其一、《史記正義》音避，乃避之假借，謂不避流言而攝政當國也。其二、偽孔傳：「辟，法也。」其三、馬、鄭音避，謂避居東都。其四、說文：「辟，法也。」又以𢍏从辟，治也。又⿱辟又，亦作治也解。江聲卽以辟作𢍏，作治解，此又以辟為⿱辟又之假借。其五、曾運乾《尚書正讀》，以辟作君解，謂卽君位之意。本文採太史公說法。

6.周公居東二年：居東，謂東征也。

7.罪人斯得：罪人，謂管、蔡、武庚也。斯，盡也。

8.貽，遺也。鴟鴞，《詩・豳風》有〈鴟鴞〉之篇。該序云：「鴟鴞，周公救亂也。成王未知周公之志，公乃爲詩以遺之，名之曰鴟鴞。」誚，史公作訓，鄭氏康成作責讓解。

⑩見蔡沈著，《書經集傳》卷四。

⑪見簡朝亮《尚書集注述疏》卷一三引。

⑫1.秋，大熟：秋，鄭氏謂：「周公出二年之後，明年秋天也。」案：即周公居東二年罪人斯得以後秋也。亦即〈東山〉詩所云：「自我不見，於今三年」之時。

2.偃，作仆解。斯，作盡解。拔，連根拔起之意。弁，史公作朝服。功，貢也、獻也。史公作質。

3.乃問諸史與百執事：問，鄭氏謂：「問審然否也。」史，史官，或謂太史、史佚也。

4.王執書以泣者：鄭氏曰：「泣者，傷周公忠孝如是，而無知之者。」曾運乾云：「泣者，成王悔悟也。」

5.其勿穆卜：因遭天變，故開金縢之書以卜，今眞象大白，何以卜爲？言不必穆卜也。

6.惟予沖人：沖，史公作幼。僞孔云：「言己童幼，不及知周公昔日忠勤。」蔡氏云：「昔周公勤勞王室，我幼沖不及知。」

7.今天動威，以彰周公之德：僞孔云：「發雷風之威，以明周公之聖法。」蔡氏云：「今天動威，以明周公之德。」此謂上天發怒示之以雷雨暴風之變，以明周公盡忠王室（國家）之大德之意。

8.惟朕小子其新逆：史公無「新」字。馬融「新」作「親」。鄭云：「新迎，改先時之心，更自新以迎周公於東與之歸，尊任之。」案：此應爲周公東征回朝、成王親迎之意。其，將然之詞。新，爲親之假借字。古新、親往往通用。《大學》：「在親民」，程子卽云：「親，當作新。」逆，作迎解。

9.我國家禮亦宜之：吳闓生《尚書大義》云：「褒德報功，尊尊親親，禮所宜也。」

⑬ 見林之奇著，《尚書全解》卷二六。漢京本【通志堂經解】十一册，頁六八七二。

⑭ 1.王出郊：謂成王出郊親迎周公也。

2.天乃雨：雨，王引之《經義述聞》卷三謂：「〈琴操〉說周〈金滕〉曰：『天乃反風霽雨。』據此，則古文之天乃雨，今文當作天乃霽，雨止爲霽。故《論衡》以止雨代之也。」是天乃霽，有雨止天青之意。

3.反風，禾則盡起：謂風反向而吹，所偃仆之禾，全部又豎立而起之意。

4.凡大木之所偃：爲凡所偃之大木之倒句。

5.盡起而築之：起，扶起之意。築，釋文謂築其根。說文謂所以擣也。擣土使硬之意。

⑮ 周公奔楚之說見《史記·蒙恬列傳》。奔魯之說，見〈琴操〉，簡朝亮《尚書集注述疏》卷一三，頁三三〇引。

⑯ 「豳風」諸詩如〈鴟鴞〉：乃周公救亂之詩。〈東山〉，周公東征之詩。〈破斧〉，周公東征之詩。〈伐柯〉，美周公之詩。〈九罭〉，美周公之詩。〈狼跋〉，周公攝政，遠則四國流言，近則成王不知，周大夫美其不失其聖之意。《史記》所述，見〈周本紀〉及〈魯周公世家〉。

拾壹〈大誥〉

一、前言

當周武王崩逝的時候，成王尚幼。周公惟恐天下諸侯叛周，所以才毅然攝政當國。但卻沒有料到就在此時，東方的三監❶，竟然播散流言說：「周公將要篡奪成王的王位。」❷以打擊周公，動搖人心，以期先引起成王的猜疑，然後再伺機而動。果然不久，他們就率先領著淮夷反叛了。在此情況下，周公不得已奉成王命，率師東征，在出師前，爲使天下的諸侯，知道東征的原因和目的，所以就先發布了這篇告示。

所謂〈大誥〉，就是普告天下的意思。因篇首是以「大誥爾多邦」開端，所以編書的人，就取「大誥」二字以爲篇名了。就性質說，與現今政府的公告、布告沒有什麼不同。所以簡朝亮在其所著《尚書集注述疏》卷一四，一開頭就說：「誥，告也，大告東征於天下也。」現在，我們就循著經文，探討如次。

二、大義探討

一、明示幼沖之成王，於災難之中嗣位，借以顯示叛亂者之趁火打劫。經文說：

王若曰：「猷！大誥爾多邦，越爾御事。弗弔，天降割于我家不少延。洪惟我幼沖人，嗣無疆大歷服。弗造哲，迪民康，矧曰其有能格知天命？」❸

這意思是：「王如此說：『噢！現在我要正告天下的諸侯以及你們的治事大臣們：說起來眞是不幸，上天降災害於我周家（奪我武王），一點時間都不延緩。就在這樣的情況下，我這個年幼的童子，卻繼承了祖先無窮盡的帝位和職事。然而由於我的不明智，所以一時無法引導人民進入安樂的境地。安人尚且不能，況能進一步地知道天意？』」

經文首揭周家當前所遭的不幸及成王自身所負責任之重大，由於時間的短促，故一時未能致人民於安樂之中，並謙言一己的不明哲，不知天命，而甘願承擔一切責任。由此也正反應出野心家的趁火打劫，以及乘人之危以濟事的不法勾當。所以以下的經文，接著就針對此一問題，表明了其嚴正的立場。

二、既膺天命，卽當行天威，雖處艱難之境，豈可不以前人之功業爲念？是以經文說：

> 已！予惟小子，若涉淵水，予惟往求朕攸濟。敷賁，敷前人受命，茲不忘大功，予不敢閉于天降威用。④

這是說：「噫！我時刻都在思念著國家當前的艱困處境，就像渡涉深水一樣的危險。因此，我必需深思熟慮往求我用來渡水的方法，好安全的到達彼岸。我所以辛勤地奔走，就是爲了施行先人所受的天命。只有這樣做，才能不喪失我先王的大功，所以我不敢閉而不用上天所授給我的誅惡權。」

言語之間，不僅態度認眞，而且立場也非常嚴正。爲發揚、光大祖先的基業，爲求國家的永久統一，以成王當時所處的環境，也只有如此，方可使不法之徒，畏天命而息不軌，進而建立永遠不可動搖的領導權。

三、託靈龜之示，言已洞悉奸惡不法之行。經文說：

> 寧王遺我大寶龜，紹天明；卽命曰：「有大艱于西土，西土人亦不靜。」越茲蠢。⑤

這是說：「文王留給我一隻大而靈的寶龜，我向它卜問天命，於是它就告訴我說（卽卜辭顯示）：在西方（卽西周）有一場大災難，卽使是西方人本身（指管、蔡），也不能安靜下來。」於今果然有人已經開始蠢動了（指武庚已行叛周）。

由這段經文，可以使我們領悟占卜，爲當時所尙，對人民而言，尤其不可缺少。然卜不違天，以卜代天命，以明自然之理（天理），這站在統治者的立場上說，討伐叛逆，乃是極其自然的行爲。以此問卜，假卜以行征伐，其實就是執行統治權。以大一統的國家觀點說，對於野心家、叛逆者，必須如此，方可建立穩固的領導地位。

四、直斥武庚乘人之危，意圖叛周之非是。經文說：

殷小腆，誕敢紀其敍。天降威，知我國有疵，民不康。曰：「予復。」反鄙我周邦。⑥

這是說：「那殷家的小主人武庚，竟敢理其王業，趁著上天降罰、奪我武王，明知我國有災難，民心不安的時候，稱兵作亂，並聲言要恢復殷朝，反而計畫著來謀取我周家的天下。」

這段經文，言外之意，有責斥武庚趁火打劫、「乘危濟事」的不法行爲。我們推想武庚的所以敢如此做，在《尙書大傳》中，似乎可以找到答案。大傳記奄君蒲姑謂祿父說：「武王旣死，成王幼，周公見疑，此百世之時也，請舉事。然後祿父及三監畔（叛）也。」以理求之，這記載是可信的。除此之外，朱子（熹）也有一段說辭，他說：「當初紂暴虐，天下胥怨，無不欲誅之，及武王既奉天下之心以誅紂，於是天下之怨皆解，而歸德於周矣。然商之遺民及與紂同事之臣，一旦見故主遭戮，宗社爲墟，寧不動心？茲固畔（叛）心所由生也。蓋始於苦紂之暴而欲其亡，及紂既死，則怨已解，而人心復有所不忍，亦事勢人情之必然者，又況商之流風善政，畢竟尙有在人心者，頑民感商恩意之深，此其所以叛也。」（見元・陳櫟著《書集傳纂疏》卷四引）這說法不僅推理切，而且亦爲人情之常，我們也有這樣的看法。

五、言武庚雖已蠢動，然由於民有賢人相助，必可敉亂圖功。經文說：

今蠢，今翼日，民獻有十夫，予翼，以于敉寧武圖功。我有大事、休，朕卜并吉。❼

這是說：「現在武庚已經開始蠢動了，就在他叛亂的第二天，就有很多足以代表人民的賢人，來幫助我，要和我一同前往撫定文王、武王克殷所完成的功業。現在我雖有了戰爭的大事，但卻是吉利的，我前後所占卜的結果，通通是吉利的。」

這表明，國家雖已發生戰亂，但只要大家同心協力，一定可以敉平反叛的人。爲了安定民心，所以特別強調「卜并吉」。不過此段經文尙有不同的解釋，首先表現在斷句上的是：今蠢今翼，日民獻有十夫予翼。（以下同，見俞樾《羣經平議》五）在解說方面，俞氏說：

「今蠢今翼，兩義相對。翼，本作翌，衛包改作翼。說文蚰（音ㄎㄨㄣˊ）部，蠢，動也。羽部，翊，飛貌。翌，即翊之變體。蠢以蟲喻，翊以鳥喻。字又變作翊，《文選．吳都賦》：『趁（音ㄘㄢˊ）趰（音ㄊㄢ）猹（音ㄌㄚ）翻（音ㄊㄚˋ）』，李注曰：『相隨驅逐，眾多貌。』上文越茲蠢，專以武庚言，此文今蠢今翌，則見武庚蠢動而淮夷從之。猹翻，眾多也。日字屬下為義。日民獻有十夫予翼，言近日民之賢者十夫來翼佐我也。」這種說法，也非常有理，特錄在這裏以供參考。

六、**以得吉卜籲諸侯、庶士，同心協力討伐叛逆**。經文說：

肆予告我友邦君、越尹氏、庶士、御事曰：「予得吉卜，予惟以爾庶邦，于伐殷逋播臣。」❽

這是說：「現在我必須正告我的各友邦君，以及我文武百官們：『我已得到了占卜的吉兆，出兵作戰是吉利的，我現在就決定和你們各國，前往討伐殷國那些犯罪的臣子。』」得吉卜，這表示所行與天意相合。特以此正告各友邦君以及文武百官，使其明瞭討伐叛逆，乃為行天意，不可不從。

七、**以反語度諸侯及百官之意**：此舉乃國之大事，雖則「卜吉」，但仍恐諸侯、大臣們反對，故特以反語代諸侯、大臣不從之言，以明慮事的周備，所以經文說：

爾庶邦君，越庶士、御事，罔不反曰：「艱大，民不靜，亦惟在王宮、邦君室。越予小子考翼，不可征。王害不違卜？」❾

這是說：「也許你們各國國君以及所有的文武官員們，會異口同聲的反對說：『這件事情實在太艱難了，現在人民還沒有安靜，而且管叔、蔡叔又是我們的宗室，武庚也是諸侯（國君），我們這些國君、文武官員，對於王室、諸侯，應當尊敬，不可以征伐，我王何不違反以前的吉卜呢？』」

經文所言，正為一般人的見解：國家當前處境不好，就要多方遷就，不可大肆作為。孰不知姑息正所以養奸，反使情勢更形惡化，使小人坐大，終至不可收拾，屆時豈不悔之晚矣？周公之毅然東征，其於情勢的明察、透視，於此也就可以想見了。

八、以慰藉之言、代諸侯百官之口：為了拯救孤苦無告的人民，為了完成祖先遺留的艱難重責大任，惟有強自努力，不可示弱。所以經文說：

肆予沖人，永思艱。曰：嗚呼！允蠢鰥寡，哀哉！予造天役，遺大投艱於朕身；越予沖人，不卬自恤。義爾邦君，越爾多士——尹氏、御事，綏予曰：「無毖于恤，不可不成乃寧考圖功。」⑩

這是說：「今我幼小童子，對於這次災難，曾作了長久詳細地思慮，最後的結論是：噫！武庚的叛亂，實實在在地驚擾了孤苦無告的人，他們實在可憐啊！而今，我爲上天所差遣，目前所遺留給我的，是重大的責任和艱難的事業。對我這童子來說，(爲了完成這種艱難的責任。)實在(再也)無暇自憂了。你們各國國君及眾文武官員們，(有鑑於此)一定會安慰我說：『不要訴苦示弱，不可不完成先王謀劃經營的功業。』」

這段經文，在表面上看，雖不願指責眾國君的偷懶與不敢面對現實，其實，則無異告訴他們說：我揆度情理，你們一定會這樣告誡我的。話雖委婉，但卻表現了深刻的責斥之意。就當前情勢說，如沒有這樣的認識，那就是示弱，就是縱容奸惡坐大，就是自取滅亡，就是放棄先王的基業，就是不顧人民的疾苦。一位賢明的天子，能坐視此種情勢的蔓延而不加聞問？

九、以文王興邦，惟卜是用，借以申明上天賞善罰惡之意。經文說：

已！予惟小子，不敢替上帝命。天休于寧王，興我小邦周；寧王惟卜用，克綏受茲命。今天其相民，矧亦惟卜用。嗚呼！天明畏，弼我丕丕基。⑪

這是說：「噫！我雖小子，實不敢荒廢上天興周的意願，上天既然降福於我文王，使他興起了小小的周國，所以說，我文王是惟卜是用的，故能安然接受天命而成此王業。現在上天所以仍願保祐我民，也就是因為我們上自先王，下至小民，都能惟卜是用。唉！上天賞善罰惡，將輔弼我周完成偉大的王業。」

經文所以一再提及「惟用卜」，其用意在提醒天下的諸侯，上天的賞善罰惡，是屢驗不爽的，違天就要滅亡。一則借以表明東征的決心，同時也表明所謂的「惟卜用」，即為「惟天意是用」。天意冥冥不可見，惟借卜以見其吉兆，來堅定民心士氣。我們今日讀此經，是不可以迷信的眼光來測度的。

十、懲前毖後，惟有完成先王未竟之業，方不負嗣位之使命。所以經文說：

王曰：「爾惟舊人，爾丕克遠省，爾知寧王若勤哉！天閟毖我成功所，予不敢不極卒寧王圖事。肆予大化誘我友邦君；天棐忱辭，其考我民，予曷其不于前寧人圖功攸終？天亦惟用勤毖我民，若有疾；予曷敢不于前寧人攸受休畢？」⑫

這意思是：「王說：『你們都是我周家的老臣，都具有遠大的識見，且觀察深切，更知道我先祖文王是如何地勤勞國事。這等於上天已經告訴我，只要能勤勞，一定會成功的。所以我不敢不很快地完成我前代聖王所圖謀的國事。現在，我可以正告我友邦的國君們，上天以誠信的卜辭來輔助我們，並以此來考察我下民（下民，對天言），因此，我又如何能不前往征伐來完成前代聖王所圖謀的大功呢？所以上天也只有用勤勞來諄諄的告誡我民，這種叮嚀，就像對病人一樣的周到備至。在此種情形下，我對於前代聖王所接受的美業，又如何敢不完成呢？』」

這段經文，三次致意要完成前代聖王以勤勞所圖謀的未竟功業，這不僅明示了目標，更表露了東征的決心，而繼志述事之情懷，也就不期然而然地溢於言表了。

十一、爲繼志述事、光大祖業，故必須東征。經文說：

王曰：「若昔，朕其逝。朕言艱日思。若考作室，旣厎法，厥子乃弗肯堂，矧肯構？厥父菑，厥子乃弗肯播，矧肯穫？厥考翼其肯曰：『予有後，弗弃基？』肆予曷敢不越卬敉寧王大命？若兄考，乃有友伐厥子，民養其勸弗救？」⑬

這意思是：「王說：『就像從前一樣，現在，我將往伐武庚，所以我每天都在思慮這件艱難的事情。假如不這樣做，那就像父親想造房子，已經制定規格，然而他的兒子卻不肯打堂基。在這種情況下，還能希望他蓋屋嗎？又如父親已經耕好了田，其子卻不肯播種，那麼還能指望他收割？似此情形，他的父親，難道還願意說：「我有了好的後代，他沒有廢棄我的基業嗎？」因此，現在我又何敢不於我身來撫定先祖文王所平定的基業？再不然，就像有一位父親，目睹有人來交互打擊他的兒子，難道他還能勉勵這些人、助長這些人、鼓勵這些人打他的兒子而不去救止嗎？』」

這段經文，以親情爲喻，說明兩個道理，一爲不能繼志述事的不肖子，如不東征，那就無異廢棄了先祖的基業，也就成了周家的不肖子孫。一爲一個做父親的，也絕不會眼睜睜地看見有人相互打他的兒子，而在一旁鼓勵、勸勉，甚至助長這些人的氣勢而不去救止。現在，武庚造反，騷擾百姓，而以孤苦無告的人最爲可憐，又如何能不去救止？成王既不願做不肖子孫，又不願眼睜睜看著武庚蹂躪、殘害人民，所以才下定決心要東征。這是想借著親情爲號召，來打動天下的人心，以表示東征爲理所當然的仁義之舉。

十二、勉衆國君盡力助伐叛逆，天輔誠信，作亂必將敗亡。經文說：

王曰：「嗚呼！肆哉！爾庶邦君，越爾御事。爽邦由哲，亦惟十人，迪知上帝命。越天棐忱，爾時罔敢易法，矧今天降戾於周邦？惟大艱人，誕鄰胥伐于厥室；爾亦不知天命不易。予永念曰：天惟喪殷；若穡夫，予曷敢不終朕畝？」⑭

這意思是：「王說：『唉！要盡力啊！你們眾邦的國君及官員們，要知道，政治清明的國家，在於起用明哲的人。（在武王時）就起用了十位明哲的大賢，他們都能上知天命，所以上天也就用誠信的卜辭來輔我周邦。在此情形下，（先王）尚且敬謹的不敢輕慢法令，更何況現在上天已降下不順於我周邦的時候？那乘機作亂，造成大難的管、蔡，卻引導著鄰人武庚，共同來攻擊王室，他們竟然忽略了天命是不可改易的。因此，我一直在深思，上天是要滅亡殷國的，這就像農夫的治理田事，我又怎敢不盡力的完成我田畝的工作？』」

這段懲前毖後之言，可發人深省。一方面說明周的興起，是由於天的「棐忱」、「爽邦由哲」，那時猶不敢輕慢法度、兢業以爲；而今，當天降不順，奪我武王之時，其不敢慢於法度、不敢「違天」而行，尤當更甚於往昔。然而就在此時，野心家卻乘機作亂，率武庚以反，這實在是不知「天命不易」的蠢動，成王召告天下，以治田除草務盡的決心，命周公率師東征，情勢雖危，而所行卻極爲正大光明。以武庚言，當武王滅紂之時，不忍絕其後祀，乃封之於殷。而今他竟欲叛周自立，這無異自絕其生路，惟其自絕，是以天亦絕之。所以成王說：「予永念曰：天惟喪殷。」就是由於武庚太不知情勢了。孟子說：「天作孽，猶可違，自作孽，不可活。」武庚的叛亂，正應了孟子的箴言。

十三、不敢違天，爲繼志承業，故必須東征。經文說：

天亦惟休於前寧人，予曷其極卜？敢弗于從，率寧人有指疆土？矧今卜并吉？肆朕誕以爾東征；天命不僭，卜陳惟若茲。⑮

這是說：「上天既以王業（天下）降於我的祖先，我又何必屢次的去問卜呢？因此，我敢不順從占卜的結果往征叛逆，循著祖先的基業，保有這塊疆土？更何況如今的占卜，又都是吉利的？所以我要與你們一起東征，上天的命意，是不會有差錯的。卜兆所顯示的，就是這樣。」

這段經文，在強調天降休命於前代聖王，凡今所有疆土，都是前人的辛勤區畫，我又如何敢不率循其舊，保有這塊疆土的完整？爲了繼承祖業，光大祖業，我怎敢不盡力以爲？況今所卜并吉，更有何疑？元・陳櫟《書集傳纂疏》卷四說：「東征之舉，以天命與先王之責決之，本不待卜，況今卜又并吉？故我大以爾東征，天命討罪，決不僭差，卜之所陳，蓋如此。……而結之以哲人與元龜，知天意之當從，前業之當終，而決於東征也。」這話又是何等簡明！不過陳氏所說：「故我大以爾東征」的「大」字，是從經文中的「誕」字譯來。我們則認爲「誕」字是「延」字的本字，延，可作引導解，所以我們則譯爲「故我率領著你們東征。」以上下經文衡量，作「引導、率領」講，似較通暢。

三、結　語

綜合全篇內容，大要言之，我們有以下幾點意見：

一、就全篇大意說，我們作了十三項的分析，希望借著這種分析，使經文的含義，能夠更明白些，使讀者，更容易掌握重點。若能由此作更進一步的探求，那就是我們的目的所在了。若要再濃縮這十三項的含義，則不外輾轉說明周家的王業，得來不易，後嗣王有責任保有既得的疆土，來光大祖業，完成先王未竟之志，以表示東征的決心。所以在文氣上，除一、二段外，大部分都顯得舒緩，然在意志的表現上，則相當堅決，且以農夫的去草，必絕其根爲例，來表明東征除害的決心。

二、就文字來說，這一篇相當古奧。韓文公說：「周誥殷盤，佶屈聱牙。」⑯這話是不錯的。因篇中文字的組合，距離我們現在日常所見太遠，所以讀起來，不只是不習慣，如不查考、訓詁，簡直就不知道在說些什麼。再加上古今尚書家的解說不一，公婆之見，更是使人難以捉摸，如執一不知變通的話，而「膠柱鼓瑟」之譏，那就無法避免了。因此讀〈大誥〉（其他各篇亦當如此），最好能多參考幾家，就著字詞不同的解釋，再揣度上下文義，方可得到融會貫通的效果。

三、全篇多主卜言：如「寧王遺我大寶龜」，「朕卜并吉」，「予得吉卜」，「王害不違卜」，「寧王惟卜用」，「矧亦惟卜用」，「予曷其極卜」，「矧今卜并吉」，「卜陳惟若茲」。眞可說是以卜始以卜終了。我們推求如此多卜，這一方面是由於那是一個「卜」的時代，同時「卜」也是用來決疑的，因有諸侯、百官的反對東征，使王違卜，這無形中，更要強調卜的不可違，以安撫人心。再則，就是借「卜」來表明天命的不可不從。宋・蔡沈，於此體察甚切，所以他在《書經集傳》卷四中說：「此篇專主卜言，然其上原天命，下述得人，往推寧人不可不成之功，近指成王、邦君、御事不可不終之責，諄諄乎民生休戚、家國之興亡，懇惻切至，不能自已，而反復終始乎卜之一說，以通天下之志，以斷天下之疑，以定天下之業，非聰明睿智神武而不殺者，孰能與於此哉！」這話不僅明察，而且深刻，如無通徹體悟，是很難說出來的。而尤其是「以通天下之志」的說法，更帶給我們很大的啟示。簡朝亮說：「後世君子，有能通天下之志者，則以當時天下之志，因而通之，雖不言卜，亦猶古人言卜之意也。」[17]所謂通天下之志，就是順天理應人心的作爲，篇中所提及的「卜」，如站在統治者的立場說，均可作這樣的解釋。大抵古代的帝王，凡決大疑，必先求大家的共同認可，其次序爲：謀之於心，謀之於卿士，謀之於庶民，謀之於卜筮。所以如此做，就是要先求得人謀的協和，然後再決之於天。商代的所以滅亡，就是因爲既得不到人爲的協同，而元龜亦表示不知其吉。而〈大誥〉的東征，所表現的是「民獻十夫予翼」，而卜又并吉，既得人助，又得天輔，人助天輔，非通天下之志而何？這大概就是〈大誥〉篇以卜始又以卜終的原因所在了。

注釋

❶ 書序曰：「武王崩，三監及淮夷叛。」三監，說法有二：一為鄭氏康成於《詩譜》（邶、鄘、衞）云：「武王伐紂，以其京師（朝歌）封紂子武庚為殷後，庶殷頑民被紂化日久，未可以建諸侯，乃三分其地，置三監，使管叔、蔡叔、霍叔尹而教之。自紂而北謂之邶，南謂之鄘，東謂之衞。」是鄭氏以三監為管叔、蔡叔、霍叔也。

一為僞孔傳：「三監：管、蔡、商、淮夷、徐奄之屬皆叛周。」孔穎達正義斷定三監為武庚、管叔、蔡叔，並舉〈微子之命〉、〈康誥〉兩篇書序以證其說。見藝文本【十三經注疏】第一册書疏，頁一八九、一九五、二〇〇。衡之於理，鄭說為長。

❷ 見《史紀．周本紀》及〈魯周公世家〉。〈周本紀〉說：「成王少，周初定天下，周公恐諸侯畔，周公乃攝行政當國。管叔、蔡叔羣弟疑周公，與武庚作亂畔周。」〈魯周公世家〉說：「其後武王旣崩，成王少，周公代成王攝行政當國，管叔及其羣弟流言於國曰：『周公將不利於成王。……管、蔡、武庚等果率淮夷反。』」

❸ 1. 王若曰：「猷，大誥爾多邦。」猷，釋文引馬融本作繇，在「大誥」二字下。《尚書正義》引鄭氏康成本作「大誥猷爾多邦。」宋．蔡沈《書經集傳》以「猷」作發語詞解。衡諸文義，蔡說為是。

2.越爾御事：越，作及、與解。御事，治事之臣。

3.弗弔，天降割于我家不少延：弔，猶恤也。左氏昭公二十六年傳：「天不弔周」是也。一說弗弔，猶不幸也。或云弔，善也。以文義言，以「不幸」爲優。割，害也。馬融本卽作害。延，遲緩之意。

4.洪惟我幼沖人，嗣無疆大歷服：洪惟，江聲《尚書集注音疏》：「洪惟，詞也。」卽語詞之意。我幼沖人，成王自稱，猶言我幼童子之意。嗣，繼也。無疆，言廣大無疆際之意。大，久也、長也。歷，歷數，帝王相繼之次第，猶歲時節氣之先後也。引申可作久長之帝位解。服，職事之意。

5.弗造哲，迪民康：造，爲也、至也。哲，明智之意。迪，導、進之意。康，作安解。

6.矧曰其有能格知天命：矧（音ㄕㄣˇ），作況解。其，豈也。有，又也。格，至也。天命，卽天理、天意之謂。

④

1.已！予惟小子：已，歎辭，與咨同意。又：已，噫也。惟，念也。

2.若涉淵水，予惟往求朕攸濟：涉，渡也。淵水，深水，喻危險、艱難之處境。攸，作所解。濟，渡也。

3.敷賁，敷前人受命，茲不忘大功：敷，施行也。賁，奔走之意。《漢書・百官公卿表・上》：「裔士旅賁」，師古曰：「賁與奔同，言爲奔走之任也。」前人，文、武也。忘，亡、失也。大功，指前人滅殷之大功。

4.予不敢閉于天降威用：閉，絕也、塞也。天降威用，僞孔傳：「天下威用，謂誅惡也。言我不敢閉絕天所下威而不行，將欲伐四國」之意。威，《爾雅・釋言》解作「則」，有法則之意。威用，當爲用威之倒句。

❺

1. 寧王遺我大寶龜：寧王，指文王而言。孫詒讓《尚書駢枝》云：「古鐘鼎款識：文，皆作㝈，即忞，與寧絕相似，故此經文王、文武皆作寧。後文寧考、寧人，亦並作文考、文人之誤。」吳大澂《字說》亦云：「寧王，當爲文王之誤。」寶龜，又謂靈龜，龜以一尺二寸爲大，故云大寶龜。

2. 紹天明：紹，當讀爲卲，說文：「卲，卜問也。」天明，即天命。明，古與命通，見易賁卦釋文。即命曰，謂卜辭告訴說。艱，謂災難也。西土，謂周。靜，安靖之意。越，於也。蠢，動也。

❻

1. 殷小腆：正義引王肅云：「腆，主也。殷小主，謂祿父也。」案：祿父，即武庚。

2. 誕敢紀其敍：誕，大也。紀，理也。敍，緒也。正義引王肅云：「大敢紀（理）其王業。經紀王業，謂復之也。」

3. 知我國有疵：疵，害也。引申有災害之意。

4. 予復、反鄙我周邦：予復，謂武庚欲恢復殷國之舊業也。鄙，金文鄙、圖同字，皆作「啚」。此處鄙，當作圖。圖，謀也。

❼

1. 今蠢：謂武庚現已開始蠢動。

2. 今翼日：今，即也。翼，同翌，明日也。即蠢動之第二日。

3. 民獻有十夫：民，謂人民。獻，賢也。

4. 予翼：乃翼予之倒句。翼，助也。

5. 以于敉寧武圖功：于，往也。敉（音ㄇㄧˇ），撫定之意。圖功，即圖謀之功業，指滅紂而言。

6.我有大事、休：大事，戎事也。卽戰事。左氏成公十三年傳云：「國之大事，在祀與戎。」休，美也、吉利也。

7.朕卜幷吉：蔡氏云：「按上文卽命曰有大艱西土，蓋卜於武王方崩之時，此云朕卜幷吉，乃卜於將伐武庚之日，先儒合而爲一，誤矣。」是也。

❽

1.越尹氏、庶士、御事：越，作與解。尹，王國維謂百官之長皆曰尹。惟內史尹作册尹稱氏。庶士，謂眾官，當指武官言。御事，御，治也。治事之官，當指文官言。尹氏以下皆周官。

2.于伐殷逋播臣：于，往也。逋，逃也。播，散也。殷，卽殷小腆之殷。殷逋逃播臣，蔡氏云：「謂武庚及其羣臣本逋亡播遷之臣也。」引申有犯罪之臣之意。

❾

1.艱大，民不靜：艱大，卽艱難重大。或云有重大之艱難也。民不靜，言人民尚未安也。蔡氏云：「民不靜雖由武庚，然亦在於王之宮，邦君之室，謂三叔不睦之故，實兆釁端，不可不自反。」

2.亦惟在王宮，邦君室：亦惟，猶而且也。在王宮，指管、蔡言。因管、蔡爲周室之宗，故以王宮代之。王宮，卽王室。邦君之室，卽國君之室，此指諸侯言。而武庚因亡國而被封於殷，位同諸侯，故以邦君室代之。

3.越予小子考翼，不可征：越，猶惟也。予小子，謂邦君、庶士等自稱，非成王自稱也。考，孝也。翼，敬也。考翼尚有一解，曾運乾謂猶考愼也，意謂已經謹愼考慮周詳。

❿

1.永思艱、允蠢鰥寡、哀哉：永思艱，謂於此次災難，曾作長久詳盡之思慮。允，誠、信之意。蠢，動也。鰥寡，謂窮苦孤獨之人。哀哉，謂可悲憫也。

2.予造天役：造，爲也、遭也，亦作往解。役，使也。此句意謂予遭到上天的差遣。或謂爲上天所指使、派遣。

3.遺大投艱於朕身：遺，作留解。投，擲也、棄也。此句意謂遺留下重大艱難之責任、事業於己身。

4.不卬自恤：卬，我也。一說爲遑之假借字。猶〈無逸〉篇「不遑暇食」。《詩・小弁》「不遑假寢」之「不遑」，遑，暇也。恤，憂也。此句謂實無暇自憂之意。

5.義爾邦君，越爾多士：義、宜古通用，此處「宜」作語詞用。越，及也。

6.綏予曰：「無毖于恤」：綏，安也、告也。無，勿也。毖（音ㄅㄧˋ），告也。毖恤，猶告勞之比，意謂勿宣稱己之可憐以示弱也。

⑪

1.已！予惟小子，不敢替上帝命：已，噫也，歎詞。惟，作雖解。替，廢也。僞孔云：「不敢廢天命，言卜吉當必征也。」

2.天休于寧王，興我小邦周：休，嘉美、福祥之意，作動詞用。寧王，指文王。小邦周，言文王以百里而王之意，自謙詞。

3.寧王惟卜用，克綏受茲命：此言文王惟卜是用，如文王將獵，得非虎非熊之卜，而太公起於渭濱，造周之謀，自此而成。克，能也。綏，安也。受茲命，言能安受天命。明卜宜之義。

4.今天其相民，矧亦惟卜用：句中「其」「矧」皆語詞，無意。此言今上天所以祐我斯民，以我上自先王，下至小民，皆能惟卜是用也。

5.天明畏，弼我丕丕基：天明畏，卽上天行賞罰之意。言上天賞善罰惡也。蔡氏謂：「明者，顯其善；

畏者，威其惡。」弼，輔也。丕，大也。上丕為形容詞，下丕與基連讀為一詞，丕基，謂大業，指帝業言。

⑫

1. 爾丕克遠省：丕，有二解，一作「不」講，古時不、丕通用。一作「大」講。如作不講，此句則為「你們雖不能察知遠代(古)之事」。如作大講，此句則為「你們都具有遠大識見，並且觀察深切。」本文宜採第二說。

2. 爾知寧王若勤哉：寧王，文王也。若，如何也。勤，勤勞。此謂：「你們都知道我先祖文王是如何地勤勞國事。」

3. 天閟毖我成功所：閟、祕通用，引申有神祕、隱暗之意。毖，作告解。所，語詞，或作「所在、處所」解亦可。此句意謂：「上天隱隱之中，告訴我一定成功。」或解為：「告訴我成功的所在——勤勞國事。」

4. 予不敢不極卒寧王圖事：極，亟也、急也。卒，終也。有完成之意。圖事，圖謀之事業，此指國事言。

5. 肆予大化誘我友邦君：肆，今、故也。化，教也。誘，導也。大化誘，即誥導，引申有奉告之意。此句謂：「現在我可以正告我友邦之國君。」

6. 天棐忱辭：棐，作輔解。忱，信也。辭，卜亂。此謂：「上天以誠信之卜辭助我也。」

7. 其考我民：考，察也。謂天將以誠信之卜辭，來考察我人民也。

8. 予曷其不于前寧人圖功攸終：曷，何不。其，語詞。于，作往解。圖功，所圖謀之功業，指滅殷言。

攸，用、以也。終，竟也，有完成意。

9.天亦惟用勤毖我民，若有疾：勤，勤勞之意。毖，告也。若有疾，謂對有病者之照顧也。

10.予曷敢不于前寧人攸受休畢：攸受休，謂所受之美業，卽王業。畢，終也、竟也，亦有完成之意。

⑬

1.若昔，朕其逝：若，如也。昔，從前，指武王伐紂時也。其，將也。逝，作往解。

2.朕言艱日思：言，語詞。艱，難也。謂：「我每日都在思慮這件艱難之事。」指東征言。

3.若考作室，旣底法，厥子乃弗肯堂，矧肯構：若，如也。考，父也。作室，構屋也。底，定也。堂，封土爲臺曰堂，此處指地基言。構，蓋也。

4.厥父菑，厥子乃弗肯播，矧肯穫：菑（音ㄗ），耕地反草也。播，種也。穫，卽收割。

5.厥考翼其肯曰：「予有後，弗弃基」：翼，衍文。弃，古棄字。基，基業。

6.肆予曷敢不越卬敉寧王大命：肆，故、今也。害，曷、何也。越，于也。卬，我。敉，撫定也。大命，國運、王業。

7.若兄考，乃有友伐厥子，民養其勸弗救：兄考，皇考也。兄應作皇，漢石經皇，均作兄，古文作皇，今文作兄。且古籍中，絕無兄考連文之例。友，當作爻，因爻、叐形近而訛也。爻，交也，互也。伐，擊也。養，長也。民長，謂國君、官吏。勸，今語鼓勵之意。謂皇考豈能勉勵之、助長之，以鼓勵人之伐其子而不救？

⑭

1.肆哉：《爾雅・釋詁》：「肆，力也。」此處有盡力助伐叛逆之意。

2.爽邦由哲：謂政治清明，在於起用明哲之人。

3. 亦惟十人：蔡氏云：「按先儒皆以十人爲十夫，然十夫、民之賢者爾，恐未可以爲迪知天命，未可以爲越天棐忱。……非亂臣昭武王以受天命者，不足以當之。況〈君奭〉之書，周公歷舉虢叔、閎夭之徒，亦曰迪知天威，於受殷命，亦曰若天棐忱，詳周公前後所言，則十人之爲亂臣，又何疑焉。」所言甚是。

4. 越天棐忱：越，粵通用，語詞。天棐忱，天輔誠信之意。

5. 爾時罔敢易法，矧今天降戾于周邦：爾時，彼時，言武王時也。易，輕慢也，法，法令。矧，況也。戾，乖戾不順之意。當指武王死而言。

6. 惟大艱人，誕鄰胥伐于厥室；爾亦不知天命不易：大艱人，謂作亂之人，指管、蔡。誕，楊筠如《尙書覈詁》以爲當作延。延，有引導之意。鄰，近也，指武庚。厥室，謂王室。天命，指國運、王業。不易，言不容改易也。

7. 予永念曰：謂深思也。

8. 若穡夫，予曷敢不終朕畝：穡，一作嗇，穡夫，即田夫。蔡氏謂：「天之喪殷，若農夫之去草，必絕其根本，我曷敢不終我之田畝乎?」終，竟也，有完成意。畝，即田畝之工作，借指滅殷。

⑮

1. 天亦惟休於前寧人，予曷其極卜：休，同庥，福祥也。此處指王業言。前寧人，乃指前代之聖王文、武也。曷其，猶何以也。極，讀爲亟，屢、數也。

2. 敢弗于從，率寧人有指疆土：于，往也。從，從吉卜以征也。率，作循解。寧人，即文人，有祖宗之意。有，保有。指，《漢書》作旨。案：旨、指、只通用，只，是、此也。

3.肆朕誕以爾東征，天命不僭，卜陳惟若茲：肆，故、今也。誕，語詞。亦作延，引申有引導、率領之意。以，與也。僭（音ㄐㄧㄢˋ），差錯之意。陳，作列解。惟，作是解。若茲，如此也。

⑯ 見《韓昌黎集》卷一二〈進學解〉。

⑰ 見《尚書集注述疏》卷一四，頁三四五。

拾貳 〈康誥〉、〈酒誥〉、〈梓材〉

一、三篇的性質

三篇同序，文體一貫，皆爲周公告其幼弟康叔之辭；勉其赴封地治國，所當履行、永遠不可怠忽之道——明德、愼罰、戒酒、情通上下，以及國家所以設侯衛監國的用意。

二、時代背景

武王克殷，不久崩逝，時成王尙幼，天下岌岌。周公旦攝政當國，而管、蔡流言，謂周公將不利於「孺子」——成王，並結合武庚叛周。周公無奈，乃奉成王命，率師東征，殺武庚、管叔，放蔡叔。亂平後，乃以該地封其幼弟康叔。此三篇乃康叔赴國前，周公對其幼弟之誥語。

三、大義探討

上古淳樸，建國君民，無不以修身爲本，身修方可以成聖成賢。而賢聖之君，亦無不以此爲兢兢。堯、舜、禹、湯，固無論矣，即如後代的盛世，也很少有違背這種公例的。於此，我們要問，修身所當法者爲何？曰：「法天。」天可法嗎？答覆是：天不僅可法，而且非法天不可。其理由如下：

一、上古之時，人民智慧未開，一些無法解決的問題，多歸之於天，認爲天是萬能的，它處處左右人民的行動；甚至認爲它可以掌握人民的生死大權。這也難怪，如風、雨、雷、電之作，人民無由得知其詳，洪水、地震，人民也莫可避免，於無可奈何之際，仰望青空悠悠，神秘莫測，所以大家一致認爲天，就是我們人類的主宰，它掌握了我們的一切。

二、其實我國文化，也確實是上天所賜（世界文化亦難逃此公例），如八卦、文字的發明，各種事理的領悟，全靠先民長時間的觀察、體驗而得。如《易經‧繫辭傳下》說：「古者包犧氏之王天下也，仰則觀象於天，俯則觀法於地，觀鳥獸之文，與地之宜，近取諸身，遠取諸物，於是始作八卦，以通神明之德，以類萬物之情。」許慎《說文解字》敍也說：「……及神農氏結繩爲治，而統其事。……黃帝之史倉頡，見其鳥獸蹏迒之迹，知分理（文理）之可相別異也，初造書契，百官以乂，萬品以察。」由於這種仰觀俯察的領悟、體驗，進而產生了文明，使生活日有進步，我們能够不說這是「天」的啟示？

三、當然，如果照以上所說，我國文化是上天所賜，那未免迷信色彩太濃；假如我們把「天」看作自然，試問我們可不可以說，我們的文化，是「自然」所賜呢？因為人能改變「自然」，人也能「勝天」，這站在人的立場看，固然由於人的作為而致，可是如果站在另一角度來看，假如沒有這個「自然」環境，人又何從改造？且何所依憑？我們承認了這一點之後，再來看看「天」是不是最公平的？是不是大公無私的？《呂氏春秋・孟春紀五・去私》篇說：「天無私覆也，地無私載也，日月無私燭也，四時無私行也，行其德而萬物得遂長焉。」天地日月四時的運行，當然是自然的轉動，由於它們的運行，萬物始能「得遂長焉」。這種「得遂長焉」的結果，就是由於「自然」的大公無私所形成的。因此我們說，人格的修養，法天才是極則。

這種信仰「天」的觀念，到了周代，已被發揮得淋漓盡致。他們認為周的所以能有天下，全是上天的賜與。因此，周代的聖君賢相，無不主張修德以報天。他們鑑往知來，默察熟慮，認為也只有法天、敬天，才能延續周代的祭祀，才能永保王業的不墜。所謂「周雖舊邦，其命維新」，就是這種觀念。以下我們就循此概念，來探討此三篇中的大義。

一、祖述文王之德，以天命棐忱相勉：首先周公以文王能顯達天德、恩加於人公正明察，又能謹慎於刑罰，來提醒康叔，使他不可忘記父德；進而又以文王不敢侮慢鰥寡無告的人，用可用的人，敬當敬的人，罰當罰的人，來顯示於人民，因此才創建了周室，更進而統治了西方各國的諸侯。這件事情被上帝知道之後，非常高興，於是就以王業命令文王，使他治理人民，滅掉大殷國，所以殷國的人民，才安定了下來。此事在伏生《尚書大傳》中也有記載，他說：「天之命文王，非啍啍然有聲也，文王在位，而天下大服，施政而物皆聽，令則行，禁則止，動搖而不逆天之道，故曰天乃大命文王。」此亦言修德動天，所以大授之以王業。《史記・周本紀》也說：「西伯陰行善，諸侯皆來決平，於是虞、芮之人，有獄不能決，乃如周。入界，耕者皆讓畔，民俗皆讓長。虞、芮之人未見西伯，皆慙，相謂曰：『吾所爭，周人所恥，何往為，祇取辱耳。』遂還，俱讓而去。諸侯聞之，曰：『西伯蓋受命之君。』明年，伐犬戎。明年，伐密須。明年，敗耆國。殷之祖伊聞之，懼，以告帝紂。紂曰：『不有天命乎？是何能為！』明年，伐邘，伐崇侯虎。而作豐邑，自歧下而徙都豐。」這些記載，都能與〈康誥〉篇周公之言相合。也足可證明文王為一有高尚道德修養的人。所以孔子也稱讚周德說：「三分天下有其二，以服事殷，周之德，其可謂至德也已矣。」（《論語・泰伯》）范氏曰：「文王之德，足以代商。天與之，人歸之，而不取，所以為至德也。」（《四書集註》引）此言與《史記》所載，雖少有出入，然如就修德而言，那是絕無二致的。也惟有修德，才能服人，才能動天，才能永保王業的不墜。所以周公先以文王之德，來告誡康叔，使之知道修德的重要性，欲治理國家，也非修德不可。

二、順殷民俗，訪殷遺賢，探殷民隱：殷自成湯代夏而有天下，「賢聖之君六七作」（《孟子・公孫丑上》），統治中國，達六百多年，人民習其俗已久，今康叔往殷地（衛）以治殷民，故周公特以此見囑。同時亦令其普遍地造訪殷的遺賢，探尋殷代先哲聖王聖明的政教，用以安養人民。更要多多思念著商朝年老成德之人的典則懿行，揣度他們當時的政教是怎樣的，然後作爲治殷的根據。這些事做好之後，另外還要訪詢探求古代先哲聖王的教化美政，用以治民，務使人民能夠過安定康樂的生活。一個做國君的道德善行，能夠充沛於其身，然後擴而大之，使之像天一樣，廣被萬物，那麼王命就將永遠的不會廢棄他了。假如一個國君，確實能修德若是，自然也就能了解民隱了。司馬遷在《史記・衛康叔世家》中所說：「必求殷之賢人、君子、長者，問其先殷所以興，所以亡，而務愛民」等語，就是從周公的話檃栝而來。

三、治國當如疾病在身，一時一刻均不可怠忽：古之聖君賢相，治國臨民，多能如是，是以民皆順服。如《史記・魯周公世家》周公戒伯禽說：「我文王之子，武王之弟，成王之叔父；我於天下亦不賤矣，然我一沐三捉髮，一飯三吐哺，起以待士，猶恐失天下之賢人。子之魯，愼無以國驕人。」今戒其幼弟康叔說：「封弟，你這次去治理殷民，於心理上，要像疾病在身一樣，要特別謹愼啊！天命雖然可畏，然而卻以誠信爲輔佐的對象。人民的意願，是最容易觀察的，同時也是最難使之安樂的，你去殷地治理的時候，要盡心盡力，一點也大意不得。我聽說：怨恨不在於大小，同樣可以產生災禍（禍亂），因此，在治理人民的時候，要用種種辦法，使不順的百姓順服，使不知勉勵的人民，知所勉勵。」在此，我們一方面可以看出周公的忠藎，同時我們也更可以看出周公的仁厚、謹愼與設想的周到。假如負有政治責任的人，其爲人民憂勞，像疾病在身一樣的務去之而後快，以改善民生爲第一要務，使國家富足，人民安樂，能如是，則人民焉有不順服之理？又焉有不樂以爲治之理？

由以上所說，治理國家固需修身憂勞，恭肅謹愼，然而如何振奮民心，使風淳俗美，戒其所當戒，勉其所當勉，亦爲負政治責任者所不可忽。俗語說：「上有好之，下必甚焉。」「楚王好細腰，而宮中多餓人。」是以在上位者，固當以「民之所好好之，民之所惡惡之。」（《大學》）然而轉移風氣之責，還多有賴於一二在上位者的大力提倡。而殷紂的淫酒作樂，以此爲尚，所以人民亦習於酒而不知返。酒的敗德亂性，誤事壞身，莫此爲甚。周公深明此理，故於康叔赴國之前，以今昔之實例，誡之如下：

一、**以文王爲例，說明國家之所以興，乃由於禁酒所致**：當文王「肇國在西土」之時，就經常告誡各負責治事的官員說：「惟有在祭祀的時候，才可以飲酒。」因爲文王以爲上天所以要降下威罰，就是由於人民的大亂喪德，推其大亂喪德的原因，乃由於嗜酒的風行。至於那些大小國家的所以喪亡，也無非是以酒造成的罪過。所以文王告誡教誨其宗室的年輕人，以及各級的官員們，千萬不可以經常飲酒。至於在祭祀時，雖然可以飲酒，那也應該以德相扶持，不可飲醉。

我們都知道，周的先世后稷，是以稼穡起家的，故文王深明稼穡的艱難。所以他經常教導人民，要愛惜穀物，不可用之造酒。由於全體上下都能聽從文王的彝訓，不管大小行爲，大家也都能專一不二的戒酒，所以民心良善，益行團結，國勢也就一天天地強盛起來。周公惟恐康叔不能體會戒酒的微意，故以文王之訓訓之。

二、說明只有在三種情況下，可以飲酒：其一，在父母壽誕之日，自己先行準備好豐盛的食品，爲父母慶賀，這種時候可以飲酒。其二，在以酒食進獻於老人與國君的時候可以飲酒。其三，在進獻祭品助國君祭祀之時，可以飲酒。

不僅要如此規定，同時還要經常不斷地觀察、反省、檢討，一旦人民成了習慣，有了正確的認識和見解，這種規定，也就自然合於中正的美德了。然而在此我們要問，周公既然要康叔戒酒，何以又允許人民及官員們飲酒？這不是互相矛盾嗎？在這裏我們想引蔡沈《書經集傳》的話作答。他說：「上文父母慶則可飲酒，克羞耇則可飲酒，羞饋祀則可飲酒，本欲禁絕其飲，今乃反開其端者，實爲不禁之禁也。聖人之教，不迫而民從者此也。孝養、羞耇、饋祀，皆因其良心之發，而利導之。人果能盡此三者，且爲成德之士矣，而何憂其湎酒也哉！」這話說得非常有見解。假如在祭祀、燕享、敬老之時，都不准飲酒，這不僅不能成禮，同時也可說是不孝不敬。一個重禮、孝敬的人，當然也就是一位成德之士，成德之士，又何肯沈湎於酒？以此爲尙，當然會風淳俗美。

三、三覆斯言，其意至深，吾人讀之，不惟不厭重複，反見其至誠感人：對一事理的深切悟解，往往需多方面列舉實例，以證明其爲必然，毫無置疑之處，方可深得於心。能深得於心，始可行之不懈，而左右逢源。曾讀《詩經》的人，都公認「不厭其文句重複」的說法是對的，因其每重複一次，而意義即加深一層。更何況周公此時於平定祿父（武庚）、管、蔡之亂後，其對於康叔寄望之殷，對於殷民了解之切，絕非筆墨所能形容。基於他的痛苦經驗，深切了悟到延續王業的不易，所以他又提出殷代先哲聖王的所以興，乃由於戒酒，來諄囑康叔。他說：

我聽說，從前殷朝的歷代先哲聖王，所敬畏的是天道及人民百姓，所以他們都能經行天德——善政，秉持明智，從成湯到帝乙，咸能敬畏省察成就王業。而當時的執事官員們，也都能恭誠地輔佐，連怠忽逸樂尚且不敢，更何況聚集多人而在一起飲酒呢？至於那些在王朝以外服事的大臣，像侯、甸、男、衛等諸侯的君長，以及在王城以內的官員，如眾官之長、次官和執事羣吏，以及宗族的從政者，他們不只是不敢，同時也沒有閒暇的時間來飲酒，他們只是思念著來輔佐助王成就王德，使之更加光明顯著，以及如何來治理人民，使之守法尚紀，不沈湎於酒。

僅談殷之所以興，猶恐不能使康叔銘記於心，或因往聖的事蹟已遠，不如眼見耳聞的深切易曉，且能發生警惕作用，故周公又以紂之所以亡國相告誡。他說：

殷的所以亡，全在於他的後嗣王紂的以酒樂身。當時紂只知淫佚於酒，其命令並不能下達於民間，所以人民也就不會奉行他的命令。可是紂仍然安於人民對他的怨恨而不知改變其行為，只是一味地放縱遊樂不循法度，以宴飲為安，喪失了威儀，人民沒有不以他的所作所為而傷心的，也沒有不以他的舉止而哀悼國家將亡的。惟獨紂，仍然過度地飲酒，不思止息，大肆縱情逸豫。而且這個人，生來就心腸狠毒，仗恃天命在身，所以才肆無忌憚，不怕死亡。說起來，他的罪惡，確已到了不容誅殺的地步，竟然對於自己國家的滅亡，絲毫也不憂愁。所以他沒有馨香的美德，上聞於老天，只有人民對他的怨恨。所有的臣民，只知飲酒作樂，腥臊的臭氣，聞於上天，所以上天才降下喪亡的命運於殷。這並不是上天不愛護殷國，乃是由於他過分的放縱逸樂所致啊！這更不是上天暴虐，降禍於殷，實在是人民自己招致的罪惡。

這一席話，周公以血淋淋的事實，說明殷紂的所以喪亡，全都是因沈湎於酒自作孽所引起的。酒不但可以敗性傷身，而且更足以導致國家的滅亡，使人民飽受災禍，其罪確實已經到了不容誅殺的地步了。所以周公又進一步的說明他的用意，及康叔就國以後，在禁酒方面，當如何去做。他說：

封弟！我本不想如此多誥於你，古人有這樣一句話說：「人要是不用水作鏡子，當以人民作鏡子。」而今，殷代既然以酒隕喪了天命（亡了國），我又豈可不據此以爲大的鑑戒來告訴你呢？所以我認爲，你到殷地（衛國）以後，要謹慎地告誡殷的賢臣們，和那些侯、甸、男、衛服等諸侯（因康叔爲諸侯之長），以及太史，內史的僚友們。然後就是一般官員士大夫，和宗人在官者，以及你左右的官員，與那些侍候你宴息、朝祭的臣子們。再來就是三卿：像迫擊邪惡、不遵守政令的司馬，善養萬民的司徒，釐訂一切制度法規的司空他們了。

最後，就是你自己，更要絕對嚴厲的禁酒。

在這種情形之下，假如有人向你報告說：「有很多人（周人）聚在一起飲酒。」你不可放縱他們。要全部把他們拘捕，送到京師來，我將要殺掉他們。要是殷代的諸大臣及官員，仍然沉迷於酒的話，就不用把他們殺掉，應該再行教導他們，向他們說明，只有在祭祀的時候，才可以飲酒。這樣做了以後，若仍然不聽從命令，不蠲除飲酒的惡習，這時我就把他們視同周人，將他們殺掉。

最後，周公又以沉重的口吻說：

封弟啊！你要始終如一地記住我的告誡，千萬不要使你治理的人民，沉迷於酒啊！

我們看了這些告誡之後，一方面佩服周公的老於謀國，同時也爲他的篤誠悃忠所感。那種手足之情，國家之愛，以及對殷人的寬厚，在在都使我們後人覺得，惟有如此，才能盡情盡理，亦惟有如此，才能使人民畏服。當紂之時，因其暴虐淫酒，內雖骨肉之親，亦難免遭其殺戮，是以怨聲沸騰，恨之惟恐不能速亡。及其亡也，殷之遺民，又莫不感念殷先王的德澤，是以反抗周之事件時起，此亦情理之常。周公有見及此，不得不恩威兼施，期以寬厚之德，感化殷之頑民，並使其蠲除惡習，服順周之治理，此其所以不憚煩者也。然治理之法，又當如何？現在就讓我們共同來看看〈梓材〉篇中的誥語吧。

一、治國所最要者，就是上情下通，下情上達，君民和洽，國家才能治理得好。周公本爲一大政治家，這一點，當然不會忽略，所以他說：

封弟！一個諸侯或州牧的責任，就是通達上下的輿情，因此你要使庶民及一般僚屬的輿情和賢大夫巨室之家相通達，使巨室大臣的輿情，通達於天子，這是爲諸侯或州牧的責任。

二、爲君爲侯，首先要以身作則，敬勞部屬，處處爲他們著想，以國事互相勉勵，絕不可以國驕人。如是部屬們亦將竭智盡忠，效法其君，爲國服務，爲民盡力。周公本一仁人，所以在這方面，他假康叔之口，表示了一己的見解，當然也是希望康叔能切實做到。他說：

封弟！假如你能經常以勉勵、信賴的口吻說：我有精明強幹的眾長官，我有爲民服務、爲國效勞的司徒、司馬、司空、卿大夫及眾士們，並且時常予以宣慰鼓勵，以身作則。那麼他們也就會說：我們治理人民，絕不會隨意寃枉殺戮無罪的人，這也就是因爲我們的國君能率先敬謹、勤勞地慰勉人民，所以現在我們要效法他的行爲。我們鑑於前此以往那些邪惡的人，殺人的人，犯法有罪的人，都得到了寬赦，現在我們也應該效法國君的行事，對於傷害人的人，加以寬宥，使他們有一個改過重新做人的機會。

三、天子設監封國，其目的在於使其幫助治理人民，因此天子對諸侯的考察，其用意在使政令貫徹，以達養民、安民之旨。同時監國的諸侯，並無專用刑法的大權，要秉承王命行事。周公爲制禮之人，於此當能最爲明察，故先語康叔，使之遵守，並期望能率先奉行，作爲諸侯的表率。他說：

國家所以要建置監國，其惟一的目的，就是佐王治理人民。所以我認爲當你監理國政的時候，千萬不可使人民相互殘殺，相互暴虐；至於鰥寡孤獨無告的人，懷孕有身的人，當憐憫他們，照顧他們，假如不幸犯了罪，應當寬容他們。你要知道，天子所以要考查邦君（諸侯）及治事官員執行政令的用意何在？那也是爲了長養人民，使人民能够長久的安樂。自古以來，王者（天子）對於各監國的諸侯，都是這樣的，所以監國的諸侯，是不可以專用其刑法的。

四、以耕田、築室、製器爲例，說明治理國家，不可自滿，不可因陋就簡，不僅要先作規畫，以立綱紀，同時更需修明制度、典章，使其燦然可觀，政事方可有成。周公鑑往知來，成竹在胸，故能作如是之戒勉。他說：

談到治理國家，就如治田一樣，既然勤奮地加以開始墾殖翻土，就應該修治田畝的疆界以及田間的水溝。又好比蓋房子，既然辛勤地將牆壁建造了起來，就應當蓋上屋頂，並加以粉飾，使其華麗實用。同時治國也就如治理梓材一樣，既然斫去了木皮，製成了器具，那麼就應該進一步地塗上彩色的油漆，使它光潔美觀。

這種層層設喻的告誡，最足以啟發人的良知。當然，周公所以作如是的誡勉，一方面是由於康叔的賢而齒少，同時也是由於周公的痛苦經驗所致，所以才作「如此多誥」的。不過由此我們也可以看出周公的愼謀能斷，憂國憂民的襟懷，以及那種稱情衡理的處事態度，在在都表示了一位大政治家的風範，也表示出長兄對幼弟的關愛之忱，使我們後人既羨慕、又敬佩。用這種「導之以德，齊之以禮」的方法，固然可以收「有恥且格」之效，然而對於那些別有居心的人，卻不見得會發生若何作用。每有這種情況發生時，在國君來說，將會「天命永終」，在人民來講，那就要受到懲罰了。因此在古代，政刑往往是無法分開的。在政治方面，所講求的，固然是德治，是仁政。可是在刑罰方面，卻要講求愼罰，要明察，不可使犯法的人，受到絲毫的寃枉。同時施刑的最高標準，就是刑期無刑。也就是孔子所說「必也使無訟乎」(《論語‧顏淵》篇)的境界。所以在〈康誥〉篇中，關於刑罰的施行，及應行注意的事項，也有相當多的誥語，茲縷述如次：

一、**敬謹明察，刑期無刑**：這是刑罰的最高標準。所以在這方面，一開始周公卽以此標準相期許，相誥誡，冀望康叔愼刑明察，不可使人民受到絲毫的寃枉。憑心而論，如果刑罰能做到絕對的公正、明察，在治理上就已經可以收到一半的功效了。因爲能公正，才能得到人民的信服，這不但直接地遏止了宵小的犯罪，使之改邪歸正，同時也間接地鼓勵了奉公守法的人民上進不已的心情。因爲能明察，才能洞悉就裏，明白事實的眞相，了解其是非屈直，原委經過，然後才能稱情衡理，予以適切的裁斷，使公理伸張，邪惡匿跡。在此情形下，人民當然也就無不樂以爲治了。所以周公格外強調的對康叔說：

封弟啊！你治理殷民，要特別謹愼明察你的刑罰。

二、有意犯罪，雖小（輕）必罰；無心犯法，雖重（大）亦不可殺：這種見解，眞可說已得法理之精髓。吾人常說：「天理、國法、人情。」意思是說：「國法是不可以違背天理與人情的。也惟有順乎天理，合乎人情，其法方可施行，也才能得到預期的效果。」所以周公在這方面，特別提出誥語，以誡康叔。他說：

有人犯了小罪，可是卻爲有意的，並且竟然想著一輩子做下去。其用意既然如此，雖然是小罪，也不可不重罰。可是話又說回來，有人犯了大罪，並不想一輩子做下去，而只是偶然的罪過，在此情形下，雖然已經宣判懲治其罪，因其犯罪非爲有意，這種犯人，罪雖大，仍不可殺。

三、以法治民，如保赤子，赤子無知，故當愼防其因無知而陷於罪：昔我先賢，嘗言「視民如子、視民如傷」，就施行政令言，固當如此。可是在刑罰方面說，亦當如是。假如能以「如保赤子」的心情，以其無知而愼防陷入於罪，或既入於罪，而又能察其有意無意之爲，以加重或減輕其刑責，那麼刑罰卽可大明於世，而人民也就自然會循法而順服了。周公最明此理，所以他就進一步地說明這種措施的必要性，及其所可能得到的預期效果。他說：

能順著以上所說刑赦的道理去用刑，那麼刑罰就可以大明，人民也就順服了。不僅如此，此時人民還會更積極地勉善去惡，就像自己有病一樣，一定要把它去除掉。在你本身來說，就像保養嬰兒樣的，諒其無知，不要讓他入罪，這樣做，人民就會安於治理了。能做到這種地步，卽使不得已用刑殺人，那絕不是你封用私意殺人、刑人，同時也不會有疑惑你封刑人殺人。又假如不得已而劓刵人的話，也不是你封私意割人的鼻子，割人的耳朵，同時也不會有人疑惑你割人鼻、割人耳。

案：《孟子・梁惠王上》云：「左右皆曰可殺，勿聽；諸大夫皆曰可殺，勿聽；國人皆曰可殺，然後察之。見可殺焉，然後殺之，故曰國人殺之也。」周公的誥康叔，勉其用刑要小心謹愼，當卽此意。蓋言刑殺之事，皆當循國法、天理、人情以爲，惟有如此，人民方可以「大和服」。

四、**聽訟治獄，或宣示法條，宜採殷法；幽囚罪人，應謹愼將事**：此種顧慮，所以明智，以其兼及人情故也。前文已言，殷賢聖之君六七作，自有其良法不可廢者。且人民習其法已久，世俗已爲當然，如驟然廢棄，人民咸以爲乖張，又如何順從、適應？所以自以沿用殷法爲宜。至幽囚罪人，因爲要拘禁人的行動，或奪其生命，當然是大事，如稍一不愼，卽可能造成寃獄，故當詳予偵察，務使罪當其罰。周公深通此理，故言之綦切。他說：

審判獄訟案件，或宣示法律，要取用殷代刑法中合理的。如要囚禁一個人，最好能多加考慮，有的要考慮五六天，甚至於十天、三個月，才能決斷是否要將某人繫獄。你千萬要注意，雖然刑罰斷獄，當以殷法爲依據，但要一以合宜爲準，不可於用刑時，就著你的想法，恣意去做啊！

五、於自干法紀、殺人越貨者，殺勿赦：凡恣意縱慾，目無法紀，禍亂國家，爲害地方，殺人越貨，而不畏死的人，均應處以極刑。這種法律觀點，可說是「時，無論古今；地，無分中外」的一致看法。也可以說是「放之四海而皆準，百世以俟聖人而不惑」的見解。以大聖之周公，當然不會忽略這種主張，所以他告訴康叔說：

凡是人民自動犯罪，搶刼掠奪，將人殺死，往取財貨，冒犯國法而不怕死的，就沒有不該殺的。

六、不孝不友，就是元惡大憝。因其泯滅天理，汩亂大倫，應該「刑茲無赦」：舜以孝治天下，爲人所共知，而周以孝治天下，卻罕有人言及。在此，我願意略加申述，以明周公所以對「不孝不友」的人，「刑茲無赦」的原因。在《禮記．文王世子》篇，有這樣的一段記載：「文王之爲世子，朝於王季日三。鷄初鳴而衣服，至於寢門外，問內豎之御者曰：『今日安否？』內豎曰：『安』。文王乃喜。及日中又至，亦如之。及莫（暮）又至，亦如之。其有不安節（節，鄭注：謂居處故事），則內豎以告文王，文王色憂，行不能正履。王季復膳，然後亦復初。食上，必在（察也）視寒煖之節；食下，問所膳（膳，食也），命膳夫曰：『末有原（不可再進用）。』應曰：『諾』，然後退。」此言文王之孝。

又說：「武王帥而行之，不敢有加焉（謂文王之孝已備，故不敢有所增）。文王有疾，武王不說（脫）冠帶而養，文王一飯亦一飯，文王再飯亦再飯，旬有二日乃間（瘳也）。」此言武王之孝。

至於周公，這裏雖然沒有記載，但《史記・魯周公世家》卻說：「周公旦者，周武王弟也。自文王在時，旦爲子孝，篤仁，異於羣子。」從這些記載中，使我們領悟到，原來周的先君們，也是以孝傳家的。所以周公把「不孝不友」的人，視同元惡大憝。孔子是最服膺周公的，觀其「久矣不復夢見周公」之言（《論語・述而》），已足可想見其嚮往欽慕之情。孔子在《孝經・五行》章中說：「五刑之屬三千，而罪莫大於不孝。」我們讀了前後二聖人的言論，實在可用「若合符節」四字來形容。因此，更可使我們領悟到孔子所講的孝道，是其來有自的。他綜合了過去的言論與事實，默察深思，終於悟出了孝道的偉大，而加以詳明的闡發。就時代背景言，或許周公的重視「孝友」，與孔子的爲曾子講孝道，有所不同，然就其作用說，則無二致。因爲能孝敬父母，友愛兄弟的人，則一定能事長上，善與人共事，以謙恭禮讓爲懷。《論語・學而》篇有子說：「其爲人也孝弟，而好犯上者，鮮矣；不好犯上，而好作亂者，未之有也；君子務本，本立而道生；孝弟也者，其爲仁之本與？」當周公之時，三監叛，可謂犯上矣！假如犯上者能知孝順，當無此事發生。當孔子之時，「臣弒其君，子弒其父，下烝上淫，君不君，臣不臣，父不父，子不子。」孔子懼，作《春秋》，寓褒貶、別善惡，正名定分，期望能使亂臣賊子，幡然悔改。所以他說：「我志在《春秋》，而行在《孝經》。」（《孝經緯》）所以孔子也是想以行孝，來遏止「亂臣賊子」的行徑，進而化暴戾於無形，以恢復君敬、臣忠、父慈、子孝、兄友、弟恭的社會秩序。所以我們說，周公、孔子的重視、提倡孝道，其用意是一致的。周公的偉大處在此，我們所以說他是一位偉大的政治家亦在此。他意味深長的告訴康叔說：

罪惡之首，就是不孝不友。一個做兒子的，不能恭敬的奉行父親的志業，那就是大大地傷了父親的心。於是做父親的，不僅不能愛撫其子，甚至疾恨其子。以此推衍，於是做弟弟的，就不再顧念天理天道，不再恭敬他的兄長。做兄長的，也不顧念幼弟的可憐，一點也不友愛他的弟弟。人倫敗壞到這種地步，卽使人民不犯法，那麼上天所給我們的法則，也會被大大地混亂了。要是如此的話，就應該趕快用我文王所制定的法律，來刑罰他們，絕不寬赦。

案：上文我們說，周公希望治殷民，當用殷法，此處又言當用文王制定的法律來加以處罰，豈不前後矛盾？這一方面顯示了文王的尊崇孝道，早已法有明文，且甚嚴厲。另一方面，也顯示出紂俗的淫奢。當時一定有父子不相保、兄弟不相顧的情事。所以文王對於「不祗（敬）不字（愛）」，不恭、不友的人，嚴加刑責。如〈周書．牧誓〉說：「今商王受（卽紂），惟婦人言是用，昏棄厥遺王父母弟不迪。」古文〈泰誓〉也說：「今殷王受，乃用婦人之言，自絕於天，毀壞其三正，離逷其父母。」所謂「上行下效」，「上有好之，下必甚焉者」，由此也就可以想見一斑了。

七、**嚴官紀以端政風，循法典以懲不軌**：政令的傳布施行，完全仰賴於政府的官員。而破壞法紀的人，往往也就是那些掌管教化、執行決策、持節傳達命令的人。由於他們妄想一時造成自己的盛譽、令名，甚至不惜混淆視聽，舞弊營私，甘願敗壞法統與國家體系，類此官員，均當予以重罰。周公爲維護國家法統、體制，他忍辱負重，甘受「流言」的譭謗，亦毫無怨言。由於痛苦經驗的體認，他深切了解破壞紀律，不循法而爲者，多半就是政府官員本身，因此，對於即將赴國的幼弟，不得不耳提面命地再四誥誡。他說：

你要注意，往往不遵循國家大法的，就是掌管教化的官員與行政長官，以及那些內小臣、和持符節出使的使臣。他們爲了討好大眾，在民間造成美名，就另外傳布政令，不顧慮國家的體系、制度，不行用天子的教命，使其君深以爲痛，就像疾病在身一樣。有這種行爲的人，就是大壞蛋，也就是最令人深惡痛絕的人。對這種人，你就應該速用合宜的刑法殺掉他們。假如有的諸侯，不能善於教化其家人與其內小臣，以及外官之長，祇知擅作威福，恣行暴虐，並且違逆天子的命令，像這樣的行爲，就沒有辦法再用德惠來治理，非加以征伐不可了。

案：這種陰謀不軌，欲借一己之權勢，鼓動眾人，造就一己之美譽令名，或擅作威福，恣行暴虐，使下無所知上，上亦無所了然於下，一旦成其氣候，即行公然反叛政府，似此行爲，不僅爲大臣、諸侯所不應有，亦爲國法所不容。此蓋周公有感而發的言論。因三監叛周，其情勢若是，是以周公特予諄諄焉。

八、法古則先，克敬典以導民，民罔不從：刑罰既明，轉而又勉其效法先聖先賢的作爲，並且要以身作則，率行常法來誘導人民，如是人民始能順從。所謂先聖先賢，一則以其先父文王的「敬忌」爲法（案：蔡沈云：敬則有所不忽，忌則有所不敢），一則以媲美殷的先哲聖王的政績爲施政目標。使康叔深切了解，人民的善良、安康，乃由於善政所致，不可不汲汲於此。故周公特加勉勵說：

封弟！你要明白，人民應當加以各方面的引導，使他們良善、安樂。我所以要你效法殷代先哲聖王的德行，來治理殷民，就是想使你的政績能和他們相媲美。人民若不加以誘導，則難以順從。因此，首先你要敬謹地遵守國家的法典，才能談到誘導人民，也惟有效法我文王的明德慎罰——敬忌，才能誘導人民向善。假如你能這樣說：「我惟有汲汲自勉的效法文王，來盡力地做到明德慎罰。」那我就非常高興了。

九、施政的關鍵、得失，端在是否能明德慎罰：周公確實不愧爲一位大政治家，他胸襟寬宏，眼光銳敏而遠大，處事果決而有序。而綜合了歷代聖君賢相治國的寶貴經驗，默察當前情勢，確定了國家的體系（如宗法、封建制度），也創造了文化（如制禮、作樂），在他的心目中，無時無刻不在思念著如何法祖敬天，如何使國家長治久安，所以他對康叔的就國，不厭其詳地反覆縷述，以期其銘心刻骨，處處能以敬事、愛民爲懷，行其所當行，去其所宜去，方可永享國祚。他說：

封弟！我以爲不可以不觀察古今的施政得失，告訴你明德、愼罰的道理。現在殷民尚未安靜，其嚮往殷之心，也還沒有定下來。雖然經過了屢次的開導，但仍未能作我大周的新民，與我政府合作。在這種情形下，我就是明明想到上天將要誅罰我，我也不會有什麼怨恨。因爲過失無論是大是小，也不管是多是少，只要有，就會明顯地被上天知道的。所以你要敬謹啊！不要作爲民所怨恨的事，不要用不合於天道的謀畫，更不要用不合理的法則，以致蔽塞了上天所賦予你明德的誠心。因此你要行仁順時，因地制宜，以作爲行動上的根本。用這種方法來安定你的心，反省你的一切措施，並且以此長久的來布施你的道德教化，這樣就可以與民相安，世享國祚，不致於國滅祀絕了。

十、天命不常，惟有勉職事，廣聽聞，守常典，始可永與殷民世享其國：天命無常，惟善是與。《大學》引此經說：「道善則得之，不善則失之。」這是治理國家不可改變的至理。周公乃一睿哲之聖人，爲周代文化的象徵，對於這種法天、敬事、守常的道理，最具見解。所以在〈康誥〉篇最後，他仍然不憚煩地再予提示。他說：

小弟封啊！現在你所最當留意的，就是要時刻思念著天命是無常的，不要由於你的怠忽，竟斷絕了我們對祖先的祭祀，滅絕了我們的國家，要勉力你的職事，廣博的聽取意見，採納善言，盡量地去了解民情，用來安定、治理人民。去就國吧，我的封弟，千萬不要廢棄應當謹愼遵守的法典，照著我告訴你的話去做，才能和殷民世世代代保有這個國家。

這是周公總要所提出的結語，叮嚀再三，言摯、意誠、語切，兄弟之情，君臣之義，家國之愛，洋溢於字裏行間。數千年之後，我們讀其文，猶能為其所感。有國有家者，宜何如愼思，效法而篤行！

附錄一　試釋《尚書・康誥》：「元惡大憝，矧惟不孝不友」

這句含義深長的誥語，是周公在其幼弟康叔臨就國之前，所作的叮囑。這句話，不僅有其時代背景，同時對後世來說，影響也非常幽遠。茲分別說明如下：

一、**文句解義**：元，是大的意思，也作首字解。憝（音ㄉㄨㄟˋ），作惡字解。元惡大憝，即罪大惡極。矧，作亦字解。惟，作是字解。善事父母爲孝，善事兄弟爲友。這句經文的意思是說：「罪大惡極，亦即是不孝不友。」把這句話說成「人的罪惡，沒有比不孝不友再大的了」也是可以的。

二、**時代背景**：我們推本周公所以如此誥誡康叔，一方面是基於周代的傳統；一方面也是基於政治的因素。在傳統方面說，文王、武王都是孝子。就是周公本人，亦不例外。根據《禮記・文王世子》篇的記載：文王事奉他的父親王季（即季歷），每天一定問安三次。清晨一大早，就趕到寢門外，向侍候他父親的小臣問道：今天我父親還安適嗎？等到小臣回答安適後，才敢表露出喜悅的顏色。中午、晚上兩次，也是這樣。假如聞知王季的身體那裏不安適，或是飲食不正常，卽引以爲憂，一定要到王季恢復正常以後，才能安心。後來武王事奉文王，亦復如是。這裏雖然對周公無所記載，可是我們在《史記・魯周公世家》裏卻可找出答案。世家說：「周公旦者，周武王弟也。自文王在時，旦爲子孝，篤仁，異於羣弟。」除此之外，周公的相成王，輔周室，制禮作樂，爲周代建立了不朽的功業，不也正是孝的表現？所以我們說，周公以「孝友」誥誡康叔，是基於傳統。

在政治因素方面說，此時周公剛平定武庚之亂，基於他的痛苦經驗，他深思熟慮，以爲也惟有教人民以孝，才能「民用和睦，上下無怨。」因爲在上位者能孝，推而大之，必能仁民愛物，視民如子，視民如傷。在下位者能孝，推而大之，必能以「民之所好好之，民之所惡惡之。」人民能孝，推而大之，必能不犯上，不悖行。既不犯上，又不悖行，當然也就不會再有反叛的事情發生了。所以我們說周公以孝友來誥誡康叔，也是基於政治的因素。

三、對後世之影響：周公的偉大，不惟因他爲周代建立了不朽的功業，爲後代的大臣們，樹立了盡職盡忠的典範；更重要的是他執行並創建了適合時宜的制度（如封建、宗法）和永遠可爲法則的禮樂。因此，我們說周公爲周代文化的象徵，也不爲過。孔子是最能服膺周公的了，觀其「久矣不復夢見周公」之言，已足可想見其嚮往欽慕之情。孔子在《孝經・五刑章》中說：「五刑之屬三千，而罪莫大於不孝。」我們讀了前後二聖人的言論，實在可用「若合符節」四字來形容。因此，更可使我們領悟到孔子所講的孝道，是「其來有自」的。他綜合了過去的言論與事實，默察深思，終於悟出了孝道的偉大，而加以詳明的闡發，這就時代背景說，或許周公的重視「孝友」與孔子的爲曾子講孝道，有所不同，然就其作用說，則無二致。因爲能孝敬父母，友愛兄弟的人，則一定能恭敬長上，善與人共事，以謙和禮讓爲懷。《論語・學而》篇有子說：「其爲人也孝弟，而好犯上者，鮮矣；不好犯上，而好作亂者，未之有也；君子務本，本立而道生；孝弟也者，其爲仁之本與？」當周公之時，三監叛周，可謂犯上矣！假如犯上者能知孝順，當無此事發生。當孔子之時，「臣弒其君，子弒其父，下蒸上淫，君不君，臣不臣，父不父，子不子。」孔子懼，作《春秋》，寓褒貶，別善惡，正名定分，期望能使亂臣賊子，幡然悔改。所以他說：「我志在《春秋》，而行在《孝經》。」由此可知孔子也是想以行孝，來遏止「亂臣賊子」的行徑，進而化暴戾於無形，以恢復君敬、臣忠、父慈、子孝、兄友、弟恭的社會秩序。所以我們說，周公、孔子的重視、提倡孝道，其用意是一致的。周公的偉大處在此，我們所以說他是一位偉大的政治家亦在此。而孔子乃爲直接受周公影響之人，他於嚮慕周文化之餘，進而從事闡揚的工作，而今儒家思想的重視孝道，就是具體的說明。這種影響，誰能說不大！

附錄二　附〈康誥〉、〈酒誥〉、〈梓材〉三篇原典注譯

一、〈康誥〉

附脫簡經文四十八言：

惟三月，哉生魄❶，周公初基作新大邑于東國洛；四方民大和會❷，侯甸男邦，采衛百工，播民和見士于周❸。周公咸勤，乃洪大誥治❹。

注：❶惟，語詞。三月，不曉何年之三月。哉，才、本字。作始解。魄，月之初明。馬融以爲：「朏也，謂月三日始生兆朏，名曰魄。」〈鄉飲酒義〉、《白虎通》均以「月三日則成魄。」《說文》魄作霸。❷基，謀。洛，當作雒。卽洛邑。一名成周。故城在今河南省洛陽東三十里。和，

合。會，聚集。和會，卽聚集。❸案《周禮·職方氏》九服之前五服與此同。卽侯服、甸服、男服的國君，與采服、衛服的百官。邦，國。工，官。播民，播遷的殷民。見，效。士，事。士于周，謂建造洛邑。❹咸，皆。勤，勞。指慰勞。洪，鄭氏云：「洪，代也。言周公代成王語。」吳汝綸《尚書故》讀爲「降」。大誥，大的文告。治，楊筠如《尚書覈詁》讀爲「辭」。謂誥文。

譯：經義是說：「在三月的初二、三，剛生出月光的時候，周公就開始謀劃在東方洛水附近建造一座大城邑，不久四方的人民，都來這裏大會合，而侯服、甸服、男服的邦君，采服、衛服的百官以及播遷的殷民，大家都會集在一起，共同爲周人營建大都邑的工作而效力。周公除大加慰勞外，同時也頒布了一篇普告天下的文辭。」

案：此四十八字，與〈康誥〉本文無關。本篇正文，應從王若曰開始。正因其與正文無關，所以歷來尚書家對此皆有不同的見解：蘇軾謂爲〈洛誥〉之脫簡，當接於〈洛誥〉周公拜手稽首之上❶。金履祥謂乃〈梓材〉篇首之文❷。陳櫟謂當在〈召誥〉「越七日甲子」之前❸。方苞謂「其時其地，實與〈多士〉篇應❹。吳汝綸謂乃〈大誥〉篇之末簡❺。雖仁智互見，要之皆無確證，然其非爲〈康誥〉篇之本文，乃其他書誥篇的脫簡，則無可疑。

注：❶蘇軾語，見《東坡書傳》卷一二。藝文印書館【百部叢書】集成本。❷金履祥語，見《尚書表注》。漢京本【通志堂經解】十三册，頁七九六七。❸陳櫟語，見《書集傳纂疏》。漢京本【通志堂經解】十五册，頁八八九七。❹方苞語，見《方望溪先生全集·讀尚書記》。商務

【四部叢刊】集部〇八三册。❺吳汝綸語，見《尚書故》，頁一一三。

〈康誥〉正文

1. 王若曰❶：「孟侯❷，朕其弟，小子封❸。

注：❶王，謂武王，此周公稱述武王之意而告康叔。就時間說，應爲平定武庚之亂以後，即《尚書大傳》所謂四年建侯衛之時。因武王封康叔於前，今則重封，故周公引述武王之誥以告康叔。此就治國所當遵循之政道而言，應無二致。❷孟侯，謂諸侯之長。孟，長。此時三監已平，周公攝政當國，以成王命封弟康叔，以夾輔周室，爲諸侯之長，寓有尊之之意。若爲武王當時之誥，所封之地爲康，未必爲諸侯之長。且康叔爲武王之幼弟，何以長爲？再者，康地，究何所指，至今尚無法確知。亦可見其地區不會太大，否則，又怎可能「今不知所在」呢？《漢書·地理志》說：「周公封弟康叔，號曰孟侯，以夾輔周室。」❸其，作之解。封，爲康叔名。稱小子封，乃親切之詞。

譯：經義是說：「周公稱武王之意如此說：『諸侯的首領，我的弟弟封啊！』」

案：我們所以認爲「王若曰」是周公稱武王之意爲說者，因篇中無一文言及武王，與其他周公之誥不類。而下文「寡兄」一辭，尤爲自稱之顯語。

2. 惟乃丕顯考文王❶，克明德慎罰❷，不敢侮鰥寡❸，庸庸、祗祗、威威、顯民❹。用肇造我區夏；越我一二邦，以修我西土❺。惟時怙冒聞于上帝，帝休❻。天乃大命文王❼，殪戎殷，誕受厥命❽。越厥邦厥民，惟時敍❾。乃寡兄勗❿，肆汝小子封。在茲東土⓫。」

注：❶惟乃，語詞。一說乃，作汝解。衡諸文氣，似有違於常理，兄與弟言，豈可稱父爲汝父？丕，大。顯，明、光。考，父。父死曰考。❷克，能。明德，彰顯其德行。愼罰，謹愼於刑罰。❸侮，輕慢。老而無妻曰鰥，老而無夫曰寡，老而無子曰獨，幼而無父曰孤；此四者，天下窮民而無告者。❹庸，用。庸庸，用可用之人。祗，敬。祗祗，敬可敬之人。此卽明德之行。威，畏；卽刑罰之意。威威，謂罰其當罰之人。此卽愼罰之意。顯民，明民。卽明教，明示於民，使知德而恥罰，知所依從之意。❺用，以。有因此之意。肇，始。區夏，吳汝綸《尚書故》說：「猶區宇、宇夏，皆以屋喻也。我區夏，謂周室也。」越，與、及。一二邦，指西土諸侯之國。修，治。西土，西方。謂周及諸侯國。❻惟，以。時，是。怙，故。說見于省吾《尚書新證》。惟時怙，乃因是之故。冒，有上進、上聞之意。休，喜、善、美。❼《尚書大傳》說：「天之命文王，非啍啍(音ㄊㄨㄣ)然有聲也。文王在位，而天下大服，施政而物皆聽，令則行，禁則止，動搖而不逆天之道，故曰天乃大命文王。」❽殪，滅、盡、殺。戎，大。戎殷，卽大殷

國、大商之意。誕，於是、爰。厥，其。受厥命，謂受天命稱王。❾越，於是、爰。厥邦厥民，謂殷國殷民。惟時，因是。敍，次序。引申有安定之意。❿乃，汝。寡兄，言寡德之兄，自謙詞。勗，勉。⓫肆，今。茲，此。東土，殷墟。以殷在周之東，故云。此段一言西土，一言東土，相對爲稱。東，非所謂之「東地」（地名）甚明。或謂東土謂康地。此意味康地在周之東。然此爲周公重封康叔之語，所指應爲殷墟，亦卽衛都。

譯：經義是說：「我文王能彰顯他的德行，施惠於人公明，又能謹愼於刑罰，不敢侮慢鰥寡無告的人，用可用的人，敬當敬的人，罰應罰的人，以此具體的行爲，來顯示於人民，使人民知所依從取捨。因此才創造了我們的周室，並且與我們一二有關係的國家，共同來治理西方這塊土地。是以我文王之德，得以陞聞於上帝，上帝以我文王能明德愼罰，而感到非常高興，於是乃以王業大命我文王，滅掉大殷國，使稱王治理天下。於是殷國的人民，才得以安定下來。這就是我要勗勉於你的。現在我就要將你這位年輕的弟弟，安置在東土爲諸侯。』」

案：左氏成公二年傳云：「明德愼罰，文王以造周也。明德，務崇之之謂也；愼罰，務去之之謂也。」蔡沈《書經集傳》云：「明德愼罰，一篇之綱領。」一言文王之所以造周，一言一篇之綱領，直切入裏，點出了全篇的旨趣要歸。

3.王曰：「嗚呼！封。汝念哉❶！今民將在祇遹乃文考，紹聞衣德言❷；往敷求于殷先哲王，用保乂民❸。汝丕遠惟商耇成人，宅心知訓❹。別求聞由古先哲王，用康保民❺。弘于天，若德裕乃身，不廢在王命❻。」

注：❶念，思。僞孔傳云：「念我所以告汝之言。」❷阮元《尚書注校勘記》云：「古本民上有治字。」此語一出，可釋衆説。祗，敬。遹，述、循。乃，語詞。文考，文王。紹，繼。聞，舊聞。衣，王引之以爲「依」之假借。德言，有德之言。❸往，使之前往。敷，遍、博。用，以。保，安。乂，治。一作養解。❹丕，語詞。遠，厚、深、多。惟，思。耇，老、壽。耇成人，卽老成人。亦卽年老成德之人。宅，度。訓，道。謂度量他人之心，以爲己治人之道。訓，亦作順從解，言順從民俗之所宜。❺別，有另外之意。求，訪詢探求。聞，知。由，於。古先哲王，鄭氏以爲虞夏。康，樂。保，安。❻弘于天，《荀子・富國》篇引此文作「弘覆乎天」。弘下多一覆字，文義顯豁，當從。弘，大。覆，被、蓋。于、乎，古通用。俱爲語詞。言君王之德，有如天之廣大，覆蓋著人民。若，如。德，謂道德善行。裕，充足、富饒之意。乃身，自身。案：弘于天，若德裕乃身，曾運乾以爲乃：德裕乃身，若弘于天也之倒語。廢，有廢棄、失落之意。「不廢在王命」，乃「在王命不廢」之倒語。

譯：經義是說：「王說：『噢！封弟，你要時刻思念著，現在到東土（殷墟）治理人民，當敬謹地遵循父王的遺志，承繼他的舊聞，並依從父王的德言去做。到殷墟以後，要遍訪當地殷先哲王的聖明政教，並用以安養人民。你要多多思念著商朝的年老成德之人的典則懿行，揣度他們當時的政教是怎樣的，然後作為治理殷民的依據。同時更要另外訪詢古代先哲聖王的教化美政，用以治民，使人民得以安定康樂。（你要明白，）一位國君的道德善行，能充足於自身，這就像天的宏大，廣覆萬物，那麼王命也就永遠不會將他廢棄了。』」

案：此言乃勉勵康叔，要明德謹行，法古則先，務使殷民得安樂，方可永保王命。《史記・衛康叔世家》說：「必求殷之賢人、君子、長者，問其先殷所以興，所以亡，而務愛民。」當即此義。

4.王曰：「嗚呼！小子封。恫瘝乃身，敬哉❶！天畏棐忱，民情大可見❷。小人難保，往盡乃心❸，無康好逸豫，乃其乂民❹。我聞曰：『怨不在大，亦不在小；惠不惠，懋不懋。』❺已！汝惟小子，乃服惟弘❻。王應保殷民，亦惟助王宅天命，作新民❼。」

注：❶恫（音ㄉㄨㄥˋ），痛。瘝（音ㄍㄨㄢ），與鰥、矜同。作病解。恫瘝乃身，言猶如病痛之在己身。敬，謹。❷天畏，謂天命雖然可畏。棐，輔。忱，誠。棐忱，謂以誠信是輔。民情，謂人民之意願。大可見，謂非常易見，很容易觀察。❸小人，謂人民、百姓。保，釋詁：「康安也。」往，去封地。❹無，勿。亦作毋，禁止之詞。康，安、大。逸，樂。豫，亦作樂解。俞樾

以「豫」字爲衍文。乃其，猶始能。乂，治、安。❺我聞曰，此武王（或爲周公）引古語以證之言。怨，恨。惠，順。懋，亦作茂，說文作忞，云：「勉也。」此申小人難治之義。❻已，噫，歎詞。汝惟小子，乃惟汝小子之倒文。服，釋詁：「事也。」惟，思。弘，大。❼此經中二王字，以文義言，應爲周公所稱。武王雖爲王，但前文既稱寡兄，於此不當驟然稱王。惟出周公之口，方可義順理通。然所稱之王，當爲周王，義實應兼武、成二王而言。應保，王引之《經義述聞》卷四云：「猶受保也。」惟，思、宜。宅，度。作，爲、成。

譯：經義是說：「王說：噢！我的封弟。你此去治理殷民，當如有病在身一樣，所以要特別謹愼啊！天命雖然可畏，然卻以誠信爲輔佐的對象。人民的意願，是最容易觀察的。同時人民也是最難使他們安樂的。你到殷地治理的時候，要盡心盡力，一點也大意不得。我聞說：『怨恨不在於大小，同樣可產生災禍（禍亂），因此在治理人民的時候，要使不順的百姓，使他們順服，使不知勉勵的百姓，使他們知所自勉。』噫！封弟啊！你要時刻思念著所負的職責（使命）的重大。我周王既已接受了保安殷民的大任，那麼你也就應當幫助我王圖度天命，使殷的遺民，革除舊習，而成爲我周朝的新民。」

案：以上爲周公述武王之意、告康叔以明德保民之事。所謂明德，就是崇尙德教。亦惟有明德，方可進而治國平天下。自古明王在位，未有不以明德修身爲基本要務的。《大學》所謂：「明明德」，「在親民」，意卽在此。

5.王曰：「嗚呼！封。敬明乃罰❶。人有小罪非眚，乃惟終❷；自作不典，式爾，有厥罪小，乃不可不殺❸。乃有大罪非終，乃惟眚災適爾❹，既道極厥辜，時乃不可殺❺。」

注：❶敬，謹愼。明，明察。乃，汝。罰，刑罰。❷眚，過失，言有意犯罪，非爲過失。乃，竟。惟，思、謀。終，終身。❸作，爲。典，法、常。式，用。爾，如此。自爲不法，卽有意犯法之意。厥，其。❹非終，非欲終身爲之，謂能改過。乃，而。惟，是。適爾，偶然如此。❺既，已。道，言。引申有宣判之意。極，殛。謂誅罰。辜，罪。時，是。

譯：經義是說：「王說：『噢！封弟。你治理殷民，要謹愼明察你的刑罰。有人雖犯了小罪，可是卻爲有意的，並且竟然想著終生做下去（行之）。這種自己有意的犯法，若用意如此，就是犯了小罪，也不可不殺。如有人犯了大罪，並不想終身（行之）做下去，而祇是偶然的罪過，（對這種罪犯），雖已宣判懲治其罪，因其並非有意的犯罪，罪雖大，仍不可殺。（或譯爲：既然已將其罪行全部說出，亦卽服罪輸情，痛改前非，決不再犯，是亦不可殺。）』」

案：王符《潛夫論》引此經謂：「乃有大罪非終，乃惟省哉（省，乃眚字之誤。哉、災同義），適爾，既道極厥罪，時亦不可殺。言人雖有罪，非欲以終身爲惡，乃過誤爾，是不可殺也。若此者，雖曰赦之可也。」又案：〈堯典〉云：「怙終賊刑，眚災肆赦。」乃用刑之鵠的。

周公知康叔仁厚，可爲司寇（《史記·衛世家》云：「成王長用事，舉康叔爲周司寇。」），故教以慎刑。

6. 王曰：「嗚呼！封。有敍時，乃大明服❶，惟民其勑懋和❷。若有疾，惟民其畢棄咎❸。若保赤子，惟民其康乂❹。非汝封刑人殺人，無或刑人殺人❺；非汝封又曰劓刵人，無或劓刵人❻。」

注：❶有，能。見《古書虛字集釋》。敍，順。時，是。有敍時，乃蒙上文：言能順是刑赦之理而用刑。乃，就、卽。服，順服、服從。❷惟，語詞。有能如是之意。其，乃。勑、勅，古通用，作戒解。懋，勉。和，融洽和睦。❸若有疾之務去，此指人民自言。謂民之向善去惡，一如己身有病，務必去之。惟，是。其，乃。畢，盡。咎，罪惡。❹若，一作如。康，安。乂，治。❺無，猶言不會有。或，當爲惑之借字。謂迷惑、疑慮。❻劓（音一ˋ），割鼻之刑。刵（音ㄦˋ），割耳之刑。王引之《經義述聞》，以刵爲刖，謂斷足。

譯：經義是說：「王說：『噢！封弟。能順著以上所說刑赦的道理去用刑，那麼刑罰就可以大明而人民也就順服了。能如是，人民就可以相互戒止而勉於和睦了。這樣人民的勉善去惡，就可像自身有病痛一般，必然要把它除掉。如是，人民才能全部除去他們的罪惡。所以治民，就當具有像保養嬰兒的心情，諒其無知，不可讓他入罪，如是，人民就會安於治理了。（如能用刑有如上述，如保赤子，即使不得已用刑殺人，）那就不是你封用私意殺人、刑人，也不會有人疑惑你封刑人、殺人了。（假如不得已劓刵人的話，）也不是你封私意割人鼻、割人耳（刖人足），同時也不會有疑惑你割人鼻、刖人足。』」

案：此言刑殺，皆當循國法、天理、人情以為。《孟子．梁惠王上》說：「左右皆曰可殺，勿聽；諸大夫皆曰可殺，勿聽；國人皆曰可殺，然後察之，見可殺焉，然後殺之，故曰國人殺之也。」周公之告康叔，勉其用刑之慎，當即此意。

7. 王曰：「外事❶，汝陳時臬司❷，師茲殷罰有倫❸。」又曰：「要囚❹，服念五六日，至于旬時，丕蔽要囚❺。」

注：❶江氏聲《尚書集注音疏》說：「聽獄之事也。聽獄在外朝，故云外事。」❷陳，列、示。有宣布之意。時，是。臬司，即下文之臬事。猶今言法律、法條之意。❸師，取法。茲，此。殷罰，殷之刑法。倫，理。《荀子．正名》篇說：「後王之成名，刑名從商，爵名從周。」注云：「商之刑法未聞，〈康誥〉曰：殷罰有倫。是亦言殷刑之允當也。」❹王國維《觀堂集林》卷二說：「要囚，即幽囚。古要、幽同音。」幽囚，猶今言繫獄，即關於牢中。❺服，思。

服念，卽考慮、思慮之意。旬，十日。時，時季，三個月。丕，語詞。蔽，《周官・大宰》注：「斷也。」

譯：經義是說：「王說：『審判獄訟案件，或宣示法律，要取法殷代刑律中合理的刑罰。』『所謂合理的刑罰，就是要監禁一個罪犯，一定要考慮五六天，甚至於十天、三個月，才能決定是否要將某人繫獄。』」

案：此言聽審、定罪、繫獄，要格外謹慎。如是方能免於冤獄，招致民怨。

8.王曰：「汝陳時臬事，罰蔽殷彝❶；用其義刑義殺，勿庸以次汝封❷。乃汝盡遜，曰時敘；惟曰未有遜事❸。已！汝惟小子，未其有若汝封之心，朕心朕德惟乃知❹。凡民自得罪，寇攘姦宄❺，殺越人于貨，暋不畏死，罔弗憝❻。」

注：❶臬事，法條。蔽，決斷。彝，法。殷彝，卽上文之殷罰。❷義，宜。庸，用。次，《荀子・致仕》篇引此文作「卽」。卽，就。或謂庸，乃容之借字。次，乃恣意縱爲之初文。說亦通。❸遜，順。曰，於。時，是。敘，秩序、次序。引申有安定之意。惟曰，僅云、只是說。未有遜事，言人民仍然未順從。謂不自滿足之意。蔡氏《書經集傳》說：「蓋矜喜之心生，乃怠惰之心起，刑殺之所由不中也，可不戒哉！」所言良是。❹已，噫。惟，雖。心，謂仁心。有宅

心仁厚之意。德，行爲、表現。❺自得罪，謂自己主動犯罪。寇，賊。攘，奪取。姦，作亂於內。宄，作亂於外。❻越，顛越。有斃、倒意。于，取。暋，強。或作冒解，謂冒犯國法而不畏死。罔，無、不。憝，作殺、怨解。

譯：經義是說：「王說：『你審理案件，宣布法條，刑罰斷獄，當以殷法爲依據。雖用殷法刑殺，一以合宜爲準，不可於用刑時，就著你封的私意去做。這樣人民才會全然順從於你。於是國家的政情，才會安定下來。雖然安定了，但僅可說人民尚未順服，以免因矜喜而生怠惰之心。噫！你雖爲年輕人，但尚未見有像你封宅心仁厚的。我的心願和行爲，也祇有你知道啊！（要記得）凡是人民自己主動犯罪，搶刼掠奪，將人殺死，往取財貨，強橫（冒犯國法）而不怕死的，就沒有不該殺的。』」

案：此囑以治殷民，當以殷法爲宜，切忌以私意從事刑罰。對於「殺越人于貨」，「暋不畏死」，目無法紀之徒，亦不可寬恕，當處以極刑。

9.王曰：「封。元惡大憝，矧惟不孝不友❶。子弗祇服厥父事，大傷厥考心❷；于父不能字厥子，乃疾厥子❸。于弟弗念天顯，乃弗克恭厥兄❹；兄亦不念鞠子哀，大不友于弟❺。惟弔茲，不于我政人得罪❻，天惟與我民彝大泯亂❼；曰：乃其速由文王作罰，刑茲無赦❽。

注：❶元、大同義。惡、憝亦同義。謂大罪惡。矧，亦。惟，是。❷祗，敬。服，行、治理。厥，其。❸于、於同義。字，愛、撫。疾，惡、恨。❹天顯，猶天理，爲古成語。❺鞠，稚。鞠子，幼弟。以兄視弟，雖長亦稚。哀，憐憫、可憐。友，友愛。❻惟，句首助詞。弔，至。茲，此。政人，謂爲政之人，猶今所謂之官吏、官員。不于我政人得罪，猶云未犯法、未觸犯法條之意。❼惟，語詞。彝，法。泯亂，卽混亂。❽曰，蔡氏謂：「言如此。」乃其，猶卽應。由，用。文王作罰，言文王所制訂之刑法。赦，寬免其罪過。

譯：經義是說：「王說：『封弟。罪惡之首，就是不孝不友。做兒子的不能恭敬的奉行父親的志業，那就大大地傷了父親的心。於是做父親的，不能愛撫他的兒子，甚至疾恨他的兒子。於是做弟弟的，就不再顧念天理天道，不能恭敬他的兄長。做兄長的，不顧念幼弟的可憐，非常不友愛他的幼弟。如果到達這種地步，人民卽使不犯法，那麼上天所給與我們的法則，也會被大大地混亂了。要是如此的話，就應該趕快用我文王所制定的法律，來刑罰他們，絕不寬赦。」

案：前文言用殷法，此處又言用文王所制定之法，是否有理可說？蓋因紂俗奢淫，當時必有父子不相保，兄弟不相顧的情事，是以文王嚴不祗、不字、不恭、不友之刑。〈牧誓〉云：「今商王受，惟婦人言是用，昏棄厥遺王父母弟不迪。」古文〈泰誓〉亦謂：「今殷王受，乃用婦人之言，自絕於天，毀壞其三正，離逷其王父母。」由此亦可見其俗的一斑了。所謂上行下效，上有好之，下必甚焉，是有所自來的。

10.不率大戛，矧惟外庶子訓人❶，惟厥正人、越小臣、諸節❷；乃別播敷，造民大譽❸；弗念弗庸，瘝厥君。時乃引惡，惟朕憝❹。已！汝乃其速由茲義率殺❺。

注：❶率，循、遵。戛，法、常。矧惟，猶卽是。庶子，爲掌教公卿子弟之官。外，指諸侯國言，是以稱外。訓人，亦掌教之官。❷惟，與。正，長。正人，卽爲政之人。猶行政之長官。越，及。小臣，卽內小臣。諸節，謂諸持符節出使之官員。❸別，有另外之意。播，傳布、播散。敷，施、布。造，成、爲、詐。❹念，思。庸，用。瘝，病。時，是、此。乃，爲、是。引，長、大。惟，是。憝，惡。❺已，噫。乃其，卽應。由，用。率，讀如律，作法解。

譯：經義是說：「往往不遵循國家大法的人，就是掌管教化的官員（庶子、訓人），與行政長官，以及那些內小臣、持符節出使的官員們。他們每每另外傳布政令，討好大眾，在民間造成美名，不顧慮國家的體系制度，不行用天子的教令，使其君深以爲痛，就像疾病在身一樣，有這種行爲的人，就是大壞蛋，也是我深惡痛絕的。噫！（對這種人）你就應該速用合宜的刑法殺掉他們。」

案：此無異針對陽奉陰違、不守法令的官員，所下的深惡痛絕的指令。三監的叛周，正是如此，是以周公特別加重言之。由此亦可看出乃周公有感而發的告戒，如爲武王之誥，卽使能想到這種情事，然未必如是深刻。如非切己體察，是很難道出的。

11. 亦惟君惟長，不能厥家人，越厥小臣外正❶；惟威惟虐，大放王命；乃非德用乂❷。

注：❶亦惟，猶卽是。君長，謂諸侯。能，善。謂善於教導化育。越，與、及。小臣，內小臣。外正，外官之長。❷惟威惟虐，言擅作威福，恣行暴虐。放，逆、棄。王命，天子之命。乃，就。德，惠愛。用，以。乂，治。

譯：經義是說：「卽使是諸侯，如不能善於教化其家人，與其內小臣以及外官之長，祇知擅作威福，恣行暴虐，並且違逆天子的命令，這樣就不是用德惠可以治理，非征討不可了。」

案：此固對諸侯而言。然以周公當時的心情來說，誥語尤爲深切而富意味。我們曾說〈康誥〉乃周公引述武王之誥而依情節有所增減，此段語意，卽可作一有力的證明。

12. 汝亦罔不克敬典，乃由裕民❶，惟文王之敬忌，乃裕民❷。曰：『我惟有及。』則予一人以懌❸。」

注：❶汝，指康叔。罔不克，無不能。敬，謹。典，常法。乃由，始能用於。裕，《方言》云：「道也。」道，即導。有啟迪誘導之意。❷惟，獨、祇。敬忌，今人周秉均《尚書易解》：「謂賞善罰惡。」亦即明德愼罰之意。乃裕民，始能導民。❸曰，此周公假康叔之口以道說。與「你可以這樣說」同。及，猶汲汲。自勉之詞。說見吳闓生《尚書大義》。我惟有及，謂我惟有汲汲自勉的效法文王之意。則，那麼。予一人，周公自謂。懌，悅。

譯：經義是說：「你也不能不敬謹地遵守國家的法典，這樣始能用於誘導人民，亦惟有效法文王的賞善罰惡——敬忌（或譯爲：明德愼罰。亦可），才能誘導人民向善。假如你能這樣說：「我惟有汲汲自勉地效法文王」，那麼我就非常高興了。』」

案：此乃針對康叔所發的告語，勉其守法導民，並服膺文王、賞善罰惡（明德愼罰）的德教，誘導人民棄惡向善。

13.王曰：「封！爽惟民迪吉康❶。我時其惟殷先哲王德，用庸乂民作求❷。矧今民罔迪不適，不迪則罔政在厥邦❸。」

注：❶爽惟，語詞。迪，導。吉，善。康，安。❷時，是。其，以。時其，猶是以。惟，思。德，善行。康，安。乂，治。求，乃逑之初文，作匹、等解。或謂乃仇之借字。作求，猶言

作四、求其齊等之意。❸矧，語詞。迪，導。適，從。罔政，猶言無善政。

譯：經義是說：「王說：『封弟！你要教導人民，使他們達到良善、安康的境地。我是在想用殷代先哲聖王的德行，來安治百姓，並且要和他們治理得一樣好。現在，人民若不善加誘導，則難以順從。如不善加教導，就無善政在你的國中了。』」

案：前文言，治殷民當用殷法，此言用殷先哲聖王的德行，來教導殷民，其適時、適地、合順民心的舉措，當可導引殷民由衷地順從。

14.王曰：「封！予惟不可不監，告汝德之說、于罰之行❶。今惟民不靜，未戾厥心，迪屢未同❷。爽惟天其罰殛我，我其不怨❸。惟厥罪無在大，亦無在多，矧曰其尚顯聞于天❹。」

注：❶監，視。引申有觀察之意。德，即明德。罰，即愼罰。于，與、及。❷民，殷民。靜，安。戾，定。迪，導。屢，亟、多次。同，和同。❸爽惟，語詞。其，將然之詞。殛，誅。怨，抱恨。❹惟，以。厥，語詞。矧曰，語詞。其，將。尚，上。顯，明。聞，知。

譯：經義是說：「王說：『封弟！我以爲治國，不可以不觀察古今施政的得失，所以要告訴你明德愼罰的道理。現在殷民尚未安靜，其嚮往殷國的心情，也還沒有定下來。雖然經過了屢次的開導，但仍未能作我大周的新民，與我朝合作。在這種情形下，就是上天將要誅罰我，我也不會有什麼怨恨。因爲過失無論是大是小，也不管是多是少，只有要，就會明顯地上聞於天的。』」

案：文中言及卽使遭到上天的誅罰，也不會有什麼怨恨。所以不怨恨，乃責己德之未明。

15. 王曰：「嗚呼！封。敬哉！無作怨，勿用非謀非彝蔽時忱，丕則敏德❶。用康乃心，顧乃德❷，遠乃猷裕，乃以民寧，不汝瑕殄❸。」

注：❶彝，法、常。蔽，塞。時，是。忱，誠。卽明德之誠。丕，乃。則，法則。敏德，行仁順乎時。❷康，安。乃，汝。顧，省、念。❸遠，長久。乃，汝。猷裕，道。指治國之道。寧，安。瑕，疵。引申有過惡之意。殄，絕。

譯：經義是說：「王說：『噢！封弟。要敬謹啊！千萬不可以做出爲人民所怨恨的事情，不要用不合於道的謀畫，不合理的法則，以致蔽塞了上天賦予你的明德之誠心。當效法敏德之行，因時制宜，以作爲你行動的根本，用它來安定你的心思，反省你的作爲。並且要長久地來布施你的仁德教化，這樣才可以與人民相安，世享國祚，方不致於滅國絕祀了。』」

案：此勸勉康叔以德治民，而民自化。勿以德爲難化，勿以刑而易服。蔡氏說：「此欲其不用罰而用德也。」所言甚是。

16.王曰：「嗚呼！肆汝小子封。惟命不于常❶；汝念哉！無我殄享。明乃服命，高乃聽，用康乂民❷。」

注：❶肆，今。亦爲語詞。惟命不于常，謂天命非恒常不易，猶言天命無常之意。❷享，祭祀。殄享，卽絕祀。意指滅國。明，勉。乃，汝。服命，指職事。高，廣。說見于省吾《尚書新證》。康，安。乂，治。

譯：經義是說：「王說：『噢！年輕的封弟。天命是無常的，你要以此爲念啊！不要斷絕了我們的祭祀，滅絕了我們的國家，要勉力你的職事，廣博你的聽聞，儘量地去了解民情，用以安定、治理人民。』」

案：此勉康叔要念天命無常，不可怠忽職事，廣聽聞，明民隱，據以理民。

17.王若曰：「往哉！封❶。勿替敬典，聽朕告汝，乃以殷民世享❷。」

注：❶有時稱王曰，有時稱王若曰，史官所記，無義例可循。往哉，言去吧！往就國吧。❷替，廢。敬，謹愼。典，常典、常法。世享，世代祭祀，謂永遠保有其國。因其封地爲殷墟，所

治皆殷之遺民，故以殷民世享相勉。

譯：經義是說：「王說：『去就國吧，我的封弟。千萬不要廢棄應當謹慎遵守的法典，要聽從我所告訴你的話，才能和殷民世世代代保有這個國家！』」

案：此爲周公於終誥之際，舉要而申結的話。通篇以明德慎罰之義相提撕，叮嚀再三，言摯意誠，情篤語切，兄弟之情，君臣之義，家國之愛，洋溢於字裏行間，數千年之後，我們讀其文、誦其語，猶能爲其所感，有國有家的人，宜何如慎思而篤行?!

二、〈酒誥〉

《史記・衛康叔世家》說：「周公以成王命，興師伐殷，殺武庚、管叔，放蔡叔，以武庚殷餘民封康叔爲衛君，居河、淇間故商墟。……告以紂所以亡者，以淫於酒。酒之失，婦人是用，故紂之亂自此始。」此〈酒誥〉之所以作。

1. 王若曰：「明大命于妹邦❶。乃穆考文王，肇國在西土❷；厥誥毖庶邦庶士，越少正、御事，朝夕曰：『祀茲酒。』❸

注：❶明，屈萬里先生說：「作動詞用，意謂昭告也。」大命，猶言重要命令。指自此而下，至「永不忘在王家」命康叔告殷民之辭。妹邦，紂都。其地在今河南省淇縣地。❷穆考，謂文王。周家世次，文王當穆，故謂穆考。或謂：「穆，美也。穆考，美善之父也。」肇，始。西土，西方，謂豐邑。❸厥，其。指文王。誥，告、教。庶邦，諸侯眾國。庶士，卿士、朝臣。越，與、及。少正，長官之副貳。卽副長官。御事，治事的官吏。朝夕，猶早晚、經常。祀，祭享。茲，此。

譯：經義是說：「王如此說：『我頒布一道重要的命令，希望你能轉達給妹邦的殷民。自我穆考文王，始建國西土為伯長以後，就經常地告教眾國君、卿士、與正副長官，以及負責治事的各位官員說：「惟有在祭祀的時候，方可飲酒。」』」

案：此段經文「王若曰」之王，仍為周公引述武王之意的稱呼。雖奉成王命封康叔，然就經文之義以推，此應指武王滅紂後，以武庚繼殷祀，以管、蔡、霍監之，此時武王應當有所告戒。殷以淫酒而亡，故以酒告。三監之亂平後，封康叔於此，是以周公引述武王之意以告，使知所戒勉。

2. 惟天降命，肇我民，惟元祀❶。天降威，我民用大亂喪德，亦罔非酒惟行。越小大邦用喪，亦罔非酒惟辜❷。

注：❶惟，是。天降命，上天降下命令，猶云將天下交付之意。肇我民，卽始有人民，亦卽上文「肇國」、開創國家之意。惟，僅。元，大。祀，祭祀。俞氏樾謂：「元祀，文王之元年。蓋文王元年、卽有此命，故云然耳。」「曰元祀者，猶用殷法也。」見俞樾《羣經平議》五。或謂：「惟天降命，肇我民，惟元祀」，應置於「肇國在西土」之下，「厥誥毖庶邦庶士」之上，文連一氣，以「祀茲酒」作結。此說可取。❷威，罰。猶災禍之意。用，以、因。行，屈萬里先生說：「猶今語風行之行，使用也。」越，語詞。辜，罪、過失。

譯：經義是說：「當上天降下命令於我文王，開創國家稱王的元年，就有這項規定了。因爲上天所以要降下威罰(或云：降下災禍)，就是由於我民大亂喪德，無非是因酒的風行所致。至於大小國家的所以喪亡，也無非是因酒所造成的罪惡。」

3.文王誥教小子，有正、有事，無彝酒❶。越庶國飲，惟祀；德將無醉❷。惟曰：『我民迪小子惟土物愛，厥心臧❸，聰聽祖考之彝訓。越小大德，小子惟一❹。』

注：❶小子，猶今語年輕人。此當指同姓宗室言。正、政通，卽爲政之長官。事，爲御事之官吏。此蓋指供職於王朝者言。彝，常。《韓非子·說林上》：「〈康誥〉曰：『毋彝酒。』彝

酒者，常酒也。常酒者，天子失天下，匹夫失其身。」❷越，語詞。庶國，衆諸侯國。惟祀，祇有在祭祀時。將，《廣雅．釋言》：「扶也。」德將無醉，謂以德相扶，不至於醉。❸惟曰，語詞。迪，導，有教導之意。我民迪小子，當爲迪我民小子之倒語。此謂文王教導其民小子。惟，是。土物，土地所產之物，指黍稷穀物之類。厥，其。指人民小子。臧，善。❹聰，明。聰亦有聽義。聽，從。祖考，謂祖先、父考。彝，常、法。越，語詞。德，行爲、善行。小大德，謂大小的行爲。惟一，純一無貳。

譯：經義是說：「文王告誡教誨宗室的年輕人、及在朝的各級官員們，千萬不可經常飲酒。在衆諸侯國，如要飲酒，也祇有在祭祀的時候才可以。但也應該以德相扶持，是不可以喝醉的。當時文王教導人民，要愛惜穀物，不可用來造酒。所以民心良善，都能聽從我祖先及父考的常訓，不管大小行爲，尤其是年輕人，都能專一不貳的戒酒。」

案：以上自本篇開端，直至「小子惟一」，乃周公引述武王就其父考戒酒之言，以及當時所收到的實際效果，告戒康叔，俾使嚴愼於酒。尤其周公鑑於紂之所以亡國，皆以酒故，而紂都邑之民，染酒之習尤甚，故以祖考常訓，諄諄告誡。

4. 妹土嗣爾股肱，純其藝黍稷，奔走事厥考厥長❶。肇牽車牛遠服賈，用孝養厥父母❷；厥父母慶，自洗腆，致用酒❸。

注：❶嗣，世。猶世世代代。說見孫疏。爾，指康叔。股肱，謂臣民。純，專一。藝，種植、樹藝。黍稷，謂五穀。奔走，即奔波馳趨，猶今語勤勉之意。考長，謂父兄。❷肇，《爾雅・釋言》：「敏也。」即敏勉、勤勉之意。牽，引。服，事。或作行解。用，以。❸慶，喜、賀。此指其父母之壽日言。洗，滌潔。或謂洗、先通用。腆，說文：「設膳腆，腆，多也。」用酒，飲酒。

譯：經義是說：「妹地的百姓，將世代作你的臣民，你當專一盡心地教導他們種植五穀，勉力事奉他們的父兄。或教他們辛勤地牽引著牛車，到遠處從事經商，以所得的利潤，來奉養他們的父母。當父母有喜慶之事的時候（壽誕之日），自己就先行準備好豐厚的食品，為父母慶賀，這時候可以飲酒。」

5.庶士、有正，越庶伯君子，其爾典聽朕教❶。爾大克羞耇惟君，爾乃飲食醉飽❷，丕惟曰，爾克永觀省，作稽中德❸。爾尚克羞饋祀，爾乃自介用逸❹。茲乃允惟王正事之臣❺，茲亦惟天若元德，永不忘在王家❻。」

注：❶庶士，卿士。猶眾官員。有，司。正，眾官之長。越，與。庶伯，謂諸侯。伯，亦

長。君子，此指在位者言。其爾，乃爾其之倒文。其，有尚、庶幾之意。典，常、則。❷克，能。羞，說文：「進獻也。」耉，老、壽。惟，與。君，君長。乃，始。❸丕惟，語詞。克，能。永，長。觀省，同義詞。乃觀察反省之意。作，指作爲、行爲言。稽，合。俞樾《羣經平議》五作「止」解。中德，中道。或謂「中正之德」。❹尚，猶庶幾。羞，進獻、奉。饋祀，鄭氏云：「助祭于君也。」乃，就。自，由、從。介，于省吾以爲應讀爲匄（音ㄍㄞ），作乞、求解。逸，樂。❺蔡氏謂：「如此，則信爲王治事之臣。」茲，此。乃，汝。允，誠。惟，是。正事，卽眾官之長，及治事之官吏。❻茲，此。亦惟，語詞。若，順。元，善。元德，卽善德。忘、亡通用，作失解。有滅亡之意。在王家，言在位於王室爲諸侯。

譯：經義是說：「你們眾官員、各主管長官、與各國諸侯以及在位的君子，希望你們經常聽從我的教言。你們要是能以豐盛的酒食，進獻於老人和君長，那麼你們始可以飲酒醉飽。這也就是說，你們能永遠地觀察反省、檢點，那麼所作所爲（一舉一動），就能合於中正的美德了。你們如能奉行祭祀，你們就可從中取得快樂（謂飲酒之樂。因凡祭祀，必將燕飲），如此你們才算眞正地是君王的眾長官，治事的大臣。能如此，上天就會順著善德的人，那麼你們將永遠地可以作爲王家（周朝）的臣子了。』」

案：以上自妹土嗣爾股肱，至永不忘在王家，爲告康叔要求妹邦的人民及庶士等人，不可飲酒。僅可於喜慶祭祀、燕享、敬老之時行之。蔡氏云：「上文父母慶，則可飲酒，克羞耉，則可飲酒，羞饋祀則可飲酒。本欲禁絕其飲，今乃反開其端者，不禁之禁也。聖人之教，不迫而民從者此也。孝養、羞耇、饋祀，皆因其良心之發而利導之。人果能盡此三者，且爲成德之士矣，而何憂其湎酒也哉！」所言極是。

6.王曰：「封。我西土棐徂邦君、御事、小子❶，尚克用文王教，不腆于酒。故我至于今，克受殷之命❷。」

注：❶棐，輔。徂，往。言往日、昔日。或曰徂，存，謂輔存國君。亦通。御事，治事之官吏。小子，猶後生小子之小子，此非官名。❷腆，厚、多。克受殷命，言能代天克殷之意。

譯：經義是說：「王說：『封弟。因我西土輔存邦君的治事官員，以及後生小子，尚能用文王的教命，不多飲酒，所以到現在，才能承受殷人的天命。』」

案：曾運乾云：「此言周以止酒而受天命也。」

7.王曰：「封！我聞惟曰：在昔殷先哲王，迪畏天顯小民，經德秉哲❶。自成湯咸至于帝乙，成王畏相❷。惟御事厥棐有恭，不敢自暇自逸，矧曰其敢崇飲❸？越在外服，侯、甸、男、衛邦伯❹；越在內服，百僚、庶尹、惟亞、惟服、宗工❺，越百姓里居，罔敢湎于酒❻。不惟不敢，亦不暇。惟助成王德顯，越尹人祇辟❼。

注：❶惟，語詞。迪，攸、所。天顯，卽天之明命、天道、天理。小民，百姓。經，常、行。秉，執、持、操。哲同悊。說文：「悊，敬也。」❷咸，朱駿聲《尚書古注便讀》：「咸，疑當作戊，太戊也。」然歷來釋家，多以咸解爲皆、徧，或釋爲延。成王，成就王之德業。畏相，敬畏輔佐王室的大臣。于省吾以相作省視解，並云：「相省二字義同，古通。畏，敬也。畏相，言畏敬省察，謂克己之功。」亦爲通說。❸惟，語詞。御事，治事之官吏。厥，其。棐，輔。有，語詞。自暇自逸，猶怠忽偷惰貪於逸樂之意。矧，況。崇，聚、多。❹越，語詞。外服，謂諸侯。亦卽王朝以外服事之臣。猶今言地方官。服，服其職業。邦，國。伯，長。邦伯，乃一國之長。此謂諸侯之君長。❺內服，百官、宗室。亦卽王城內之治事官員。猶言京官。僚，官。尹，正。正，長。尹、正義同。庶尹，衆官之長。惟，語詞。亞，次。謂正官之次，猶今部長下之次長。服，任事者。宗工，卽宗室之在官者。工，官。❻百姓，謂百官。里居，家居。孫疏：「謂百官致仕家居者。」罔，不、無。湎，沈於酒。❼惟，祇、僅。暇，偟暇。卽閒暇之意。惟，思、念。助，佐。成王，謂成就王德。顯，明、光。越，及、與。尹，治。祇，敬。辟，法。

譯：經義是說：「王說：『封弟啊！我聽說：從前殷朝的歷代先哲聖王，所敬畏的是天之明命及人民百姓。因此他們都能行德而持敬，從成湯一直延續到帝乙，皆能成就王業，敬畏省察（敬畏輔佐的大臣）。而當時的執事官員們，也都能恭敬地輔佐，連怠忽逸樂尚且不敢，更何況是聚（多）飲呢？至於在王朝以外的服事大臣，像侯、甸、男、衛等諸侯的君長，以及在王城以內的官員，如眾官之長、次官、和執事羣吏，乃至宗族的從政官員，與百官致仕家居的，也沒有敢沈湎於酒的。他們不祇是不敢，而是根本沒有閒暇來飲酒。他們只是思念著如何來佐助成就王的德業，使之更加光明顯著，以及如何來治理人民，使之守法尚紀。」

案：蔡沈《書經集傳》說：「畏天之明命，畏小人之難保，經其德而不變，所以處己也。秉其哲而不惑，所以用人也。湯之垂統如此。故自湯至于帝乙，賢聖之君六七作，雖世代不同，而皆能成就君德，敬畏輔相，故當時御事之臣，亦皆盡忠輔翼，而有責難之恭，自暇自逸猶且不敢，況曰其敢飲乎？」一直透裏表之言，最能闡發經義。眞氏德秀也說：「此章乃一篇之根本。凡人敬，則不縱欲，縱欲則不敬。商之君臣，既一於敬，舉天下之物欲，不足以動之，況荒敗於酒乎？此正天理人欲相爲消長之機，宜深味之。」如無深切體悟，焉能出此！

8.我聞亦惟曰，在今後嗣王酣身❶，厥命罔顯于民，祇保越怨不易❷。誕惟厥縱淫泆于非彝，用燕、喪威儀，民罔不衋傷心❸。惟荒腆于酒，不惟自息，乃逸❹。厥心疾很，不克畏死❺；辜在商邑，越殷國滅無罹❻。弗惟德馨香祀，登聞于天，誕惟民怨❼。庶羣自酒，腥聞在上；故天降喪于殷，罔愛于殷，惟逸❽。天非虐，惟民自速辜❾。」

注：❶後嗣王，謂紂。酣，說文：「酒樂也。」酣身，謂紂以酒樂其身。❷厥，其。指紂言。命，命令。罔，不。顯，明顯、昭著之意。祇，只。越，於。保，安。怨，痛恨。不易，不改變。❸誕惟，猶只是。縱，放縱、無所顧忌。淫，王逸注楚辭云：「游也。」見孫疏。一謂作放濫解。泆，同佚。《廣雅．釋詁》：「樂也。」彝，法、常則。用，以。燕，安。亦作宴飲解。衋（音丅一）。說文：「傷痛也。」❹惟，獨。荒，大。引申有過度之意。腆，多、厚。不惟之惟，作思、念解。息，止。乃，《爾雅．釋詁》：「仍，乃也。」是乃爲仍之初文。逸，樂。❺厥，其。疾，與㑵通。說見《正字通》。說文：「㑵，毒也。」很，俗作狠。疾很，謂狠毒。不克畏死，謂紂肆無忌憚。❻辜，罪。商邑，謂殷。辜在商邑，言其罪惡之大。越，於。罹，憂。❼惟，有。德馨香祀，此謂紂無明德馨香之祭祀。登，上。聞，知。誕，語詞。惟，獨、只是。❽庶羣，猶眾庶羣黨之意。自，用。自酒，飲酒。腥，當爲胜之假借字。說文：「胜，犬膏臭也。」聞，知。上，上天。惟，以。逸，逸樂。❾虐，暴殘。惟，是。速，招致。

譯：經義是說：「我又聽說：（殷的所以亡）全在於他的後嗣王紂以酒樂身。因爲紂的命令，不能明顯昭著地見於人民，自然人民也就不會奉行其命令。可是紂，卻一味地安於人民的怨恨，而不改變他的行爲。一味地放縱游樂，不遵行常法，以宴飲爲安，以致喪失了威儀，人民沒有不以他的作爲而感到傷心的，也沒有不以他的舉止而哀悼國家將亡的。惟獨過度飲酒的紂，不思止息，仍然縱情逸樂。他心腸狠毒，仗恃有命在天，所以才肆無忌憚，不怕死亡。以致他的罪惡，到了不容誅殺的地步。可是他對於殷國的滅亡，竟然一點也不憂愁。復因他沒有明德馨香的祭祀，上知於天，只有人民的怨恨，而所有的臣民，又只知飲酒，腥臊的臭氣，聞於上天，所以上天才降下喪亡的命運於殷。這並不是上天不愛護殷國，乃是由於他過分地放縱享樂所致，也並不是上天暴虐，有意降禍於殷，實是人民自己招致的罪惡。』」

案：此極言以酒酣身之禍，卒致身死國亡，不可不念茲戒茲。不惟應深自警惕，尤當以之爲常法，務使人人得以自戒自勉。《孟子・公孫丑上》篇說：「自作孽不可活。」蓋有得於是理之言歟？

9. 王曰：「封！予不惟若茲多誥❶。古人有言曰：『人無于水監，當于民監。』❷今惟殷墜厥命，我其可不大監撫于時❸！」

注：❶惟，思。若茲，如此。❷監，金文作監，像人視盆中水自照之形。是監有照意。亦作視、觀解。加金旁之鑑爲後起字，作鏡解。❸惟，語詞。墜，俗字當爲隊。說文：「隊，從高隊也。」故墜引申有失落意。江聲釋爲隕喪。命，即殷之天命、王業。其，豈。撫，鄭注《禮記・曲禮》云：「猶據也。」時，是。

譯：經義是說：「王說：『封弟！我本不想如此多告於你。古人有句話說：「人要是不用水作鏡子，當以人民作鏡子。」而今殷人（旣以酒）隕喪了天命（亡國），我周朝又豈可不據此以爲大的鑒戒呢？』」

案：《史記・殷本紀》引湯征：「人視水見形，視民知治否。」蔡氏《書經集傳》：「古人謂無於水監，水能監人之研醜而已；當於民監，則其得失可知。」蓋古有是語，故周公引之以戒康叔。

10.予惟曰：汝劼毖殷獻臣❶，侯、甸、男、衞；矧太史友、內史友❷，越獻臣百宗工；矧惟爾事，服休服采❸；矧惟若疇；圻父薄違，農父若保，宏父定辟❹，矧汝剛制于酒❺。

注：❶劼（音ㄐㄧㄝˊ）。說文：「愼也。」毖，告、戒。獻，賢。❷矧，語詞。鄭氏云：「太史、內史，掌記言、記行。」見《禮記・玉藻》正義引。此謂記言、記事之官。行，事。楊筠如《尙書覈詁》：「友，僚友也。太史、內史，皆非一人，故曰友。」❸越，與。獻臣，賢良的官員。指一般士大夫。宗工，宗人之在官者。百，言其多。矧惟，語詞。事，指服事左右的官吏。鄭云：「服休，燕息之近臣（卽日常居處服侍人之官）。服采，朝祭之近臣（卽上朝時供使喚之官）。❹矧惟，語詞。疇，類。若疇，猶彼輩。此指以下之三卿言。圻父，卽司馬。薄，

迫。違，邪。薄違，謂迫擊邪惡不遵守政令之人。此為大司馬職責。農父，即司徒。若，善。保，養。若保，謂善養民。乃司徒之職責。宏父，司空。辟，法。定辟，謂訂定一切制度法規。司空量地以制邑，度地以居民，故稱宏父。而侯國司空，實兼司寇，司寇正刑明辟，以聽獄訟，故定辟乃其職事。❺剛，《廣雅・釋詁》：「強也。」制，鄭氏注〈王制〉云：「斷也。」或謂禁也。剛制于酒，乃懸為厲禁之意。

譯：經義是說：「所以我說：你要謹慎地告戒殷的賢臣們，和那些侯、甸、男、衛等服的諸侯（因康叔為諸之長）、以及太史、內史的僚友們。其次就是一般官員士大夫，以及你左右的官員，與那些侍候宴息、朝祭的臣子們。再來，就是三卿：像迫擊邪惡不遵守政令的司馬，善養萬民的司徒，釐訂一切制度法規的司空他們了。最後，就是你自己，更要嚴厲地禁酒。」

案：正人必先正己，周公豈徒空言之人！「己身正，不令而行；己身不正，雖令不從。」孔老夫子實在是一位善讀「書」的人。他的「述而不作」，在這等處，正可見其體悟的深微，非我後人所能及。

11. 厥或誥曰：『羣飲』。汝勿佚❶，盡執拘以歸于周，予其殺❷。又惟殷之迪諸臣、惟工，乃湎于酒，勿庸殺之❸，姑惟教之有斯明享❹。乃不用我教辭，惟我一人弗恤，弗蠲乃事，時同于殺❺。」

注：❶僞孔傳：「其有誥汝曰：『羣聚飲酒，不用上命，則汝收捕之，勿令失也。』」或，有。誥，告。佚，縱。❷執拘，同義，謂拘捕罪人。周，簡朝亮《尙書述疏》謂：「京師也。」其，將。屈萬里先生云：「以上數語，指周人言。」❸惟，語詞。迪，句中助詞。惟工之惟，猶與。工，官。乃，仍。庸，用。❹姑，且。斯，此。明享，祭祀。❺乃，若、仍。教辭，教導之言辭。恤，顧念。我一人，周公自謂。或謂武王自稱。蠲，除。乃事，指用酒。時，是。

譯：經義是說：「假如有人向你報告說：「有很多人聚在一起飲酒。」你不可放縱他們。你要全部將他們拘捕，送到京師來，我將殺掉他們。要是殷朝的諸大臣及官員，仍然沈迷於酒的話，就不用殺他們，應該暫且予以教導，向他們說明，只有在祭祀的時候，才可以飲酒。若仍然不聽從我的教言（告示），不顧念我的戒令，不蠲除飲酒的惡習，這時我就要將他視同周人，把他殺掉。』」

案：此段語氣堅定有力，而且表意清晰明白，絕無含混費解的地方。所謂「令行、禁止」，全在其是否合於情，中於理。這樣的法令，如仍有人肆無忌憚，不予顧念，或一味地我行我素，似此，若再不加拘捕，予以制裁，將何以懲邪惡以迪不靈？

12.王曰：「封！汝典聽朕毖，勿辯乃司民湎于酒。」

注：典，常。有經常不易，始終如一之意。聽，從。毖，告、教。辯，僞孔傳：「使也。」乃，汝。指康叔。司，治理。湎，沈迷。

譯：經義是說：「王說：『封弟！你要始終如一地聽從我的告言，千萬不要使你治理的人民，沈迷於酒啊！』」

案：酒可以亂德，亦可以亂性，習染一深，不僅敗事，抑且壞身，可不愼歟！昔諸葛武侯之治蜀，路無醉人，其法古當何如耶？（武侯事，見《三國志》本傳注）漢律：三人以上，無故羣飮，罰金四兩。此〈酒誥〉之遺法歟？《欽定書經傳說彙纂》卷一三引王氏樵的話說：「武王作誥，最初禁酒，恐民喪德敗性，慮至遠、教至周也。後若漢文帝戒爲酒醪以靡穀，景帝以歲旱禁酤，猶有古遺意。然所謂『不惟不敢，亦不暇』者，已不復及矣。」所見甚切，所感尤深。

三、〈梓材〉

〈梓材〉，爲周公封康叔於衛時，告以治國之法的史官紀言。《史記・衛世家》引周公的話說：「必求殷之賢人、君子長者，問其先殷所以興，所以亡，而務愛民。……爲〈梓材〉，示君子可法則。」正義解釋說：「若梓人之爲材，君子觀爲法則也。梓，匠人也。」又〈周本紀〉集解引孔安國的話說：「告康叔以爲政之道，亦如梓人之治材也。」以篇中有梓材二字，因以名篇。今以此篇內容來看，自「王曰，封。以厥庶民」，至「惟其塗丹雘。」爲周公誥康叔之辭，當無可疑，應視爲梓材本文。至於以下所載（卽自今王惟曰以下），蔡氏以爲若人臣進戒之辭，因簡編斷爛，後人誤合爲一。此說近是。玆並原典注譯於後，借供參閱。

1.王曰：「封！以厥庶民暨厥臣、達大家❶，以厥臣達王，惟邦君❷。」

注：❶厥，其。暨，及、與。臣，大家以下之臣。達，通。大家，謂賢卿大夫之家。卽《孟子‧離婁上》所謂之巨室。❷惟，爲、是。邦君，卽國君、諸侯。

譯：經義是說：「王說：『封啊！你要以其庶民及一般僚屬的輿情，和賢大夫巨室之家相通達，以其巨室大臣的輿情，通達於天子，這是爲諸侯的責任。』」

案：民情上達，上情下通，君民和洽，國家焉有不治之理？邦君之責任在此。是以周公首先以此理告訴康叔，使其注意「情通上下」的重要，亦爲其職責所在。〈酒誥〉所謂：「今後嗣王酣身，厥命罔顯于民，……喪威儀，民罔不盡傷心。」就是由於不能「情通上下」所致。

2.汝若恒越曰：「我有師師：司徒、司馬、司空、尹、旅❶。」曰：「予罔厲殺人；亦厥君先敬勞，肆徂厥敬勞❷。肆往，姦宄、殺人、歷人，宥；肆亦見厥君事，戕敗人宥❸。」

注：❶若，如。恆，常。越，語詞。師師，上師作眾解，下師作長解。謂眾長官。司徒、司馬、司空，爲邦君之三卿，皆爲大臣。大要言之，司徒掌民政，司馬掌軍事，司空掌土地、居宅。尹、正。謂大夫。旅，謂眾士。❷曰，謂師師以下之眾長官說。予，指多數、有我們之意。罔，無。厲，《周書・謚法解》云：「殺戮無辜曰厲。」厥君，其君。如出自臣口，則有我們國君之意。先，率先。敬，謹慎。勞，勤勞、慰勉。肆，今。徂，讀與祖通。《廣雅・釋詁》：「祖，法也。」❸肆，今。往，往昔。肆往，謂今以往，即前此之意。姦宄，亂自於內爲姦，於外爲宄，謂邪惡之人。殺人，即殺人之人。歷人，犯法有罪的人。《大戴禮記・子張問入官》篇：「歷者，獄之所由生也。」宥，寬赦。肆，今。見，效。事，謂所行事。戕，害。戕敗人，謂傷害人之人。

譯：經義是說：「你如能常說：『我有眾長官：司徒、司馬、司空、卿大夫及眾士（爲我服務效勞、治理國事）。』那麼邦國之中的眾官員就會說：『我們絕對不會隨意寃枉殺戮無罪的人，這也就是因爲我們的國君，能率先敬謹勤勞地慰勉人民，所以現在我們要效法他的行爲。至於那些前此以往邪惡的人，殺人的人，犯法有罪的人，都得到了寬赦；現在我們也應效法國君的行事，對於傷害人的人，加以寬宥。』」

案：此爲周公設喻以告康叔的話。以康叔自言設喻，以眾官臣下樂於效法君上的行爲設喻，期使康叔能敬慎其行事，以免臣下受到不良的影響。由此亦可見周公思慮之深，用心之遠了。

3. 王啟監，厥亂為民❶。曰：無胥戕，無胥虐，至于敬寡，至于屬婦，合由以容❷。王其效邦君、越御事，厥命曷以？引養引恬❸。自古王若茲，監罔攸辟❹。

注：❶王，天子。猶今言國家。啟，開置，猶言設立之意。監，諸侯。謂置諸侯以監國。簡朝亮《尚書集注述疏》說：「監者，方伯連率之職，所以監治庶邦也。康叔以孟侯爲監，〈酒誥〉所以言劼毖侯、甸、男、衛也。」是監者，察而治之之意，非監一國。厥，其。亂，治。反訓。❷曰，有「所以我說」之意。仍爲周公告康叔之言。胥，相。戕，害。虐，暴。敬，讀爲矜，即鰥字。〈呂刑〉哀敬折獄，書傳作哀矜，《漢書》於于定國傳作哀鰥。屬婦，有二解：一爲《小爾雅》：「妾婦之賤者，謂之屬婦。屬，逮也。」此言婢妾之屬人，故謂之屬婦。一爲說文：「屬，作孎，婦人妊身也。」並引周書此文。衡之文理，當以說文之解爲宜。合，共同。由，用。容，寬容。❸其，之。效，《廣雅．釋言》：「考也。」命，政令。以，用。引，長。恬，安。以上均用孫疏。❹若茲，如此。攸，所。辟，說文：「法也。」

譯：經義是說：「我王（國家）所以設侯監國，其惟一的目的，就是爲的治理人民。所以我說：（你監理國家）千萬不可使人民相互殘害，相互暴虐，至於鰥寡孤獨無告的人，至於懷孕有身的人，當憐憫他們，假若不幸犯了罪，應當寬容他們。我王所以考查邦君（諸侯）及治事的官員，其政令的用意何在？也只不過是爲了長養人民，使人民長久的安樂。自古王者都是如此，監國的諸侯，是不可以專用其刑法的。」

案：此周公有鑑於三監的叛周，故有此誥。於此亦可見非爲武王語，乃周公本武王之意，而以當時國情，所作的權宜之誥。

4. 惟曰：若稽田，既勤敷菑，惟其陳修，爲厥疆畎❶。若作室家，既勤垣墉，惟其塗塈茨❷。若作梓材，既勤樸斲，惟其塗丹雘❸。

注：❶惟曰，更端之詞，轉折之意。卽再說、其次再談到。稽，治。敷，布、施行。菑，說文：「才耕田也。」敷菑，卽新耕之田。惟，宜。陳，王引之云：「治也。」陳修，卽修治之意。爲，造作。疆，說文：「界也。」畎，田間水溝。❷馬融云：「卑曰垣，高曰墉。塈，堊色。」垣墉，卽牆壁。塗，俗作涂，作墁解。塈（音ㄐㄧˋ）。說文：「仰涂也。」卽塗飾牆壁。茨（音ㄘˊ）。說文：「以茅葦蓋屋也。」❸梓，〈釋木〉：「椅梓。」韋昭注楚語云：「杞梓，

良材也。」梓材，木之美者。樸，說文：「木素也。」卽未成器之木。斲（音ㄓㄨㄛ），斫。丹，紅色。雘（音ㄏㄨㄛ），善丹。卽紅漆。

譯：經義是說：「其次談到治國，就如治田一樣，既然勤奮地加以開始翻土墾殖，就應該修治田畝的疆界以及田間的水溝。又好像蓋房子，既然辛勤地將牆壁建造了起來，就應當蓋上屋頂，並且加以塗飾，使華麗美觀。也就像治梓材一樣，既然斫去木皮，製成器具，那就應該進一步地塗上彩色的油漆，使它光潔好看。」

案：以上三喻，一以治田畝，喻當建侯衛以資屏藩。或以喻爲治國當先立綱紀。二以蓋房子，喻政事修舉乃可有成。曾運乾《尚書正讀》說：「此言爲國如作室，既高其垣墉，以防大寇，亦當塞向墐戶，以防宵小。喻當遷殷頑民於洛邑，以便控制也。」亦爲通論。三以作梓材喻國既治理，更須修明制度、典章，使粲然可觀。

5.今王惟曰❶：先王既勤用明德，懷為夾❷；庶邦享作，兄弟方來❸；亦既用明德。后式典集，庶邦丕享❹。

注：❶今王惟曰，此周公假成王之意以言，借以使康叔知朝政之措施與成就。惟，是。意謂：今王之意是說。❷既，已。用，行。明德，光明的善行。懷，懷柔。一說作「來」解。爲，

使。夾，輔、近。❸庶邦，諸侯。享，獻。作，《廣雅．釋詁》：「始也。」享作，當爲作享之倒文。兄弟，謂兄弟之國。或謂親戚婚姻之國。方，王國維云：「猶國也。」兄弟方，猶言友好之國。來，謂來歸附。吳闓生《尚書大義》：「既，盡也。」❹后，諸侯。式，用。典，常、法。集，《廣雅．釋詁》：「安也。」

譯：經義是說：「今王之意是說：我先代聖王，既已勤勉地行用明德，懷柔諸侯，使來夾輔王室，所以諸侯始來進獻，兄弟之國，亦來賓服，所以也就無不盡行善德。因能盡行善德，是以諸侯才得以常安，眾邦國也就自然地來朝貢享歸附了。」

6. 皇天既付中國民越厥疆土于先王❶，肆王惟德用，和懌先後迷民，用懌先王受命❷。

注：❶付，說文：「與也。」越，及、與。厥，其。❷肆，今。亦作故解。惟，思、念。德，善行。用，行。懌，悅。和懌，卽和悅之態度行爲。引申有安撫之意。先後，猶教導。迷民，蔡氏謂：「迷惑染惡之民也。」用，以。下懌字，俗作斁，說文：「斁，終也。」有完成之意。

譯：經義是說：「老天既已把中國人民與這塊疆土交付給我先王，所以今王（成王）也會思念著以善德是行，以和悅的態度和行動，來安撫教導那些染上惡習迷惑的人民，以完成我先王承受上天使命的。」

7.已！若茲監❶。惟曰欲至于萬年，惟王子子孫孫永保民❷。

注：❶已，噫。若茲，如此。監，說文：「臨下也。」❷惟，則。曰，語詞。欲，期願之詞。說見《中文大辭典》。惟王之惟，當讀作與。永，長。

譯：經義是說：「噫！若能以此監臨（治理）東土，則可期至萬年，與王的子孫，永遠的保安殷民。」

案：簡朝亮《尚書集注述疏》說：「〈梓材〉與〈康誥〉，皆言保民，〈康誥〉自明德愼罰而言，用其義刑義殺，則以有與不有言之也。〈梓材〉自勤用明德而言，引養引恬，則以有者言之也。保民而先後乎迷民者，〈康誥〉所謂爽惟民迪吉康也。〈康誥〉仁而義，〈梓材〉義而仁，故曰惟德用也。」以德治民，而民自化，自古明王，莫不以此是尙。〈梓材〉之誥，以用德爲本，不是沒有原因的。又案：七段以後（卽自「今王惟曰」以下），蔡氏以爲：「若人臣進戒之辭。」我們就經文，三復斯言，認爲乃周公假成王之意，繼勉康叔努力盡職、以保乂王家的策勵語，此正爲建侯衛的惟一目的所在。惟有諸侯盡其職責，王室方可得以永保，王室得以永保，諸侯方可「永不忘在王家」。（其國永不爲王朝所廢）此卽爲諸侯與王朝相互的依存關係。三監之亂後，周公深有此感，故以此相提撕，其用意可謂至深，何止耐人尋味而已！

拾叁〈召誥〉

一、前言

書序說：「成王在豐，欲宅洛邑，使召公先相宅，作〈召誥〉。」「宅洛邑」，遠在武王克殷之後，即有此意。可惜還沒有來得及施行就崩逝了。成王欲宅洛邑，也可以說是想完成其父未竟的心願，所以先使召公「相宅」。作〈召誥〉，是召公奭作書以誥成王。召，是太保奭的封地，所以天下稱他爲召公。《史記・周本紀》說：「武王曰：『我南望三塗，北望嶽鄙，顧詹有河，粵詹雒、伊，毋遠天室。』營周居于雒邑而後去。」❶據此可知「營洛邑」武王早有此意。他雖然沒有進一步說明爲何在此營建都邑，不過既以此地爲「天室」，而地理位置的適中，是可以想見的。周公更以爲此地是「南繫于洛水，北因于郟山，以爲天下之大湊。」「乃作大邑成周于土中。」❷而太史公司馬遷於營成周之意，亦有這樣的體認，是以他說：「成王在豐，使召公復營洛邑，如武王之意，周公復卜申視，卒營築，居九鼎焉。曰：此天

下之中，四方入貢道里均。」❸

我們看了以上的記載，對於成王爲何營洛邑（成周），應該有所了解了。然而營洛邑，召公又何以作誥？這可能是因爲召公到了東方以後，面臨殷之遺民，以及各方諸侯，深體治國的艱難，感念成王尙幼，經驗不足，易生驕矜之心，所以就在經營規模略具的時候，趁著周公西歸的便利，將治國最最應該注意的事項以及艱難的道理，透過周公，達於成王。蔡氏沈最能發揮此誥的精義，他說：「其書拳拳於歷年之久近，反復乎夏、商之廢興，究其歸，則以諴小民爲祈天命之本，以疾敬德爲諴小民之本；一篇之中，屢致意焉，古之大臣，其爲國家長遠慮，蓋如此。」❹這話說的既中肯又透闢，實在可以說是「知言」。

至於開始「營成周」的時間問題，先儒說法則甚不一致。漢·伏生《尙書大傳》說：「周公攝政，……五年營成周，六年制禮作樂，七年致政成王。」❺太史公司馬遷則以爲周公行政七年始營洛邑。自此以後，說《尙書》的人，多從太史公，僅有鄭氏康成從大傳❻。如用「三占從二」的說法來論此事，自以太史公爲是。但，由於民國五十四年在陝西省寶鷄縣出土了一件有銘文的銅器，於是對於營洛邑的年代，又掀起一場大波。有人據銘文以爲營洛邑，就是在成王五年，可是我們如就召誥中所涉及的月日與銘文所載相對照，似有無法湊合之嫌。因銘文的內容是：周成王初鄹宅邘成周，福祭武王。四月丙戌日，王在京室訓誥小子。銘末的隹（惟）王五祀，卽成王五年。可是〈召誥〉一開始卽指明是二月既望。接著召公在三月初才來到洛邑展開營建工作。又如何可能在一月之間，就把洛邑造好呢？爲明白起見，玆將這件銅器簡介如下。

這件銅器，名爲何尊（亦有名爲禽尊者，恐不確），又名珂尊。民國五十四年（西元一九六五年）出土於陝西省寶鷄縣，現藏寶鷄市博物館。此尊爲西周初年第一件有紀年銘文的銅器，一位名何的人作於周成王五年。銘文內容爲周成王「初鄸宅邘成周，福祭武王。四月丙戌日，王在京室訓誥小子。」銘文的大義是說：「名何的父親，輔弼周文王很有貢獻，文王受到上天授予的統治天下的大命。等到周武王攻克大邑商，則廷告於天說：『我要建都于天下的中心，在這裏統治民眾。』表明成王東遷是秉承武王的遺志。最後王勉勵何要敬祀他的父親，並和他父親同樣地夙夕奉公，輔佐王室。王賞給何貝三十朋，何用此作尊，以爲紀念。銘末的『隹（惟）王五祀』，卽周成王五年。」❼這是一篇非常完整的訓誥，首尾俱全，使我們可以確信不疑者有三：一爲《史記》中所載武王克商後，卽有意營洛邑，以居天下之中，俾便治理人民爲紀實。二爲當時所營洛邑，已稱爲成周。三爲成王確曾遷往洛邑。而且也以此地爲修德治民的好所在。所以他說：「惟余一人營居于成周，惟余一人有善，易得而見也，有不善，易得而誅也。」❽惟銘文末的「五年」，應該是周公致政後的五年，似非周公攝政的五年。營洛邑，仍以「周公行政七年，反政成王，成王在豐，使召公復營洛邑」❾爲可據。因爲經文中有「王乃初服」的記載。「初服」，就是初任政事。也可說是初服天命的省文。司馬遷很可能就是根據這個記載而說「周公行政七年，使召公復營洛邑」的。近人唐蘭於〈珂尊銘文解釋〉中，卽主張成王五祀，爲「成王親政後五年」⑩。

二、大義探討

經營洛邑，在成王來說，是一件大事；一方面要完成其父的心願，同時更要妥善地安撫殷民，使他們能服從治理，不再反抗。《增修東萊書說》卷二十二說：「洛邑之宅，以道里之均，受四方之朝會，一以遷有商之民，一以定周鼎，此國家之大事也。」所言甚是。茲依經文所示，探討如次：

一、史官記述召公奉成王命，先行相宅，周公後至察、祭，因作書以誥成王之經過。經文說：

惟二月既望，越六日乙未，王朝步自周，則至于豐⑪。

周，謂鎬京，爲西周都城。豐，是文王的都邑。鎬去豐二十五里。文王廟在豐。蔡沈謂：「成王至豐，以宅洛之事告廟也。」經義是說：「成王在七年二月二十一日乙未這天，一大早就從鎬京步行來到了豐邑。」

這樣的記載，難免令人感到有些突然。那也就是說，成王在這天早上到豐邑來做什麼？根據歷代先儒的解釋是：成王有意營建洛邑，在這天早上，先到宗廟祭拜父祖（文王、武王），然後再命召公先行相宅。就全篇誥語看，這種解釋是能相符的。既然是二月二十一日，那麼又爲何不直接說二月二十一日，一定要說「二月既望，越六日乙未」呢？這是因爲古人計日不像現在有曆法可循，又因月初、月中、月末，都有顯徵可記，所以就以之爲準，再往前後推算。經文中所說的「望」，就是一個顯著的特徵。所謂「望」，是月圓的名稱。大月十六日，小月十五日，日在東，月在西，遙相望的意思。因此在《尚書》日期的記載方面，多半如此。所以下面經文接著說：

惟太保先周公相宅，越若來三月，惟丙午朏，越三日戊申，太保朝至于洛，卜宅。厥得卜，則經營⑫。

太保，是召公的官名。相宅，是視察居宅的環境地理位置。越若，蔡沈謂：「古語詞，無意。」來三月，就是下一個月。卽三月。朏，新月剛露出微明，謂初三。洛，卽洛邑。洛，亦作雒。經營，測度表誌的意思。經義是說：「太保召公在周公之前，先來洛邑察看地理位置環境，於是就在三月初三(丙午)新月剛現微明、又過了三天(戊申)即三月初五的早晨,來到了洛地。首先占卜在此築城的地理方位;既已得到吉祥的卜兆,於是緊接著就開始測度丈量城廓、宮室等距離遠近、大小的位置。」

召公在二月二十一日奉命東來,至三月五日到達洛地,先行問卜,得吉兆,隨即展開經營規度,確定城廓的大小,朝市、宗廟、郊社的遠近位置,然後就指揮殷民開始工作了。經文說:

越三日庚戌,太保乃以庶殷攻位于洛汭。越五日甲寅,位成⑬。

攻位,即就著已測繪好的圖位,整理出輪廓、大概的模型。洛汭,即洛水入河的隈曲處。經義是說:「召公從三月七日,就率領著眾殷民按照圖樣整理城廓、宗廟、宮室的位置,到三月十一日(甲寅),所有有關的位置、輪廓,就整理好了。」

於此我們可以看出召公工作效率之高,他不但指揮若定,而且也胸有成竹。否則決難在短短的數日內,有這樣大的功效。這或者與事先的計畫有關,大概是為了配合周公的視察,才不得不如此的?不然的話,為什麼就在他剛完成「攻位」的次日一大早,周公就趕到了呢?經文說:

若翼日乙卯,周公朝至于洛,則達觀于新邑營⑭。

經義是說：「到了次日乙卯，周公在早上就來到洛地，隨卽將新都邑的區域位置經營的情形，通盤地看了一遍。」這種時間上的配合，顯然是經過事先的周密規劃。以下則就是記載周公在新邑工地的舉措。經文說：

越三日丁巳，用牲于郊，牛二。越翼日戊午，乃社于新邑，牛一，羊一，豕一⑮。

經義是說：「經過將近三天的察看，於是選定在十四日，周公用兩頭牛舉行祭天地的大禮。十五日，又用牛、羊、豕各一隻，舉行祭后土的大禮。」這期間，可能經過商酌、修正、準備，所以歷時將近三天，才舉行祭天地神祇的大禮。大祭之後，並沒有立刻展開工作，經過多日的勞累，一方面需要休息，同時四方諸侯尚未到齊，再則仍須在細節上加以檢討規劃，及如何鼓勵殷民從事工作，凡此，均需時間來作鄭重的考慮。是以經文說：

越七日甲子，周公乃朝用書命：庶殷、侯、甸、男邦伯⑯。

甲子，是二十一日，用書命，謂以役書命令之。猶今之公文、布告。邦伯，指諸侯國君。經義是說：「又七日甲子（二十一日）的早晨，周公就以書面的文告，令殷眾及侯服、甸服、男服的國君們。」左氏昭公三十二年傳說：「士彌牟營成周，計丈數，揣高卑，度厚薄，仞溝洫，物土方，議遠邇，量事期，慮材用，書餱糧，以令役于諸侯。」周公大概也是把這些事項寫在書冊（公告）中，來命令侯、甸、男國的國君。周公所以這樣做，是想「程功賦事，分命庶殷」。命令下達之後，殷眾無不遵命而行。是以經文說：

厥既命殷庶，庶殷丕作。

經義是說：「命令既已向殷眾發布，眾殷無不努力從事於工作。」案：僞孔說：「其已命殷眾，眾殷之民大作，言勸事。」蔡氏集傳則謂：「丕作者，言皆趨事赴功也。」殷人向以難化見聞，而今竟能樂事趨功，由此亦可見其能樂於服從周公，經文的特別強調「命殷庶」，可能就是由於難化之故。

營洛的工事既已就緒，殷眾亦能「趨事赴功」，由召公一人監督卽可，周公似乎不需多所耽擱。然而召公卻能深體時艱，以及治國的不易，故於周公臨歸宗周之際，將心中要說的話，作書由周公以達成王。所以他一方面率領著諸侯與周公道別，同時也借此機會，表達一己的赤忱。是以經文說：

太保乃以庶邦冢君，出取幣，乃復入，錫周公曰：「拜手稽首，旅王若公。誥告庶殷，越自乃御事。」⑰

經義是說：「太保公率領著各國的君長，一同出去，取了幣帛，然後再走進來，交給周公說：『我叩頭作揖，以虔敬的心，把陳獻於王的幣帛，請您轉交，同時也請您轉達，若對殷眾有何告誡。最好能由我王親自發布，這樣效果才會更加顯著。』」此節經義，尚有作進一步解釋的必要。由於經文中的「旅王若公」句的義蘊含混，故有學者據以認為當時成王在洛。如江氏聲《尚書集注音疏》、孫星衍《尚書今古文注疏》即主此說。然亦有學者認為「旅，當讀如『庭實旅百之旅。諸侯之幣，旅王及公者，尊周公也。』」（蘇軾語）朱子亦謂『此蓋因周公以告于王耳。』簡朝亮更以為：『旅，陳也。謂陳幣而陳告也。以周公歸而達之王也。蓋言旅王若旅公，則公歸可知也。』又引呂氏語說：『此周公將自洛歸鎬，召公因周公歸而達之王。』」我們再檢經文，二公至洛以及所有舉措，無不書日以謹之。如成王至洛，亦當如是。何以詳臣略君如是耶？觀夫周公之乙卯至洛，達觀于新邑洛。又越三日丁巳用牲于郊，越翼日戊午，乃社于新邑。如王在洛，應當由王親自祭祀，此理尤為顯然，怎能說王無事呢？又假如成王是在周公舉行郊社祭祀以後至洛，那就應當載明某日某某，王至于洛，太保以庶邦冢君覲王。召公之至洛，前後日期，亦記載明確，何以獨不見一字記載成王的來至洛邑？以是可知成王實不在洛邑。

二、懲前毖後，以敬相勸。

以上各節，均爲史官記事之辭，以下至於終篇，則爲召公陳告成王的誥語。召公首先提出「敬」字相勉。經文說：

> 嗚呼！皇天上帝，改厥元子茲大國殷之命。惟王受命，無疆惟休，亦無疆惟恤。嗚呼！曷其奈何弗敬[18]！

經義是說：「啊！皇天上帝，革除了此大殷國的命運，我王受天命而治理萬民，這可說是無窮盡的喜慶，也可說是無窮盡的憂患；啊！我王如何能不處處敬謹從事呢！」我國上古時代，多把天看作有意志的天，以爲天高高在上，神明亮察，監視下民，尤其監視「天子」，如有不敬，卽將改命他人承擔治理人民的重責大任。是以爲「天子」者，無時無刻，均當以敬爲先。經文雖僅強調一個「敬」字，然而我們如能稍作連想，那就馬上可以體會出世間所有的事端，本來就是榮辱並存，休戚與共的。換句話說，也是一體不可分的。惟敬方可得榮、得休，不敬、則辱、戚卽至。《易經》所謂：「日中則昃」，卽是明訓。如欲保持「日中」，捨敬焉有他途？召公深體敬謹的重要，所以一開始，就以敬謹發端，可說已掌握了問題的關鍵。是以蔡氏集傳說：「此篇專主敬，言敬則誠實無妄，視聽言動，一循乎理，好惡用捨，不違乎天，與天同德，固能受天明命也。人君保有天命，其有要於此哉！伊尹亦言皇天無親，克敬惟親，敬，則天與我一矣。」是言闡發「敬」字的義理，洵可謂爲淋漓盡致。

三、殷鑑不遠，以疾敬德相勉。

承天膺命，治國安邦，固需要敬，可是驗諸前代往例，如不疾敬德，即不足以治理人民，是無法使人民心服的。這一點，召公當然不會忽略，所以他接著說：

天旣遐終大邦殷之命，茲殷多先哲王在天，越厥後王後民，茲服厥命；厥終智藏瘝在。夫知保抱攜持厥婦子，以哀籲天；徂厥亡，出執。嗚呼！天亦哀于四方民，其眷命用懋，王其疾敬德⑲。

經義是說：「自殷紂卽位以後，上天早就要結束大殷邦的國運了。只因其眾多賢哲聖王的神靈在天上保佑，而紂及其人民，尚能服膺天命，所以才沒有滅亡。到了末年，由於殷紂的淫邪荒亂，以致使賢達的人士，都隱藏了起來；而病民的人，反而居官在位。在此情況下，凡是殷民知道抱負其子，提攜其妻的，無不以哀痛的聲音向天呼號，詛祝紂的趕快滅亡，好使他們（百姓）得以脫離陷溺的深淵。啊！上天也在哀憐四方的人民，所以才將眷顧人民的命運，移易到我周朝。由此可知，天命不常，我王應該速於敬謹您的德行啊！」

這段話，說的眞是既忠懇、又深切。凡稍具良知的人，能無動於衷嗎？至於紂的末年，「智藏瘝在」，直到秦時，尙有人提及。《呂氏春秋．貴因》篇說：「武王使人候殷，反報岐周，曰：『殷其亂矣。』武王曰：『其亂焉至？』對曰：『讒慝勝良。』武王曰：『尙未也。』又復往，反報曰：『其亂加矣。』武王曰：『焉至？』對曰：『賢者出走矣。』」「讒慝勝良，賢者出走」，不就是「智藏瘝在」的實情嗎？當一個政府不能容納賢良的時候，又焉有不被滅亡的道理？這種警惕，又是何等的深切！

四、**以前代興亡相警，俾免蹈覆轍。**

召公意有未盡，是以接著說：

相古先民有夏，天迪從子保，面稽天若；今時旣墜厥命。今相有殷，天迪格保，面稽天若，今時旣墜厥命⑳。

經義是說：「看那古代有夏的先王，由於他們能上考天心而順從其意旨，所以上天也就慈愛他們，保護他們。而今卻早已亡國了（由於夏桀違背天心）。現在我們再來看那有殷的先王，同樣也是由於大殷先王們，能上考天心，順從上天的意旨，所以上天才保護他們。而今也已經亡國了（由於殷紂的違背天心）。」

召公以夏、殷二代所以亡國，乃由於桀紂不知敬德所致，故以此來提醒成王不可不敬德。也惟有敬德，才能得到上天的眷顧、愛護而保有天下。夏禹、商湯的得天下以此，而桀、紂的失天下，乃由於不知此。如能「面稽天若」，卽可得到上天的「格保」而千萬年不「墜厥命」了。大臣謀國，其忠誠的自然流露，於此可見。

五、勉以無疏於老成人，以其學驗俱豐，有裨於治國乂民。

孟子說：「所謂故國者，非謂有喬木之謂也，有世臣之謂也。」[21]所謂世臣，就是累代有功勳的老臣。老臣謀國，不惟忠藎，抑且慮周見遠；往往非一般才智之士所可比。所以召公接著又說：

今沖子嗣，則無遺壽耇；曰，其稽我古人之德，矧曰其有能稽謀自天[22]。

經義是說：「現在你一個年輕人繼承王位，尤當注意的，就是千萬不可捨棄年老而有成德的人不用。這也就是說，不僅他們能稽考明察我古代先人的明德善行，更何況他們的稽考謀慮，皆能順從天心呢！」

蔡氏集傳說：「稽古人之德，則於事有所證，稽謀自天，則於理無遺。無遺壽耇，蓋君天下者之要務，幼沖之主，於老成之人，尤易疏遠，故召公特言之。」簡朝亮《尚書集注述疏》說：「此謂以知人而知天，莫如壽耇之能也。」二氏就經文進一步說明老成人不可棄的道理，所見非常深切。我們認爲除此之外，尚有一層含義，卽召公希望成王繼位以後，當多親近周公，倚重周公，俾達敬德保民，無所忝於先人。

六、**思念民險之可畏，當以和樂爲先。**

召公以爲，旣爲嗣王，就應以和民爲務，使人民的生活和樂安適，卽無民險可畏了。絕不可以幼小無知爲藉口。所以他深有所感的說：

嗚呼！有王雖小，元子哉。其丕能諴于小民，今休。王不敢後，用顧畏于民嵒㉓。

經義是說：「啊！天下共有的君王年紀雖小，但他是受命的天子。他如能和樂於人民（使人民的生活和樂），那就是休美的事了。我王當知和樂人民，是不可以遲緩的，所以要時刻思念著敬畏於民險。」能知民險，卽可知體恤人民，使之安居樂業。人民能安居樂業，國家方可長治久安，此治國不易之理。《東坡書傳》說：「嵒，險也。民，猶水也。水能載舟，亦能覆舟；物無險于民者矣。」所喻非常切當。在專制時代，人民往往沒有說話、表達意見的機會，所以只好深藏其心事，故其難測，過於冥冥的上天。是以古之明王聖君，無不以民之好惡爲好惡。簡朝亮

《尚書述疏》說：「天道至公也，則有天險焉；地道至公也，則有地險焉；人道至公也，則有民險焉。民險者，守之而不可犯者也。」所言深具意味。

七、以居中土治理人民爲美盛之事相期許。

洛邑居天下之中，四方道里均，可收制衡之便，是以召公以此相期勉。他接著說：

王來紹上帝，自服于土中。旦曰：「其作大邑，其自時配皇天；毖祀于上下，其自時中乂。王厥有成命，治民今休。」[24]

經義是說：「我王（待洛邑營建完成）將來洛邑幫助上天居中土治理全國的人民，誠如旦（周公）所說：『營造大的都邑（洛邑），將可從此德配上天，謹慎地祭祀天地神祇，從此居國之中，以施教化，以治萬民。我王承受了上天的明（定）命，治理人民，是一件非常值得慶幸的事。』」洛邑，就當時說，是居「天下」的中心，營洛邑，就是爲了長治久安。更何況武王早有此意？這也可說是周、召二公的共識。召公所以如此說，無非想借此來堅定成王遷都的信念，使他在心理上，早作準備。

八、以融合殷、周之治事官員爲一體是勉，以敬作、敬德是勸。

此時已遷殷之「頑民」於洛地，並以其參與營建工作。如欲計日效功，其首要者，即爲人事和洽，其次則勉王「敬作」「敬德」。是以召公說：

> 王先服殷御事，比介于我有周御事。節性，惟日其邁。王敬作所，不可不敬德㉕。

經義是說：「我王首先應使前殷的治事官員心服，其次，則是使與我周的治事官員親近、融洽相處。然後再進一步地節制他們的情欲驕淫的習性，使日日都有改進。您本身也要以敬作居所，尤其不可不敬謹於德行。」

此段在斷句上，「王敬作所，不可不敬德」，亦可將「所」字屬下句讀，而爲「王敬作，所不可不敬德」。這樣一來，「作」字則爲工作之意，「所」字作且解。意謂：我王要敬謹的工作，且不可以不敬愼德行。義亦通暢，可以並存。其次是此段的前四句（王先服……日其邁），在表面上看是勉王，向王建議，其實召公爲了人事和洽，發揮工作的功效，已經這樣做了。所以這樣說，只是想借此機會，提醒成王，在人事的處理上，應該這樣做。

人事和諧融洽，爲治事的根本，亦爲成敗的關鍵。而以身作則，以德服人，又爲人事和諧、融洽的根本。召公有見於此，是以提出這樣的建議，同時亦可看出其不歧視排斥殷人的偉大胸襟，也是政治人物，應有的風範。

九、誥以夏、殷所以亡國，乃由於不敬德所致，應引以爲鑑。

召公感念前代的亡國，皆由於不敬德。而此時成王又是「初服天命」，故舉實例以誡。經文說：

> 我不可不監于有夏，亦不可不監于有殷。我不敢知曰，有夏服天命，惟有歷年；我不敢知曰，不其延，惟不敬厥德，乃早墜厥命。我不敢知曰，有殷受天命，惟有歷年；我不敢知曰，不其延，惟不敬厥德，乃早墜厥命㉖。

經義是說：「我王不可不以有夏作借鏡，也不可不以有殷作鑑戒。我可不知道，有夏的服膺天命，治理人民，經歷了多少年；我可不知道，上天不延長夏命，就是由於不敬德，才老早的結束了他的國運。我可不知道有殷接受天命，施政治民，有好久的時間；我可不知道有殷的不能延長其天命，惟因不能敬謹的修德，才以致老早的亡國。」這種舉實例以陳前車覆的誥語，確能讓人打心底生出敬畏惕勉之意。這也無異說，帝位的久暫，端視修德而定。如敬天行正，法祖尊賢，卽可使國祚延長不滅，否則那也只有亡國墜命了。《東坡書傳》說：「召公恐成王恃天命以自安，故又戒之曰夏殷之所以多歷年與其所以不永年者，其受天命，皆非我所敢知也。所知者，惟不敬德以墜厥命也。」所言甚是。

十、以既嗣王命，卽當思前代之所以亡，並以之爲鑑，方可永承天命是勉。

殷、周之時，多持王命天受的說法，而又以皇天無親，惟善是輔爲理念，如欲永承王業，前代的所以亡國，卽應引以爲鑑。是以召公說：

今王嗣受厥命，我亦惟兹二國命，嗣若功㉗。

經義是說：「而今我王繼承了王位，那麼我王就應時時思念著夏、殷二國所以興衰的國運，作爲鑑戒，方能承受其敬德多歷年所的功業。」

十一、以愼始方可自貽哲命，惟有疾敬德，惟德是用，方可祈天永命。

俗語說：「好的開始，就是成功的一半。」愼始敬終，乃事業成功、延續的不二法門。更何況是「承天景命」，治理國家？是以如欲「祈天永命」，惟有「疾敬德」「惟德是用」了。所以召公接著說：

王乃初服。嗚呼！若生子，罔不在厥初生；自貽哲命。今天其命哲，命吉凶，命歷年。知今我初服，宅新邑，肆惟王其疾敬德。王其德之用，祈天永命㉘。

經義是說：「我王剛開始任事親政。啊！這就好像一個幼小的孩子，沒有不是在開始接受教育的時候，就自應傳以明哲之道的。而今上天將予我王明哲？還是吉、凶？抑為國祚的長短？這些都不知道，僅聞知（謂上帝）現在我王初任政事，將要遷居於新邑。所以我王應該儘快地敬慎於德行，惟德是用，這樣才能祈求上天賜予永久的國運。」召公此言，無異預勸成王作遷都的心理準備，希望能以嶄新的氣象，展現於國人之前，並以命哲、命吉凶、命歷年，全在於是否能「疾敬德」為衡權的依據。老臣謀國的用心，又是如何的深遠！

十二、勸王勿以刑罰收施政之功，當以施德為先，使人民效法。

召公既於「王乃初服」之際，勉以「疾敬德」，方可「祈天永命」，而於施政上，不當以刑罰冀收施政的效果，乃為必然的理念。是以他接著說：

> 其惟王勿以小民淫用非彝，亦敢殄戮；用乂民，若有功。其惟王位在德元，小民乃惟刑；用于天下，越王顯㉙。」

經義是說：「希望我王不要因為人民的過用非法（不遵守法度），就可以將他們全部殺掉；認為用這種方法治理人民，才能收到功效。我王當知身為萬民之首，也應當立於道德的首位，使人民效法；如此施政於天下，我王的德行，就可以光顯了。」以德化民，不以刑收效，這種理念，為孔子所承。《論語・為政》篇說：「道之以政，齊之以刑，民免而無恥；道之以德，齊之以禮，有恥且格。」這不就是以德化民的主張嗎？召公希望成王能立於道德的首位，這不就是《論語・子路》篇孔子所說：「其身正，不令而行；其身不正，雖令不從」的以身作則嗎？《孟子・離婁上》也說：「其身正，而天下歸之。」這種功效，不僅及於當時，抑且加惠於後世。良相賢臣的可敬、可佩，不就在此？

十三、上下勤恤，乃久歷年所的不二法門，務要時刻惕勵於茲。

既要敬德，尤須恤民。「上下勤恤」，方可久歷年所，此不易之理。是以召公接著說：

上下勤恤，其曰我受天命，丕若有夏歷年，式勿替有殷歷年，欲王以小民受天永命(30)。

經義是說：「上自天子，下至臣民，都能勤勞憂恤國事，這樣大家就會一致地說：我大周承受天命，就像有夏的年代久長，也不會廢棄有殷的長久年代（秉有夏、殷的歷年），希望我王能率領著臣民，共同永久地來承受天命。」承受天命，即保有天下之意。東漢・王符《潛夫論・巫列》篇說：「人君身修正，賞罰明者，國治而民安；民安樂者，天悅喜而增歷數。故書曰：『王以小民受天永命。』」蓋能勤恤，即可安民，能安民，乃可永命，本段經文之義蘊在此。《東坡書傳》也說：「君臣一心，以勤恤民，庶幾王受命歷年如夏、殷，且以民心為天命也。」朱子以「王以小民」之「以」，如「春秋以某師」之「以」。意謂左右率領著小民而受永命也。這也就是孟子所說的「民爲貴」，「得乎丘民而爲天子」㉛的意思。眞德秀說：「永命之道無他，惟修德與愛民而已。命在天，於小民何與？蓋天無心以民爲心耳。」㉜上天既以民爲心，如失民心，即無異失去天心，失去天心的後果，當然是亡國。這又是何等用心！

十四、以忠誠敬謹之心，奉幣供王祈天永命。

老臣謀國之言，直而恭，婉而篤；頌無諂，諫無驕；悃悃之誠，眷眷之意，似不能已者。最後仍以「祈天永命」是祝。經文說：

拜手稽首曰：「予小臣，敢以王之讎民、百君子、越友民，保受王威命明德。王末有成命，王亦顯。我非敢勤，惟恭奉幣，用供王，能祈天永命。」㉝

經義是說：「召公叩頭作揖說：『我小臣奭，膽敢率領著殷的遺民、眾官員，以及友邦的人民，來安受我王的命令與教化。我王一定能終保上天所受的明命，也因能終保天命而使我王更加光顯。我並不勤勞，只不過是能恭敬地奉幣帛供王用於祭祀，以求上天永遠保有我大周的國運罷了。』」由這段經文，我們不難看出召公在言語之間，所表現的那種謙恭、忠誠、敬謹的態度，著實令人感佩。而成王的所以能成爲一代明君，不是沒有原因的。

三、結語

以上我們就著〈召誥〉篇的內容，分爲十四個段落，作了概括地析述，這不僅讓我們了解到古人對於重大工程的興作，事前在考慮上，是如何地周延，在執行上，是如何地認眞謹愼，在規畫上，是如何地有步驟而秩然有序；而且在動工以後，又是如何地計日效功。凡此，均足以給我們後人很大的啟示。

在誥語方面，也非常有層次。雖然顯得有些地方重複，但就誥者的心意說，卻是赤忱、忠貞的流露。而意念也就隨著重複的語句，而逐漸地加深加厚，使我們在感覺上，也惟有如此，才是最正確而當行的一條光明大道。我們總括這篇誥語內容大義，不外以下數則：

一、承天命固然可喜，但亦可憂；因此應懲前毖後，以敬爲先。

二、夏、殷之鑑不遠，當以疾敬德是勉。

三、時刻以前代興亡自警自惕，俾免蹈覆轍。

四、無疏於老成人，因其既明先王之德，所謀又能順從天命，應多所親倚。

五、天命固不可違，而民險尤其可畏，當以和樂（指生活）人民爲先。

六、洛邑爲天下中心，居此可得制衡之便。

七、不可以刑罰期收施政的效果，當以修德布德是務。

八、要融合殷、周的治事官員爲一體，不可有彼此的分別。

九、要愼始，要疾敬德，方可祈天永命。

十、要上下勤恤，方可久歷年所。

我們認爲，假如有王如此，那麼郅治之隆，必然可期，人民的安居樂業，也必然可期。而天子當然也就可以享其「永命」了。

在行文上，雖然有艱深古奧之嫌，這是由於語言轉變的不得不然。可是在語氣上，卻表現了召公十足的信心，以及堅定有力的理念。如第十三段所言：「上下勤恤，其曰我受天命，丕若有夏歷年，式勿替有殷歷年，欲王以小民受天永命。」就非常有力堅定，信心十足。我們想，一個國家，能上下勤勞體恤，和諧融洽，聲應氣通，又有何事不可成？何難不可克？而此時的國王，率領著全國的臣民，來承受天命，不僅可享夏、殷二代的歷年，而且將可延至永遠、無窮。

最後，我們想引宋・眞德秀與近人王國維二先生的話作結：眞氏德秀說：「一篇之中，言敬者凡七、八：曰曷其奈何弗敬，曰王敬作所，曰不可不敬德，曰王其疾敬德，兩言惟不敬厥德，乃早墜厥命，曰肆惟其疾敬德。言之諄，望之切，異時成王爲守文令主，而周家卜世、卜年，於夏、商且過其歷，然後知召公之言，眞人主之藥石，國家之著龜也哉！」[34]王國維氏也說：「〈康誥〉以下九篇，周之經綸天下之道胥在焉。其書皆以民爲言，〈召誥〉一篇，言之尤爲反覆詳盡：曰命、曰天、曰民、曰德，四者一以貫之。其言曰：天亦哀於四方民，其眷命用懋，王其疾敬德。又曰：今天其命哲，命吉凶，命歷年，知今我初服，宅新邑，肆惟王其疾敬德，王其德之用，祈天永命。又曰：欲王以小民受天永命。且其所謂德者，又非徒仁民之謂，必天子自納於德而使民則之。故曰：其惟王勿以小民淫用非彝。又曰：其惟王位在德先，小民乃惟刑於天下，越王顯。充此言以治天下，可云至治之極軌，自來言政治者，未能有高焉者也。古之聖人，亦豈無一姓福祚之念存於其心，然深知夫一姓之福祚與萬姓之福祚，與其道德是一非二，故其所以祈天永命者，乃在德與民二字。此篇乃召公之言，而史佚書之以誥天下，文、武、周公所以治天下之精義大法，胥在於此。」㉟

以德化民，可得心悅誠之效。這可說是我國文化的傳統。自堯、舜、禹、湯，無不如是。而周家在這方面，尤其注重。除《尚書・周書》中周、召二公所言者外，而孔子可說是最能體悟此理的第一人。如《論語・泰伯》篇說：「泰伯其可謂至德也已矣，三以天下讓，民無德而稱焉。」又說：「三分天下有其二，以服事殷，周之德，其可謂至德也已矣。」近人王國維先生也說：「周自大王以後，世載其德，自西土邦君，御事小子，皆克用文王教，至於庶民，亦聰聽祖考之彝訓，是殷、周之興亡，乃有德與無德之興亡。故克殷之後，尤兢兢以德治爲務。……欲知周之所以王，必於是乎觀之矣。」㊱所言極具深識。

注釋

❶ 索隱引杜預曰：「三塗在陸渾縣（古尹川地。漢置縣，在今河南省嵩縣東北伏流城北）南。嶽，蓋河北太行山。鄙，都鄙，謂近嶽之邑。」又正義云：「粵者，審愼之辭也。言審愼瞻雒、伊二水之陽，無遠離此爲天室也。」又《括地志》云：「故王城一名河南城，本郟鄏，周公新築，在洛州河南縣（故城在今河南省洛陽縣西）北九里苑內東北隅。」案：營周居于洛邑而後去者，謂武王觀察後指定在此位置建造都邑始離去。

❷ 見《逸周書》卷五〈作雒解〉。

❸ 見《史記・周本紀》。

❹ 見蔡沈《書經集傳》。

❺ 見清・陳壽祺《尙書大傳輯校》二。

❻ 見《詩・文王》疏及《周禮・大司徒》疏。

❼ 見【中國大百科全書】《考古學》，頁一八六，何尊。

❽ 見《呂氏春秋》卷二〇，〈恃君覽第八長利〉篇。

❾ 見《史記・周本紀》。

❿ 見唐蘭〈䂓尊銘文解釋〉，《文物》第一期（民國六十五年），頁六〇～六三。

⑪《史記·魯周公世家》：「成王七年二月乙未，王朝步自周，至豐。」案：周，卽鎬京，西周都城。在今陝西長安西。豐，文王都邑，在今陝西鄠縣，文王廟在焉。《史記索隱》：「豐，文王所作邑，後武王都鎬，於豐立文王廟，去鎬二十五里。」

⑫顧炎武於《日知錄》卷二〈召誥〉條謂：「古者吉行，日五十里，召公營洛，乙未自周，戊申朝至于洛，凡十有四日。」孫星衍《尚書今古文注疏》：「豐至洛七百里。」卜宅，卽卜居。以龜卜此宅居之吉凶。得卜，謂得到吉兆。

⑬攻位于洛汭：孔穎達正義：「治都邑之位於洛水之汭，謂洛水北也。」

⑭若，作及、到解。翼日，明日。乙卯，十二日。達觀，卽通觀一遍。新邑營，新邑經營的情形。

⑮丁巳，爲三月十四日。郊，爲祭天地。戊午，十五日。社，爲社祭，祭后土之神。簡朝亮《尚書集注述疏》：「此周公以冢宰攝祭而告宅洛也。蓋位成而祭於其位也。」

⑯侯、甸、男、邦伯：《周禮·夏官·職方》曰：「王畿外方五百里曰侯服，又其外方五百里曰甸服，又其外方五百里曰男服。」邦伯，爲邦國的君長。

⑰太保乃以庶邦冢君：以，謂左右而率之之意。冢，大、長。出取幣：幣，謂諸侯來洛獻王之幣帛。古者以幣帛爲饋贈贄見之禮。錫周公：謂交給周公轉以奉獻於王。錫，與、獻之意。拜手稽首：拜手，跪地而叩首於手。稽首，跪地而叩首至地。此謂向王（以周公代王）行最敬禮。旅王若公：此句言人人殊，茲分二說以陳：

1.旅，陳也。若，及也。謂陳王及周公也。卽向成王與周公陳言之意。謂成王此時亦在洛地。孫疏卽主此說。

2.旅，應讀如「庭實旅百之旅。諸侯之幣，旅王及公者，尊周公也。」（見《東坡書傳》）若，作如解，猶及之辭。意謂欲因周公轉達於王。

誥告庶殷：誥告，叠語，告命之意。庶殷，眾殷人。越自乃御事：越，于。自，由。乃，汝，指成王。御事，治事之臣。不敢直指成王，故以御事代之。猶後世之稱執事、陛下。

⑱ 改，更，有革除意。厥，其：謂殷國。元，首。鄭氏云：「言首子者，凡人皆云天子之子，天子為之首耳。」是元子，乃天子之意。此指殷紂。大國殷，尊敬之稱；如〈顧命〉之大殷邦、〈大雅・大明〉之大商，均為尊稱之意。命，國運。惟，語詞。受命，謂承受上天之大命，為下民之王。無疆，無窮盡。休，美、善、吉慶、福祥之意。恤，憂。敬，謹、愼。

⑲ 天既遐終大邦殷之命：言自紂卽位以來，上天老早就要結束大殷國的命運了。既，已。遐，遠，引申有「早就有」之意。終，終止、結束。命，國運。茲殷多先哲王在天：言只因殷邦歷代很多賢哲聖王之神靈在天佑庇。多先哲王，卽孟子所謂賢聖之君六七作也。越厥後王後民：謂紂及其人民。厥終，謂紂之末年。智藏瘝在：謂賢智之士，知幾藏匿隱退，而病民之人反而在位。瘝，俗作鰥。釋詁：「病也。」夫知保抱攜持厥婦子：知，知道之知。保，卽褓之借字。保抱，卽抱負之意。攜持，提攜扶持。徂厥亡：徂，讀如詛。謂詛祝紂亡。出執：執，讀如墊。說文：「墊，下也。」〈皋陶謨〉：「下民昏墊」，鄭氏謂：「陷也。」其眷命用懋：謂上天眷顧之命，因此移易於我周朝。懋，讀如貿。〈皋陶謨〉：「懋遷有無化居」，書大傳作貿遷。說文：「貿，易財也。」此謂移易之意。王其疾敬德：王，

指成王。其，希冀之詞，有應該之意。疾，速。敬德，敬謹於德行。

⑳ 相，視。先民，猶先王。〈商頌・那〉篇：「自古在昔，先民有作。」簡氏云：「蓋民，人也。先民，猶先人也。那爲商頌，先民者，先王也。」天迪從子保：謂上天任用順從其意的人而慈保之。《經義述聞》：「迪，用也。子，讀如慈。」面稽天若：述聞：「面，通偭、勔，勉也。見說文。稽，考察也。若，順也。此謂勉力上考天心而順之也。」墜，爲隊之俗字，當失落解。墜厥命：僞孔傳：「墜其王命。」言亡國也。此謂今早已亡國矣。格保，「愛護也。與子保（慈保）意同。」見章太炎先生《古文尚書拾遺》定本，頁四四。

㉑ 見《孟子・梁惠王下》。

㉒ 沖子，卽沖幼的童子，指成王。嗣，繼位。則無遺壽耇：卽不可遺棄年老成德之人。其稽我古人之德：謂老成人能稽考（明察）我古代先人的德行。矧曰其能稽謀自天：謂更何況他們（老成人）的稽考謀慮，皆能順從天德！

㉓ 元子，天子，亦卽受命的天子。諴，說文：「和也。」今，猶卽也。王不敢後：謂和樂於人民不可遲緩也。用顧畏于民喦：謂以思念敬畏於民險之意。喦，險也。顧，眷顧、思念之意。

㉔ 王來紹上帝：是說我王待洛邑建築完成之後，將來此助上帝治理人民。來，謂將來。紹，助。見孫詒讓《尚書駢枝》。自服于土中：是說居國之中，以治理人民之意。自，用。用，以。服，說文：「治也。」土中，卽中土的倒文，指國之中心點。旦曰：此下引周公語。所以稱旦者，《禮記・曲禮》：「君前臣名也。」其作大邑：謂營造洛邑。其，將。其自時配皇天：是說作大邑，從此以後，可以德配

皇天。自時，從是之意。配，四。毖祀于上下：是說愼祀天地神祇。毖，愼。上下，謂天神地祇。其自時中乂：是說自是可居中土以治理萬民。王厥有成命：是說王其有天之明命。厥，其。成，明、定。今，卽。

㉕ 御事，治事之官員。比，次、新、近。介，孫疏：「介，一作尒。」古本作迩。迩卽邇，近也。見阮元《校勘記》。比邇，卽親近之意。節性，惟日其邁：是說要節制殷人之情欲、驕淫之性，使其日有改進。節，限制。惟，語詞。邁，行、進。王敬作所：蔡氏謂：「王能以敬爲所，則動靜語默，出入起居，無往而不居敬矣。」作，爲。所，處所。不可不敬德：蔡氏謂：「甚言德之不可不敬也。」

㉖ 我，謂我王。監，猶鑑。亦作鏡解。敢，謙詞，有冒犯之意。我不敢知：猶我可不知道之意。受命、服命，互文同義。歷年，久年、多年。延，長。墜厥命，猶言亡國。

㉗ 嗣，繼。厥命，謂天命，指王位。惟，思。茲二國，謂夏、殷。若，《經傳釋詞》：「猶其也。」功，謂功業。此指王業。

㉘ 初服，乃「初服天命」之省文。卽始任政事之意。生子：謂年十五歲，幼少之時。此時教之以善則善，教之以惡則惡。故以初服天命用「若生子」爲喻。意謂當愼始也。初生，謂開始教養。生，作養解。自貽哲命：謂自當傳之以明哲的善道。貽，傳。哲，明。以下三「命」字，均作予、給解。肆惟王其疾敬德：所以我王應該儘快地敬愼於德行。肆，故、今。惟，語詞。其，應該。王其德之用：謂我王應該惟德是用。之，是也。

㉙ 其惟，語詞。以，因。淫，過度。彝，常法。亦，卽、乃。敢，猶可也。殄，盡、滅絕。戮，殺。若，

述聞：「乃也。」位，立古通，此處當作「立」。元，首。刑同型，作動詞用。有效法之意。用，施行。越，於是。或謂發揚之意。顯，光、明。

㉚上下：謂上自天子，下至臣民。勤，勤勞。恤，憂。欲，期願之詞。以，與。說見《廣雅》。丕、式，皆語詞。

㉛見《孟子·盡心下》。

㉜見《欽定書經傳說彙纂》卷一四召誥該段後集說引。

㉝予小臣，召公自謙詞。敢，言膽敢。一說語詞。以，左右率領之意。讎民，謂殷遺民。百君子，謂王之諸臣。卽諸官員。越友民，謂與友邦之民。越，與、和。保受，安受、承受。威命，猶威嚴之命令。引申有法律之意。明德，謂昭明之德行。引申有教化之意。末，終。成命，謂明命、定命。我非敢勤：謂我非敢說勤勞。一說敢爲語詞。奉，獻。幣，幣帛，祭祀之用。此召公自言爲其職責所在。《周書·克殷》篇言武王祀社者，則曰召公奭贊采，惟恭奉幣者。其意猶曰惟謹奉職也。用供王，卽供王用作祭祀之意。

㉞見《欽定書經傳說彙纂》卷一四〈召誥總論〉引。

㉟見王國維《觀堂集林》卷一〇〈殷周制度論〉，頁四七六～四七七。

㊱同㉟，頁四七九～四八〇。

拾肆〈洛誥〉

一、前言

〈洛誥〉，乃成王本武王之意❶，營洛邑既成，王至成周致祭，並請周公留守洛邑之經過，史佚書之以誥天下，故名〈洛誥〉。

此時周公已反政成王❷，其所以請周公留守洛邑，一則欲與周公共同治理「天下」，再則也是由於情勢使然。周公「攝行政當國」❸，達七年之久，天下大定，其雖不居功，然其功實無與倫比。當時諸侯莫不仰慕。而洛邑又居「天下之中」，以周公之德望，最宜居此。由經文中的彼此對話，我們不難看出周公的忠藎，成王的信賴，使我們覺得，也惟有這樣的安排，才是最理想的抉擇。雖然營洛邑是爲了成王的遷都，居中以理天下，然而成王的沒有卽時遷都，請周公留守，實有深義在。必待周公死後，成王始遷都於此。這由最近出土的「何尊」，可以得到證明❹。

至於本篇主旨，今人周秉鈞《尚書易解》說：「本文旨在表揚周公之忠誠和成王倚重周公之至意。君臣開誠，圖結無間，庶殷聞誥，反側潛消。信經國之大文也。」我們同意這種說法。

二、大義探討

周誥的難讀，遠自唐代大文豪韓愈，即已發出慨歎❺。而〈洛誥〉之篇，乃難讀之尤者。宋・王安石、朱熹二儒，皆表示有不可解者❻。而金氏履祥《尚書表注》則謂：「〈召誥〉、〈洛誥〉，相為首尾。惟〈洛誥〉所紀，若無倫次，有周公至洛，使告圖卜往復之辭，有周公歸周迎王往洛對答之辭，有成王在洛留周公于後而歸之辭，有周公為王留洛相勉敍述之辭。」就時間說，因篇末有明文可案，不致有惑，就成王與周公當時所居處之地說，因文中記載不明確，致有言人人殊之紛。唐・孔穎達正義說：「戊辰王在新邑，明戊辰已上，皆是西都時所誥也。」這是說，成王僅於周公攝政七年十二月晦這天舉行大祭時在新邑，其餘時間均在西都鎬京。而宋之朱子(熹)，則以為自「周公曰：『王肇殷禮，祀于新邑，咸秩無文。』以下，漸不可曉。」❼葉適則以為「王得卜而至洛，既祭復歸鎬。」❽簡朝亮《尚書集注述疏》，則又以為成王自戊辰之祭以前，凡與周公對答之言，均在新邑。然而我們就經文三復各家所言，則未敢苟同。我們的看法是：經文中前兩段載有拜手稽首者，為周公、成王遣使傳書的對答。之後，成王來洛，才是面對面的對談。不久，成王即行離去。這可由經文中「王曰公，予小子其退」的記載推知。直到戊辰歲祭之前，成王再來洛邑。祭後，命周公留守，才又回至西都。這樣才合情理。由於先儒在經文方面，代有闡釋，使我們在文句、寓義的了解上，得到不少的啟發，茲綜合各家，探討如次：

一、周公向成王報告：追求輔弼之義及營洛之前的舉措。

周公既繼召公相宅，爲愼重計，亦作占卜，並得吉兆，待其徧觀定案以後，卽以圖卜遣使向成王報告，並追述「胤保」之由。經文說：

周公拜手稽首曰：「朕復子明辟。王如弗敢及天基命定命，予乃胤保，大相東土，其基作民明辟。予惟乙卯，朝至于洛師。我卜河朔黎水。我乃卜澗水東、瀍水西，惟洛食。我又卜瀍水東，亦惟洛食。伻來以圖及獻卜。」❾

經義是說：「周公跪拜叩頭說：『我要告訴嗣子明王。以往我王年幼，尚不及知上天命我文王創業及武王克殷安民的情景，所以我才繼文、武而保有天下來輔佐您，並且到東方的洛地相宅築邑，其目的就是希望一開始，您就能成爲人民心目中的明君。是以當開始時，我就卜於黃河以北的黎水旁，欲在此營建都邑，但未獲吉兆。我就轉卜於澗水的東邊，瀍水的西邊，惟有洛地的龜兆是吉利的。再卜於瀍水的東邊，也只有洛地的龜兆是吉利的。所以我才遣使將所繪製的都邑圖及占卜所得的吉兆，呈獻給您。』」

關於這段經文中的「伻來以圖及獻卜」句，尚有不同的解釋。或謂「伻來」，就是使成王來洛。圖，作謀解。王國維先生〈洛誥解〉說：「俾成王來洛，以謀定都之事，且獻卜于王。此周公所復者，皆追述王至雒（案：洛當作雒）以前事也。」我們所以不作如是解，以本篇前兩段的記載來看，成王先派召公相宅，而周公繼之，周公雖已反政，而仍總百官之職，是以徧觀洛邑定案之後，隨卽派人向成王報告經過情形，並說明當初所以「胤保」的原因⑩。所以蔡沈《書經集傳》說：「此下周公授使者告卜之辭也。拜手稽首者，史記周公遣使之禮也。」近人曾運乾《尚書正讀》也說：「拜手稽首者，古人命使陳言之常。《尚書》凡命使陳言，無論君臣上下，皆陳此語。此時周公在洛，成王在周，故稱拜手稽首。若後世言頓首上書矣。」我們認爲蔡、曾二氏的見解是對的。

二、成王遣使復周公，希望能與共同承當治國的大事，並以虔敬之心，感謝其教誨之言。是以經文說：

王拜手稽首曰：「公！不敢不敬天之休，來相宅，其作周匹休。公既定宅，伻來，來，視予卜休恆吉，我二人共貞；公其以予萬億年。敬天之休；拜手稽首誨言。」⑪

經義是說：「王跪地叩頭說：『公啊！我不敢不敬謹上天所賜與的美命（福祥）。公往洛視察宅居之地，將建造與鎬京（周）相匹配的都邑。公既已卜定宅居的處所，於是卽派遣使臣前來，來到之後，馬上就出示所卜的休命永遠是吉利的結果給我看。今後國家大事，就由我二人共同承當，公將與我永遠共享上天的休命。今後我會更敬謹地承受上天所賜的休命，並敬謝您的曉諭之言。』」

從此段答語，可以明顯地看出，這時成王在西都，周公在洛。成王並且表白了一己的意願，希望能與周公共承國事。後文的使周公留守洛邑，在這裏已預作伏筆。

三、周公陳述成王在洛舉殷祀的經過，以及對有功人員的獎勵。

成王既答謝了周公的「誨言」，待洛邑建成之後，無由不來新邑。我們認爲自此以下，就是成王來洛邑後的君臣對談。是以經文說：

周公曰：「王肇稱殷禮，祀于新邑，咸秩無文。予齊百工，伻從王于周；予惟曰庶有事。今王卽命曰：『記功宗，以功作元祀。』惟命曰：『汝受命篤弼，丕視功載，乃汝其悉自教工。』」⑫

經義是說：「周公說：『我王始行盛大的祭禮在新建完成的洛邑，從上帝以至羣神，順著尊卑大小的次序，全部過程都非常有秩序，一點紊亂的現象也沒有。本來我要率領著百官，隨從我王到鎬京來；我的意思是說：將會有祭祀的大事。卻沒料到現在我王卽就著此事下達命令說：『爲了紀念經營洛邑的事功，更爲了隆重起見，所以我要爲此功績行祀天建元的大典。』(王)又命令說：『你受先王之命，以忠誠之心來輔佐王朝，而今我巡察了你們營建洛邑的事功，乃是由於你們能各自盡力工作，所以才有如此的功效。』」

這段經文，顯然是追述。但由前三句看來，似乎應在王於新邑舉行大祭之後。周公本欲率領百官至鎬京舉行大典，而成王卻命令在新邑舉行。由此亦可窺此時周公已反政成王。這種意念，我們認爲表現得非常淸楚。元代的陳櫟認爲，自「王肇稱殷禮，至無遠用戾，乃洛邑既成，公自洛還鎬，告王以宅洛所當行之事而請王以行，及自陳欲退老之辭也。」⓭我們則認爲此時成王在洛，故彼此之間的對話，不再用「拜手稽首」的敬語。至於成王何時來洛，因經文無載，僅以理推之當如是。除此之外，我們就經文來探究其義，所謂「元祀」、「功載」，尙有其義蘊，蔡沈《書經集傳》說：「蓋作元祀，旣以慰答功臣，而又勉其左右。」又說：「功載者，記功之載籍也。大視功載而無不公，則百工效之亦皆公也。」陳櫟說：「以功作元祀者，所以報功臣於既往，丕視功載者，所以勸功臣於方來。載之今日，又當祀之後日也。」王充耘也說：「紀功載籍，必昭示於大庭廣眾之間，功之高下有無，自有公論，不可以私意而爲之輕重增損也。凡可以使眾人見者，其紀載必公，不然則必不敢以示人矣。」⓮我們所以強調其義蘊者，正是爲此。

四、勉成王循常法汲汲於政事，惟有厚植王業根基，方可享永久的休命。

就上文所載，我們不僅可了解成王於洛邑建成之際，東來舉行大祭，更重要的是借此大祭，對從事洛邑建築的功臣，大加賞賜，以彰顯其功勳。並且記入載籍之中，以為後日之所祀。這當然要慎重，要公正，要明察，要守分際，要嚴賞罰。執此以御羣臣，就自可收「明作有功，惇大成裕」的效果了。是以經文說：

孺子其朋！孺子其朋！其往。無若火始燄燄，厥攸灼敘，弗其絕。厥若彝及撫事。如予惟以在周工，往新邑。伻嚮即有僚，明作有功，惇大成裕，汝永有辭。」⑮

經義是說：「自今以後，你要勉力於政事啊！你要勉力於政事啊！不要像火一樣；開始時只是微燃不顯著，如果一旦形成氣候，燃燒蔓延開來，那就無法撲滅了。所以你要遵循著常法，汲汲不懈地治理政事。而我現在是想著把在鎬京有關的官員們，請他們也到新邑來，使與先前就是同僚的官員，共同勉力來成就偉大的功業。惟有功業惇厚博大，國勢方能隨著安泰，那麼您的王業，也就可以永遠地延續下去了。』」此為治內之言，以下所說為治外。

五、周公戒成王對待諸侯，不可嘗私心於貢篚，當以禮法為重。

天子如能以大公至誠之心對待羣臣，羣臣自能相互勉勵而趨事功。內部既定，面對「以藩屏周」的諸侯又當如何？於此，周公自然不會忽視。是以他說：

公曰：「已！汝惟沖子，惟終。汝其敬識百辟享，亦識其有不享。享多儀，儀不及物，惟曰不享。惟不役志于享，凡民惟曰不享，惟事其爽侮⑯。

經義是說：「周公以叮囑的口吻說：『噫！你這年輕人，要時刻想著完成先人的王業，並使之永久不墜。你應當敬謹地記著諸侯的朝禮獻享（奉上），也要記著諸侯之中有不獻享的。獻享要重視禮儀，如果不合禮儀（禮儀不足）而獻享的方物再多，那也等於不獻享。由於諸侯不用心於獻享，以致使所有的人民，也認爲可以不進獻，這樣一來在政事的推行上，一定會有差失，政府因此也就要受到侮慢了。』」

這意思無異告訴成王，統馭諸侯，要以禮儀爲先，要明察其用心是否出於忠誠，以此可以很清楚地了解諸侯向背的意圖。所以要重禮儀，不可重幣帛財物。這種惟恐營心於貢篚、不重禮法的誥誡，確實寓有深遠的意義。《東坡書傳》卷一三說：「小人以賄說人心，必簡于禮，……周公戒成王責諸侯以禮不以幣，恐其役志于物而不役志于禮，則諸侯慢而王室輕矣。此治亂之本，故周公特言之。」此誠先得我心之言。

六、告以輔民敍官之法，如是國祚方可保持不墜。

既以重禮輕物相告，而輔民敍官之政，尤不可忽。是以周公接著說：

乃惟孺子頒，朕不暇聽。朕教汝于棐民彝。汝乃是不蘉，乃時惟不永哉。篤敘乃正父，罔不若，予不敢廢乃命。汝往，敬哉！茲予其明農哉！彼裕我民，無遠用戾。」[17]

經義是說：「像這些事情（指前文諸侯朝享），你要能加以分辨，我是無暇聽政過問了。現在所要教你的，是輔民的常法。你若是不在這方面勉力去做，那將不能享有長久的國祚。因此，你要篤厚地銓敍各長官的爵祿，這樣就沒有不順從的了。就是我也不敢不顧念你的命令。你以後要敬謹啊！這也是我應該勉勵的。不要忘了要時刻想著嘉惠我民，使他們生活豐足，同時也不要因有的人民居住遠方，而就戾止不前，不加以照顧。」』

凡有國有家並欲長治久安的人，無不以敍官養民爲先。敍官得當，則上下情通，政治必然清明。養民以惠，則感戴心生，政令必然易行。周公深體此情之不可忽，故以敍官輔民相勉。

七、成王稱述周公之德，言語之間，感戴之情，溢於言外。

周公之輔成王，可謂至矣，盡矣。他無時不以國家爲念，也無時不以期盼成王明理達義爲懷。惟恐其舉止動默，一有差錯，對國家會帶來不利的影響。而成王亦非鐵石不明情理之人，不僅受教，而尤其感德。是以他說：

王若曰：「公！明保予沖子。公稱丕顯德，以予小子，揚文武烈。奉答天命，和恒四方民，居師。惇宗將禮，稱秩元祀，咸秩無文。惟公德明，光于上下，勤施于四方，旁作穆穆，迓衡不迷文武勤教。予沖子夙夜毖祀。」王曰：「公功棐迪篤，罔不若時。」[18]

經義是說：「成王如此說：『公啊！您一向都在勉力地保護著我這個幼子。並且不斷地稱揚前人偉大光明的善行（來影響我、感化我），使我這個年輕人，繼承祖先文、武的功業。報答上天所賜與的休命——國運，使四方的人民，都能和悅地居住在洛邑。因此，我們就在這裏，敬謹而恭誠地舉行大典，安排了祀天建元的祭祀，典禮進行的莊嚴肅穆而又能循序不紊亂。由於公的昭明德行，照耀了上天下民，勞績布於四方，所以普遍地給人民帶來了美善的生活。同時更能在執行政令上，有如御車的不迷於路，絲毫沒有不合文王、武王對人民殷勤教化的地方。所以我這個年輕人，只有早晚謹慎地從事祭祀了。』接著又說：『公的功績，在在都顯示著輔我遵我的深厚無量，無處不是如此。』」

從這段經文中，我們不難看出成王感激之情，已經到了難以言宣的地步。所以他除了稱述周公之德業以外，也使我們強烈地感覺到，似乎只要有周公在，他本人除了祭祀，就絕對不會有政事方面的煩惱，一切均由周公一人承擔。因此，在心理上無形中使成王起了一種由依賴而分治的意念。由下文可以啟示我們作如是想。

八、命周公留守洛邑，完成「宗禮」。繼以「誕保文武受民」。

經文說：

王曰：「公！予小子其退卽辟于周，命公後。四方迪亂，未定于宗禮，亦未克敉公功。迪將其後，監我士、師、工，誕保文武受民，亂為四輔。」⑲

經義是說：「王說：『公啊！我這個年輕人，將回去就君位於宗周（鎬京），現在就命令我公留守洛邑繼續治理。由於先前四方作亂，以致宗祀文王於明堂之禮，尚未制定，所以我公尚未竟全功。因此，今後更需公的引導扶助，來監領著眾官員，安定文王、武王自天所接受的人民，治理政事，作為我的輔佐大臣』。」

經文所言，固為成王將歸鎬京，命周公留守洛邑。然而我們認為，其意尚不止此，除留守之外，尚有依重分治之意。從攝政、平亂，直至洛邑的完成，在在都可證明周公的忠貞不二，一心一意想著早日完成文武未竟的大業，引導國家走上長治久安之途。這難道不是成王所期盼的？所以他要周公留在「天下之中」的洛邑，繼續治理、安定東方的人民。單由這個決定，成王就不愧為「明君」了。下文的含義，則更能支持我們的這種觀點。

九、成王以自勉勉周公，並以肯定的言辭，命留守洛邑。

留守，無異託付以重任。此既可酬周公之勞，又可安東方之民，實兩全之策。再說，以周公當時的德望，留守洛邑，最爲適當。成王之言，乃出自肺腑。於此亦可窺成王所以不願留洛，似有凸顯周公之功之意。前文所謂「我二人共貞」之意，在這裏可以得到驗證。是以經文說：

王曰：「公定，予往已。公功肅將祇歡，公無困哉。我惟無斁其康事。公勿替刑，四方其世享。」⑳

經義是說：「王說：『公，請你留下來吧，我現在要回去了。公所建立的事功，是嚴正而偉大的，朝野之間，無不敬佩歡欣，公千萬不要不同意，以此來困惑於我啊！我不會懈怠於安民的政事的，我公也不要廢棄作爲人民的儀範，如此以來，四方的人民，就會世世代代的來進貢了。』」

由這段經文，顯而易見的是：成王不僅言切意誠，而依託之心尤其明白。此亦成王尊信周公之一驗。而成王之所以不願居留洛邑，非有意違背其先人居此中土以治天下的用心，非如此實不足以凸顯周公之德業。以周公當時的威望功績，留洛治理東方，最爲適當，殆其死後，成王卽遷往洛邑，服膺天命，治理人民，在時間上說，可能要到成王五年了㉑。同時亦可借此，使我們解除成王何以要周公留守洛邑之迷。單由這種措施，就可以論定成王爲英明的「天子」了。之後的

「天下安寧，刑錯四十年不用」㉒，豈是倖致的？

以上自「王若曰」至此，爲成王在洛邑與周公面對面的談話，由「公定、予往已」以下數語看來，似爲成王告別周公之言，不僅有安慰，同時也有期許，更重要的是他所作的自我黽勉，意在讓周公放心。

十、周公以書回報成王，說明承命以後應有的作爲。

經文說：

周公拜手稽首曰：「王命予來承保乃文祖受命民，越乃光烈考武王弘朕恭。孺子來相宅，其大惇典殷獻民，亂為四方新辟，作周恭先。曰、其自時中乂，萬邦咸休，惟王有成績㉓。

經義是說：「周公叩拜盡禮的說：『我王命令我來安保你祖父文王所受於天的人民，以及遵守你先父武王的弘訓大法，當你來洛邑巡察所建造的宮室時，就能普遍地大加禮遇殷代的賢人，這對治理天下的新君來說，已經爲我大周樹立了以恭敬爲先的表率，這無異說，從此以中土治理天下，一定可以得到諸侯的歡欣向善，也就是我王的成功了。』」

由這段經文中，不僅可以看出周公的自謙，而一切歸美於君的理念，尤其值得稱許。其實這就是周公攝政所致力的目標：及身完成文武的大業，輔佐幼君成人親政。在那個兄終弟及的時代，而能有如此影響深遠的作爲，已經具備大政治家的風範。這種意念，下文表現得尤爲清楚。

十一、周公陳述留洛的施政、理念、主張。

經文說：

予旦以多子越御事，篤前人成烈，答其師，作周孚先。考朕昭子刑，乃單文祖德[24]。

經義是說：「我旦嘛，就與眾卿士大夫以及辦理各種事務的官員們，盡力地治理先王的成業，與人民結合在一起，來建立以誠信爲先的大周國，以塑造你明君的典型，以光大你文祖的功德。」

我們在前文中已經說過，周公攝政的主要目的，在於及身完成文武的大業，及輔佐成王成人，親自執政，建立周朝堅實穩固不可動搖的基礎。這種用心，又豈是流言、誹語所能動搖的？是以《大戴禮記・盛德》篇說：「聖王之盛德，人民不疾，六畜不疫，五穀不災，諸侯無兵而正，小民無刑而治，蠻夷懷服。」這話在表面上看來，也許太過渲染，但如深入仔細地探究，聖王在位，由於德大能兼，故可慮事於先，防患未然，見微知著，默化暗潛。達到這種境界，並不是不可能的事。

十二、周公述命所事，並借以勉成王能成爲殷人永遠觀法懷德的天子。

經文說：

伻來毖殷，乃命寧予。以秬鬯二卣，曰：『明禋，拜手稽首休享。』予不敢宿，則禋于文王武王：『惠篤敍，無有遘自疾，萬年厭于乃德，殷乃引考。』王伻殷乃承敍，萬年其永觀朕子懷德。」㉕

經義是說：「王派使臣來慰勞眾殷人，因而也來問候我。並且帶來兩尊（罍）用黑黍和鬱金香釀的酒，囑咐說：『請舉行禋祭，要代我恭敬盡禮地舉行獻享之禮。』我連一個夜晚都不敢延誤，就恭敬盡禮地祭祀了文王、武王。（因此，我也殷切地希望我王）今後能篤行仁政（惠愛之政），使人民安然有序，沒有一個人遭遇到辠（罪）疾，人民能長久地滿足於您的美德善政，那國家自然就可以永遠隆盛不墜了。我以爲最重要的，還是我王能以美政使殷民順從，這樣他們才將會永遠地觀法於我天子而懷念您的美德。」

成王自鎬京派使臣慰勞殷民及周公，這一方面是由於營建洛邑之時，殷人貢獻最大，出力最多，同時也是因爲殷人最難馴服所致。而周公所最憂心者正是爲此。所以他在言語之間，時時不忘勉勵成王行惠愛之政，來感化殷人，使他們知所順從，去頑歸心。再者，周自太王始，即以德聞，如泰伯的三以天下讓，文王的三分天下有其二，以服事殷㉖，這都是「至德」的表現。所以周公諄諄誥誡成王，施行令人懷德之政，可謂意義至爲深遠。周公旣以此勉成王，當他奉王命留洛治理殷民的時候，行以德感化之治，自不待言。

在本段經文中，我們必須提出予以說明的，除文字的解釋甚爲紛歧外，而對經文意念看法的差異，也甚爲嚴重。如自「惠篤敍」至「殷乃引考」數語，宋·蔡沈即以爲「此祭之祝辭。周公爲成王禱也。」清·朱駿聲《尚書古注便讀》，民國曾運乾《尚書正讀》，均從其說。不過曾氏以爲是周公「爲己祝福之詞」。然而簡朝亮的見解並不如此。他說：「今考祝辭用韻者多，儀禮其可知也。其不用韻，若金縢册祝者，則史以册祝言之，明其爲祝辭也。〈洛誥〉固有言册祝矣，然不錄其辭也。」㉗我們再據孫疏三復斯言，認爲簡氏所言可從。至於文字上的紛歧見解，我們就不一一比較了。

十三、史官記述成王在新邑祭祀、命作册以告等事，以結束此篇。

經文說：

戊辰，王在新邑，烝，祭歲：文王騂牛一，武王騂牛一。王命作册逸祝册，惟告周公其後。王賓、殺、禋，咸格，王入太室祼。王命周公後，作册逸誥，在十有二月，惟周公誕保文武受命，惟七年㉘。

經義是說：「戊辰這天，成王在新邑舉行烝祭，向神明報告一年來的歲事。在文王、武王的神位前，各擺了一頭紅色的牛，王命作册官名逸的人，面向文王、武王的靈位，宣讀周公留守洛邑的册文。等到助祭的諸侯，於殺牲、燎牲之時到達以後，王就進入中央的太室，用圭瓚酌秬鬯酒澆在地上以祭神。王命周公留守洛邑的册文，是由史逸向天下宣誥的。時間是在十二月，周公承命保護文王、武王所承受的天命，並輔佐王室攝政的第七年。」

經文自「戊辰」以下，皆爲記事，爲史官收錄。於此亦可見當時記事文體形式的大要。王國維〈洛誥解〉說：「《尚書》記作書人名者，惟此一篇，惟周公誕保文武受命，惟七年者，上紀事，下紀年，猶鯀尊云：惟王來正人方，惟王廿有五祀矣。誕保文武受命，即上成王所謂誕保文武受民，周公所謂承保乃文祖受命民，皆指留守新邑之事。周公留洛，自是年始，故書以結之。書法先日次月次年者，乃殷周間記事之體。殷人卜文及庚申父丁角，戊辰彝皆然。周初之器，或先月後日，然年在文末，知此爲殷周間文辭通例矣。」[29]王氏所析文例甚是。然而如就此段經義言，我們的見解與各家卻有些許出入，我們認爲此段經文說明兩件事情，一爲自「戊辰」至「惟告周公其後」，是「歲祭」，向文王、武王報告這一年中的大小事宜，以及命周公留守洛邑。一爲自「王賓」至「作册逸誥」，是爲周公留守洛邑所舉行的大典。最後史官始將月、年記下，以結束此篇。如能作這樣的理解，在這一段經文中，既可免兩命周公後的混淆，又可收層次上明辨之效，似較舊說爲宜。

三、結　語

我們就著經文，分爲十三小節，敍述了內容的含義後，仍然覺得有話要說，那就是歷來說書家，對其中的某些情節，所提出的不同看法。因全篇經文，在敍述的層次上，並不是十分清晰；除篇末記時外，其他部分連彼此談話的地點，所指亦相當含混，更不要說來往的行踪了。因此，我們很想就著經文以及歷來各家的說法，試作探討。

一、有關周公反政成王的時間問題：《尚書大傳》以爲「七年致政成王。」㉚《史記・周本紀》亦以爲言㉛。之後，凡論及此事者，均以「七年」爲說。然而令人疑惑的是，究爲七年的什麼時候？似未有言及者。因〈洛誥〉有「戊辰、十二月、惟七年」的記載，故有的學者以爲「十有二月，爲周公復辟記月也；戊辰，爲周公復辟記日也；七年，爲周公復辟記年也。」㉜我們就經文「三復斯言」，認爲不是爲「復辟」記時，而是爲「祭歲」並周公留守洛邑所舉行的大典、布告天下，所作的記載。記「復辟」之年，容或可能，如言日、月，則似乎不太可能。因爲在〈召誥〉中就有「王乃初服」的記載。所謂「王乃初服」，其義應爲「王乃初服天命，主持政事」。準是以觀，在周公攝政七年年初，卽已致政成王了。再如〈洛誥〉一開始就說：「周公拜手稽首曰：朕復子明辟。」這句話的爭議，全在一個「復」字上。有人言「還反」，有人謂「如孟子有復於王」之復，作「白」解。譯爲今語，就是陳述、報告的意思。召公既言「王乃初服」，周公言「復子明辟」，也是順理成章的事。既然是向明君陳言，當然此時就已「反政成王」了。我們所以作這樣認定，經文的記載，固然是一個理由，其次我們還以爲反政，乃爲大事，應在年初的吉日，況成王此時已屆二十之年，似乎不當拖到年底反政吧！我們再看《史記．周本紀》的記載：「成王在豐，使召公復營洛邑，如武王之意。」這話雖是史公所寫，但在言語之間的口氣，讓我們覺得，就是一位君王在執行政令了。近人楊筠如也說：「成王在新邑，舉行改元之禮，既無攝政之事，亦無致政之文。……此文惟周公誕保文武受命，紀周公受命留雒之事。惟七年，乃紀成王卽位之七年，以示別于改元後之元年而已。」㉝這見解是對的。所以我們認爲反政成王的時間，應在周公攝政七年的年初較爲合理。

二、經文中周公、成王對答所在的處所問題：由於經文中沒有明確的記載，以致使歷代研究此篇的學者，都有一種撲朔迷離的困惑。如王安石氏卽認爲「此誥有不可知者。」而葉適亦以爲「此篇蓋非一時之言。」至於元代的陳櫟，更以爲「此篇大可疑者，惟有周公告王宅洛行祀出命之辭，而不載王至洛之事與其日月，觀十二月在洛祭告，命周公留治洛之事，尚謹書之，則自三月後至十二月前，此數月中，至洛之大事，其當書也必矣。……且孺子其朋及汝惟沖子惟終等處，聱牙難通。又王曰公功棐迪篤之下，無周公答辭，而卽又繼以王曰，豈非此等處，有脫簡錯簡邪?」[34]金履祥《尚書表注》也說:「〈召誥〉、〈洛誥〉,相爲首尾。惟〈洛誥〉所紀,若無倫次,……無往來先後之序。」凡此,皆說明〈洛誥〉之難讀、難明,尤其是周公、成王往來的先後次序,更是難以確指,是以讀〈洛誥〉之篇者,多爲此困。我們也爲此再三探究、斟酌,所得到的結論是:

第一、我們先就篇中特殊的稱謂予以分析,先明其用意何在。結果發現,篇中凡是用「拜手稽首」發端的文句,多爲遣使通報的書面誥辭。有如後代的奏書、誥命。這見解近人曾運乾先生已先得我心。他說:「言拜手稽首者,古人命使陳言之常。」又在〈洛誥〉篇第一個拜手稽首下說:「拜手稽首者,古人命使陳言之常。尚書凡命使陳言,無論君臣上下,皆陳此語。此時周公在洛,成王在周,故稱拜手稽首。」[35]這見解是正確的。我們發現本篇有這種用語的,共有五處。這對於釐清當時周公、成王所處的地點,有很大的幫助。

第二、既爲「命使陳言」,當不在一地。所以我們初步認爲:本篇一開始「周公拜手稽首曰」,當然是在洛邑向成王「陳言」。直到「伻來,以圖及獻卜」。下面的「王拜手稽首曰」,直至「拜手稽首誨言」,則是成王在周(鎬京)的答語。

第三、成王以書面答周公之後,於營建工作告成之際,當來洛邑視察,並舉行紀功改元之禮(無正文記載)。是以下文周公得以面陳成王,並述其先前的計畫、打算,以及成王在洛舉行大祀建元紀功之禮的經過。因此,我們認爲自「周公曰、王肇稱殷禮」以下,直至「公勿替刑,四方其世享」數段經文，是周公、成王在洛邑面對面談話的紀錄。

第四、復因在這數段談話中，有「王曰：公，予小子其退，卽辟于周，命公後」的記載，所以才作以上的推想。成王回鎬京以後，下面「周公拜手稽首曰，王命予來承保乃文祖受命民，……」直至「其永觀朕子懷德」，很顯然又是周公在洛邑「命使」的陳言。

第五、由於有「戊辰，王在新邑烝，祭歲」的明確記載，此時成王在洛，當無可疑。惟何時來洛，因無明文，只好闕疑。

我們所以試作這樣的分析，用意在於使經文的先後層次，較易區別，周公、成王互相往來的言論，較易明白分辨。但由於經文的深奧聱牙，解釋家錯綜紛歧，見解各異，是以很難找出讓大家都能信服的說法。因此，這個問題，就暫且停止於此，只好以待來日了。

三、成王命周公留守洛邑問題：營建洛邑，居「中土」以治天下，乃周家的宿願。今洛邑既已建造完成，而成王反不居此，命周公留守，居中以理諸侯，究其用意何在？有沒有道理可說？我們認爲：

第一、成王確實不愧爲一位明君。此時雖在「幼沖」之年，但經過他的長期觀察，認爲周公的一生，除了「勤勞王家」，盡忠職守，及身完成文、武的大業，外此則別無所求。是以他深切地感覺到，這位長輩最可靠，也確確實實是最關心、愛護他的人。所以在他二人彼此的言談中，這種情懷也表現得最爲感人。有關這方面的例子，除本篇經文外，而〈無逸〉篇中所流露的最爲透闢。

第二、周公一生盡瘁「王家」，他誠心誠意地爲武王祈禱，願代武王去死（見〈金縢〉），武王崩後，他毫不避嫌地攝政當國，以期輔佐幼王的早日成人。所以他鼓足了道德勇氣，排除了一切的流言責難，義不反顧地靖亂、建侯、營成周，制禮作樂，待成王長，卽行反政，這是何等胸襟！何等度量！何等識見！何等品德！就個人說，他是一位道德高尚、才識超人的君子，就輔佐大臣說，他爲後世樹立了大公無私、有國無我的忠藎楷模。這種情形，也無不顯露在周書各篇的誥語中。我們前文說過成王爲一位明君的話，旣爲明君，像這樣的一位老人，還不值得信賴？還不值得託以大任？

第三、就時勢講，在表面上看，當時好像平靖無事，假如我們能稍涉「多士」、「多方」之誥，就可體悟出殷人的難訓了。不僅殷人難訓，而再往東的淮夷、徐戎，則更是叛服無常。這種情形，在「費誓」中表露得最淸楚。盱衡全局，如沒有足以震懾諸侯威名的人，又如何能收治理之效？

第四、基於以上的理由，所以成王想出了一個兩全的辦法，那就是分治天下，以報周公之勞，以全周公之德。所以他一再表示，請周公留守洛邑，而且除於「祭歲」之時，上告文武之靈，更以隆禮大典，布告天下。成王如非明君，如何能有這樣果決、睿智的舉措?!

注釋

❶ 說見《史記・周本紀》及本書下編之拾叁〈召誥〉前言。

❷ 說見《史記・周本紀》。此外，於〈召誥〉篇中，亦曾兩次言及「王乃初服」。其義乃謂：「初服王事、執政爲王」。於此益見史公之言可信。

❸ 史公語。見〈周本紀〉。

❹ 見本書下編之拾叁〈召誥〉前言。

❺ 見韓愈著，〈進學解〉：「周誥殷盤，詰屈聱牙。」

❻ 見元・陳櫟《書集傳纂疏》卷五。漢京本【通志堂經解】第十五册，頁八九一〇。

❼ 同❻。

❽ 同❻。

❾ 拜手，跪地舉手至頭。稽首，跪地叩頭至地。僞孔云：「周公盡禮致敬。」朕，周公自稱。復，舊說作反、還解。今多採作「白」解。如《孟子・梁惠王上》：「有復於王之復」。趙注：「復，白也。」辟，君。蔡傳：「親之曰子，尊之曰明辟。」王如弗敢及天基命定命：僞孔謂：「如，往也。言王往日幼小，不敢及知天始命周家安定天下之命，故已攝。」案：此乃周公追述之婉言。在當時成王尚幼，武王新崩，國家情勢未定，周公不得已攝政，故云王如弗敢及。其實卽爲汝成王幼小，根本就無法施行政

令。但周公卻無法啟齒，故云：「王如弗敢及。」胤保，繼續保護、輔佐。相，視、觀察。東土，指洛邑。乙卯，卽周公攝政七年三月十二日，亦卽〈召誥〉中之乙卯。洛師，卽洛邑。河朔，黃河以北。黎水，在今河南省濬縣東北。澗水，出今河南省澠池縣東北白石山，至洛陽西南入洛。瀍水，出今河南省洛陽縣西北穀城山，至縣東入洛。食，謂龜兆。卽於龜甲先用墨畫，而後灼之，兆循墨而行如食，則吉。伻，使、派遣。圖，謂營洛之地圖。卜，謂龜兆。

⑩《漢書·劉向傳》引此經注，孟康曰：「伻，使也。使人以圖來示成王，明口說不了，指圖乃了。」案：了，卽瞭。見明倫出版社本三冊，頁一九六六。

⑪王拜手稽首：此成王尊周公而重其禮之意。儀禮、聘禮：「君勞使者及介，君皆答拜。」成王於周公，親之則叔父，尊之則師傅而聖人，是以重其禮。休，作美、善、福祥解。來相宅之來，謂周公往洛視察宅居之地。就周公所在，故曰來，曾運乾說。其作周匹休：謂將建造可與鎬京相匹配的洛邑。貞，作當解。共貞，謂二人共同承當國事。引申有共同治理之意。以予之以，作與解。萬億年，謂永遠。拜手稽首誨言：謂敬謝曉諭之言。指教以王如弗及天基命定命，予乃胤保，大相東土，其基作民明辟之言。或謂誨、古謀字，從言從每。見于省吾《尚書新證》卷三。藝文本，頁一七九。是以曾運乾謂：「猶言敬謝謀言也。」見曾氏著《尚書正讀》。

⑫王肇稱殷禮：肇，始。稱，舉。殷，有二解：一爲殷商之禮，謂沿用殷禮。一爲殷，作盛解。言盛大之禮。新邑建成，舉行祀禮，應以盛大爲宜。咸秩無文：秩，序。卽秩然有序之意。文，當讀爲紊，作亂解。謂自上帝至羣神，循其尊卑大小之次而祀之。見王引之《經義述聞》卷四。商務印書館本二冊，頁

一五二。或謂文作文飾鋪張解。予齊百工：齊，率領、共同。百工，百官。周，謂鎬京。惟，是。庶，大概、將有。有事，謂祭祀之事。王國維〈洛誥解〉：「周公本意，欲使百官從王歸宗周以行此禮。」今王卽命曰：記功、宗，以功作元祀：卽命，就此事下命令。記功，謂紀念營洛之事功。下功字意同。宗，崇、尊，有尊崇隆重意。作，行。元祀，大祭祀。王國維〈洛誥解〉：「元祀者，因祀天而改元，因謂是年曰元祀矣。」惟命曰：汝受命篤弼，丕視功載，乃汝其悉自教工：惟，猶又。汝，謂周公。受命，受先王之命。篤弼，忠誠輔佐。丕，語詞。視，察看。載，事。汝，指周公及官員們。悉，盡。教，《尚書大傳》作學，效解。工，通功。

⑬ 見《書集傳纂疏》卷五。漢京本【通志堂經解】十五冊，頁八九一一。

⑭ 陳櫟、王充耘語。並見《欽定書經傳說彙纂》卷一五引。

⑮ 孺子，謂成王。其，希冀之詞。朋，有三解：其一，作動詞用，有交友、相處之義。其二，謂朋乃古鳳字，鳳鳥之來，往往以羣至。相傳鳳爲靈鳥，古多以爲瑞應。此以喻羣臣。其三，朋，當爲「明」字之譌。孺子其明者，成王幼，明勉之也。明，勉也。《古文苑》引正作明。見馮登府《十三經詁答問》一。漢京本【續皇清經解】十九冊，頁一五四〇五。此說最爲簡明。其往，僞孔：「自今以往也。」燄燄，火微燃未盛貌。敍，作緒解。引申有蔓延之意。厥，其，指成王。若，順。彝，常法。及，曾運乾謂：「猶汲汲也。」撫，治理。惟，思。周，鎬京。工，官。伻，使。嚮，向。有僚，卽友僚。猶今云同事。明，勉。惇，嗣。裕，豐足。引申有安泰之意。辭，孫星衍以爲「當爲詞。釋名云：詞，嗣也。」案：古文嗣與金文𤔲形近。說文：「籀文辭作𤔲。」是嗣譌爲𤔲，再譌爲辭也。

⑯ 已，噫，歎詞。惟終，思終前人之功。惟，思。終，成，終久。識，記。百辟，謂諸侯。辟，君。享，獻。僞孔釋爲奉上。享多儀：奉上最值得稱美重視的，就是合於禮儀。多，稱美，重視。物，方物。役志，用心。役，用。事，事，政事、國事。爽，差錯。侮，輕慢。

⑰ 乃惟，猶若是。頒，分。聽，聽政。于，以。棐，輔。彝，常法。乃是，若是。蘉，ㄇㄤ，作勉解。乃時，謂國祚之年數。篤敍，厚敍爵祿。正父，百官之長。罔不若：無不順。明農，同義複詞，作勉解。彼裕我：即加惠我民，使之生活富裕。彼，通被。戾，止。

⑱ 明，勉。稱丕顯德：稱揚偉大光明的善行。以，使。揚文武烈：繼承文武功業。和恆，和悅、和順。居師，居住洛邑。師，指洛邑。惇宗將禮：即重視大禮。惇，厚。宗，尊。將，大。稱秩，猶言舉行。元祀，祀天建元的大祭。旁作穆穆：普遍而美善的教化。旁，溥，通普。作，爲、行。穆穆，作美解。迓衡，執掌政權。迓，鄭氏讀爲御，作治解。迓衡，即御衡。勤教，殷勤教導。夙夜毖祀：早晚謹愼地祭祀。公功棐迪篤：謂公輔導我之深厚無量。棐迪，輔導。篤，深厚。罔不若是：有二解：一爲無不順是以行。一爲無處不是如此。表感激之意則一。

⑲ 退即辟于周，回去就君位於鎬京。後，有二解：一爲留守洛邑。一爲後續、繼續，意繼續治理。四方迪亂三句：章太炎《古文尚書拾遺》：「《釋詁》：『迪，作也。』宗禮，即宗祀文王于明堂之禮，亦兼統諸祭言之。四方作亂：謂三監及淮夷叛也。由此多事，故未定宗禮，未敉公功。文本易解，舊說必訓亂爲治者，蓋因時已太平，不宜言亂耳。不知三監淮夷之叛，去此固未久也。」所言甚是。此乃成王追述所以「未定宗禮」之由。由於未定宗禮，所以「公功」也就「亦未克敉」了。敉，終，竟。謂公功未竟

之意。迪將其後：迪，道，即導引之意。將，猶扶進。其後，今後、自此以後。監我士、師、工，謂監領著我眾官員。亂為四輔：亂，作率領解。四輔，輔佐大臣。即左輔、右弼、前疑、後丞。正義引《尚書大傳》云：「天子必有四鄰：前曰疑、後曰丞、左曰輔、右曰弼。」

⑳ 定，止。往，往鎬京。已，語詞。肅將，嚴正偉大。肅，嚴正。將，大。哉，當作我，形誤。斁，懈。康事，安民之事，即政事。替，廢。刑，儀範。亦作常解，有典型之意。

㉑ 民國五十四年（西元一九六五），在陝西省寶雞縣出土一件銅器名何尊。銘文明載成王五年初遷于成周（即洛邑）。見【中國大百科全書】《考古學》編，頁一八六。

㉒ 見《史記》卷四〈周本紀〉。明倫本，頁一三四。

㉓ 來，猶今言「此事由你來負責」之來。承保，受命安民。文祖，謂文王。越乃句：越，及。乃，汝。光烈，猶光顯。弘朕恭，即弘訓大法之意。朕，乃古文訓之訛。見孫疏。恭，共。古二字通假。共，法。《詩．長發》：「受小共大共。」傳：「共，法也。」說見《通訓定聲》。大惇典殷獻民，謂普遍禮遇殷賢人。惇，厚。典，禮。獻，賢。亂，治。四方，天下。新辟，新君、天子。作周，謂作立周國。恭，敬。中乂，治理中土。休，善、美、慶。績，功。

㉔ 以多子：謂與眾卿士大夫。以，與。多子，眾卿士大夫。多，眾。子，男子之美稱。越御事：及治事之官員。越，及、與。御事，治理事務之官吏。篤，理。前人，先王。烈，業。答，作合解。師，眾人民。孚，信。考，成。照子，猶明君。刑，法。有儀法、典型之意。單，大。一作盡解。德，善行。

㉕ 伻，使。毖，慰勞。寧，安、慰問。秬鬯，以秬釀香草為酒，秬（音ㄐㄩˋ），黑黍。鬯（音ㄔㄤˋ），鬱

草。卣(音一ㄡˇ),中型酒器。明禋,明潔以祀。明,潔。禋,祭名,精意以享曰禋。休,慶、美。享,祭獻。宿,經一夜。惠篤敍:猶言惠愛篤厚使有順序。亦即篤行仁愛之德,使之釐然有序之意。惠,愛、仁。說見孫疏。遘,遭遇。自疾,即罪疾。自,為「辠」字之爛餘。見章太炎《古文尚書拾遺》。厭,說文作猒。云:「飽也。」今通作饜。殷乃引考:殷,盛。乃,汝。引,長。考,老壽,亦長久之意。王伻殷乃承敍:殷,殷氏。承敍,猶言順從。萬年句:其,將。觀,觀法。朕子,謂成王。簡朝亮云:「朕子者,我天子也。」

㉖ 見《論語.泰伯》篇。

㉗ 蔡沈語,見《書經集傳》卷五。世界書局本,頁一〇一。簡朝亮語,見《尚書集注述疏》卷一九。鼎文書局本下册,頁四三七。

㉘ 戊辰,乃指周公攝政七年十二月的戊辰日。孫疏云:「劉歆以〈召誥〉與此篇為一年內事。而據其三月丙午朏以推此戊辰為十二月晦。」烝,祭名。冬祭曰烝。祭歲,向先王報告歲事。或謂祭來年,此引述義。騂牛,即赤色牛。命作册逸祝册:命作册官、名逸的人,宣讀册文。作册,官名。逸,人名。即史逸。或稱尹逸(佚、逸通)。祝,讀策(册)告神謂祝。見孔疏正義。册與策通。策,書也。告周公其後,告於文王、武王使周公留守洛邑。王賓,謂助祭之諸侯。殺,殺牲。禋,祭名,置牲柴上,燎之使煙上達。咸格,皆至。太室,寢廟中央之大室。一云:清廟中央之室。祼(音ㄍㄨㄢˋ),以圭瓚酌秬鬯始獻尸以求神之禮。是祭初之禮。見《經籍纂詁》祼字下解義。

㉙ 見《觀堂集林》卷一。河洛圖書出版社本,頁三九~四〇。

㉚ 清・陳壽祺《尚書大傳輯校》二云：「周公攝政，一年救亂，二年克殷，三年踐（滅）奄，四年建侯衞，五年營成周，六年制禮作樂，七年致政成王。」見漢京本【皇清經解續編】二册，頁一一七四。

㉛ 《史記》卷四〈周本紀〉：「周公行政七年，成王長，周公反政成王，北面就羣臣之位。」

㉜ 爲近人曾運乾說。見其所著《尚書正讀》，頁二一三。

㉝ 見楊筠如著，《尚書覈詁・雒誥解題》，頁一六〇。

㉞ 王安石、葉適、陳櫟三氏之言，見《欽定書經傳說彙纂》卷一五。或《書集傳纂疏》卷五。漢京本【通志堂經解】十五册，頁八九一〇。

㉟ 見曾運乾《尚書正讀・召誥》「拜手稽首」下注，頁一九二。

拾伍〈多士〉

一、前言

多士，即眾士，指殷大夫士而言；亦即〈召誥〉所宣稱的「殷御事」。此乃周公以成王命，向「殷御事」所發布的誥辭。這時洛邑已經建造完成，周公亦已歸政，而初治洛邑，深感必須「先服殷御事」，始易收治理之效，故作多士。又因經文中一再呼「多士」而告，編書者乃以名篇。蔡氏說：「多士，亦誥體也。」❶至於：

一、書序說：「成周既成，遷殷頑民，周公以王命誥，作〈多士〉。」

二、《史記・周本紀》說：「既遷殷遺民，周公以王命告，作〈多士〉。」

三、左氏桓公二年傳說：「武王克殷，遷九鼎于雒邑，義士猶非之。」

所言及的「殷頑民」、「殷遺民」、「義士」、以及「殷御事」、「多士」等稱呼，名雖不同，而所指則一。多士所以稱頑民者，乃自周而言，如自殷來說，則為義士。

至書序所說：「成周既成，遷殷頑民」的見解，雖為《史記》所承，我們仍然認為有商榷的必要。因為遷殷遺民，在營洛邑以前，這時成周尚未開始營建。我們的根據是：

第一，〈召誥〉說：「太保公乃以庶殷，攻位于洛汭。」又說：「周公乃朝用書命庶殷、侯、甸、男、邦、伯。」又說：「王先服殷御事，比介我周御事。」假如此時尚未遷殷民，而營洛邑之始，何來「庶殷攻位」？而周公又何為「朝用書命庶殷」？召公又何為請王「先服殷御事」？僅此已可證殷民的遷徙，是在營建洛邑之前了。

第二，更何況本篇也說：「昔朕來自奄，予大降爾四國民命，我乃明致天罰，移爾遐逖，比事臣我宗多遜。」吳氏說：「此述遷民之初也。」[2]蔡氏也說：「詳此章，則商民之遷，固已久矣。」[3]

第三，本篇又說：「今朕作大邑于茲洛，予惟四方罔攸賓，亦惟爾多士，攸服奔走臣我多遜。」吳氏釋此經義說：「此言遷民而後作洛也。故〈洛誥〉一篇，終始皆無欲遷商民之意，惟曰：『伻來、毖殷。』又曰：『王伻殷乃承敍。』當時商民已遷洛，故其言如此。」蔡氏也在本篇「今朕作大邑于茲洛，于惟四方罔攸賓，亦惟爾多士，攸服奔走臣我多遜」經文下說：「我所以營洛者，以四方諸侯無所賓禮之地，亦惟爾等服事奔走臣我多遜，而無所處故也。詳此章，則遷民在營洛之先矣。」[4]以經證經，書序所說：「成周既成，遷殷頑民」的話，我們認為是不足以採信的。

二、大義探討

一、史官首明告多士之時間、地點，以便敷陳所言。經文說：

惟三月，周公初于新邑洛，用告商王士❺。

經義是說：「成王元年三月，周公初治於新營建完成的洛邑，以王命告戒殷商所遺留下來的眾官員們。」

讀〈洛誥〉，我們可以清楚地知道，成王於祭歲之後，布告天下，命周公留守洛邑，以治中土。就時間說，是周公攝政七年十二月的戊辰日。經過三個月的觀察治理，周公深感於欲收治理之效，而最應該先行馴服的，卽爲殷之多士。故以王命告。王安石說：「殷士順從，則殷民皆然矣。」❻我們的看法，正是如此。蔡氏以爲這一段經文，是「〈多士〉之本序」，如就布告的原因說，這見解是對的。以下經文，直至篇末，卽周公以王命告殷多士的話。

二、明告殷多士，周之滅殷，乃助上天完成誅罰之責，爾多士當知天命。

天命不可違，乃殷周時代的共識。這無異說，由於殷紂的暴虐不惜民命，是以「天命殛之」，你們既爲殷之王士，尤應知此。是以經文說：

王若曰：「爾殷遺多士！弗弔，旻天大降喪于殷。我有周佑命，將天明威，致王罰，勑殷命終于帝❼。

經義是說：「我王這樣說：『你們殷朝遺留下來的眾官員們！眞是不幸，老天降下喪亡的命運於殷，現在我有周爲了佑助上天的行事，爲了奉行上天的賞善罰惡，更爲了完成上天的誅罰，所以不得不使你們殷國的命運，結束在上帝的面前。」

站在統治者的立場來說，這種提示是必要的。如果大前提不先作確定，那就令人有師出無名的感覺。當然這些話，以今日來看，未免有欺人之嫌，但在「神權」時代，誰又能說不對？既以「天命」爲告，而「周邦」的服膺上帝，是必然的，惟其如此，才能有資格代替上天執行討伐。是以本篇多以天命是告、是警。

三、告以天命難違，我小周邦卽爲順天命而揚善罰惡。

既然天命不可違，如違天命，就難逃天譴，是以經文說：

肆爾多士！非我小國敢弋殷命；惟天不畀允罔固亂，弼我，我其敢求位？惟帝不畀，惟我下民秉為，惟天明畏❽。

經義是說：「現在你們眾官員應該知道啊！並不是我小周國膽敢掩取殷朝的天下；實是因爲上天不願把大命交給信誣罔固執迷惑於亂的人，所以才輔佐我小周國，我們那裏敢來奪取殷朝的天命？只是上天不把國運（政權）交給你們，所以我們的百姓才順承天命而爲，來幫助上天揚善罰惡啊！」

這一番話，不僅說明了周家無利於天下的心意，所以代殷而有天下，乃承天而爲。同時也無異警惕殷人，不可再有反叛（違天）之心。這種警惕，也適足以自警。能自警，則不敢違天理而行人欲，這是我們可以想見的。

四、舉成湯革夏，以明有周之所以代殷。

殷人當能熟知「湯放桀」乃爲「以至仁伐至不仁」的義舉，故能代夏而有天下。今有周的代殷，亦猶湯之革夏。這可說是最能使人心服的告白了。是以經文說：

我聞曰：『上帝引逸。』有夏不適逸，則惟帝降格，嚮于時夏。弗克庸帝，大淫泆，有辭；惟時天罔念聞，厥惟廢元命，降致罰。乃命爾先祖成湯革夏，俊民甸四方❾。

經義是說：「我聽說：『上天是不會放縱人逸樂的。』由於夏桀的不能自我節制其逸樂，所以上天才降下教令，勸導這位夏王。卻不料夏桀不能服用上天令其收斂逸樂的命意，竟然大肆放蕩淫逸，所以就有罪狀被上天聞知，於是上天就不再顧念恤問於有夏，就把他的帝位廢棄了，並且降下懲罰。因此才任命你們的先祖成湯來代替夏王的帝位，舉用賢才，繼續治理四方的人民。」

這些話，不僅是事實，而且也是殷人喜歡聽聞的。殷代的賢聖之君，當然不止成湯一人，爲了使殷的「多士」在心理上能作徹底的轉變，對於殷代的建樹治績，當然有讚述的必要。是以呂氏祖謙說：「桀之亡，湯之興，凡爲商民者，莫不知其應乎天而順乎人矣。至於商周之際，乃有疑焉，觀其前則明，處其中則蔽也。故周公舉湯桀之舊聞以告之，自其明以達其蔽也。」⑩這話說得非常有見解。

五、告以自成湯至帝乙，無不勉修其德，敬愼祭祀，故能保有天下。經文說：

自成湯至于帝乙，罔不明德恤祀。亦惟天丕建保乂有殷，殷王亦罔敢失帝，罔不配天，其澤⑪。

經義是說：「你們殷代的先祖，從成湯到帝乙，沒有不是勉修其德，敬愼祭祀的。是以上天才建立了大殷國而使之安治其民，在這期間，殷代的先王，也沒有敢違背上天意旨的，凡所行動、舉措，無不配合天意，而使恩澤加惠於人民的。」

這種繼續對殷代賢聖之君的稱揚，並不是故意取悅於眾士，而是想借著這種陳述告白，使他們了解，惟有「配天澤民」，方可享有天命。而由於「商王不以天之丕建保乂者自足，而以己之事天治民者自盡，故操存愈密，常懷明恤之心」，所以方能「無不配天以澤民也。」⓬周公的用心，可說是至深且遠了。

六、告多士殷之所以亡，乃由於後嗣王的過於淫逸享樂，不顧天命民隱所致。

如果殷之嗣王，均能一如先代聖君，當無滅亡之虞，無如嗣王紂，卻只知「誕淫厥泆」，「罔顧天命」，所以也就難逃「大喪」的命運了。是以經文說：

在今後嗣王，誕罔顯于天，矧曰其有聽念于先王勤家？誕淫厥泆，罔顧天顯民祇。惟時上帝不保，降若茲大喪⓭。

經義是說：「可是當今的後嗣王紂，連天理天德尚且不能顯明，更何況說他還能聽從思念先祖聖王勤勞國家的訓誨？他只知道一味地過度逸樂，不再顧念天理、天道以及人民的疾苦，於是上帝也不予安保，因而降下如此的大喪亂，使他國亡身戮啊！」

這說明紂的國亡身死，完全是由於過度逸樂，不顧人民的疾苦所致。也可說是咎由自取。在此情況下，我小周邦又如何能不代天行命，救人民於水深火熱之中呢？其目的當然是想借活生生的事實，提醒「多士」的省悟，而順服於周朝，不要再爲反抗而反抗了。

七、告多士一國之君，如不能勉於修德，即將喪亡。

前文告語，含義深厚，且亦似有未盡。是以也就不得不再以更明確之理，加深其注意力。所以經文說：

惟天不畀不明厥德，凡四方小大邦喪，罔非有辭于罰。」⑭

經義是說：「所當確切明白的，就是上天絕對不會把天命交給不能勉修其德的人。所有四方大小喪亡的國家，也沒有不是因有罪而遭到懲罰的。』」

此數語經文，看似簡短，卻明確有力。無異將以上各節，作一總結。吳闓生以爲「盤旋數語，凌空橫發，是以氣厚而神遠。」⑮如就文氣言，確有此勢。除此之外，我們還要一提的是：以上固爲告以夏殷之所以亡，可是言外之意，乃是希望他們徹底的了悟，不可以不順服有周。因周乃代天而罰不德，違周即是逆天。這層意思，表現得相當明顯。

八、告多士我周王已善承天命，希望不要再生異心。經文說：

王若曰：「爾殷多士！今惟我周王，丕靈承帝事。有命曰：『割殷！』告勑于帝。惟我事不貳適，惟爾王家我適⑯。」

經義是說：「我王如此說：『你們殷朝的眾官員們！今我周王，已大善承奉了上天所命令的事業。上天的命令說：「把殷國滅掉。」這告命是上天發布的。現在我周王對於所承奉的帝事，全心全意地去做，所以你們眾官員，也應該一心一意地承順於我周朝才是啊！』」

蔡氏《書經集傳》說：「周不貳於帝，殷其能貳於周乎？蓋示以確然不可動搖之意，而潛消頑民反側之情爾！」所言甚切。這也無異說，現在一切均已成爲定局，如再作無謂的反動，不僅不智，亦不可能得逞，還是早日打消這種念頭吧！

九、告以罪在武庚，與衆士無關。

周公細玩殷士的所以不能一心服周，可能由於畏罪心理作祟，如欲去除此種顧慮，則莫如釐清罪責，是以經文說：

予其曰，惟爾洪無度，我不爾動，自乃邑。予亦念天卽于殷大戾，肆不正。」⑰

經義是說：「我（一想到過去，就不得不）說，因爲你們的國君武庚，太無法度，竟自發動叛亂，這並不是我有意擾動你們，實則變亂，是起自你們商邑。當時我也想到，上天就會降下大罪於殷的，但這和你們衆官員無關。所以並不曾加罪於你們。』」

由這段告白，不惟可以看出周王對殷人的處置，抱持寬大政策，同時也可使多士們得到更多一層的安慰與保障。不必再顧及要遭到懲罰。如此，心情也就自然可以安定下來了。

十、告以過去將之遷居西方，乃奉天意而行，希望不要怨天並遷恨於我周。

遷殷民於洛邑，乃不得已之事。當時武庚之亂平定以後，周公卽封其幼弟康叔爲衛君「居河淇間故商墟」，以治其地。無如殷民難訓，不得已乃西遷於洛，使離故居。於此殷人難免有怨恨之心。爲撫平其怨恨，乃明告其西遷的原因。是以經文說：

王曰：「猷！告爾多士，予惟時其遷居西爾。非我一人奉德不康寧，時惟天命。無違！朕不敢有後，無我怨⑱。」

經義是說：「王說：『噢！奉告你們衆官員，我是因爲天降大罪於殷，所以才遷徙你們到西方居住的。這並不是我個人不喜歡安靜，實在是天意使然。希望你們不要違背天意！關於這件事，我不敢稍有遲緩，這是天意，希望不要怨恨我。」

簡氏朝亮以爲「此更端而追言其遷洛也。」所見甚是。我們就著經文不難看出，儘管遷殷民於洛，是由於他們助武庚叛亂，然在字裏行間，並無一字一言指責他們的不對。僅說這是天意。爲了遵行天意（顧全國家大局），所以才不敢稍有遲緩，希望不要再生怨恨之心。這誥語確實够寬厚了。

十一、告以殷先人雖革夏命，但仍選用夏人服事王庭，我周亦惟德是用。

既釋西遷洛邑之故，進而再針對用人惟德是告。是以經文說：

惟爾知，惟殷先人有册有典，殷革夏命。今爾又曰：『夏迪簡在王庭，有服在百僚。』予一人惟聽用德；肆予敢求爾于天邑商，予惟率肆矜爾。非予罪，時惟天命。」[19]

經義是說：「你們都知道，在殷先代的册書典籍中，具載著殷滅夏的事跡。現在你們可能又要說：當在殷初，夏代的官員，被簡選進用在王庭而服職任事的，各種官位都有。（這話不錯，但是我要明白告訴你們）我是聽從任用有德之人的；所以我才敢訪求你們在大殷的都城中，我所以這樣做，是爲了矜憐你們。至於遷徙你們到洛邑來，那並不是我的罪過，這全是上天的意旨啊！』」

蔡氏沈《書經集傳》說：「即其舊聞以開論之也。殷之先世，有册書典籍，載殷改夏命之事正如是，爾何獨疑於今乎？』」吳闓生《尚書大義》也說：「此爲殷民更進一解，言汝勿怨不用，用人以德，有德者無不見用。雖不見用者，亦無不加矜閔也。」二氏所言，各有所見。我們認爲，此不僅向殷人解釋用人之道，而尤要令其明白，周伐殷，亦猶殷革夏，此乃天意，不可違逆。語意溫厚含蓄，如再不知幡然悔改，深悟其處境之已非昔比，那就眞的可說是「頑民」了。

十二、告以過去將其遷洛的原因，乃爲明致天罰，實則咎由自取。是以經文說：

王曰：「多士！昔朕來自奄，予大降爾四國民命。我乃明致天罰，移爾遐逖，比事臣我宗，多遜。」⑳

經義是說：「王說：『告訴你們眾官員！從前我自奄回來的時候，就向你們四國頒下命令。我要明白地執行上天的懲罰，而將你們遷到遠方的洛邑，就是希望能夠彼此多加親近，以臣事奉我周，多方表示順從。』」

由此經文亦可看出，遷殷民於洛邑，非在成周既成之時，以經證經，最爲可信。是以蔡氏沈《書經集傳》說：「詳此章，則商民之遷，固已久矣。」近人曾運乾《尚書正讀》也說：「此追言往事，以證今日，非謂遷洛也。」二氏所見，早得我心之所同然。

十三、重申告以不殺之命，並說明所以作洛之因。

被遷的殷民，尤其是眾官員，均曾助武庚作亂叛周，當時雖然未被殺戮，遠徙於洛邑，但在心理上，始終難抹遲早慘遭殺戮的陰影。周公深明此意，所以一再重申不殺之命，希望他們能安心臣事周朝，奔走多遜。是以經文說：

王曰：「告爾殷多士！今予惟不爾殺，予惟時命有申。今朕作大邑于茲洛，予惟四方罔攸賓。亦惟爾多士攸服，奔走臣我，多遜[21]。

經義是說：「王說：『告訴你們殷朝的眾官員！現在我不會殺你們的，為此我重申不殺的命令，而今我所以在洛地營建這座大的都邑，一方面是為了四方諸侯賓禮朝貢的方便，同時也是為了你們的服從、勤勞、臣事我宗周而能遜順又無所居處的緣故啊！』」

由這段經文，亦可體認遷殷頑民，非在此時。所以蔡沈《書經集傳》說：「詳此章，則遷民在營洛之先矣。」又引吳氏（棫）的話說：「來自奄稱昔者，遠日之辭也。作大邑稱今者，近日之辭也。移爾遐逖比臣事我宗多遜者，期之之辭也。攸服奔走臣我多遜者，果能之辭也。以此又知遷民在前而作洛在後也。」所見甚是。我們的體認，正是如此。

十四、告以如果「克敬」，即可保有田產居宅，如不「克敬」，即將致天之罰。

前文既重申不殺的命令，又嘉許其勤勞臣事宗周，表現又多能遜順，故進而期許其能「克敬」，以興盛其子孫。是以經文說：

爾乃尚有爾土，爾乃尚寧幹止。爾克敬，天惟畀矜爾；爾不克敬，爾不啻不有爾土，予亦致天之罰于爾躬。今爾惟時宅爾邑，繼爾居，爾厥有幹有年于茲洛；爾小子，乃興從爾遷。」㉒

經義是說：「你們仍可保有你們的田業，你們仍然可以安居於此地。你們能敬謹和順，上天就會矜憐你們；你們如不能敬謹和順，不但不能保有你們的田業，就是我也要奉行天命來懲罰你們。現在你們仍然可以住在老地方，繼續保有你們儲蓄居業，並可安全長久的居住下去。你們的子子孫孫，也將可從你們遷徙的居處，興盛起來。』」

這段告白，仍是繼前文而申命之言。簡朝亮《尚書集注述疏》說：「此以亡國之餘，勉之爲起家之祖，殷多士有不樂爲君子之幹事者乎！何誥辭之善也。」除此之外，經文所強調的，就是一個「敬」字。能敬，「則言動無不循理，天之所福，吉祥所集也。不敬，則言動莫不違悖，天之所禍，刑戮所加也。豈特竄徙不有爾土而已哉，身亦有所不能保矣！」㉓其實，謹言愼行，不惟處危險之境當如是，就是我們日常與人交往、行事，何嘗又不當如是？殷的眾士，若能修己以敬，那必定可以成爲有德之人，既然有德，則一定可以遷善遠罪，能遷善遠罪，不惟上天畀予矜恤，而周亦將惟德是用了。其子孫以之爲起家之祖，「安洛之休，其大且久」㉔，還有什麼值得懷疑的呢？

十五、最後仍以順從久居作誡勉。經文說：

王曰：「又曰時予，乃或（誨）言爾攸居。」㉕

經義是說：「王說：『要順從我，要順從我。我所以有教誨之言，是希望你們能長久的居住下去。』」

誥終叮嚀，流露出無限的期許與盼望。不惟言摯，而且意誠。隱忍爲國的情懷，企冀治平的心願，於二語中，展現無遺。

三、結 語

洛邑既成，天下望治，這可說是周家的宿願。無如殷之「頑民」，尚有不盡順從者。周公有鑑於此，乃假王命以誥。

這篇誥文，語氣一貫，層次分明，雖亦間有艱深難解之語，但畢竟不多。大致說來，多半可得其解。全篇除「惟三月，周公初于新邑洛，周公告商王士」，爲史官記述外，其他均爲誥語正文。

在此誥文中，周公以當時一般人共有的理念，再加上一己的觀察、體悟所得，以誠懇、寬厚、含蓄的言辭，說明遷徙殷民的原委。這就統治者的立場來說，實在不得不如此。希望殷民不要怨恨。除此之外，在誥文中，我們認爲不容忽視的，約有三點：

第一，以上天的意旨爲意旨。說得更明白些，就是要處處照著上天的意思去做。違背天意，就要滅亡。這種理念，不僅在〈多士〉篇是如此，卽使在全部《尚書》中，也無不如此。由此也就可以看出一個時代的思想意識了。

第二，含隱著代有興亡的必然理則。湯革夏，周代殷，其理一揆。推其所以興，乃由於仁民愛物，以國事爲先，以人民爲重，故天佑之。推其所以亡，乃由於過度淫泆，暴虐成性，不顧人民疾苦，故天喪之。今周之代殷，亦猶殷之革夏。明此理，殷之多士，卽不應一味反抗，採不合作態度。這種心理的產生，實由不明歷史的律則所致。

第三，就是「克敬」的提出。一個人，如能修己以敬，則一切不合情理的事故，就不會發生。「敬」字的含義甚廣，它固然可釋爲謹愼和睦，如釋爲恭順有禮，專一不二，尊重禮讓，也不是不可以。所以《左氏傳》說：「敬，德之聚也，能敬必有德。」㉖一位有德的人，必然明理，必然達義，不會橫生枝節。是以《左氏傳》又說：「德以治民」㉗。周家所採取的，不正是這種態度？後來得到殷士們的全力配合，不再作無理的反抗，這不能說不是以德治民所收的良好效果。元人董鼎說：「〈多士〉一書中，言興喪則由於天，言天命則繫於德，言德則本於敬，終之以爾土爾邑。有恆產者有恆心，而非誘之以利也。」㉘這話說得非常有道理。

至於遷殷民於洛邑的時間問題，篇中已有明確的解說，我們由經文以推經義，認為應在作洛之前，非在其後。吳（棫）、蔡（沈）二家的見解是對的。

注釋

❶❷❸❹均見蔡沈著，《書經集傳》卷五。世界書局本，頁一〇一～一〇三。吳氏，謂宋．吳棫。著有《尚書裨傳》，其書已佚，其言為蔡沈所引。

❺三月，為致政次年的三月。蔡氏沈《書經集傳》：「三月，成王祀洛次年之三月也。」周公初于新邑洛：謂周公反政後初治新邑洛。洛，本字應作雒。王士，俞氏樾以為當連讀。王士之稱，猶《周易》言王臣、《春秋》書王人、傳稱王官，其義一也。見《羣經平義》六。漢京本【皇淸經解續編】十九册，頁一四九八四。商王士，卽本篇下文的殷遺多士。謂殷所遺之眾官員。而此處之士，猶後世所稱之官員。

❻見《欽定書經傳說彙纂》卷一五引。

❼弗弔，猶言不幸。說見王國維，《觀堂集林》卷二〈與友人論詩書中成語書〉二。旻（音ㄇㄧㄣˊ），馬融云：「秋曰旻天，秋氣殺也。」有周佑命：有，助辭，猶後世稱宋、明、清爲有宋、有明、有清之意。佑，助。命，天命。將天明威：將，奉。明威，猶言揚善罰惡。蔡氏謂：「明者，顯其善；畏者，威其惡。」案：威、畏古通。見《廣雅．釋言》。致王罰：致，有完成、實現之意。王罰，乃王者之誅罰。勑殷命終于帝：勑，令、使。殷命，謂殷之國運。終，終其事。帝，上帝。

❽肆，有二解：一作告解，說見吳闓生《尚書大義》。一作今解。小國，謙稱。弋，馬融作「翼」，取的意思。惟天不畀允罔固亂：有二解：一謂：惟天所不予（與）者，爲佞罔蔽惑之人。畀，予。允，佞。罔，誣。固，蔽。亂，惑。一謂：天不以大命予誣罔固執於亂之人。允，信。固，固執。亂，惑亂。今多採第二解。弼，輔佐。求位，自求天子之位。我下民，謂周之百姓。秉，承、順。天明畏：謂上天顯善罰惡。

❾我聞曰：「上帝引逸」：說解甚紛，約而言之，可得四端：其一，引，長。逸，安樂。言上帝欲民長逸樂。此說見僞孔傳。其二，引，導。逸，安。言上帝無不引導人民於安樂。此說見蔡沈《書經集傳》。其三，上帝引逸，古格言。逸之引申義爲奔放，引，牽引。引逸，牽引之使不至於跌也。此說見曾運乾《尚書正讀》。其四，引，收引，使收斂。逸，樂。言上帝不縱人逸樂也。此說見俞樾《羣經平議》六。漢京本【續皇清經解】十九册，頁一四九八四。以上四說，衡之經文，當以俞氏說爲得。以安逸爲古聖先賢所惡，先王亦以安逸自戒，周公之作〈無逸〉以戒逸豫，卽爲顯例。有夏不適逸：言夏桀不自節其逸樂。適，節。見俞樾《羣經平議》六。帝降格：上天降下教令。格，當讀爲詻，《玉篇》言部：

「諮，教令嚴也。」說見《尚書易解》下，頁二三六。嚮于時夏：謂勸於此夏君。嚮，勸。見《中文大辭典》。時，是、此。夏，夏君、夏國。弗克庸帝：克，能。庸，用。帝，上帝。大淫泆：謂大縱淫泆之愆。泆，乃佚字之古文，而佚又與逸通。見《說文通訓定聲》。有辭：謂有罪狀。惟時，於是。念聞，顧念、恤問。見《經義述聞》卷七。厥惟，猶乃。元命，大命。指帝位。降致罰：降與懲罰。致，與。革，更。俊民，賢能的人才。才德過千人爲俊。甸，治。

⑩ 見《欽定書經傳說彙纂》卷一五。

⑪ 帝乙，紂父。明德：明，勉。言修身。恤祀，愼於祭祀。亦惟丕建保乂有殷：丕建保乂，四字應連讀。亦惟，猶是以。丕，大。建，立。保乂，猶言保護、安治。保，安。乂，治。失帝，違失上帝之意。配天，配合天意。其澤：其，乃。澤，恩澤。或謂「罔不配天其澤」，爲「其澤罔不配天」的倒句。亦爲通說。

⑫ 見《欽定書經傳說彙纂》卷一五引顧錫疇語。

⑬ 後嗣王，謂紂。誕罔顯于天：謂不明天理、天道。誕，語詞。顯，明。矧，況。其，彼。聽，從、順。念，思念。勤家，謂其先王勤勞於國家之訓誨。誕淫厥泆：過度逸樂。顧，顧念。天顯，天理、天道。民祇，民隱、民之病痛。惟時二句：惟時，猶於是。保，安。大喪，蔡氏謂：「國亡而身戮也。」

⑭ 畀，與。厥，其。指天。有辭，謂有罪狀可說。

⑮ 見其所著《尚書大義》，中華書局出版。

⑯ 丕靈承帝事：謂大善地承受了上帝所命的事業。丕，大。靈，善。有完善，完整義。帝事，上帝所命

令之事。割，滅。勑，令。告勑于帝：謂上帝告令於我周。我事，謂我周王所承之帝業。不貳，純一不貳之意。適，主於一。說見《尚書正讀》。惟爾王家我適，乃惟爾適我王家之倒語，言爾當一意承周。說見《尚書正讀》。

⑰ 簡朝亮《尚書集注述疏》下：「此追述其從武庚之叛而赦之也。予其曰者，王由今而述其昔之言也。」洪，大。度，法。動，騷擾動亂。我不爾動：謂非我騷擾驚動爾邑。自，從。乃，汝。邑，猶國。乃自邑，謂動亂乃自汝商邑所起。即，就。戾，罪。肆，故。正，鄭注《周禮・大司馬》云：「正之者，執而治其罪也。」

⑱ 猷，歎詞。猶於也。予惟時其遷居西爾：惟，以。時，是。指前文「洪無度」、「天降大戾」言。其，乃。西，謂洛邑。以其在殷朝歌西南，由朝歌至洛，須濟河而西，故曰西。奉德不康寧：奉，猶秉、持。康寧，猶安靜。時惟天命：時，是。惟，以、因。無違，謂無違天命。有後，有所遲緩、延緩。後，說文：「遲也。」

⑲ 有冊有典：謂冊書典籍。又，或。夏迪簡在王庭：謂夏之多士，被進用簡擇在王庭。迪，進。簡，擇、選。有服在百僚：服，事。僚，官。惟聽用德：謂聽從任用有德之人。肆予敢求爾于天邑商：肆，故。邑，都城。《白虎通義》四・「論三代異制」條：「天子所都，夏商曰邑，周曰京師。」天邑，或謂大邑。見王念孫《廣雅疏證》。求，猶招徠。見《禮記・學記》注。予惟率肆矜爾：率，用。肆，語詞。矜，憐。王充《論衡・雷虛》篇所引正作憐。時，是。

⑳ 王曰：多士：多士上據漢石經殘碑有「告爾」二字。可從。昔朕來自奄：此周公伐奄，乃攝政三年時

事。此誥乃在致政成王次年的三月，是乃追述前事，故云昔。奄，在今山東省曲阜縣。予大降爾四國民命：降，猶言頒下。四國，謂管、蔡、商、奄。民命，謂國君。王肅云：「君爲民命，爲君不能順民意，故誅之也。」明致，公開執行。致，施行、執行、傳達。遐逖，並作「遠」解。比事臣我宗：謂親比臣事我宗周。比，近、親。事臣，以臣事奉。遜，順。

㉑ 時命有申：卽重申不殺之命。時，是。申，重申。命，命令。予惟四方罔攸賓：惟，爲。說見《玉篇》。攸，所。賓，賓禮、朝貢。以鎬京遠在西陲，四方道里不均，無所於賓。故作大邑於茲洛。一爲四方諸侯賓禮之，一爲爾多士服事奔走，臣我多遜而無所處故也。亦惟爾攸服：惟，爲。攸，所。服，順從。奔走，勤勉。臣我，臣服於我周。多遜，又多能遜順。

㉒ 尚有爾土：尚，猶庶幾。土，田業。寧幹止：寧，安。幹，當爲榦，作體解。寧幹，有二解：一爲安其身體。一爲安汝之事。《廣雅．釋詁》：「幹，事也。」止，猶居。或謂語末助詞。克敬：能謹愼和睦。克，能。今爾惟時宅爾邑：時，是。宅，居。居，猶儲蓄居業。卽所居之業。說見朱駿聲《尚書古注便讀》。有幹，保有其身。有年，長久。小子，謂子孫。興從爾遷：謂從爾等遷徙之地而興盛。

㉓ 蔡沈語。見《書經集傳》卷五，頁一〇四。世界書局本。

㉔ 來宗道語。《欽定書經傳說彙纂》卷一五引。

㉕ 又曰時予：曾運乾《尚書正讀》：「本文又曰，重言時予也。」又謂：「時，承也。時予，猶言順我。……言終丁寧之意。」乃或言爾攸居：或，有。或下言上，段玉裁以爲掉一「誨」字。見其所著《尚書撰異》。漢京本【皇清經解】三册，頁三三〇二。攸居，久居。攸，當作悠。

㉖ 見春秋左氏僖公三十三年傳。

㉗ 同㉖。

㉘ 見《書蔡氏傳輯錄纂注》卷五，漢京本【通志堂經解】十四冊，頁八三四五。

拾陸〈無逸〉

一、前言

在未探討大義以前，首先要說明的，有以下三點。

一、**無逸二字的形體與意義**：就形體說，無，一作毋，又作亡，有三種不同的寫法。逸，一作佚，又作劮，太史公以淫泆爲說，是有四種不同的寫法❶。如就讀音說，在古代則沒有什麼分別。像這種情形，我們如套句訓詁學上的術語說，那就叫做同音通假了。因同音字在古代多義，所以可互相借用。如就意義說，無逸，就是不可以逸樂、淫泆的意思。就一國之君說，逸樂，尤其是淫泆，是所當切戒的，自古以來，凡是有國有家的人，從沒有不以勤奮而興盛，也沒有不以貪圖逸樂而敗亡的。就人民說，勤奮，則可以成功、立業；逸豫，就只有亡家敗身一途了。無逸的「時義」，又是如何地深遠啊！

二、**無逸篇的作者及作意**：周公作〈無逸〉，這是尚書家一致的主張。時代最早的是書序，他說：「周公作〈無逸〉。」其次就是太史公司馬遷。他在《史記・魯周公世家》中說：「周公恐成王壯，治有所淫泆，乃作毋逸。」宋・蔡沈《書經集傳》也說：「成王初政，周公懼其知逸而不知無逸，故作是書以訓之。」自此以後，歷元、明、清以至民國。凡治《尚書》的人，無不以〈無逸〉篇爲周公戒成王之作。然而我們只要稍一檢視篇中，就會發現「周公曰」有七次之多，周公是一位大聖人，應有謙德，何以自稱周公？我們認爲這是史官在記述或編錄時，所加上去的，並不是周公自稱。這只要一檢視其他篇章，如〈多士〉、〈君奭〉、〈多方〉、〈立政〉等篇，馬上就可以領悟到這所有的「周公曰」，都是史官所加的了。

三、本篇大要：此篇既爲周公訓誨成王所作，而其重點大要，則在使成王知稼穡的艱難，尤爲人民所依。所以全篇多用「嗚呼」發端，以期悚動其聽，堅忍其性，不僅深入於耳，更要銘記在心，然後方能由無逸而不怠於政。又因成王長於深宮之中，不曾勞其筋骨，苦其心志，竟在幼沖之年，而即天子的大位，如驕怠之心一萌，那麼一切就不可復問了。所以用此反覆爲訓，諄諄告戒，並借殷代賢王的作爲相警勉，更用文王的成就相提命，又以「敬德」方可「無愆」、「無怨」爲所盼。最後，則以「嗣王其監于茲」作結。言語之間，那種忠君、愛國、保民的情懷，眞可說是溢於言表了。

二、大義探討

周代商而有天下，文王啟沃於前，武王膺命於後；由於周公的制禮作樂，而綱紀法度，始得粲然大備。於天下大定之後，成王以幼稚的年齡，而承景命，「非有櫛風沐雨之難，而遂據此富貴之勢，非有殫精疲神之勞，而遂享此治安之效，則逸豫之心，不期生而自生矣。」❷是以周公在他卽政之初，逸豫未萌之前，卽諄諄告誡，期望成王繼志承業，無忝其先。在這裏，也就可以看出周公的用心既深且遠了。大賢的洞燭機先，未雨綢繆的作爲，誠令人欽仰，這大概就是周公的所以爲周公吧！茲循經文所載，探討如下：

一、**當知稼穡之艱難，無逸乃逸**：我們常說：「憂勞所以興邦，逸豫所以亡身」這句話，這確是至理名言。所謂憂勞，也就是無逸、勤奮的意思。也惟有時時以無逸自勉，刻刻以勤奮自勵，方可期於「乃逸」，是以周公戒成王說：

嗚呼！君子所其無逸。先知稼穡之艱難，乃逸；則知小人之依❸。

這意思是：周公用極欲感動成王的語氣對他說：「噢！你要記著，凡是居官在位的人，均當時刻深自警惕，千萬不可貪圖逸樂（居無逸之所）。應先知耕種的艱辛困難，然後方可得安逸，這樣才能眞正了解人民的痛苦所在。」知道人民稼穡的艱難，方知愛惜民力，敬授民時；方能自奉儉約而惠愛人民。我們就常理來說，往往喜好逸樂，未必就能得逸樂，也只有從「無逸」中，方可得到逸樂，這才是眞逸樂。蘇氏東坡說：「艱難，乃所以逸。」❹就是此意。今人常說：「犧牲享受」，方可「享受犧牲」，可能就是由此處體會得來。我們推周公一開始，就以「稼穡之艱難」相戒勉，這可能是由於周代的祖先們，自后稷就以農事立國的關係，他們歷代相傳，相與咨嗟吟歎，服習於艱難，而歌詠其勞苦。周的王業，既由此而興，也就難怪而以此相互戒勉了。所以在詩，則有〈七月之什〉❺，以時令的推移，說明農桑的種植情況。在書，則有〈無逸〉之篇，以稼穡的艱難，強調小民所依。要之，不外借此而戒勉成王：國家的安定、太平，常由敬畏而產生。而混亂不安，常由驕逸而滋起，不可不以此存心，不可不以此自勉。

二、以小民之事爲喻，告以不可據今而卑昔：人不可忘本，應當時刻思念著所以有今日，那是由昨日的推移而來。世事的演變，均不出此原則。所以周公就用這個道理告戒成王說：

相小人，厥父母勤勞稼穡，厥子乃不知稼穡之艱難，乃逸，乃諺既誕。否則侮厥父母曰：「昔之人，無聞知！」❻

這是說：「不然的話，你也可以看看那些無知的小子們，他們的父母，爲了養活他們，一輩子勤勞地耕種，可是這些小子，卻不知稼穡的艱難，只知逸豫享樂，甚至大加放縱其兇惡的行爲（或說爲：他們既已長大，就更加放縱兇惡），於是就輕侮他們的父母說：『你們這些老古董，什麼也不懂，根本就沒有知識！』」

像這種情況，在現今的社會中，尤其是鄉村，可以說是所在多有。這些子弟們，生長在安樂之中，根本就不知道什麼是疾苦，不僅縱情揮霍，反而視其父母爲無知之輩，老古董，這又是多麼地可笑！宋・蔡沈《書經集傳》卷五說：「昔劉裕奮農畝而取江左，一再傳，後子孫見其服用，反笑曰：田舍翁得此亦過矣。此正所謂昔之人，無聞知也。使成王非周公之訓，安知其不以公劉、后稷爲田舍翁乎？」這個例子舉的太好了，使我們可以深深體會到，一個農夫的兒子，在飽暖的情況下，尚且不知艱難爲何物，而更何況是生長在深宮中的王子呢？在這裏，不更可以看出周公的訓告成王，又是多麼地需要而切時！

三、以殷王中宗之無逸乃逸，故能享國長久相勉：周公有鑑於殷代享國長久的帝王，都是由於不敢荒寧所致，是以他用提撕警惕的語氣說：

嗚呼！我聞曰，昔在殷王中宗，嚴恭寅畏，天命自度，治民祗懼，不敢荒寧。肆中宗之享國，七十有五年❼。

這意思是：「我聽說，在前代殷王中宗的時候，由於他具備了莊重、謙抑、欽肅、戒懼四德，以天理自我約束。在治民方面，又能敬謹戒懼地時刻自我惕警，並且深知人民的勞苦，不敢荒廢自安，所以他能享國（在位）達七十五年的長久時間。」蔡沈《書經集傳》說：「嚴則莊重，恭則謙抑，寅則欽肅，畏則戒懼。」這話說的不錯。也惟有如此，方能以天命之理，自爲法度，而時刻戒愼恐懼於人民的治理。這種無逸之理、無逸之君的秉舉並稱，我們認爲最能收到告戒的效果。

四、以殷王高宗、無逸乃逸之實相勸：周公接著說：

其在高宗，時舊勞于外，爰及小人。作其卽位，乃或亮陰，三年不言；其惟不言，言乃雍。不敢荒寧，嘉靖殷邦。至於小大，無時或怨。肆高宗之享國，五十有九年⑧。

這是說：「當高宗的時候，因他在未卽位前，就奉父命在民間居住了一段很長的時間，與人民相出入，所以最了解民間疾苦，等到他卽位以後，因遭父喪守制三年，在這三年之中，他沒有言及政事，這只是他不說罷了，如一說出來，就沒有不使人和悅順從的。他從來不敢荒怠自安，所以才能把殷國治理得那樣美善安樂，以致全國上下的羣臣百姓，連一個怨恨他的人也沒有。因此，他的享國，也有五十九年的長久時日。」這是殷高宗由無逸所收到的實際效果，在當時，不僅化行俗美，而且四方安樂，是以享國亦能久遠。

五、以殷王祖甲的惠保于民，不敢侮鰥寡相告：周公說：

> 其在祖甲，不義惟王，舊為小人。作其卽位，爰知小人之依；能保惠于庶民，不敢侮鰥寡。肆祖甲之享國，三十有三年⑨。

這是說：「到了祖甲，他以爲父親立少不立長是不合理的，因而逃往在外，做了很久時間的平民，由於他對民間疾苦了解得很清楚，所以等他卽位以後，不僅能保護、惠愛人民，卽便是孤苦無告的人，也不敢輕忽。所以祖甲的享國，也有三十三年之久。」這個實例，無異告訴成王，惟有深切了解民間疾苦，或是有切實地民間生活體驗，知道稼穡的艱難，而一旦身爲國君，方可惠愛人民，保護人民，針對人民的需要，釐訂施政計畫，以解除人民的疾苦，改善人民的實質生活，然後也就可以借享長治久安的樂趣了。

六、以殷王之耽樂、生逸而不得享年久遠相警示：以上是周公借著殷王中宗、高宗、祖甲的敬愼民事，以無逸爲逸，而得以長久享國的實例，設若不此之爲，僅圖自逸，而不以稼穡之艱難是勉、是戒，那就難享長年之樂了。所以周公緊接著就提出殷王「生則逸」的例證，以戒成王，他說：

> 自時厥後，立王生則逸；生則逸，不知稼穡之艱難，不聞小人之勞，惟耽樂之從。自時厥後，亦罔或克壽；或十年，或七八年，或五六年，或四三年⑩。

這是說：「從中宗、高宗、祖甲以後，被立爲王而繼位的人，自幼就生長在安樂的環境中，不知道稼穡的艱難，也沒有聽到過小民的勞苦，只知一味地放縱於淫樂，從此以後，也就沒有能在位長久的了。有的十年，有的七、八年，有的五、六年，更有的僅僅三、四年。」這段話，與前文克永享年的實例，恰好成爲對比，一則以無逸爲逸，一則生而逸不知稼穡之艱難，其相去之遠，又如何能用道里來計算呢？蔡沈《書經集傳》卷五說：「凡人莫不欲壽而惡夭，此篇專以享年永不永爲言，所以開其所欲，而禁其所當戒也。」宋・林之奇於所著《尚書全解》卷三二中說：「周公之戒成王，蓋欲其享國長久，與天地相爲無窮，其愛王之心，可謂至矣。而其所以享國之長久者，則在於無逸。以是知周公愛君之深，所謂愛君以德者也。」蔡、林二氏的話，對成王來說，固爲格言、大訓，然對一般人來說，又何嘗不是金玉良言？平心而論，惟有無逸，方可以致壽，而耽樂縱欲，適足以亡身。古人說：「目愛采色，命曰伐性之斧；耳樂淫聲，命曰攻心之鼓；口貪滋味，命曰腐腸之藥；鼻悅芬芳，命曰薰喉之煙；身安輿駟，命曰召蹶之機。此五者，所以養生，亦所以傷生。則肆逸豫者，最爲害之大，伐性殞壽，所以起也。」⑪我們看了這些忠告，能不惕然而悟嗎？而無逸致壽、逸樂殞身的道理，在這裏也就可以全部明白了。

案：以上周公所擧三宗之例，並不是說所有卽位爲天子而得享永年的帝王，一定都要居民間而後方知「小民之依」，只不過此三帝的事實如此，正合周公告成王之意，故擧以爲例罷了。這也並不意味著殷代的賢王只此三人。孟子說：「由湯至於武丁，賢聖之君六七作」⑫。卽爲有力證明。

七、遠擧太王、王季，近擧文王，以明無逸乃周之家法，其來有自，以期成王入耳銘心：商爲異代，周爲本朝，其所以能代商而有天下，推其本源，端在於無逸，故周公卽以先王爲例，告戒成王說：

> 嗚呼！厥亦惟我周太王、王季，克自抑畏。文王卑服，卽康功田功。徽柔懿恭，懷保小民，惠鮮鰥寡。自朝至于日中昃，不遑暇食，用咸和萬民。文王不敢盤于遊田，以庶邦惟正之供。文王受命惟中身，厥享國五十年⑬。

這是說：「周公告戒成王：自我大周的太王、王季，就能自我謙抑，敬畏天命。我文王更能惡美服，尙節儉，並親自從事稼穡安民、養民的工作。他具有和柔恭謹的美德，又能悉心保護人民、惠愛鰥寡孤獨使各遂其生，往往從早上到中午，甚至到太陽偏西的時候，尚且不能從容進食，為的是要和順人民，使他們融洽相處。文王從來不敢樂於遊逸田獵，只是與眾諸侯，每天惟恭謹於政事。在中年的時候，才受命為西伯侯，在位五十年。」在這一段告語中，我們把周公所說的話，分成四個層次：

㈠敍述其先王的謙抑敬畏。蔡沈《書經集傳》卷五說：「商，猶異世也，故又即我周先王告之，言太王、王季能自謙抑謹畏者，蓋將論文王之無逸，故先述其源流之深長也。大抵抑畏者，無逸之本，縱肆怠荒，皆矜誇無忌憚之為。」這話不錯，一個人，如能處處謙抑敬畏，又何敢自逸？

㈡述說文王卑服節儉，惟從事於安民、養民的工作，他那種和柔恭謹的態度，以及悉心照顧小民、惠愛鰥寡的情懷，更是使人欽仰歎服。《墨子．兼愛》篇有一段讚美文王的話說：「文王之治西土，……不為大國侮小國，不為眾庶侮鰥寡，不為暴勢奪穡人黍稷狗彘；是以老而無子者有所，得終其壽，連獨⑭無兄弟者有所，雜⑮於生人之間，少失其父母者有所，放依而長（案：放、依同義）。」正是說明此段經文的含義。我們如果分析墨子這段話，也有四層意思可說，那就是：第一，不強陵弱、眾暴寡。第二，使老人得以安養。第三，使無助的人，得以成就其事業。第四，使少失父母的人，有所長養、依靠。一位國君，在推行政令的時候，能做到這四點，那還有什麼遺憾呢？

㈢闡述了文王工作的神態。他在工作的時候，往往爲了使萬民和順融洽，而連從容進食的時間都沒有。《史記．周本紀》說他日中不暇食以待士，士以此多歸之。而後來周公的「一沐三捉髮，一飯三吐哺，起以待士，猶恐失天下之賢人。」[16]不正是受了文王的感召而來？而今周公又以此來告戒成王，這正是周家的家法，成王如何能不口誦心惟，虔敬奉行？其次說明文王每天惟有和眾諸侯恭敬的推行政事，絕對不敢盤樂遊逸田獵。不過在這裏要說明的，是不敢有所過，而不是不田獵。如《孟子．梁惠王下》引夏諺說：「吾王不遊，吾何以休，吾王不豫，吾何以助，一遊一豫，爲諸侯度。」這是「遊、田」的正當行爲，又爲什麼要避免？再如左氏隱公五年傳說：「春蒐、夏苗、秋獮、多狩，皆於農隙以講武事也。」[17]這也是「田、遊」的正當行爲，又何可廢？過此而爲，才是文王所不敢的呢？這一點，我們要分辨清楚。

㈣說明文王之受命爲西伯，雖在中身，然而卻能享國五十年，並得其大壽。推其原因，也是由於他能無逸所致。案：《呂氏春秋．季夏紀．制樂》篇說：「文王卽位八年而地動，已動之後，四十三年，凡文王立國五十一年而終。」《韓詩外傳》的說法與《呂氏春秋》同。經文說文王在位五十年，可能是舉的成數。又案：《禮記．文王世子》篇說：「文王九十七乃終，武王九十三而終。」如以在位五十一年數計，那麼他卽位爲西伯侯的時候，正好是四十七歲，與經所說，尚能符合。

八、以無逸樂、無酗于酒以規成王之行：以上周公所告戒於成王的，多爲由無逸而得以享國久的實例，欲借此實例，來啟示其向善、效法、力行的心志。現在話題急轉直下，乃以成王本身所當爲者立言，期能使之切己體察，奉行不怠，是以周公說：

嗚呼！繼自今嗣王，則其無淫于觀、于逸、于遊、于田，以萬民惟正之供。無皇曰：「今日耽樂。」乃非民攸訓，非天攸若，時人丕則有愆。無若殷王之迷亂，酗于酒德哉⑱！

這是說：「所有自今以往承襲君位的嗣王們，均祈望他們不要貪享於歌臺舞榭之樂，更不可浸淫於逸樂、田獵中，當在全國人民的政事上倍加恭謹。也不可遽然說：今天姑且耽樂一次吧，明天就停止了。要知道，這種行爲，絕不是順民、順天的事，千萬不可像商王紂那樣迷惑淫亂，過度貪酒的行爲啊！」

這段話，我們認爲所特別強調的，就是「無皇曰：今日耽樂」一語。因「耽樂」之念一萌，其放縱之心卽不可收。爲防微杜漸，故特戒之告之。在這裏，也就可以看出周公的用心了。林之奇《尚書全解》卷三二說：「夫自古人君之耽樂也，豈以其害治而爲之哉！蓋以爲無害也。彼自以爲終歲憂勤，惟一日之耽樂，有何不可哉？然『兢兢業業，一日二日萬幾』（案：見〈皐陶謨〉），而危亡之幾至於萬數，故一日之勤，則有一日之效，一日之逸，則有一日之害。……蓋人君不可有逸豫之心，苟有其心，則日復一日，月復一月，歲復一歲，浸淫橫流，而不可遏矣。」所謂逸豫之不可啟，道理在此。苟無逸豫之心，雖逸豫一時，亦無妨，苟有逸豫之心，雖無逸豫之行，而心則不敬於政事矣。爲君當愼於此，爲民又何嘗不應戒愼於此？

九、以古代淳樸之風習相期勉：周公說：

嗚呼！我聞曰：「古之人猶胥訓告，胥保惠，胥教誨，民無或胥譸張為幻。」此厥不聽，人乃訓之；乃變亂先王之正刑，至于小大。民否則厥心違怨，否則厥口詛祝[19]。

這是說：「噢！我聽說：『古代的人，猶能相互告誡勉勵，相互保護愛扶，相互教導、勸誨，所以人民沒有相互誑騙詐欺的行爲。』而今，如不能從古人之法，那麼在官的人，將要順著私意去做，最後乃至變亂先王的政教法度，至於大小，無所不用其極。這時人民不但於心中違背怨恨，而且在口中，也會時出惡言而痛加咒罵啊！」

從這段話，可使我們想起《孟子・滕文公上》所說：「出入相友，守望相助，疾病相扶持，百姓親睦」的鄉習俗風。這在地方上來說，無異於一股龐大的安定力量，固然可造成敦睦和洽的淳樸風尚；而就政府來說，又何嘗不可使官員之間，砥礪節操，陶養品德，以正官箴，以興惠愛人民、服務社稷的宏願？由這段話，使我們可以想像到，在周公心目中的社會風氣。蔡沈《書經集傳》卷五說：「歎息言古人德業已盛，其臣猶且相與誡告之，相與保惠之，相與教誨之。……

唯其若是，是以視聽思慮，無所蔽塞，好惡取予，明而不悖，故當時之民，或無敢誑誕而幻也。」設若不然，執政者，任意變亂先王便民的法度，那就將要遭到人民的怨詛了。如省刑罰，這是先王重視人民生命的表現；又如薄賦斂，這是先王厚重民生的舉措，人民當然會感到方便。如政不出此，而一任己意的胡作非爲，那麼人民就將不僅違怨於心，可能還要進一步的咒駡於口了。一旦形成了人民對於政府的心口交怨，那麼國家卽使不危也要危、不亡也要亡了。此治亂存亡之機，周公的所慮，又是如何的深遠啊！

十、以四哲爲典範，勉成王自敬其德：能敬其德，則可明察，能明察，卽可知言，能知言，卽可知人，能知人，則可安民。是以「古之欲明明德於天下者，先致其知」，而致知又以修德爲本。周公深明此理，所以他又進一步的戒成王說：

嗚呼！自殷王中宗，及高宗，及祖甲，及我周文王，茲四人廸哲。厥或告之曰：「小人怨汝詈汝。」則皇自敬德。厥愆，曰：「朕之愆，允若時。」不啻不敢含怒。此厥不聽，人乃或譸張爲幻。曰：「小人怨汝詈汝。」則信之。則若是，不永念厥辟，不寬綽厥心；亂罰無罪，殺無辜，怨有同，是叢于厥身⑳。

這意思是說：「從商王中宗、高宗、到祖甲，以及我大周的文王，這四位君王，都是由修德而進於明哲，如有人告訴他們說：『小民怨恨你，詈罵你。』他們聽了之後，就會馬上遽自敬謹省察一己的行爲。如聽到議論他的過失，馬上就說：『這實在是我的過錯。』因此他們不但不敢含怒於人，尙且還想能多聽到一些有關他們的議論，以明了自己的施政得失。假如現在的君王，不能這樣做，一遇到有人誑騙詐欺說：『小民怨恨你，詈罵你。』他就信以爲眞，要是這樣的話，這位君王，他不但不會經常地深思國家的刑法，同時更不會寬廣自己的心胸；不但不知省察敬謹其行爲，反而會亂罰無罪的人，亂殺無辜的人。如是以來，天下的怨恨，當然也就會會合聚集在他的身上了。」

這段話，對一位年輕君王來說，確實有發聾振聵的作用，是暮鼓，也是晨鐘，更是當頭棒喝。要知道，一位修德不厚、閱歷不深、觀察不切的人，往往容易自是自滿，而目空一切。如能把這種自是自滿、目空一切的心態，轉變爲謙抑敬畏，恭肅勤勞，進而寬以待人，嚴以律己的話，那就正是周公的用心所在了。不過要想做到這一步，也確實不容易，聞人之怨詈，而能一發於中心之誠，出於從容的體悟，不僅可以恕人，而且更可以反己，這非有高深的修養，或像四哲的明達，是很難做到的。因此，才會上小人的當，爲其詐騙所蒙而不自知；更不知以法是念，使心胸開張。惟知斤斤計較，亂殺無辜，亂罰無罪。這樣，如何又能不使怨恨集於一身？蔡氏沈，於此所見甚切，他說：「大抵〈無逸〉之書，以知小人之依爲一篇綱領，而此章則申言旣知小人之依，則當蹈其知也。三宗文王，能蹈其知，故其胸次寬平，人之怨詈，不足以芥蒂，其心如天地之於萬物，一於長育而已。其悍疾憤戾，天豈私怒於其間哉！天地以萬物爲心，人君以萬民爲心，故君人者，要當以民之怨詈爲己責，不當以民之怨詈爲己怒；以爲己責，則民安而君亦安，以爲己怒，則民危而君亦危矣。吁！可不戒哉！」㉑這段話，眞可說是把經旨發揮得淋漓盡致，再透闢也沒有了。蔡氏實先得我心之所同然。平心而論，人君如能以修德止怨，那麼怨恨將可自消；如以怨止怨，惟殺罰是用，那就要怨恨更甚，一旦潰決，將不可收拾了。修德，所以明察納；廣心胸，所以能容人，舒民氣；周公的爲邦本國脈計，眞可說是既深且遠了。

十一、呼嗣王以「于茲」是勉，尤見周公之用心：周公說：

嗚呼！嗣王！其監于茲㉒！

這意思是說：「嗣王啊！應當以無逸爲戒啊！」周公這最後的叮囑，誠如蔡氏所說：「言有盡而意則無窮。」㉓人君得此進言，能不切己體察，而奮勵自勉嗎？自此之後，終成王之世，天下太平，生民安樂，而竟致「刑錯四十餘年」㉔，而且成王在臨終時，尙能敬謹不輟㉕，由此亦可見成王確實爲一治世之君，而周公的用心，也終於得到了實現。

三、結語

一、我們檢閱〈無逸〉全篇之餘，在文勢上，周公於言語之間，凡七次轉折，每一轉折，卽用「嗚呼」發端，以盡其咨嗟詠歎之意，而其含義，也就跟著更進一層。使我們深深感覺到，這位老人，不僅閱歷深，見聞廣，而且對事理的看法，又是這樣的明確、透闢，他那慈祥、關懷、愛護的神態，就好像展現在我們的面前。也使我們覺得，在我們面前，如眞的有這樣的一位老人家，時時對我們加以指導、教誨，又該是多麼地幸福？而做起事來，又是多麼地平穩、切實、有信心、有勇氣？

二、就全篇大旨來說，可以說是旣以「無逸」始，又以「無逸」終。而只不過，首先由當知稼穡的艱難，人民所依爲發端，然後卽以商代的三位帝王爲鑑，而不可安逸是勉。其次，再以當朝的祖先，自太王、王季的謙抑敬畏開始，到文王的「卑服」、「康功、田功」、「徽柔懿恭」、「懷保小民」、「惠愛鰥寡」、「以庶邦惟正之供」相戒，使成王知所依據、反省，進而效法而力行。再來，就是戒其本人勿「淫于觀、于逸、于遊、于田」，再其次，就是以古人的相告、相保、相教誨是勉。最後，再提示以四哲爲鑑，以「皇自敬德」善於察納、廣大心胸、寬容小民爲歸，以見天地之化萬物，亦如君王的治萬民作結，其層次之分明，義理之深刻，卽與當代文獻相較，亦不多讓。

三、現在，我們讀〈無逸〉之篇，在觀念上，不能再把它看作是帝王之學，應把它看作人人爲學、創業、立德、爲人、處世的龜鑑，不管在那一方面說，我們都需要「無逸」來作支柱，作後盾，作方針。假如我們能善用「無逸」之理，我們生於斯世，立於斯世，將可永遠處於不敗之地。《欽定書經傳說彙纂》卷一六引呂氏柟的話說：「無逸惡乎久？曰：一以存性，二以養情，三以遠害，四以廣恩，五以立命，六以得民，七以得天。」呂氏以周公的七次發端，各命以義，我們細繹經文，則認爲：雖不能說最得其旨，但絕對可以說：「雖不中亦不遠矣。」於此，也就可以看出〈無逸〉篇的價值所在了。

注釋

❶《尚書大傳》作毋，〈周本紀〉作無，《漢書・梅福傳》作亡。毋，有禁止之意。逸，《尚書大傳》作佚，《周禮・庾人》注，杜子春云：「佚，當作逸。」漢《熹平石經》乃逸作乃劮。逸，有樂、豫之意。無逸，即無得逸樂以怠政之意。

❷爲宋・林之奇語，見其所著《林氏尚書全解》卷三二，頁六九七八，漢京本【通志堂經解】第十一册。

❸1.鄭氏康成謂：「嗚呼，將戒成王，欲求以深感動之。君子，止謂在官長者。所，猶處也。君子處位爲

政，其無自逸豫也。」2.蔡氏沈謂：「所，猶處所也。君子以無逸爲所，動靜食息，無不在是焉。」3.吳闓生《尚書大義》則謂：「其，期之借字。」案：其、期，《廣韻》同爲渠之切，羣母、之韻。既爲同音，當可借用。期，有希望、希冀之意。如依此義爲釋，則爲：君子所期冀者，乃不可安逸也。4.無逸，卽不可安逸、逸豫、淫泆之意。5.依，有二解：一爲依賴也。蔡氏謂：「指稼穡而言，小民所恃以爲生者也。」一爲《白虎通·衣裳》篇云：「依，隱也。」《國語·周語》：「勸恤民隱。」注：隱，痛也，有疾苦之意。此謂小民之疾苦也。

❹ 見《東坡書傳》卷一四。藝文印書館【百部叢書集成】《學津討原》五。

❺ 見《詩經·豳風》。

❻ 1.相小人：相，視也。小人，小民也。謂彼無知之小子。2.乃逸，謂惟知一味逸豫享樂之意。3.乃諺既誕：乃，猶其也。諺，段玉裁以爲其本字應作喭。《論語·先進》篇云：「由也喭。」集解引鄭云：「子路之行，失于昄喭也。」皇疏引王弼云：「喭，剛強也。」案：昄喭，卽恣睢強悍之意，猶今言放縱兇惡之意。誕，今文作延，長久之意。亦長大之意。4.否則，猶於是也。否，漢石經作不。侮，作輕忽解。昔之人，謂古之人，猶今人謂某人爲老古董。無聞知，謂無聞無知也。卽無知識、老土之意。

❼ 1.中宗，舊說皆以中宗爲大戊。如《史記·殷本紀》及鄭玄箋商頌烈祖詩序，乃至清之孫星衍、簡朝亮等，均主此說。惟至王國維始以爲祖乙。今人多從之。是也。2.嚴恭寅畏：嚴，馬融作儼，矜莊也，卽莊重之意。恭，謙抑也。寅，敬也。畏，愼懼也。3.天命自度：天命，蔡氏謂天理。度，量也。漢石經作亮，段玉裁以爲量之假借。4.不敢荒寧：荒，《周書·謚法》云：「好樂怠政曰荒。」寧，安也。5.

肆中宗之享國：肆，作故解。享，猶饗。享國，猶言在位。

⑧ 1.高宗，蔡氏謂：「武丁也。未卽位之時，其父小乙使久居民間，與小民出入同事，故於小民稼穡艱難，備嘗知之也。」2.時，是也，一作寔。3.舊，史公作久。4.暨，作與解。5.作，及也，一作始解。6.亮陰，一作諒闇，大傳作梁闇。馬融云：「亮，信也。陰，默也。爲聽于冢宰，信默而不言。」鄭氏康成云：「諒闇轉作梁闇，楣謂之梁，闇謂廬也。小乙崩，武丁立，憂喪三年之禮，居倚廬柱楣，不言政事。」此蓋言居喪之禮也。7.嘉靖殷邦：嘉，善也。靖，安也。8.小大，猶上下，指百姓羣臣言。

⑨ 1.祖甲、不義惟王：祖甲，武丁子帝甲也。惟，爲也。以爲王不義，故云。馬融云：「祖甲有兄祖庚，而祖甲賢，武丁欲立之，祖甲以王父廢長立少不義，逃往民間，故曰不義惟王，久爲小人也。2.保惠于庶民，保，安也。惠，愛也。3.侮鰥寡：侮，輕忽之意。鰥寡，指窮苦無告之人。

⑩ 1.惟耽樂之從：耽，過於樂也。從，當讀爲縱，有放縱不知收斂之意。2.克壽，謂能在位長久也。非謂人身之壽考也。3.或四三年，徐幹《中論》引作三四年。然《漢書・杜欽傳》，亦引作四三年，蓋古史變文，以見八七、六五之例也。

⑪ 見宋・林之奇《尚書全解》卷三二，漢京本【通志堂經解】十一冊，頁六九八四。

⑫ 見《孟子・公孫丑上》。此六七賢聖之君，大概言之，爲：湯、大甲、大戊、祖乙、盤庚、武丁，六作也。其在祖甲，則七作矣。見簡朝亮著，《尚書集注述疏》下冊，頁四五七。

⑬ 1.太王、王季、文王、武王卽位，封其先世，以其父封文王。以其祖季歷，封王季。以其曾祖古公亶父封太王。2.克自抑畏：謂能自謙抑敬畏也。3.卑服，有二解：一爲蔡氏謂：「猶禹所謂惡衣服也。」一

為卑，賤也。服，事也。謂卑賤之事也。以第一解為優。4.康功：康，安也。功，事也。謂安民之事也。5.田功，即農事，謂養民之事也。6.徽柔懿恭：徽，和也、善也。懿，美也，即和柔、美恭之意。柔必和、恭必美，方合中道。7.懷保小民：謂撫愛保育之意。8.惠鮮鰥寡：謂惠愛孤苦無告之人，使遂其生。鮮，生也。9.日中昃，不遑暇食：昃，謂太陽過午以後偏至西方。遑，暇也。暇，閑也。此謂直至日中偏西無暇從容進食之意。10.文王不敢盤遊于田：謂文王不敢盤樂、遊逸、田獵之意。11.以庶邦惟正之供：正，政也。供，恭也。謂文王與眾諸侯，惟政事是恭之意。12.文王受命惟中身：謂文王受命為西伯侯（諸侯）已是中年之身矣。

⓮ 連，當讀為逴（音ㄓㄨㄛˊ），猶絕也、蹇也、獨也。

⓯ 雜，當讀為集。《廣雅・釋詁》云：「集，成也、就也。」此謂逴獨之人，得以成就其生業之意。

⓰ 見《史記・魯周公世家》。

⓱ 蒐、苗、獮、狩，皆田獵名，亦以之習武，因四時而異。

⓲ 1.繼自今嗣王：謂繼自今以往，凡嗣世之王，皆當戒之。2.則其無淫于觀、于逸、于遊、于田：則，語詞，無義。然亦或謂法也，以無淫于觀……為法則。其，祈令之詞，亦有希冀之意。淫，放恣之意。謂浸淫不止也。觀，朱駿聲《尚書便讀》卷四謂：「臺榭之樂也。」此句謂：祈其毋過度於臺樹之樂，毋浸淫於逸樂田獵也。3.以萬民惟正之供：正，政也。供，恭也。謂當以萬民之政事是恭之意。4.無皇曰：今日耽樂，皇，漢石經作兄，古音同。兄，況詞，又作遽解。見吳闓生《尚書大義》。一作大解。見《說文解字詁林・釋皇》。此謂：不可遽然曰：只今日耽樂，明日則止也。5.無若殷王受之迷亂、酗

于酒德哉：受，卽殷末王紂也。迷，惑也。酗，飮酒過度之意。德，行爲。

⑲ 1.古之人猶胥訓告：胥，作相解。訓告，猶告誡。2.民無或胥譸張爲幻：或，作有解。譸（音ㄓㄡ），譸張，謂誣誑欺騙之意。幻，相詐惑之意。3.此厥不聽：聽，作從解。謂不能從古之人胥訓告、胥保惠……之意。4.人乃訓之：人，謂官吏。訓，順也。此句謂：在官之人，將順其私意而爲之意。5.正刑，謂政教法度。6.否則：否，當讀爲丕，丕則，謂於是也。7.詛祝，猶詛咒也。口出惡言咒罵之意。

⑳ 1.茲四人迪哲：迪，解釋不一，或謂語詞，或謂作進解，或謂作道解。此處應作進解，有進德修業之意。哲，明智之意。2.厥或告之：厥，其也。或，作有解。3.皇，作遽解，一作大解。4.厥愆，曰：「朕之愆」，上一愆字，作訧（音一ㄡ，過失之意）議解。謂聞過失之議。下愆字，作過失解。5.不永念厥辟：永，長久之意。辟，作法解。6.不寬綽厥心：綽，亦作寬解，寬綽，乃同義字。7.怨有同：同，會合之意。8.是叢于厥身：叢，作聚解。此謂怨恨會合聚集一身之意。

㉑ 見蔡沈《書經集傳》卷五注。

㉒ 監，同鑑，作視、察解。

㉓ 同㉑。

㉔ 見《史記．周本紀》。

㉕ 見《尚書．顧命》篇。

拾柒〈君奭〉

〈君奭〉篇，爲周公挽留召公奭歸隱而作。當武王崩逝時，成王尙幼，周公乃攝政當國。他立政、靖難、制禮、作樂、致太平，給周代打下了長治久安的深厚基礎。及成王長，即行歸政，此時朝中老臣，已寥若晨星，僅周公、召公二人而已。然而召公卻欲退隱，周公有見於國家不可無老臣輔佐，於是乃以至誠之意，懇切之辭，勸召公打消去意，共襄成王。本文卽循此觀點，以探討周公之德，聖人之情。

一、以國家興亡相責勉，使其打消退隱的意念：周公瞻前顧後，默察冥思，此時雖已歸政成王，「然觀其德，尙不可舍而去也。」❶因此不僅他本人要留在朝中，繼續輔佐成王，同時更認爲朝中亦不可沒有召公，如是方可使成王舉止不失其德，所以本篇一開始他就說：

我們大周朝，既然承受了天命，治理人民，我可不知，大周的王業，是否能永遠的符合於休美的標準，而上天又能以誠信來輔佐我們；我也不知，大周王業的終結，是否會由於不祥善所致。

我們對於周公兩個「我可不知」以下所說的話，特別感覺其意義深長，耐人尋味。那意思是說：你召公留在朝中輔政，則國家將會休美，上天也會誠心誠意地來輔佐我們；退隱，則國家將會不祥而終，其關鍵全在於你召公一人的去留。換言之，卽召公一身關繫著國家的存亡安危，在此情況下，是不是應該深加考慮，打消去意呢？所以周公接著說：

唉！君奭啊！剛才我所說的那番話，以前你就已經這樣告訴過我❷，由於你的提示告誡，所以我絕對不敢安享上帝賜於我大周的基業而不有所作為，而竟不盡心力地來輔佐王室，我更不敢不永遠地思念著上天的威罰，以及人民的疾苦。我想，這樣做，才能使人民無所怨尤，無所違悖啊！

在以上周公所說的兩段言論中，一方面道出了召公原本忠藎不二的心意，這在〈召誥〉中，我們可以看的很清楚，這絕不是周公的危言聳聽，故意恭維，同時另一方面，也表明他自己的感受、態度、行為和做法，由於二人的通力合作，才有當時的那個局面，而就在此時，召公卻要退隱，這使周公在心理上，可能引起不安、或力單無法勝任的畏懼之感，所以也就不得不表露他的看法，他說：

我雖然已盡了心力，但是對於我們後嗣子孫（成王），若仍不能使之敬天愛民，以致遏絕、墜失了祖先的基業，而你由於退隱家居不知其情，這在表面上看來，你毫無責任，但是在你的心中，難道會不抱憾終生？

這話說的又是何等眞誠有力！對一位原本忠於國家的大臣來說，當然會發生無比的震撼作用，這一點，是我們大家都可以想像得到的。

二、以創業不易、守成尤難，表明一己的處事方針：周公以忠誠不二之心，襄武王輔成王，可說是歷盡艱辛，鞠躬盡瘁。因此對於創業、守成的道理，當能體會得最爲深刻而透闢，從這些體驗中，不知不覺間，也就形成了他的處事方針和看法。他說：

上天命我大周嗣承帝業，可不是一件容易的事，於此也可證明，上天並不是輕易就可取信的。一個國家，如不能永久承嗣其先王的恭敬光明的德業，那就要滅亡。現在我小子旦所能做到的，並不能對後嗣王眞正有什麼幫助，我只能以先王的德業來啟導他，移施在這幼童的身上而已。

這一方面是追述過去七年的艱辛輔政，深深地體會到「天命不易，上天難於取信，稍一不慎，就會導致國家滅亡」的噩運，同時由此也更可以看出周公又是何等的謙恭自處。此言外之意，無異說：既然輔佐王業的不墜，是如此的困難，你召公又何能輕言退隱呢？所以周公接著說：

就是由於上天難信，是以我能做到的，只是延續文王的美德，因為我知道上天是不會輕易廢棄我文王所承受的帝業的。

這一番話，不但謙虛的表示了一己的德薄能鮮，不足以取信上天，同時也反應出主題的所在，那就是如無召公的輔佐，充其量，國家只能維持現狀，要想再進一步的富強康樂、宏揚先王的德業，那就非召公的大力支持不可了。言外之意，在這樣的一個情況下，召公你是不可以退隱家居的啊！也惟有我們二人的通力合作，才能永保國運的不墜。

三、以前代的盛衰，說明輔佐大臣的重要，藉以勉召公繼續為周之大業效力：首先周公歷舉殷代的所以興，乃由於君聖臣賢，相得益彰，上下相恤、相勉、合作無間，故能「多歷年所」。使大臣輔佐之功，自然顯現，接著就以實例來說明他的這種看法，是絲毫不爽的。「如在成湯，就有伊尹輔佐，在太甲，就有保衡輔佐（案：保衡卽伊尹），在太戊，就有伊陟、臣扈、巫戊來輔佐，在祖乙，就有巫賢輔佐，在武丁，就有甘盤輔佐。由於這六位大臣，都能各盡其職責，陳布其才力，故能把殷國治理得非常安定，因之而殷朝的這些君王，也都能德配天地。檢討起來，這都是大臣輔佐的功勞。」周公所以不憚煩地述說這些往事，毫無疑問的是想著借此往事，勉勵召公同力輔政，「以篤周祜」。因此他更進一步的說明，在此情況下，「上天也能大助於殷國的帝業，而殷朝的百官以及王族在官的人，也沒有不是秉持著這種德行以自勉而又能憂思勤勞他們各自的政事的。那些小臣和諸侯，更是都能奔走效力於國家。就是因爲舉國上下的在位官員，都能稱揚天子之德，來盡心盡力的輔佐，所以當天子有政事於四方的時候，而四方的人民，就像對於卜筮一樣（案：殷人信鬼，周初卽使有所改變，想亦相去不會太遠，故有此言），沒有不是篤信不疑的。」一個國家的政令，能推行到這種程度，得到人民的如此信任和力行，當然是「上下和睦，黎民於變時雍」了。這種令人嚮往的景象，凡爲忠臣義士，有誰不希望如此？「至於殷代的所以滅亡，那是由於繼承帝業的紂王，敗德亂行所致。因此，我們要永遠的思念著殷代的所以興，是由於大臣的輔佐。而今，我們周朝，也有上天所降下的定命（王業），因此您召公也應當以期其太平（國家大治）來勉勵我們新建設的國家啊！」由於周公的切己體察，故能見深慮遠、言切意誠，將活生生的事實，擺在眼前，誰又能置疑？誰又能不惕然覺醒、奮勵以爲？孔子說：「有德者必有言」③，這不就是一個有力的證明？

四、明示以文、武的聖明。然其所以有成，亦無不仰賴大臣的輔佐，藉此期盼召公同心輔政：孔子譽文王爲至德❹，《史記．周本紀》亦載：「如伯夷、叔齊之賢，亦往歸之。」又說：「西伯陰行善，諸侯皆來決平」。可見文王之德，不僅可以化民成俗，同時亦可以和洽諸侯。我們常說：「知子莫若父」這句話，可是反過來說，也未嘗不可說「知父莫若子」。以周公之聖，察古鑑今，當更能了然。所以他說：

> 君奭啊！在從前，上帝所以一再地勸勉我文王從事修德，就是想要把宰撫四海的大命，降落在他身上。我文王的所以能修政化、和洽中國的諸侯，並沒有辜負上天的美意，那是由於虢叔、閎夭、散宜生、泰顛、南宮括等五位賢人的輔佐啊！假如沒有五位賢臣的來往奔走，來廸導我文王的常教，那麼我文王就無德降於國人了。說起來，這也是上天大助於我周室，是以五位大臣，均能秉持中正之德，更進而敬畏天命，深知天理律則，於是我文王之德，才得以顯明。由於五位賢臣昭明了文王之德，進而又被上帝聞知，所以祂才把殷家的天命，授於我文王來繼承。

殷人信鬼，周人信天，這是大家所熟知的，同時也是人類在演進的過程中，所必需經歷的。這在當時來說，是合情合理的，並不足怪。周公的這番話，當然是在強調輔臣的重要，以文王之聖，尚且如此，更何況是年方弱冠的成王，尤其需要大臣的輔佐，自不待言。至於武王滅殷而有天下，推其所以能有此不世出的偉大功烈，仍然是得力於大臣的輔佐，所以周公說：

> 到武王時，五位賢臣，就只有四位在世了。由於他們能輔佐武王奉行上天的威罰，所以才誅殺了強敵。這四位賢臣，不僅昭明了武王的德業，使上天聞知，同時更能殫盡各自的才德，來同心協力地輔佐武王建設周室。

以上三、四兩項，歷舉殷商之興，有此六臣，文、武之時，有此五臣，均在強調輔臣的重要。如無大臣的盡力輔佐，任憑君王多麼睿智聖明，亦不克成就其王業。而皐陶的所以將大臣喻爲天子的股肱❺，豈非無故？而此處所以譽輔臣之功，並非貶聖君之能，僅在說明君王的不可以無輔佐，借此以打消召公的去意罷了。是以宋代的林之奇先生說：「〈無逸〉、〈君奭〉，皆周公所作，方其爲成王言，則謂商、周之治，無不在其君之憂勤，及其爲召公言，則謂商、周之治，無不在其臣之輔相，言各有所當也。」❻這話說得非常有見解，於此我們也就更可以看出周公的用心了。

五、老臣凋謝，碩果僅存，世臣輔政，當共休戚：照理說，周公既歸政成王，也就應該「功成身退」，不當再行過問政事。然而我們由前文周公歷述殷、周聖君賢相的交互輝映，乃使其國，得以「歷數有永」，綿延不絕，內外之臣，莫非忠良，而其發政施教于天下，無不信服而感化，周以五臣之故，仁恩惠澤，浸潤於民，遂自百里而興，膺命以撫方夏，天下莫不稱頌其德，而不忘世臣舊德之有益於國也。」[7]這是周公所以不能退隱的原因之一。其次，周公觀察成王之德，以爲此時尚未可以離去，其以「無逸」誡之，就是一證。而事實上成王也確是「生於深宮之中，長於婦人之手，未嘗知憂，未嘗知勞，未嘗知懼，未嘗知危。」[8]如「逸豫之心一萌於中，則上無以奉天，下無以撫民，天命將自此而斷棄。」[9]而人民也就將要遭受到無窮的災禍了。此周公所以不能退隱的原因之二。再者，成王卽政，年方弱冠，「非有櫛風沐雨之艱，而遂據此富貴之勢，非有殫精疲神之勞，而遂享此治安之效。」[10]雖然在其未卽政前，由於周、召之輔佐、啟沃訓迪，固能納王於善，假如在聽政之初，卽遽然退隱而去，在此情形下，新王的舉措，如萬一有所不當，這不但將有辱於文、武的德業，而周公輔佐之功，亦將付諸東流，這是周公所以不能退隱的原因之三。我們就此三點，再詳審篇中所言，確實也可體認到「皆是周公以天命難諶，懼成王之弗克負荷，以忝前人之成憲，故已雖致政，而不敢告歸。」（林之奇《尚書全解》卷三三）既然其本身無法退隱，而此時朝中老臣又多已凋謝，而碩果僅存者，惟二人而已。況世臣輔政，當與國家共休戚，又何能輕言退隱？周公有鑑於此，不僅斷然決定一己留在朝中繼輔成王，就是與他分陝而治的召公[11]，亦以至誠之心，堅定之意，勸勉他打消去意，繼續留在朝中輔政。現在，就讓我們來看看周公當時的處境與說辭吧！他說：

而今在我小子旦來說，就好比浮行於大川中一樣，自今以往，我們二人，必須同心協力，始能度此危難。不過我小子旦，昏昧無知，而在官的人，又不能見責於我，更沒有聖賢勉勵的言論，能讓我聞知，老成有德的人，也不來我周朝輔佐。在這種情況下，我連鳥叫的聲音都無法聽到，又如何能顯明成王之德於上天呢？

在這一段話中，不但可以看出周公的用心和處境，同時更可看出他又是多麼地謙恭誠摯。也惟有虛懷若谷的人，才願意接受別人的「建言」，才肯開誠布公地與人合作，才能處處感覺一己的不如人。因此也才能導致其進取不已、多聞、多識、多見、多思慮。這對我們後人來說，又是一個多大的啟示？不僅如此，他更能進一步的告訴召公說：

君奭！現在，請你能重視先前我所說的那些話，同時我想，你比我更明白，那就是我大周承受了上天所賜的國運，這固然是無窮的美善之事，同時也是非常大的艱難⑫，我現在把這個道理告訴你的最主要的目的，就是千萬不能讓我們的繼位君王，有任何絲毫的迷惑啊！

在這段言論中，現在我們仍然所能直接體會到的，就是「惟休、惟艱」的寓義。這無異說：任何事情，都要付出代價，要享樂，就必須吃苦，因爲也惟有在勤苦中，才能深切體驗到成功的艱辛。同時任何事情，往往也都是對待的，既有「無疆惟休」，那當然也就有「大惟艱」，世事皆然，所謂有利就有弊、有得就有失，幾乎沒有例外。既知創業不易，那就應該想到守成尤難，一時一刻都不能怠忽。同時在這段言語中，也可以反映出周公並不以承擔重任爲樂，相反的，卻有無限惶恐之意，憂懼之情，這也正是我們後人所不及的地方。

六、以前王顧命相召，以一己至誠相感，以無窮希望相勸，以光明遠景相勉：周公惟恐召公不允，於是就以先王的遺命相告，以期使之幡然改圖，並以一己的至誠，及前朝的滅亡相感，使之打消去意。周公說：

您應該還記得，從前我武王在臨終時，曾經敷布了他的心腹，詳盡地命令您作人民的標準、法則，他說：「你要勉力地修為，誠心誠意地輔佐後王，以承受天命。要知道，承受我文王偉大的德業，也可說是無窮盡的憂心啊！」

這話的含義，實在太深遠了，不僅有勉勵，更重要的是警示與提醒，使之時刻以憂恤爲懷，其憂爲何？憂其不能光大祖先的德業，憂其不能勵精圖治，憂其不能效法前王，憂其敗壞德業，憂其不能永保不懈之情。周公既以此提示召公，當然自己更應以此爲懷，勉力以爲，所以他又說：

君奭啊！我以至誠與你相商，請求你也能一本初衷，敬謹地與我共同來正視殷朝的滅亡，完全是由於大不善。因此，我們要永遠地思念著不要遭到上天的懲罰啊！

於此，我們可以看出周公的挽留召公，全是出於至誠，他懲前毖後，既鑑於殷的喪亡，又感念到上天的威罰，同時又負有延續先人德業的重責大任，在此情形下，又如何可以不敬謹？更如何可以不盡心力地輔佐王室？這言外之意，無異說：既知殷朝由於大不善乃遭致了喪亡，欲避免此種災禍，就當力求備善，念天威，卽當繼續輔佐王室，不應歸隱啊！因此周公接著又再一次的表示了一己的至誠，希望召公不要退隱，能與他共同襄成王業。他說：

我以最大的誠心向你訴說（案：指前文所言），我想來想去，能夠襄成我大周王業的，只有我們二人。說到這裏，我想你一定會回答說：「周代王業的成敗，是在我們二人身上。」就目前的情勢言，上天賜給我大周的休命，日益到來（指國家日益昌盛，建設工作也日益繁多而言），就是我們兩人全力以赴，恐怕還不能勝任呢！雖然如此，我相信，由於你能敬明德行，又能表揚俊秀的人才為國家服務，終能襄助我王，造成一個不平凡的偉大時代的。

〈皐陶謨〉說：「在知人，知人則哲，能官人。」周公眞可說是知人矣。由於他的明哲，故能見遠知近，未雨綢繆。所以能在言語中，寄託無限期許，無限企盼，以及無限的仰慕之忱。同時他又能把一個美麗的遠景，很具體地展現在召公的面前，使之不能不心悅誠服的打消去意。非有至德的人，誰又能如是以爲？是以他又說：

唉！篤厚不移的輔佐王室，是我們二人的責任，眞高興能看到我王有今天美盛的成就，他一定能完成同文王一樣的功業而仍不懈怠，由此也可以想像得到，他也同樣地能上聞於天，而使四海之內，日出所能照到的地方，人民都能遵循法度，而順從他的治理。

在這幾句話中，我們可以充分的看出周公不伐其功的美德，所謂「美盛的成就」，這當然是由於他的攝政致太平所致，但他卻推說是後嗣王的成就。而另一個值得注意的意念，就是周公的一個樂觀的看法。然而樂觀必須靠信心、靠遠見、靠恆心、靠毅力、靠協和的通體合作，才能實現。他攝政七年，已使國家從風雨飄搖中，而走向安定，今後如能再與召公繼續同心輔政，當然可以使成王成爲英主，造成一個偉大的時代。同時在這裏，也無異間接的告訴我們，成王爲一可造之才，可輔之王，只要篤誠厚加輔佐，必可有成。換言之，輔佐成王，絕不會令人失望，以此來加強召公的信心，其用意誠可謂爲既深且遠了。事實上，我們由〈顧命〉篇，成王臨終時的那種敬愼不苟的舉止，也確實可以證明成王爲一代英主。而史家所稱述的所謂「天下安寧，刑錯四十餘年不用」⑬，也能爲我們的論點作注腳。而周、召輔佐之功，於此也就可以具體的看到了。由這一點，不也可以看出周公的遠見近識、未雨綢繆的明哲之舉嗎？這種高瞻遠矚的才德修養，後世之人，誰又能及？

七、畏天命、悲人窮，所以多誥：周公輔佐成王，盡瘁周室，爲周代在政治上，打下了甚至不可動搖的基礎，這是任人皆知的事。我們常說「愛之深、責之切」這句話，周公的留召公，就是出於此種心情，而他的所謂「多誥」，尤其是出於此種心情。不過在這裏，我們要稍加解釋，不然的話，那是會引起誤會的。所謂「愛之深」，是指愛周室、愛成王、愛其先王的德業而言。所謂「責之切」，責字應作「祈求」解，是指懇求召公留任而言。所以在此情況下，他也就毫無顧忌地、坦誠地吐露了心聲，他說：

君奭！並非是我願意如此多言，我所以這樣嚕嗦，是畏天命而為人民憂心啊！

這種幾近於聲嘶力竭、熱淚盈眶的祈求，誰又能爲之不動心？蔡沈《書經集傳》說：「韓子曰：『畏天命而悲人窮』，亦此意。周公之告召公，其言語之際，亦可悲矣！」臨了，周公又慨歎地說：

唉！君奭！您是深知人民性情行為的，然而您更知道，大多數人民的情性行為，沒有不是善於開始，而卻難於保持到終了的。我要向您說的話，僅此而已，自今以後，我堅信，您是會敬慎您的職事，輔佐王室治理人民的。

周公在最後，以「善始者實繁，克終者蓋寡」相勸勉，這在表面上看來，是對一般民情而發，而其中的寓義，以召公之德，是不難領會的。周公既以始終如一勉人，其自身的舉止，也就不言可喻了。他的公忠體國，「思兼三王，以施四事，其有不合者，仰而思之，夜以繼日，幸而得之，坐以待旦。」[14]其行事既然如此果決，而有始有終，自不待言。他的歸政成王，而仍然留在朝中繼續輔政，不就是一個很好的證明？孔子說：「才難，不其然乎？」[15]孔老夫子的這句話，用在此處，卻特別能說出周公的心情和用意。由於周公的能以國家人民爲前提，以至誠相勸勉，故能終於使召公幡然打消去意，而繼續輔佐王室。所以宋代的蔡沈說：「厥後，召公既相成王，又相康王，再世猶未釋其政，有味於周公之言夫！」[16]元代的董鼎也說：「憂之深，是以留之切，留之切，是以言之詳，召公同功一體之人，均有忠君愛國之心者也，安得不油然而感，幡然而留哉！」這些言論，都能「先得吾心之所同然。」

八、結語：就〈君奭〉篇，我們作了以上七點歸納，說明周公忠悃明哲，洞察事理，執柄要領，掌握癥結，處處以國家爲念，時時以發揚先王之德業是爲。他不僅明察既往，更能洞悉未來；明察既往，故能以歷史爲鑑，以規一己的行爲，以建一己的人格；洞悉未來，故能處事機先，未雨綢繆，弭禍患於無形。其所以能苦口婆心，堅留召公使之打消去意，非有見遠知近之明，料事機先之智，忠愛國家之誠，又何能出此？所以林之奇先生說：「〈無逸〉、〈君奭〉，皆周公所作，方其爲成王言，則謂商、周之治，無不在其君之憂勤，及其爲召公言，則謂商、周之治，無不在其臣之輔相，言各有所當也。」⑰所謂「言各有所當也」，就是我們所強調的洞察事理，執柄要領，掌握癥結了。呂祖謙先生說：「後世權位相軋，排之使去，則有之，挽之使留，蓋亦鮮矣。大臣之秉心公，則深恐無助，私則惟恐不專也。」⑱這話眞是說的一針見血，再肯切也沒有了。郝氏敬也說：「竊觀周公之志，而知聖人天行之健，不息之誠，以天地民物爲心，未嘗遲回於衰耄之年也。吾當爲之事，與夫不可辭之責，一息不容少懈，吾夫子思夢見周公，孟子謂：周公思兼三王，坐以待旦，讀〈君奭〉，始信其然也。」⑲由〈君奭〉全篇看來，這評論是正確的。

最後，我們不能不再爲一提的，那就是召公何以要退隱？從周公挽留的言論中，我們似可看出他退隱之意頗堅，這是否有理可說？關於此一問題，先儒說解甚紛，尤其是「召公不悅」⑳之言，在篇中，我們實在看不出召公有那裏不悅，爲何不悅的意圖。遠在宋代的朱子（熹），就已有「這意思曉不得」㉑的慨歎了。既然篇中隻字未及，我們又何必厚誣古人呢？就情勢說，召公原本與周公分陝而治，現在周公既已歸政成王，照理說，一切政事，就當由成王處理，二人一方面固已年老，再則也是功成名遂，而應該退隱的時候了。我們如果僅就「功成身退」這一點來說，又何嘗不是明達之見？所以蔡沈《書經集傳》說：「召公以盛滿難居，欲避權位，退老厥邑。」衡情度理，這種說法，是可以令人接受的。同時這對於召公的人格來說，不但絲毫無損，反而愈見其淡泊高潔呢，至於周、召二公的比較，因不在本文範圍之內，在這裏也就不再贅言了。臨了，我們想借用一首七絕作結，詩曰：

周公恐懼流言日，王莽謙恭下士時。假使當年身竟死，一生眞僞有誰知㉒？所幸天假以年，均未於「當年身死」，使我們後人得以一辨忠奸。

注釋

❶ 見《尚書全解》卷三三，林之奇引蘇氏語。

❷ 案：〈召誥〉篇云：「我不可不監于有夏，亦不可不監于有殷。我不敢知曰，有夏服天命，惟有歷年，

我不敢知曰，不其延，惟不敬厥德，乃早墜厥命。我不敢知曰，有殷受天命，惟有歷年，我不敢知曰，不其延，惟不敬厥德，乃早墜厥命。」周公師其義，用以說周之安危，以提醒召公。

❸ 見《論語・憲問》篇。

❹ 《論語・泰伯》篇：「三分天下有其二，以服事殷，周之德其可謂至也已矣。」集注引范氏曰：「文王之德，足以代商，天與之，人歸之，而不取，所以爲至德也。」

❺ 見〈皐陶謨〉。歌曰：「元首明哉，股肱良哉，庶事康哉。元首叢脞哉，股肱惰哉，萬事墮哉。」

❻ 見林之奇著，《尚書全解》卷三三。

❼ 同❻。

❽ 見林之奇著，《尚書全解》卷三二。

❾ 同❻。

❿ 同❽。

⓫ 見《公羊傳》隱公五年。

⓬ 此數語，無異周公轉述召公之言，〈召誥〉云：「惟王受命，無疆惟休，亦無疆惟恤。」其義卽如周公所言。

⓭ 見《史記・周本紀》。

⓮ 見《孟子・離婁下》注：「三王，三代之王也。四事，禹、湯、文、武所行之事也。不合，己行有不合也。仰而思之，參諸天也。坐以待旦，言欲急施之也。」

⑮ 見《論語・泰伯》篇。

⑯ 見《書經集傳》卷五篇末蔡沈注。

⑰ 同❻。

⑱ 見《欽定書經傳說彙纂》卷一六引。

⑲ 同⑱。

⑳ 見《尚書・君奭》篇序。

㉑ 同⑱。

㉒ 此詩爲筆者啟蒙時、塾師所教，已不能憶爲何人所作及其詩題，因其押韻，故尚能背誦，然亦不知其文辭是否有誤，請方家示正。案：此詩係唐・白居易〈放言〉五首中之一首。見明倫出版社本《全唐詩》七册頁四八七四。文字稍有出入。

附錄一　我讀《尚書·君奭》篇的兩點淺見

《君奭》篇，爲周公勸勉召公，繼續留在朝中輔政而作。就全篇經文說，除文字有些艱深古奧外，其布局、結構，都相當有層次，可以算得上一篇有系統、有條理的文章。因古書無標點，亦不分段，後人讀古書，全憑一己的見解斷句、分章，所以往往出入很大，這也就難怪仁智互見，眾說紛紜了。茲僅就所及，提出兩點淺見，以就教於方家。

1. 嗚呼！君！已曰時我。

這三句經文，自唐·孔穎達《尚書正義》，中經宋·蔡沈《書經集傳》，以至近代朱駿聲《尚書古注便讀》、曾運乾《尚書正讀》、屈萬里《尚書釋義》等著，都把它歸屬第二段。這種歸屬，並不太重要，重要的是歷來尚書家對此三句句義的解析。我們常說，解析文句，不可斷章取義，要顧全上下文的文氣。換句話說，一定要注意到文章的貫通性，再說得明白些，那就是文章的一氣到底性。如能顧全上下文氣的加以解析，即使不中肯，那也不會相距太遠。現在就讓我們來看看這三句經文，到底應作何種解釋，才能合乎我們的要求。

一、僞孔傳：「歎而言曰：君也，當是我之留。」將已曰二字，看作虛字，故不作解釋。正義：「嗚呼！君已，已，辭也。既歎乃復言曰：君，當是我之留。」將曰字作說解，並將君已二字讀在一起。這意思是說：「唉！君啊！（召公）你當以我的留在朝中繼續輔政是對的。」孔氏所以如此解釋，是爲了書序「召公不說」這句話的影響所致。然而遺憾的是，我們在〈君奭〉篇中，對於「召公不說」的意念，卻找不出片言隻字，這叫我們又如何能相信書序的話呢？

二、蔡沈《書經集傳》：「周公歎息言召公已嘗曰：是在我而已。」這意思是周公用召公的話來挽留召公。「是在我而已」中的我字，仍指召公。這是說：「你召公嘗說：『周的興替，其責任是在我身上。』既然如此，現在你召公又那能退休呢？」蔡氏之意，爲近人曾運乾氏所承。他說：「時我之我，召公自我也。時我，召公語。意言天命興替之幾，君以嘗曰是在我矣。」

三、朱駿聲《尚書古注便讀》：「時，是也。時我至惟人在，皆召公平日之言也。嘆息言君曾曰：輔成周業，是我之責。……」這種說法，與蔡氏大致相似。惟將「我亦不敢寧于上帝命至惟人在」數語，也看作召公語不同罷了。然而我們細玩經文，這種看法，是不對的。

四、章太炎《古文尚書拾遺定本》：「召公不說，必有所言。君已者，君止也。止其言也。曰者，更端之辭。時古用爲待字，……待我者，待我政成，然後去位也。」章氏的斷句，與孔穎達同。我，乃周公自稱，但仍爲書序所拘，認爲「召公不說」，周公爲其解釋所以留朝輔政之故，是以章氏有「待我政成，然後去位也」的話。

五、高本漢《書經注釋》：「按照周人書寫的習慣，時字只是作寺，但是寺，應該假借爲侍（歸於、依靠）。所以這句話就是說：你、公（＝君），說過那要靠我。寺字之假借爲侍，見表鐘。其銘文中有寺力，就是侍力。」高氏把經文中的我字，看作周公。把時我的我，看作周公是對的。不過推高氏之意，既然「你召公說過那要靠我。」現在我留在朝中繼續輔政，那麼你召公就不應該不說了。仍有爲書序「召公不說」所拘之嫌。

以上所述五種解說，除僞孔傳所言，於經無據外，其他四說，似乎都能言之成理，然而我們如就上下經文的文氣來看，那就不無商榷的餘地了。我們認爲，最值得商榷的，是「已曰時我」一句經文。已，蔡沈把它說爲已嘗，曾運乾承其說。曰，作說字解，這是常訓。時，作是字解。在《尚書》中爲通釋。我，指周公。這意思是說：「唉！君啊！你曾經這樣對我說過。」在這句話中，周公並沒有把召公曾經說過的話明說出來，那這是意味著召公「必有所言」，才使周公得以借用他的話，來挽留他繼續輔政了？不錯。關於這一點，遠在宋代的林之奇，在其所著《尚書全解》中，就已經爲我們作了提示。他說：「君！已曰時我。指〈召誥〉所陳之言。〈召誥〉言：敬德，則祈天永命，不敬德，則早墜厥命。命之修短，不在天而在人，故周公告召公，多援〈召誥〉之言，而爲之反覆辯明曉人者，當如是也。」這話是不錯的，只要我們一翻開〈召誥〉，馬上就可以發現召公在言辭間，那種忠藎不二之情，敬德永命之意，以及惟恐成王一有所失，即可能敗壞先王德業的意蘊。如他在〈召誥〉中一則說：

嗚呼！惟王受命，無疆惟休，亦無疆惟恤。嗚呼！曷其奈何弗敬！

再則說：

我不可不監于有夏，亦不可不監于有殷。我不敢知曰，有夏服天命，惟有歷年；我不敢知曰，不其延，惟不敬厥德，乃早墜厥命。我不敢知曰，有殷受天命，惟有歷年；我不敢知曰，不其延，惟不敬厥德，乃早墜厥命。

三則說：

王乃初服，嗚呼！若生子，罔不在厥初生，自貽哲命。……王其疾敬德，王其德之用，祈天永命。

既然如此，現在就讓我們來看看，周公又是一個怎樣的援引法？我們作這樣的論斷，是不是能使文氣通貫到底？周公在本篇，一開始就說：

君奭！弗弔，天降喪于殷，殷既墜厥命，我有周既受。我不敢知曰，厥基永孚于休，若天棐忱；我亦不敢知曰，其終出於不祥。

嗚呼！君！已曰時我。我亦不敢寧于上帝命，弗永遠念天威，越我民，罔尤違，惟人。

第一段是說：「君奭！由於上天不再恤憫於殷，所以才降下災禍使之喪亡。現在殷國已經失去了他的政權，我大周也已承受了上天所賦予的命令，繼殷而有天下，在此情況下，我可不知，我大周的王業，是否能永遠地符合於休美的標準，而上天又能以誠信來輔佐我們。我可不知，我大周王業的終結，是否會由於不祥善所致。」

這段言論，固然是爲挽留召公繼續輔政而發，然而其言外之意，乃在惟有敬德，才能永遠符合休美的標準，才能祈得上天的永命，才不會由於不祥善而使國家滅亡。因爲這些話，在〈召誥〉中召公早已講過，所以周公說到這裏，馬上就改爲慨歎的口吻說（第二段）：唉！君啊！先前我所說的那些話（第一段所言），都是你曾經對我說過的（君！已曰時我），因此，我絕不敢安享上天命周的基業而不有所作爲，而竟不盡心力地來輔佐王業。我更不敢不永遠地思念著上天的威罰，以及人民的疾苦。惟有如此，才能使人民無所怨尤，無所違背啊！

假如我們能作這樣的貫連，而「君！已曰時我」的意義，也就可以明顯地看出了。而且句中的每一個字，也都有實質的作用，這樣一來，也就根本用不著再輾轉假借曲爲之詁訓了。

2. 乃其墜命，弗克經歷嗣前人恭明德。

這兩句經文，所以要提出來討論，是因爲我們感覺在結構上，有移動的必要。當然，如僅就這兩句來看，倒不會有什麼太大的問題，可是如就整段來看，馬上就會感覺，如能將此兩句，上下對調，就文從理順了。經文說：

天命不易，天難諶，乃其墜命，弗克經歷嗣前人恭明德。

這段經文的解說甚紛，我們認爲：

天命不易：是說天命不易降於我的意思。說見馬瑞辰《毛詩傳箋通釋・周頌・敬之》篇。

天難諶：諶（音ㄔㄣˊ），與忱同，信也。是說上天難於取信之意。

乃其墜命：其，作將字解，說見《經傳釋詞》。墜，說文作隊，其義為失。命，卽天命，指帝位而言。

弗克經歷嗣前人恭明德：弗克，作不能解。經歷，作永遠、長久解，說見簡朝亮《尚書集注述疏》及吳闓生《尚書大義》。恭明德，是指恭敬光明之德而言。

合起來說，就成爲：天命我周嗣承帝業，可不是一件容易的事，同時上帝也不是輕易就可取信的，上天將滅亡一個國家，是因爲繼位的人，不能長久地承嗣其先王恭敬光明的德業。

這樣按照經文的順序疏解，固然也可以說得通，但是我們總覺得有因果倒置之感，假如我們能夠把這段經文的三、四兩句顚倒過來，說成：

天命我周嗣承帝業（或解為：天降我周帝業亦可），可不是一件易事。而上天也不是輕易就可取信的。假如繼位的人，不能長久地嗣承其先王的恭敬光明的德業，那麼，上天就將要滅亡這個國家。

這樣疏解，所以順理，是因爲「乃其墜命」一語爲結果，而「弗克經歷嗣前人恭明德」爲原因。爲了不使因果倒置，所以才作這樣的調整。當然，在古書中，倒裝式的句子很多，如《論語‧公冶長》篇：「子路有聞，未之能行，惟恐有聞。」其中的「未之能行」，就是「未能行之」的倒裝句式。不過像這類情形，我們很容易看出來，而此兩句經文的倒置，尚無人說過，所以特別提出來，權作「野人獻曝」吧！我們前文說過，由於尚書家們分章、斷句、訓釋的不同，往往仁智互見、紛紜莫衷，當然，這兩點淺見，也是我們一廂情願的說法，是否適當，並能要得尚書家們的首肯，那就非敢逆睹了。

附錄一　附〈君奭〉篇原典注譯

一、前　言

歷來說〈君奭〉的尚書家，多以召公疑周公而不悅，意欲退隱，周公乃以誠摯之意，予以慰留。其言爲當時史官所記，而成此篇。

我們就篇中所有對周公的稱述，不是用「周公若曰」，就是用「公曰」的情形來看，此篇爲史官所記，應無疑義。因爲周公，聖人也，當有謙德，不致以「公」自稱之理甚明。然而這並不影響此篇爲周公所言之意。如《論語》，爲孔子弟子所記，我們仍以爲那是孔子所說的話，是一樣的道理。

最先說召公不說（悅）的是書小序。其言云：「召公爲保，周公爲師，相成王，爲左右，召公不說，周公作〈君奭〉。」召公何以不說？書序並沒有說明。直到漢代的司馬遷作《史記》，於〈燕召公世家〉中，才加以解釋說：「成王既幼，周公攝政，當國踐祚，召公疑之，作〈君奭〉。」又說：「君奭不說周公，周公乃稱湯時有伊尹，……於是召公乃說。」東漢大儒馬融的見解是：「召公以周公既攝政，致太平，功配文、武，不宜復在臣位，故不說，以爲周公苟貪寵也。」（見《史記‧燕召公世家》集解引）三國曹魏‧徐幹《中論‧智行》篇也說：「召公見周公既反政，而猶不知去，疑其貪位，周公爲之作〈君奭〉，然後說。」

至此，所謂召公之「疑慮」、「不說」原因，總算找出了癥結所在而得以澄清。然而我們面對先儒的言論，卻不能苟同。因爲：第一，君薨，冢宰攝政，此乃古制。今武王崩，成王幼，周公以冢宰之職攝政，乃理所當然之事。以召公之賢，焉能不知？當不致爲此致疑。《論語‧憲問》篇說：「子張曰：『書云：「高宗諒陰，三年不言。」何謂也？』子曰：『何必高宗，古之人皆然。君薨，百官總己以聽命於冢宰三年。』」不就是明確的見證？第二，至於疑周公貪位之說亦不能成立。我們祇要一讀《尚書》中的〈金縢〉、〈無逸〉、〈洛誥〉、〈多士〉、〈多方〉諸篇，這種說辭，卽可不攻自破。第三，我們徧查此篇，卻不曾發現召公疑周公之言，也不曾見到召公不說之意。就經文以論經義，我們不同意「召公疑周公」、「不說周公」的這種說法。

其次爲「召公不說」作解的，是今人周秉鈞先生。他在所著《尚書易解》卷四（頁二四二）說：「不悅之事，說者紛紛，皆無確據。今按《墨子‧非命中》云：『於召公之非執命亦然，曰：「敬哉無天命，惟予二人而無造言，不自天降，自我得之。」』墨子所述反對執命之說，與本篇首段所引召公之語相合，因知召公所不悅者，乃執命之徒，非周公也。」這見解總算爲周公雪洗了不白之寃，然而由於對該篇解釋的觀點不同，周氏認為「乃召公之言」者，而我們尚有不同的看法，因此，並不以這種見解為確論，僅可備為一說。然我們對於周氏的好學深思，卻非常佩服。

我們對先儒以「召公不說」的說法，是採「莫須有」的觀點，因在經文中，實在找不出「召公不說」之言，就是「不說」的意念也無法找到。因此我們同意宋人蔡沈的見解。他說：「召公告老而去，周公留之，史錄其告語為篇。」又說：「詳本篇旨意，迺召公自以盛滿難居，欲避權位，退老厥邑。周公反覆告諭以留之爾。熟復而詳味之，其義固可見也。」我們詳審篇中之言，認為蔡氏之意，是可以相信的。至於本篇作成時代，就所引前文，已可看出當在致政之後。孫氏星衍《尚書今古文注疏》卷二二說：「編篇在〈多士〉之後，疑非踐阼時也。」我們的看法正是如此。

二、原文注譯

1. 周公若曰：「君奭！弗弔❶，天降喪于殷，殷既墜厥命。我有周既受，我不敢知曰❷，厥基永孚于休❸。若天棐忱❹，我亦不敢知曰，其終出于不祥❺。

注：❶君，尊稱之辭。奭（音ㄕˋ），燕召公名。弗弔，不恤憫，亦作不幸解。❷我不敢知曰，猶今語：我可不知道。敢，謙詞。知，俞樾以爲語辭。亦爲通說。❸厥基永孚于休：厥，其。指周言。基，業。指周之王業。孚，信、符。休，美、善。❹若天棐忱：若，語詞，或作順解。棐，輔。忱，誠。同諶。❺其終出于不祥：終，指王業之終結。祥，吉、善。

譯：經義是說：「周公這樣說：『君奭！由於上天不再恤憫殷國，所以才降下災禍使之喪亡。現在殷朝已經失去了他的國家（政權），我大周也已承受了上天所賦予的命令（繼殷而有天下），在此情況下，我可不知道（或譯爲：我可不敢說亦可），大周的王業是否能永遠地符合休美的標準，順從天意（理）得其誠信的輔佐。我也不敢說大周王業的終結，是否會由於不祥善所致。』」

案：蔡氏《書經集傳》說：「此篇乃周公留召公而作，此其言天命吉凶，雖曰我不敢知，然其懇惻危懼之意，天命吉凶之決，實主於召公留不留如何也。」是言甚得其旨。

2. 嗚呼！君已曰時我❶，我亦不敢寧于上帝命❷，弗永遠念天威❸，越我民❹；罔尤違，惟人❺。在我後嗣子孫❻，大弗克恭上下❼，遏佚前人光❽，在家不知❾。

注：❶你（召公）已經如是（這樣）告訴過我。時，是。❷寧，安享。上帝命，上天的命

令。指周的基（王）業言。❸天威，上天的威罰。❹越，及、於。❺罔尤違、惟人：此爲惟人、罔尤違之倒語。惟，語詞。人，指人民。罔，無。尤，怨。違，背。或謂：當解爲罔尤於天，罔違於人，處處以天理爲念，以人民爲懷。是說亦通。❻後嗣子孫：指成王。❼恭上下，敬天恤民。❽遏，止。佚，失。前人，文武。光，烈。《漢書・王莽傳》：「前人光」作「文武烈」。烈，事業。❾在家不知，簡朝亮《尚書集注述疏》：「苟人臣在家，則不知之矣。明當在國而知之也。此周公以召公退老在家，而憂乎在國無人，致其所以留之意也。」

譯：經義是說：「唉！君奭啊！你已經這樣告訴過我（你已經對我說過），所以我也就不敢安享上天命周的基業而不有所作爲，而竟不盡心力地來輔佐王室。我更不敢不永遠地思念著上天的威罰，以及人民的疾苦，如此才能使人民無所怨尤，無所違背啊！（或譯爲：如是方可處處不違天理，不背人民的意願啊！）而今我後嗣子孫（成王），若不能使之敬天順民，以致斷絕、失去我文武所留下的基業，由於你的告老退居在家，這情形，就無法知道了。」

案：歸隱在家，就難以知「我後嗣子孫是否能敬天敬民、絕失前王的光烈，而予以及時的輔正。」在第一段的兩「我不敢知曰」下所言，意味深長，確實耐人尋味。其意爲：你召公留，則休，去則不祥。關鍵乃在你一人的去留，一身繫國家之安危，可不深加思念！故周公於此段結尾說：「在家不知」。直接點出不可去職之義。而周公留召公的誠意，於此也就全盤烘托而出了。

3.天命不易❶，天難諶❷，乃其墜命，弗克經歷嗣前人恭明德❸，在今予小子旦，非克有正❹；迪惟前人光，施于我沖子❺。」

注：❶謂天命不易降於我周。不易，謂難。❷諶（音ㄔㄣˊ）。同忱，信、誠。天難諶，謂上天不易取信。必人自敬而後輔之。❸其，將。墜命，失去帝位。墜，說文作隊，作失解。命，天命。指帝位。經歷，永遠之意。恭明德，恭敬光明之德。指先王的帝業。❹正，善。引申有幫助意，即使之爲善。❺迪，導而行之。惟，祇、僅。前人光，先王的光烈。施，移、延。

譯：經義是說：「天命我周嗣承帝業，可不是一件易事（或譯爲：天命是不可改易的），同時上天也不是輕易就可取信的，一個國家將要滅亡，就是因爲他的繼承者，不能經久承嗣其先王恭敬光明的德業。而今我小子旦，並不能有所助於我們的後嗣王，我只能以先王的德業來啟導他，移施在這個年輕人的身上。』」

案：此節中「乃其墜命」句，應移至「弗克經歷嗣前人恭明德」之後，這樣與上兩句連成一氣，就文從字順了。如譯爲語體，當爲：「天命降於我周，是不容易的，於此亦可見上天的難於取信，如不能長久的嗣承前王的恭敬光明之德，上天就要墜失其帝業了。」所以下文緊接著說：「而今我小子旦，本身並不能對後嗣王有什麼幫助（或說爲：我自己並沒有任何修養能耐），只不過導引著前王的光烈，移轉到年輕人的身上罷了。」

這種功成不居、立大功，建大業而不伐的心懷，何人能及？

4.又曰：「天不可信❶，我道惟寧王德延❷，天不庸釋于文王受命❸。」

注：❶又曰者，承上文公曰之辭，重提而告之之意。天不信，猶言上天難諶（忱），卽上天難以取信之意。❷道惟，猶迪惟。釋文：「道，馬本作迪。」迪惟，王引之《經傳釋詞》謂語詞。寧王，卽文王。見〈大誥〉篇。延，續。❸庸，用。不庸，猶今語不致於、不會之意。釋，說文：「捨釋也。」有廢棄之意。

譯：經義是說：「又說：『上天是難以取信的，所以我只有延續文王的美德，因爲上天是不會廢棄文王所承受的帝業的。』」

案：此可明顯看出周公的謙德，表明一己的德薄能鮮，不克勝此大任，所以非召公輔佐，絕不能竟其功。

5.公曰：「君奭！我聞在昔，成湯旣受命，時則有若伊尹，格于皇天❶。在太甲，時則有若保衡❷。在太戊，時則有若伊陟、臣扈，格於上帝；巫咸，乂王家❸。在祖乙，時則有若巫賢❹。在武丁，時則有若甘盤❺。

注：❶時則有若者，蔡氏《書經集傳》謂：「言當其時，有如此人也。」或謂：時，是。若，語詞。言是則有伊尹輔政。格，有三解：一為感。謂感動上帝降臨之意。一為至。謂其功可上至天。一為格、假古通。《中庸釋文》：「假，嘉也。謂其功，深得上天嘉許也。」皇，大。皇天，即大天，嘉美之稱。❷太甲，湯孫。保衡，鄭氏謂：「伊尹名摯，湯以為阿衡。阿，倚；衡，平也。伊尹、湯所以倚而取平，以尹天下，故曰伊尹。至太甲改曰保衡。保，安。言天下所取安、所取平。」蔡氏謂：「保衡即伊尹。」簡朝亮謂：「於湯時稱伊尹，於太甲時稱其官，互相備也。」❸太戊，太甲孫。伊陟，伊尹之子。臣扈，蔡氏謂與「湯時臣扈二人而同名者也。」巫咸，王引之《經義述聞》：「巫咸，當為巫戊。」乂，治理。乂王家，言巫戊之治功在王家。❹祖乙，史公以為河亶甲之子。王國維據甲骨卜辭，證為仲丁子。可取。巫賢，偽孔傳以為巫咸（即巫戊）之子。❺武丁，即殷高宗。甘盤，史公作甘般。《漢書・古今人表》，甘盤與傅說並書，皆武丁臣。

譯：經義是說：「公說：『君奭！我聽說在從前，成湯既已承受上天賦予的帝位，當時就有伊尹來輔佐他，其所建立的功勳，大的可與上天相比。在太甲時，就有保衡來輔佐他。在太戊時，就有伊陟、臣扈二位大臣來輔佐他。其功同樣可以與上帝相比。另外還有巫戊，其輔佐治理，功在國家。在祖乙時，就有巫賢來輔佐。在武丁時，就有甘盤來輔佐。』」

案：在此節中，周公列舉前代帝王的所以有成就，無不仰賴大臣的輔佐。其挽留召公的用心，於此也就表露無遺了。

6. 率惟茲有陳❶，保乂有殷；故殷禮陟配天❷，多歷年所。

注：❶率，猶大抵、皆、咸之意。惟，語詞。陳，布施。謂陳布其才力。❷殷禮，殷之祀禮。陟，升。古帝王殁皆曰陟。配天，謂祭天之時而以先王配享。俞樾《羣經平議》六：「謂殷人之禮，死則配天而稱帝也。《竹書紀年》：『凡帝王之終皆曰陟。』」見漢京本【皇清經解續編】十九冊，頁一四九八六。

譯：經義是說：「由於這六位大臣，都能各在其位，陳布其才力，把殷國治理得非常安定，所以殷朝的祀禮，當君王死後，他的神靈，就能配享於祀天的祭禮，這種情形，經歷了很多年代。」

案：左氏宣公三年傳云：「商載祀六百。」是其多歷年所之證。周公所以舉商代賢臣的輔佐，使其君得以配享，並多歷年所，乃勉召公同心輔政，「以篤周祜」啊！

7. 天惟純佑命，則商實百姓王人，罔不秉德明恤❶；小臣屏侯甸，矧咸奔走❷。惟茲惟德稱，用乂厥辟❸。故一人有事于四方，若卜筮，罔不是孚❹。」

注：❶天，上天。惟，語詞。純佑，謂良佐之臣。命，天命。指已得之帝業。實，寔、是，三字古通。是，猶之之意。百姓，江聲云：「異姓之臣。王人，王之族人，同姓臣也。」秉，持。明，勉。說見《經義述聞》。恤，憂。❷小臣，正義引王肅語云：「臣之微者。」屏，魏三體石經作并。屏與并亦通。見《尚書新證》。侯甸，謂在外之五服諸侯，舉侯甸以包其他。矧，亦。咸，皆。奔走，謂奔波效勞以服王事。❸茲，此。指百姓、王人、小臣。稱，舉、揚。用，以。乂，同艾，相。辟，君。❹一人，謂天子，指殷王。事，謂政事。孚，信。

譯：經義是說：「上天以良臣輔助殷國的帝業，而商朝的百官以及王族在官的人，也沒有不是秉持著他的德行以自勉，憂思勤勞他們的政事的。那些小臣和諸侯，也均能奔走效力於國家，就是因爲舉國上下的羣臣，能稱揚其德行，來盡心盡力地輔相他們的國君，所以當天子有政事於四方的時候，四方的人民，就像對於卜筮一樣，沒有不是篤信不疑的。』」

案：此以殷之良臣輔佐，並諸侯甸服，無不羣策羣力，以篤誠之心，共輔其君，來激勵召公，使之打消退隱意念。

8. 公曰：「君奭！天壽平格，保乂有殷；有殷嗣，天滅威❶。今汝永念，則有固命，厥亂明我新造邦❷。」

注：❶壽，此作動詞用，謂上天降壽考於平格之人。平，公平正直之謂。格，乃徦之假借，今作假，至也。至者，至於皇天、上帝。《釋詁》：「格，陞也。」或謂格，乃格人、格知天命之人，亦爲通說。是以蔡傳引呂氏之言云：「天無私壽，惟至平通格于天者則壽之。」此言甚切，當爲的論。保，安。乂，治。二有字皆語詞。嗣，繼。殷嗣，當爲嗣殷之倒文，指紂。紂德敗壞，人共知之，是以不作明言。威，《爾雅．釋言》：「則也。」卽法則之意。紂敗德亂行，不守天則，故上帝滅之。❷永，長久。固，定。命，謂天命，猶帝位。厥，其。有期許意。亂，治。明，勉。新造邦，謂滅殷所建造之邦。

譯：經義是說：「公說：『君奭啊！你是知道知的，上天降下壽考給平正無私通於上帝的人，來安治殷國；到了繼承帝業的紂，敗德亂行，所以上天就以律則把他滅掉了。因此，現在我要請您永遠的思念著殷代的所以興，是由於大臣的輔佐所致，我們周朝，也有上天所降的定命，所以您也應當以期許其太平（大治）來勉勵我們新建的國家啊！』」

案：此以「天壽平格」勉召公繼續在朝輔弼成王，以免蹈「天滅威」的覆轍。這不僅可以看出周公對召公的期許，同時更可看出周公對召公的尊敬。

9.公曰：「君奭！在昔上帝，割申勸寧王之德❶，其集大命于厥躬❷。惟文王尚克修和我有夏❸。亦惟有若虢叔，有若閎夭，有若散宜生，有若泰顛，有若南宮括❹。

注：❶割，鄭注《周禮》云：「蓋也。」語詞。申，重。勸，勉。寧王，卽文王。此乃謂重覆勸勉文王之德。或謂勸，當爲觀，亦爲通說。❷其，乃。大命，此指安撫天下、統宰四海之天命。亦卽帝位。厥，其。躬，身。此謂乃集帝位于文王之身。屈萬里先生云：「鳥落於樹曰集，此猶今語落到……上也。」是解甚得經旨。❸惟，語詞。尙，則。克，能。修和，僞孔傳云：「修政化，和諸夏也。」修，行。施行政化之意。和，協洽敦睦之意。夏，謂中國。此謂我文王則能修政化以和洽中國之諸侯。❹亦，曾運乾云：「亦文王也。言文王修和有夏，不僅一人而已，亦惟有若虢叔諸臣同心協力也。」虢叔，文王弟。閎、散宜、泰、南宮，皆氏，夭、生、顚、括，皆名。此謂文王能修和諸夏，乃由於虢叔等五臣之輔佐所致。

案：《史記・周本紀》云：「伯夷、叔齊在孤竹，聞西伯善養老，盍往歸之。大顚、閎夭、散宜生、鬻子、辛甲大夫之徒，皆往歸之。」又云：「西伯乃獻洛西之地以請紂去炮烙之刑，紂許之。西伯陰行善，諸侯皆來決平。」此正言文王之能修和於諸侯。

譯：經義是說：「公說：『君奭！在從前上帝所以一再地勸勉我文王從事修德，就是要把宰撫四海的大命降落到他的身上。我文王則能修政化、和洽中國的諸侯，並沒有辜負上天的美意，所以能夠如此，也是由於虢叔等五位賢人的輔佐啊！」

案：此亦緊扣大臣輔佐之旨，借明其在朝、退隱，與國家治亂的息息相關。

10.又曰：無能往來茲迪彝教，文王蔑德降于國人❶。亦惟純佑、秉德，迪知天威，乃惟時昭文王❷；迪見冒聞于上帝，惟時受有殷命哉❸。

注：❶往來，言此五人往來奔波、效勞，常親近於文王。茲迪，於此迪導文王之彝教。彝，常。蔑，無。此謂若無此五人來往奔走迪導文王之常教，則文王亦無德降於國人。❷純佑，猶良佐。或謂純，大；佐，助。秉德，謂五臣均能秉持中正之德。迪知天威，謂此五臣皆能進而深知上天之律則，敬畏天命。威，則、法。惟時，猶於是。昭，明。乃惟是昭文王，言於是乃能顯明文王之德。❸迪，進。見，被。冒，上進。聞，知。惟是，猶於是。

譯：經義是說：「公又說：假如沒有五位賢臣，來往不辭辛勞地奔走，以迪導我文王的常教，我文王就無德澤降於國人了。由於有此五大良佐均能秉持中正之德，又進而敬畏天命，深知上天的律則，於是我文王的德澤，才得以昭明。由於五賢臣昭明了文王之德，進而又被上帝所聞知，於是祂就把殷家的天命，受於我文王來繼承了。」

案：此言文王之德業，所以能得以昭明，乃大臣之秉德輔佐，並深知上天之律則所致。言外之意，就輔佐來說，文王尚需如此，更何況是成王？

11. 武王惟茲四人，尚迪有祿❶。後暨武王，誕將天威，咸劉厥敵❷。惟茲四人昭武王，惟冒，丕單稱德❸。

注：❶鄭氏云：「至武王之時，虢叔等有死者，餘四人也。」迪，從由得聲，亦或同猶。說見孫疏。祿，祿位。❷暨，與。誕，語詞。將，奉行。威，則、法。或謂威，畏。天威，猶天罰。劉，殺。敵，指紂言。❸昭，顯明。冒，上進於天。丕，語詞。單，同殫，作盡解。稱，舉、揚。

譯：經義是說：「到武王時，五位良佐，就僅有四人在世了。後來與武王奉行上天的威罰，一同誅殺了強敵。這四位賢臣，不僅昭明了武王的德業，使上帝聞知，同時更能殫盡各自的才德，來同心協力地輔佐武王。」

案：此強調武王所以能成就偉大德業，克服強敵，亦由賢臣輔佐所致。言外之意，於此時，您召公又怎可退隱呢？

12. 今在予小子旦❶，若游大川，予往暨汝奭其濟❷。小子同未，在位誕無我責❸。收罔勗不及，耇造德不降；我則鳴鳥不聞，矧曰其能格❹？」

注：❶此謂而今僅予小子旦一人輔佐王室。言其任大責重之意。❷游，浮行。往，自今以後。曁，與。其，語詞。濟，渡。❸小子，周公自稱。同未，吳汝綸《尚書故》：「同未者，詷昧也；小子詷昧者，周公自謙之詞。」案：詷與僮通，僮昧，謂無知昏闇。在位，在官位。誕，語詞。無我責，謂無人責我。❹收，孫詒讓以為乃「攸」之形聲俱近之譌字。勗，勉。不及，謂不及其身。攸罔勗，乃罔攸勗之倒文。耇，老壽。造，鄭云：「成也。」耇造德，乃老年成德之人。不降，言不下降於我周輔佐之意。鳴鳥，卽鳥之鳴聲。鳥之鳴聲尚不可聞，言已孤陋昏瞶。矧，況。其，豈。格，至、陞。

譯：經義是說：「而今在我小子旦來說，就好比浮行大川一樣，自今以後，我與你，必須同心協力，才能渡此危難，我小子旦昏昧無知，在官位的人，又不能見責於我，更沒有聖賢勉勵的言論能讓我聞知，老成有德的人，也不及我周輔佐，在這種情況下，我連鳥叫的聲音，都無法聽到，又如何能顯明成王之德於上天呢？』」

案：觀此，不僅可窺周公自謙恭謹之德，更可見周公需求賢臣輔佐之殷。自此以下至終篇，乃周公告召公，二人當協力同心，勗勉成王，使不墜天命。

13. 公曰：「嗚呼！君！肆其監于茲❶。我受命無疆惟休，亦大惟艱❷。告君乃猷裕，我不以後人迷❸。」

注：❶肆，今。其，庶幾。監，視。茲，此。指前文所言。❷我，我周朝。受命，承受天命，指帝業。無疆，無窮盡。休，美、善、吉慶。二惟字，皆語詞。❸乃，此。猷裕，王引之《經義述聞》：「方言曰：『猷裕，道也。東齊曰裕或曰猷。』」此與〈康誥〉「遠乃猷裕」同義。以，使。迷，惑、誤。

譯：經義是說：「公說：『唉！君奭！現在請你重視前面我所說的話，我大周朝承受了上天所賜的國運，這固然是無窮的休美，同時也是非常大的艱難，我把這個道理告訴你，我們不要使後代的子孫迷惑啊！』」

案：周公明言此道，不使後人迷惑者，乃創業不易，守成尤難之意，此爲一時一刻均不可怠忽者。同時亦可反應周公不以承擔重任爲樂，卻有無限惶恐之意，此誠後人所不可及者。

14. 公曰：「前人敷乃心，乃悉命汝，作汝民極❶。曰：『汝明勗偶王，在亶，乘茲大命❷。惟文王德丕承，無疆之恤❸。』」

注：❶前人，指武王。莊述祖云：「此述武王之顧命以厲召公也。」說見《今古文尚書集解》引。敷，布。乃心，猶其心。悉，盡。極，標準、準則、法則。❷曰，簡朝亮云：「曰者，武王顧命之辭也。召公受武王顧命，故周公追述焉。」明，勗，均作勉解。偶，有比次之意。與耦同。亦作輔解。說見朱彬《經傳考證》。亶，誠。乘，承。大命，天命。❸丕，大。承，繼承。恤，憂。

譯：經義是說：「公說：『從前武王敷布了他的心腹，曾經詳盡地命令你作人民的準則。他說：「你要勉力地修爲，誠心誠意地輔佐君王承受天命。承受了文王偉大的德業，也可說是無窮的憂心啊！」』」

案：蔡氏集傳引蘇氏之言云：「周公與召公同受武王顧命輔成王，故周公言前人敷乃心腹，以命汝召公位三公以爲民極。且曰汝當明勉輔孺子，如耕之有偶也。在於相信，如車之有馭也。并力一心，以載天命，念文考之舊德，以丕承無疆之憂。武王之言如此，而可以去乎？」又案：文王之德大，承其德，當有無限之憂恤。其憂爲何？憂其德之不能顯明，憂其德之敗壞，憂後王之不能法前王。是皆可憂之者。

15. 公曰：「君！告汝朕允❶。保奭❷！其汝克敬以予監于殷喪大否❸，肆念我天威❹。

注：❶告汝朕允，爲朕告汝允之倒文。允，誠。❷保奭，保、召公所居之官。〈文王世子〉：「保也者，愼其身以輔翼之，而歸諸道者也。」❸其，有祈使之意。以，與。監，視。否，不善。此項注解俱見《經義述聞》。❹肆，長。曾運乾說。天威，上天之律則，猶天罰之意。

譯：經義是說：「公說：『君奭！我實實在在的告訴你（或譯爲：我以至誠與你相商）。太保奭！祈望你能敬謹地與我共同來正視於殷的喪亡，是由於大不善。所以我們要永遠的思念著不要遭到上天的懲罰啊！』」

案：周公懲前毖後，監於殷之喪亡，因念上天的威罰，不可不敬謹，不可不盡力輔佐王室。念天威，即當繼續輔佐王室，不應歸隱。由於殷之大不善，乃遭致喪亡之禍，欲不遭喪亡，則當力求備善。

16.予不允惟若茲誥，予惟曰襄我二人❶。汝有合哉，言曰：『在時二人。』天休滋至，惟時二人弗戡❷。其汝克敬德，明我俊民，在讓後人于丕時❸。

注：❶不，當作丕。允，誠。惟，語詞。下惟字當思解。茲，此。襄，成。二人，謂周、召二公。❷合，有二解：一爲合意。一爲當作答解。說見章太炎《古文尚書拾遺》。言曰，召公之答言。時，是。二人，指周、召二公。休，美、善、福祥。滋，益。惟時，猶僅是、僅有之意。

哉，勝。勝，說文：「任也。」❸其，祈使之詞。明，章明、表揚。或謂明，勉。表揚亦寓勉義。俊，說文：「才千人也。」在，終。讓，于省吾以爲應作襄，成也。後人，謂成王。丕時，簡朝亮云：「大時也。」言二人輔佐成王造成一偉大之時代也。

譯：經義是說：「我以最大的誠意這樣告訴您，我是想，能够襄成周代王業的，只有我二人。您一定會回答說：『周代王業的成敗，是在我們二人身上。』而今上天賜給我周朝的休命，日益到來，僅僅只有我們兩個人，恐怕是不能勝任的。雖然如此，我相信你能敬明德行，又能表揚俊秀的人才爲國服務，終能襄助成王，造成一個不平凡的偉大時代的。」

案：周公於讚美召公之餘，不僅謂其德美，當留在朝中，襄助成王，而且亦暗示成王亦爲一可造之才，只要篤誠輔之，必可有成。換言之，輔佐成王，絕不會令人失望。以此加強召公之信心，其用心可謂良苦。

17.嗚呼！篤棐時二人，我式克至于今日休❶。我咸成文王功于不怠，丕冒❷；海隅出日，罔不率俾❸。」

注：❶篤，誠而固。棐，輔。時，是。二人，周、召二公。我，我王。或謂我周室（案：此處之我，所以訓我王，爲周公不得自伐其功。聖若周公，當不致張其能、稱其功）。式，用。

❷我，我王。咸，同。簡朝亮說。怠，懈。丕，大。冒，進。引申有上聞之意。❸率，循。俾，從。此謂四海之隅，日出所照，無不循度而順從者。

譯：經義是說：「唉！篤誠不移地輔佐王室，是我們二人的責任，（眞高興看到）我王能有今天美盛的成就，我王一定能完成同文王一樣的功業而不懈怠，所以也同樣地能上聞於天，而四海以內，日出所照的地方，天下的人民，沒有不循著法度而順從的。』」

案：以當前之盛業，「海隅日出，罔不率俾」相激勵，相責勉，惟恐召公不能爲其所動。其瞻前顧後，寄望之殷、期盼之切，可謂溢於言表。

18. 公曰：「君！予不惠若茲多誥❶，予惟用閔于天越民❷。」

注：❶惠，當作惟。〈酒誥〉：「予不惟若茲多誥」，漢石經惟卽作惠可證。聲之誤。吳闓生云：「惟，願也。」❷惟，只是。閔，憂。越，與、及。

譯：經義是說：「公說：『君奭！並非我願意如此多言，我所以這樣嚕嗦，只是畏天命而憂民心之無常啊！』」

案：蔡沈《書經集傳》云：「韓子曰：『畏天命，而悲人窮。』亦此意。前言若茲誥，故此言若茲多誥，周公之告召公，其言語之際，亦可悲矣。」所言甚是。

19.公曰：「嗚呼！君！惟乃知民德❶，亦罔不能厥初，惟其終❷。祇若茲，往敬用治❸。」

注：❶乃，汝。謂召公。德，屈萬里先生云：「性情行爲也。」❷能，善。初，始。惟其終，言善終之難。《詩・大雅・蕩》云：「靡不有初，鮮克有終。」即以善終爲貴。❸祇，語詞。若茲，如此。往，自今以後。敬用治，敬愼於治民之職事。

譯：經義是說：「公說：『啊！君奭！您是深知人民性情行爲的，也就是說，沒有不是善於開始，而難保持到終了的。我所要向您說的話，僅此而已，自今以後，輔佐王室，我堅信您是會敬愼您的職事，治理人民的。』」

案：蔡氏《書經集傳》云：「厥後召公既相成王，又相康王，再世猶未釋其政，有味於周公之言夫！」於此也就可以看出周公的才識（德）了。又案：林氏曰：「〈無逸〉、〈君奭〉，皆周公之言。方其爲成王言，則謂商周之治，無不在君之憂勤，及其爲召公言，則謂商周之治，無不在其臣之輔相，言各有所當也。」呂氏曰：「後世權位相軋，排之使去則有之，挽之使留，蓋亦鮮矣。」郝氏曰：「竊觀周公之志，而知聖人不息之誠，未嘗衰於耄年也。吾嘗爲之事，不可辭之責，一息不容少懈。孟子謂周公思兼三王，坐以待旦，讀〈君奭〉，始信其然矣。」（以上又案引語，林氏語，見林之奇《尚書全解》卷三三。呂氏、郝氏語，見《欽定書經傳說彙纂》卷一六。）

拾捌〈多方〉

一、前　言

當成王卽政的明年，淮夷及奄又叛，成王親征，遂滅奄，並遷其君於薄姑[1]。成王還至宗周——鎬京，諸侯俱來朝會，周公以王命誥諸四方眾國，史官記述其言，作〈多方〉。書小序說：「成王歸自奄，在宗周，誥庶邦，作〈多方〉。」《史記·周本紀》也說：「成王自奄歸，在宗周，作〈多方〉。」清儒孫星衍《尚書今古文注疏》則說：「此篇書序列在〈無逸〉、〈君奭〉之後，前尚有〈成王征〉、〈將薄姑〉二佚篇（案：征，一作政；薄，一作蒲）。《史記·周本紀》〈召誥〉、〈洛誥〉、〈多士〉、〈無佚〉（一作逸）及此〈多方〉，俱在周公行政七年，成王長，周公反政之後，與伐誅管、蔡非一時事。大傳則云：『周公攝政，一年救亂，二年克殷，三年踐奄，四年建侯衛，五年營成周，六年制禮作樂，七年致政于成王。』則此是攝政三年事，當在〈召誥〉、〈洛誥〉諸篇之前。故書序疏引鄭注云：『此伐淮夷與踐奄，是攝政三年伐管、蔡時事，其編篇于此，未聞。』案：古今文說書本不同，史公問故孔安國，又與書序編篇之次相合，未可非也。」是孫疏也以書序、《史記》之說爲是。至大傳所載，鄭氏康成採以爲說，這是今文家的見解。考周公伐奄，前後計有三次：一在相武王之時，一在三監叛時，一在致政之後[2]。而大傳僅以三年踐奄爲說，是以爲後世所疑。而此〈多方〉篇前的兩佚篇（〈成王政〉、〈將蒲姑〉）序說：「成王東伐淮夷，遂踐奄，作〈成王政〉。成王既踐奄，將遷其君於蒲姑，作〈將蒲姑〉。」又〈費誓〉序說：「魯侯伯禽宅曲阜，徐夷並興，東郊不開，作〈費誓〉。」而〈費誓〉經文也說：「淮夷、徐戎並興。」是成王即政之始，淮夷與奄重叛，成王親往征之，乃遂踐奄。是以蔡氏沈《書經集傳》卷五說：「成王即政，奄與淮夷又叛，成王滅奄，歸作此篇。案：〈費誓〉言，徂茲淮夷、徐戎並興，即其事也。疑當時扇亂，不特殷人，如徐戎、淮夷、四方，容或有之，故及多方。亦誥體也。」[3]再者，由篇中的稱謂，也不難看出此時周公已致政成王。所以一開始就先周公曰，而後再引王曰。這種情形，其他各篇似乎少見。是以我們認爲此篇之作，就時間說，應在〈多士〉之後。古代稱國爲方，多方，猶言諸國、眾國，因篇中有四國、多方之語，故以名篇。

二、大義探討

就本篇來看，大致可分爲兩個層次：從標號二至十二，是誥四方諸侯之言，從十三以下，乃爲誥各國眾官員的話。我們從全文中不難發現，在表面上周朝雖然是統一了，但仍舊不時有反叛的亂事發生。這種潛在的問題，只要一有機會可乘，他們無不鼓動風潮，興風作浪，借以造成時勢。以武王之仁，周公之德，尚且如此，其難於治理之情，也就可想而知了。是以蘇軾慨歎的說：「自〈大誥〉、〈康誥〉、〈酒誥〉、〈梓材〉、〈召誥〉、〈洛誥〉、〈多士〉、〈多方〉八篇，雖所誥不一，然大略以殷人不心服周而作也。予讀〈泰誓〉、〈牧誓〉、〈武成〉，常怪周取殷之易，及讀此八篇，又怪周安殷之難也。〈多方〉所告，不止殷人，乃及四方之士，是紛紛焉不心服者，非獨殷人也。予乃知湯已下七王之德深矣！方紂之虐，人如在膏火中，歸周如流，不暇念先王之德，及天下粗定，人自膏火中出，卽念殷先七王如父母，雖以武王、周公之聖，相繼撫之，而莫能禁也。……使周無周公，則殷之復興也必矣。此周公之所以畏而不敢去也。」❹這話非常有啟示作用。現在，我們卽就著經文內容，逐項探討如次：

一、史官記事，首先指明時間地點，以爲敷陳之始。

淮夷、徐戎及奄之叛，「至再至三」，此次叛周，是在成王卽政的明年，故王率軍親征，遂滅奄。是以經文說：

惟五月丁亥，王來自奄，至于宗周❺。

經義是說：「成王卽政的明年五月二十一日丁亥，王從奄地回到了鎬京。」成王踐奄還至鎬京，至此天下可說已趨底定，是以諸侯皆來朝拜，周公乃以王命告多方及眾士，期能服膺天命，順從大周的治理。以下卽爲誥多方的正文。

二、首言過去所頒教令，爲四方諸侯所共知。經文說：

周公曰：「王若曰：『猷！告爾四國多方，惟爾殷侯尹民。我惟大降爾命，爾罔不知❻。

經義是說：「周公說：『我王如此說：「噢！告訴你們天下的眾位諸侯，與過去殷侯治理下的人民。我曾對你們頒下教令，你們沒有人不知道。」

這無異說，我大周乃奉天命治理四方，這層道理早已誥告天下，只是你們不能服膺天命，故屢有反叛之舉，今大勢已經底定，你們實不應再作非分之想，應全心一德，服從我大周的治理。《增修東萊書說》卷二八說：「先周公曰而復曰王若曰何也？明周公傳王命而非周公之命也。……於是歷敍天命之公，古今之變，征誅安集之本末，俾四國多方，咸與聞之，大破其疑，而深絕其亂根者，蓋在於是。兵寢刑措四十餘年之盛，其亦訓誥之助歟？」❼

三、直指夏桀鄙棄天命，過度放逸，竟連一日勉行上天之教導亦不願爲。經文說：

洪惟圖天之命，弗永寅念于祀。惟帝降格于夏。有夏誕厥逸，不肯慼言于民，乃大淫昏，不克終日勸于帝之迪，乃爾攸聞❽。

經義是說：「就是因為鄙棄（或私謀）天命的人，不能永遠敬謹地思念著保其祭祀，所以上帝才降下教令於夏桀。而夏桀仍然不知悔改，惟知大肆逸樂，不知憂慮人民的疾苦，放濫昏昧，不明天命，竟連一日之間勉於上帝的教導都不願做，這是你們所知道的。」

這段話，就是直接告訴四方諸侯，由於夏桀的「大淫昏，不克終日之間勉行於上帝的教導，故為商湯所滅，此乃爾之所知也。」而商之末世，亦如夏桀，我周代商而行天命，殷人亦不當反對才是。是以呂氏祖謙說：「天命可受而不可圖（案：以圖作謀解），圖則人謀之私，而非天命之公矣。此蓋深示以天命不可妄干，乃〈多方〉一篇綱領也。」❾所見非常深切。經文中所說：「弗永寅念于祀」，在字面上看似與天命、帝位無關，但如不能享有天命，帝位亦將不保，當然也就無法保其祭祀了。這是以祭祀代天命、帝位的說法。因此段經文直接言及夏桀，在行文上有些突然，是以蔡氏沈以為「此章上有闕文」。

四、告以夏桀暴虐殘民，成湯奉天命滅之。經文說：

厥圖帝之命，不克開于民之麗；乃大降罰，崇亂有夏，因甲于內亂。不克靈承于旅，罔丕惟進之恭，洪舒于民。亦惟有夏之民，叨懫日欽，劓割夏邑。天惟時求民主，乃大降顯休命于成湯，刑殄有夏⑩。

經義是說：「更由於夏桀鄙棄上帝的休命，不能愼罰使人民免蹈法網，反而大頒虐害人民的刑罰，一再地禍亂有夏，又以朝中的紛亂爲習常的事情。在治理人民方面，不僅不能順承民意，反而搜刮民財，大肆毒害。因此有夏的人民，也跟著一天天地貪財暴戾起來，以殘害夏國。於是上天就不得不爲人民另行尋求英主，才頒下一道光顯美好的天命給成湯，而成湯也就在這種情況下，奉天命將有夏滅掉了。」

這在表面雖是指陳夏桀的暴虐貪戾，彰顯成湯的伐暴安良，其實也就是指陳殷紂的罪過，彰顯周文武的仁民愛物，暗示四方諸侯們，不可以再不順從大周的治理，而背逆天命了。逆天而行，是要遭到滅絕命運的。這種「惕之以禍而破其邪心」的用意，足以警頑伏奸，使其知所向善。這層含義，諸侯們當能領悟。

五、繼而告以天惡夏桀，亦由其供職之官員，相互殘害人民，無所不爲。

夏桀既然其本身淫昏輕忽天命，當然也就難以監督其供職的官吏。所謂上行下效，乃必然之事。是以經文說：

惟天不畀純，乃惟以爾多方之義民，不克永于多享。惟夏之恭多士，大不克明保于民，乃胥惟虐于民；至于百為，大不克開⑪。

經義是說：「因為上天不再給與夏桀美好的福祥，所以也就不能與多方的賢人，永久共享安樂。再加上夏桀當時一些在位供職的官員，都極不願意自勉與人民共享安樂，竟然相互殘害百姓，所作所為，無所不用其極，這當然也就無法開釋陷於法網中的無辜人民了。」

所以會有這種情形的發生，毫無疑問地當然是上行下效之驗。有其君，亦必有其臣，君貪臣戾，國家焉有不亡之理？可是話又要說回來，如果眾官員能勉於養民之責，夏桀雖暴虐，或亦不致天怒人怨，導致國家的滅亡。責夏桀，亦所以斥殷紂，殷之多士，能無所感？

六、告以自成湯代夏直至帝乙，無不明德慎罰，故能享有天命，而今紂以不克如此，故亦不克與爾共享天命。

天道往復，循環無有已時，惟有知天命，明民隱，修德慎刑，方可共享天命。是以經文說：

乃惟成湯，克以爾多方，簡代夏作民主。慎厥麗，乃勸；厥民刑，用勸。以至于帝乙，罔不明德慎罰，亦克用勸。要囚，殄戮多罪，亦克用勸；開釋無辜，亦克用勸。今至于爾辟，弗克以爾多方享天之命。』」⑫

經義是說：「因此上帝才簡選成湯與你們前代的各國諸侯，代夏作爲人民的各級君主。他們以謹刑愼罰來勸勉人民向善。一直到了帝乙，沒有不是用明德愼罰，來勸勉人民向善的。就是把犯人關進獄中，或是殺戮罪惡多端的人，也是在勸勉人民。至於開釋無罪的人，更是可以表示刑罰明察，絕不妄殺無辜。而今到了你們的君主紂，就不能和你們衆國諸侯，共享休美的天命了。」』」

這段經文，在斷句上，尙書學家多半作：「乃惟成湯，克以爾多方簡，代夏作民主。」如果這樣斷句，那就變爲成湯的所以代夏爲民主，乃由於當時諸侯的簡選擁戴了。這樣解釋，當然也可以說得通。不過我們細繹全篇所誥，皆以天命爲依歸，此處似不宜指爲諸侯。如果作廣泛的引申，兩者可視爲殊途同歸。因爲能得到諸侯的擁戴，自然也就代表了民意。何況上天也是以「天視自我民視」⑬的？

明德愼罰，不僅爲本段的主旨，我們將之視爲全篇的主旨，也未嘗不可。因爲商之以此而享有天命，周之繼此亦可享有天命。所以周公借以說明成湯以至帝乙無不如此，故能享有上天的休命。蔡氏沈深明此義，所以他進一步闡明其含蘊說：「明德，則民愛慕之，謹罰，則民畏服之，自成湯至于帝乙，雖歷世不同，而皆知明其德，謹其罰，故亦能用以勸勉其民也。……明德，仁之本也，謹罰，仁之政也。」⑭王氏樵也說：「彼要囚之中，有情罪已當而當殄戮者，亦有原情可恕而當開釋者。戮之不當，則良民懼，而戮不足以爲勸，非愼罰也。釋之不當，則姦人幸，而釋不足以爲勸，非愼罰也。商王則時乎殄戮多罪也，亦克用勸焉，時乎開釋無辜也，亦克用勸焉。愼罰如此，則其明德以爲之本者，又可知矣。」⑮蔡、王二氏的話，對明德愼罰以收勸勉之效的見解，我們非常同意。這段經文，在表面雖是直指夏代，可是其義蘊未嘗不涉及有殷四方諸侯。如稍作思維，當可領悟周公之言，一切皆爲咎由自取，豈又何尤？不順從天命，難道可謂明智？

七、告以並非上天欲滅夏亡殷，實乃由於夏、殷後王桀、紂，鄙棄天命，怙惡不悛所致。以史實律則爲勸，最能服人。是以經文說：

「嗚呼！王若曰：『誥告爾多方，非天庸釋有夏，非天庸釋有殷。乃惟爾辟，以爾多方，大淫圖天之命，屑有辭。乃惟有夏，圖厥政，不集于享；天降時喪，有邦間之。乃惟爾商後王，逸厥逸，圖厥政，不蠲烝，天惟降時喪⑯。

經義是說：「『噢！我王如此說：「現在正告你們各國諸侯，你們當知，並不是上天要捨棄有夏，也不是上天要捨棄有殷。是因爲夏、殷的國君與你們各國的諸侯，太過於鄙賤、輕視上天的休命，以至積累了很多罪狀的緣故。就拿有夏來說吧，他鄙棄政事，不合享有天命的條件，所以上天才把他滅亡了由殷朝代理。可是到了你們商朝的後王紂，不僅縱情逸樂，而且又鄙視政事的治理，更不能善承天命，所以上天才降下喪亡於殷國的。」

這段誥語，在表面上看，是處處以「天命」爲依歸，但我們不可否認的，這也是歷史的律則。時不論古今，地不分中外，凡明德愼罰之君，無不可上得天之休命，下受人民擁戴的。反之，也就無不爲天命所殛，爲人民所棄了。爲人處世亦然，凡以忠恕篤實待人者，亦必爲人所共賞，凡以刻薄奸詐待人者，亦必爲人所共嘗，此乃不易之理。讀經至此，能不有所慨嗎？

八、以事理之必然，明示聖狂由己。並告天以休命畀周，乃其能順天應民，非由力迫勢取所致。 經文說：

> 惟聖罔念作狂，惟狂克念作聖。天惟五年須暇之子孫，誕作民主；罔可念聽。天惟求爾多方，大動以威，開厥顧天。惟爾多方，罔堪顧之。惟我周王，靈承于旅，克堪用德，惟典神天。天惟式教我用休，簡畀殷命，尹爾多方⑰。

經義是說：「明通的人，如不經常思念於善，就會狂妄；狂妄的人，如能經常思念於善，就會變成明通的人。上天寬假五年的時間給湯的子孫紂，使他延作民主，希望其能悔改，然而紂卻不思念於善，所以沒有善德上聞於天。因此上天也只有求助於你們各國的諸侯。降下災異，以威動天下，並啟示紂能顧念天道。可是你們各方的諸侯，卻沒有能勝任顧念天威的。惟有我周王能善順民意，能夠以德主持天地山川神祇的祭祀，所以上天也就以休命教我，選我大周畀與殷國的休命，來治理你們四方的諸侯。」

這段誥語，就事論理，直截了當，坦誠明切，在意念的表達上，也能淋漓盡致，充分地發揮了誥辭的功效。而當時的四方諸侯，即使心中不能悅服，想亦無言以對。除此之外，在義理上，我們認為容有發揮的空間。如「惟聖罔念作狂，惟狂克念作聖」兩句經文，所指固為天子、國君，可是我們一般小民，又何能外此？這可說是一種「心理建設」。如果我們能心心念念於聖，雖是狂人，亦可成為明通的聖賢。宋代的大政治家王安石，對此即有深刻的體悟，他說：「操則存，舍則亡，其心之謂歟？思曰睿，睿作聖，操其心以思，所謂念也。」⑱蔡氏沈於其所著《書經集傳》卷五中說：「聖，通明之稱。言聖而罔念，則為狂矣，愚而能念，則為聖矣。紂雖昏愚，亦有可改過遷善之理。……或曰狂而克念果可為聖乎？曰聖固未易為也，狂而克念（案：當念於善），則作聖之功，知所向方，太甲其庶幾矣。聖而罔念，果至於狂乎？曰聖固無所謂罔念也，禹戒舜曰：『無若丹朱傲，惟慢遊是好。』一念之差，雖未至於狂，而狂之理亦在是矣。此人心惟危，聖人拳拳告戒，豈無意哉！」⑲馬氏森也說：「罔念、克念，指出一念幾微之地，而實天人相與之際，興喪之原皆由於此。蓋一篇之大義也。」⑳我們看了以上所引各家的言論，就難免要說：「心之爲用大矣哉」了。如再就當時諸侯的實況說，除一味地順承紂意「上行下效」外，有誰能顧念到人民的疾苦，上天所降的「災異」？於此，蔡氏甚能闡其微旨。他說：「紂既罔可念聽，天於是求民主於爾多方，大警動以禓祥（災異）譴告之威，以開發其能受眷顧之命者，而爾多方之眾，皆不足以堪眷顧之命也。……天下向者，天命未定，眷求民主之時，能者則得之，孰有過汝者？乃無一能當天之眷！今天既命我周而定于一矣，爾猶洶洶不靖，欲何爲邪？明指天命而讋服四海姦雄之心者，莫切於是。」所見極爲眞切。

九、謙言不敢多誥，僅以教令頒於四方之民而已。經文說：

今我曷敢多誥？我惟大降爾四國民命㉑。

經義是說：「今我何敢多所誥言？我只是爲了尊重、保全你們四方各國的民命罷了。」或譯爲：「今我如何敢多誥語，我只是頒下教令於四方的人民罷了。」

不管如何解說，這兩句經文，都充滿了濃厚的希冀、寬容之情。言語之間，惟恐他們會錯了意，所以才用這兩句話作爲提綱，期望能收到有過遷善的實效，使潛消其反逆之心，借以啟開其「自新善後之路，使不自陷於罰殛之禍。」㉒以下三節，接著就是「我曷敢多誥」的寓意分析說明。

十、勸勉多方於國境之內，行　信寬裕之政，來輔助周王共享上天的休命。經文說：

爾曷不忱裕之于爾多方？爾曷不夾介乂我周王、享天之命？今爾尚宅爾宅，畋爾田，爾曷不惠王熙天之命㉓？

經義是說：「你們爲何不在各自的國境內，奉行誠信寬裕的政事？你們又爲什麼不夾輔相我周王來共享上天的休命？現在，你們仍然居住在原先的宅第中，耕種著原先的田地，既然這樣，那又爲什麼不順從我周王來廣大上天的休命？」

由這種期勉，我們不難想像周公望治之心，是如何地迫切。他連用反問的口氣，暗示諸侯的反側不靖，是毫無道理的，說得明顯些，也就是不知天高地厚的行爲，是多麼地不能自知自量。

除此之外，我們認爲經文中所提出的「忱裕」、「夾介」之教，有進一步說明的必要。馬森氏說：「忱則無反側動搖之念，而上下一心以相與；裕則無忿觸不靜之謀，而彼此優游於安命；夾介則消其叛亂之非，而篤其比輔之義。」㉔這見解非常透闢。

十一、明示其所以屢次動亂不能順從周王之因，乃由於鄙棄天命，自作不法。經文說：

爾乃迪屢不靜，爾心未愛；爾乃不大宅天命，爾乃屑播天命；爾乃自作不典，圖忱于正㉕。

經義是說：「你們竟然（反而）屢次地製造騷動不安，這是因爲你們不能由衷地順從所致；所以你們才不安於天命，才盡棄天命，才自作不法，並鄙棄誠信與正道（或譯爲：才謀擊官長）。」

前文爲期望之辭，此段則直接予以指斥。由於諸侯的不知自量，不知天高地厚，「圖忱于正」，所以才敢屢次的騷亂不靖。這正是亂源所在。所以周公卽針對其病根，痛下針砭，而冀能起其沈痾。是以他言無所忌，直責其失，深盼「多方」能徹底警悟。

十二、明示屢告不悛，而仍再三作亂者，卽將誅殺不赦。經文說：

> 我惟時其教告之，我惟時其戰要囚之。至于再，至于三，乃有不用我降爾命，我乃其大罰殛之。非我有周秉德不康寧，乃惟爾自速辜！』」[26]

經義是說：「（在此情形下）我於是就教告你們改正，情形嚴重的，我就把他們幽囚起來。至於屢次勸告不聽，竟然一而再，再而三的叛亂，仍不順從我所頒的教令，那我就要大加誅殺了。這樣做，並非我大周奉德不安寧，乃是你們自召的罪過啊！」』」

這無異是對「迪屢不靜」的叛亂者，所下的最後通牒。呂氏祖謙說：「秉德不康寧，多士、多方皆言之，蓋頑民不自省己之屢叛屢起，乃不康寧之大者，反咎周之遷徙討伐爲不康寧，不自責而責人，此其所以爲惡也。」㉗萬國欽也說：「大罰殛之，則將直行斧鉞之誅，并治餘黨之罪矣。不康寧者，不仁而好殺之謂也。」㉘我們認爲：任何一個統一的國家，均不許可叛亂分子的存在，而尤其是「迪屢不靜」的叛亂分子。是以整治叛亂，站在統治者的立場，乃必然之事。寬容仍應有其限度，超出限度，卽當予以嚴厲懲罰。不然，將何以肅奸以警不軌？

十三、告慰各國衆官員，言其在周王治理下，無不守法重紀。經文說：

「王曰：『嗚呼！猷，告爾有方多士，暨殷多士。今爾奔走臣我監五祀，越惟有胥伯小大多正，爾罔不克臬㉙。

經義是說：「『王說：「噢！告訴你們各國以及殷的眾官員，而今你們辛勤奔波臣服我周，在我的監臨治理下，已經五年了，這在你們胥、伯、大小正長來說，卻是沒有不能遵守法則的。」

此段以上，爲誥四方諸侯，卽篇首所稱之四國多方。此下乃誥告各國的多士。本節主旨，在獎勵他們無不遵守法令的行爲。言下有安撫之意。

十四、勉衆官員和於室家，勤勞職事，不要再謀怨惡，卽可安處於位，服事其邑。經文說：

自作不和，爾惟和哉！爾室不睦，爾惟和哉！爾邑克明，爾惟克勤乃事。爾尚不忌于凶德，亦則以穆穆在乃位，克閱于乃邑謀介㉚。

經義是說：「如果因爲自己身心的不安靜而導致自身、或是家室的不和睦，那就要自行設法融洽和睦；要知道，爾邑的政治清明，是由於你們能勤勞自身的職事所致。你們不應再謀於怨惡，那也就是要以和敬的理念、態度，安處在自己的職位上。這樣才能服事於爾邑，有助於你們的邦邑。」

前段稱讚多士能遵循法紀，此則進一步以和睦室家、安於其位、服事其邑相勉。於此亦可見周王循序漸進治理的用心了。《欽定書經傳說彙纂》卷一七引王氏樵的話說：「善眾而惡寡，治之始乎惡，惡眾而善寡，治之始乎善。當遷殷之初，成王擇殷士之可與者，使比介於周之賢臣，以薰陶其德，多士所謂臣我多遜，周公所以欲王先服殷之御事者此也。殷士既從，則又教之以益修其身，治其心，使自身心而達於家邑無不和順，則凶德庶幾乎不足畏，而可以默奪而潛消，猶懼其未也，爾邑之賢者，又教其克閱而謀其助，則善人益多，而善者之力勝矣。夫以殷治殷，以賢引賢，而使之以賢治不肖，此聖人轉移殷俗之妙機也。」這段話，用在治人方面，確有其獨到之處。當民國二十六年七七事變後，日本人佔領我整個華北地區，即提出「以華治華，以戰養戰」的口號，其不知這種方術在數千年前的西周初年，周公卽已用過。「經書不可不讀」，難道只是一句空話嗎？

十五、繼勉以守分盡職，不僅上天會賜與憐恤，我大周亦將任用於王庭。經文說：

> 爾乃自時洛邑，尚永力畋爾田，天惟畀矜爾。我有周惟其大介賚爾，迪簡在王庭，尚爾事，有服在大僚。』」㉛

經義是說：「你們從此以後在洛邑，希望能永久地盡力耕治你們的田畝，上天會賜與憐恤的。我大周也將會大賜與你們，並將簡選任用在王家，只要能努力你們的職事，就有服事大官職位的機會」。』」

這種鼓勵，是必要的。因在〈多士〉篇中，殷民曾經提出：「夏迪簡在王庭，有服在百僚」的呼籲，故於此特加鼓勵，望能借此誥語，使之努力於職事，則一切怨惡，卽可消滅於無形了。吳闓生《尚書大義》就著這兩段（十四、十五）經文，予以歸結其義說：「穆穆在乃位，和也。克閱于乃邑謀介，勤也。永力畋爾田，勤也。畀矜介賚，和也。尚爾事，勤也。有服在大僚，和也。」這見解是對的。我們試想，一個團體，乃至一個國家，所有的成員，能既勤且和，還不能得到應有的發展和興盛嗎？

十六、告以如不遵守教令或是放蕩邪行，就要遭受天罰和放逐遠方的處分。經文說：

「王曰：『嗚呼！多士！爾不克勸忱我命，爾亦則惟不克享，凡民惟曰不享。爾乃惟逸惟頗，大遠王命；則惟爾多方探天之威，我則致天之罰，離逖爾土。』」㉜

經義是說：「『王說：「噢！多士們啊！你們如不能相互勸勉信賴我的教令，那你們也就不能享有祿位（安樂），同時你們的人民也將認為不能享有祿位。你們要是縱逸樂，偏邪行，大違王命的話，那就無異於以身試法，我要奉行上天的懲罰，將把你們放逐到遠方去。」』」

前文以休美為勸，此則以天威畏之，恩威並重，始可收治理之效。是以蔡氏《書經集傳》卷五說：「上章既勸之以休，此章則董之以威，商民不惟有所慕，而不敢違越，且有所畏而不敢違越矣。」或謂周公之重刑賞，是否近於霸者之政？「今觀周公之待多士，先之以介（夰）賚之賞，後之以離逖之刑，申勅明著，炳如丹青，周公豈亦霸者乎？然則果何以為王霸之辨也？曰周公之所介賚，天之所畀矜也，周公之所離逖，天之所罰也。而周公何與於其間哉！其視霸者區區之信，必邀民以利，驅民以善者，大不侔矣。然則王者之賞罰天也，霸者之賞罰人也。」㉝

我們認為，能為「天吏」，方足以言賞罰，而賞罰始可一本於至公至正，無一毫人為的私欲、私念。如為闢土地、邀人心而行賞罰，則所去「天吏」甚遠。所謂王霸之分，其微旨在此。

十七、告以天命，此乃爾等自新之始，故要致力於和洽。否則如遭懲罰，則不必怨尤。經文說：

「王曰：『我不惟多誥，我惟祇告爾。』又曰：『時惟爾初，不克敬于和，則無我怨！』」㉞

經義是說：「『王說：「不是我喜歡（想）多所誥語，我只是敬謹地告訴你們天命是如此。」又說：「現在是你們自新的開始，如仍不能敬謹與和順，以致遭到懲罰，那可不要怨我啊！」』」

在誥語結束之際，特致叮嚀切盼之意，希望多士們能了解天命，不可一味固執，而尤其不可屢告不悛。我們細玩「時惟爾初」一語，不難體會周公之意，對多士們以前種種的反抗不合作，不敬不和等行爲，示意一筆勾消，不再追究。只要從此「自新」，幡然「敬和」，那一切均成過去了。於此蔡氏沈，可謂先得我心。他說：「與之更始，故曰時惟爾初也。爾民至此，苟又不能敬于和，猶復乖亂，則自底誅戮，毋我怨尤矣。開其爲善，禁其爲惡，周家忠厚之意，是篇尤爲可見。」呂氏祖謙也說：「史官特書又曰二字，所以形容周公之惓惓斯民。會已畢而猶有餘情，誥已終而猶有餘語，顧盼之光，猶曄然溢於簡册也。時惟爾初，言前日愆尤，一皆洗滌，咸與惟新，是乃汝之初，自此可以洗心爲善矣。」㉟我們的見解正是如此。

三、結　語

自此誥以後，在《尚書》中，就不曾再有周王有關「多方」、「多士」的誥語了。接著而來的，就是所謂的成、康之治「刑措四十年」的太平盛世。於此不禁使我們在有意無意之間，想到周王誥命所產生的效果、影響，是如何地宏遠。一個新國家的誕生，當然有其必要條件。可是既然統一了，其所迫切追求實現的，當然是所有的人民，能順服新政府，聽從其教令，迅速地回復到國境之內的太平。以周公之聖，絕對不會忽略有關這方面的措施。所以他一再地發出誠摯的呼籲，希望「多方」、「多士」們，能體悟天道，明察實情，不可再一味固執地採取反抗不合作的態度，這樣做，於己於人，均屬不智的行爲。他的這一番用心，終於收到「多方」、「多士」聽命的期望。我們綜合全篇誥語，願再提出幾點粗淺的看法：

第一，以天命無親、善人是輔的道理，反覆不厭其詳地諄諄告戒，期盼多方、多士們能切己體悟，不再作反抗不聽命的舉動。如經文一則說：「洪惟圖天之命。」再則說：「厥圖帝之命。」三則說：「乃大降顯休命于成湯。」四則說：「惟天不畀純。」五則說：「大淫圖天之命。」六則說：「天惟降時喪。」七則說：「天惟式教我用休，簡畀殷命，尹爾多方。」八則說：「爾乃不大宅天命，爾乃屑播天命。」九則說：「天惟畀矜爾。」十則說：「惟爾多方探天之威。」凡此，無不以天命相告、相警，期其不可違背天命。違天不祥，必遭災殃；順天則吉，必獲畀矜。在那個信天、奉天的時代，這種誥語，確能收到宏效。是以呂氏祖謙說：「天命不可妄干，乃多方一篇之綱領也。」[36]

第二，以朝代興亡，爲歷史的律則相告，期能幡然曉解，明悟其理，順從周朝的治理，不要再有「爾乃迪屢不靜」之事的發生。這種理念，在全文中，佔了很多篇幅。從夏殷的所以興亡，到周王的繼殷而有天下，列舉了昭昭禍福的事例，在表面上，雖以天命是依，然而其實則是由於各代後王的無視天命，無視災異的示警，毫無忌憚的一仍其淫逸放蕩，而終至自召滅亡。究其原因，其又何尤？仁君如不伐暴，又將何以安良？

第三，以明德愼罰，作爲施政理民的準則。所謂「明德」，就是光明其德，視、聽、言、動等一切行爲，皆合於天理、天道，公正無私，一如天地之於萬物。所謂「愼罰」，就是敬謹於刑罰。其終極目的，爲刑期無刑。是以能「愼刑」，即可收政清人和之效，其本身就具備了明辨是非善惡的基本修養。因之，好人依之爲進取、發展的屏障，奸邪視之爲不可侵犯的戒律，人人皆能嚴守分際，則社會自然承平，國家自然安樂，人民自然和善。是以自古明王，無不重視「愼罰」之政。湯之代夏由此，而周之代商，又何嘗不是如此？這種意念，周公早已充之於心，而在〈康誥〉中，就已言及。此時又特別提出，以明成湯自建國以至帝乙，無不如此，是以天畀休命。我們有理由相信，在多方、多士之中，不乏明達賢哲之人，當可深切體悟周公言此之義蘊。如面對一個「明德慎罰」的政府，仍然一味地「迪屢不靜」，那就無異於「自作孽不可活」㊲了。

第四，提出聖狂惟在一念間，是以人不可不常思於善。狂人如能常思於向善則聖，聖人如不常思於向善則狂。蔡氏沈對此甚能闡發其理，他在所著《書經集傳》卷五中說：「聖，通明之稱，言聖而罔念，則爲狂矣，愚而能念，則爲聖矣。……或曰狂而克念，果可爲聖乎？曰：『聖固未易爲也。狂而克念，則作聖之功，知所向方，太甲庶幾矣。』聖而罔念，果至於狂乎？曰：『聖固無所謂罔念也。』禹戒舜曰：『無若丹朱傲，惟慢遊是好。』一念之差，雖未至於狂，而狂之理亦在是矣。此人心惟危，聖人拳拳告戒，豈無意哉！」這確實是通人之見。當時間有方國之士，也確實未能意及於此，既不克承天休命，又不甘臣服於周，遊移不安，不知何所底止，周公及時提出此誥語，期能對此「愚頑」產生一些發聾振瞶的作用。其所用心，不可謂不遠。

第五，以敬與和相期許，希望從此以後，消弭過去一切忌恨、仇視、不安的心情，全部代以敬謹與和順，則自可負責盡職，明理達義，安分守己，爲其所當爲。能和，則可消除忿戾，化解心結，合作無間，彼此爲一體。能敬，則可有爲，消除懈怠，持志有恆，事業得以完成。和順以敬，不僅可敦睦家邦，且可富庶安康。這站在統治者的立場來說，正是急待實現的施政目標。周公在誥語終結之際，提出如此的盼望與期許，在極其自然的談吐情勢下，無形中，卻展現了他那大政治家的風範。

除上述五點粗淺的看法外，他如「至再、至三」無「自速辜」的提撕，「克勤乃事」，「穆穆在乃位」的叮囑，以及「迪簡在王庭」、「有服在大僚」的鼓勵等，均爲本篇誥語中耐人尋味的話題。於此，雖可見「紛紛焉不心服者」之衆，以及「安殷之難」㊳，然而卻也可以借此窺識周王「以德服人」的傳統雅量與用心。

注釋

❶ 據古文尚書馬鄭注、孫星衍〈補集尚書百篇序〉爲說。見【百部叢書】《岱南閣叢書》第一函。藝文印書館印行。案：孫星衍撰〈尚書百篇表〉，〈多方〉前，依次爲〈成王政〉、〈將薄姑〉二篇。薄姑，馬融注：「齊地。」在今山東省博興縣東北，一作蒲姑。

❷ 見清・毛奇齡《經問》。【皇清經解】卷一七五。漢京本十七册，頁一二八三—一二八四。案：毛氏乃據孔穎達正義爲說。

❸ 蔡氏沈語。見世界書局本，頁一一二。

❹ 見《東坡書傳》卷一五。藝文印書館【百部叢書】《學津討原叢書》。

❺ 孫星衍《尚書今古文注疏》：「此五月，史公以爲在七年反政之後。大傳以爲在攝政三年，不能推其甲子也。」僞孔傳：「周公歸政之明年，淮夷、奄又叛，王親征奄，滅其國，五月還至鎬京。」宋・蔡沈《書經集傳》亦主此說。近人曾運乾《尚書正讀》：「五月丁亥，成王元年五月二十一日丁亥。」奄，國名，鄭云：「在淮夷之北。」即魯國之東南境。宗周，鎬京。

❻ 「王若曰：猷，告爾四國多方」：周公還政，稱王命以誥天下，故加王曰。猷，猶於。歎詞。四國，此當指四方之國，與多方相對爲文。殷侯，謂故殷之諸侯。尹氏，尹，治。亦作正解。降命，頒下教令。王肅云：「周公攝政，稱成王命以告，及還政稱王曰嫌自成王辭，故加周公以明之。」見《尚書正義》引。

❼ 見漢京本【通志堂經解】十二册，頁七五三五。

❽ 洪惟圖天之命：洪惟，語詞。圖，有二解：一爲圖謀。說見僞孔傳。一爲作「鄙」解。謂鄙棄之意。說見于省吾，《尚書新證》卷四。藝文印書館本，頁二四五。弗永寅念于祀：寅，敬。祀，祭祀。降格于夏：謂降下教令於夏桀。格，當讀爲詻，教令之意。夏，謂夏桀。有夏誕厥逸：誕，大。逸，逸豫。不肯慼言于民：慼，憂。蔡氏謂：「憂民之言，尚不肯出諸口，況望其有憂民之實乎？」大淫昏：淫，放濫。昏，不明。此謂過度淫逸不明天命之意。不克終日勸于帝之迪：終日，一日之間。勸，勉。迪，道。謂教導。

❾ 見《增修東萊書說》卷二八。漢京本【通志堂經解】十二册，頁七五三六。

❿ 厥圖帝之命：厥，其。指紂。圖，鄙棄、輕賤。不克開于民之麗：謂不能開釋民之麗陷於法網者。《周禮．小司寇》注：「杜子春讀麗爲羅。疏云：羅則入羅網。」猶今言法網也。此言紂之不克愼罰而妄殺無辜之意。乃大降罰：乃大頒其虐民之刑罰。降，頒下。崇亂有夏：一再禍亂有夏。崇，讀爲重疊之重，作再解。因甲于內亂：又以朝內之亂爲習常之事。甲，鄭、王皆以甲爲狎，作習解。不克靈承于旅：謂不能善順民意。靈，善。承，順。旅，眾，指人民。罔丕惟進之恭：謂無不以貨財是供。指搜刮

民財。丕，不。進，當讀爲賮，財也。恭，當讀爲供，給也。洪舒于民：對人民大肆荼毒。洪，大。舒，古文作荼，同音通假。《廣雅》：「荼，痛也。」亦作毒解。亦惟有夏之民：亦，以、因。叨懫日欽：謂貪戾日興。貪財曰叨，忿戾曰懫。欽與厥通，作興解。劓割夏邑：謂殘害夏國。王引之《經義述聞》：「劓爲截鼻之名，又爲斷割之通稱。傳訓劓爲割，是也。」天惟是求民主：上天於是爲民尋求其英主。惟時，於是。大降顯命于成湯：乃大頒下光顯美好之天命於成湯。刑殄有夏：滅絕夏國。刑，罰。殄，絕。說見《爾雅・釋詁》。

⑪惟天不畀純：畀，與。純，方言：「好也。」猶美善之意。謂天不以美報。乃惟以爾多方之義民：以，與。義民，江聲謂：「猶民儀。」指賢者。不克永于多享：謂不克與多方之賢民永享安樂。惟夏之恭多士：謂有夏供職之眾官員。恭、供通。猶言供職。大不克明保享于民：謂大不能（極不願）自勉安享於民。卽與民共享安樂之意。明，勉。保，安。享，有二解：一爲安樂。一爲作養解。乃胥惟虐于民：乃相互殘害人民。胥，皆、相。虐，殘害。百爲，猶今言所作所爲。不克開：謂不能開釋民之陷於法網者。

⑫克以，能與。簡代作民主：簡選以代夏爲民之主。愼厥麗：謹愼其刑法。麗，法網。乃勸，謂能愼刑，卽所以勸勉人之向善。厥民刑，乃刑厥民之倒語。刑，罰。用勸，謂罰當罰之人，也就是勸勉人民向善。明德愼罰，謂光明（顯揚）其德，亦卽施惠於人民公明。愼罰，謹愼於刑罰。要囚，卽幽囚。古要幽音近。猶今言繫獄，卽關於牢中。殄戮多罪，殺戮罪惡多端的人，也能收勸勉之效。爾辟，卽多方之君，紂。弗克以，不能與。

⑬《孟子》引書〈太誓〉語。見〈萬章上〉。

⑭見《書經集傳》卷五，世界書局本，頁一一三。

⑮見《欽定書經傳說彙纂》卷一七。

⑯「嗚呼！王若曰」：孔穎達《尚書正義》：「嗚呼而後言王若曰者，周公先自歎息，而後稱王命以誥之也。」誥告，以誥辭告之。庸釋，捨棄、厭斁。乃惟爾辟，以爾多方：爾辟，謂夏、殷之君。以，與。大淫圖天之命：淫，過。有過分放濫之意。圖，鄙。屑有辭：屑，碎。楊倞注《荀子》於〈儒效〉篇屑然下云：「雜碎衆多之貌。」辭，罪狀。此與〈多士〉篇「大淫泆有辭」之辭義同。不集于享：集，僞古文尚書〈胤征〉傳：「集，合也。」不集，猶言不該、不應。享，享有天命。有邦間之：有邦，謂殷。間，代。爾邦後王：謂殷之後王紂。逸厥逸：謂過度逸樂。上逸謂過，下逸謂逸樂。蠲烝，善承。一謂蠲，絜。烝，祭名。

⑰惟聖罔念作狂二句：僞孔云：「惟聖人無念於善，則爲狂人，惟狂人能念於善，則爲聖人。言桀、紂非實狂愚，以不念善故滅亡。」聖，通明。罔，無。念，念善。天惟五年須暇之子孫：謂上天以五年寬待湯之子孫紂，望其改過之意。五年之釋不一，要而言之，約有三說：其一，從武王即位之年起，數至伐紂爲五年。文王受命九年而崩，其年武王嗣立，服喪三年，未得征伐，十一年服闋，乃觀兵於孟津，十三年方始殺紂。從九年至十三年，是五年也。此孔穎達《尚書正義》之說。其二，當從文王七年數至武王十一年伐紂。此孫星衍《尚書今古文注疏》說。案：武王伐紂之年，史書記載不一，同一《竹書紀年》，即有十一、十二之不同。《史記・齊世家》爲十一年。〈周本紀〉爲十二年。其三，五年者，以

天道一變推之。蓋天道五年則一變焉，故古之言人國之亡者，以是爲遲速。此爲簡朝亮《尙書集注述疏》之說。今錄之於此，以待知者。須，待。暇，假、夏，並通。寬假之意。誕作民主：誕，延。罔可念聽：謂紂不思念於善，故無善德爲上天所聽聞。念，常念於善。聽，聽聞於天。大動以威：鄭氏云：「言天以災異之威，動天下之心。」卽以災異譴告之意。開厥顧天：開，啟示。厥，其，謂紂。顧天，顧念天威。罔堪顧之：無能勝任顧念天道者。堪，勝。顧，念。靈承于旅：靈，善。承，順。旅，衆。克堪，能勝任。典神天，謂主神天之祀。卽主祭天地山川神祇而爲天子之意。典與敕同，作主解，見說文。天惟式教我用休：式，用、以。休，美。此謂天以休祥教我之意。簡畀殷命：謂簡選我大周付與殷之天命。尹，治。

⑱ 見《欽定書經傳說彙纂》卷一五引。其中「思曰睿，睿作聖」，爲〈洪範〉篇語。

⑲ 蔡氏語。見世界書局本，頁一一四。

⑳ 同⑰。

㉑ 曷，何。降，頒下。朱駿聲《尙書便讀》，以降讀爲隆，引申有尊重義。今考降、隆古韻同屬東部，爲疊韻，是以同音。四國，四方之國。命，命令、教令。亦可作人民的生命解。

㉒ 姚舜牧語。《欽定書經傳說彙纂》卷一七引。

㉓ 爾曷不忱裕之于爾多方：忱，誠信。裕，寬裕。或曰忱裕，作優游解。此引申義。爾曷不夾介乂我周王：夾，輔。介，助。夾介，猶言夾輔。乂，相。古通艾。一作安解。宅爾宅：上宅爲動詞，居住之意。下宅爲名詞，作宅第解。畋，說文：「平田也。」卽治田。治，猶平也。一作田，猶今言治理。

惠，順。熙，光。一作廣解。

㉔馬森語。出處同㉒。

㉕迪屢不靜：迪，作。一作導解。屢，數、亟。卽多次之意。迪屢，孫疏謂：「猶言屢迪」。卽數作。不靜，不安靜，不順從於周，有騷動之意。愛，說文：「患惠也。」釋言：「惠，順也」。是此愛亦作順解。不大宅天命：宅，度。一作安解。屑播，盡棄。屑，皆、盡。見僞孔傳。典，法。圖忱于正：圖，鄙賤。謂鄙棄信用于正長之意。于省吾說。見《尚書新證》卷四，頁二四五。忱，誠信。于，與。正，正道。或謂忱，讀爲㪗。說文：「下擊上也。」正，釋詁云：「長也。」謂謀擊官長。說見章太炎先生《古文尚書拾遺》定本，頁六一。

㉖我惟時其戰要囚之：惟時，於是。戰，盡。于省吾《尚書新證》卷四（藝文印書館本，頁二五三）說：「單、殫、戰、憚古並通。我惟時其戰要囚之者，我惟是其盡幽囚之也。」案：凡字根相同之形聲字，其音義多同或相近。于氏以戰讀作殫，故作盡解。要、幽，古通，故以要囚爲幽囚。至于再，至于三：其說不一：僞孔云：「再，謂三監、淮夷叛時；三，謂成王卽政又叛，言迪屢不靜之事。」孔疏云：「以伐紂爲一，故再謂攝政之初，三監與淮夷叛時也。三，謂成王卽政又叛也。言上迪屢不靜之事。」蔡氏則謂：「今至于再，至于三矣。」江聲云：「我教告爾，以至再三矣。」王鳴盛謂：「只有三監、武庚及淮夷、奄同叛一事，無再叛事。至再至三，不過言其迪屢不靜耳，不必泥也。傳、疏皆非是。」衡之經義，乃由於多方之「迪屢不靜，乃大不克天命，乃屑播天命，乃自作不典」不知悔改，所以才「至于再，至于三」的叛亂。〈多方〉作於周公還政之後，乃指〈多方〉「迪屢不靜」而言，既爲「迪屢不

靜」，乃至「至再至三」的叛周，僞孔所言可從。罰殛，誅殺。秉德不康寧：謂奉持不安寧之德。秉，奉、持。康，靜。寧，安。速辜，召罪。

㉗見增修書說卷二八。漢京本【通志堂經解】十二册，頁七五四〇—七五四一。

㉘見《欽定書經傳說彙纂》卷一七集說，頁二九。

㉙猷，語詞。有方，謂多方。說見《尚書覈詁》。曁，與、及。奔走臣我監五祀：奔走，奔波辛勞。監，說法不一，或謂指三監，或謂侯國。此處當爲周公自監。監，監臨、統領。引申有治理、率領之意。祀，年。五祀，說法亦紛，或謂實指，或謂虛設，或謂古之言與亡，皆以五爲期。要之《尚書正讀》「五祀者，周公攝政三年踐奄，至成王即政元年適五祀也」之說爲可據。越惟有胥伯小大多正：越惟，語詞。有，如有虞、有夏之有，亦語詞。胥、伯、正，皆爲官稱。《周禮》正官之下，多有胥若干人以爲輔，如宮正有胥四人，宮伯有胥二。伯，長。如州伯。多，眾。正非一，故曰多正。復因正有大小，故曰小大。《周禮・宰夫》：「一曰正，掌官法以治要。」疏云：「正，長也。六卿下各有屬六十人，故六卿稱正也。」此官之大者。爾罔不克臬：克，能。臬，法。案：越惟有胥小大多正，《尚書大傳》，惟，作維。伯，作賦。正，作政。乃指賦稅言。大傳云：「古者十稅一，多于十稅一謂之大桀、小桀，少于十稅一謂之大貊、小貊。王者十一而稅，而頌聲作矣。故書曰：越維有胥賦，小大多政。」自大傳之說出，後人多以胥釋爲繇役，賦爲賦稅，正爲貢賦。並舉《周官・大宰・九正九賦》之法爲正稅，謂大小多政，爲關口賦、地稅、及邦國之貢而言。然衡之經義，本告多方、多士，似與賦稅無涉，是以不取。

㉚ 自作不和，蔡氏謂：「心不安靜，則身不和順矣。」此指其身言。爾室不睦，蔡氏謂：「身不安寧，則家不和順矣。」此指其家言。睦，敬和。爾邑克明，爾惟克勤乃事：明，勉。亦作政治清明解。乃，汝。事，職事。因「明」字有二解，致使此句經文亦有不同的解釋。如作「勉」解，此句經文卽可作倒句看。謂：爾能勤於爾之職事，以爲民倡，則爾邑皆勉於事矣。如「明」作「政治清明」解，則謂：爾邑的政治清明，是由於爾能勤勞職事所致。以作「清明」解爲優。爾尚不忌于凶德：尚，庶幾。忌，當讀爲惎，作謀解。和順爲善德，怨惡爲凶德。並見《尚書正讀》。或謂：尚，常。忌，畏。不，丕，語詞。謂爾常忌畏於凶德。亦爲通解。可並存。穆穆，敬。克閱于乃邑謀介：閱，與說通，作服解。見孫疏。邑，國。乃，汝。介，助。或謂介，善。

㉛ 自時，從此。時，是。尚永力畋爾田：尚，庶幾，希冀之詞。永，長久。畋，說文：「平田也。」引申爲治田。畀矜，賜與憐恤。我有周惟其大介賚爾：其，將。大介，當爲夰，一字誤爲二字。說文：「夰，大也。從大介聲，讀若蓋。」見俞樾《羣經平議》六。漢京本【皇清經解續編】十九册，頁一四九八八。賚，賜。迪簡在王庭：迪，進用。簡，擇、選。尚爾事，謂努力爾之職事。尚，努力。說見周秉鈞《尚書易解》。或謂尚，庶幾、希冀之詞。猶言庶幾爾克勤於職事也。亦爲通說。有服在大僚：服，服事、任職之意。僚，同寮，作「官」解。

㉜ 勸忱我命：勸，勉。忱，誠信。命，教令、告命。此謂相勸勉信賴我之教令。享，享有祿位。或謂享安樂、享食其土地室家所有。凡民惟曰不享：所有的人民也將謂不當享有祿位。惟逸惟頗：僅知放蕩頗邪。逸，放逸。頗，邪，邪僻。大遠王命：遠，遠違。惟爾多方探天之威：多方，疑爲多士之誤。探天

之威：曾運乾謂：「猶以身試法也。」探，試。威，則。猶法則也。致，奉行。離逖爾土：離，析、分。逖，遠。謂將遠徙他方。

㉝ 呂祖謙語。引自《增修東萊書說》卷二八。漢京本【通志堂經解】十二册，頁七五四二。

㉞ 我惟祇告爾命：祇，敬。命，天命。又曰，王又復言，叮嚀之意。時惟爾初：謂此乃爾等自新之始。時，是。初，始。或謂「時惟」作「善謀」解，亦通。敬于和：于，與。卽敬與和。

㉟ 蔡氏語。見《書經集傳》卷五。世界書局本，頁一一五。吳氏語，見《增修東萊書說》卷二八。漢京本【通志堂經解】十二册，頁七五四二。

㊱ 出處同⑨。

㊲ 孟子引《尚書》太甲語。見〈公孫丑上〉。

㊳ 蘇軾語。見④。

拾玖〈立政〉

一、前　言

〈立政〉篇，爲周公致政後，對成王在置官用人方面所作的告戒，史官記述其言，以成此篇❶。篇中大旨是說：「國家強盛永世之道，端賴任用賢才以立正長。」這也就是經文中所說：「惟正是乂」的意思。王引之《經義述聞》卷三解釋立政說：「政，與正同，正，長也。立正，謂建立長官也。篇內所言，皆官人之道，故以立正名篇。」這見解甚能符合經義，遠較僞孔傳以「政」作「政治」解爲優❷。宋・蔡沈《書經集傳》卷五於〈立政〉下引吳氏的話說：「其長既賢，則其所舉用，無不賢者矣。」又引葛氏的話說：「誥體也。」我們衡諸全篇經義，這些話，確實都是有得之言。同時也使我們深深地體會到國家之所以立，政令之所以行，莫不由此開始；實在是萬世不易的法則。

其次，我們想先就著經文，澄清一些不一其說的問題。因爲這些問題，如不先予澄清，就會使觀念模糊，進而影響到在理路上的連貫性。古書本不易讀，如不先明理路，那就將要更加使人困擾了。

第一，這篇誥辭，是周公一人之言，還是羣臣的共諫？我們的回答則是周公一人之言。首先提出「羣臣共諫」的，是曹魏時代的王肅。孔穎達於《尚書正義》中說：「王肅以爲於時周公會羣臣共戒成王，其言曰拜手稽首者，是周公讚羣臣之辭。」既然是周公會羣臣共戒成王，當然是共諫。然而我們在篇中，卻找不出「羣臣共戒」之言。這也正如在〈君奭〉篇找不出書序所說：「召公不說」的情形是一樣的。因此，我們不認爲此篇是羣臣的共諫，它僅是周公一人的誥戒而已。至於王肅又以爲「拜手稽首」，是周公讚羣臣之辭。我們亦不以爲然。因爲「拜手稽首」是臣對君（天子）的一種禮節，根本要不著特加稱讚。所以本篇一開始，史官就這樣記載說：「周公若曰：拜手稽首，告嗣天子王矣。」這種情形，就如〈召誥〉中的召公「拜手稽首」，也像〈洛誥〉中周公的「拜手稽首」。這是一種禮數，不惟臣對君當如此，即使君對臣，亦間有行之者。如〈洛誥〉中成王卽向周公行「拜手稽首」之禮，所以根本不需要特加稱讚，更何況此時周公「已致政，就了羣臣之位」？大臣稱讚大臣的對君「拜手稽首」，有是理乎？

第二，經文所言「常伯、常任、準人」，「宅乃事、宅乃牧、宅乃準」，「任人、準夫、牧」，「立事、準人、牧夫」、「三宅」、「三事」，這些名稱，如不明就裏的話，眞會被攪得頭昏腦脹，而不知所從。然而其實所指，卻無二致。換言之，他們都是王左右的大臣，掌管三方面的政事。「三宅」，指的是官位，「三事」，則爲其所掌管的事務，這也就是說，居是官位，方可掌理這等事務。反過來說，負責掌理這等事務的人，就必定居是官。因此，我們說，三宅也就是三事。至於其他的名稱呢？常伯、牧、牧夫，爲異名同實。常任、事、任人，爲同實異名。準人、準、準夫，實爲一官。他們的簡稱，就叫「三宅」或「三事」③。

至於「三宅」的職掌以及相當於後代的何種官職，其說法亦紛，玆略述如次：

一、在職掌方面：

㈠僞孔傳以爲：常伯——常所長事。常任——常所委任，謂三公六卿。準人——平法，謂士官。孔疏說：「常所長事，謂三公也。常所委任，謂六卿也。平法之人，謂獄官也。」

㈡《東坡書傳》卷一六說：「牧民之長曰常伯，任事之公卿曰常任，守法之有司曰準人。」宋・蔡沈《書經集傳》採此說。

㈢簡朝亮《尙書集注述疏》卷二四說：「伯，長也，常長民者牧也。今言常伯，不惟州伯焉，凡大臣司牧而長民者皆是也。常任，謂常任事也（案：卽治事之官）。準，法平也。準人，平法之人也。」近人曾運乾《尙書正讀》採此說。

以上三說，僞孔傳，語焉不詳，孔穎達雖爲疏解，於理亦有所悖。簡氏的述疏，無異爲蘇氏作注腳，然亦未能盡其所言。我們衡量得失之餘，認爲元人陳櫟的話最爲可取。他說：「常伯等，但宜以分配三宅而皆爲大臣。若謂三公，則公論道，他事不當及之。若謂六卿，則準人豈非司寇？又豈六卿外，他有平法之準人？要之，三宅不過王左右大臣之別名。常任卽宅事，所職必廣，凡任事之大臣也。常伯卽宅牧，主牧養之大臣也。準人卽宅準，主平法之大臣也。何公卿有司之分哉！又案：虞有十二牧，夏、周有九牧，皆在邦國，意必有大臣在朝者以統之，如虞四岳統諸侯，周六卿倡九牧，立政之常伯、宅牧，必掌牧養而在朝，以統牧伯者歟？」❹他這種就經文以釋經義的說法，我們是非常贊同的。

二、三宅的相當官位：

㈠孫星衍以爲：「常伯、常任，爲漢之侍中」❺。

㈡劉逢祿以爲：「準人，漢爲廷尉也」❻。

㈢朱駿聲以爲：「常伯，秦、漢侍中之職，常任，漢官中常侍之職。準人，疑漢廷尉之職」❼。

㈣楊筠如以爲：「常伯牧人，謂司馬之屬。準人，謂司空之屬，常任、任人，謂司徒之屬」❽。是以司馬、司空、司徒爲三宅。

以上四說，我們雖不敢言其以意爲之，但起碼他們並沒有說出所以如此的依據，要之，我們認爲宋·呂氏祖謙的話，最爲周延。他說：「常伯、常任、準人，卽下文所謂三宅、三事也。以文意考之，固知其任大體重，然三代之書，他書無所見，意者公卿輔相之別名歟？官之有別名，其來已久，相也，而或謂之阿衡、保衡；卿也，而或謂之圻父、農父、宏父；然則常伯、常任、準人者，是三代輔政之別名耳。說者乃配合之。俾各有攸司，皆意爲之也。」[9]三宅之官，於三代之書既無所見，說《尙書》的人，予以配合，使各有所司，「皆意爲之也」，眞是一語道破，這給我們的啟示太大了。以經文言，常伯、常任、準人，既爲「王左右」之臣，後人以之與輔相、公卿，乃至侍中、廷尉相配，這不能說沒有原因。然而或謂常伯、牧人爲諸侯，司長養人民之責，又何以能在「王左右」呢？關於這一點，先賢並沒有疏漏。宋・林之奇說：「伯，既爲牧民之長，而曰左右者，蓋以牧伯而兼公卿也。」[10]劉逢祿《尙書集解》也說：「牧，爲諸侯之長，入爲卿士，亦在王左右。」這種見解，足以破高本漢《尙書注釋》的狐疑[11]。

第三，三宅、三俊之說：爲解說方便，茲先將有關三宅三俊的原文引錄如下：

乃用三有宅，克卽宅；曰三有俊，克卽俊。嚴惟丕式，克用三宅三俊。

我們看了這段經文後，知道三宅、三俊，經文本來把宅說成三有宅、三有俊。有，是語詞，所以三有宅、三有俊，就是三宅、三俊。三宅，是常伯、常任、準人的省稱，也可以說成三事。這在前文中我們已經討論過。可是三俊應該作何解釋？與三宅有何關係？

先說三俊：俊，是才德兼人的意思。它與「英」字同義。《白虎通義・七聖人》篇引《禮・別名記》說：「千人曰英。」說文云：「才過千人曰俊。」是英、俊同義之證。因此，孫星衍《尙書今古文注疏》說：「三俊，卽三英。《詩・羔裘》云：『三英粲兮。』傳云：『三英之德也。』箋云：『三德，剛克、柔克、正直也。』」這些記載，也無非說明俊、爲才德兼備的意思。而三俊，就是具有居「三宅」之位才德的人。

至於三宅、三俊兩者的關係，說法也不一致，要之，不出「宅」、「俊」分離與卽爲一事二說。

所謂「宅」「俊」分離，就是三宅之官，爲居位之現職，而三俊之賢，爲他日所備用。此種見解，以資料所及，最早見於宋・林之奇的《尚書全解》。他在該書卷二五引王氏的話說：「三宅，謂有常任、常伯、準人之位者。三俊，謂有常任、常伯、準人之才者。」到了蔡沈，語又加詳，且較爲肯定。他說：「三宅，謂居常伯、常任、準人之位者，三俊，謂有常伯、常任、準人之才者。克卽者，言湯所用三宅，實能就是位而不曠其職，所稱三俊，實能就是德而不浮其名也。三俊，說者謂：他日次補三宅者，詳宅以位言，俊以德言，意其儲養待用，或如說者所云也。」又於「文王、武王克知三有宅心，灼見三有俊心」經文後說：「三宅，已授之位；三俊，未任以事。」[12]自此以後，尚書家多從其說，卽清代最著名的大家孫星衍亦不例外[13]。另外的一種分離說爲僞孔傳。他說：「湯乃用三有居惡人之法，能使就其居，言服罪。又曰能用剛、柔、正直三德之俊，能就其俊事，言明德。」這見解爲蘇軾所承[14]，之後，就很少沿用其說的了。

主張二者實爲一事的尚書家，是清代的朱駿聲。他在所著《尚書古注便讀》卷之四下解釋此段經文說：「乃用量度此三官能就所度，自謂三官皆必用俊傑，果能所就者，皆俊傑。惟其敬相度之大法，用能三度皆俊傑也。」朱氏所以如此解說，他是把經文中的「宅」，作「度」字解，「克」，作「能」解，「即」，作「就」解，「曰」，作「謂」解。他的意思很簡單，就是居三宅之位的官員們，皆爲俊傑。這見解我們是接受的。因爲能符合經文上下的原意。至於經文中某些單字的解釋，我們則認爲有待商榷。例如經文中的「宅」字，有「居官位」之意，因此，林之奇《尚書全解》說：「宅」，以位言。「曰」作「說」解。所以我們認爲經文中的「三有宅克即宅」，也就是說「三有俊克即俊」，這不正與下文的「克用三宅三俊」相合嗎？經義本甚貫連，我們怎可與之強行分開？因此，我們認爲「三宅」是「以位言」，「三俊」是「以德言」的說法是對的。不過這「位」與「德」所指是一件事，是一體的分說，不是兩件事情的並存。換句話說，也就是宅是位的人，一定要有是德，把它說成「才德稱位」那當然也是可以的。至於字義解說，讓我們在大義探討的時候再加論析，於此也就不再贅言了。不過我們仍欲一提的是：三宅所指，爲常伯、常任、準人所位之人，三事所指，爲常伯、常任、準人所爲之事，三俊所指，爲常伯、常任、準人所具之德。

二、大義探討

一、史官首先記述周公拜見天子王之禮節、用意。經文說：

周公若曰：「拜手稽首，告嗣天子王矣。」⑮

經文的意思是：「周公先以拜手稽首的最敬禮，拜見天子，隨即向繼天子位的成王，作了一個通盤的忠告。他如此說。」

這是史官記述周公拜見天子，並向嗣王所作忠告的總括。然而何以有此忠告？宋・時瀾《增修東萊書說》卷二九說：「成王之爲王久矣，周公方拜手稽首而告之何也？蓋成王前此幼沖，素倚成於周公，雖居王位，習而不察，猶未知其難居也。故周公致敬盡禮而警之曰：『嗣天子今爲王矣。』」至於這些忠告是什麼，當然無法一語說盡，以下的記述，就是周公告王的全部內容。

二、次述周公盡舉置官爲治之道以告王。經文說：

用咸戒于王曰：「王左右常伯、常任、準人、綴衣、虎賁。」⑯

經文的意思是：「因此，周公卽就其所知，悉告戒於成王說：『我王當以左右牧民的長伯、治事的常任、平法的準人，以及掌管帷幄的綴人，和守宮的侍衛虎賁爲重啊！』」

我們推求周公所以如此「悉數治道綱領」⑰告戒成王，其意不外使「入之者深，而聽之者不敢易」⑱。要知常伯、常任、準人，是議政、咨詢、策劃、謀略、供王決策施行的左右大臣，關係著天下、社稷的安危，而綴衣、虎賁，是平日服事王左右最親近的侍從官，關係著天子的生活、習尚和安全，都負有非常重要的責任。所以在人選上，要特加注意。周公之所以以此相告，意其「在斯乎」！是以呂氏祖謙說：「尊卑（案：指官位）雖甚有間，然職重者有安危之倚，職親者，有習染之移，其繫天下之本一也。」⑲這話說的又是何等明達有見解。

三、述周公歎置官爲治之美意，然知恤者鮮。經文說：

周公曰：「嗚呼！休茲，知恤鮮哉⑳！

這意思是：「周公說：『噢！要特別注意以上這些建官設職的美意！如能在這方面，知道時刻以得人爲憂慮，那就善莫大焉了。』」

周公此言，眞可說是語重心長。其意在說明設職置官，乃爲彌綸康濟，薰陶移養，以匡王室，以理萬民。是以當以時刻思慮得人以任之。期使成王深繹銘心而不忘，其用心不能說不遠了。

四、述周公以有夏之興亡，全在於是否能審度任用三事之人作警。經文說：

古之人，迪惟有夏，乃有室大競；籲俊尊上帝，迪知忱恂于九德之行。乃敢告教厥后曰：『拜手稽首，后矣。』曰：『宅乃事，宅乃牧，宅乃準，茲唯后矣。』謀面用丕訓德，則乃宅人，茲乃三宅無義民。桀德惟乃弗作往任，是惟暴德，罔後㉑。

這是說：「在古代，有一位夏禹，他的國家（王室）所以強大，就是因爲他能呼籲在位的俊賢之士，尊事上帝，開導他們，知道誠信地遵照九德去行事。然後這些俊賢之士，才敢稟告他們的君王說：『我們先向您行最敬禮，君王。』並且告以任人之要說：『要謹愼小心地審度任用您的常任官、牧伯、和司法官，如此，方可以爲君王。』若僅以貌取人，任用不循九德而行的官員，那麼如此一來，所任用的人，在這三方面，就恐怕沒有賢人了。夏桀即位後，就是因爲不能沿用以往他先祖用人之道，只是舉用暴德之人，所以上天就滅絕了他的國家。」

這段話，確能使人發生石破天驚的感覺。這無異說，夏禹的所以能使國家強盛，就是由於他能知恤於三宅的任用，而夏桀的所以滅亡，則由於反其道而行。而今成王「嗣天子而爲王矣」，可不以此爲恤嗎？周公之用心，於此亦可悉見。

在這裏，我們還要補充說明的，就是夏君何以籲俊賢之士尊事上帝，而不直截了當地告訴他們盡忠王室？我們皆知，夏禹是一位聖君，因治水拯溺而有天下，他那種公而忘私、國而忘家的精神，可以作為永世的法典。當時他與皐陶同輔虞舜，並能深體「無曠庶官，天工人其代之」的至理㉒，致使帝舜得以「垂拱而治」。他深知，惟有俊賢在位，方可尊事上帝而代天工。因此，「籲召賢俊，固所以強國，必引之至於尊事上帝者，蓋夏后氏之號召賢俊，本以共代天工，發於公心，非欲私強其國家也。」㉓能尊事上帝，當然也就能盡忠職守無所曠廢，而國家不也自然可以強盛了嗎？但是，我們還要進一步追問，何以一定要等到羣臣「忱恂於九德之行」以後，才敢「告教其君」用人的三宅之法？這是由於大臣們共睹其君，對於俊賢之士，能篤信不疑以後，由衷心敬佩而產生的諫君舉措，否則，言之諄諄，聽之藐藐，那就難收「政柄有歸，庶官列位」㉔的效果了。這其中的道理，是否值得我們去思考呢？

五、述周公以成湯之膺命興邦、協和德顯，乃由於圖任宅俊所致相告。經文說：

亦越成湯陟，丕釐上帝之耿命；乃用三有宅，克即宅；曰三有俊，克即俊。嚴惟丕式，克用三宅三俊。其在商邑，用協于厥邑；其在四方，用丕式見德㉕。

這是說：「等到成湯興起為天子，就大理上天所賦予的明命，他所任用的官員，如常任、常伯、準人等，不僅能使官稱其職，而且更能德配其位。由於他能敬謹而嚴格地以此為法則，因此，所用三事之人，無不是德位相稱的賢俊之士，所以他在商邑，能使都邑協和，對於天下的諸侯人民，也是用這種法則，而顯現了他的美德。」

近人曾運乾《尚書正讀》卷六說：「用三宅考吏之法于三俊登賢，垂爲定式。由是商家用人，克用三宅三俊，官無廢事，野無遺賢。」這說法我們是同意的。商人享國之久，在這裏當可看出端倪。而周公的以此告戒成王，不也就更具深義了嗎？

六、**述周公明告成王當以殷紂爲鑑，時刻以三宅三俊爲恤。**經文說：

嗚呼！其在受德暋，惟羞刑暴德之人，同于厥邦；乃惟庶習逸德之人，同于厥政。帝欽罰之，乃伻我有夏，式商受命，奄甸萬姓㉖。

這是說：「眞是可歎！殷紂在位的時候，因他生性強梁橫虐，所以只是進用一些暴虐成性的人，一同治理國家，更喜歡和那些狎習於淫佚放蕩只知玩樂的人，共同來謀劃政事。所以上帝才大與討罰之罪，使我大周擁有中原這塊土地，代商而有天下，來安撫治理萬民。」《詩經．大雅．蕩》篇說：「殷鑑不遠，在夏后之世。」而今周之於殷，亦可以爲鑑矣。所謂前事不忘，後事之師，當紂之時，由於不知承襲先祖用人之法，惟知一意孤行，剛愎自用，那裏還能想到以夏后氏爲鑑？是以終遭天譴而身死國滅，何其可痛可悲！周公有鑑於此，諄諄以告，其寄望之切，謀國之遠，在這裏也就可以想見了。宋．時瀾增修書說卷二九說：「周公論夏商之興亡，不出於任用得失之間，立政之統，其在茲乎！」此語甚能發人。

七、言文王、武王亦能繼前王用人之法，以宅俊之心爲民立官。經文說：

> 亦越文王、武王，克知三有宅心，灼見三有俊心；以敬事上帝，立民長伯㉗。

這是說：「到了我文王、武王，能深知常任、常伯、準人三宅官位的重要，又洞悉居此三位的官員必須實有其德，以此爲心（亦可謂以此爲恤），來敬事上天，爲人民建立官長。」

前文遠舉夏、殷之興亡，以資所鑑，今再舉本朝父祖之所恤，以供所法，而立官用人之道，蓋不外此。如是以爲，則不僅可以上代天工，敬事而愛民，而人民亦因伯長的建立，也就有所寄託了。夏曰尊上帝，商曰丕釐上帝之耿命，周曰敬事上帝，其言雖異，其理則無不同。

八、條述立政之名，以總其施治之要。經文說：

> 立政：任人、準夫、牧，作三事；虎賁、綴衣、趣馬、小尹，左右攜僕，百司庶府，大都、小伯、藝人、表臣、百司，太史、尹伯、庶常吉士，司徒、司馬、司空、亞旅，夷、微、盧、烝、三亳、阪尹㉘。

這是說：「建立長官：設任人、準夫、牧伯爲三事大夫，王的侍御，設虎賁、綴衣、趣馬、小尹，以及左右攜僕、百司庶府等官員。至於外官，則設大國諸侯、小國諸侯，以及藝人、表臣、百司等官員。在內官方面，則設有太史、尹伯等，以上所設的官員，無不是具有常德的善士。在諸侯之國，則設司徒、司馬、司空三卿，以及次卿眾大夫等官員。在四方夷狄之國，則僅設置君長。至於商之故都三亳，以及天下險要的地方，則設尹長，來加強治理。」

這是周公對於官制的條述，雖不周詳，但已具規模。大致說來，任人、準夫、牧伯，爲百官之長，總領百事，以今言之，乃爲天子左右籌劃決策的人物。吳氏曰：「其長既賢，則其所用，無不賢者矣。」㉙立伯長的重要，於此可見。以下從虎賁到百司庶府，均爲內臣，服事於朝廷。從大都到表臣百司，爲外臣，服事於王畿。太史察內外而爲之記，所以序在內外臣以後，尹伯，是統言內外大臣的正長。而「庶常吉士」一語，是說以上這些眾長官，都是具有常德的善士。司徒至亞旅，爲諸侯官職。夷微以下，僅爲置君，於險要之地，則置尹長。劉逢祿《尚書今古文集解》下云：「夷、微、盧、烝，立之君而不官制，從其俗。春秋夷狄無大夫，卽本此義。三亳，經意蓋以前代舊都，亦不以封諸侯，阪，則九州之險，王制所謂名山大澤，不以封諸侯，皆立尹以統之，漢制郡國襍治本此。」這話說的很有道理。

九、告以文王官人之法。經文說：

文王惟克厥宅心，乃克立茲常事司牧人，以克俊有德㉚。

這是說：「由於文王能以三宅爲心，所以他在常伯、任人、司牧這三方面設置官員，能用有俊德的人。」

前文立政，周公以庶官相告，使知其統，可以說是博舉。此又以宅心相告，使知其恤，可以說是約心。「博約具舉，體用畢陳」，父師的用心，何其深遠啊！《欽定書經傳說彙纂》卷一八引王氏樵的話說：「三克字最有力，言文王之知人，惟克知其心，乃克立其官，以克稱其任之人也。人君未嘗不欲其任官得人，惟此權度未精，而彼之底蘊未盡，則情僞可得而亂，邪正可得而易，位置之閒，不覺人官每至於相左也。」宅心之要，對官人而言，又是何等的重要，豈可稍容忽視！

十、文王任賢，一聽其行；武王敉功，不廢厥德。經文說：

文王罔攸兼于庶言、庶獄、庶慎，惟有司之牧夫，是訓用違。庶獄、庶慎，文王罔敢知于茲。亦越武王，率惟敉功，不敢替厥義德，率惟謀從容德，以竝受此丕丕基㉛。

這是說：「文王不下侵庶職，他對於眾教令、眾刑獄、眾政事的發布、宣判、執行等舉措，完全以主其職事、長官的意見，是順是違。所以在庶獄、庶愼這方面，文王是不願意過問的。到武王時，雖然終竟了文王的功業，可是在用人任官方面，絕不敢廢棄文王的德義之法，只是思慮著順從文王任賢的寬容之德，來承受此偉大的基業。」

僞孔傳說：「文王勞於求才，逸於任賢。」這也就是前面經文所說：「三有宅心，三有俊心」的意思。既得才以任，而「罔攸兼」、「是訓用違」、「罔敢知」乃必然之事，這正是文王聖德的表現，亦卽武王所以不敢替廢的「義德」和「容德」。近人曾運乾《尙書正讀》卷六說：「義德，卽文王之克宅厥心，克俊有德。容德，卽文王之罔攸兼于庶言也。」這話是不錯的。同時這也就是文、武任賢立政之法。周公的諄諄以告，自有其深意在。

十一、告以今後應致力於官人之道，「灼知厥若，勿有間之以乂受民」。經文說：

嗚呼！孺子王矣！繼自今，我其立政：立事、準人、牧夫。我其克灼知厥若，丕乃俾亂；相我受民，和我庶獄、庶愼。時則勿有間之，自一話一言。我則末惟成德之彥，以乂我受民[82]。

這是說：「噢！你這個年輕人，現在既已爲王了，自今以往，我王立政，最重要的，就是常任、準人、牧夫三位長官的建立。同時我王更要深切明白置此三官，乃是爲了治理政事，幫助我王治理所受於上天的人民，和平我王的眾刑獄、眾政事。這些事情，我王是不可以兼代下侵其職的。從動作言語的細節，我王都要始終時刻的想著：任用成德俊彥之士，來治理我周受於上天的人民。」

官人之道，首在知人，知人在明察，明察在自明。以明明德之心審人，以「所以、所由、所安」之見度人，然後再委以三宅之職，其事之舉，民之治，國之安，當無可慮。文王的三有宅心，三有俊心，其意不就在這裏？是以周公以此相告。而尤有進者，既然以大責重任相委，則當有「容德」的心胸，一任其作爲，而不再過問或有所間代，所謂用則不疑，疑則不用，在這裏表現得又是何等明確。宋．時瀾增修書說卷二九說：「知人不可不盡，任人不可不專，周公所以竭兩端而告之也。成王既莅政矣，周公憂其自用而無所畏也，故復戒以自一話一言之間，我則終惟我成德之彥、是咨是訪，不敢自用以治我所受之民，苟造次顚沛，或忘師保，則民有不得其死者，而負上天祖宗之畀付矣。」陳氏雅言說：「克灼知厥若者，此明於知人；時則勿有閒之，此誠於任人。始焉而非知人之明，則無以得賢才之用；終焉而非任之誠，則無以盡賢才之用。」張氏居正也說：「灼知厥若，則能明察於未任之先，而匪人不得以倖進；勿有閒之，則能篤信於既任之後，而君子不至於孤危。」[33]這些話，說得實在可味，特錄於此，權供參考。

十二、告以任賢之法，「惟正是乂」之理。經文說：

嗚呼！予旦已受人之徽言，咸告孺子王矣！繼自今，文子、文孫，其勿誤于庶獄、庶愼，惟正是乂之[34]。

這是說：「噢！我把前人的善言（案：官人，任賢之法），都已告訴你這位年輕的君王了。自今以往，你這位文子、文孫的繼承人，千萬不可誤失了眾刑獄、眾所愼的政事，應當責成各長官來治理。」

這段經文，我們認爲有三點意義可說：

第一，爲周公知無不言之忠：案：宋．蔡沈《書經集傳》說：「前所言，禹、湯、文、武任人之事，無非至美之言，我聞之於人者，已皆告孺子王矣。」這就經文說，即爲「予旦已受人之徽言，咸告孺子王矣」之意。

第二，爲周公重刑獄及其所愼之政事：孫星衍《尚書今古文注疏》說：「獄者，萬民之命，故周公以立政告王，獨於庶獄、庶愼之事，反復致戒。」這就是經文「繼自今，文子、文孫，其勿誤于庶獄、庶愼，惟正是乂之」所含的寓義。

第三，爲勿以身兼眾事以致事繁力絀而有所失誤相告：王氏樵說：「上言勿閒之以人，此言勿誤之以己。大抵人君任賢不專，其弊有是二端，故反覆言之也。」[35]王氏所說，是就經文「其勿誤于庶獄、庶愼，惟正是乂之」，與前節經義（十一）所作的比較。我們認爲這三家的言論都非常有見解，所以才不憚煩地作了以上三點的分析，希望能借著這樣的敍述，使經義更明白些。

十三、以古今之舉直錯枉，立政任事相勉。經文說：

自古商人，亦越我周文王立政：立事、牧夫、準人，則克宅之，克由繹之，茲乃俾乂國。則罔有立政、用憸人，不訓于德，是罔顯在厥世。繼自今立政，其勿以憸人，其惟吉士，用勱相我國家㊱。

這是說：「從古代的商王，一直到我周文王，在建立長官方面，都設置任人、準人、牧夫，爲三事之長，而且無不先審度其人，是否能表裏如一（卽能誠信於九德之行），然後才使身居其位的，用這種官人的方法，使之治理國家。（可是話又要說回來，自古及今）則從來沒有建立長官、任用邪佞的，因爲他們不能順從於九德之行，所以也就無法光顯於世了。因此，自今以往，設立長官，絕對不可以任用姦邪的人，應該惟善士是用，來勉力地相我國家。」

這段經文，在意念上，表現的很清楚。約而言之，可以任賢黜佞、舉直錯枉二語盡之，無需再多辭費。可是如在文句的組合上說，那就有探討的必要了。最值得我們注意的，就是「則克宅之，克由繹之」這兩句經文。首先讓我們看看蔡沈的解釋，他在《書經集傳》卷五說：「則克宅之者，能得賢者以居其職也。克由繹之者，能紬繹用之而盡其才也。既能宅其才，以安其職，又能繹其才，以盡其用，茲其所以能俾乂也歟？」這種說法，在表面上看，似能成理，這是由於蔡氏把「克由繹之」，看作居位賢者的自我發揮，含有報恩回饋、不得不如此的意念。因爲惟有如此才可心安，多少有點勉強的味道，同時這對於「能得賢者以居其職也」的道理，並不能表達出來。假如我們把「克由繹之」看作對三宅長官居位任職之先的考察，那麼情況就完全不同了。它與「則克宅之」，馬上形成了因果關係，這也就是說：「則克宅之」是果，而「克由繹之」是因。要了解這種關係，必須先了解「克由繹之」的含義。我們認爲呂祖謙的話最爲可取。他說：「由繹，由其外而繹其中也，由其言而繹其心，由其才而繹其德，由其發舒於一時，而繹其持久於歲晏者，繹之蓋一端而足也。『克宅之』，則人與位相稱，『由繹之』，則表與裏相符，其審如是，然後俾之爲治，既俾之爲治，則一委之其人矣。」[370]簡朝亮《尚書集注述疏》卷二四說：「繹，如繹絲然，尋其端而至於終也。凡繹者必有由，今由其貌其言而繹之，呂氏謂由其外而繹其中是也。蓋忱恂而非謀面，克知三有宅心者，由繹之道也。」以上呂、簡二氏的話，無異告訴我們，「克由繹之」一語的含義，乃「克宅」前的詳細觀察、考核，因此，我們可以直截了當的說：其所以能三宅得人者，皆爲「由繹」之所致也。其表裏如一，誠信於九德之行的人，自然也就是國君、天子欲得以居位而治理人民的「吉士」。如是先因後果，才是經義。

十四、以三事相勉，尤見周公用心之深，謀國之忠。經文說：

今文子、文孫、孺子王矣。其勿誤于庶獄，惟有司之牧夫。其克詰爾戎兵，以陟禹之迹；方行天下，至于海表，罔有不服。以覲文王之耿光，以揚武王之大烈。嗚呼！繼自今，後王立政，其惟克用常人。」㊳

這是說：「現在你這位文子、文孫的年輕人，已經身爲國王了。希望你千萬不要有失於眾刑獄的事情，惟當使專主其業的伯長來主持治理。更希望能謹慎你的軍事，重登大禹的舊迹，徧行於天下四方，甚至連那邊裔荒遠的地方，也沒有不順服的。用這樣的成就，來顯見我文王的光明德行，來發揚我武王的偉大功業。噢！你要記著，自今以往，後王建立長官，一定要任用有善德的人，來治理我們的國家』。」

這段經文，所特別強調的，有三件事情：

第一，爲眾刑獄的治理，希望成王不要過問，要一任專主其事的伯長去治理，這樣方不致有所誤失。周公所以在這裏申言庶獄，因其爲民命所繫，其影響所及，足以動搖國本。所以蔡沈《書經集傳》說：「蓋刑者，天下之重事，挈其重而獨舉之，使成王尤知刑獄之可畏，必專有司牧夫之任而不可以己誤之也。」這話非常有見解。

第二，爲謹於軍事以固國防。周公的以軍事相告，乃不得已的事情，國家如無防衛能力，隨時隨地均有被侵侮滅亡的可能。在這種情況下，又如何能奢談「覲光、揚烈」呢？更何況自古以來，「戎」，即爲國之大事？周公當然不會忽於此告。淸．劉逢祿說：「周公以周家忠厚開基，慮後王積弱，爲蠻夷所逼，故大建親賢以守衛中國，特著詰兵之訓于勿誤庶獄之後，示戒深矣。然覲光、揚烈，所謂耀德不觀兵也。」㊴這正是我們要說的話。

第三，爲寄望後王立政，以常人是用。所謂「常人」，就是具有常德之人，與吉士、彥士，異名同實。這是周公在用人置官方面，所特別強調的。也惟有「常人」，方可以擔大任，肩重負，持久恆，行常道，爲國干城。直接關係著社稷的安危，人民的禍福。周公的所以特重於此，當然有其深義在。時瀾增修書說卷二九說：「常人，其於國也，食之穀粟，衣之布帛，得之則生，不得則死者也。然每多重遲木訥，例不能與小慧新進者爭長於頰舌之間，故世主惑於取舍，而治亂分焉。」金履祥也說：「周公丁寧之意，並後王而戒之，使成王行之，後王傳之，以爲家法。」㊵我們看了這些言論，也就可體會周公的用心了。

十五、呼太史愼刑，以長國運。經文說：

周公若曰：「太史，司寇蘇公！式敬爾由獄，以長我王國。茲式有愼，以列用中罰。」㊶

這意思是：「周公如此說：『太史！你要以司寇蘇公所用敬謹折獄的方法告王，來延長我國家的命運。現在效法蘇公，又當更加詳愼，最重要的，就是比用適中的刑罰。』」

愼刑、戒殺，向爲周公所重，以其關係國脈民命，如稍有疏忽，卽將造成不可彌補的遺憾。小則損及人民的生命、肢體，大則動搖國本。周公的斷斷於此，並不是沒有原因的。宋・時瀾增修書說卷二九說：「〈立政〉之篇終矣，周公復告太史以蘇公之事何也？立政所甚重者獄，而蘇公者，治獄之師也。蘇忿生之爲武王司寇，每用法，敬其所由之獄，未嘗敢易，小大之獄，莫不由於司寇式敬爾由獄，蓋言無所不用其敬也。」這種無所不用其敬的做法，正是周公所欲使國家永保不墜的立政精神，所以他在告語結束之際，呼太史記之，期望今後治獄的人，均能以此爲法，而更加謹愼。如此，不僅可以壽國，同時更可以昭示後王，能各以輕重的科條，用其中罰，而不有過差的失誤。這不也正是周公所不憚煩的用心嗎？

三、結　語

我們通觀〈立政〉全篇大旨，不外以人立政，建立長官制度，以作永久用人施政的法則。所以周公一開始，就提出了常伯、常任、準人、綴衣、虎賁，作爲立政的綱領。然後又語重心長地以「知恤」作爲用人的淨化劑。通篇所言，多能循著這兩方面立論，因此，在有意無意間，給我們後人的啟示，在在都能顯現出周公眞誠坦蕩、憂國憂民的偉大情懷，以及他那明灼敏銳透視事理的眼神。一切事理的安排，在他的話語中，都是那樣的自然合道，使人覺得，也只有如此，才是最爲合宜而當行的。這種道理，如經驗不足，觀察不遠，體悟不深，仁民不及，輔弼不忠，是很難表現出來的。現在我們就就著經文的層次，歸納如下：

第一，他以夏后氏的「知恤」，說明「有室大競」之理，以及夏桀的「不知恤」而「罔後」。

第二，他又以湯的「知恤」，說明其「協邑、見德」之理，以受（紂）的「不知恤」，而遭上帝「欽罰」之由。

第三，他再以文、武的「知恤」而「式商受命、奄甸萬姓」，以明「知恤」的不可須臾不加思念。

第四，他再度提出立政，要設置任人、準夫、牧伯三宅之官，以爲百官之長，以及各屬官、各諸侯的官稱。這無異於爲周朝建立官制的說明。

第五，再度申言由於文王的「知恤」、武王的「從德」，故能建立如此偉大的基業。

第六，勉成王「知恤」以「去憸人、用常吉、詰戎兵、謹刑」相告。借此以顯文王的「耿光」，以揚武王的「大烈」。

第七，最後，猶念念不忘敬愼於刑獄之政，以「用中罰」相期勉。

綜觀以上說明，周公忠愛之忱，關懷之切，在這裏不也就全部的展現在我們的面前了嗎？

元・董鼎說：「周公復政成王而作立政，以王政莫大於用人，用人莫大於三宅，三宅得人，則百官皆得人，而王政立矣。一篇之中，宅事、牧、準，其綱領也，休茲知恤，其血脈也。」[42]衡諸經義，這話是不錯的。

注釋

❶ 1.書序云：「周公作〈立政〉。」《史記．周本紀》云：「周公行政七年，成王長，周公反政成王，北面就羣臣之位。」又〈魯周公世家〉云：「成王長，能聽政，於是周公乃反政於成王。」僞孔云：「周公旣致政成王，恐其怠忽，故以君臣立政爲戒。」其次在〈周官〉篇之前。

2.《史記．魯周公世家》云：「成王在豐，天下已安，周之官政未次序，於是周公作〈周官〉，官別其宜。作〈立政〉，以便百姓，百姓說。」孫星衍《尚書今古文注疏》卷二四云：「便百姓者，便，猶辨也。百姓，百官也。」其次在〈周官〉篇之後。後儒多非書序而是《史記》。鄭本亦與《史記》同，見〈堯典〉疏。【十三經注疏】本，頁一七。

3.宋．時瀾《增修東萊書說》卷二九於〈立政〉後云：「自立政而後，周公不復有書矣，在百篇中，則是篇乃周公絕筆也。」見漢京本【通志堂經解】十二册，頁七五五四。

4.考篇中有「周公若曰」者二，「周公曰」者一，此明爲周公所言，史官所記也。

❷ 僞孔傳於〈立政〉下云：「言用臣當共立政。」則誤以「政」爲政治之政矣。

❸ 蘇軾《東坡書傳》卷一六於「宅乃事、宅乃牧、宅乃準」後解曰：「事，則向所謂常任也。牧，則向所謂常伯也。準，則向所謂準人也。一篇之中，所論宅俊者，參差不齊，然大要不出是三者。」是說爲尙

書家所從。《周禮》注疏卷二九「以任邦國」下鄭注云：「任，猶事也。事以其力之所堪。」是經文中的「立事」，乃立任人也。至於「宅乃事、宅乃牧、宅乃準」簡稱爲「三宅」見經文。而三事爲「常任、常伯、準人」見蔡傳及簡朝亮《尚書集注述疏》卷二四。

④ 見漢京本【通志堂經解】十五冊，《書集傳纂疏》卷五，頁八九二六。

⑤ 《尚書今古文注疏》卷二四孔疏：常伯者，《文選．藉田賦．注》引應劭《漢官儀》云：「侍中，周成王常伯任侍中殿下稱制。則常伯於漢爲侍中。〈百官表〉：侍中、中常侍，皆加官無員，多至數十人，得入禁中。注：應劭曰：入侍天子，故曰侍中。」《古文苑》載胡廣〈侍中箴〉云：「亦惟先正，克慎左右，常伯、常任，實爲政首。」據此，則常任亦爲侍中之職。

⑥ 見《尚書今古文集解》，頁五〇七，商務【人人文庫】本。

⑦ 見《尚書古注便讀》。廣文本，頁二二四。

⑧ 見《尚書覈詁》。學海本，頁二〇一。

⑨ 見漢京本【通志堂經解】十二冊，《增修東萊書說》卷二九，頁七五四五。

⑩ 見漢京本【通志堂經解】十一冊，林氏尚書解卷三五，頁七〇二三。

⑪ 見高本漢《書經注釋》下，頁九五五。他說：「以往的注家們，都用《春秋》經以及更後期文獻中的同類官銜來詮釋這幾個官名，他們用力雖勤，但是說解都沒有什麼價值。」

⑫ 見《書經集傳》卷五。世界本，頁一一六。

⑬ 孫星衍著，《今古文尚書注疏》第二十四。他說：「乃用事、牧、準三宅之官，能就其所居之位，言稱

職。舉三德之俊，能就其俊德，言不失實。」

⑭ 蘇軾《東坡書傳》卷一六說：「以三宅去凶人，凶人各即其宅。然後宅俊，其所謂俊者，皆眞有德者也。故曰三有俊克即俊。」此謂湯能去惡人用善人之意。

⑮ 1.周公若曰：蔡氏書傳云：「此篇周公所作，而記之者周史也。故稱若曰。」簡朝亮不同意這種說法。他說：「由蔡言之，周公所作者，孰爲其首也?」簡氏之意，以該篇爲周公所言，而史官記之也。若爲周公作，開端不應以周公爲首，應以王爲首。就經文所載「周公若曰」及「周公曰」觀之，簡氏之說可從。簡氏語，見《尚書集注述疏》卷二四。鼎文本，頁四九九。

2.拜手稽首：舉手至額曰拜手。叩頭至地曰稽首。此爲一種最敬禮。

3.嗣天子王：謂繼天子爲王而治理也。

⑯ 1.用咸戒于王曰：用，以也。咸，皆也、悉也、盡也。咸戒，謂盡舉以告王，無有不盡之意。或曰「咸」乃「箴」字之訛，驗諸本經下文「咸告孺子王矣」之咸，用法相同，故此「咸」字當作皆、悉、盡解爲宜。「曰」字，尚書家有謂屬下句讀，作「越」、「及」解，衡諸經義，擬屬上句讀爲得。

2.常伯、常任、準人：王左右之大臣，助王治理國政者也。曾運乾《尚書正讀》云：「常任，治事之官也，度其事之理亂。常伯，牧民之官，度其民之安否。準人，平法之官，度其法之平否。」

3.綴衣：有二解：一爲掌衣服者。一爲聯綴室衣，若周官幕人之職也（即侍帷幄者），後說爲優。

4.虎賁：《周禮・夏官》有虎賁氏，王之侍衞武士守王宮者也。

⑰ 呂祖謙語，見宋・時瀾《增修東萊書說》卷二九。漢京本【通志堂經解】十二册，頁七五四五。

⑱同⑰。

⑲同⑰。

⑳休，〈釋詁〉云：美也。恤，憂思也。〈召誥〉：「惟王受命，無疆惟休，亦無疆惟恤。」與此休、恤之義同。鮮，有二解：一爲少也。一爲善也。見朱駿聲《尚書古注便讀》卷四下。

㉑
1.古之人：謂夏禹。
2.迪惟：語詞。
3.乃有室大競：室，王室。競，彊也。此謂乃使王室大強也。
4.迪知忱恂九德之行：迪知，導之使知。忱恂，誠信也。九德，卽〈皐陶謨〉所云：「寬而栗、柔而立、愿而恭、亂而敬、擾而毅、直而溫、簡而廉、剛而塞、彊而義」也。此謂導之使深切知行於九德也。
5.乃敢告教厥后曰：「拜手稽首，后矣」：告教，猶言告訴、稟告。書集傳引吳氏曰：「古者凡以善言語人，皆謂之教，不必自上教下而後謂之教也。」此謂大臣們能深切知行九德之後，乃敢稟告其君曰：「我們向君后行最敬禮。」
6.宅乃事、宅乃牧、宅乃準，茲惟后矣：宅，審度也。乃，汝也，指君后。事，任也。卽常任治事之官。牧，卽牧伯，牧民之長而入爲卿士者也。準，卽準人、平法之官。茲惟后矣，謂如此方可以爲君也。
7.謀面用丕訓德：有二解：一爲謀面，以貌取人，取其外貌之能說善道，而不克忱恂於九德之行者。

丕，不也。訓，順也。德，謂九德。言對人不考諸行、不審其心、徒聽言觀色也。一爲謀面、爲黽勉之諧音假借字。丕，大也。謂黽勉任用大順德之人。本文採第一說。

8. 無義民：義，賢也、獻也。曾運乾《尚書正讀》引章太炎先生語云：「義民，即獻民。萬邦黎獻，即萬邦黎儀。民儀有十夫，即民獻有十夫矣。」王引之《經義述聞》卷四云：「義與俄同，衺也。古者，俄義同聲，或通作義。」本文採第一說。

9. 桀德惟乃弗作往任，是惟暴德，罔後：德，有二解，一作行爲解，見屈萬里先生《尚書釋義》。一作升解，見說文。弗作，不爲之意，見江聲《尚書集注音疏》。往任，往昔用人之道。一說謂老成人也。是惟，是以也。見吳闓生《尚書大義》。此謂：桀升爲天子（或謂：桀之行爲）以後，不爲往昔先王用人之法，惟暴德是舉也。罔後，謂絕世也。

㉒ 見〈皋陶謨〉。意謂不可任用非才，以致使眾官員曠廢其職，當以時刻思念天子乃代天治理人民，而眾官員所治，亦無非天事，焉可不敬謹以從？

㉓ 見宋・時瀾《增修東萊書說》卷二九，漢京本【通志堂經解】十二冊，頁七五四六。

㉔ 同㉓。

㉕ 1. 亦越成湯陟，丕釐上帝之耿命：越，及也。陟，升也。丕，作大解。釐，理也。見孫疏。耿，光、明也。耿命，即上天之明命，謂帝位也。此謂：及至成湯代夏而爲天子，能大理上天之明命。亦即治理天職、王天下之意。

2. 乃用三有宅，克即宅：宅，以位言，見增修書說卷二九。有，語詞。克，能也。即，就也。此謂所用三宅之人，皆能各就其位，無廢其職也。所謂三宅之人，卽居常任、常伯、準人之位者。江聲《尚書集注音疏》謂：「乃用事、牧、準三宅之官，能就其所居之位，言稱職。」見漢京本【皇清經解】三册，頁二〇〇五。

3.三有俊、克卽俊：俊，以德言。乃才德兼人之稱。此謂所居三宅之位之人，皆爲有俊德之人，實能就是德、而不浮其名也。宋・林之奇《尚書全解》云：「王氏曰：『三宅，謂有常任、常伯、準人之位者。三俊，謂有常任、常伯、準人之才者。』此說比諸家爲優。」見漢京本【通志堂經解】十一册，頁七〇二五。近人曾運乾《尚書正讀》卷六云：「三有宅，猶詩言三有事也。以事、牧、準之成績，考覈官吏，曰三有宅。以事、牧、準之科目登進人才，曰三有俊。」

4.嚴惟丕式，克用三宅三俊：嚴，敬愼也。惟，是也。見《古書虛字集釋》。丕，大也。式，法也。此謂成湯嚴是克用三宅三俊之大法也。

5.其在商邑，用協于厥邑；其在四方，用丕式見德：邑，猶國也。協，和洽也。四方，謂天下。見，現也，卽顯現之意。德，謂善行也。此謂：成湯初在商邑，敬愼用此大法，和洽其國，其在天下，用此大法，以顯現其德也。

㉖

1.其在受德暋：受德，謂受所爲德也。暋，亦作忞，強也。受德暋，謂受之行爲、本性強梁剛愎自用也。

2.羞，作進解，見《釋詁》。刑，有二解：一爲作法解，引申有效法義，見王引之《經義述聞》卷四。一爲作用解，見俞樾《羣經平議》六。羞刑，謂進用也。

3.庶習逸德之人：謂乃惟與衆狎習淫佚之人，同于其政也。言同惡相濟也。

4.帝欽罰之，乃伻我有夏，式商受命，奄甸萬姓：欽，與厥通，〈釋詁〉云：「興也」。伻，與抨同，〈釋詁〉云：「使也」。夏，說文云：「中國之人也」。引申有中原之意，亦周自謂也。如〈康誥〉：周肇造我區夏。式，讀爲代。見曾運乾《尚書正讀》。奄，撫也。說見《詩．大雅．韓奕》傳，又解大有餘也，覆也。見《尚書正讀》。甸，治也。說見《詩．小雅．信南山》傳。此謂：上帝乃興罰紂之罪，乃使我周奄有中國，代商而受天命，治理萬民也。

㉗克知三有宅心，灼見三有俊心：灼，說文作焯，云：明也。此謂：能知事、牧、準三宅之心，而使之在官、明見事、牧、準三俊之心，而德不失其實。宋．蔡氏書集傳云：「三宅三俊皆曰心者，所謂忱恂而非謀面也。」孫疏云：「俊，《熹平石經》作會，今文與古文異也。〈釋詁〉云：會，合也。言明見三宅之合于心者始用之。」

㉘1.立政：任人、準夫、牧、作三事：政與正通，官之長也。總領以下三事。任人，卽任事之官，準夫，卽平法之官，牧，卽牧民之官。作，爲也。三事，案《詩．小雅．雨無正》云：「三事大夫」。箋云：「三公」。是三事亦卽任人、準夫、牧也。事，則指其所任之職事也。三事，百官之長也。

2.虎賁、綴衣：見⑯，2.3.。

3.趣馬：掌養馬之官，以聽取用者也。

4.小尹：尹，正也。小官之正長。

5.左右攜僕：僕在王左右爲攜持者也。江聲《尚書集注音疏》云：「左右攜僕，蓋若周禮太僕射人也。

鄭注《周禮・射人》云：「射人與僕人，俱掌王之朝位。」案：《禮記・檀弓》：扶君，僕人師扶右，射人師扶左。此左右攜僕之職也。

6.百司庶府：江聲《尚書集注音疏》云：「若〈曲禮〉云：天子之六府，曰司土、司木、司水、司草、司器、司貨是也。《周禮》則官名言司者尤多。府，則有太府、玉府、內府、外府、泉府、天府之屬。言百言庶，皆凡括諸官之詞也。」劉逢祿《尚書今古文集解》云：「庶府，周官有九府，主財貨者。」《欽定書經傳說彙纂》卷一八引王炎語云：「凡治事曰百司，凡掌財曰庶府。」

7.大都、小伯、藝人、表臣、百司：三公之采邑爲大都。卿大夫之采邑爲小都，大都言都不言伯，小都言伯不言都，互文見意也。藝人，蔡氏書集傳云：「卜祝巫匠，執技以事上者。」《禮記・王制》曰：「凡執技以事上者，祝史射御醫卜及百工。」表臣百司，表，外也。外臣百司，若周官司市司關之屬也。

8.太史、尹伯、庶常吉士：太史，史官之長。所以言及此官，以其公天下後世之是非也。尹伯，統言內外臣之正長也。庶常吉士，此總括上舉各官之在位者，皆爲祥善之士也。

9.司徒、司馬、司空、亞旅：此諸侯國之官制也。司徒、司馬、司空，爲諸侯之三卿，亞旅，次卿眾大夫也。呂氏祖謙云：「先儒以三卿爲文、武未伐紂前官制，苟果皆文、武在廷之官，何由重出於庶常吉士之後乎？此章蓋通敍文、武之官，文王雖不有天下，武王克商，官制實達乎四海，其爲侯國之官無疑也。」陳氏師凱曰：「案〈康誥〉言：圻父、農父、宏父，三卿亦與此同，可見此爲諸侯之官。」並見《欽定書經傳說彙纂》卷一八引。

10.夷、微、盧、烝、三亳、阪、尹：夷，四夷也。分言則為東夷、西戎、南蠻、北狄，合言則為夷也。微、盧、戎，國名，見〈牧誓〉。烝，君也。此曾助武王伐紂者也。三亳，鄭云：「湯舊都之民，服文王者，分為三邑。」正義引皇甫謐云：「三亳，三處之地，皆為亳名，蒙為北亳，穀熟為南亳，偃師為西亳。」阪，非地名，亦非國名，乃泛指地形險阻者言。見《周書釋義》。尹，長也。此謂商之故都三亳及天下之險阻，皆設尹長以治之也。

㉙ 見簡朝亮《尚書集注述疏》下引。鼎文本，頁五〇三。

㉚ 克厥宅心，即前文之克知三有宅心。立，設立。茲，此也。常事司牧人，乃常事、常司、牧人之省。常事，即常任，亦即宅乃事。常司，即準人，亦即宅乃準。牧人，即常伯，亦即宅乃牧。劉逢祿《尚書今古文集解》下云：常事司牧人，謂三事也。」以，用也。以克俊有德，謂能用有俊德之人才也。

㉛ 1.文王罔攸兼于庶言、庶獄、庶慎，惟有司之牧夫，是訓用違：罔，無也。攸，所也。庶言，眾教令也。庶獄，眾刑獄也。庶慎，眾戒慎之政也。有司之牧夫，謂常任、準人、牧伯也。庶言，常任之事，庶獄，準夫之事，庶慎，牧夫之事。訓，順也。用，與也。《韓非子．人主》篇：「賢用能之士進。」其中之「用」字，即作「與」解。違，順之反，訓違對文。是訓用違，即是順是違也。此謂：文王不下侵庶職，於眾教令、眾刑獄、眾戒慎之政，惟有司之牧夫是順是違也。此言有司之牧夫，而不言常任、準人者，「亦以其通於司牧之事也。《左傳》曰：『（案：襄公十四年傳文）天生民而立之君，使司牧之。』今言司牧，則常任、準人皆在其中矣。蓋三事必備言之者，明其分職之才，三事或專言之者，明其通治之要也。」以上「 」中語，見簡朝亮《尚書集注述疏》卷二四。鼎文本，頁

五〇七。

2.文王罔敢知于茲：據蔡傳所釋，罔敢知，謂不敢過問也。指對庶言、庶獄、庶慎而言也。

3.率惟敉功，不敢替厥義德：率惟，語詞。敉，撫也、竟也。敉功，謂竟文王所圖之功業也。替，廢也。厥，其也，指文王。義德，謂德合於宜，此謂文王官人之合於德義也。亦卽合於道也。

4.率惟謀從容德，以茲受此丕丕基：謀，思慮也。從，順從也。容德，乃逸於任賢、寬容賢者之德也。丕，大也。基，基業。此謂：武王謀慮順從文王之寬容任賢之法，以並受此偉大之基業也。

㉜

1.孺子王矣：簡朝亮《尚書述疏》：「親之、尊之而稱美之辭。」

2.繼自今：謂自今以往也。

3.我其立政：我者，指王而言也。說見蔡傳。其，乃也。立政，王引之《經義述聞》：「謂建立長官也。」

4.立事、準人、牧夫：事，任也，立事，卽立任人。與準人、牧夫爲三宅。立政下含三事，而準人、牧夫之上，則蒙上文而各省一立字。此謂：建立事、準、牧三官也。

5.我其克灼知厥若：厥若，指立政官人之法也。亦卽文王之三有宅心、三有俊心之意。此謂：我王要能明知建立長官之深義也。

6.丕乃俾亂：丕乃，語詞。一說猶斯乃也。俾亂，使治也。

7.相我受民，和我庶獄、庶慎，時則勿有閒之：相，助也。我受民，謂我周受於天之民也。和，平也。時，是也。閒，代也。此謂：以助我周治理所受於天之人民，以和平我衆刑獄，衆戒慎之政，凡此，則勿可兼代之也。言不可侵其職也。

8.自一話一言，我則末惟成德之彥，以乂我受民：話，《爾雅．釋詁》：言也。蔡傳謂：「自一話一言之間。」謂言行舉動之微也。末，終也。說見《小爾雅．廣言》。惟，思也。彥，俊美之士也。乂，治也。此謂：自一話一言之間，我王則當終思成德之美士，以治我上天所受之人民也。

㉝見《欽定書經傳說彙纂》卷一八引。

㉞1.旦，周公名。禮，君前臣名，故稱予旦也。

2.已受，已、以通。說見《虛字集釋》。漢《熹平石經》作「以前」。屈萬里先生《尚書釋義》：「追𣪘：前作[illegible]，受，毛公鼎作[illegible]，二字形近，故易訛。」且以前人之微言。後案：微言，精微之言，亦微言也。

3.徽，美也，善也。咸，徧也。文子文孫：林之奇《尚書全解》卷三五引王氏曰：「守成則無所用武，曰文子。文孫，謂成王也。成王，武王之文子，文王之文孫也。屈萬里先生《尚書釋義》：「周人於已歿之祖與父曰文祖文考。」反言之，則曰文子文孫。誤，自誤也。正，長也。乂，治也。

㉟同㉝。

㊱1.則克宅之，克由繹之：宅，度也。克宅之，謂宅度賢者以居其職，亦即人與位相稱之意。繹，猶尋緒也。尋其端而至於終也。由繹，謂由其外而繹其中。亦即表裏如一，誠信於九德之行，而非以貌取人之謂。克由繹之，謂審慎其德之表裏如一也。

2.憸人，馬氏謂：「憸，利佞人也。」說文云：「憸，詖也。」詖，即邪佞不正之言也。

3.其惟吉士，用勱相我國家：吉，善也。勱，勉力也，見說文。此謂：其惟用善吉之士，以勉力相助我國家也。

㊲同㉝。

㊳1.惟有司之牧夫，與上文「惟有司之牧夫是訓」義同。謂常任、準人、牧伯也。見㉛。此謂（一切事務）惟當以有司之主其事者主之也。

2.其克詰爾戎兵，以陟禹之迹：詰，鄭注《周禮・大司寇》云：「詰，謹也。戎，說文作𢦦，兵也。」戎兵叠語，謂軍事也。陟，〈釋詁〉云：陞也。禹迹，謂禹之舊迹也。此謂：庶能謹爾軍事，以登陞禹之舊迹也。

3.方行天下，至于海表，罔有不服：方，當讀爲旁，溥也，徧也。說見《經義述聞》。海表，蔡氏謂：「四裔也。」謂四裔荒遠之地也。此謂：徧行天下，至于四裔荒遠之地，無有不順服者。

4.以覲文王之耿光，以揚武王之大烈：覲，〈釋詁〉云：見也。耿，明也。烈，〈釋詁〉云：業也。此謂：以見文王光明之德，以發揚武王偉大之功業也。

5.常人：蔡氏謂：「常德之人也。皋陶曰：彰厥有常，吉哉。常人與吉士同實而異名者也。」

㊴見劉逢祿《尚書今古文集解》下册。商務【人人文庫】本，頁五一八。

㊵同㉝。

㊶1.太史：案：太史之意，以資料所及，其解有二：一爲史官之長。《禮記・王制》三云：「大史典禮，執簡記，奉諱惡。」此謂大史掌管禮制、執策書以記之，將所諱所惡之事，適時進奉於王。見【十三

經注疏本】《禮記》，頁二六二。一爲僞孔云：「太史，掌六典，有廢置官人之制，故告之。」正義云：「周禮太宰以八柄詔王，馭羣臣，有爵祿廢置、生殺與奪之法，太史亦掌邦之六典，以副貳太宰。是太史有廢置官人之制，故特呼而告之也。」今案：周官太史掌建邦之六典，五曰刑典。又掌八法，七曰官刑。又掌八則，三曰廢置、七曰刑賞。

2.司寇蘇公：司寇，主刑之官。蘇公，蓋蘇忿生也。《春秋》左氏成公十一年傳云：「昔周克商，使諸侯撫封蘇忿生以溫爲司寇。」是忿生爲武王司寇也。此人當長於刑法，故周公及之也。

3.式敬爾由獄，以長我王國：式，用也。敬，謹也。爾，彼也、其也，指蘇公。由，郵也，與尤通。〈王制〉云：「郵罰麗於事。」疏：郵，過也，謂斷人罪過罰。亦卽責罰其身也。長，久也。此謂：蘇公用敬謹（或謂哀矜斷獄）的態度斷獄，以壽我王國也。

4.茲式有愼，以列用中罰：茲，今時也。式，法也。有，讀爲又。列，比也、例也。此謂今茲效法蘇公，又當益加詳愼，以比用適中的刑罰。

㊷見《書傳輯錄纂注》卷五。漢京本【通志堂經解】十四册，頁八三五九。

貳拾〈顧命〉、〈康王之誥〉

一、前　言

〈顧命〉、〈康王之誥〉，是《尚書・周書》中的兩個篇名。書小序分別敍說其事，就是一證。太史公司馬遷作《史記》，於〈周本紀〉中也說：「作〈顧命〉、作〈康誥〉」（案：即〈康王之誥〉）。這不也證明兩篇各自獨立嗎？在《尚書》的流傳過程中，這兩篇在西漢時代被「歐陽、大小夏侯合爲〈顧命〉」❶。因歐陽、大小夏侯三家皆傳伏生之學，又立於學官，教授生徒，是以習《尚書》的人，僅知有〈顧命〉，而也就不再留意〈康王之誥〉的篇名及其分合了。那知到了東漢，古文肆興，而馬融、鄭玄、以及曹魏時代的王肅諸大師，又將〈顧命〉篇分離爲二，還其本來的地位❷，東晉・梅賾上僞古文尚書（即今傳世之【十三經注疏】本），而〈顧命〉、〈康王之誥〉，卽各自獨立，唐・孔穎達撰《尚書正義》，就是根據梅賾所上僞孔傳分篇的。這種分法，一直到明朝末年，並無異議。明末以後，由顧亭林先生開其端❸，遂引發了有清一代樸學的倡盛。就經學來說，他們直追東西漢。因此，在《尚書》的篇章分合上，也表現出不同的見解。他們以伏生所傳《尚書》爲基準，然後再作分合的論斷，有的認爲伏生所傳爲二十八篇，〈太誓〉後得，併〈太誓〉方爲二十九篇。主張這種說法的，有顧亭林、王鳴盛、江聲、孫星衍諸先生。有的認爲伏生所傳，固爲二十八篇，然〈顧命〉、〈康王之誥〉本合爲一，併序一卷，始爲二十九篇。主張這種說法的，有朱彝尊、陳壽祺、陳喬樅諸先生。也有的認爲伏生所傳爲二十九篇，〈顧命〉、〈康王之誥〉本分爲二，〈太誓〉後得，所以才合〈顧命〉、〈康王之誥〉爲一篇。主張這種說法的，有王先謙、皮錫瑞、龔自珍、陳夢家、屈萬里諸先生。更有的認爲伏生所傳二十九篇，本來就有〈太誓〉，〈顧命〉、〈康王之誥〉爲一篇。主張這種說法的，有王引之、章太炎先生。

然而今考《史記・周本紀》，卻明白載有「作〈顧命〉、作〈康誥〉（案：即〈康王之誥〉）」之言，而《漢書・儒林傳》也載有「張霸分析合二十九篇以爲數十」之論，那麼〈顧命〉、〈康王之誥〉，本分爲兩篇，而合於伏生所傳二十九篇之數甚明，又何容〈太誓〉、書序摻雜其間？因此，我們認爲，〈顧命〉、〈康王之誥〉，本來就是各自分篇的。

至於二篇各自的起訖，馬、鄭、王本，是從「高祖寡命」以上屬於〈顧命〉，自「王若曰」以下，歸〈康王之誥〉。而僞孔傳則以「諸侯出廟門俟」以上屬〈顧命〉，自「王出在應門之內」歸〈康王之誥〉。《史記》的分法，則又似乎同於馬、鄭、王本[4]。顧亭林先生則又以爲自

「狄設黼扆綴衣」以下當屬〈康王之誥〉⑤。然而我們如就現在二篇的記載與文氣言，又可發現這兩篇，本來就是貫連的，那也就是說，一事在一事之後畢辦，是兩個獨立的事體。就文章的結構說，全部經文所載，只有兩件大事，而且這兩件事又非常明顯，不容混淆。所以後來為書作序的人，各就事體的不同，而敍說其要。也就成為兩個不同的篇名了⑥。因此我們說：「〈顧命〉、〈康王之誥〉，本來就是各自分篇的」，其道理，就在這裏。而後人所以認定本為一篇，其道理亦在這裏。甚至近人曾運乾先生，於所著《尚書正讀》「王若曰」下說：「惟此文明為康王答太保辭，截此分篇，仍嫌割裂，不如說為同篇異序也。」也不出此理。至於兩篇起訖的分界，不論就文氣、或就結構說，我們都認為偽孔傳的分法，似較馬、鄭、王本為勝，這當然是就著現在所流傳的本子而言。

我們知道了兩篇分合的情形以後，現在就要進一步的來說一說篇名所含的意義了。茲根據前賢所說⑦，歸納如下：

一、顧命：成王將崩，在臨終之前，遺命召公、畢公，率諸侯輔佐康王。因是臨終的遺命，所以叫顧命。

二、康王之誥：康王既主天子的大位，於是臨朝徧誥諸侯，申述文、武的德業，史敍其事，以成此篇。

宋・時瀾《增修東萊書說》卷三一說：「堯、舜、禹、湯、文、武無顧命，而成王獨有顧命，始終授受之際，國有常典矣。成王之初，經三監之變，王室幾危，故於此，正其終始特詳焉。顧命，成王所以正其終，康王之誥，康王所以正其始。」我們驗諸《史記．周本紀》所載❽，呂氏的話，是不錯的。以下我們就依據經文所載，探討其大義如次。

二、大義探討

一、史敘王病之時。經文說：

惟四月，哉生魄，王不懌❻。

這是說：「在四月初二、三，剛有月光的時候，成王病了，感到非常的不舒服。」這是史官的追述，亦如我們現在記述某事，敘說當初發生的情景一樣。

二、史敘王病危之敬。經文說：

甲子，王乃洮、頮水。相、被冕服，憑玉几❿。

這是說：「甲子這一天，成王梳洗完畢後，太僕給他戴上冠冕，披上朝服，並扶侍著他依靠在玉几上。」

從「憑玉几」這句經文的記載，可使我們有兩種領悟：一是成王已病到連坐著講話都不可能的程度，只好勉強依靠在玉几上。一是成王終生行事的敬謹不苟。雖已病重如此，而仍然冠戴整齊，接見大臣，不敢違禮。是以曹魏時代的徐幹，在其所著《中論．法象》篇中說：「顛沛而不亂者，成王其人也。將崩，體被冕服，然後發顧命。」宋．呂東萊於其書說中也說：「成王甲子之命，去崩纔一日耳，猶盥洗以致其潔，冠服以致其嚴，顧託之言，淵奧精明，蓋臨眾之敬，不以困憊廢，而素定之理，雖垂沒，固炯然也。惟善於治氣者，為能歷疾病而不惰，惟善於養心者，為能臨死生而不昏，此豈一朝一夕之積哉！」徐、呂二氏之言，說此經之義至切，我們在這裏也就不再贅言了。

三、史敘王召重臣託遺命。經文說：

乃同召太保奭、芮伯、彤伯、畢公、衛侯、毛公、師氏、虎臣、百尹、御事⑪。

這是說：「王，於是命令把太保奭、芮伯、彤伯、畢公、衛侯、毛公六卿以及師氏、虎賁，各首長和有關的眾官員，同時召了來。」

王病既已危殆，太子又不在側⑫，如不及時召六卿與有關眾官員遺命後事，一旦駕崩，國事將由何人繼統？天子的大位，將由何人承運？就情勢說，亦不得不然。再者，在這段經文中，成王所召的官員，並未言及諸侯，然從〈顧命〉序所載：「命召公、畢公率諸侯相康王」看來，諸侯似乎也參與了「顧命」這件事。我們再看下文太保奭傳顧命於康王之禮，「邦君」也都「麻冕蟻裳入卽位。」這使人不得不相信，成王發遺命之時，諸侯也在場的眞實性。其實不然，明・顧亭林先生於此有精闢的見解，他在《日知錄》卷二〈顧命〉一則中說：「傳言天子七月而葬，同軌畢至，而今太保率西方諸侯，畢公率東方諸侯，是七月之餘也，因其中有脫簡，而後之說書者，並以繫之越七日癸酉之下，所以生後儒之論，而不思初崩七日之間，諸侯何由而畢至乎？（顧氏自注：蘇氏亦知其不通，而以爲問疾之諸侯。）」這話確有發聾振聵的作用，我們非常同意這種說法。

四、成王發遺命，遵父祖之德，述一己之敬，期保元子，弘濟艱危。經文說：

王曰：「嗚呼！疾大漸，惟幾。病日臻，既彌留，恐不獲誓言嗣，茲予審訓命汝。昔君文王、武王，宣重光，奠麗陳教則肄。肄不違，用克達殷集大命。在後之侗，敬迓天威，嗣守文武大訓，無敢昏逾。今天降疾，殆，弗興弗悟。爾尚明時朕言，用敬保元子釗，弘濟于艱難。柔遠能邇，安勸小大庶邦。思夫人自亂于威儀，爾無以釗冒貢于非幾。」⑬

這段經文大義是：「王歎息著說：『我的病情非常嚴重了，已經到危險的地步，且有增無減，在這將終淹留的時候，惟恐不能將遺命告知嗣子，所以現在我特別審愼地告命各位，希望能照著我的話去做。

從前我先君文王、武王，能一連兩代相繼光顯他們的德業，制定法度，陳設教化，可以說是非常的辛勤勞苦。雖然如此，但並不逃避，所以能使刑法、教化，很普遍地施行於殷國，終於成就了我大周的王業。

後來由我這個不懂事的幼童，恭敬地來迎接上天的律則，繼承、固守我文王、武王的偉大教訓，不敢有半點的輕忽逾越。

現在，上天降下惡疾在我身上，並且已經非常危險了，以致使我無法清醒，那就更不要說起來走動了。希望你們眾官員，能勉力地照著我的話去做，並且能以敬謹的心，來保護太子釗，渡過這一時的艱危。

在治理方面，你們尤其要注意到，安撫遠方的人民，就像安撫鄰近的人民一樣，並且要勸勉大大小小的國家，努力向善，要時刻思念著能使人人整治他們的儀容，規律他們的行為，你們千萬不可以使太子釗觸犯或陷溺於非法啊！』」

從這段遺命全文中，我們不難看出，成王所含蘊的意念：

第一，首先說明病情的危殆，已至彌留之際，恐不待將遺命告知後嗣，所以才審愼地告命六卿及治事的大臣。這一方面表示了成王依重大臣的心意，同時更想借著這幾句話，提示衆臣「不苟於聽」，既聽之後，更要奉行不怠。

第二，說明文、武二王，由於不避辛勞，定法陳教，才能成就大周的王業。這無異告訴衆臣，先王「創業維艱」，今後更當盡忠職守，以體念守成的不易。

第三，說明自己自幼沖之年，就「嗣守文武大訓」，不敢稍有怠忽、逾越的思念與行動，兢兢業業，始終如一，才能保有周室的太平與王業的不墜。這話確有垂訓後嗣警示來者的深遠作用。據《史記・周本紀》所載，所謂「成康之際，天下安寧，刑錯四十餘年不用。」當非虛語。

第四，殷切期盼衆大臣能以敬謹的心，保護太子釗，渡過這一階段的危難。夏氏僎說：「王業以艱難而成，今則以艱難之業，將責之康王矣。」吳氏澄也說：「宗社之重，基業之大，付之一人，可謂艱難。」⑭夏、吳二氏的話，固不可易。除此之外，每當舊君病危崩逝，新君即位的時候，往往也會予野心家以可乘之機，成王所以叮嚀於此，其用心我們是可以想見的。

第五，告命衆大臣，輔佐嗣子，當爲善政，使遠近俱安，並思念使人人能自治於威儀，千萬不可使太子釗，沈溺於非法。這話又是如何的嚴肅而莊重。《東坡書傳》卷一七說：「恭敬可以濟大難，但世以威儀爲文飾而已，不知其爲濟難之具也。……死生之際，聖賢之所甚重也，成王將崩之一日，被冕服以見百官，出經遠保世之言，其不死于燕安婦人之手明矣，其致刑錯宜哉！」這話不僅道出成王一生敬謹，同時也說明了成王「經遠保世」的明察與前瞻。宋・時瀾增修書說卷三一說：「成王平日至親至切之學，至死始發其密也。周公精微之傳，成王得之，將終，方以示羣臣。」[15]顧氏錫疇也說：「治民本於一身，治身本於一心，此成王反本窮源之論。」[16]這些前賢的高論，在在都能說明成王的修爲與用心。

關於「顧命」義蘊的探討，我們就結束在這裏。因其爲主旨所在，所以也就不嫌辭費的多說了幾句。

五、史敘王崩之日。經文說：

茲既受命還，出綴衣于庭。越翼日乙丑，王崩[17]。

這是說：「眾官員既已接受了遺命，退回以後，於是就把王所憑依玉几上面的幄帳，撤到庭中。到第二天乙丑日，王就崩逝了。」

這段經文，我們所以作這樣的解說，是因爲成王既然病重垂危，勉強憑玉几以發顧命，其所在的地方，應爲路寢。路寢不是治朝，所以經文中的「還」字，應指公卿、官員們退還才對。至於「綴衣」的解釋，有的尚書家認爲是「龍衮，卽上文所被之冕服。知必爲龍衮者，衮衣九章，天子受朝覲時所服。出之于庭者，庭，朝位也。王病不能視朝，則出衣于庭，爲羣臣瞻拜之資也。」[18]把「綴衣」釋爲「幄帳」或「龍衮」，皆於經無據，然後儒多從僞孔，故特將異解，錄在這裏，俾供參考。

六、史述太保公迎世子居喪之經過。經文說：

太保命仲桓、南宮毛，俾爰齊侯呂伋，以二干戈、虎賁百人，逆釗於南門之外，延入翼室，恤宅宗⑲。

經義是說：「太保公命令仲桓、南宮毛二人，隨著齊侯呂伋，各執干戈，並率虎士百人，到南門外迎接太子釗，直接進入路寢的東夾室憂居，作爲喪事的主人。」

這段經文，後儒的解釋，並不盡同。就經文看，太保公既派朝臣武士迎太子，足以說明成王發顧命之時，太子並不在側，今反國奔喪，又爲繼統之王，於此憂危之際，所以太宰召公，才派朝臣武士迎於南門外。清人江聲《尚書集注音疏》說：「王既崩，世子猶在外。世子蓋以王未疾時奉使而出，比反而王崩，憂危之際，故以迎之于南門外。」又云：「據上文王命羣臣時，太子實不在左右也。」以前後經文來看，江氏所說甚是。然而宋人解經，多不作這樣的看法，他們認爲成王崩時，太子在側，所以出迎太子的原因，是想借著迎接的盛大舉動，使眾人皆知繼統的王爲誰⑳。然而我們衡諸經文，這種說法，似難成立，所以也就不予採用了。

其次是經文中「俾爰齊侯呂伋，以二干戈、虎賁百人」的解釋，也不一致。僞孔傳解爲「使桓、毛二臣，各執干戈，於齊侯呂伋索虎賁百人，更新逆門外，所以殊之，伋爲天子虎賁氏。」宋人解經，多依此說。然「虎賁氏」爲下大夫㉑，呂伋爲齊侯，卽使入朝相王，亦當爲卿，不宜以「虎賁氏」視之。是以俞樾《羣經平議》六說：「按《爾雅・釋詁》：俾，使也。又曰：俾，從也。此經俾字當訓爲從。俾爰齊侯呂伋者，從於齊侯呂伋也。蓋桓、毛、呂伋三人，皆受命逆子釗，先書桓、毛二臣者，王人也，不以外先內也。從於齊侯者，齊侯尊也。不以卑臨尊也。枚傳遇俾字皆訓爲使，遂謂使於齊侯呂伋索虎賁，因臆爲之說曰：伋爲天子虎賁氏。夫虎賁，下大夫，豈齊侯所宜爲歟？且上文既言命矣，此文俾字又訓使，則是命仲桓、南宮毛使於齊侯呂伋，於文無乃複歟？可知其非經旨矣。」俞氏的話，實在有廓清的作用。

這段經文，其主旨在說明嗣王返國居喪的經過，亦所以表示於憂危之際的敬愼之情。宋・時瀾增修書說卷三一說：「國有大喪，呼吸安危，徼宿衛以逆嗣君，事莫重焉。發命者冢宰，傳命者兩朝臣，承命者勳戚顯諸侯，體統尊嚴，樞機周密，防危慮患之意深矣。」這話說得非常有見解。

七、史述殯儀、葬材的釐訂與準備。經文說：

丁卯，命作冊度。越七日癸酉，伯相命士須材㉒。

經文的意思是說：「丁卯這天，先命太史（作册）釐訂殯喪的儀節，到了王殯的明日（卽第二天），也就是癸酉這天，二公就又命治事的官員們，準備喪葬所需的各種器物用具。」

在這段經文中，對於「命士須材」的「材」字，先儒見《禮記・檀弓》一則說：「天子崩，虞人致百祀之木，可以爲棺椁者，斬之。」二則說：「旣殯，旬而布材。」又見鄭氏「材，椁材也」的注解，所以多將「材」字，解爲椁材。然而〈檀弓上〉卻說：「君卽位，而爲椑。」椑，就是內棺，這也就是說，天子、諸侯的棺木，在卽位的時候，就預爲準備了。這不禁使我們要問，難道只準備棺，而不準備椁嗎？爲什麼一件事情，卻要分成兩次做呢？經文雖無明載，想古人必不如此迂腐。因此，我們把「材」字解爲喪葬所需的各種器物用具。但絕不是下文所陳諸器物。因下文所陳，乃爲傳顧命於康王之前的陳設，並非爲葬成王而設。卽使是同一器物，而陳列的時間、位置也不同，那將是一在成王葬前，一在成王葬後。何以知之？因天子崩，必於路寢，而殯於西序㉓，我們看下文西序東向所陳列的器物，除「重底席、綴純、文貝仍几」外，尚有「陳寶、赤刀、大訓、弘璧、琬、琰」之屬。西序旣然陳列了如許器物，又何容成王之殯？假如此時一定要陳列的話，在位置上，也將有所變更，那是必然的。所以明末的顧亭林先生，以爲自此以上，乃記成王登遐之事，以下自「狄設黼扆綴衣」，爲〈康王之誥〉。因中間有脫簡，所以才使得經文上下不能連貫㉔。清・孫希旦《尚書・顧命解》也說：「顧氏曰：『讀〈顧命〉之篇，見成王初喪之時，康王與羣臣皆吉服而無哀痛之辭，以召公、畢公之賢，反不及子產、叔向，誠爲可疑。再四讀之，知其中有脫簡，而狄設黼扆綴衣以下，卽當屬之〈康王之誥〉，自此以上，記成王顧命登遐之事，自此以下，記明年正月上日，康王卽位，朝諸侯之事也。古之人君，於卽位之禮重矣，故卽位於廟，受命於先王，祭畢而朝羣臣，羣臣布幣而見，然後成之爲君。春秋之於魯公，卽位則書，不卽位則不書，蓋有遭時之變而不行此禮，如莊、閔、僖三公者矣。康王繼體之君，當太平之時，而史錄其儀文、訓告，以爲一代大法，此書之所以傳也。』愚謂顧氏以狄設黼扆以下爲康王卽位之事，此雖聖人復起，不能易者也。越七日者，丁卯後之七日，殯後之三日也。命士須材爲葬具也。自命作册度以上，言召公受顧命至王崩而書之於册。自狄設黼扆以下，言康王受顧命而卽位，獨此節在其間於上下文無所係屬，蓋此下必有成王葬事，以終此節之所言。而狄設黼扆綴衣之上，又必有康王卽位之年月，而今皆脫之矣。周人殯於西序，而下文西序有東鄉之席，又有赤刀、大訓、弘璧、琬、琰之屬，則西序無殯，其爲旣葬之後明矣。人君踰年而卽位，成王以四月崩，十月葬，又越二月，爲明年之正月，而康王卽位也。先儒不明此書有脫簡，但見狄設黼扆綴衣之文，上與伯相命士須材之文相屬，遂謂召公以成王殯後，傳顧命於康王，而不知其爲踰年卽位之禮，賴顧氏發明之，而其義始白，其有功於此經大矣。」㉕孫氏所說，除「作册度」當解爲「作册（案：作册爲官名，見王國維《觀堂集林》及于省吾《尚書新證》）釐訂殯儀」，「蓋此下必有成王葬事，以終此節之所言」的「此下」，應指明是在「伯相命士須材」之下外，其他所言，皆甚中肯。孫氏，乃深於禮者也（案：孫氏著有《禮記集解》，享譽經學界甚隆)，獨於顧氏如此推崇，洵可謂爲「英雄」之見矣。

周人殯於西序，而成、康之際，又爲太平盛世，絕無理由不依此禮。這也就是經文自「狄設黼扆綴衣」以下的陳設，顧氏認爲不能看作成王殯後、葬前傳顧命於康王理由的關鍵所在。民初王國維先生著〈周書顧命考〉，亦申此理。先賢的考證、發明，給後人解決了不少的閱讀困難，這不得不使我們由衷地感激。

八、史敍傳顧命前之陳設置衛

因此段經文太長，茲依次分別探討：

㈠設黼扆、綴衣、敷席、陳几。

經文說：

狄設黼扆、綴衣。牖間南嚮，敷重篾席，黼純，華玉仍几。西序東嚮，敷重厎席、綴純，文貝仍几。東序西嚮，敷重豐席、畫純，彫玉仍几。西夾南嚮，敷重筍席、玄紛純，漆仍几㉖。

這段經文大義是說：「由樂官狄人，負責陳設各種器物，他們先把畫有黑白斧形的屏風，陳放在堂上正廳的戶牖之間，並且張設了幄帳，就如王生前的布置一樣。在屏風的前面向南，鋪上雙層的篾席，席的邊緣，鑲著黑白的花紋。另外還陳設了一張王生前所用、鑲著五色玉石的矮几。從西牆向東，鋪上雙層、邊緣鑲著雜彩而細緻的竹席，另外也陳設了一張王生前所用、鑲有花紋貝的矮几。

從東牆西向，鋪上雙層、光滑、邊緣畫有雲氣的豐席，另外也陳設了一張王生前所用、鑲著彫花玉的矮几。

在西夾室中向南，鋪上雙層、邊緣用黑絲綏所綴飾的筍席，另外又陳設了一張王生前所用、髹漆的矮几。」

我們看了這一段敍述之後，不禁要問，傳顧命，何以要敷席陳几？答案是：傳顧命，既是傳成王的遺命，爲了使情景逼眞，一如成王生前的陳設，使受命的人，觸景生感，因感而悟而銘，進而產生耳提面命的效果。於此，不正可看出召公、畢公用心的深遠以及輔弼的忠誠？

成王生前既有這些席几的陳設，它的功用爲何？換言之，它是用來做什麼的？根據僞孔傳的說法是：「牖間南嚮」的席几，「此見羣臣、覲諸侯之坐。」「西序東嚮」的席几，「此旦夕聽事之坐。」「東序西嚮」的席几，「此養國老、饗羣臣之坐。」「西夾南嚮」的席几，「此親屬私宴之坐。」自孔穎達正義引古說以明其所以之後，宋·蔡沈作《書經集傳》，也就沿用了這種說法。乃至清季尚書家如：江聲《尚書集注音疏》，王鳴盛《尚書後案》，孫星衍《尚書今古文注疏》，朱駿聲《尚書便讀》諸作，亦多不例外，而引證反更爲加詳。惟近人王國維先生有不同的見解，他在所著〈周書顧命後考〉中說：「古於嘉禮、賓禮，皆設几筵，以明有所受命，此太保攝成王以行册命之禮，傳天下之重，故亦設几筵以依神，其所依之神，乃兼周之先王，非爲成王也。昏禮與聘禮之几筵一，而此獨四者，曰牖間、東序、西序三席，蓋爲太王、王季、文王，而西夾南嚮之席，則爲武王。然則何以不爲成王設也？曰，成王方在殯中，去升祔尚遠，未可以入廟，且太保方攝成王以命康王，更無緣設成王也。」㉗這種說法，得到近人楊筠如、屈萬里二位先生的首肯。然而近人曾運乾先生，卻認爲是「臆說不可從。」㉘我們所以認爲王國維先生的見解「不可從」，第一，既然「其所依之神，乃兼周之先王，非成王也。」然而何以僅從太王始？爲什麼不始自后稷？后稷克配于天，尚不足以爲之設席以饗？后稷之後，更有公劉，公劉遷豳，辛苦經營，始有周室之興，難道不應設席以饗？此二王比諸王季如何？第二，就經文所示，西夾室設席几，東夾室何以不設席几？江聲、王鳴盛、朱駿聲諸先儒，均以爲東夾室（卽翼室）爲太子釗「恤宅」之所，所以不設席几。以情理言，最爲無疵。第三，經文言「仍几」，仍，諸家皆作「因」解，卽因仍舊几之意，並引《周禮．司几筵》云：「凡吉事變几，凶事仍几。」既爲因仍舊几，這當然是成王生前所用之几，何需辭費？基此三事，我們認爲舊說爲得。

其次，我們要辨明的是：四坐席几的設置處所，是在宗廟，還是在路寢？這見解也不一致，有的主張在廟，有的主張在寢。主張在廟的各家有：太史公、何休、孫星衍、王國維、吳闓生、王筠如、曾運乾、屈萬里諸先生。他們咸以爲所以在廟，因傳顧命之時，是在王殯之後、葬之前。周制，天子崩於路寢，而殯於西序。今西序如設席、置几、陳寶，又何以殯成王？這是主張所以在廟的惟一理由。主張在路寢的各家有：僞孔傳、孔穎達、蔡沈、顧亭林、朱駿聲、簡朝亮諸先生。他們多數僅依經文立論，未能顧及到成王既殯於西序，又何能數席、置几、陳寶的不合理。獨顧亭林先生，能見人之所未見，發人之所未發，以爲傳顧命之時，成王已葬，故得陳設於路寢㉙。朱駿聲先生雖也提出「成王崩于鎬京，故喪禮陳設之處在路寢者，下文有東西房，如諸侯制，不爲明堂制也」㉚的看法，然自周公制禮作樂，至成王崩逝，已有年矣，何爲一仍諸侯之制？是以其說並不可採。可是就經文所示，我們也確實看不出此席几，是陳設在廟中，就是因爲有成王既殯西序，而席几、寶器將何所陳，這個關鍵性問題存在而無以作解，所以才有的尚書家說是在廟。然而把陳設的時間，看作成王葬後而非殯後，如顧亭林先生所言，那不就可以渙然冰釋了嗎？

這些問題解釋清楚以後，而以下的陳玉、陳戈、陳輅、置衛諸事，也就可以順理直陳，迎刃而解了。

㈡陳寶玉五重。經文說：

越玉五重：陳寶、赤刀、大訓、弘璧、琬、琰，在西序。大玉、夷玉、天球、河圖，在東序㉛。

這是說：「所陳設貴重的玉器有五組：陳寶、赤刀、大訓、弘璧、琬、琰三組，置放在西序。大玉、夷玉、天球、河圖二組，擺設在東序。」

至於這五組寶玉，陳設在東西序的什麼位置，僞孔傳以爲在東西序坐北。宋．蔡沈亦以爲然，然簡朝亮先生則以爲在東西序的席前。近人曾運乾先生的說法與簡氏同。並且說：「晚出孔傳云：於東西序坐北列玉五重，又陳先王所寶之器物。列玉陳寶，方賓華國，不列於席前，反陳於序北，可謂明珠闇投也。」所言可從。

㈢**陳器物於東西房**。經文說：

胤之舞衣、大貝、鼖鼓，在西房，兌之戈，和之弓，垂之竹矢，在東房㉜。

這大義是說：「將胤國所製的舞衣與大貝殼、大鼓，陳設在西邊房中。兌所製的戈，和所製的弓，垂所製的竹箭，陳設在東邊房中。」

就以上㈡㈢兩項所陳設的寶玉、器物來看，可使我們連想到，這些寶器，平時是收藏在府庫之中，是難得一見的。必遇國家大典的時候，才陳出展示，「方賓華國」，以表「前王所守，後王所受」的深遠意義。《周禮．春官．天府》說：「凡國之玉鎭大寶器藏焉。若有大祭大喪，則出而陳之。既事，藏之。」驗諸經文陳玉的說法，甚能相合。是以蔡沈於所著《書經集傳》卷六說：「愚謂寶玉、器物之陳，非徒以爲國容觀美，意者成王平日之所觀閱，手澤在焉。陳之，以象生存也。楊氏中庸傳曰：宗器，於祭陳之，示能守也，於顧命陳之，示能傳也。」這話說得既深刻又有見解。

㈣**陳輅於階前**。經文說：

> 大輅、在賓階面，綴輅、在阼階面，先輅、在左塾之前，次輅、在右塾之前㉝。

這是說：「大輅（輅，今謂之車）、陳放在賓客所用的臺階前面，綴輅、陳放在主人所用的臺階前面，先輅、陳放在左側堂的前面，次輅、陳放在右側堂的前面。」傳顧命，所以要陳輅的原因，這可能也是古禮。《周禮．春官．典路》說：「若有大祭祀，則出路，大喪、大賓客亦如之。」就行事言，本段經文，甚能說明典路的意義。

㈤**置衛於門內、階側、堂上**。經文說：

> 二人雀弁、執惠，立于畢門之內。四人綦弁、執戈、上刃、夾兩階戺。一人冕執劉、立于東堂，一人冕執鉞、立于西堂，一人冕執戣、立于東垂，一人冕執瞿、立于西垂，一人冕執銳、立于側階㉞。

這意思是說：「二人戴著赤黑色的弁（士），拿著三鋒的兵器（惠），站立在畢門的東西內側。四人戴著青黑色的弁，拿著戈，戈刄樹立向上（或云刄向外），在兩階兩側特砌的石邊站立著。一人戴著冕（大夫），拿著劉，站在東夾室的堂前，一人戴著冕，拿著大斧，站立在西夾室的堂前。一人戴著冕，拿著戣，站在東堂（也可說是東廂）外的邊角上，一人戴著冕，拿著瞿，站在西堂（也可說是西廂）外的邊角上。一人戴著冕，拿著矛站在北堂外的側階上。」

這種以士、大夫守衛王宮的制度，深得宋人，呂祖謙的讚賞。他說：「弁，士服也。冕，大夫服也。惠、劉、鉞、戣、瞿、鈗，其制不盡見於書傳，然皆執威械以衛殿陛者也。……古者，執戈戟以宿衛王宮，皆士大夫之職，無事而奉燕私，則從容養德，有膏澤之潤；有事而司禦侮，則堅明守義，無腹心之虞。下及秦漢，陛楯執戟，尚餘一二。此制既廢，人主接士大夫者，僅有視朝數刻，而周廬陛楯，或環以椎埋，嚚悍之徒，有志於復古者，當深繹也。」㉟這見解在王朝時代，確有其義蘊在。

總結以上五段經文所示，可使我們了然於陳設之盛，敍述之明，用意之深，影響之遠，成、康時代，所以能成爲太平盛世，這不是沒有原因的。先儒於此，雖各有所見，我們玩索再三，則認爲宋儒陳經的話，最具意味。他說：「自設黼扆至此（案：即至置衛、一人冕執銳、立于側階），典章文物之備，豈爲華侈之具哉！一以象前王平生所坐、所寶、所乘、所衛，以起嗣王之追慕而盡誠紹述也。一以昭前王委重投艱之意，使嗣王肅敬以祗承也。一以起羣臣諸侯之尊敬、想慕前王、而繫心於嗣王也。一以表人主之崇高、富貴、尊無二上，而傳授之正如此，以絕天下覬覦之萌也。」㊱這在西周那個時代，信天崇天的時候，確能發揮如是的功能。陳氏的話，也確爲有得之言。

九、**史敘册命之禮**。茲依經文，分述如次：

㈠**王、卿士、邦君，冕裳就位**。經文說：

> 王麻冕黼裳，由賓階隮。卿士、邦君，麻冕蟻裳，入即位。太保、太史、太宗，皆麻冕彤裳。太保承介圭，上宗奉同、瑁，由阼階隮。太史秉書，由賓階隮，御王册命㊲。

大義是說：「王戴麻冕，身穿黑白相間的黼裳，從西階（即賓階）升堂。卿士、諸侯，戴麻冕，穿黑色裳，在庭中各就各位。太保、太史、太宗，也各戴麻冕，穿絳紅色裳。太保捧著大圭，太宗捧著酒杯（即同，爵名也）和瑞信（瑁），從東階（即阼階）升堂。太史捧著册命天子的册書，從西階升堂，面向王，宣讀册命的文辭。」

我們看了這段文字後，確實有一種莊嚴肅穆的感覺。而思古之幽情，也就油然而生了。不過，這裏尚有一個爭議的問題，就是關於册命的處所這一點，舊說咸以爲在殯宮（即路寢），近代以來，學者多主張在廟，如顧亭林、孫星衍、王國維、吳闓生、曾運乾、屈萬里諸先生，均作這樣的看法。而以王國維先生所言最爲精到。他說：「册命之地，自禮經通例言之，自當爲廟而非寢。……古者賜爵祿於太廟，豈有傳天子之位，付天下之重，而不於廟行之者？下經云：『諸侯出廟門俟。』是册命之地，非殯所明矣。」㊳我們也認爲這見解是對的。

至於王、卿士、邦君所服，所以皆爲吉服一事，宋・蘇軾以爲非禮㊴。然朱子（熹）卻說：「易世傳授，國之大事，當嚴其禮，而王侯以國爲家，雖先君之喪，猶以爲己私服也。」黃以周以朱子之說「極爲正大，洵不可易。」明・顧亭林先生則以爲「此周公所制之禮也，以宗廟爲重，而不敢以凶服接乎神。釋三年之喪，以盡斯須之敬，此義之所在，而天子之守，與士庶不同者也。」㊵王國維先生也說：「王黼裳、卿士、邦君蟻裳者，居喪釋服，不純吉也。太保、太史、太宗彤裳，純吉者，太保攝成王、爲册命之主，太宗相之，太史命之，皆以神道自處，故純吉也。」㊶權宜之計，未始卽爲失禮，朱、顧、王三氏所說爲優。

㈡**太史宣讀册命之文**。經文說：

曰：「皇后憑玉几，道揚末命，命汝嗣訓，臨君周邦，率循大卞，燮和天下，用答揚文武之光訓。」㊷

這大義是：「太史捧著册書宣讀說：『我們偉大的君王，在病情非常沈重的時候，依靠在玉几上，布達了他的遺命，命你繼守先王的教訓，來治理周國；你要遵循著國家傳統的大法，來和順天下的人民，以報答、顯揚文王、武王的光明大訓。』」

此册命之文，雖甚簡短，卻是如此的典正、肅嚴和莊重。君臨周邦，繼祖承業，宏揚文、武的大訓，又豈是小知小惠所能濟？是以宋・蔡沈說：「臨君周邦，位之大也。率循大卞，法之大也。燮和天下，和之大也。居大位、由大法、致大和，然後可以對揚文、武之光訓也。」呂氏祖謙說：「不曰嗣位而曰嗣訓，訓，所以守位，循其本也。」[43]這些話，確實都是有得之言。

㈢王拜謝、以亂四方、敬忌天威是膺。經文說：

王再拜，興，答曰：「眇眇予末小子，其能而亂四方，以敬忌天威。」[44]

這意思是：「康王聆聽了册命以後，拜謝兩次，然後起身回答說：『我這個微小無才的小子，豈能如父祖般治理天下？而敬畏上天的律則？』」

敬天法祖，是周代的傳統美德。現在康王以不敢上比父祖為答，這正可表示他已具謙敬不居的美德，所以託於不能。《欽定書經傳說彙纂》卷一九引王氏樵的話說：「此康王受顧命答太史，其能如父祖治四方，以敬忌天威。敬天，即所以嗣訓也。」我們非常同意這見解。

㈣王受同、瑁，祭饗。經文說：

乃受同、瑁，王三宿、三祭、三咤。上宗曰：「饗」㊺。

這是說：「太保獻酒，瑁於康王，王於是就接過了酒杯和信物（瑁），三次向神位進爵，三次酹酒於神坐前，三次奠酒爵於神座。祭禮完畢以後，太宗以杯酌酒進王說：『王請饗用福酒。』」

這是康王受冊命、答語後，所以祭饗的禮節，眞可說是既簡單而又隆重了。

㈤**太保受同、更爵自酢、拜王**。經文說：

太保受同、降。盥。以異同，秉璋以酢。授宗人同，拜，王答拜。太保受同，祭、嚌、宅。授宗人同，拜，王答拜㊻。

這意思是說：「太保把酒杯從王手中接過來，不敢襲用尊者的酒杯，於是走下堂，將杯放於筐篚中，洗了手，走上堂，用另一只杯子酌酒，然後拿著杯柄（卽瓚柄）飲酒，這表示對王的尊敬。飲後，就把杯子交給小宗伯，向王拜了一拜，王亦回拜。然後太保再從小宗伯手中接過酒杯，向神位祭、嚌、詫以後，又交給了小宗伯，向王揖拜，王亦回拜。」

到此，傳授顧受的儀節，全部結束，以下則爲成禮後的史官記述。

㈥**成禮後，太保下堂，諸侯俟於畢門外**。經文說：

太保降，收。諸侯出廟門俟。

這是說：「成禮以後，太保下堂，有司就收徹了所有的禮器，諸侯也都走出廟門等候著新王的臨朝。」

王國維先生解此經說：「案此云太保降，知太保自酢在堂上也。不言王與太宗、太史降者，略也。……今册命禮成，太保攝主事已畢，當先自西階降，而王降自阼階也。」這種推理的說法，是可以信從的。經文中的「收」字，僞孔傳解爲：「有司於此盡收徹。」其義是說，盡徹所有陳設的禮器。經文中的「諸侯」，就是上文所說：「卿士、邦君入卽位」者。廟門，「宋・劉敞，清・戴震、金鶚、孫詒讓並云：天子廟，在應門內、路門外，夾治朝。」㊼驗諸下述經文：「王出在應門之內」的記載，知劉、戴、金、孫四先儒的說法是不錯的。

至於「收」字的解釋，近人于省吾先生所說，亦甚可取，他說：「收，應作般，甲骨文般作𠬝。般甗般作𣪘，與收相似而譌。般，還也。釋文云：還，音旋。般，盤古今字。太保降收者，太保降旋（還）也。」說見于先生所著《尙書新證》卷四，頁二八三。這說法亦甚合理，特錄在這裏，俾作參考。（案：僞古文尚書，〈顧命〉篇止於此，以下爲〈康王之誥〉。）

十、傳顧命之後，史敍諸侯見王之禮。經文說：

王出在應門之內。太保率西方諸侯，入應門左；畢公率東方諸侯，入應門右。皆布乘黃朱。賓稱奉圭兼幣。曰：「一二臣衛，敢執壤奠。」皆再拜稽首。王義嗣德，答拜㊽。

這大義是說：「王受册命之後，走到應門內的治朝，接受諸侯的朝拜。只見太保公，早已率領著西方的諸侯，進入應門的左側候侯，畢公率領著東方的諸侯，進入應門的右側候侯。並且各自陳列著四匹黃色而紅鬃的馬。諸侯們都捧著命圭和幣貢，一人代表向王陳辭說：『我們這些負責藩衛的諸侯，膽敢拿著不成敬意的方物，奉獻給我王，作爲朝拜之禮。』接著向王行了叩拜的最敬禮。而王亦實爲最宜繼嗣先王明德的人。所以也就向諸侯，即行答禮。」

在這段經文中，我們仍欲提出一說的，計有五端：第一，就文氣言，與上文自相連接，氣勢一貫，如強行分爲「康王之誥」，反有突如其來之感。近人曾運乾《尚書正讀》說：「晚出古文本，析此以爲〈康王之誥〉，然上文諸侯出廟門，此云王出在應門之內，文意相接，不能分爲異篇也。」這見解非常正確。第二，是對「王出在應門之內」這句經文解說的看法。近人吳闓生《尚書大義》以爲「王出」，是王出廟門。僞孔傳則以爲：「王出畢門、立應門內之中庭南面。」

我們衡諸上文王受册命之情，受册命畢，先退的人，應當是最尊者，這樣說來，康王自不會在廟中等侯諸侯在治朝準備好之後，再出廟門接受朝拜，應是很顯然的道理。既是如此，僞孔傳的說法，應是可信的。其次，是王何以立於畢門之外、應門之內？因爲此處是治朝所在，也是天子接見諸侯的場所，所以經文說：「王出在應門之內。」第三，以當時職級言，召公爲太保，畢公爲太師，太師在太保之上，經文何以先言太保？這個問題，遠在唐代的孔穎達，就已爲我們作了解答。他說：「王肅云：『畢公代周公爲東伯，故率東方諸侯。』然則畢公是太師也，太師在太保之上，此先言太保者，於時太保領冢宰、相王室，任重、故先言西方。若使東方任重，亦當先言東方。」這話非常合理。第四，經文所載「皆布乘黃朱」句，鄭氏以爲諸侯所獻四黃馬朱鬣。後人多從鄭氏解。可是今文尚書「布乘」卻作「黼黻」，《白虎通‧紼冕》篇說：「書曰：黼黻衣，黃朱紼，亦謂諸侯也。」孫氏星衍據此以爲「布與黼聲相近，乘與芾形相似，解黃朱以紼者，詩傳云：朱芾，黃朱芾也。于斯干又曰：芾者，天子純朱，諸侯黃朱。」近人曾運乾更據孫說，以爲「黼黻衣黃朱紼，是諸侯朝服也。」如爲諸侯朝服，而前述經文「卿士、邦君，麻冕蟻裳入卽位」的記載，將作何解釋？在王尚未「釋冕、反喪服」之前，諸侯似無更服的可能。因此，我們認爲，仍以鄭說爲是。第五，是對於王答拜的解說。就禮言，向有「禮無不答」[49]的說法。儘管如此，然後人仍有別解。如蔡沈《書經集傳》卷六就說：「康王宜嗣前人之德，故答拜也。吳氏曰：『穆公使人弔公子重耳，重耳稽顙而不拜。穆公曰：仁夫公子，稽顙而不拜，則未爲後也。

蓋爲後者拜，不拜，故未爲後也。』答拜，既其爲後，且知其以喪見也。」這說法，正可反應禮當如此也。

十一、太保因朝禮而進言，亦所以申顧命之義。經文說：

太保暨芮伯、咸進，相揖，皆再拜稽首。曰：「敢敬告天子，皇天改大邦殷之命，惟周文、武，誕受羑若，克恤西土。惟新陟王，畢協賞罰，戡定厥功，用敷遺後人休。今王敬之哉！張皇六師，無壞我高祖寡命。」㊿

這大義是說：「太保及芮伯同時走向王前，先相對一揖，然後向王行了最敬禮，接著說：『我們斗膽敢敬謹地向天子報告，（時至今日，任人皆知）偉大的老天，改變了大殷國的命運，然後由我大周的文王、武王，承膺天命，惟順道而行，由於我先王能以憂恤周人的心情，來憂恤天下的人民，以致使我新近登遐的王（成王），能完全合於賞罰的中準，故能安定我文、武的功業。因此，能施遺後人以福祥。現在，我王應當格外謹愼勉力啊！要整頓、張大國家的六軍，千萬不可敗壞了我遠祖所得寡有的天命啊！』」

在這段經文中，値得特別提出探討的，就是「畢協賞罰」一語。這句話，實有承先啟後的作用，也是這段經文的重心所在。我們可以毫不猶疑地說，皇天的所以改變大殷國的命運（卽滅股），以及文武王的所以能承膺天命，其關鍵全在於此。試想，一位統治人民的天子，如不能賞罰得中，他又怎能領導羣倫，得到擁戴與信服？惟有賞罰得中，才能服人之口，悅人之心，爲人民所擁戴，進而建立不朽的功業。《朱子語類》問：「太保稱成王，獨言『畢協賞罰』何也？曰：只爲賞不當功，罰不當罪，故事差錯。若畢協賞罰，非至公至明，何以能此！」王氏充耘也說：「刑賞，乃人君之大權，使賞必當功而不僭，刑必當罪而不濫，則天下不勞而定矣。」[51]這話眞是說得深刻又切要。

其次要提出探討的，是「張皇六師」一語。在表面上看，這句話，好似召公勸導康王尚武，其實是老臣謀國而預爲之防。於此我們認爲蔡沈《書經集傳》之言，最爲可取。他說：「守成之世，多溺宴安而無立志，苟不詰爾戎兵，奮揚武烈，則廢弛怠惰，而陵遲之漸見矣。成康之時，病正在是，故周公於立政亦懇懇言之。後世墜先王之業，忘祖父之讎，上下苟安，甚至口不言兵，亦異於召公之見矣，可勝歎哉！」孔子不也早就告訴我們：「有文事、必有武備」嗎？召公之慮，豈何能易？

十二、王告邦君，撫慰有加，勉以一心保乂王家。經文說：

王若曰：「庶邦侯、甸、男、衛！惟予一人釗報誥：昔君文武，丕平富，不務咎，厎至齊信，用昭明于天下。則亦有熊羆之士，不二心之臣，保乂王家，用端命于上帝；皇天用訓厥道，付畀四方。乃命建侯樹屏，在我後之人。今予一二伯父，尚胥暨顧，綏爾先公之臣服于先王。雖爾身在外，乃心罔不在王室。用奉恤厥若，無遺鞠子羞。」52

大義是：「王如此說：『眾位侯、甸、男、衛的國君們！對於各位的陳諫告戒，我非常感激（承上文），我姬釗，現在也想將心中的話說出來，向各位報誥：昔我先君文王、武王，因能使天下的人民富足、安定，又絕不以懲治凶惡爲能事，只是用德來感化他們，所以我文武先君，才能致使人民合於中正誠信的大道，以顯明於天下。因此，也就有了如熊如羆般的勇士，和忠心不二的大臣，來保護治理王室。復因我文武先王有治理人民的善德，所以始被上帝命令爲天下的共主。偉大的上天，爲了順應治理人民的常道，所以就把天下交付給我先君文王、武王了。於是我先君文王、武王，就連諸侯，樹屏藩，來保護我後代的子孫。所以現在我的伯父們，仍然能相互顧念著、繼續你們先公、臣服於我先王的心情，來臣服於我。我也深切地了解，雖然你們在外爲諸侯，可是你們的心，卻無時無刻不在王室啊！在這種情形下，我更是絕對的相信你們，能憂慮著去奉行善政，不會留給我這個稚子羞辱的。』」

案：馬、鄭、王本，均析「王若曰」以下爲〈康王之誥〉。《史記・周本紀》也說：「太子釗遂立，是爲康王。康王即位，徧告諸侯，宣告以文武之業以申之，作〈康誥〉（即〈康王之誥〉）。」據此，知史公也是從這裏分篇的。到了唐代的孔穎達，作《尚書正義》，在這篇的小序下說：「諸侯誥王，王報誥諸侯，而使告、報異篇，失其義也。」這話的意思，當然是認為自此分篇是不妥當的。近人曾運乾《尚書正讀》，也在這段經文後說：「惟此文明為康王答太保辭，截此分篇，仍嫌割裂，不如說為同篇異序也。」這見解是對的。在《尚書》中，固不乏同序異篇的作品，如〈大禹謨〉、〈皐陶謨〉、〈益稷〉，是三篇同序。〈康誥〉、〈酒誥〉、〈梓材〉，也是三篇同序。而〈汩作〉、〈九共〉、〈槀飫〉，竟然十一篇同序。但同篇異序的，也不是沒有，如〈堯典〉、〈舜典〉，就是這種情形。是以本篇就文義說，又何以不可視為同篇異序呢？當然，這兩篇，就古文說，本來是單獨成篇的。但因流傳的譌脫，就今傳本的文氣而言，分篇確實有些勉強。然而分篇的始末，我們卻不可不知。這也就是我們為何不憚煩地、斷斷不休的原因所在了。

其次，就本段經文言，我們不難看出康王的用意。他以先王的德業、行事，作為發揚、遵守的準則，並勉勵諸侯們，也能以其先公臣服、護衛周室、忠誠不二的心情，來臣服於他，以期免於「鞠子之羞」。《欽定書經傳說彙纂》卷二〇引吳氏澄的話說：「言先王之有臣，以保乂王家，所以勵羣臣也。言先王之建侯以藩屏後人，所以勵諸侯也。鞠子，王自稱，諸侯不能盡職，豈不貽我之羞乎？」這是第一點。

這段文字，若與前段對照來看，馬上就可體悟到有一種君臣相勅戒的意味。前段經文，大臣用「新陟王畢協賞罰，戡定厥功，用敷遺後人休」儆王。而本段經文，王則以「熊羆之士，不二心之臣，保乂王家」相期待。前段經文，大臣以「張皇六師，無壞我高祖寡命」相諫，本段經文，王則以「綏爾先公之臣服于先王，乃心罔不在王室，用奉恤厥若，無遺鞠子羞」相勉。前段經文的「皇天改大邦殷之命，惟周文武，誕受羑若，克恤西土。」不就是本段經文的「昔君文武，丕平富，不務咎，厎至齊信，用昭明于天」？大臣、康王，均以先王之德業為重，而各作戒勉之語，這種情形，我們只要與〈皐陶謨〉相互參照，那種君臣間的期許、互勉、互戒、互諒、互敬的交融之情，就可以了然無遺了。而尤其是〈皐陶謨〉最後一段經文中的賡歌，所表現的那種開誠布公、推心置腹、毫無隱私、坦率貞摯、相互責勉的言論，確實可以永遠作我們後人的典範[53]。本篇這兩段經文，君臣期勉、相互規戒的意味，也非常濃，同時他們君臣之間，也確實都能遵守這種規範，否則，又何能形成「成、康時代」的佳話[54]？這是我們要申述的第二點。

十三、羣臣聽命，康王反服。經文說：

羣公既皆聽命，相揖趨出，王釋冕，反喪服[55]。

這大義是說：「眾公卿、諸侯，既已聽聞誥命，互相作了一揖，很快的走出了王庭。王於是也脫下冕服，又穿上了喪服。」

全部過程，到此告終，朝中又恢復了平靜。康王服喪守制，太保總宰百官、朝政，諸侯守土藩疆。這就康王來說，雖居喪期之中，不言不爲，然而大周的子民，卻無不知新君業已即位，而承運有人了。

三、結　語

如果我們將兩篇的此疆彼界撤除，就全部經文來說，經過以上的分析、探討，現在，我們不難看出，其所表現的重點，不外三項。那就是：第一，成王的「顧命」。第二，康王的冊封大典。第三，諸侯朝王時的相互勅勉[56]。

就「顧命」言，這是創舉，在《尚書》的記載中，是無前例的。但對後世，尤其是對專制政體而言，其影響卻是非常深遠的。孔子的高足曾子，就曾經以託孤寄命的人，比作君子。他說：「可以託六尺之孤，可以寄百里之命，臨大節而不可奪也，君子人與？君子人也。」[57]近人徐英《論語會箋》引張居正的話說：「受託孤之責者，不但保衛其國家，又必養成其令德。受寄命之任者，不但安定其社稷，又必撫揖其人民。」這無異於告訴我們後人，由於「顧命」的創舉，卻爲人民在心目中，塑造了典型的君子人物。同時也更可以使我們體會到，君子人的具體作爲與修養。使千代萬世，永遠向他們看齊，效法他們的道德與修爲。更直接的，可以給亂臣賊子，以理直氣壯的撻伐。我們看唐代的駱賓王，在討武曌檄中所言，不就是明證？他說：「嗚呼！霍子孟之不作，朱虛侯之已亡。」這又是對託孤寄命的君子，如何的欽仰？這不也正說明何者是乘人之危的小人作風嗎？這與淳厚的社會風氣的形成，能說無關？古書的價值，不就在這裏？

就康王的册封大典言，在《儀禮》中，已不可見。於此，不僅彌補了《儀禮》的不足，同時更可以使我們瞻仰到一代的盛事。近人王國維先生就曾經慨乎其言的說：「〈周書‧顧命〉一篇，記成王沒、康王即位之事，其時，當武王克殷、周公致太平之後，周室極盛之時。其事，為天子登假、嗣王繼體之大事。其君，則以聖繼聖，其公卿，猶多文武之舊臣。其册命之禮，質而重，文而不失其情，史官紀之，為〈顧命〉一篇。古禮經既佚，後世得考周室一代之大典者，惟此篇而已。」這話非常深切。

就諸侯朝王，相互敕勉的言論說，猶可見舜、禹時代君臣交儆的規戒之情。那種樸質無華、敬天法祖、忠信互賴、坦誠直言的情景，實在可以使人發思古之幽懷。是以蘇軾也大加讚歎的說：「至矣！其父子君臣之間，教戒深切著明，足以為後世法，孔子何為不取哉！」[58]我們完全同意這種見解。

除以上所述三點顯著的價值外，我們認為尚有數事，值得重提或澄清，那就是：

第一，是對於〈顧命〉與〈康王之誥〉的分篇問題，這有三種不同的看法。太史公司馬遷、馬融、鄭玄、王肅諸先儒，均以為自「王若曰」以下為〈康王之誥〉。這見解，早在唐代的孔穎達，就已經有「使告、報異篇，失其義也」的異議了（見偽孔傳、〈康王之誥〉序下孔疏）。我們衡諸經文，也認爲孔氏的話不錯。僞孔傳，則以爲自「王出至應門內」以下爲〈康王之誥〉。這見解，清代的尙書家們多不贊同。而明末的顧亭林先生，則又以爲篇中有脫簡，所以認爲應自「狄設黼扆」以下爲〈康王之誥〉。這見解，得到清人孫希旦先生的贊同，並認爲是「聖人復起，亦不可易」的大發現。我們則認爲，如撇開其他問題，單就現存經文而論，僞孔傳的分法，最爲合理。

第二，是對於成王登遐、傳顧命的時間看法。因經文沒有明確的交代，所以引起後人不同的解釋。有的認爲成王殯後，即傳顧命。理由是：「先王顧命，蓋傳重之大者也，殯，則當傳之矣。踰年而後傳之，非所以重先王之命也。」[59]有的則認爲在成王葬後，明年正月上日傳顧命。理由是：「記曰：未沒喪不稱君，而今曰王麻冕黼裳，是踰年之君也。」其次是「傳言：天子七月而葬，同軌畢至，而今太保率西方諸侯、畢公率東方諸侯，是七月之餘也。因其中有脫簡，而後之說書者，並以繫之越七日癸酉之下，所以生後儒之論。而不思初崩七日之間，諸侯何由而畢至乎？」[60]因所言有據，推理亦切，所以我們支持這種見解。

第三，是對於「狄設黼扆」、「席几」處所的看法，有的認爲是設於宗廟，理由是「天子崩於路寢。」而「殯於西序」（案：指周代而言，殷則殯於兩楹之間），西序既有成王之殯在，又何能設席、布几、陳寶？是以在廟無疑[61]。有的則認爲設於路寢，然卻無以解王殯於西序之難，舊說則多如是。直至明末顧亭林先生，則又主張設於朝，其實「朝」，就是路寢，路寢又稱燕朝。

因爲其他像治朝、外朝，僅「有門而不屋，故雨霑衣失容，則輟朝。」(62)所以我們說顧氏所說的朝，其實就是路寢。然而因顧氏主張設「黼扆」是在葬後，所以與成王殯於西序並無衝突。這種見解，要比舊說高明多了，我們同意這說法。

第四，是對於傳「顧命」處所的看法。有的認爲在路寢。理由是，以經文「諸侯出廟門」，爲出路寢門。因「成王之殯在焉，故曰廟。」又以「廟、所殯宮。」以及「凡宮有鬼神曰廟。」(63)既以廟門爲路寢門，而傳顧命的處所，那就當然是在路寢了。有的認爲是在宗廟。理由是：「册命之地，自禮經通例言之，自當爲廟，而非寢。……古者，賜爵祿於太廟，豈有傳天子之位，付天下之重，而不於廟行之者？下經云：『諸侯出廟門俟。』是册命之地非殯所明矣。」(64)這見解是正確的。

第五，是對於康王受册封、與公卿、諸侯吉服的看法。有的認爲失禮，理由是：「成王崩未葬，君臣皆冕服、禮歟？曰：非也。謂之變禮可乎？曰：不可。禮變於不得已，嫂非溺，終不援也。三年之喪，既成服，釋之而卽吉，無時而可者。曰：何爲其不可也？孔子曰：『將冠，子未及期日，而有齊衰大功之喪，則因喪服而冠。』冠，吉禮也，猶可以喪服行之，受顧命、見諸侯，獨不可以喪服乎？太保使太史奉册，授王於次，諸侯入哭於路寢，而見王於次，王喪服受教戒諫，哭踊答拜，聖人復起，不易斯言矣。春秋傳曰：『鄭子皮如晉，葬晉平公，將以幣行，子產曰：喪，安用幣？子皮固請以行。既葬，諸侯之大夫欲因見新君，叔向辭之曰：大夫之事畢矣，而又命孤，孤斬焉，在衰絰之中，其以嘉服見，則喪禮未畢，其以喪服見，是重受弔也，大夫將若之何？皆無辭以退。』今康王既以嘉服見諸侯，而又受乘黃玉帛之幣，使周公在，必不爲此。」[65]

有的則認爲不失禮，理由是：「天子諸侯之禮，與士庶人不同，故孟子有吾未之學也之語，蓋謂此類耳。蓋易世傳授國之大事，當嚴其禮，而王侯以國爲家，雖先君之喪，猶以爲己私服也。」[66]「此周公所制禮也。以宗廟爲重，而不敢凶服以接乎神。釋三年之喪，以盡斯須之敬，此義之所在，而天子之守，與士庶不同者也。商書有之矣，惟元祀十有二月乙丑，伊尹祠于先王，奉嗣祇見厥祖。豈以喪服而入廟哉！《漢書‧孝文紀》：元年冬十月辛亥，皇帝見于高廟，蓋猶循此禮。」[67]「說者不察，受册命及出自路門外，應門內之治朝、屬踰年，遂疑西方、東方諸侯，爲來問王病者，則新喪內，天崩地坼之痛，而從容輿答，必無是情，又不必論其他事之禮與非禮矣。」[68]此禮後世既已沿用，想必經過議論、考證，因此，我們認爲「釋三年之喪，以盡斯須之敬」的說法，是對的。

附圖

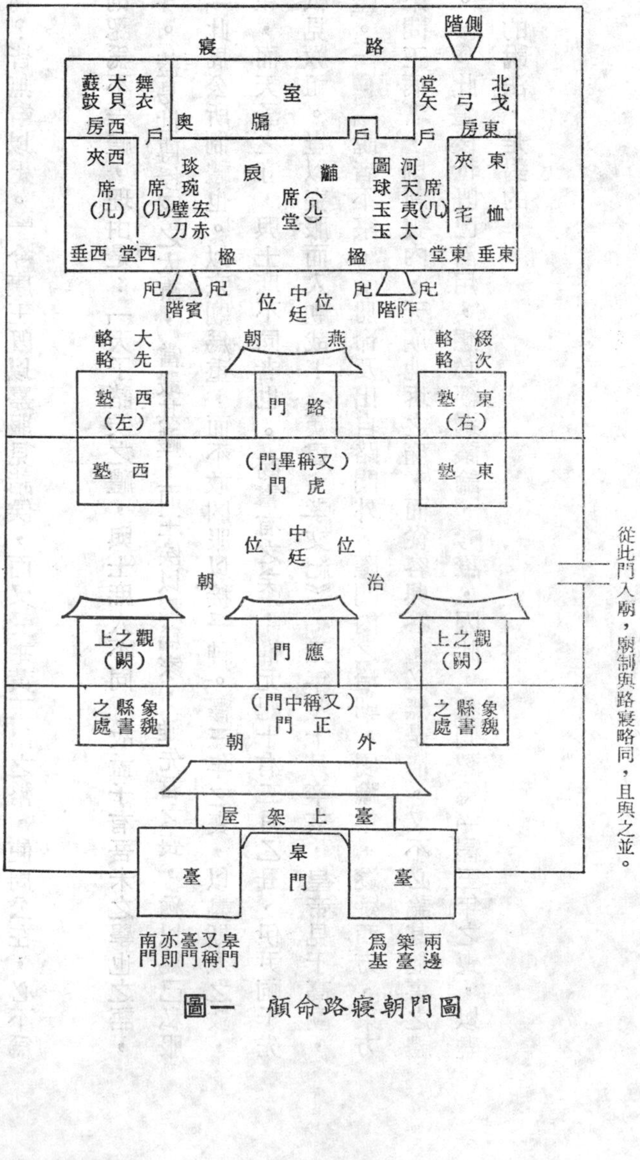

圖一　顧命路寢朝門圖

注：1.「凡朝，皆廷也。其堂爲路寢，其廷爲燕朝。」（見焦循羣經宮室圖，【續經解】頁一四八六五）

2.此圖係參考焦循羣經宮室圖，任啟運朝廟宮室圖以及簡朝亮顧命作度圖繪製而成。

3.「先儒謂天子五門，戴氏震謂三門，是也。顧命、康王出路門，立應門內，諸侯入應門，則應門內、路門外有朝無疑。應（案：當爲路）門內爲燕朝，此應門外（案：外，當作內）爲治朝，而皋門內、應門外爲外朝，亦無疑。周禮閽人掌中門之禁，中門，天子應門，諸侯雉門，《爾雅》云：正門，謂之應門，名曰正門者，以皋門之內，外朝之左右，有宿衛之次舍，通達之壼涂，官府之宮室，可通民庶出入，而應門之內，廟社所在，至此方爲正門，以夾于皋門之中謂之中，以自此之內，爲人君所居，謂之正。故閽人守之、禁之也。皋門，則通出入，應門不得通出入。兩闕在應門之外，外朝之北，縣政令于此。平訟獄于此正門之內，豈容百姓至哉。〈明堂位〉云：雉門、天子應門，庫門、天子皋門，是天子無庫雉，諸侯無皋應也。惟郊特牲、獻命庫門之內，說者據此，爲王有庫門之證。案注云：庫，或作廏，當鄭時，字已譌誤，爲庫爲廏，已不可辨，況禮文多雜，不如顧命之可證也。」（案：此段文字，錄自焦循羣經宮室圖，漢京本【皇清經解續編】十九冊，頁一四八五九。）

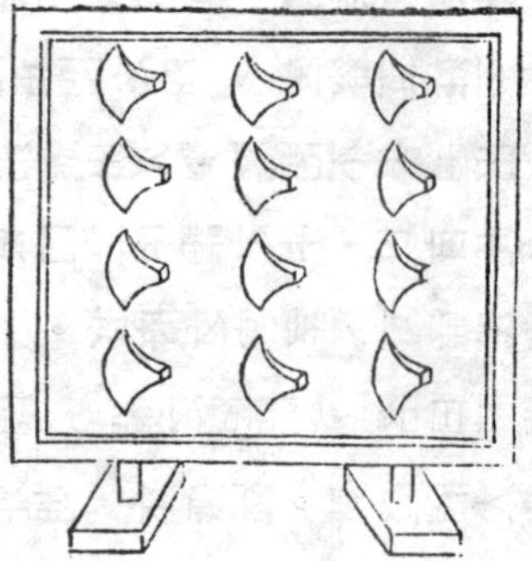

黼扆

覲禮天子設斧依於戶牖之間鄭注云依如今綈素屏風也有繡斧文所以示威也斧謂之黼司几筵王位設黼依鄭注斧謂之黼其黼白黑采以絳帛爲質其制如屏風賈疏云繢人職白與黑謂之黼若據繡于物上爲全斧之形近刃白近銎黑或說漢時屏風以綈素爲之綈赤也素白也象古者白黑斧文非也

圖二　黼扆圖

蓋云硯初磚之

前短厚里地在呈

之邊身加一呈名

磚長命重詢用物

亦不過下不過

繞遍學斋司凡

布中經容在觀

者又以上注

九明基諸郊

尺其諸注祀

亦為緝其記

之加公補補

盆此書云

人註庭事

也鎮買之

絲庭帝班

繞為祝

子硯
磚德
得洪
較補
校印

圖三 硯

硯

圖

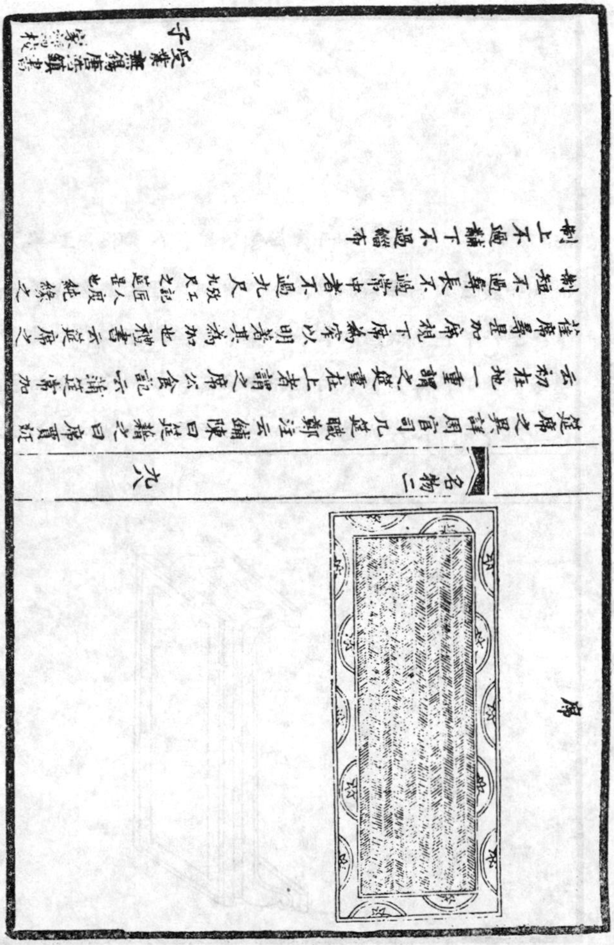

几

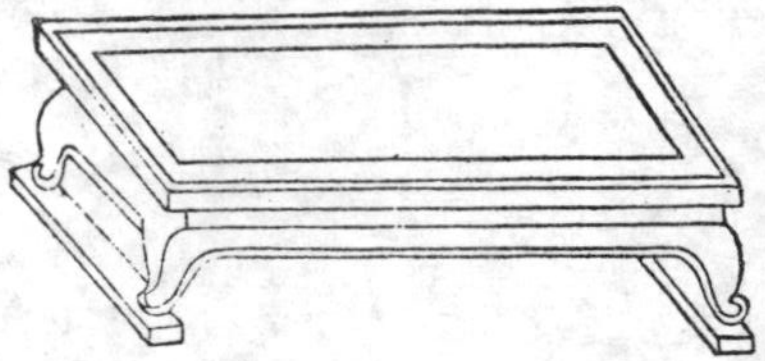

司几筵掌左右玉彫彤漆素五几覲禮天子設斧依於戶牖之間左右几優至尊也諸侯而下或設之左或設之右祭祀陰事也故右之筵國賓陽事也故左之阮氏圖云几長五尺高尺二寸廣二尺馬融則云長三尺其說較是阮圖又云兩端赤中央黑漆聶氏已駁之說詳名物通故中

圖四 几 圖

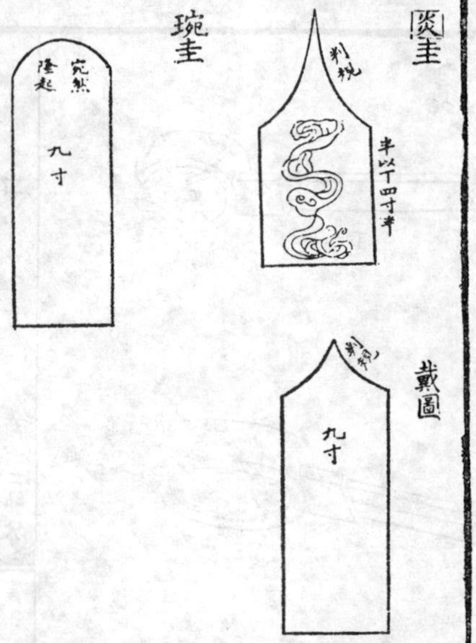

名物二 玉 七

玉人琬圭九寸而繅以象德琰圭九寸判規以除慝以易行鄭
注云琬猶圜也凡圭剡上寸半琰圭剡半以上又半為瑑飾舊
圖皆圜其首失之聶氏斥先鄭有違判規之義更謬戴氏剡上
寸半與鄭異說詳前

圖五 琰圭、琬圭圖

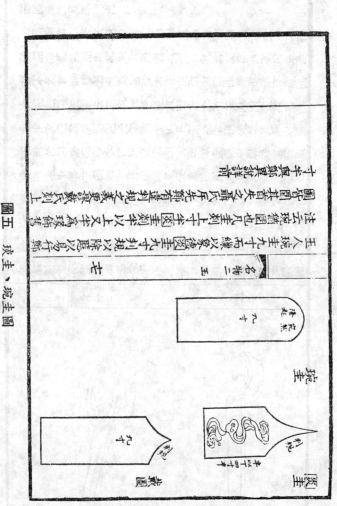

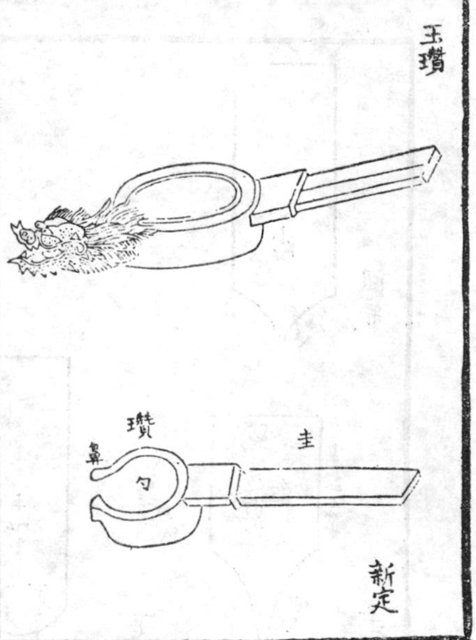

典瑞裸圭有瓚先鄭云於圭頭爲器可以挹鬯裸祭謂之瓚國語謂之鬯圭後鄭謂漢禮瓚槃大五升口徑八寸下有槃口徑一尺玉人裸圭尺有二寸有瓚鄭注云瓚如槃其柄用圭有流冓注又玉人大璋中璋九寸邊璋七寸射四寸厚寸黃金勺青金外朱中鼻寸衡四寸有繅鄭注云鼻勺流也凡流皆爲龍口衡謂勺徑也三璋之勺形如圭瓚大璋加文飾中璋殺文飾邊璋半文飾鄭阮禮圖云圭瓚受四升徑八寸形如槃其柄以圭有流注梁正圖云三璋之勺鼻爲獐犬之首其柄則畫爲雛尾皆不盈寸並御覽陳氏禮書謂古有圭瓚璋瓚而無下槃有鼻而無龍口豈其然與鄭注凡流皆爲龍口其言必有所本但未必如聶圖耳以圭爲柄曰圭瓚以璋爲柄曰璋瓚其勺大小不同而制無大異不別出

名物二　玉　廿

圖六　玉瓚圖

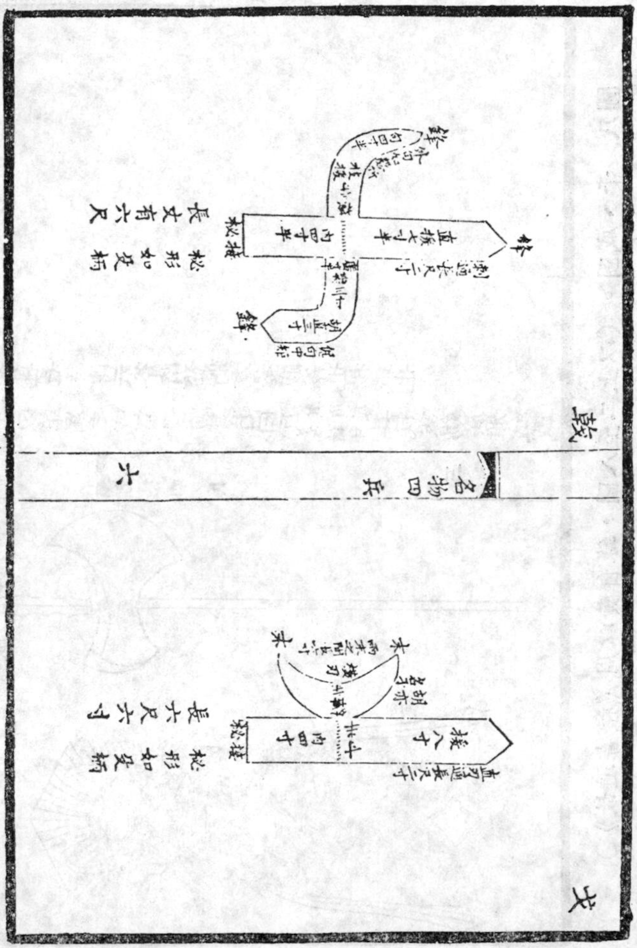

1365

圖七 戈、戟圖

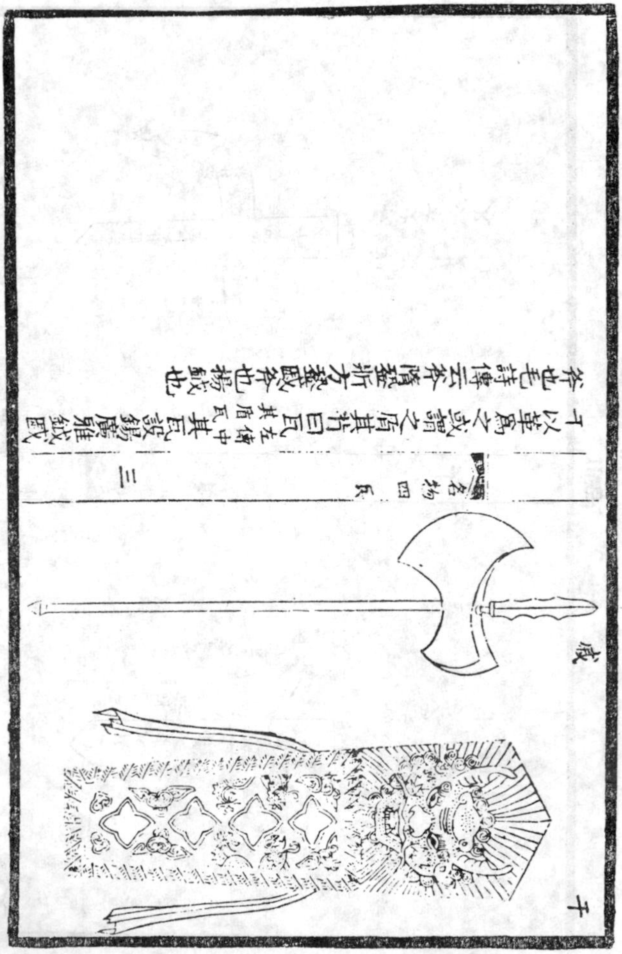

圖八　干、戚圖。（以上二至八圖，錄自黃以周《禮書通故》）

周代戚、斤、戣、瞿等銅兵圖形
(見陸懋德著《中國上古銅兵考》)

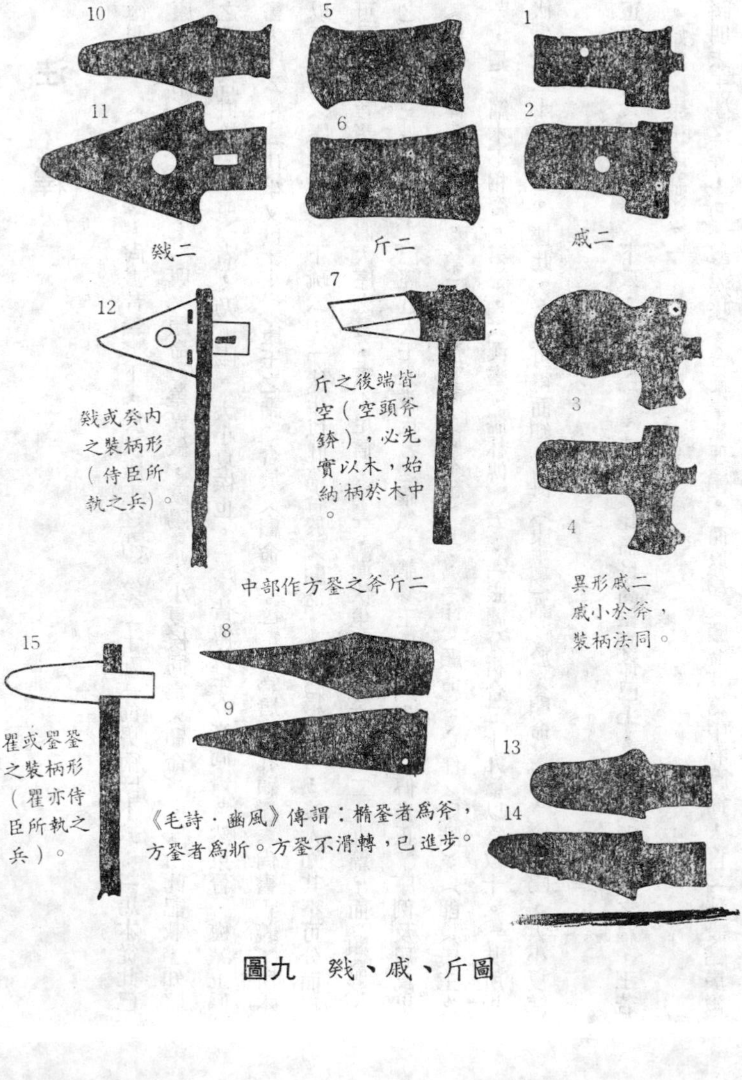

圖九　戣、戚、斤圖

注釋

❶ 唐．陸德明著，《經典釋文．尚書音義》下，於〈康王之誥〉第二十五「徂男衞」下云：「馬本從此已下爲〈康王之誥〉。」又云：「與〈顧命〉差異敍，歐陽、大小夏侯同爲〈顧命〉。」由此記載，知將〈康王之誥〉合併於〈顧命〉者，乃歐陽、大小夏侯也。三家皆傳伏生今文尚書。然東晉．梅賾上僞古文尚書大序云：「伏生又以……〈康王之誥〉合於〈顧命〉。」此爲唐．孔穎達《尚書正義》所本也。是以正義於〈康王之誥〉下疏云：「伏生以此篇合於〈顧命〉，共爲一篇，後人知其不可分而爲二。」可是吾人考諸史籍，僞大序之言，實不足信。第一，漢伏生所傳今文尚書二十九篇，而〈顧命〉、〈康王之誥〉，各自成篇，已經近人王先謙氏考之確然（請參王氏著《尚書孔傳參正》序例及屈萬里先生著《尚書集釋概說》）。第二，《史記．周本紀》云：「作〈顧命〉、作〈康誥〉（卽〈康王之誥〉）」，是二篇本不相合。第三，《漢書．儒林傳》云：「張霸分析合二十九篇以爲數十。」其所析者，乃伏生之二十九篇也。據此，吾人可得而知，併〈康王之誥〉於〈顧命〉者，實歐陽、大小夏侯也。

❷ 《尚書正義》於〈康王之誥〉下云：「馬、鄭、王本，此篇自高祖寡命已上，內於〈顧命〉之篇，王若曰以下，始爲〈康王之誥〉。」

❸ 顧氏目睹明末王學之弊，乃大聲疾呼，舍經學無理學。而以爲〈顧命〉篇中有脫簡，自「狄設黼扆綴

衣」以下，當屬之〈康王之誥〉。見《日知錄》卷二〈顧命〉條。明倫出版社印行本，頁四七。

❹ 〈周本紀〉云：「太子釗遂立，是爲康王。康王卽位，徧告諸侯，宣告以文武之業以申之，作〈康誥〉(卽〈康王之誥〉)。」

❺ 見❸。

❻ 此云「成爲兩個不同的篇名」，並不意味著本爲一篇，而作序之人，始將其分爲兩篇。而是說，《尚書》本無統一篇名，必待作序之後而篇名始定。其初僅爲史料之堆積而已。請參黎建寰著《百篇書序探討》，文津出版社印行。

❼ 前賢於〈顧命〉、〈康王之誥〉兩篇所爲言論，約有以下諸說：

1. 書小序云：「成王將崩，命召公、畢公，率諸侯相康王，作〈顧命〉。康王旣尸天子，遂誥諸侯，作〈康王之誥〉。」
2. 太史公司馬遷云：「成王將崩，懼太子釗之不任，乃命召公、畢公率諸侯以相太子而立之。成王旣崩，二公率諸侯、以太子釗見於先王廟，申告以文王、武王之所以爲王業之不易，務在節儉，毋多欲，以篤信臨之，作〈顧命〉。太子釗遂立，是爲康王。康王卽位，徧告諸侯，宣告以文武之業以申之，作〈康誥〉。故成、康之際，天下安寧，刑錯四十餘年不用。」
3. 僞孔傳云：「臨終之命曰顧命。」
4. 馬融云：「成王將崩，顧念康王，命召公、畢公率諸侯輔相之。」(僞孔傳，唐・陸德明《經典釋文》引)

5.鄭氏康成云：「迴首曰顧，顧是將去之意。此言臨終之命曰顧命。（《史記集解》、孔穎達《尚書正義》引。案：孔氏釋鄭云：「此言臨終之命曰顧命，言臨將死去，迴顧而為語也。」）

6.唐・孔穎達正義云：「說文云：『顧，還視也。』成王病困將崩，召集羣臣以言，命太保召公、太師畢公，使率領天下諸侯，輔相康王，史敍其事，作〈顧命〉。」

7.宋・蔡沈《書經集傳》云：「顧，還視也。成王將崩，命羣臣立康王，史序其事為篇。今文古文皆有。」

❽ 見❼，2.。

❾ 1.四月：據正義引鄭云：「此成王二十八年。」此說雖與《竹書紀年》所載相合，然後人多不從。又：《漢書・律曆志》據劉歆《三統曆》，以經文所言四月，乃成王三十年之四月，孫星衍《尚書今古文注疏》卷二五云：「案：成王在位年數，《史記》無文，劉歆說以哉生霸為十五日，亦不可信。」

2.哉生魄：哉，始也、才也、初也。魄，朏也，月未盛之明也。說文作霸，云月始生霸（魄）然也。承大月二日，小月三日。詳請參王國維先生《觀堂集林》卷一〈生霸死霸考〉。

3.王不懌：王，成王也。懌，悅也。亦作豫，或讀為悆。

❿ 1.甲子：說解不一，然多以劉歆《三統曆》為言，謂在成王三十年四月十五日也。乃至有死霸為朔、生霸為望之說。蔡沈以為月之十六日，此不一之辭，未足信。關死霸生霸之說，請參王國維《觀堂集林》卷一。關西周年代，以今言之，多無可考，因文獻不足故也。是以太史公於《史記・三代世表》序云：「五帝、三代之記尚矣，自殷以前諸侯，不可得而譜，周以來乃頗可著。孔子因史文次春秋、

紀元年、正時日月，蓋其詳哉。至於序《尚書》，則略無年月，或頗有，然多闕，不可錄。故疑則傳疑，蓋其愼也。余讀諜記（案：諜，紀系謚之書），黃帝以來，皆有年數，稽其曆譜終始五德之傳（傳，音轉），古文咸不同，乖異。夫子之弗論次其年月，豈虛哉！於是以五帝繫諜，《尚書》集世紀黃帝以來訖共和爲世表。」以史公之賢，又處西漢之際，尚不克譜其年月，後人不一之辭，焉足信哉！要之，乃「王不懌」後之甲子也。

2.王乃洮頮水：洮（ㄊㄠˊ）。頮（音ㄏㄨㄟˇ）。釋文引馬融云：「洮，洮髮也。頮，頮面也。」頮，一作沬，洗面也。此謂成王洗髮淨面也。

3.相、被冕服：相，正義引鄭氏云：「相者，正王服位之臣，爲太僕。」被，披也。以服加其身也。冕，袞冕、袞冕之服，衣五章，裳四章也。正義云：「覲禮：王服袞冕而有玉几。」此既憑玉几，所服當爲袞冕也。

4.憑玉几：憑，一作凭，依几也。玉几，以玉爲飾之几也。

⑪

1.同，謂同時也。

2.太保奭，卽召公，此時爲太保也。

3.芮伯，《詩·桑柔》序云：「芮伯，畿內諸侯、王卿士。」當爲周之同姓諸侯。

4.彤伯，書疏引王肅云：「似姓之國。」不詳其名。

5.畢、衞、毛，皆文王庶子。畢公，卽畢公高。毛公，未詳其名。衞侯，卽康叔。此所謂六卿也。而太保、畢公、毛公，並以三公兼領卿職。

6.師氏，《周禮・地官》有師氏，中大夫。掌以媺(古美字)詔王，以三德、三行教國子，又掌守衞於王。

7.虎臣，即虎賁氏。《周禮・夏官》有虎賁氏，下大夫。王在國，則守王宮，國有大故，則守王門，大喪亦如之。

8.百尹：尹，正也。謂百官之長也。

9.御事，謂眾治事之官員也。

⑫由下文「太保命仲桓、南宮毛，……逆子釗於南門之外」知之。江聲《尚書集注音疏》云：「王既崩，世子猶在外，世子蓋以王未疾時，奉使而出，比反而王崩。憂危之際，故以兵迎之于南門外云。」又云：「據上文命羣臣時，太子實不在左右也。」江氏之言是也。

⑬1.王曰：嗚呼！疾大漸，惟幾。病日臻，既彌留，恐不獲誓言嗣，茲予審訓命汝：漸，劇也。說見孔疏。幾，危也。說見《爾雅・釋詁》。病，說文云：「疾加也。」臻，至也。彌留，言將終而淹留之際也。誓，《爾雅・釋言》：「謹也。」誓言，猶遺言也。嗣，繼也。說見《釋詁》。此處謂嗣子也。審，詳慎也。訓命，猶命令也。此謂：「疾大漸惟危，病日篤至，既當終命淹留之際，恐不得遺言嗣繼，故今詳命汝羣臣也。」

2.昔君文王、武王，宣重光、奠麗陳教則肄。肄不違，用克達殷、集大命：宣，顯也、著也。說見《詩・衞風・淇奧》釋文引韓詩解。重光，有二解：僞孔傳：「言昔先君文武，布其重光累聖之德，定天命，施陳教，則勤勞。」是重光，乃謂文武二世皆功業光顯昭明，故曰重光也。又《易・離卦・彖辭》：「日月麗乎天。」又曰：「重明以麗乎中正，乃化成天下。」言文武化成之德，比於日月也。

奠，定也。麗，法網也。《周禮・小司寇》注云：「杜子春讀麗爲羅。」謂羅網也。猶今所言法網。故引申有刑法之義。〈多方〉云：「愼厥麗」，麗，卽刑法也。陳，設也、布也。教，謂教化也。肄，勞也。說見《詩・邶風・谷風》傳。違，避也。有棄而去之之意。達，漢石經作「通」，引申有普通、普遍之意。集，漢石經作「就」。《爾雅・釋詁》：「就，成也。」大命，卽天命。謂國運，王業也。此謂：「昔我先君文王、武王，能於二代光顯其功業，定法陳教，可謂勤勞矣。然雖勞亦不避而去之，故能使刑法教化，遍行乎殷國，而成就周國之王業也。」

3.在後之侗，敬迓天威，嗣守文武大訓，無敢昏逾：侗，乃僮之假借字。謂幼沖，孺子也。《論語・泰伯》篇：「侗而不愿」，注云：「侗，未成器之人。」此成王自謂也。迓，迎也，古作御。吳闓生釋作憑也。憑，依也。亦爲通說。天威，謂上天之律則也。嗣，繼也。大訓，謂訓誨之遺言也。大，尊之也。昏，亂也。或云昏，讀爲泯，蔑也、輕忽也。逾，越也。此謂：「後由我幼沖之人，敬迎上天之律則，繼承固守文王、武王之大訓，罔敢輕忽逾越也。」

4.今天降疾、殆，弗興弗悟。爾尚明時朕言，用敬保元子釗，弘濟于艱難：殆，危也。說見〈釋詁〉。興，起也。悟，與寤通，覺也。猶今言清醒也。尚，庶幾也。希冀之辭。時，是也、此也。明，勉也，說見〈釋詁〉。用，以也。保，保護也。元子，嫡長子也。卽太子也。稱元子者，正其統也。釗，康王名。濟，渡也。艱難，謂其時之各種困危也。此謂：「今上天降下惡疾於我身，且已非常危殆矣。以致吾罔能起、罔能清醒（此時之清醒，乃迴光反照也），爾等庶幾黽勉以行吾言。並以敬謹之心，保護太子釗，大渡此艱難困危之時也。」

5.柔遠能邇，安勸小大庶邦。思夫人自亂于威儀，爾無以釗冒貢于非幾：柔，安也。說見《爾雅・釋詁》。能、而通用。而，如也。說見孫疏。柔遠能邇者，言安遠如安近也。勸，勉也。《廣雅・釋詁》云：「教也。」安勸小大庶邦者，謂安寧勸勉大小眾邦向善也。夫人之「夫」，語詞。夫人，謂眾人也、凡人也。亂，治也。威儀，有威可畏、有儀可象也。謂行有則、容有象也。以，使也。說見裴學海《古書虛字集釋》。冒，說文云：「冒而前也。」猶今言蒙昧、鹵莽也。貢，馬融作贛，曰：「陷也。」幾，與機通，機，理也。說見孫疏。理，法也。又：冒，觸也。非幾，不善也。說見江聲《尚書集注音疏》。此謂：「安遠如安近，並安寧勸勉大小眾國向善，思念人人能整治於儀則，汝等無使釗觸犯陷溺於非法也。」

⑭ 夏、吳二氏之言，見《欽定書經傳說彙纂》卷一九集說引。

⑮ 見漢京本【通志堂經解】十二册，增修書說卷三一，頁七五六七。

⑯ 見《欽定書經傳說彙纂》卷一九集說引。

⑰ 茲，語詞。受命，謂受顧命也。還，謂羣臣退也。出，謂徹出也。說見簡朝亮《尚書集注述疏》。綴衣，幄帳也。僞孔云：「綴衣，幄帳。羣臣既退，徹出幄帳於庭。」案：此幄帳，卽張設於王座之上者。越，於也、及也。說見《中文大辭典》越字解。翼日，明日也。翼，一作翌。

⑱ 見曾運乾著《尚書正讀》。洪氏出版社印行本，頁二六三。

⑲ 太保，卽召公奭。仲桓、南宮毛，二臣名，負有宿衞之責。俾，使也。爰，引也。與援通，故又有助意。案：俾爰二字，宋人多解爲從於（于）。謂從齊侯呂伋處。呂伋，齊太公子、丁公也。《史記・齊

世家》云：「太公卒，子丁公呂伋立。」是其證。二干戈，為仲桓、南宮毛所執。虎賁，卽後人所謂之武士。周官屬虎賁氏。逆，迎也。子釗者，王在喪之稱，蓋稱子稱名，若親存也。南門，謂外朝所在之皋門。因其為朝門之至南者，故又名南門。南門外，為萬姓所聚也。延，有進、導、引之意。翼室，謂路寢之東夾室。恤，憂也。宅，居也。宗，猶主也。

⑳ 漢京本【通志堂經解】十一冊，頁七〇二六，宋・林之奇《尚書全解》卷三七引范純夫內翰（案：卽范祖禹）語曰：「當是時，太子在內，特出而迎之，所以顯之於眾也。然則古之立君者，惟恐眾人之不覩，而事之不顯也。何則？天子者，天下之共主也，故當與天下之人戴而君之，未有竊取諸宮中而立之，出於宦寺婦人之手而可以正天下者也。《顧命》之書，所以為萬世帝王之法也。」此言雖善，然就經文所載，似難相符，是以不取。

㉑ 見《周禮・夏官・序官》及〈虎賁氏〉。【十三經注疏】本，頁四三二～四七四。

㉒ 作册，官名，蓋史官。此與〈洛誥〉「王命作册逸」之作册同。見王國維，《觀堂集林》一，頁三八。度，說文：「法制也。」蓋謂殯禮儀節也。說見孫疏。王國維亦以「度」為事先預度，不專指人名。越七日，正義云：「天子七日而殯，於死日為八日，故以癸酉為殯之明日也。」案：《禮記・曲禮》云：「生與來日，死與往日。」注云：「與，猶數也。」〈王制〉云：「天子七日而殯，七月而葬。」此正義所本也。伯相，蓋謂召公、畢公也。說見孫疏。士，治事之官也。須，孫疏云：「需也。」材，所需喪葬各種器物用具也。

㉓ 殯之處所，殷禮，在兩楹之間。周禮，則在西序。說見《禮記・檀弓上》及王國維《觀堂集林》卷一，

頁五三。

㉔ 原抄本，顧亭林《日知錄》卷二，明倫出版社印行本，頁四七。

㉕ 孫希旦之言，見清儒《書經彙解》卷四八，〈顧命〉二，鼎文書局印行本，頁五八九。

㉖ 1. 狄設黼扆、綴衣：狄，《禮記・祭統》：「翟者，樂吏之賤者也。」〈喪大記〉云：「狄人設階。」是狄與翟通，乃吏之賤者也。設，陳設也。黼扆，《爾雅・釋器》云：「斧，謂之黼。」郭注：「黼文畫斧形。因名云。」《周禮・春官・司几筵》云：「王位設黼扆。」〈考工記〉云：「白與黑謂之黼。」扆，說文：「戶牖之間，謂之扆。」謂一戶兩牖之間也。《禮記・明堂位》云：「天子負斧依，南鄉而立。」注云：「斧依，爲斧文屛風於戶牖之間。」扆（音ㄧˇ），與依通。說見孫疏。據以上所引，可了黼扆者，先儒相傳謂爲用白黑畫斧形於屛風，置於戶牖之間也。綴衣，幄帳之屬。僞孔云：「狄，下士，扆，屛風，畫爲斧形，置戶牖間，復設幄帳，象平生所爲。」孫疏欲採其說，苦無文以證之。衡之於理，僞孔之說，得其實矣。蔡沈《書經集傳》、王夫之《尚書稗疏》，說與之相若。孔穎達云：「上文言出綴衣於庭，此復設黼扆幄帳者，象王平生時所爲也。經於四坐之上，言設黼扆綴衣，則四坐皆設之。」王國維《觀堂集林》云：「狄設黼扆綴衣以下，紀布几筵事。越玉五重以下，紀陳宗器。二人雀弁以下，紀設兵衞。王麻冕黼裳以下，則專紀册命事也。」此謂命狄人陳設繪有黑白花紋之屛風於戶牖間，並張設幄帳，一如王生時模式也。

2. 牖間南嚮，敷重篾席，黼純，華玉仍几：嚮，向也。敷，布也。重，雙層也。篾，鄭氏云：「析竹之次青者。」即去竹膚（最外層）之青之竹皮也。篾席，用次青之竹皮所爲之席也。黼，黑白相間之花紋也。純，緣也。《爾雅．釋器》云：「緣謂之純，其色白與黑也。」華玉，鄭氏云：「五色玉也。」仍，《爾雅．釋詁》云：「因也。」仍几，《周禮．司几筵》：「凡吉事變几，凶事仍几。」謂因仍生前之几也。此亦事死如事生之意也。此謂在戶牖之間南向，設置雙層之篾席，此席乃以黑白之花紋飾邊，並且另外陳設一張王生前所用鑲以五色玉之矮几。

3.西序東嚮，敷重厎席，綴純，文貝仍几：序，謂堂上之東西牆也。《爾雅．釋宮》云：「東西牆謂之序。」注云：「所以序別內外。」說文：「序，東西牆也。」正義云：「序者，牆之別名。」西序東嚮，鄭氏以為王旦夕聽事之坐。厎，鄭氏以為致也。《爾雅．釋詁》：「致，同緻。」說文：「緻，密也。」是厎席者，猶今所謂細緻之竹席也。綴，以雜彩飾之也。文貝者，謂有花紋之貝也。《爾雅．釋魚》：「餘貾黃白文，餘泉白黃文。」李巡注云：「貝甲以黃為質，白為之彩，名餘貾（音池），貝甲以白為質，黃為彩，名為餘泉。」此釋文貝也。此謂自西牆東向，敷設雙層、邊緣飾有雜彩之細緻竹席，另外亦陳設一張王生前所用鑲有花紋貝之矮几。

4.東序西嚮，敷重豐席，畫純，彫玉仍几：豐席，鄭氏云：「刮湅竹席。」湅（音ㄌㄧㄢˋ），說文：「瀾也。」《廣雅．釋詁》：「瀾，洒也。」據此，可了鄭意，乃以刮削洗淨之竹所製之席為豐席也。畫純，鄭氏謂以雲氣畫之為緣。孫疏云：「鄭注三禮，凡言畫，輒以雲氣為說。」偽孔以為彩色，今從鄭說。彫玉，《爾雅．釋器》：「玉謂之彫，金謂之鏤，木謂之刻。」是彫玉，乃彫有花紋之玉也。此謂自東牆西向，鋪設雙層光滑、邊緣畫有雲氣之豐席，並另外陳設一張王生前所用鑲有彫花玉之矮几。

5.西夾南嚮，敷重筍席、玄紛純，漆仍几：夾，卽夾室。王鳴盛以爲前文之翼室，乃東夾室，康王恤居其中，故僅西夾室設席也。筍，鄭氏云：「析竹青皮也。」孫疏云：「筍，俗作筠（竹之青皮）字，今禮器亦作筠。」玄，黑色。紛，綬也。說文：「組，綬屬。」是以鄭氏云：「玄紛純，以玄組爲之緣。」漆，髹漆也。此謂於西夾室中南向，鋪上雙層邊緣用黑色絲綬所綴飾之筍席，另外亦陳設一張王生前所用髹漆之矮几。

27 見《觀堂集林》卷一，河洛圖書出版社印行本，頁六五。

28 見曾運乾著，《尚書正讀》卷六，洪氏出版社印行本，頁二六六。

29 見《日知錄》〈顧命〉條，明倫出版社印行本，頁四八。

30 見《尚書便讀》卷四下，廣文書局印行本，頁二四二。

31 越，與粵同，語詞。王國維《觀堂集林》卷一〈陳寶說〉云：「以文義言，則西序、東序所陳，卽五重之玉也。重者，非一玉之謂，蓋陳寶、赤刀爲一重，大訓弘璧爲一重，琬、琰爲一重，在西序者三重。大玉、夷玉爲一重，天球、河圖爲一重，在東序者二重，合爲五重。」陳寶，王念孫《廣雅疏證》，以「陳寶爲刀名，則與赤刀同類。」王國維云：「陳寶亦玉名也。赤刀亦然，內府藏古玉赤刀，屢見於高宗純皇帝御製詩集。又洹陽端氏舊藏一玉刀，長二尺許，上塗以朱，赤色爛然，書之赤刀，殆亦此類。」是陳寶、赤刀，乃同類玉治之器物也。王氏又云：「大訓，蓋鐫刻古之謨訓於玉，或謂禮法、先王德教亦可。河圖，則玉之自然成文者。數者雖無確證，然涵泳經文，蓋無以易此解也。」此言確然可從。弘，大也。璧，說文：「瑞玉，圜也。」《爾雅．釋器》云：「肉倍好謂之璧。」是璧乃圓形有孔之玉也。琬，即琬圭，上有半圓，宛然隆起，作凸形，故曰琬圭。琰，即琰圭，圭頂端尖起，作凸狀之圭，故曰琰圭。二者皆九寸。說見〈考工記・玉人〉。大玉，鄭氏云：「華山之球也。」其說或然，因〈禹貢〉：雍州貢球琳琅玕，不云出於華山。又《爾雅・釋地》云：「西南之美者，有華山之金石焉。」亦不云出玉。鄭說未詳也。說見孫疏。夷玉，夷，東夷之人也。其地所產之玉故名之為夷玉。鄭氏云：「夷玉，東北之珣、玕、琪也。」天球，鄭氏謂：「雍州所貢之玉，色如天者。」球，馬融云：「玉磬。」河圖，即王國維氏所云：「玉之自然成文者。」

㉜ 案：鄭氏康成云：「胤也、兌也、和也、垂也，皆古人造此物者之名。大貝，伏生書傳曰：「散宜生之江淮之浦，取大貝如車渠也。」車渠，車輪也。鼖（音ㄈㄣˊ），鼖鼓，大鼓也。案：此鼓，非〈考工記〉鼖鼓、長八尺者，若是周物，何須寶守？明前代之物，與周鼖鼓同名耳。偽孔以胤為國名，古之方物，多以異方所貢為寶，如大貝為江淮之物，鼖鼓是前代所遺之鼓，皆非周產，是以擬此胤、兌、和、垂，為國名也。舞衣，乃舞者之衣，其制今已無考。房，說文：「室在旁也。」西房、東房，在室左右旁也。蔡沈云：「舞衣、鼖鼓、戈、弓、竹矢，皆制作精巧中法度，故歷代傳寶之。」蔡氏語，見所著《書經集傳》卷六。

㉝ 案：輅（音ㄌㄨˋ），車也。古多作路。作輅，段玉裁以為後人所改。大輅，即周禮巾車王之五路中之玉路也。賓階，西階也。面，前也。說見《儀禮・士冠禮》鄭注。大輅置賓階之前南向。綴輅，金輅也。說見集傳，即以金為飾之車也。阼階，東階也，即主人所升之階。綴輅置之東階前，亦南向。先輅，即象輅，鄭注：「以象飾諸末。」即以象骨飾車也。塾，《爾雅・釋宮》云：「門（即畢門）側之堂，謂

之塾。」次輅，卽木輅，鄭注：「木輅不輓以革，漆之而已。先輅置畢門內側左（西）塾前北向，次輅置畢門內側右（東）塾前北向。周禮巾車載王之五路：一曰玉路，二曰金路，三曰象路，四曰革路，五曰木路。」五路而陳四路者，馬融云：「不陳戎路（卽革路）者，兵車非常，故不陳之。」

㉞

1.二人雀弁執惠，立于門之內：鄭氏云：「赤黑曰雀，言如爵（同雀）頭色也。雀弁（音ㄅㄧㄢˋ），制如冕，黑色，但無藻耳。惠狀蓋斜刃，宜芟（音ㄕㄢ）刈。」案：惠，兪樾《羣經平議》六云：「惠爲兵器，必假借字，而未有得其本字者。說文惠部惠篆下有重文𢡃，曰古文惠，疑此卽執惠之本字。其字从芔者，象三隅之形。壁中古文本作𢡃。」兪說是也。弁，爲士所服，是以凡言弁者，皆士也。畢門，路寢門也。鄭眾注《周禮．閽人》云：「路門一曰畢門。」並引此文爲證。正義：「路，大也，人君所居，皆曰路，以大爲名，言畢門者，從外而入，路門爲終畢。」簡朝亮《尚書集注述疏》：「畢門、路寢門、王朝五門、畢於是門。」此謂士二人戴雀弁、執惠、立於畢門之內也。

2.四人綦弁、執戈、上刃、夾兩階戺：綦，亦作騏，蓋古通也。鄭氏謂青黑曰騏。釋文：「綦，馬本作騏，謂青黑色也。」戈，戟也，句兵。說文：「平頭戟也。」上刃，執而樹其刃也。蔡氏謂：「上刃，刃外嚮也。」戺（音ㄕˋ）。簡朝亮云：「戺，砌也，立而夾賓階之砌者二人，阼階亦同，故四人也。」程瑤田釋宮小記、夾兩階戺圖說云：「戺，謂階之兩旁、自堂至庭地，斜安一石，拚階齒而輔之，如今樓梯，必有兩髀以安步級，俗謂之樓梯腿也。」（見漢京本【皇清經解】九册，頁五九一七。）此謂：士四人，戴綦弁、執戈、樹其兵刃（或云兵刃向外）、分別夾阼階、賓階而立也。

3.一人冕執劉，立于東堂；一人冕執鉞，立于西堂：冕，大夫所服。賈公彥《儀禮．士冠禮》疏：「冕者，俛也。低前一寸二分，故得冕稱，稱雀弁則無前低後高之制，故不得冕名。」《周禮・司服》云：「大夫之服，自玄冕以下。」說文：「冕，大夫以上冠也。」是以凡服冕稱者，皆大夫也。劉，兵器。鄭氏云：「劉，蓋今鑱斧。」說文：「鑱，銳也。」是劉爲斧之尖銳者，其形無考。東堂，東夾室之前堂也。西堂，西夾室之前堂也。即鄭氏所云：「序內半以前曰堂之義也。」釋宮云：「堂東西牆謂之序。」然則序內皆爲堂。云半以前者，對半以後爲房室也。說見孫疏。此謂一大夫執劉，立于東夾室之堂前，一大夫執鉞，立于西夾室之堂前也。

4. 一人冕執戣，立于東垂；一人冕執瞿，立于西垂：戣（音ㄎㄨㄟˊ）。說文：「周制，侍臣執戣兵也。」羅振玉《金文編》引云：「〈顧命〉鄭注戣、瞿，蓋今三鋒矛，今𠂹字上正象三鋒，下象箸地之柄，與鄭誼合。𠂹爲戣之本字，後人加戈耳。」所云確然。垂，《爾雅・釋詁》云：「疆界邊衞圉垂也。」則垂是邊，蓋東西堂（夾）之邊角也。此謂一大夫執戣，立于東堂邊，一大夫執瞿，立于西堂邊也。

5. 一人冕執銳，立于側階：銳，鄭氏云：「銳，矛屬。凡此七兵，或施矜（矛柄），或著柄。周禮戈長六尺，其餘未聞長短之數。銳，一作鈗。」孫疏云：「銳，譌字也。當從說文作鈗。」案：說文：「鈗，侍臣所執兵也。從金允聲。〈周書〉曰：一人冕執鈗，讀若允。」鈗，即矛屬也。側階，正義云：「鄭、王皆以側階爲東下階也。然立於東垂者，已在東下階上，何由此復共並立？故傳以爲北下階上，謂堂北階。北階，則惟堂北一階而已，側，猶特也。」案：側階，北堂之階也。蓋西房北墉而已，東房中半以北曰北堂，有北階，以其側於東，故曰側階。說見述疏。此謂一大夫執鈗，立于北堂東側階也（亦卽北向之階）。

㉟ 見漢京本【通志堂經解】十二册，時瀾《增修書說》卷三一，頁七五六九。宋・蔡沈《書經集傳》亦引其說。

㊱ 見《欽定書經傳說彙纂》卷一九引。

㊲ 1.王麻冕黼裳、由賓階隮：此處所稱之王，爲康王釗。所以稱王，《白虎通・爵》篇云：「天子大斂之後，稱王者明民臣不可一日無君也。」麻冕，以麻所製之冕也。鄭氏云：「麻冕，三十升布也。」古者積麻三十升布以爲之，故云麻冕。布言升者，所以辨精粗也。鄭注〈喪服〉傳云：「布八十縷爲升。」則三十升，凡二千四百縷，布之至細者也。黼裳，謂冕服之有文者。此種服式，皆吉服，蓋傳先王顧命爲天子，繫天下社稷之重，不敢凶服也。《禮記・王制》云：「喪三年不祭，唯祭天地、社稷爲越紼而行事。」言天子旣殯而祭天地社稷也。祭，則不敢凶服焉。今凶服，所以哀先王先。若册命，則先王命嗣天子王矣，以吉服將之，敬乎其繫天地社稷之重也。隮，俗字當作躋。《爾雅・釋詁》云：「陞也。」《詩・鄘風・蝃蝀》：「朝隮于西。」傳云：「隮，升也。」王由賓階升者，此時子釗尚未受册命，不敢踐阼階而爲之王也。《禮記・曲禮》云：「居喪之禮，升降不由阼階。」注云：「常若親存也。」此謂：王戴麻冕、衣黼紋之下裳，由賓階而升也。

2.卿士、邦君、麻冕蟻裳、入卽位：卿士，統太保、太宗以外卿士也。邦君，諸侯也。案：傳顧命，當在成王葬後次年之正月吉日也。否則，成王殯之明日（卽癸酉），而諸侯竟可畢至乎？請參顧亭林先生《日知錄》〈顧命〉條。蟻，鄭氏謂色玄也。卽黑色。卽位，庭中之左右謂之位。鄭氏謂卿西面，諸侯北面。孫疏云：「經文言入卽位，不言升階，知皆陪位于庭中也。」此謂：卿士、邦君、戴麻冕，衣玄裳，進入各自之位次也。

3.太保、太史、太宗，皆麻冕彤裳：蔡氏謂：「太宗，宗伯也（卽大宗伯）。彤，纁也（卽絳赤色）。太保受遺，太史奉册，太宗相禮，故皆祭服。」王國維《觀堂集林．周書顧命考》云：「案：〈考工記〉，白與黑謂之黼，王黼裳，卿士、邦君蟻裳者，居喪釋服，不純吉也。太保、太史、太宗彤裳，純吉者，太保攝成王，爲册命之主，太宗相之，太史命之，皆以神道自處，故純吉也。」此謂：太保、太史、太宗，皆戴麻冕、衣絳紅色之裳也。

4.太保承介圭、上宗奉同、瑁，由阼階隮：承，奉也。介圭，大圭也。〈考工記．玉人〉云：「鎭圭尺有二寸，天子守之。」上宗，鄭氏謂猶太宗，變其文者，宗伯之長，大宗伯一人，與小宗伯二人，凡三人，使其上二人也。同，酒杯，江聲以爲圭瓚。瑁，玉器，言天子執之以朝諸侯也。〈考工記．玉人〉云：「天子執瑁四寸以朝諸侯。」是瑁亦爲天子之信物也。由阼階隮者，王國維云：「王由賓階隮者，未受策，不敢當王位也。太保由阼階隮，攝主，故由阼階。大宗伯從太保由阼階隮者，儐也。（卽相也）。《周禮》大宗伯職、王命諸侯則儐。此傳顧命、當亦太宗爲之儐，立於太保之右。」此謂：太保奉大圭，太宗奉同、瑁，由阼階而升也。

5.太史秉書，由賓階隮，御王册命：秉，執也。書，策書也。王國維《觀堂集林》云：「書，册書、古者、命必有辭，辭，書於册，謂之命書。」御，迎也。御王册命者，言迎向王而宣讀册命之辭也。此謂：太史執册書、從賓階升，迎向王宣讀册命之辭也。

㊳ 見王國維著，《觀堂集林》，河洛出版社印行本，頁六五—六六。

㊴ 見《東坡書傳》卷一七。藝文印書館【百部叢書】《學津討原》函。

㊵ 爲朱熹及黃以周語，均見黃以周著，《禮書通故》第三十一。華世出版社印行本，頁七三〇。顧亭林語，見原抄本《日知錄》。明倫出版社印行本，頁四八。

㊶ 同㊲，3.。

㊷ 皇，大也。后，說文：「繼體君也。」憑，依也。道揚，猶稱道、稱說之意。末命，臨終時之遺命也。命汝，所以稱汝，蔡氏謂：父前子名之義也。嗣，繼守也。訓，先王之大訓也。嗣訓，猶言繼文、武之命以爲天子也。臨，有以高臨下之意。謂位居其上，俯臨其下也。臨君周邦，乃君臨周邦之倒語，引申有治理之意。率，亦循也。率循，卽遵循之意。大卞，王肅云：「大法也。」燮，和也。說見〈釋詁〉。用，以也。答，對也。說見述疏。揚，顯揚也。用答揚文武之光訓，猶《禮記．祭統》：「顯揚先祖，所以崇孝也。」是以康王卽位，乃欲其和順天下，以報答顯揚文武之光明大訓也。

㊸ 蔡沈語，見所著《書經集傳》卷六，世界書局印行本，頁一二六。呂祖謙語，見時瀾《增修書說》卷三一。漢京本【通志堂經解】十二冊，頁七五七〇。

㊹ 案：再拜，言敬謹之深，拜而又拜也。興，起也。眇眇，曹大家注班固〈幽通賦〉云：「微也。」末，亦微也。說見《禮記．檀弓》注。眇眇予末小子者，謂微小無才之小子也。此乃自謙辭。其，豈也。而，作「如」解。說見《經傳釋詞》。亂，治也。四方，謂天下也。敬忌，猶敬畏也。天威，上天之律則也。

㊺ 案：乃受同、瑁：王國維〈顧命考〉云：「瑁，當爲衍文，受同者王，授之者，太宗也。」此言獻酒於王，由太保授王也。其說是也。惟云瑁爲衍文，似不可從。以瑁爲瑞信之物，王受之後，當收之，以爲天下主也，是以下文僅言同而不言瑁。此王氏所以致衍之由乎？王受同而行禮，故下文有王三宿、三祭、三咤之文。宿，進也。卽自立處徐行向神位也。祭，酹酒於神坐也。咤，奠酒爵也。說文作詫。《玉篇》云：「詫，丁故、丁嫁二切。〈周書〉曰：王三宿、三祭、三詫。孔安國（案：卽僞孔傳）曰：三進爵、三祭酒、三奠爵。」正義云：「祭，各用一同爲一進。三宿，謂三進爵，從立處而三進至神所也。三祭酒，三酹酒於神坐也。每一酹酒，則一奠爵，三奠爵於地也。」此謂：太保獻酒於康王，王三進爵、三祭酒、三奠爵也。古者分封諸侯，尙且必饗之以酒，此時太保代成王以君位授康王，是以亦用此禮也。饗，僞孔云：「讚王曰：饗福酒。」正義申之曰：「禮於祭末，必飲神之酒，受神之福。……故於王三奠爵訖，上宗以同酌酒進王，讚王曰：饗福酒也。王取同嚌之，乃以同授太保也。」

㊻ 1.太保受同、降、盥。以異同，秉璋以酢：受同，謂太保接受王饗酒之同也。降，下堂也。盥，洗手也。以異同，用另一杯酌酒也。以異杯自酢者，不敢襲尊者之爵也。秉，執也。璋，說文：「半圭爲璋。」璋，本爲璋瓚，乃古祭祀用以酌鬯酒之器，以璋爲柄者也。酢，報祭也。王國維《觀堂集林．顧命考》云：「此太保旣獻王，王乃自酢也。古敵者之禮，皆主人獻賓，賓酢主人。惟獻尊者，乃酌以自酢。」

2.受宗人同、拜，王答拜：宗人，小宗伯也。此言太保授宗人同（卽將酒杯交給宗人也）。拜，太保拜王也。王答拜，君于臣禮無不答也。

3.太保受同，祭、嚌、宅：上文太保拜，故以同授宗人，今拜訖、將祭，故又自宗人受同也（卽自宗人手中接過酒杯）。嚌，嚐也。宅，孫星衍以為上文之詫字，詫，奠酒爵也。此謂：太保受同、祭、嚐、奠爵也。王國維〈顧命考〉云：「王祭而奠之，太保祭而嚌之者，王兼居父之喪，太保但居喪，哀有間也。」

4.授宗人同、拜，王答拜：太保祭、嚌、詫後，又授宗人同，拜王，告以傳顧命之事畢。王答拜者，王受顧命亦畢，又答臣禮，所以王拜也。

㊼ 見曾運乾《尚書正讀》卷六，洪氏出版社本，頁二六八。

㊽ 1.王出在應門之內：應門之內者，卽畢門之外也。治朝在焉。蓋王出而在治朝也。案：應門，天子之中門也。畢門，卽路寢門，亦稱路門，廟在畢、應門之間右方，自治朝有門入廟（廟門在應門右後方）。上文「諸侯出廟門俟」，卽治朝通廟之門，出廟門，卽治朝也。《戴東原全集・三朝、三門考》云：「天子、諸侯皆三朝，則天子、諸侯皆三門歟？禮說曰：『天子五門，皐、庫、雉、應、路；諸侯三門，皐、應、路。』失其傳也。天子之宮有皐門、有應門、有路門，路門一曰虎門，一曰畢門，不聞天子庫門、雉門也。諸侯之宮，有庫門、有雉門、有路門，不聞諸侯皐門、應門也。皐門，天子之外門；庫門，諸侯之外門；應門，天子之中門；雉門，諸侯之中門；異其名，殊其制，辨等威也。」《明堂位》云：「雉門，天子應門；庫門，天子皐門。」則雉門、庫門，乃諸侯之門，非天子之門也。王出在應門內，則應門內、畢門外，而治朝在焉，是謂內朝，而皐門內，則外朝在焉。王在應門內者，此治朝見諸侯之朝也。東原集，見漢京本【皇清經解】十七冊，頁一二八七四。

2.太保率西方諸侯，入應門左，畢公率東方諸侯，入應門右：王肅云：「畢公代周公爲東伯，故率東方諸侯。」公羊隱公五年傳云：「自陝而東，周公主之，自陝而西，召公主之。」今周公已亡，故由畢公代之率東方諸侯也。入應門左，謂立於應門內之西側也。案：此經文可證康王卽位受顧命、見諸侯，當在葬成王之後也。請參顧亭林《日知錄・顧命》條及《戴東原全集・顧命》後。本文結論亦論之。

3.皆布乘黃朱：布，列也、陳也。四馬曰乘。黃朱，言黃馬朱鬣也。言皆陳獻四黃色朱鬣之馬也。

4.賓稱奉圭兼幣：賓，諸侯也。《周禮・大行人職》云：「掌大賓之禮。」注云：「大賓，要服以內諸侯。」稱，舉也。奉，捧也。稱奉者，言捧而舉之也。圭者，〈考工記・玉人〉云：「命圭九寸，謂之桓圭，公守之。命圭七寸，謂之信圭，侯守之。命圭七寸，謂之躬圭，伯守之。」（或云命圭五寸謂之躬圭）注云：「命圭者，王所命之圭也。朝覲執焉。」幣者，《周禮・小行人職》云：「合六幣、圭以馬、璋以皮、璧以帛、琮以錦、琥以繡、璜以黼。」注云：「六幣所以享。」（案：享，獻也。）幣，幣貢也。兼指玉、馬、皮、帛也。《周禮・太宰》云：「以九貢致邦國之用。……四曰幣貢。」鄭氏云：「幣貢，玉、馬、皮、帛也。」兼，並也、同也。此謂：諸侯捧舉圭同幣貢也。或謂此句爲：賓奉圭兼幣稱曰云云之倒句，說亦通。

5.曰：「一二臣衞、敢執壤奠」者：一二者，謙也。實爲所有諸侯。臣衞，謂藩衞。卽爲王藩衞也。敢，亦謙辭，有膽敢之意。壤，謂地所生之物也。《儀禮・覲禮》云：「庭實（所獻之方物）爲國所有。」是壤者，乃其國土所產之物也。猶方物，土產也。奠，獻也，說見《禮記・玉藻》鄭注。此謂：我等諸侯，膽敢各執壤地所產之方物以獻王也。

6.皆再拜稽首。王義嗣德，答拜者：義者，宜也。說見《白虎通·性情》篇。僞孔云：「康王以義繼先人明德。」蔡氏以爲史氏之辭，曰：「康王宜嗣前人之德。」此謂：衆諸侯皆再拜稽首，我王宜繼先人之明德，然後回拜也。

㊾ 見孫星衍《尚書今古文注疏》卷二五下經文「授宗人同王答拜」下疏。

㊿ 1.太保、芮伯、咸進、相揖，皆再拜稽首：簡朝亮云：「太保爲冢宰，芮伯爲司徒，呂氏謂六卿前列是也。」又云：「周官六卿之制，天官冢宰，地官司徒，賓統乎春夏秋冬之官，蓋其前列也。」進，前行也。揖，拱手使前曰揖。皆再拜稽首，謂向王行最敬禮也。此謂：太保公及芮伯皆進前，先相對一揖，然後向王再拜、稽首行禮也。

2.曰：「敢敬告天子、皇天改大邦殷之命者」：曰者，太保一人奏羣臣所告者也。敢，謙卑之辭。皇，大也。改大殷邦之命者，謂滅殷誅紂也。此謂：太保奏羣臣之言云：「吾等膽敢敬告天子，老天改變大殷國之休命。」

3.惟周文武，誕受羑若，克恤西土者：誕，大也。受，接受也。羑，馬融云：「道也。」此謂天道也。若，順也。克，能也。恤，憂也。西土，周人自稱也。此謂：惟有周文王、武王，大受天道而順承之，並能以恤憂周人之心，而憂天下也。

案：此亦勉康王之言也。謂汝康王所以克爲天子，乃由先王之餘蔭所致，豈可不勉？

4.惟新陟王，畢協賞罰，戡定厥功，用敷遺後人休者：惟語詞。陟，升也。《禮記·曲禮》云：「告喪曰天王登假。」是登假乃赴告之詞，稱天子崩爲登假也。此指成王，猶後世謂大行皇帝也。畢，盡也。協，合也。案：《說苑．政理》篇云：「誅賞者，所以別賢不肖也。故誅賞不可繆，誅賞繆，則美惡亂矣。書云：畢協賞罰。」正釋此經之理也。戡，克也。用，以也。敷，施也。說見說文。休，美也、善也、福祥也。此謂：新登假之王，能盡合於賞罰之理（言賞其所應賞，罰其所當罰，謂刑罰得中也）。故能定其大功，以施遺後人福祥——王業也。

5.今王敬之哉！張皇六師，無壞我高祖寡命：蔡氏云：「今王嗣位，其敬勉之哉。」張皇，張大也。六師，六軍也。古者，天子六軍，萬有二千五百人爲軍。壞，毀也、敗也。高祖，謂遠祖也。因召公爲文王之族子，豈可以文王爲高祖乎？寡命者，謙詞，謂寡有之命也。與刑于寡妻之寡同義。此謂：今嗣王，當敬勉之哉，應思張大六軍之師旅，無毀壞我遠祖所得寡有之天命也。

案：馬、鄭、王肅本，〈顧命〉篇止於此。以下爲〈康王之誥〉。

(51)《朱子語類》，王氏充耘語，見《欽定書經傳說彙纂》卷二〇引。

(52)1.王若曰：庶邦侯、甸、男、衞！惟予一人釗報告：庶邦，諸侯也。蔡氏云：「周制六服，今僅舉四而不言采服、要服者，隨文便也。」案：服之制，見《周禮．秋官．大行人》。孫疏：「熊氏云：稱予一人者，天下不可一日無王故也。今謂予一人者，以麻冕黼裳即位，受顧命、從古，故暫稱一人。報者，鄭注《周禮》云：復之言報也。既稱予一人，又稱名，亦以未除喪故。」報，亦答也。報誥，猶言答復也。此謂：王如此說：眾位侯、甸、男、衞之國君們！予一人釗，復誥各位。

2.昔君文武，丕平富，不務咎：王肅云：「文武道大，天下以平，萬民以富。」說見書正義引。兪樾

《羣經平議》六云：「平，成也。富，福也。丕平富，不務咎，言大成其福善之事，不務爲咎惡之事也。福與咎正相對。」丕，大也。平富，猶安富也。務，說文：「趣也。」卽專力趨赴之意。咎，惡也。說見《釋詁》。此謂：昔君文王、武王，能大安天下之民以富，絕不務爲咎惡之事也。

3. 底至齊信，用昭明于天下：王肅云：「立大中之道也。」說見書正義引。底，致也。說見《爾雅・釋言》。至，極也。齊，中也。說見〈釋言〉。信，誠信也。用，以也。此謂：文武能致民於中正誠信之道，以顯明於天下也。

4. 則亦有熊羆之士，不二心之臣，保乂王家：則，故也。說見《虛字集釋》。熊羆之士，喻其勇也。此與〈牧誓〉「如熊如羆」義同。不二心，謂忠心不二也。保，安也。乂，治也。王家，卽王室、國家之意。此謂：故亦有如熊如羆勇猛之士，忠心不二之臣，保護治理王室也。

5. 用端命于上帝，皇天用訓厥道，付畀四方：用，以也。俞樾《羣經平議》六云：「端者，始也。說文耑部：耑，物初生之題也。上象生形，下象其根也。經典並叚端爲之。用端命于上帝者，用始命于上帝也。言始命于上帝而爲天下主也。」于省吾云：「俞說是也。古人于字在句中，往往爲被動之詞。」于說見《尚書新證》卷四，頁二八九。據俞、于二氏之釋，則此句爲：因此（承上文）文武始爲上帝所命天下主也。皇，大也。用，以也。訓，順也。厥，其也。指文武。道，謂治民之道也。畀，予也。四方，謂天下也。此謂：因文武有治民之德，故始被命于上帝，老天因順其治民之道，將天下付予文武也。

6. 乃命建侯樹屏，在我後之人：乃，於是也。建侯，建立諸侯。樹屏，樹立屏藩，亦建侯之意。在，

《經義述聞》云：「眷顧也。引申有保護之意。」後之人，言後世之子孫也。此謂：於是命其建諸侯、樹屏藩，來保護我後世之子孫也。

7.今予一二伯父、尚胥曁顧，綏爾先公之臣服于先王：案：稱伯父者，〈覲禮〉云：「天子呼諸侯之禮，同姓大國曰伯父，異姓曰伯舅。」此蓋約言之也。尚，庶幾也。胥，相也。說見〈釋詁〉。曁，與也。顧，顧念也。綏，說文本作緌，〈釋詁〉云：「緌，繼也。」此謂：今予一二伯父、庶幾相與顧念，繼爾先公之臣服于先王而臣服於我也。

8.雖爾身在外，乃心罔不在王室：爾，汝也。在外者，謂在外爲諸侯，汝心無不在王室也。此勉其盡心盡力保衞王室也。

9.用奉恤厥若，無遺鞠子羞：用，以也。奉，行也。恤，憂也。用奉恤者，以奉行憂恤國事也。厥，其也。若，善也。說見〈釋詁〉。鞠，〈釋言〉云：「穉也。」羞，愧也。此謂：（承上文）爾等諸侯身在外，心在王室，當奉行憂恤其善政，不要遺羞于我稚子也。

53 請參本書下編之貳〈皐陶謨〉。

54 《史記．周本紀》：「康王卽位，徧告諸侯，宣告以文武之業以申之，作〈康誥〉。故成康之際，天下安寧，刑錯四十餘年不用。」

55 案：公者，下尊上之稱。史以之稱羣臣之三公及諸侯，故曰羣公。此處言羣公，則羣臣、諸侯皆統焉。鄭氏云：「禮，喪服，臣爲君、諸侯爲天子，皆斬衰。」釋，解也。謂解去吉禮之冕服，而反於居喪之凶服也。

56 此處所以列舉三項重點，以不爲篇名所囿故也。於前言中謂：「全部經文所載，只有兩件大事」者，乃就小序所舉篇名立言也。

57 見《論語・泰伯》篇。

58 見《東坡書傳》卷一七。藝文印書館【百部叢書】《學津討原》。

59 見簡朝亮《尚書集注述疏》，卷二五。鼎文書局印行本，頁五三六。

60 見顧亭林《日知錄・顧命》條。明倫本，頁四七—四八。

61 王國維先生卽主張這種說法。見《觀堂集林》。

62 見《東原集・三朝三門考》。載於漢京本【皇清經解】十七册，頁一二八七四。

63 見蔡沈《書經集傳》及簡朝亮《尚書集注述疏》。

64 見王國維著，《觀堂集林》。

65 見《東坡書傳》。

66 見《欽定書經傳說彙纂》卷二〇引，《朱子語類》。

67 見顧亭林原抄本《日知錄》。明倫本，頁四八。

68 見漢京本【皇清經解】十七册，頁一二八六九，《東原集・書顧命後》條。

貳壹〈呂刑〉

尚書家對〈呂刑〉篇的見解（如作者爲誰，內容大義等），儘管不一，然而於〈呂刑〉篇的作於穆王之時，皆以爲無可置疑。既然如此，那麼穆王時，又何以要作「刑」？就有加以說明的必要了。根據《史記·周本紀》的記載，穆王是昭王的兒子，就是南征溺於漢水的那個昭王。這就時代說，所謂「成、康之際，天下安寧，刑錯四十餘年不用」的時代，已成過去，所呈現的局面，乃王道衰微，「諸侯有不睦者，呂侯言於王，作修刑辟」，此其一。再者，穆王即位之時，就已經五十歲了，又在位五十年始崩，他活了一百多歲，雖然年齡很老了，卻仍在治理國家。我們都知道，人的思想、行爲、觀點，往往隨其年齡的增長而有所不同。因爲人的閱歷既豐，見聞也就相對的增多，思想不僅深刻而且遠大，其看法也就自然與一般人有所不同，在行爲上，也就能「從心所欲、不逾矩」了。而古人的著書立說，也多半由此而得，故能建言，永垂不朽。孔子固爲「天縱之大聖」，假如不爲環境所困，周遊列國，恐無晚年的成就。孟子所以爲亞聖，老子所以能充滿智慧，成就其《道德經》，墨子所以能有兼愛思想，乃至磨頂放踵而爲之的偉大作爲，其道理皆緣於此。而穆王卽位的時候，年已長大，其在位的時間又長，他在一個多世紀的漫長歲月中，如不欲治民則已，如欲治民，其閱歷經驗，當非短祚的國君所可比擬。故其所言刑理，自能入木三分，絕非泛泛之論，所能望其項背的。

他懲前毖後，以爲如欲「化民成俗」，「其惟祥刑乎？」是以於耄耋之年，制祥刑以「詰四方」，其用心可說是非常良善。我們都知道，刑法乃人民的保障，它可使犯罪的人，得其應得的懲罰，也可使守分的人，得其當得的安樂。社會的承平，人民的向善，端以大中至正的刑罰是賴。不論其時代如何進步，工商業如何發達，科學如何文明，而刑罰一失其公正，則人民卽無所措手足了。

民無所措手足，而亂象則生，亂象生，那麼國家卽使不亡也將危險了。因此〈呂刑〉篇中所表現出來的「愼刑明罰」，「輕重諸罰有權」，「刑罰世輕世重」，以及「咸庶中正」等意念，也就不無微旨了。《隋書・刑法志》說：「夫刑者，制死生之命，詳善惡之源，翦亂除暴，禁人爲非者也。聖王取則四時，莫不先春風以播恩，後秋霜而動憲；是以宣慈惠愛，導其萌芽，刑罰威怒，隨其肅殺。仁恩以爲情性，禮義以爲綱紀；養化以爲本，明刑以爲助。上有道，刑之而無刑；上無道，殺之而不勝也。」這段話，首敍刑法的功用，在辨善惡，除暴亂，禁人爲非作歹。次述聖王取法四時，先教後刑，而教化之本，一則以仁恩，一則以禮義。而刑之用，乃不過爲達到禮義、仁恩教化的助力而已。這種見解，當然不是憑空設想，而是「其來有自」的。在《尙書・呂刑》篇中，不僅可以看到這種見解，而且對於法理、刑罰、斷獄、宥赦、罰鍰等，也都有所論列。茲分述如次：

一、**法理探討**：法理不外人情。國人常說：「天理、國法、人情」，就是強調立法不能違背人情的意思。就〈呂刑〉篇的法理依據說，這種意念，非常濃厚。〈呂刑〉說：「明于刑之中，率乂于民棐彝。典獄非訖于威，惟訖于富。」意思是說：「要能明察刑法的中正適當，才是用來治理人民、輔導其遵守常規的最好依據。而主獄的終極目標，不是樹威，也不是用嚴刑峻法來懲罰人民，而是在爲人民造福。」這種以明察、求實、公正爲人民造福、非以威虐人民的立法觀點，確實掌握了「人情」。我們皆知，人性不外善惡二途，就社會人羣所表現的事實言，有善亦有惡，而立法的鵠的，就是揚善去惡，寓教於刑，使人人知所警惕，不敢爲非作歹，因此，我們說，刑法的作用，乃在於爲人民造福。所謂造福，也就是保障好人，懲罰惡人之意。如是，社會方可承平、安樂，否則那又有何福可言？欲達此目的，首先要任用有善德的人，其次謀國要以祥刑爲先。所以穆王說：「治國一定要用善良的刑法。要安定人民，任用官員（指刑官），將何所選擇？難道不是選擇具有善德的人？處理獄訟案件，當何所敬謹？難道不是敬謹五刑？爲國何所謀畫？難道不是謀畫關於詳刑之事？」這是穆王勉勵、誥誡其官員及有邦有土的諸侯所作的讜論。在這幾句話中，我們不難看出穆王的用心與期許。因此宋人蔡沈在其所著《書經集傳》中說：「刑，凶器也。而謂祥者，刑期無刑；民協於中，其祥莫大焉。」在古代，政、刑往往無法分開，人民有了訴訟，政府的官員們，若能公正合理地予以處斷，則人民不但感佩，而且亦知所向從，那麼自然也就能夠「協于中」了。在《論語‧顏淵》篇中，孔子就曾說過這樣一句話：「聽訟，吾猶人也，必也使無訟乎！」如何方可使人民無訟？魏‧王肅說：「化之在前。」朱子《四書集注》引范氏之言說：「聽訟者，治其末，塞其流也。正其本，清其源，則無訟矣。」近人徐英《論語會箋》說：「聽訟是法施已然之後，齊之以刑也。無訟是禮禁未然之前，道之以德也。聖人以禮爲本，法者不得已而用之。」能「化之在前」，自可正本清源，使民無訟；能道德齊禮，使民有恥且格，協和於中道，又何訟之有？〈呂刑〉的以刑使民「協于中」，自有寓教於刑之義。然而除此之外，其亦主張「化之在前」、「道德齊禮」？〈呂刑〉說：「伯夷降典，折民惟刑；禹平水土，主名山川；稷降播種，農殖嘉穀。三后成功，惟殷于民。士制百姓于刑之中，以教祗德。」大意是說：「伯夷首先頒布典禮以教民，然後制刑以示之，使人民有所遵循，這也就是先禮後刑的意思。禹平定洪水，使人民得以安居。接著后稷又頒下播種的方法，勉勵人民種殖嘉穀。三后的治理民事雖異，然其使百姓生活安定、富足則一，是以皆有所成就。而刑官也能用公正無私的刑法，來裁治訴訟案件，以教民敬謹於德行。」這種先教後刑，使人民知所向從的構想，正說明了穆王法理的依據，是以人情爲歸趨的。這對於儒家進一步的道德齊禮政治主張，也是非常具有影響力的。

二、刑書商榷：穆王既重祥刑，並要求其屬員及有邦有土的諸侯們審理訴訟案，要小心謹愼，要大公無私，悉合中正之道，然而我們要問，這時是否已有刑書可資依據？我國有刑書之始，論者咸推魏文侯師李悝所造之法經，考《晉書・刑法志》說：「是時承用秦漢舊律，其文起自魏文侯師李悝，悝撰次諸國法，著《法經》。」注說：「沈家本律目考曰：李悝《法經》六篇，一盜法，二賊法，三囚法，四捕法，五雜法，六具法。」是爲各家所本。其實在魏文侯之前，更有鄭國的子產，就鑄刑書以治民了（見左昭六年傳）。其後晉國亦鑄刑鼎（見左昭二十九年傳）。此皆早於李悝之《法經》。可惜這些刑書，現在已無法看到了。我們若要再往上推，則夏有禹刑，商有湯刑，周有九刑，且周之九刑，《左傳》兩次言及（文十八、昭六年傳文）。夏、商之刑，是否有書，已難考知，不過在〈康誥〉篇周公誥康叔時，已言及「師茲殷罰有倫」了。《荀子・正名》篇也說：「後王之成名，刑名從商，爵名從周。」注說：「商之刑法未聞，〈康誥〉曰：殷罰有倫。是亦言殷刑之允當也。」《呂氏春秋・孝行覽》說：「商書曰：刑三百，罪莫重於不孝。」據此以論，商之有刑書，似無問題。至於周之九刑（刑書九篇），左氏文公十八年傳史克說：「先君周公制禮，作誓命，在九刑不忘。」杜注說：「九刑之書今亡。」是周公亦有刑書矣。而至穆王時，刑書所定，則可能更爲詳盡，〈呂刑〉說：「墨罰之屬千，劓罰之屬千，剕罰之屬五百，宮罰之屬三百，大辟之罰，其屬二百，五刑之屬三千。」又說：「啟明刑書胥占。」在這裏，我們不僅可以看到刑罰類別的條目，同時也可以看到當時審理訴訟案件的時候，還要明察刑書的法條規定，與犯罪事實，相互參照，仔細揣度，冀能悉合中正之道。這當是有刑書的確鑿證明。相傳穆王尚有刑書若干篇（見章太炎先生《古文尚書拾遺》），可惜現在我們無法看到了。

三、刑罰析述：在〈呂刑〉中，現在我們所能看到的，有刑、有罰、有過、有赦四種處分。〈呂刑〉說：「兩造具備，師聽五辭，五辭簡孚，正于五刑，五刑不簡，正于五罰，五罰不服，正于五過。」又說：「五刑之疑有赦，五罰之疑有赦。」又說：「墨辟疑赦，其罰百鍰；劓辟疑赦，其罰惟倍；剕辟疑赦，其罰倍差；宮辟疑赦，其罰六百鍰；大辟疑赦，其罰千鍰。」茲分述如次：

㈠**刑**：刑分五種，即墨、劓、剕、宮、大辟是也。

所謂墨刑，就是先刻犯人的顏面，然後再塗上墨汁的刑，什麼樣的行爲要處以墨刑？伏生《尚書大傳》說：「非事而事之，出入不以道義，而誦不祥之辭者，其刑墨。」

所謂劓刑，即割鼻之刑。說文：「劓，刑鼻也。」至刑鼻的罪行，伏生大傳說：「觸易君命，革輿服制度，姦軌（同宄）盜攘傷人者，其刑劓。」

所謂剕刑，即斷足之刑。剕字《史記》作臏，《尚書大傳》作髕，本字當作跀。說文：「跀，斷足也。」大傳說：「決關梁，踰城郭而略盜者，其刑髕。」

所謂宮刑，即男去勢、女子幽閉之刑也。《周禮．司刑》注說：「丈夫則割其勢，女子閉于宮中。」犯此刑之行爲，伏生大傳說：「男女不以義處者，其刑宮。」所言不以義處者，即後世所說的通姦。

所謂大辟之刑，卽死刑。大傳說：「降畔賊，刼略（案：略同掠）、奪攘、矯虔者，其刑死。」這意思是說：「凡是投降、叛賊，刼掠、攘奪財貨以及殺人的人，皆處以死刑。」

㈡**罰**：對於五刑罪證不足，疑而不能決斷的獄案，合於罰鍰者，則議以罰鍰。據〈呂刑〉的記載，如本爲墨刑犯，因罪證不足，則不能以墨刑刑之，像這種情形，卽議罰金百鍰。如本爲劓刑犯，因罪證不足，就不能以割鼻之刑刑之，似此情狀，卽可議處罰金二百鍰。如本爲剕刑犯，因其罪可疑，無法確定，類此情況，就可議處罰金五百鍰。如爲宮刑犯，其罪證可疑，無法確定，卽可議罰金六百鍰。如爲死刑犯，因罪證可疑，以人死不能復生，斷者不能復繼，爲愼重起見，不可驟然判其死罪，似此情況，卽可議處罰金千鍰。

㈢**過**：所謂過，卽過失之意，指兩造之過失。根據〈呂刑〉的說法，過失有五，卽「惟官、惟反、惟內、惟貨、惟來」是也。所謂「官」，就是仗勢欺人。所謂「反」，就是詐反囚辭，拒告實情。所謂「內」，就是內親用事，恃己有親於上。所謂「貨」，就是行貨枉法。所謂「來」，就是以財貨干請往來。對於這五種過失，〈呂刑〉僅以「其罪惟鈞，其審克之」二語帶過。意思是說：「兩造之有罪者（指過失），審理當求其公平，詳察其實情。」另外〈呂刑〉中尚有「上下比罪」的明文，可適用於此。意思是說：「對於過失的輕重，應比附於法條的相當者。」這種顧慮，不能不使吾人佩服其進步、周密，否則那些有權有勢、或善用詐欺、以財干請的人，就可以無法無天，肆無忌憚了。

㈣赦：所謂赦，卽赦其本刑之可疑者，而議以罰鍰，然後脫其罪狀。若經審理，連罰鍰的罪證也不足，那就要赦免其罪了。

關於罰鍰、赦免二事，論者有不同的見解。尤其赦免其本罪一事，觀點更爲紛歧。筆者以爲罰鍰也是懲治的一種，在表面上看來，一個死刑犯，結果以罰鍰免其死刑，甚或免其無罪，這未免太輕了吧！其實對一個罪證不足的犯人，又怎可令其含寃而死？如合於罰鍰的條件，爲什麼不可以以罰鍰之罪處置、判決？況經文也說：「罰懲非死，人極于病。」這意思是說：「五刑罰鍰，其懲創犯罪的人，雖不至致死，然而被罰的人，也往往因爲籌款傷財，而陷於窮困之境，其『懲創』亦不能說不重了。」這種做法，後人有不以爲然者，如宋代的蔡沈，就慨乎其言的說：「漢張敞以討羌，兵食不繼，建爲入穀贖罪之法，初亦未嘗及夫殺人及盜之罪。而蕭望之等，猶以爲如此，則富者得生，貧者獨死，恐開利路，以傷治化。嘗謂唐、虞之世，而有是贖法哉?!」蔡氏之言，固於穆王之贖刑(罰鍰)有所不滿，然其焦點，在「富者得生，貧者獨死」的不平上。果然如此，蔡氏的指責，確爲的論，然而穆王之意，恐未必如此。何以見得?因經文中有「哀敬折獄」、「刑罰世重世輕」、「輕重諸罰有權」的記載。所謂「哀敬折獄」，就是當以哀矜憐憫的心情制獄。亦卽《論語》所言「哀矜勿喜」之意。所謂「刑罰世輕世重」，就是對於刑罰的輕重，要隨著時代，衡量權宜適中的意思。所謂「輕重諸罰有權」，就是各種懲罰，要根據實際的情形，而作適度的權變。因為刑罰的目的，是治理那些不守法的人，使之守法。萬一「貧者」拿不出被罰的「鍰」，既有「權宜適中之法」，當不致使之含冤而死，這是可以斷言的。而改服勞役，應為可行之法。更何況古代多以勞役驅使人民？至於斷獄要明察，要公正，要細微，要敬謹，這也是〈呂刑〉中所強調的。而尤其重視治獄的「士師」，一定要具備「善德」的人，才可以擔當。既然如是，卽使是死刑犯，由於罪證不足而議以罰鍰，再由罰鍰的罪證不足而赦免其罪，只要審理公正無私，明察秋毫，那又有什麼不可以的呢？

四、士之資格：所謂士，用現在的話說，就是法官。在〈呂刑〉中，對於法官的資格，雖然沒有明確的規定，可是我們就經文中，尚可尋出一些蛛絲馬跡。一言以蔽之，那就是要具備善德的人。如經文一則說：「朕敬于刑，有德惟刑。」這雖然是穆王誥誡眾長官、大臣，勉其任賢的話，但是言語之間，無異說，我對於刑罰，甚為敬謹，不敢妄加於人，所以惟有具備善德的人，才可以任以刑責，主持刑罰之事。再則說：「非佞折獄，惟良折獄，罔非在中。」這意思是說：「審理獄訟案件，絕對不是僅有口才，使人辭窮的人所能勝任的，惟有善良的人制獄，才可以勝任，因為具有善良道德的人制獄，能公正不偏，無不得中。」三則說：「告爾祥刑，在今爾安百姓，何擇、非人？」這也是穆王誥誡大臣的話。意思是說：「告訴你們，治國一定要用善良的刑法，現在你們欲安定人民，在任用法官方面，將何所選擇？難道不是選擇具有善德的人嗎？」四則說：「今爾何監？非時伯夷播刑之迪？」意思是說：「今爾刑官們，你們將何所取法？難道不是以伯夷所播施的刑法為正道？」伯夷為帝堯時之老臣，頒禮制法以牧民。為一有深厚道德修養的人，穆王既令其刑官效法伯夷，也就無異令其修德，亦惟修德，始能制獄公正適中。五則說：「今往，何監非德？」這是穆王在〈呂刑〉中，最後勉勵其大臣的話。意思是說：「今後你們當何所取法？難道不是善德嗎？」這裏我們所強調的德，當然是去私慾、存天理，廓然大公，純然至誠之德。亦卽內聖外王之德。非如是，又何能制獄公正而廉明？又何能使人民信服而心悅？

五、審獄斷訟：在審理獄訟方面，所應注意的事項，我們可就經文的記載，歸納為以下數點：

㈠**明察供辭**：這是審理案件，務必經過的一道程序。尤其在古代，更是不可缺少。經文說：「兩造具備，師聽五辭，五辭簡孚，正于五刑。」又說：「察辭于差。」又說「明淸于單辭。」所謂「兩造」，就是現在我們所說的原告和被告。師，為士師，就是法官。聽，是平治的意思。五辭，就是五聽。《周禮・小司寇》說：「以五聲聽獄訟，求民情，一曰辭聽，二曰色聽，三曰氣聽，四曰耳聽，五曰目聽。」注說：「觀其出言，不直則繁；觀其顏色，不直則赧然；觀其氣息，不直則喘；觀其聽聆，不直則惑；觀其眸子，不直則眊然。」這是說：「原告、被告兩方俱備，則由法官平治五聽的情狀。假如五聽的平治結果，誠信而有罪，則按五刑之法條，治以五刑之罪。」所謂「察辭于差」，是說能明察不齊一的訟辭，使善惡分明。所謂「明淸于單辭」，是說能明察片面的言辭，不為其蒙蔽。對於兩造的供辭，或片面一方的辯辭，能作如是的明察，並且善惡分明，那麼於五刑的定讞，當不致有所偏私，也就自然合於中正了。

㈡**深入調查**：假如供辭不足，或不足採信，那就要作深入的偵察了。經文說：「簡孚有眾，惟貌有稽；無簡不聽。」意思是說：「有關訴訟案件的審理，要能使大眾信服，大明於世。」《周禮・小司寇》說：「斷庶民獄訟之中，一曰訊羣臣，二曰訊羣吏，三曰訊萬民。」《禮記・王制》說：「疑獄，汎與眾共之。」這就是「簡孚有眾」的眞義。至於「惟貌有稽」，那就必須作深入而詳實的調查了。貌，說文作緢，爲纖細之意。我們都知道，刑貴察稽其實，務使纖細畢露，獄以核實爲主，無實者不論罪。如不作深入的調查稽考，又如何核實？所謂實，就是證據，而證據的掌握與獲得，當然有賴於深入的偵察，這一點，〈呂刑〉並未疏忽。

㈢**參度刑書**：在穆王時，已有刑書的存在，前已言及。因此在審理獄訟案件時，要參度刑書，乃是必然之事。經文說：「明啟刑書胥占，咸庶中正。」又說：「無僭亂辭，勿用不行，惟察惟法，其審克之。」這不僅是參度刑書的明證，同時也是引用法條斷獄的明證。意思是說：「制獄要明視刑書，相與揣度，冀望皆能合於中正之道。同時千萬不可被紛亂的供辭所混淆，使輕重罪犯失實。也不可再用已經廢止的法律。因此要明察，要引用當時的刑法，詳審核實，勿枉勿縱。」這種思想和見解，都非常進步，與現在刑法「行爲之處罰，以行爲時法律有明文規定者爲限」的規定，正相吻合。

㈣**權衡時宜，人情法理兼顧**：〈呂刑〉中這種權衡時宜、隨世而爲輕重，並且兼顧人情法理的措施，將永爲執法者的圭臬。其於後世，亦有非同小可的影響。經文說：「上刑適輕下服，下刑適重上服，輕重諸罰有權。刑罰世輕世重，惟齊非齊，有倫有要。」意思是說：「犯重刑的人，就情理來說，如果適宜於服輕刑的，就叫他服輕刑。犯輕刑的人，就情理來說，如果適宜於服重刑的，就治他重刑的罪。輕刑、重刑的各種罰法，要衡量權宜適中，因爲刑罰是要隨著不同的時代而輕重的。這也就是說，刑罰是要治理那些不守法的人，使他們守法，因此刑罰必需合於倫理、中正的大道。」這種見解，給我們的啟示太大了。所謂合於倫理，就是人情，所謂中正之道，就是適中、公正無私；而且還要隨著時代、世事之演進而作適度的調整。假如執法者能循此以爲，而刑罰不僅可使人民心悅誠服，同時更可以刑罰作爲教育的手段。所謂刑期無刑，就是這個道理。這種富有寓義的刑罰思想，將永爲後世法。

假如我們要問，這種見解，是不是到穆王時才有的？答案是否定的。它來自〈堯典〉與〈康誥〉。〈堯典〉說：「眚災肆赦，怙終賊刑。」〈康誥〉說：「人有小罪非眚，乃惟終；自作不典：式爾，有厥罪小，乃不可不殺。乃有大罪非終，乃惟眚災適爾，既道極厥辜，時乃不可殺。」〈堯典〉之意是說：「對於無心的過失，可以赦免；對於怙惡不知悔改的人，就要加重刑罰。」〈康誥〉之意是說：「有人雖然犯了小罪過，可是卻爲有意的，並且竟然想著終生做下去，像這種有意的犯法，雖然是犯了小罪，也不可不加重處罰。如有人犯了大罪過，並不想終身做下去，而是偶然的行爲，像這種情形，就是已經宣判要懲治其罪，但因其犯罪不是有意的，罪過雖然大，也應該減輕其刑責。」這種見解，我們假如和〈呂刑〉一作比較，馬上就可知道，它是其來有自的了。

六、**體恤認識**：談到刑罰的輔助政事，就是明王聖君，亦無法避免。以堯舜之聖，尚有象刑之設，後代的踵武前王，洵爲有故。刑罰既然不可避而不用，那麼爲士師的人，卽不能率意而爲，其理至明。茲就〈呂刑〉所載，述其應有的體恤與認識如下：

㈠**哀敬折獄，無私家于獄之兩辭**：所謂哀敬折獄，就是以哀矜憐憫的心情制獄。亦卽《論語》所說「哀矜而勿喜」之意。而伏生《尚書大傳》引孔子「聽訟雖得其指，必哀矜之，死者不可復生，斷者不可復續」的話，來解此經，尤爲精確。所謂無私于獄之兩辭，是說聽訟的時候，對於兩造的訟辭，當求公平，不可因偏聽而有所袒護；不可因賄賂而有所偏私。制獄能有此體諒、恤憐和認識，若不幸而有所不及，亦可問心無愧了。宋代的歐陽修，最明此理，他在〈瀧岡阡表〉中引述其母親的話說：「汝父爲吏，嘗夜燭治官書，屢廢而歎，吾問之，曰：『此死獄也。我求其生不得爾！』吾曰：『生可求乎？』曰：『求其生而不得，則死者與我皆無恨也。』」治獄至此，庶可謂爲「哀矜而勿喜」矣。

㈡**典獄非訖于成，惟訖于富**：意思是說：「主獄的終極目的，非在樹威，更不是用嚴刑峻法來治理人民，乃在於爲人民造福。」我們都知道，法律的功用，在明辨是非，論斷曲直；在懲暴安良，爲人民造福。因此，士師們在審理訟案時，要念茲在茲，不謹要視爲天職所在，同時更要看作法理之所必然，事物之所必至。

㈢**其刑其罰，惟察惟法，其審克之**：這意思是說：「對於兩造的所刑所罰，一定要明察，要依現行之法，詳審實核，務期得其中正。」伏生《尚書大傳》說：「聽獄之術，大略有三：治寬，寬之術歸於察，察之術歸於義。」近人曾運乾在其所著《尚書正讀》中引王葵園的話說：「寬之術歸於察，不可故縱；故經云惟察。察之術歸於義，勿用非刑，故又云惟法。」也惟有明察，用法合義，詳審實核，方能得其中正。此誠治獄之座右銘，而一時一刻都不可怠忽的。

㈣**獄貨非寶，惟府辜功，報以庶尤**：這意思是說：「由斷獄所得的財貨（即鬻獄接受賄賂），絕對不是眞正的錢財，這簡直無異是在聚集罪惡的事件，上天將會以多種罪尤報復的。」假如斷獄的人，有此認識，當不致悖理而行，而以鬻獄爲能了。所以經文又說：「永畏惟罰，非天不中，惟人在命。」這是說：「治獄當永遠敬畏天罰，這並不是上天不中正，而是要看人如何去觀察天命了。」我們都承認「悖理而爲，必遭天譴」這句名言，《大學》所說：「貨悖而入者，亦悖而出」，就是此意。因此治獄在這方面，當如何朝夕惕勵，敬忌惟謹？千萬不可利令智昏，有辱官箴而失政道啊！

七、**〈呂刑〉篇旨**：通觀全篇，蓋呂侯爲穆王訓刑，傳布於四方，以期上下皆能遵守，由明刑而至於郅治之隆。孔穎達《尚書正義》說：「名篇謂之〈呂刑〉，其經皆言王曰，知呂侯以穆王命作書也。」如果說「書」爲呂侯所作，其義乃穆王所授。觀經文中，處處表露出穆王的勉勵與期許，就是最好的證明。那種諄諄之言，關切之意，自謙之情，盼望之殷，凡此，不僅說明穆王並未因「耄」而「荒」，相反地，卻可證明穆王倒有勵精圖治之心。如經文說：

民之治，無不由於官吏治獄、於兩造之訟辭，中正不偏袒，而使善惡分明。（原文為：民之亂，罔不中聽獄之兩辭。）

制刑于民，乃為解除其無窮之訟辭，能合於五刑之中正，則始有善政可言。（原文為：哲人惟刑，無疆之辭，屬于五極，咸中，有慶。）

明察不齊一的訟辭，使善惡分明，則不服者乃服。（原文為：察辭于差，非從惟從。）

無確實罪證，不可平治以罪，以共敬上天的律則。（原文為：無簡不聽，具嚴天威。）

上天欲治理人民，故使我有一日的時間為國君，然而國運的敗亡與不敗亡，則全在人的所為如何。（原文為：天齊于民，俾我一日，非終惟終，在人。）

由以上這些言論，足可證明，穆王此時雖已年老，但仍欲以「祥刑」齊民。退一步想，即使是呂侯「作書」，事後亦需徵得穆王的首肯始可發布，其理至明。

其次，我們於篇中所見者，乃為一「中」字的強調，這應該說是一篇旨趣的所在了。刑如失「中」，那麼人民就會感到手足無措，因此，經文說：

士制百姓于刑之中，以教祗德。

故乃明于刑之中，率乂于棐彝。

觀于五刑之中。

惟良折獄，罔不在中。

明啟刑書胥占，咸庶中正。

民之亂，罔不中聽獄之兩辭。

于民之中，尚明聽之哉！

哲人惟刑，無疆之辭，屬于五極，咸中，有慶。

前文我們曾經說過：「刑以輔政，雖聖君明王，亦不能廢。」既不能避免，那麼將如何而可？我們的回答是：「豈非中乎？」「中」，可人教敬德。「中」，可以輔常法。「中」，可以使民治。「中」，可以得善政。得乎中道，信守不失，郅治之隆，必然可期。可期，則刑無可行矣。這就是穆王所強調的祥刑了。《荀子．正論篇》說：「刑稱罪則治，不稱罪則亂。」這裏所說的「稱」，就是中準的意思。吳闓生《尚書大義》也說：「此中字之義，守而勿違，則刑罰之道盡矣。」我們相信，此一至高無上的法理，將可永遠爲立法、司法者的指導原則。

八、〈呂刑〉與〈堯典〉、〈康誥〉、《周禮》有關言刑的比較：

㈠〈堯典〉中論及「刑」的言論，計有三則。其一：「象以典刑，流宥五刑，鞭作官刑，扑作教刑，金作贖刑，眚災肆赦，怙終賊刑。」其二：「帝曰：皋陶！蠻夷猾夏，寇賊姦宄，汝作士，五刑有服，五服三就，五流有宅，五宅三居，惟明克允。」其三：「流共工于幽州，放驩兜于崇山，竄三苗于三危，殛鯀于羽山，四罪而天下咸服。」

根據〈堯典〉的記載，我們不難看出，當堯、舜之時，就已具有刑罰的條目。所謂「象以典刑」，就是法有常刑，這種常刑，卽爲墨、劓、剕、宮、大辟五種刑罰。這五種刑罰，在執行起來，也有分別。有的照五刑的實刑處理，卽《國語．魯語》臧文仲所說：「大刑用甲兵，其次用斧鉞；中刑用刀鋸，其次用窄鑽；薄刑用鞭扑，以威民也」的方法。至於行刑的地點，則有三種處所，卽大刑「陳之原野」，小者「致之市、朝」，這就是經文所說的「五刑有服，五服三就」。有的則以流放的方式，表示寬宥。既爲流放，當然也就是在服刑。流放也並不是漫無標準，而是根據罪行的大小，以決定遠近的。據鄭氏康成的說法，是自九州之外，至於四海，三分其地。遠近若周之夷服、鎭服、藩服之地（夷服、鎭服、藩服之稱，見《周禮．夏官．職方氏》）。也有人說爲大罪四裔，次九州之外，次中國之外的。這就是經文所說的「五流有宅，五宅三居」。

至於刑罰的條目，大致可分之爲九：卽墨一、劓二、剕三、宮四、大辟五、流宥六、鞭七、扑八、金九。至於無心的過失，則赦免其罪，若怙惡不悛，不知悔改，那就要加以刑罰了。這些條目，若與〈呂刑〉比較，也可分爲刑（五刑與流宥）、罰（鞭、扑、金）、過、赦四項。這種分法，在表面上看是相同了，其實同中有異。以「刑」來說，五刑則同，而「流宥」則爲〈呂刑〉所無。以「罰」來說，「金作贖刑」，相當於〈呂刑〉中的罰鍰，而「鞭、扑」則爲〈呂刑〉所無。以「過」言之，〈呂刑〉之過有五，且各有其稱，而〈堯典〉所謂之過，乃無心之過，與〈呂刑〉有心之過有異。以「赦」言之，〈堯典〉乃指「眚災」之赦，而〈呂刑〉中之赦，卽使爲「大辟」，只要罪證不足，而議以罰鍰的條件又不够，亦可以赦免其罪。相較之下，〈呂刑〉之刑，似輕於〈堯典〉之刑。

(二)在〈康誥〉中，我們所能看到的刑罰，多爲原則性的，然其明刑愼罰之義，卻爲〈呂刑〉所承襲。茲先摘錄其篇中論刑與〈呂刑〉有關者，然後再作比較。〈康誥〉說：

> 敬明乃罰，人有小罪非眚，乃惟終，自作不典，式爾，有厥罪小，乃不可不殺。乃有大罪非終，乃惟眚災、適爾，旣道極厥辜，時乃不可殺。

這意思是說：「罪雖小，但卻是有心的，並且終生不改，像這種情形，卽使罪小，也不可不刑其罪。反之，罪雖大，乃爲無心之過，事後又能輸情服罪，痛改前非，像這種情形，卽使是大罪，也不可刑其罪。」這種「刑故無小、宥過無大」的明刑之意，也就是〈堯典〉「眚災肆赦，怙終賊刑」的立法精神。這種精神，將永爲用刑的鵠的。這也就是〈呂刑〉中所說「上刑適輕下服、下刑適重上服，輕重諸罰有權，刑罰世輕世重」之意。只不過到了〈呂刑〉篇，所說義理更加詳明罷了。其實立法用刑的精義，並無不同。

〈康誥〉又說：

> 要囚，服念五六日，至于旬時，丕蔽要囚。

所謂「要囚」，卽今言繫獄之意，也就是關入牢中。所謂「服念」，卽考慮深思之意。經文乃謂：要囚禁一個人，往往要考慮五六天，乃至十天、三月，才能決定是否要將某人繫獄。這種舉措，一方面當然是表示「愼刑」，同時判人之罪，繫人之獄，還必須要有確實的證據，而證據的獲得，一方面來自供辭，另一方面那就要來自偵察了。這種詳察罪證，再與法條相互參證的斷案行爲，也就是〈呂刑〉中「五辭簡孚，正于五刑」，「惟察惟法，其審克之」以及「哀敬折獄，明啟刑書胥占，咸庶中正」的斷案精神。前後經文一相對照，馬上就會使我們有一種「後出轉精」的感覺。再者，〈康誥〉主張用殷刑以治殷民，對於元凶大惡、殺人劫貨、不孝不友者用重刑。〈康誥〉說：

> 師茲殷罰有倫。

又說：

凡民自得罪，寇攘姦宄，殺人于貨，暋不畏死，罔弗憝。

又說：

元惡大憝，矧惟不孝不友，……乃其速由文王作罰，刑茲無赦。

所謂「師茲殷罰有倫」，就是要師法殷代刑法合理的部分。這一方面是由於治殷民，用殷法，容易收效，同時也可看出周公的胸襟，絕沒有獨以為是、唯我獨尊的意念，凡是好的，合理的，不僅要保存，而且還要師法。所謂「勿意、勿必、勿固、勿我」，豈非聖人處事之心法？而〈呂刑〉之治民，當無再行遷就殷民的必要，然而其中「有倫有要」之言，乃為「師茲殷罰有倫」的精神延伸，似無疑問。至於殺人取貨、不孝不友之罪，〈康誥〉認為都應「殺勿赦」，而且要趕快用文王所作的刑罰來刑殺勿赦。這種刑罰，就是〈呂刑〉，〈堯典〉中的「大辟」了。

其次，〈康誥〉中還有一種比較嚴厲的刑罰，那就是對政府官員過失的處置。〈康誥〉說：

不率大戛，矧惟卜庶子訓人，惟厥正人、越小臣、諸節，乃別播敷，造民大譽，弗念弗庸，瘝厥君，時乃引惡，……汝乃其速由茲義率殺。

這段話的意思是說：「往往不遵循國家大法的，就是掌管教化的官員——庶子、訓，以及行政長官和那些內小臣，或是持節出使的使節。他們往往另外傳布政令，討好大眾，在民間造成自己的美名，不顧慮國家的體系制度，不行用天子的教令，使其君深以為痛，有這種行為的人，就是大壞蛋，……對這種人，就應該速用合宜的刑法殺掉他們。」類似這種情節，在〈堯典〉中只是說流放，如「流共工于幽州，放驩兜于崇山，竄三苗于三危，殛鯀于羽山」之類，再不然就是用鞭子責打一頓了事（鞭作官刑），多不處以極刑。推究周公所以如是誥誡康叔，一則可能對於執法犯法的官員，加重其罰，以儆效尤。再則周公有感於三監之叛周，其情景正是如此，所以才特別加重處罰的。因此我們可把這種刑罰，視為權變之刑。在〈呂刑〉中，類似這種情形，那就要「上刑適輕下服，下刑適重上服，輕重諸罰有權，刑罰世輕世重」了。比較之下，我們認為〈呂刑〉篇的論刑，似有很大的進步，其於法理的觀念，與今世相較，似亦並不多讓。

另外，我們所不憚煩言者，就是〈康誥〉中所言及的刑罰，何以都是些原則性的，沒有〈堯典〉、〈呂刑〉篇中具體？筆者認為，此時已有具體的刑書，各種法條皆已具備，不需再一一詳陳，僅就其重點、或是某些地方應當特別留意，所以才提出來，以加深康叔的印象。否則的話，以周公之聖，是絕對不會如此疏略的（請參本書下編之拾貳〈康誥〉、〈酒誥〉、〈梓材〉，頁八一一～八三一）。如左氏昭公六年傳，叔向詒子產書說：「夏有亂政，而作禹刑；商有亂政，而作湯刑；周有亂政，而作九刑。」而本篇（〈康誥〉）也說：「速由文王作罰。」刑書，而今雖已無法看到，然而這些記載，卻不可忽視，更不可抹煞。

㈢《周禮》又名「周官」，於三禮中最爲晚出。然後世學者，講明周之法制，卻往往多所引用，是以其對後世之影響甚大。今與〈周書．呂刑〉之篇並觀，無論文字的運用，篇章的結構，制度的釐訂，情節的表達，都有顯著的進步。尤其是有關刑法的建立，則更具條理。茲將其中與〈呂刑〉可資比較者，述明如次：

1. **法理的運用相同**：〈秋官．大司寇〉說：「掌建邦之三典，一曰刑新國用輕典，二曰刑平國用中典，三曰刑亂國用重典。」這是說：「建國所用的法典，於新建之國、承平之國及篡弒叛逆之國，各有不同。這種法理上的權變，就是〈呂刑〉中所說的「輕重諸罰有權，刑罰世輕世重。」

2. **審獄察辭的態度相同**：〈秋官．小司寇〉說：「以五聲聽獄訟，求民情：一曰辭聽，二曰色聽，三曰氣聽，四曰耳聽，五曰目聽。」這意思是說：「在平治獄訟案件的時候，可由兩造所表現的五種態度上，觀察得出其是非曲直。因爲『直則言要理深，虛則辭煩義寡；理直則顏色有厲，理曲則顏色愧赧；理斷則心虛，而氣從內發，理既不直，吐氣則喘；理直則聽物明審，理不直則聽物致疑；理直則視盼分明。理虛陳視則眊然。』」因此用這種審理的方法，往往有意想不到的功效。〈呂刑〉中亦有類似的記載，如：

> 兩造具備，師聽五辭，五辭簡孚，正于五刑。
> 察辭于差，非從惟從。
> 明清于單辭，民之亂，罔不中。

兩相比較，我們馬上可以感覺到，《周禮》的記載條理井然，表義明晰，而〈呂刑〉就未免有些零亂晦闇了。這種「後來居上」的跡象，是很容易看出來的。再者，我們都知道，察辭的目的，就是要求得實情，使眞象大白於世。而〈呂刑〉中的記載，尚有雖不以察辭爲言，而意義相若者。如：

> 簡孚有衆，惟貌有稽。

貌，說文作緢，古文假緢爲貌。作細微解（見孫星衍《尚書今古文注疏》）。經文的意思是說：「治獄決斷，當誠信合於大衆，是以纖微必稽，一定要做到眞象大白。」所謂誠信合於大眾，也就是察辭於眾，訊萬民的意思。因此把這句經文看作察辭，也未嘗不可。

3. 五刑同，其輕重有差：〈秋官・司刑〉說：「五刑之法，以麗萬民之罪，墨罪五百，劓罪五百，宮罪五百，刖罪五百，殺罪五百。」這是說：「合於五刑之罪者，各有五百，總計兩千五百條。」而〈呂刑〉則說：「墨罰之屬千，劓罰之屬千，剕罰之屬五百，宮罰之屬三百，大辟之屬二百，五刑之屬三千。」清・江聲《尚書集注音疏》說：「墨則倍於其初（案：江氏仍以《周禮》早於〈呂刑〉，故有是言），宮與大辟皆減焉。以是差之，輕於《周禮》矣。此穆王祥刑之意也。」就刑罰的輕重來說，江氏的話，很有見地。

4. 所言赦，其對象不同：〈秋官・司刺〉說：「壹赦曰幼弱，再赦曰老旄，三赦曰惷愚。」而〈呂刑〉之言赦說：「五刑之疑有赦，五罰之疑有赦，其審克之。」《周禮》所赦者爲幼弱、老旄、惷愚。這三種人，均不能明斷是非曲直，所以寬赦不加罪罰，其立法的用意甚美。而〈呂刑〉所講求的是「其審克之」，換句話說，凡罪證不足而有可疑者，就其情節，則予以赦免，不加罪咎。罪證不足者，尚不加罪咎，其於無法辨別是非曲直的人，當然也就不會苛責，其理至明。而祥刑之義，不也就很明顯地可以看出了嗎？

附錄 《尚書・呂刑》篇「中」字的啓示

〈呂刑〉篇旨，在明刑愼罰，在刑罰惟中，篇中凡十次言及「中」字。其主要觀點以爲：「中」，可以教敬德。「中」，可以使民治。「中」，可以得善政。「中」，可以輔常法。得乎「中」，信守不失，郅治之隆，必然可期。可期，卽使想用刑，也無刑可用了。於此，可使我們體念到「中」字力量的渾厚、廣遠與無窮。所謂「中」，簡單的說，就是不偏不倚，就是中準、適中，恰到好處，無過與不及的意思。我們試想，宇宙間的一切，什麼不是由於「得中」而產生的？也惟有合乎「中」，才可大可久，才歷久彌新。〈呂刑〉篇的論刑，能以此爲基準，以適時、適度、適情來作權變之宜，其於「中」字之運用，可說已經到達了相當高明的程度。在這裏我們要問，〈呂刑〉篇的「中」，於前代是否有所承？於後世是否有貢獻？在此前後之間，它又肩負著什麼樣的責任？

我們皆知，事物之起，必有其因；文化之興，亦必以漸。既然如此，那麼〈呂刑〉篇「中」字的運用及其義理之闡發，是前有所承了？現在就讓我們先來看看前於〈呂刑〉的記載吧。

堯曰：「咨！爾舜，天之曆數在爾躬，允執其中。」

舜亦以命禹。（《論語‧堯曰》篇）

易、訟卦：「有孚窒，惕中吉。」

易、師卦、九二：「在師中吉。」

易、家人卦、六二：「无攸遂，在中饋，貞吉。」

易、益卦、六三：「益之用，凶事，无咎，有孚中行。」

易、夬卦、九五：「中行无咎。」

易、豐卦：「勿憂，宜日中。」

易、中孚卦：「豚魚吉，利涉大川，利貞。」

以上所引，皆前於〈呂刑〉。由於堯、舜的「執中」而行，以致造成了我國上古史上空前的盛世，同時也爲後世樹立了彝則典範，打下了永遠不可動搖的基礎；而形成了一脈相傳的道統。所以唐代的韓愈說：「堯以是傳之舜，舜以是傳之禹，禹以是傳之湯，湯以是傳之文、武、周公，周公傳之孔子，孔子傳之孟軻。」（見《韓昌黎集》卷一一〈原道〉篇）至於文王拘羑而演易，更能深悟斯理，所以一再言及「中」字的功效，舉凡決訟斷獄，出師行軍，居家修爲，去憂怡懷，伐暴安良，如能以中道而行，不僅「无咎」，亦可澤及「豚魚」。所以中孚卦的彖傳說：「中孚以利貞，乃應乎天也。」能「應乎天」，就必能如日之中，而「光照四表」。是以能中，雖凶亦吉，履險亦夷，「中」之時義，豈不大哉！淸人惠棟說：「易道深矣，一言以蔽之，曰時中。」（《易漢學易・尙時中說》）文王的拘羑而演易，義其在斯乎！義其在斯乎！

其次爲《尙書・洪範》篇中的皇極。其言云：

無偏無陂，尊王之義；無有作好，尊王之道；無有作惡，尊王之路；無偏無黨，王道蕩蕩；無黨無偏，王道平平；無反無側，王道正直；會其有極，歸其有極。

所謂皇極，就是大中至正的法則。而「無偏無陂，無偏無黨，無反無側」之文，非「中」而何？此武王滅殷，訪諸箕子，而告以治國安邦的大道。此後，周之君臣，多能信守不渝，是以有「成、康」太平盛世的出現。到周穆王的時候，此太平盛世，已成過去，他緬懷文、武之德，周公之教，無不以大中至正爲兢兢。所以他想，如欲起敝振衰，恢復郅治之隆，首先就必須制定祥刑，以「詰四方」，務期明察中正，刑而無刑。我們看了前文所引帝堯、易卦、〈洪範〉的言論，對於〈呂刑〉篇「中」字義理的發揮，似可找出一些承襲的跡象。在易卦，言「中」者七，如將以「中」字作卦名的「中孚」去掉，那就僅有六次了。而〈呂刑〉之言「中」者，竟有八次之多，這一方面固然是由於穆王的強調刑罰必「中」，但另一方面，也足可看出此時對「中」字意義的了解、體悟，已有很大的進步。自此而後，復經儒家的大力闡揚，而「中」的義理，始大明於世。在這裏，我們就不難看出它所肩負的、承先啟後的責任了。

孔子晚而喜易，乃至「韋編三絕」，故能對易理闡發特詳，也因此而使一部《易經》，由占卜之書，而轉變爲富於人生哲理的寶典。他在彖、象傳中，言及「中」字者，竟有六七十次之多。其對「中」字的解釋：曰正中，曰時中，曰大中，曰中道，曰中行，曰行中，曰剛中，曰柔中，剛、柔雖然不是「中」，如能得其「中」，卽可無咎。這眞可說是無行而非中了。

孔子對於《尚書》，雖不像讀易那樣「韋編三絕」，然而《尚書》的經其整理、排比，並融會其內容大義，當爲必然的事，也是情理之常。我們都知道，孔子設教於洙泗之間，開平民教育之先聲，弟子三千，身通六藝者，就有七十二人之多。現在我們要問，孔子拿什麼作爲教材？《史記·孔子世家》說：「孔子以詩、書、禮、樂教。」旣以「書」爲教材，而當時「書」的情形又是怎樣的？我們看看司馬遷是如何說法。他說：「孔子之時，周室微而禮、樂廢，詩、書缺。追迹三代之禮，序書傳，上紀唐虞之際，下至秦繆，編次其事，……故書傳、禮記自孔氏。」書旣經孔子整理、編次，又以之教授學生，在這種情況下，如說孔子不融會其內容大義，而進一步的闡揚其理，那是不可能的。他對《易經》僅有六次提及的「中」字，在彖、象傳中，就言及六七十次，並且以各種不同的方式來說明其義蘊，而於〈呂刑〉篇的「中」字，竟然一無所語與領悟？以理推之，那也是不可能的。我認爲最好的證明，就是他所說的一句名言：「聽訟，吾猶人也，必也使無訟乎！」魏之王肅釋此語說：「化之在前。」朱子集注引范氏的話說：「聽訟者，治其末、塞其流也。正其本，淸其源，則無訟矣。」化之在前，自可淸其源，使民無訟矣。道德齊禮，人民有恥且格，又何訟之有？這種主張，也就是〈呂刑〉篇中的「伯夷降典，折民以刑」的意思。孔子說：「古之刑者省之，今之刑者繁之。其教，古者有禮，然後有刑；是以刑省也。今也反是，無禮而齊之以刑，是以繁也。書曰：『伯夷降典禮，折民以刑。』謂有禮然後有刑也。」（《尙書大傳》引）〈呂刑〉說：「哀矜折獄。」孔子說：「聽訟者，雖得其情，必哀矜之，死者不可復生，斷者不可復續也。」（《尙書大傳》引）我們看了這些話，是不是有若合符節的感覺？孔子對於聽訟斷獄的主張，是不是來自〈呂刑〉？而〈呂刑〉的言論，又是不是合於中道？治國能先禮後刑，行刑又能哀矜勿喜，這將是刑罰永遠不可改變的原則，也就是〈呂刑〉篇所說的中道。我們能看到這一點，當然也就相信，〈呂刑〉篇的「中」字，對孔子有如何的影響了。雖然孔子他自謙的說：「述而不作，信而好古。」就是由於他的好古，所以才能融貫其理，會通其義，而以更充實具體的內容，更透闢明爽的言論述說出來。事實上，這已不再是「古」，而卻由「古」轉變成最實用、最具深刻見解的新義了。所以有人說，孔子是以「述」爲作，一點也沒錯。

另外，孔子還有一句話，我們也不可忘記，那就是「吾道一以貫之」的告諭。近人徐英《論語會箋》說：「聖人之心，渾然一理，只此一理，放之四海而皆準，施諸萬物而不違。故此一理，可以通而貫之。」因此，我們似乎也不必以孔子未曾以「中」字像闡易理那樣來闡揚〈呂刑〉篇的「中」字而爲憾，我們僅僅知道〈呂刑〉篇的「中」字，對孔子有很大的影響也就够了。我們又怎敢保證，孔子不以領悟〈呂刑〉篇「中」字之理，來闡揚易道？因爲就「中」字說，天地間，「只此一理」啊！

由前文所述，我們可知，孔子不僅傳堯、舜之道，發大易之理，同時亦能明〈呂刑〉之「中」。之後，子思的述《中庸》，盡闡「中」字義蘊，使我們了然於中和之德的不可須臾離。這種影響，實在太大了。所以錢大昕說：「中庸之義何也？天地之道，帝王之治，聖賢之學，皆不外乎中。中者，無過不及之名，堯之傳舜曰：允執其中，而舜亦以命禹。……子思述孔子之意而作《中庸》，與大易相表裏，其曰中也者，天下之大本，言其體也；曰君子而時中，言其用也，此堯、舜以來傳授之心法也。」（《潛研堂文集》）這短短的幾句話，不僅掌握了重點，同時也道出了我國文化的傳統所在。以上乃讀《尚書．呂刑》篇對其所言「中」字的一點淺見，自知缺漏之處尚多，深望博雅君子，不吝賜教，以補我不足，匡我不逮。

貳 〈文侯之命〉

一、前 言

周幽王亂政，寵愛褒姒，生子名伯服，並立以爲太子，同時亦以褒姒爲后；竟將原后申侯女及太子宜臼廢棄。因此，觸怒了申侯，所以他就在一氣之下，聯合繒（一作鄫）國與西夷犬戎，攻殺幽王於驪山下，虜執褒姒，盡取周之財物以去。於是諸侯乃就申侯而共立故幽王太子宜臼以奉周祀，是爲平王❶。

平王爲避犬戎之亂，在不得已的情況下，只好東遷雒邑。這時東方的諸侯，以晉文侯仇爲首，會合衛侯、鄭伯、秦伯❷，以兵相從，安定平王於王城❸。以晉侯此舉著有功績，平王乃賜以車馬、弓矢、秬鬯，以酬其庸，而作是篇。是以書小序說：

平王錫晉文侯秬鬯圭瓚，作〈文侯之命〉。

這就時間來說，爲平王元年，晉文侯十一年，西元前七七〇年。

然而太史公司馬遷，卻不作這樣的看法，他認爲是周襄王命晉文公重耳之事。所以他在〈晉世家〉中說：「晉文公五年五月丁未，獻楚俘於周，駟介百乘，徒兵千。天子使王子虎命晉文侯爲伯，賜大輅，彤弓矢百，玈（音盧，黑也）弓矢千，秬鬯一卣，珪瓚，虎賁三百人。晉侯三辭，然後稽首受之。周作文侯命。」[4]史公的這種見解，到唐朝司馬貞，爲《史記》作索隱的時候，就已指其爲「疏謬」。他說：「尚書文侯之命，是平王命晉文侯仇之語，今此文乃襄王命文公重耳之事，代數縣隔，勳策全乖。太史公雖復彌縫左氏，而系家頗亦時有疏謬。裴氏集解（案：即裴駰），亦引孔、馬（案：孔安國、馬融）之注，而都不言時代乖角，何習迷而同醉也？然計平王至襄王爲七代，仇至重耳爲十一代而十三侯。又平王元年至魯僖二十八年，當襄二十年，爲一百三十餘歲矣，學者頗合討論之。而劉伯莊以爲蓋天子命晉同此一辭，尤非也。」[5]驗諸其他古籍的記載，司馬貞的話是不錯的。如：

一、詩，鄭譜說：「鄭武公與晉文侯，定平王於東都王城。」

二、左氏隱公六年傳說：「我周之東遷，晉鄭焉依。」

三、左氏僖公二十八年傳敍襄王策封文公說：「用平禮也。」杜注：「以周平王享晉文侯仇之禮享晉侯。」

四、左氏宣公十二年傳隨季對曰：「昔平王命我先君文侯曰：『與鄭夾輔周室，毋廢王命。』」

五、《國語．晉語》敍公子重耳過鄭，鄭文公不以禮遇，鄭大夫叔詹諫曰：「吾先君武公與晉文侯戮力一心，股肱周室，夾輔平王。」

六、《國語．鄭語》說：「晉文侯於是定天子。」韋氏注：「文侯仇也。定，謂迎平王定之於洛邑。」

七、《呂氏春秋》卷二二〈疑似〉篇說：「秦襄、晉文之所以勞王，勞而賜地也。」（案：勞王，勤王也。）

就以上所引資料，足以說明「文侯之命」，是周平王賜晉文侯仇，而非襄王享晉文公重耳，已經可以昭然若揭了。如欲再就本篇經文所載加以證明，我們所得的結果，仍然是這樣。如經文說：「嗚呼！閔予小子嗣，造天丕愆，殄資澤于下民，侵戎，我國家純。」這不是明言，王新即位，就遭到大的災難，而自我傷悼之辭？不僅此也，經文又說：「汝多修，扞我於難。」這不是平王嘉許文侯靖難扞衛王室的大功嗎？驗之前引古籍所載，無不相合。如果不作這樣的看法，認爲是晉文公重耳五年之事，那麼周襄王此時在位已有二十年之久，又怎麼可以說：「閔予小子嗣」？更何況周襄王所以賜文公，是因爲城濮之役奏捷、獻俘而受賞，又如何能說「扞我於難」？準是以論，史公之說，恐怕是一時失檢所致。

至於此篇作成的年代，齊召南、簡朝亮均以爲成於平王元年[6]，就經文「閔予小子嗣」、「汝多修，扞我於難」等語看來，齊、簡二氏所言近似，也或許稍後，但不致延後太晚。

二、大義探討

此篇既爲周平王賜晉文侯仇而作，其內容大要，經過情節，又是怎樣的呢？現在就讓我們依照經文的順序，探討如次：

一、平王首先以其先祖的「肆懷在位」勉文侯。經文說：

王若曰：「父義和！丕顯文武，克愼明德，昭升于上，敷聞在下，惟時上帝集厥命于文王。亦惟先正，克左右昭事厥辟；越小大謀猷，罔不率從，肆先祖懷在位⑦。

由「王若曰」一語，使我們體悟到，這是史臣所記。但何以平王稱文侯爲「父」？「義和」又是什麼意思？僞孔傳說：「文侯同姓，故稱曰父。義和，字也。稱父者非一人，故以字別之。」這說法是對的。案《儀禮・覲禮》說天子呼諸侯的意義云：「同姓大國則曰伯父，其異姓則曰伯舅。同姓小國則曰叔父，其異姓小國則曰叔舅。」又鄭氏康成注《禮記・曲禮》說：「稱之父與舅，親親之辭。」考晉文侯仇，乃唐叔虞之後，叔虞又爲武王子、成王弟，封於唐，與周同姓，所以平王以父稱之。義和，是文侯仇的字，稱字而不稱名，這是表示尊敬的意思。關於晉文侯的所以名仇，《史記・晉世家》也記載的很淸楚，世家說：「穆侯四年，取齊女姜氏爲夫人，七年伐條，生太子仇。十年代千畝，有功，生少子，名曰成師。晉人師服曰：異哉君之命子也！太子曰仇，仇者讎也。少子曰成師，成師大號，成之者也。名，自命也。物，自定也。今適庶名反逆，此後，晉其能毋亂乎？二十七年穆侯卒，弟殤叔自立，太子仇出奔。殤叔四年，太子仇率其徒襲殤叔而立，是爲文侯。」至於義和的解釋，鄭氏康成以爲：「義，讀曰儀，儀匹皆仇也。」這說法後人採用的不多。淸人朱駿聲在他所著的《尙書古注便讀》中說：「古人，名、字相應，或相反以爲應，故字義和。義，誼也。和，龢也。猶言宜和也。鄭康成讀義爲儀，從《爾雅》訓匹，不知儀仇訓匹者，借儀爲儷，借仇爲讎耳。恐非也。」我們驗諸經文，平王曾三次呼父義和而稱之，當以解作文侯之字爲是。

因此，我們認爲，經文的大義是：「王如此說：『義和伯父（譯爲尊長亦可）！由於我偉大光顯的先祖文王、武王，能始終如一地彰明其善行，所以不僅能昭然上聞於天，同時也能爲人民所徧知。於是上天才把帝位（王業）降落在我先祖文、武的身上，使之擁有天下。更因爲前代的先正大臣們，能盡心盡力地輔佐明事（勉事）其君，對於大小謀畫，又無不順從，所以我的先祖，才能安然地在位而沒有任何的顧慮困擾他。』」

這段經文，實有兩層寓義，一爲平王首先揭舉其先祖文、武的所以得天下，固由於「克愼明德」，然亦實有賴於先正公卿大夫的輔佐勉事其君所致。一爲說明其先祖的所以「肆懷在位」，乃由於「先正」的「越小大謀猷，罔不率從」所致。這言外之意，也無異於告訴文侯，他（平王）所以能得安定，固由於文侯的召會諸侯，以兵相從。但在另一方面，則嘉勉文侯能效法其先祖（亦即經文之先正）「罔不率從」，竭智盡忠地來輔佐他。

二、次述其即位之初，國遭大難，又無休戚與共之臣，扶傾定危。經文說：

嗚呼！閔予小子嗣，造天丕愆，殄資澤于下民。侵戎，我國家純。即我御事，罔或耆壽、俊在厥服，予則罔克。曰、惟祖惟父，其伊恤朕躬。嗚呼！有績予一人，永綏在位⑧。

經文大義是說：「噢！我這可憐的小子即位以來，就遭逢上天降下的災禍。現在就國內說，已經到了民窮財盡無以為生的地步。對外來說，又遭受了犬戎寇兵的侵襲，使國家蒙受了大災難。而今，我治事的大臣們，又沒有老成、俊彥的人在職來輔佐，我又怎能成事呢？我祖輩父輩的大臣們（即諸侯）！希望你們能以我的遭遇為憂恤。噢！只有你們有功於王室，我才能永遠的安於帝位啊！」

從這一段經文的敍述中，我們不難看出，當時周朝所遭遇的劫難，已經到了相當嚴重的地步。據《史記・周本紀》的記載是：「虜褒姒，盡取周賂而去。」《竹書紀年》則說：「幽王十一年，申人、鄫人及犬戎入宗周，弒王及王子伯服。申侯、魯侯、許男、鄭子立太子宜臼於申，平王元年東徙洛邑。」顧亭林先生則謂：「幽王之亡，宗廟社稷、以及典章文物，蕩然皆盡，鎬京之地，已爲戎狄之居，平王乃自申東保于雒。」❾驗諸經文，均能相合，這就無怪乎平王的一再慨歎了。然而話又要說回來，處艱困之境，徒呼奈何，僅知求助於人，而不知振拔、自強、自勵，又豈能強國而自保？《欽定書經傳說彙纂》引張氏九成的話說：「平王惟自幸永安其位，卑卑以位爲樂，其無有爲之志可見矣。」這評論，我們認爲非常切當。

三、平王衷心感戴文侯輔弼周室之功。經文說：

父義和！汝克紹乃顯祖，汝肇刑文武。用會紹乃辟，追孝于前文人。汝多修，扞我于艱。若汝，予嘉。」❿

這大義是說：「義和伯父！您不僅能昭明您顯祖唐叔虞的事功，同時您更能敏勉效法我文王武王。會合諸侯，取則於您前代祖先有文德的行爲。由於您多功德美，所以才能扞衛我於艱危之中。像您這樣的大功，我是應當嘉獎的。』」

在這段經文中，我們不難看出，平王是如何的殷切需要諸侯的幫助與扶持。方當其艱危之際，有人焉，去其艱危，使居天子之位，又如何能不大加感激，而稱許其「汝多修，扞我于艱。若汝，予嘉」呢？

四、明示所賜器物，並以「成爾顯德」相期勉。經文說：

王曰：「父義和！其歸視爾師，寧爾邦。用賚爾秬鬯一卣，彤弓一，彤矢百；盧弓一，盧矢百；馬四匹。父往哉！柔遠能爾，惠康小民，無荒寧，簡恤爾都，用成爾顯德。」⑭

經文大義是：「王說：『義和伯父！現在就請您回去吧！回去以後，要好好地照顧您的眾民，安定您的國家。我賞賜你秬鬯香酒一酉，赤弓一張，赤箭一百支；黑弓一張，黑箭一百支；以及馬四匹。伯父，回去吧！治理國家，要使遠近的人民，都能安寧順服，要惠愛人民，使他們過著安定的生活。至於您本身，千萬不可逸樂荒怠，要多多憂恤著您的國家，以成就您光顯的德行。』」

就表面看來，這段經文，似乎是天子有德，公卿大臣盡職，朝中上下和諧，人民豐衣足食，生活安樂，儼然天下太平景象。可是我們如就當時實情加以分析，卻適得其反，幽王被殺，宗廟被毀，鎬京殘破，財物將絕，生民塗炭，國已不國。「在當日諸侯但知其冢嗣爲當立」⑫的情形狀況下，平王才被立而爲王。幸賴晉侯、鄭伯的以兵相從，才能勉強地入定王城。按理，此時極應痛定思痛，振作圖強，報父仇而重整家國，同勞苦而臥薪嘗膽，用俊彥而安撫人民，以恢復國家的舊觀爲兢兢。然而平王卻捨此不圖，反而故作鎮靜，擺出一副知足自得模樣。如是以爲，又如何能不王權旁落，政出諸侯？《東坡書傳》卷二〇說：「予讀〈文侯〉篇，知東周之不復興也。宗周傾覆，禍敗極矣！平王宜若衛文公，越句踐然。今其書，乃施施焉與平康之世無異。《春秋》傳曰：『厲王之禍，諸侯釋位以間王政，宣王有志而後效官。（案：此左氏傳昭公二十六年語）』讀〈文侯〉之篇，知平王之無志也。」宋・時瀾增修書說卷三五說：「嗚呼！周之所以終於東周者，蓋於此章見之。平王東遷之初，大讎未報，王略未復，正君臣臥薪嘗膽之時也。奔亡之餘，僅得苟安，乃君臣釋然，遽以爲足曰：父義和！其歸視爾師，寧爾邦，兵已罷矣。曰用賚爾秬鬯一卣，彤弓一，彤矢百；盧弓一，盧矢百；馬四匹，功已報矣。曰父往哉！柔遠能邇，惠康小民，無荒寧，教之以平世之政，軍旅不復講矣。曰簡恤爾都，用成爾顯德，勉之以本邦之治，王室無復事矣。嗚呼！周之君臣如此，周其終於東乎！」[13]這些話，確是有得之言。

三、結語

我們通觀全篇，自始至終，平王所表現者，無非是「安得猛士兮」以護衛一己之王位，從無表示如何圖強、雪恥、復仇，以恢復周室舊觀的意念。這就人性說，可謂無情之至。既已苟安於王城爲已足，這還有什麼志向作爲可言？我們都知道，由於幽王嬖褒姒、立伯服，才有廢申后與太子宜臼之舉。結果觸怒了申侯，以至於聯合鄫國，與犬戎弒幽王於驪山下，然後立宜臼爲平王。這種舉措，就申侯說，可算是爲女兒、外孫出了一口氣，對平王也可以說是有德。可是如就整個周室大局來說，他卻是一個罪不容誅的叛徒。由於平王的卑卑於苟安，所以也只有捨棄不共戴天的父仇而不顧了。宋・蔡沈以極爲憤慨的語氣評論此事說：「平王以申侯立己爲有德，而忘其弒父爲當誅，方將以復仇討賊之衆，而爲戍申、戍許之舉，其忘親背義，得罪於天，亦已甚矣！何怪其委靡頹墮而不自振也哉！」[14]平王的不顧綱常禮法，僅知有母、不知有父的作爲，我們如何還能再期望他重振宗周、光顯文武？

元人董鼎《書蔡傳輯錄纂註》卷六說：「平王，幽王之子，宣王孫，宣王承厲王之後，修車馬，備器械，復會諸侯於東都，而周室爲之中興。幽王繼之荒淫失道，爲犬戎所殺。平王苟能赫然發憤，率天下諸侯以報不共戴天之讎，則諸侯必能有能敵王之所愾，而中興之功烈，可以增光於乃祖矣。不知務此，東遷於洛，惟晉焉依，自幸於苟安，而不復念及君父，自安於卑陋，而不思興復王室，此所以詩自〈黍離〉列爲國風，而春秋始於平王，則以王政自是不綱矣。文侯非有方叔、召虎之功，平王所以深嘉之者，不過『汝多修，扞我于艱』耳。不知『昭顯乃祖，刑文武而紹乃辟』者，果若『先正之克左右昭事厥辟』否乎？方當戡亂之際，而使之歸；方當圖治之時，而遣之往。賚以秬鬯，錫以弓馬，果何謂哉！拳拳於爾師、爾邦、爾都，而置我君、我父、我王家於不問，是可忍孰不可忍!?而夫子猶錄其書也，尚以其能錫命諸侯，文武之遺澤未泯，特平王自不振耳！」[15]我們非常同意這種說法。至於平王的錫命文侯，固爲文武之遺澤未泯，不過文侯之舉，就當時情形言，實亦足多。以其畢竟能「尊王」而「攘夷」啊！是以蔡沈《書經集傳》說：「然則是命也，孔子以其猶能言文武之舊而存之歟？抑亦以示戒於天下後世而存之歟？」蔡氏的話，可說兼而有之。我們衡諸先儒所言，以度孔子存此篇之意，似乎可得五點結論：

一、因其能存文武的遺澤，使後世得知文武的所以得天下，乃以「克慎明德」所致。

二、因其尙能明示公卿大臣，當克盡輔佐王室之責。經文所說「亦惟先正，克左右昭事厥辟，越小大謀猷，罔不率從」等語，就是此意。誠如是，又何能發生反判、殺上的行爲？

三、平王如能力圖振作，發憤自強，在當時周之禮法未盡全失的情勢下，實屬大有可爲。無如平王以偏安爲已足，委靡頹墮，不圖進取，置君父國家於不顧，不忠不孝，莫此爲甚。此非「示戒於天下後世」耶？

四、文侯之匡扶王室，雖功不如方叔、召虎[16]，然實亦足多。以孔子雖言管仲器小，然仍嘉許其能「尊周室，攘夷狄」，使我華夏之族，免於「被髮左衽」爲足式驗之，文侯的舉措，是應該得到孔子首肯的。

五、可借此篇之存，以見東周的政局、演變而爲五霸。同時亦可使人聯想到平王的東遷，實無異於治道的通塞、消長、與升降。「由此而上，則爲成康，爲文武；由此而下，則爲春秋，爲戰國。」[17]風氣的推移，人心的轉變，觀念的異同，豈能無因？

注釋

❶ 見《史記·周本紀》。

❷ 見王國維撰，《今本竹書紀年疏證》下。世界書局印行本。

❸ 王城，卽雒邑，一作洛邑。

❹ 漢·劉向《新序·善謀》篇之說與史公同。

❺ 見《史記索隱》。明倫本三册，頁一六六七。

❻ 見《尚書注疏考證》。

❼ 1. 丕顯文、武、克愼明德：丕，大也。見說文。顯，光也。見《爾雅·釋詁》。又明也。見《禮記·曲禮》注。丕顯，乃光明偉大之意。爲頌揚周先祖之稱，經傳多見。愼，謹也。見說文。又〈釋詁〉云：「誠也。」誠有不息、始終如一之意。說見《中庸》。明，彰明也。亦作勉解。德，善行也。此謂：由於我偉大光顯之文王武王，能（謹愼）始終如一彰明（勉於）其善行也。

2. 昭升于上，敷聞在下；惟時上帝集厥命于文王：昭，明也。亦可作見解。上，天也。見《詩·大雅·文王》。敷，布也。下，地上，民間也。惟時，猶於是也。集，爲鳥集於樹之集，故有降落義。命，天命，帝位也。文王，史公作文武。驗之前文「丕顯文武」之載，史公之言是也。此謂（承上文）故其復能昭然升聞於天，又能布聞人間。於是上天乃將帝位（王業）降落在文、武身上，使其擁有天下也。

3.亦惟先正，克左右昭事厥辟：鄭氏康成云：「先正，先臣，謂公卿大夫也。」王引之《經義述聞》：「正，長也。故官之長，謂之正。」左右，助也。有輔佐之意。昭，明也，又昭與釗聲同，〈釋詁〉：釗，勉也。見曾運乾《尚書正讀》。厥，其也。辟，君也。此謂：亦惟爾先祖能輔佐明事其君有以致之也。

4.越小大謀猷，罔不率從：肆先祖懷在位：越，粵通，於也。猷，亦謀也。率，循也。見《爾雅・釋詁》。率從，即順從之意。肆，故也。懷，安也。並見孫星衍《尚書今古文注疏》。以下簡稱孫疏。此謂：由於爾先祖（即先正）於大小之謀略無不順從，故我先祖能安然於位也。

⑧

1.嗚呼！閔予小子嗣，造天丕愆：閔，傷也。《詩・周頌》：閔予小子。箋云：閔，悼傷之言也。予小子，平王自稱。嗣，繼也。謂繼承王位也。造，遭也。〈周本紀〉兩造字。集解引徐廣曰：造，一作遭。蓋聲近而通也。丕，大也。愆，過也。丕愆，大罪咎，乃指幽王爲犬戎所殺，國家殘破之狀也。此謂：嗚呼！悼傷我小子新繼位，遭逢上天降下之大過咎也。

2.殄資澤于下民，侵戎，我國家純：殄，絕也。見〈釋詁〉。資，財也。見《詩・大雅・板》傳。澤，趙岐注《孟子》云：祿也。侵，犯也。戎，兵也。見說文。侵戎，猶戎侵，言曹戎人之兵所侵犯也。案：侵戎之侵，曾運乾《尚書正讀》，讀爲祲，穀梁襄公二十四年傳：五穀不熟謂侵。亦借爲祲。此處作五穀不熟解亦通。姑兩存之。純：金文作屯，難也。說見《周易正義》。此謂：斷絕財祿於下民，寇兵大舉侵犯，使我國家蒙受大災難也。

3.卽我御事，罔或耆壽、俊在厥服，予則罔克：卽，猶今也。見《爾雅．釋詁》。御事，治事之臣也。或，作有解，見釋詞。耆壽，老成人也。俊，說解甚紛，當以俊彥、才俊之釋爲得。見孫疏。克，勝也。猶言成事也。此謂：今我治事之臣，無有老成、俊彥之人在其職位，予則無能成事也。

4.曰惟祖惟父，其伊恤朕躬：曰，惟，皆語詞。惟祖惟父，僞孔云：「王曰同姓諸侯，在我惟祖惟父列者。」江聲以爲祖行、父行之諸侯，或卽謂祖禰在天之靈也。說見孫疏。伊，維也，語詞。恤，憂也。見說文。此謂：惟祖行、父行之諸侯，庶幾能憂念朕身也。

5.嗚呼！有績，予一人永綏在位：績，《爾雅．釋詁》：功也、繼也。此指祖行父行之諸侯能有功於王室也。綏，安也。此謂：嗚呼！汝祖行、父行之諸侯（大臣）能有功於王室，則予一人方可永安於天子之位也。

❾ 見原抄本顧亭林《日知錄》，頁五〇，明倫出版社印行本。

❿ 1.父義和！汝克紹乃顯祖：紹，魏石經作昭。阮元《校勘記》以紹爲誤。故有解作明者，亦有解作繼者。乃，汝也。乃顯祖，僞孔云：「汝能明汝顯祖唐叔之道。」案：《史記．晉世家》云：「晉唐叔虞者、周武王子，而成王弟也。成王封叔虞於唐、唐在河、汾之東，方百里，故曰唐叔虞。」詩譜云：「叔虞子燮父，以堯墟南有晉水，改曰晉侯。」此謂：義和伯父（尊長）！汝能昭明（繼承）汝顯祖唐叔虞之事功也。

2.汝肇刑文武，用會紹乃辟，追孝于前文人：肇，始也。一作劭，敏勉也。見朱駿聲《尚書古注便讀》。刑，法也。用，以也。會，謂會合。紹，昭通，明也。亦讀如以臣召君之召。言徵召諸侯也。說見曾運乾《尚書正讀》。此謂：晉侯仇會合衞侯、鄭伯、秦伯以師相從入於王城，卽會紹乃辟之事也。乃，汝也。乃辟，謂晉侯所召之諸侯也。追孝，有二解，一爲俞樾《羣經平議》：「追孝，猶言追養繼孝也。追孝乃古人常語。」案：《禮記·祭統》：「祭者，所以追養繼孝也。」此俞氏之所本。又曾運乾《尚書正讀》云：「孝，當爲斈，形之譌也。說文：斈，效也。」依此意，追孝，當解爲追念效法也。前文人，謂前代有文德之人，指唐叔虞，晉始封之君也。此謂：汝不僅敏勉（或今始）以效法文武之道，並且會合諸侯，追念效法前代有文德人之舉措也。

3. 汝多修，扞我于艱。若汝，予嘉：多，有二解，僞孔云：「戰功曰多。」于省吾《尚書新證》卷四：「言汝多休美、扞衞我于艱難也。」是以多爲多少之多。修，讀爲休，《爾雅·釋詁》：「休，美也。」案：修，《尚書正讀》與下句連讀，作敬解。扞，卽捍字，衞也。說文引此經作戰。若，如也。汝，謂文侯仇。此謂：汝多美德（或釋爲：汝之戰功）能護衞（或釋爲敬扞）我於艱難之中，若汝此功，予當嘉賞之也。

⑪

1. 王曰：父義和！其歸視爾師，寧爾邦：其，命令兼期望之詞。說見《古書虛字集釋》。視，意謂照顧也。說見《尚書釋義》。師，眾也。寧，安也。此謂：汝其歸晉，照顧汝之眾民，安定汝之邦國。

2. 用賚爾秬鬯一卣：賚，賜也。秬，黑黍也，一稃二米以釀酒也。鬯，秬酒也，說見《禮記·王制》注。秬鬯，以秬釀鬱草（卽鬱金香）芬芳以降神也。卣，酒器，中尊也。此謂：賜爾秬鬯一尊也。案：賜秬鬯，必以圭瓚副焉，此不言者，省文從可知也。

3. 彤弓一，彤矢百；盧弓一，盧矢百：彤，赤也。盧，黑也。說文：「齊謂黑爲黸。」左氏僖公三十八年傳及《史記・晉世家》，盧，均作玈；魏三體石經作旅，金文亦作旅。作盧，乃黸之省文。《禮記・王制》云：「諸侯賜弓矢，然後征；賜鈇鉞，然後殺；賜圭瓚，然後爲鬯（圭瓚，鬯爵也。）」今文侯有扶助王室之功，故賜之弓矢，使專征伐也。案：左氏文公四年傳云：「諸侯敵王所愾，而獻其功，王於是乎賜之彤弓一，彤矢百，玈弓矢千。」簡朝亮《尚書集注述疏》：「今惟盧弓矢不及其數爾。文侯非有平犬戎之功，而平王以賜之者，爲其有立己之功也。」

4.馬四匹：《周禮・司勳》云：「凡賞無常，輕重視功。」《詩・小雅・采菽》云：「雖無予之，路車乘馬。」此天子賜諸侯之禮也。四匹曰乘。

5.父往哉！柔遠能邇，惠康小民，無荒寧：往，即往歸。命之歸國也。柔，安也。能，鄭氏康成箋《詩・大雅・民勞》云：「能，猶伽。」王引之以爲伽與如通。如，順也。是則柔遠能邇者，言遠近之人，皆能安順也。惠，愛也。說見《爾雅・釋詁》。康，安也。惠康小民，言愛其民使之安也。荒寧，馬融云：「荒廢自安也。」此謂：伯父往歸哉！遠近之人，皆當使之安順，要惠愛其民而使之安康，不可荒廢自安。

6.簡恤爾都，用成爾顯德：簡，大也、多也。說見〈釋詁〉。蔡氏集傳作「閱」解。謂簡閱其士也。曾運乾《尚書正讀》作「擇」解。恤，憂也。見說文。都，即都城，此指晉國而言。顯德，光明之德也。或釋爲：簡閱爾眾，安靖爾民于爾國，以成爾光明之德也，亦爲通說。再不然，亦可釋爲：慎簡爾都人士以爲輔翼，用能成爲明德也。

⑫顧亭林先生語，見《日知錄》卷二〈文侯之命〉條。

⑬ 見漢京本【通志堂經解】十二册，頁七五九六。

⑭ 見蔡沈《書經集傳》卷六，世界書局本，頁一三七。

⑮ 見漢京本【通志堂經解】十四册，頁八三八〇。

⑯ 呂祖謙語，見時瀾《增修東萊書說》卷三五，漢京本【通志堂經解】十二册，頁七五九五。

⑰ 方叔，周宣王之賢臣，平定荆蠻。《詩・小雅・采芑》：方叔元老，克壯其猷。集傳：宣王之時，荆蠻背叛，王命方叔南征。

召虎，周召公裔孫，卽召穆公。厲王時德衰，兄弟道缺，召穆公於東都收會宗族，而作棠棣之詩。後爲宣王輔，淮夷不服，王命伐之。《詩・大雅・江漢》：江漢之滸，王命召虎。

滄海叢刊書目（二）

國學類

先秦諸子繫年	錢　穆　著
朱子學提綱	錢　穆　著
莊子纂箋	錢　穆　著
論語新解	錢　穆　著
周官之成書及其反映的文化與時代新考	金春峯　著
尙書學術（上）（中）（下）	李振興　著

哲學類

哲學十大問題	鄔昆如　著
哲學淺論	張　康　譯
哲學智慧的尋求	何秀煌　著
哲學的智慧與歷史的聰明	何秀煌　著
文化、哲學與方法	何秀煌　著
人性記號與文明——語言・邏輯與記號世界	何秀煌　著
邏輯與設基法	劉福增　著
知識・邏輯・科學哲學	林正弘　著
現代藝術哲學	孫　旗　譯
現代美學及其他	趙天儀　著
中國現代化的哲學省思——「傳統」與「現代」理性結合	成中英　著
不以規矩不能成方圓	劉君燦　著
恕道與大同	張起鈞　著
現代存在思想家	項退結　著
中國思想通俗講話	錢　穆　著
中國哲學史話	吳怡、張起鈞　著
中國百位哲學家	黎建球　著
中國人的路	項退結　著
中國哲學之路	項退結　著
中國人性論	臺大哲學系主編
中國管理哲學	曾仕強　著
孔子學說探微	林義正　著

心學的現代詮釋	姜允明 著
中庸誠的哲學	吳　怡 著
中庸形上思想	高柏園 著
儒學的常與變	蔡仁厚 著
智慧的老子	張起鈞 著
老子的哲學	王邦雄 著
當代西方哲學與方法論	臺大哲學系主編
人性尊嚴的存在背景	項退結編著
理解的命運	殷　鼎 著
馬克斯・謝勒三論	阿弗德・休慈原著、江日新 譯
懷海德哲學	楊士毅 著
洛克悟性哲學	蔡信安 著
伽利略・波柏・科學說明	林正弘 著
儒家與現代中國	韋政通 著
思想的貧困	韋政通 著
近代思想史散論	龔鵬程 著
魏晉清談	唐翼明 著
中國哲學的生命和方法	吳　怡 著
孟學的現代意義	王支洪 著
孟學思想史論（卷一）	黃俊傑 著
莊老通辨	錢　穆 著
墨家哲學	蔡仁厚 著
柏拉圖三論	程石泉 著
倫理學釋論	陳　特 著
儒道論集	吳　光 著

宗教類

圓滿生命的實現（布施波羅密）	陳柏達 著
薝蔔林・外集	陳慧劍 著
維摩詰經今譯	陳慧劍譯註
龍樹與中觀哲學	楊惠南 著
公案禪語	吳　怡 著
禪學講話	芝峯法師 譯
禪骨詩心集	巴壺天 著
中國禪宗史	關世謙 著
魏晉南北朝時期的道教	湯一介 著

佛學論著	周中一 著
當代佛教思想展望	楊惠南 著
臺灣佛教文化的新動向	江燦騰 著
釋迦牟尼與原始佛教	于凌波 著
唯識學綱要	于凌波 著

社會科學類

中華文化十二講	錢穆 著
民族與文化	錢穆 著
楚文化研究	文崇一 著
中國古文化	文崇一 著
社會、文化和知識分子	葉啟政 著
儒學傳統與文化創新	黃俊傑 著
歷史轉捩點上的反思	韋政通 著
中國人的價值觀	文崇一 著
紅樓夢與中國舊家庭	薩孟武 著
社會學與中國研究	蔡文輝 著
比較社會學	蔡文輝 著
我國社會的變遷與發展	朱岑樓主編
三十年來我國人文社會科學之回顧與展望	賴澤涵 編
社會學的滋味	蕭新煌 著
臺灣的社區權力結構	文崇一 著
臺灣居民的休閒生活	文崇一 著
臺灣的工業化與社會變遷	文崇一 著
臺灣社會的變遷與秩序(政治篇)(社會文化篇)	文崇一 著
臺灣的社會發展	席汝楫 著
透視大陸	政治大學新聞研究所主編
憲法論衡	荊知仁 著
周禮的政治思想	周世輔、周文湘 著
儒家政論衍義	薩孟武 著
制度化的社會邏輯	葉啟政 著
臺灣社會的人文迷思	葉啟政 著
臺灣與美國的社會問題	蔡文輝、蕭新煌主編
教育叢談	上官業佑 著
不疑不懼	王洪鈞 著
自由憲政與民主轉型	周陽山 著

蘇東巨變與兩岸互動	周陽山 著
鄉村發展的理論與實際	蔡宏進 著
戰後臺灣的教育與思想	黃俊傑 著

史地類

國史新論	錢 穆 著
秦漢史	錢 穆 著
秦漢史論稿	邢義田 著
宋史論集	陳學霖 著
中國人的故事	夏雨人 著
明朝酒文化	王春瑜 著
歷史圈外	朱 桂 著
當代佛門人物	陳慧劍編著
弘一大師傳	陳慧劍 著
杜魚庵學佛荒史	陳慧劍 著
蘇曼殊大師新傳	劉心皇 著
近代中國人物漫譚	王覺源 著
近代中國人物漫譚續集	王覺源 著
魯迅這個人	劉心皇 著
沈從文傳	凌 宇 著
三十年代作家論	姜 穆 著
三十年代作家論續集	姜 穆 著
當代臺灣作家論	何 欣 著
師友風義	鄭彥棻 著
見賢集	鄭彥棻 著
思齊集	鄭彥棻 著
懷聖集	鄭彥棻 著
周世輔回憶錄	周世輔 著
三生有幸	吳相湘 著
孤兒心影錄	張國柱 著
我這半生	毛振翔 著
我是依然苦鬥人	毛振翔 著
八十憶雙親、師友雜憶（合刊）	錢 穆 著

語文類

訓詁通論	吳孟復 著

入聲字箋論	陳慧劍	著
翻譯偶語	黃文範	著
翻譯新語	黃文範	著
中文排列方式析論	司琦	著
杜詩品評	楊慧傑	著
詩中的李白	楊慧傑	著
寒山子研究	陳慧劍	著
司空圖新論	王潤華	著
詩情與幽境——唐代文人的園林生活	侯迺慧	著
歐陽修詩本義研究	裴普賢	著
品詩吟詩	邱燮友	著
談詩錄	方祖燊	著
情趣詩話	楊光治	著
歌鼓湘靈——楚詩詞藝術欣賞	李元洛	著
中國文學鑑賞舉隅	黃慶萱、許家鶯	著
中國文學縱橫論	黃維樑	著
古典今論	唐翼明	著
亭林詩考索	潘重規	著
浮士德研究	劉安雲	譯
蘇忍尼辛選集	李辰冬	譯
文學欣賞的靈魂	劉述先	著
小說創作論	羅盤	著
借鏡與類比	何冠驥	著
情愛與文學	周伯乃	著
鏡花水月	陳國球	著
文學因緣	鄭樹森	著
解構批評論集	廖炳惠	著
世界短篇文學名著欣賞	蕭傳文	著
細讀現代小說	張素貞	著
續讀現代小說	張素貞	著
現代詩學	蕭蕭	著
詩美學	李元洛	著
詩人之燈——詩的欣賞與評論	羅青	著
詩學析論	張春榮	著
修辭散步	張春榮	著
橫看成嶺側成峯	文曉村	著

大陸文藝新探	周玉山 著
大陸文藝論衡	周玉山 著
大陸當代文學掃描	葉穉英 著
走出傷痕——大陸新時期小說探論	張子樟 著
大陸新時期小說論	張放 著
兒童文學	葉詠琍 著
兒童成長與文學	葉詠琍 著
累廬聲氣集	姜超嶽 著
林下生涯	姜超嶽 著
青　春	葉蟬貞 著
牧場的情思	張媛媛 著
萍踪憶語	賴景瑚 著
現實的探索	陳銘磻 編
一縷新綠	柴扉 著
金排附	鍾延豪 著
放　鷹	吳錦發 著
黃巢殺人八百萬	宋澤萊 著
泥土的香味	彭瑞金 著
燈下燈	蕭蕭 著
陽關千唱	陳煌 著
種　籽	向陽 著
無緣廟	陳艷秋 著
鄉　事	林清玄 著
余忠雄的春天	鍾鐵民 著
吳煦斌小說集	吳煦斌 著
卡薩爾斯之琴	葉石濤 著
青囊夜燈	許振江 著
我永遠年輕	唐文標 著
思想起	陌上塵 著
心酸記	李喬 著
孤獨園	林蒼鬱 著
離　訣	林蒼鬱 著
托塔少年	林文欽 編
北美情逅	卜貴美 著
日本歷史之旅	李希聖 著
孤寂中的廻響	洛夫 著

火天使　趙衛民著
無塵的鏡子　張默著
關心茶——中國哲學的心　吳怡著
放眼天下　陳新雄著
生活健康　卜鍾元著
文化的春天　王保雲著
思光詩選　勞思光著
靜思手札　黑野著
狡兔歲月　黃和英著
老樹春深更著花　畢璞著
列寧格勒十日記　潘重規著
文學與歷史——胡秋原選集第一卷　胡秋原著
晚學齋文集　黃錦鋐著
古代文學探驪集　郭丹著
山水的約定　葉維廉著
在天願作比翼鳥
——歷代文人愛情詩詞曲三百首　李元洛輯注

美術類

音樂與我　趙琴著
爐邊閒話　李抱忱著
琴臺碎語　黃友棣著
音樂隨筆　趙琴著
樂林蓽露　黃友棣著
樂谷鳴泉　黃友棣著
樂韻飄香　黃友棣著
弘一大師歌曲集　錢仁康編
立體造型基本設計　張長傑著
工藝材料　李鈞棫著
裝飾工藝　張長傑著
現代工學與安全　劉其偉著
人體工藝概論　張長傑著
藤竹工　張長傑著
石膏工藝　李鈞棫著
色彩基礎　何耀宗著
當代藝術采風　王保雲著

都市計畫概論　王紀鯤　著
建築設計方法　陳政雄　著
建築鋼屋架結構設計　王萬雄　著
古典與象徵的界限
　——法國象徵主義畫家莫侯及其詩人寓意畫　李明明　著

滄海美術叢書

五月與東方——中國美術現代化運動在戰後
　臺灣之發展（1945～1970）　蕭瓊瑞　著
中國繪畫思想史　高木森　著
藝術史學的基礎　曾堉、葉劉天增　譯
唐畫詩中看　王伯敏　著